AF546270

Entnazifizierung in Berlin

Julana Bredtmann

Entnazifizierung in Berlin

Ideen und Praxis

(M) | METROPOL

Gedruckt mit freundlicher Unterstützung der Ernst-Reuter-Gesellschaft der Freunde, Förderer und Ehemaligen der Freien Universität Berlin e. V. und der Stiftung Zeitlehren

Umschlagabbildung:
Angehörige der US Army beim Sichten von Unterlagen im Berlin Document Center, 1946
AlliiertenMuseum/US Army Photograph

Zugl.: Univ.-Diss, Freie Universität Berlin 2022

ISBN: 978-3-86331-740-9

© 2024 Metropol Verlag
Ansbacher Straße 70
D–10777 Berlin
https://metropol-verlag.de/
Alle Rechte vorbehalten
Druck: AALEXX Druck Produktion, Großburgwedel

Inhalt

Einleitung

Zur „Überwindung des Ungeistes"

„Die Entnazifizierung hat beileibe nicht das Gewicht des Nationalsozialismus; sie ist nur eine seiner Folgen; aber sie darf ebenso wenig vergessen oder verdrängt werden wie der Nationalsozialismus selbst. Jede umfassende Auseinandersetzung mit ihm innerhalb der betroffenen Gesellschaft, die eine Überwindung des Ungeistes zum Ziel oder Sinn hat, wird sich auch mit dem fragwürdigen ersten offiziellen Versuch seiner Überwindung auseinandersetzen müssen."[1]

Mit diesen Worten beschrieb Walter Dirks, Mitbegründer der *Frankfurter Hefte*, im Jahr 1953 das Misslingen der (westlichen) Entnazifizierungspolitik und plädierte für eine Analyse der anfänglich ambitionierten, dann aber zunehmend antagonistischen Maßnahmen zur Beseitigung nationalsozialistischer Einflüsse. Zahlreiche zeithistorische Studien haben sich seitdem mit dem Versuch der Überwindung des NS-Regimes beschäftigt. Berlin, die ehemalige Reichshaupt- und Viermächtestadt, ist dabei bislang weitgehend unbeachtet geblieben.

Fragwürdig blieben die „Folgen der Entnazifizierung" für Dirks, wie er in seiner gemeinsam mit Theodor W. Adorno verantworteten, gleichnamigen Studie erörterte, da die Auswirkungen auf Arbeitsverhältnisse ehemaliger Mitglieder und Unterstützer:innen der Nationalsozialistischen Deutschen Arbeiterpartei (NSDAP) letztlich gering und individuelle Auseinandersetzungen mit der eigenen Verantwortung ausgeblieben schienen. Den Grund des viel diskutierten Scheiterns der Entnazifizierung sah Dirks in einer Vermischung ihrer verschiedenen Intentionen und Ideen, von denen er drei ausmachte: eine politische, eine rechtliche und eine moralische. In der „Vermischung dieser drei Motive" und

1 Walter Dirks, Folgen der Entnazifizierung. Ihre Auswirkungen in kleinen und mittleren Gemeinden der drei westlichen Zonen. Studie des Instituts für Sozialforschung 1953, in: Frankfurter Beiträge zur Soziologie, Bd. 1: Sociologica, Frankfurt a. M. 1955, S. 445–470, hier S. 447.

zugrundeliegenden theoretischen Überlegungen zu politischer Entmachtung, Bestrafung, Wiedergutmachung und Erziehung lag für Dirks das Versagen der Entnazifizierung.[2]

Diese Arbeit ist die erste Überblicksdarstellung zur Entnazifizierungspolitik in Berlin, sie hat das Ziel, Ideen und Praxis stärker zusammenzudenken als in der Forschungsliteratur üblich. Anders als in vielen politik- und verwaltungshistorischen oder jüngeren mentalitätsgeschichtlichen Studien über Entnazifizierung sollen mit der hier vorgenommenen systematisch-chronologischen Darstellung theoretische Perspektiven in den Vordergrund gerückt werden.

In Berlin standen Großbritannien, Frankreich, die Vereinigten Staaten von Amerika und die Sowjetunion vor besonderen Herausforderungen: Die ehemalige Reichshauptstadt war das Zentrum des nationalsozialistischen Herrschafts- und Verfolgungsapparats gewesen, hier hatten fast alle wichtigen Behörden des NS-Regimes ihren Sitz, sie war Wirtschafts-, Wissenschafts- und Kulturmetropole und sollte daher, in vier Sektoren geteilt, von der Anti-Hitler-Koalition gemeinsam verwaltet werden. Über die Frage, was mit den Hunderttausenden Parteimitgliedern, Funktionär:innen und Sympathisant:innen des NS-Regimes geschehen sollte – wie und von wem also ein:e Nationalsozialist:in definiert, identifiziert, überprüft, benachteiligt oder bestraft werden sollte –, setzten sich die vier Alliierten vor und nach Kriegsende intensive auseinander.

Seit 1943 kursierten innerhalb der Anti-Hitler-Koalition Beschreibungen für „aktive", „führende", „tatsächliche", „geringe" und „kleine Nazis" ebenso wie „Nazi-Aktivisten", „Nazi-Führer" und „Nazi-Sympathisanten". Vorschläge darüber, wie „gefährliche", „feindliche" oder „verdächtige" Deutsche auseinanderzuhalten und von „Faschisten", „Militaristen" oder „Kriegsverbrechern" abzugrenzen seien, häuften sich. Mehr und mehr militärisch-politische Handbücher wurden mit Bestimmungen gefüllt, um politische Belastung zu beurteilen, und ließen dabei verschiedene Schlussfolgerungen zu. Hatte man sich gerade geeinigt, anhand welcher Mitgliedschaften, Funktionen und Handlungen zu gelten habe, ob eine Person „mehr als nominell" oder nur „nominell" an den Tätigkeiten der NSDAP teilgenommen hatte, warf man diesen Ansatz schon wenig später wieder über Bord, um von „Hauptschuldigen", „Belasteten", „Minderbelasteten", „Mitläufern" und „Entlasteten" zu sprechen. Seit Beginn der Entnazifizierung ist über ihren Inhalt und ihre Umsetzung gestritten worden.

Bis heute sind die damaligen Strategien der Entnazifizierung Gegenstand zahlreicher Interpretationen. Denn Entnazifizierung – ein Begriff, der erstmals in einem amerikanischen Planungspapier im April 1945 als Überschrift für

2 Ebenda, S. 446.

verschiedene Anweisungen auftauchte[3] – war kein klar umrissenes Programm mit eindeutigen Zielen. In der Forschung hat sich weitgehend durchgesetzt, den facettenreichen Begriff in eine Entlassungs-, Internierungs- und Strafverfolgungspolitik zu unterteilen und ihn von einer Umerziehungs- und Demokratisierungspolitik einerseits sowie von wirtschaftspolitischen Maßnahmen andererseits zu unterscheiden. In der Praxis blieben die Maßnahmen aber vielfach miteinander verwoben.[4]

Die Beseitigung des Nationalsozialismus war früh ein gemeinsames Kriegsziel der Alliierten. Weitgehend einig war man sich darüber, so hielten die Staatschefs der Anti-Hitler-Koalition in der Erklärung von Jalta im Februar 1945 fest, dass alle Kriegsverbrecher:innen eine gerechte und schnelle Bestrafung erfahren sollten und dass die NSDAP, alle nazistischen Gesetze, Organisationen und Einrichtungen sowie alle nazistischen und militaristischen Einflüsse aus den öffentlichen Einrichtungen, dem Kultur- und Wirtschaftsleben zu beseitigen seien.[5] Dabei war es noch relativ einfach, wie Walter L. Dorn, langjähriger Entnazifizierungsexperte der amerikanischen Militärregierung, rückblickend formulierte, den Nationalsozialismus am Konferenztisch oder in einem Memorandum anzuklagen, aber ungleich schwieriger, die Absichten zur Entnazifizierung in konkrete Maßnahmen gegen Individuen und Gruppen zu übersetzen und dabei sicherzustellen, dass es die Richtigen traf.[6] Ihm zufolge war die entscheidende Frage für jeden der vier Alliierten, wie der Nationalsozialismus aus dem wirtschaftlichen und politischen Leben Nachkriegsdeutschlands ausgeschaltet werden könne, und die Antwort hing davon ab, so Dorn, „was man als die eigentlichen Triebkräfte des Nationalsozialismus ansah".[7]

Was in der überwiegend politikhistorisch orientierten Forschungsliteratur oft vernachlässigt wird: Viele Akademiker:innen und Intellektuelle stellten ihre Expertise in der einen oder anderen Form den Regierungen der Anti-Hitler-

3 Vgl. Lutz Niethammer, Die Mitläuferfabrik. Entnazifizierung am Beispiel Bayerns, 1. Aufl. 1972, Bonn 1982, S. 11.

4 Vgl. Clemens Vollnhals, Internierung, Entnazifizierung und Strafverfolgung von NS-Verbrechen in der sowjetischen Besatzungszone, in: Andreas Hilger/Mike Schmeitzner/Clemens Vollnhals (Hrsg.), Sowjetisierung oder Neutralität? Optionen sowjetischer Besatzungspolitik in Deutschland und Österreich 1945–1955, Göttingen 2006, S. 223–248, hier S. 223.

5 Vgl. Alexander Fischer (Hrsg.), Teheran, Jalta, Potsdam. Die sowjetischen Protokolle von den Kriegskonferenzen der „Großen Drei". Dokumente zur Außenpolitik, Bd. I, Köln 1968, S. 184.

6 Vgl. Walter L. Dorn, The Unfinished Purge, Manuskript, Chapter I, S. 14. IfZ, ED 127.

7 Walter L. Dorn, Die Debatte über die amerikanische Besatzungspolitik für Deutschland (1944–45), in: Vierteljahrshefte für Zeitgeschichte 6 (1958) 1, S. 60–77, hier S. 53.

Koalition zur Verfügung und gaben direkt oder indirekt Empfehlungen für eine Beseitigung des Nationalsozialismus. Einige von ihnen waren der Politologe und Jurist Franz L. Neumann, auf den amerikanische Ministerien nicht zuletzt wegen seines breit rezipierten Werkes *Behemoth. Structure and Practice of National Socialism* (1942/1944)[8] aufmerksam wurden, sowie Otto Kirchheimer und Herbert Marcuse. Andere wie der Soziologie Thomas H. Marshall und die Juristen Otto Kahn-Freund und Ernst J. Cohn standen im Dienst des britischen Foreign Office oder waren wie der französische Germanist Edmond Vermeil für die diplomatische Vertretung des Komitees Freies Frankreich tätig. Weitere, darunter der Ökonom Eugen Varga oder der Schriftsteller Johannes R. Becher, unterstützten sowjetische Behörden oder die Kommunistische Partei Deutschlands (KPD) im Moskauer Exil. Ob sie und andere forderten, sämtliche NSDAP-Mitglieder oder nur den höchsten politischen Führungszirkel aus relevanten Positionen auszuschließen, inwiefern das Weimarer Recht wiederbelebt werden sollte oder einer Reform bedurfte, in welchem Ausmaß die Wirtschaft verantwortlich gemacht und daher dezentralisiert, deindustrialisiert oder sozialisiert werden sollte und ob die deutsche Gesellschaft mit ihrer Geschichte und Kultur zu brechen habe oder an sie anknüpfen konnte – die Empfehlungen hingen immer auch mit einer spezifischen Sichtweise auf den Nationalsozialismus zusammen.

In Berlin trafen verschiedene, vor Kriegsende entwickelte Vorstellungen, Pläne und Ziele aufeinander. Schablonenhaft umrissen, interpretierte die Sowjetunion den Faschismus vorrangig aus einer ökonomischen Analyse des Kapitalismus, die Vereinigten Staaten dagegen betonten historische Kontingenz und Abweichungen vom Weg westlicher Zivilisation. In Großbritannien indes war eine liberale Interpretation verbreitet, derzufolge die deutsche Mentalität für das NS-Regime tragend war. Für Frankreich dagegen bestand vielmehr ein „problème allemand", das binnen weniger Jahrzehnte für drei Kriege verantwortlich war.[9] Entnazifizierungspolitik reflektierte gleichermaßen unterschiedliche Perspektiven für ein zukünftiges Deutschland wie verschiedene Interpretationen des Nationalsozialismus.

Was folgte einem Aufeinandertreffen dieser Perspektiven? Die Einigung über das, was die Berliner Entnazifizierungspolitik praktisch umfasste, fand in der im Sommer 1945 etablierten Viermächteverwaltung, der Alliierten Kommandantur,

8 Franz L. Neumann, Behemoth. Struktur und Praxis des Nationalsozialismus 1933–1944, hrsg. von Alfons Söllner/Michael Wildt, Hamburg 2018 [engl. Original: The Structure and Practice of National Socialism 1933–1944, Erstveröffentlichung 1942, in überarbeiteter Form 1944].

9 Vgl. Marie-Bénédicte Vincent, La dénazification, Paris 2008, S. 10; Konrad H. Jarausch, After Hitler: Recivilizing Germans, 1945–1995, New York 2006, S. 10.

statt. Zuvor hatten sowjetische Truppen im Mai 1945 die Stadt erobert und in den wenigen Wochen der alleinigen sowjetischen Besatzung gemeinsam mit dem von Walter Ulbricht eingesetzten Magistrat bereits maßgebliche Weichen gestellt. Die interalliierte Zusammenarbeit hielt etwa drei Jahre lang und zerbrach im Zuge des Ost-West-Konfliktes spätestens im Sommer 1948. Das Ende des in dieser Arbeit betrachteten Zeitraums begründet sich mit dem ab Frühjahr 1949 in beiden Teilen der Stadt eingeleiteten und bis zur doppelten Staatsgründung erreichten Abschluss der Entnazifizierung.

Innerhalb dieses Zeitraums bzw. bis zum Auseinanderbrechen der Alliierten Kommandantur, so die erste These dieser Arbeit, verfolgten Großbritannien, Frankreich, die Vereinigten Staaten und die Sowjetunion eine konfliktreiche, widersprüchliche, zugleich aber überwiegend geeinte Entnazifizierungspolitik. In dieser Politik, so die zweite These, konkurrierten verschiedene Interpretationen des Nationalsozialismus und Strategien seiner Beseitigung.

Forschungsperspektiven und Fragen

Wenngleich der Fall Berlin in der Forschung bisher vernachlässigt blieb, so wurde und wird Entnazifizierung im Allgemeinen und speziell der „geheimnisvolle [...] Mechanismus, dem niemand auf die Spur kommen konnte",[10] wie Ralph Giordano die massenhafte Rückkehr ehemaliger Nationalsozialist:innen in (westdeutsche) Schlüsselpositionen einst kommentierte, mittlerweile ausgiebig analysiert. Zweifelsfrei überwiegt ein kritischer Blick auf den Erfolg der Entnazifizierung.[11]

In gängigen Einschätzungen wurde Entnazifizierung zusammengefasst als das „gescheiterte Experiment"[12] einer „künstlichen Revolution"[13] bezeichnet,

10 Ralph Giordano, Die zweite Schuld. Oder Von der Last, Deutscher zu sein, Köln 2008, S. 91.

11 Ein differenzierter Überblick über die Entwicklung der Entnazifizierung in allen vier Besatzungszonen und den Stand der Forschung findet sich bei: Clemens Vollnhals, Einleitung. Das gescheiterte Experiment, in: ders. (Hrsg.) in Zusammenarbeit mit Thomas Schlemmer, Entnazifizierung. Politische Säuberung und Rehabilitierung in den vier Besatzungszonen, München 1991, S. 7–64; Thomas Schlemmer, Ein gelungener Fehlschlag? Die Geschichte der Entnazifizierung nach 1945, in: Martin Löhnig (Hrsg.), Zwischenzeit. Rechtsgeschichte der Besatzungsjahre, Regenstauf 2011, S. 9–33; Cornelia Rauh-Kühne, Die Entnazifizierung und die deutsche Gesellschaft, in: Archiv für Sozialgeschichte 35 (1995), S. 35–70, hier S. 48–64.

12 Vollnhals, Einleitung, S. 7.

13 Karl H. Knappstein, Die versäumte Revolution. Wird das Experiment der „Denazifizierung" gelingen?, in: Die Wandlung 2 (1947), S. 663–677, hier S. 664; John D. Montgomery, Forced to Be Free. The Artifical Revolution in Germany and Japan, Chicago 1957.

von den Deutschen ins Gegenteil verkehrt und dem Ost-West-Konflikt vollends erlegen. In den westlichen Zonen sei sie zur bürokratischen Farce[14] und einer „Mitläuferfabrik“[15] ähnelnden Massenrehabilitierung verkommen und in der sowjetischen Zone, ohne rechtsstaatliche Sicherheit, lediglich ein Mittel zum Zweck der „antifaschistisch-demokratischen Umwälzung“ gewesen.[16] Die Liste der damaligen wie heutigen Kritikpunkte ist entsprechend lang: Entnazifizierung sei zu schematisch gewesen, da die entworfenen Kategorien individuelle Handlungen und Haltungen kaum fassen konnten; ihr mangelte es an rechtsstaatlichem Fundament; oder man instrumentalisierte sie für machtpolitische Zwecke. Entnazifizierung war, sofern positiv betrachtet, ein den Umständen der Nachkriegszeit entsprechend erfolgreicher Elitenaustausch und Wegbereiter einer Demokratisierung, die sich gerade nicht trotz, sondern wegen einer Integration der Massen etablieren konnte[17] und gesellschaftlich weitaus größere Wirkungen erzielte als lange angenommen.[18] Angesichts der Ambivalenz zwischen hohen Erwartungen und zuweilen deprimierenden Ergebnissen einerseits sowie langfristigen gesellschaftlichen Konsequenzen andererseits schlägt Thomas Schlemmer treffend vor, grundsätzlich von einem „Paradox des gelungenen Fehlschlags“ zu sprechen.[19]

Welcher (überspitzten) Einschätzung man auch folgt, Entnazifizierung ist, mit Lutz Niethammer formuliert, nur in ihrer charakteristischen Doppelnatur zu begreifen, in der von Anfang an „Säuberung“ und Rehabilitierung untrennbar miteinander verschmolzen waren.[20] Seit Ende der 1940er-Jahre löste die massenhafte Reintegration ehemaliger NSDAP-Mitglieder und Unterstützer:innen, vor allem in der amerikanischen Besatzungszone, eine breite Debatte über die sogenannte Renazifizierung aus. Bereits 1947 fragte Ernst Friedländer in der *Zeit*: „ist also doch das deutsche Volk noch nazistisch? Ist es renazifiziert?“,[21] und Eugen

14 Vgl. Rauh-Kühne, Entnazifizierung, S. 56.

15 Vgl. Niethammer, Mitläuferfabrik.

16 Vgl. Vollnhals, Einleitung, S. 43; Marcel Boldorf, Brüche oder Kontinuitäten? Von der Entnazifizierung zur Stalinisierung in der SBZ/DDR (1945–1952), in: Historische Zeitschrift 289 (2009) 2, S. 287–323, hier S. 287 f.

17 Vgl. Klaus-Dietmar Henke, Die Trennung vom Nationalsozialismus. Selbstzerstörung, politische Säuberung, „Entnazifizierung“, Strafverfolgung, in: ders./Hans Woller (Hrsg.), Politische Säuberung in Europa. Die Abrechnung mit Faschismus und Kollaboration nach dem Zweiten Weltkrieg, München 1991, S. 21–83, hier S. 65 f. Über die Anpassung der „Ehemaligen“ auch: Rauh-Kühne, Entnazifizierung, S. 69 f.

18 Vgl. Hanne Leßau, Entnazifizierungsgeschichten. Die Auseinandersetzung mit der eigenen NS-Vergangenheit in der frühen Nachkriegszeit, Göttingen 2020, S. 25 f. und 486 ff.

19 Schlemmer, Gelungener Fehlschlag, S. 32.

20 Vgl. Niethammer, Mitläuferfabrik, S. 653.

21 Die Zeit, Renazifizierung?, 3. April 1947.

Kogon zitierte in seinem bekannten Aufsatz *Das Recht auf politischen Irrtum* das verbreitete Sprichwort: „Seitdem uns die demokratische Sonne bescheint, werden wir immer brauner.“[22] Ein Jahr später sprach der für amerikanische Behörden tätige Rechts- bzw. Politikwissenschaftler John H. Herz von einem *Fiasko der Entnazifizierung*,[23] und Franz L. Neumann schlussfolgerte aufgrund der massenhaften Reintegration „neither Nazism nor militarism has been eradicated“.[24]

Nicht erst in der frühen Bundesrepublik erfolgten eine Beendigung sowie eine Zurücknahme der alliierten Maßnahmen, im Zuge derer unzählige ehemalige NSDAP-Mitglieder wie auch Kriegsverbrecher:innen und hohe NS-Funktionäre ihren sozialen und beruflichen Status zurückerlangten. Im Selbstbild der DDR als antifaschistischer Staat blieb das Fortleben des Nationalsozialismus ein Problem des Westens, doch auch hier wurde nicht nur unbedeutenderen ehemaligen NSDAP-Mitgliedern eine schnelle Reintegration ermöglicht.[25] In der Literatur sind die grundsätzlichen Herausforderungen der Entnazifizierung und Erklärungen für ihren Verlauf hinlänglich beschrieben worden: In den westlichen Zonen sind diverse politische Richtungswechsel, ein zu großer Betroffenenkreis und damit verbunden bürokratisches Chaos zu nennen sowie die Verschiebung auf die entpolitisierte Ebene des Spruchkammerwesens unter deutscher Verantwortung. Für die sowjetische Zone wird vorrangig eine politische Instrumentalisierung vonseiten der KPD bzw. der Sozialistischen Einheitspartei Deutschlands (SED) und der Sowjetischen Militäradministration (SMAD) thematisiert. Betrachtet man das gesamte Besatzungsgebiet, spielten das Ende der alliierten Zusammenarbeit im Ost-West-Konflikt und ein allseits nachlassendes Interesse an der Entnazifizierung ebenso eine Rolle wie die Abwehrhaltung der deutschen Nachkriegs-

22 Eugen Kogon, Das Recht auf politischen Irrtum, in: Frankfurter Hefte. Zeitschrift für Kultur und Politik 2 (1947) 7, S. 641–655, hier S. 641.

23 John H. Herz, The Fiasco of Denazification in Germany, in: Political Science Quarterly 63 (1948) 4, S. 569–594.

24 Franz L. Neumann, Military Government and the Revival of Democracy in Germany, in: Columbia Journal of International Affairs 2 (1948) 1, S. 3–20, hier S. 18.

25 Vgl. Jürgen Danyel (Hrsg.), Die geteilte Vergangenheit. Zum Umgang mit Nationalsozialismus und Widerstand in beiden deutschen Staaten, Berlin 1995; Norbert Frei, Vergangenheitspolitik. Die Anfänge der Bundesrepublik und die NS-Vergangenheit, München 1997; Jeffrey Herf, Zweierlei Erinnerung. Die NS-Vergangenheit im geteilten Deutschland, Berlin 1998; Christoph Kleßmann/Hans Misselwitz/Günter Wichert (Hrsg.), Deutsche Vergangenheiten – eine gemeinsame Herausforderung. Der schwierige Umgang mit der doppelten Nachkriegsgeschichte, Berlin 1999; Peter Reichel, Vergangenheitsbewältigung in Deutschland. Die Auseinandersetzung mit der NS-Diktatur in Politik und Justiz, München 2001; Stefan Creuzberger/Dominik Geppert (Hrsg.), Die Ämter und ihre Vergangenheit. Ministerien und Behörden im geteilten Deutschland 1949–1972, Bonn 2018.

gesellschaft, angesichts derer vermutlich jeder Versuch, die Nachwirkungen des Nationalsozialismus zu beseitigen, auf enorme Widerstände stoßen musste.[26]

Mag die Debatte um ein Scheitern der Entnazifizierung zuweilen veraltet erscheinen und von jüngeren mentalitäts- sowie institutionsgeschichtlichen Betrachtungen eingeholt worden sein, so bleiben doch eine Erforschung und Bewertung von Maßnahmen und deren Umsetzung für ein Verständnis der Entnazifizierung essenziell. In dieser Studie steht dabei weniger die Frage im Vordergrund, ob Entnazifizierung im Ganzen als gelungen oder missglückt zu betrachten ist, sondern inwiefern Entwicklungen, Erfolge und Misserfolge vor dem Hintergrund verschiedener Interpretationen des Nationalsozialismus und verschiedener Strategien seiner Beseitigung zu erklären sind. Eine solche politiktheoretische Perspektive auf Begriffe und Ziele der Entnazifizierungspolitik soll der überwiegend politikhistorischen oder mentalitätsgeschichtlichen Debatte neue Anstöße geben.

Wenn zwischen den vier Alliierten „von Anfang an tiefgreifende Differenzen" über Art und Umfang der Entnazifizierung bestanden, wie Clemens Vollnhals hervorhebt, und sie Ausdruck „ganz unterschiedlicher Analysen hinsichtlich der konkreten Ursachen und Triebkräfte des Nationalsozialismus" waren,[27] so stellt sich für den Fall Berlin eine Reihe grundsätzlicher Fragen: Wie gingen Großbritannien, Frankreich, die Vereinigten Staaten und die Sowjetunion mit diesen Differenzen um? In welchen Aspekten unterschieden sich ihre Analysen, welchen schenkten sie Beachtung und bei welchen Themen hatten Diskrepanzen konkrete Auswirkungen auf die Gestaltung der Entnazifizierungspolitik? In welchem Umfang wurden Maßnahmen gemeinsam geplant, durchgeführt und kontrolliert? Letztlich: Was war das Berlinspezifische der Entnazifizierung in Berlin?

Die dabei zentrale Frage nach einer Begriffsbestimmung von Nationalsozialist:innen bzw. der von Entnazifizierungsmaßnahmen Betroffenen sowie von Belastungsmerkmalen hat im Zuge der vielzähligen Studien zur Aufarbeitung von Ministerien und Behörden in den letzten Jahren neuen Aufwind erfahren.[28] Nicht allein der Vorwurf der „Nazi-Zählerei" hat eine Debatte darüber ausgelöst, wie NS-Belastung eigentlich zu definieren sei.[29] Grundsätzlich scheint es

26 Vgl. Rauh-Kühne, Entnazifizierung, S. 41; Vollnhals, Einleitung, S. 7–64; Schlemmer, Gelungener Fehlschlag, S. 9–33.

27 Vollnhals, Einleitung, S. 9.

28 Überblicke finden sich bei: Stefan Creuzberger/Dominik Geppert, Die Ämter und ihre Vergangenheit. Eine Zwischenbilanz, in: dies. (Hrsg.), Ämter und ihre Vergangenheit, S. 183–201; Christian Mentel/Niels Weise, Die zentralen deutschen Behörden und der Nationalsozialismus – Stand und Perspektiven der Forschung, München/Potsdam 2016.

29 Vgl. Frank Bösch/Andreas Wirsching, Erfahrene Männer. Das Personal der Innenministerien in Bonn und Ost-Berlin, in: Creuzberger/Geppert (Hrsg.), Ämter und ihre

wenig strittig, dass weder eine Liste mit fünf noch mit hundert Belastungsmerkmalen ein differenziertes Bild der Gesellschaft im Nationalsozialismus zeichnen konnte. So aufschlussreich jüngere Studien über die Wahrnehmung der Entnazifizierung durch betroffene Deutsche sind, so wenig überraschend ist im Grunde die dort gewonnene Erkenntnis, dass die meisten Menschen sich nicht in starren Kategorien wiederfanden und beanspruchten, dass ihre individuellen Lebensumstände, die sie anhand ausführlicher Schreiben und Leumundszeugnisse schilderten, berücksichtigt werden.[30] Insgesamt überwiegt in der Forschung zuweilen ein negativer Blick auf den „Formalismus" der Entnazifizierung, der bereits in den Nachkriegsjahren zum Schlagwort für Ungerechtigkeit und Pauschalität geworden ist und oft auch in der Forschung einen solchen Beiklang besitzt. Diese Arbeit möchte dagegen nachverfolgen, welche Inhalte den Formen zugrunde lagen, und diskutieren, inwieweit den Kategorien und Merkmalen nicht nur ein Pragmatismus zugrunde lag, sondern auch eine Vorstellung vom Herrschaftssystem des Nationalsozialismus.

Angesichts der vielfach wechselnden gesetzlichen Bestimmungen steht eine Beschreibung der Maßnahmen und der von Entnazifizierung Betroffenen zugleich vor der Herausforderung, nicht jene Begriffe deskriptiv zu verwenden, die es zu analysieren gilt. Diese Arbeit orientiert sich zunächst an einer breiten Begriffsbestimmung bzw. -auslegung, wie sie die Alliierten in Berlin vornahmen: die Beseitigung nationalsozialistischer Einflüsse aus dem öffentlichen Leben. Im Kern handelte es sich um eine personalpolitische Maßnahme, in der die Bereiche Politik, Recht, Gesellschaft und Wirtschaft ineinandergriffen. Ich verwende die allgemeine Formulierung „Mitglieder und Unterstützer:innen der NSDAP" immer dann, wenn es sich nicht um eine zeitgenössische Klassifizierung handelt.

Für eine historisierende Betrachtung von Entnazifizierung und Belastung setzen sich andere ein, darunter auch Janosch Steuwer und Hanne Leßau in ihrem Aufsatz „Wer ist ein Nazi? Woran erkannt man ihn?"[31] Ihrem Plädoyer schließe ich mich in kritischer Ergänzung an. Zu Recht weisen die Autor:innen darauf hin,

Vergangenheit, S. 163–182, hier S. 166; Frank Bösch/Andreas Wirsching, Einleitung, in: dies. (Hrsg.), Hüter der Ordnung. Die Innenministerien in Bonn und Ost-Berlin nach dem Nationalsozialismus, Bonn 2018, S. 13–26, hier S. 20 ff.; auch: Sven Felix Kellerhoff, Die Erfindung des Karteimitglieds. Rhetorik des Herausfindens: Wie heute die NSDAP-Mitgliedschaft kleingeredet wird, in: Wolfgang Benz (Hrsg.), Wie wurde man Parteigenosse? Die NSDAP und ihre Mitglieder, Frankfurt a. M. 2009, S. 167–180.

30 Hierzu: Leßau, Entnazifizierungsgeschichten, S. 476.

31 Vgl. Janosch Steuwer/Hanne Leßau, „Wer ist ein Nazi? Woran erkennt man ihn?" Zur Unterscheidung von Nationalsozialisten und anderen Deutschen, in: Mittelweg 36 1 (2014), S. 30–51.

dass der Entnazifizierung im Grunde kein pädagogisches, aufklärerisches oder strafrechtliches Anliegen zugrunde lag, sondern dass es im Kern um die Überprüfung formaler Belastungskriterien ging und diese Konzeption trotz aller Modifikationen bis zuletzt erhalten blieb. Aber nicht nur der von ihnen geforderte Blick auf erfahrungsgeschichtliche Perspektiven ermöglicht eine differenziertere Einschätzung, auch eine detailliertere Betrachtung der theoretischen Hintergründe ist für eine umfassend zu analysierende Entnazifizierungspolitik und -praxis notwendig und eröffnet neue Perspektiven. Denn Entnazifizierung ist nicht hinreichend damit erklärt, sie in einer „hochgradig formalisierten Vorstellung von NS-Belastung“[32] oder vorrangig als bürokratisches Verfahren oder Verwaltungsvorgang[33] zu begreifen. Eine solche Beschreibung läuft Gefahr, ihren politischen Charakter zu übersehen. Vielmehr ist zu hinterfragen, welche Vorstellungen von NS-Belastung existierten und wie sich diese im Einzelnen formalisierten.

Einen Überblick über berlinspezifische Regelungen gibt es bislang nicht, und auch in den wissenschaftlichen Debatten über Gemeinsamkeiten und Unterschiede der Entnazifizierung in den vier Besatzungszonen finden sie kaum Beachtung.[34] Die Entnazifizierungspolitik in Berlin, in den einzelnen Sektoren sowie als stadtweites Projekt, ist nur vor dem Hintergrund der jeweiligen Besatzungszonen und den dortigen Entnazifizierungsregelungen zu verstehen. Grundsätzlich ist zu rekonstruieren, inwieweit man sich in Berlin neben lokalen Initiativen an den Vorgaben des Kontrollrats oder an denen der jeweiligen Hauptquartiere orientierte und in welchen zeitlichen Abschnitten Maßnahmen und Regelungen wirkten.

Der Alliierte Kontrollrat erließ zwei zentrale Richtlinien zur Entnazifizierung, die Direktive Nr. 24 vom Januar 1946 und die Direktive Nr. 38 vom Oktober 1946. Das amerikanische Engagement und seine detaillierten, teils in

32 Vgl. ebenda, S. 45 und 50.

33 Vgl. Leßau, Entnazifizierungsgeschichten, S. 24 f. und 269.

34 In Berlin gültige Gesetze und Maßnahmen finden in einigen Studien Erwähnung, darunter: Gerhard Keiderling, Wir sind die Staatspartei. Die KPD-Bezirksorganisation Groß-Berlin April 1945–April 1946, Berlin 1997; Dorothea Führe, Die französische Besatzungspolitik in Berlin von 1945–1949. Déprussianisation und Décentralisation (Techn. Universität Berlin, 2000), Berlin 2001; Heinrich Marvin, Entnazifizierung in Berlin. Die verschwiegene Staatsaufgabe Nr. 1, in: Berliner Geschichtswerkstatt (Hrsg.), Der Wedding – hart an der Grenze. Weiterleben in Berlin nach dem Krieg, Berlin 1987, S. 115–128; Stefan Botor, Das Berliner Sühneverfahren – Die letzte Phase der Entnazifizierung, Frankfurt a. M. 2006; Anja Stanciu, „Alte Kämpfer“ der NSDAP: Eine Berliner Funktionselite 1926–1949, Köln/Weimar/Wien 2017, S. 327–371. In diesen Arbeiten werden die zentralen Richtlinien und Maßnahmen erwähnt oder in kurzer Form beschrieben, aber nicht systematisch untersucht.

Kooperation mit britischen Stellen getroffenen Vorbereitungen strahlten auf die Politik in den anderen Zonen aus. Gleich zwei Mal gelang es den USA, wesentliche Impulse für eine deutschlandweite Vereinheitlichung zu geben. Ihre erste Verordnung JCS 1067 bildete die Grundlage für die Direktive Nr. 24; ihr „Befreiungsgesetz“ die Basis für die wenige Monate später verabschiedete Direktive Nr. 38. Während die erste Direktive des Kontrollrats ein Kategoriensystem für den Ausschluss ehemaliger Mitglieder und Unterstützer:innen der NSDAP bereitstellte, umfasste die zweite Direktive sowohl Maßnahmen der Exklusion als auch der Bestrafung und Rehabilitierung.[35] Untersucht wird in dieser Arbeit, inwieweit die Direktive Nr. 24 in Berlin von zentraler, die Direktive Nr. 38 dagegen insgesamt von geringer Bedeutung war.

Über die Entwicklung der Entnazifizierung in den einzelnen Besatzungszonen und wie sie einzelne Länder, Orte oder Berufsgruppen betraf, existiert eine Vielzahl überwiegend politik- bzw. verwaltungshistorischer Studien. Frühen Einschätzungen zufolge wurde die amerikanische Entnazifizierungspolitik[36] meist von den anderen drei Zonen „verspätet und unter Betonung strafrechtlicher Aspekte (britische Zone), nur unregelmäßig und unplanmäßig (französische Zone) bzw. als untergeordnetes Instrument einer die amerikanischen Absichten weit übersteigenden sozialen Strukturreform (sowjetische Zone) übernommen“.[37] Mit der Ausdifferenzierung der Forschung, insbesondere seit der Öffnung der Archive, sind solche Charakterisierungen zwar insgesamt vielschichtiger geworden, aber in Grundzügen bestehen geblieben.

35 Vgl. Vollnhals, Einleitung, S. 9–20; Niethammer, Mitläuferfabrik, S. 661–665.

36 Zur amerikanischen Zone siehe u. a.: Niethammer, Die Mitläuferfabrik; John Gimbel, The American Occupation of Germany and the Military, 1945-1949: Politics and the Military, Stanford 1968; Hans Woller, Gesellschaft und Politik in der amerikanischen Besatzungszone. Die Region Ansbach und Fürth (Quellen und Darstellungen zur Zeitgeschichte), München 1986; Klaus-Dietmar Henke, Die amerikanische Besetzung Deutschlands, München 1995; Rebecca Boehling, A Question of Priorities: Democratic reform and economic recovery in postwar Germany. Frankfurt, Munich and Stuttgart under U.S. Occupation, New York 1996; Rebecca Boehling, Transitional Justice? Denazification in the US Zone of Occupied Germany, in: Camilo Erlichman/Christopher Knowles (Hrsg.), Transforming Occupation in the Western Zones of Germany. Politics, Everyday Life and Social Interactions, 1945–55, London 2018, S. 63-80; Angela Borgstedt, Entnazifizierung in Karlsruhe 1946 bis 1951. Politische Säuberungen im Spannungsfeld von Besatzungspolitik und lokalpolitischem Neuanfang, Konstanz 2001; Kathrin Meyer, Entnazifizierung von Frauen. Die Internierungslager der US-Zone 1945–1952, Berlin 2004; Dominik Rigoll, Staatsschutz in Westdeutschland. Von der Entnazifizierung zur Extremistenabwehr, Göttingen 2013.

37 So fasst Niethammer die von Justus Fürstenau dargestellten Unterschiede in den vier Besatzungszonen zusammen. Ders., Die Mitläuferfabrik, S. 18. Vgl. Justus Fürstenau, Entnazifizierung. Ein Kapitel deutscher Nachkriegspolitik, Berlin 1969.

Die Entnazifizierungs- bzw. Spruchkammerverfahren, in denen nach Erlass des Befreiungsgesetzes zunächst in der amerikanischen und später in der britischen und französischen Besatzungszone ein Großteil der Deutschen in quasirechtsstaatlichen Verfahren in „Hauptschuldige", „Belastete", „Minderbelastete", „Mitläufer" und „Entlastete" eingeteilt wurde, sind zentraler Gegenstand diverser Studien. Ob eher negativ oder positiv bewertet, weitgehende Einigkeit besteht darin, dass der ursprüngliche politische Charakter (wie ihn die Kontrollratsdirektive Nr. 24 vorgab) durch eine Verrechtlichung des Spruchkammerverfahrens weitgehend außer Kraft gesetzt wurde, indem eine individuelle und strafrechtliche Beurteilung von Schuld gegenüber kategorialen Entscheidungen Bedeutung gewann.[38] Ausführlich hat Niethammer dargelegt, wie die bayerischen Kammern eine „denkbar weitherzige Dehnung" der individuellen Beurteilung vornahmen, die gesetzliche Grundlage der Belastungskategorien vielfach ignorierten und, in Analogie zur Strafprozessordnung, davon ausgingen, dem Betroffenen müsse jenseits seiner Mitgliedschaften und Funktionen ein persönliches Verhalten juristisch nachgewiesen werden.[39] Diskutiert wird in der Forschung, inwieweit das Befreiungsgesetz, wie von deutschen Jurist:innen der Zeit kritisiert, auf einem für das deutsche Strafrecht ungewöhnlichen Prinzip einer umgekehrten Beweislast basierte und eine prinzipielle Schuldannahme auf der Basis von Mitgliedschaften und Funktionen zu Ungerechtigkeiten führte.[40] Die milde Spruchpraxis erklären regionale und (kollektiv-)biografische Studien ferner mit der scharfen Kritik an der Entnazifizierung vonseiten der (evangelischen) Kirche und mit der massenhaften Verwendung sogenannter Persilscheine, mit denen persönliche und berufliche Bekanntschaften den Betroffenen eine anständige und unpolitische Haltung bestätigten. Für die häufig engagierten Mitglieder der Ausschüsse war es dagegen äußerst schwierig, geeignetes Belastungsmaterial zu beschaffen.[41] Anknüpfend daran wird diskutiert, welche Formen die Kommissionen in Berlin einnahmen, welche Bilanzen festzuhalten sind und wie die Entnazifizierungsverfahren in der Praxis abliefen.

38 Vgl. Niethammer, Mitläuferfabrik, S. 661–665; Vollnhals, Einleitung, S. 19; Henke, Trennung vom Nationalsozialismus, S. 39; Schlemmer, Gelungener Fehlschlag, S. 19; Rauh-Kühne, Entnazifizierung, S. 39.

39 Vgl. Niethammer, Mitläuferfabrik, S. 645 ff.

40 Vgl. Woller, Gesellschaft und Politik, S. 118 ff. und 1230 ff.; Henke, Trennung vom Nationalsozialismus. S. 37 ff.

41 Vgl. Vollnhals, Evangelische Kirche, S. 267 und 278; Ernst Klee, Persilscheine und falsche Pässe. Wie die Kirchen den Nazis halfen, Frankfurt a. M. 1991; Borgstedt, Entnazifizierung in Karlsruhe, S. 231–246; Woller, Gesellschaft und Politik, S. 128 f.; Rauh-Kühne, Entnazifizierung, S. 35.

Die britische Entnazifizierungspolitik orientierte sich am amerikanischen Modell, wobei sie zum einen auf eine groß dimensionierte Überprüfung verzichtete und zum anderen länger an ihrer alleinigen Entscheidungskompetenz festhielt.[42] Zu den Unterschieden der britischen Politik gehörte eine verstärkte Trennung politischer und rechtlicher Aspekte, denn es erfolgte eine strafrechtliche Ahndung von Mitgliedern sogenannter verbrecherischer Organisationen in separaten Spruchgerichten und nicht im Zuge von Entnazifizierungsverfahren.[43] Zur lange von der Forschung vernachlässigten französischen Besatzungszone betonen jüngere Einschätzungen die Eigenständigkeit der französischen Politik und revidieren das in der Forschung überwiegende Bild einer unvorbereiteten und halbherzig durchgeführten Entnazifizierung. Autor:innen wie Reinhard Grohnert, Rainer Möhler und Corine Defrance zufolge entwickelte die französische Politik vielmehr ein eigenständiges, auf individuelle Überprüfung ausgerichtetes Verfahren, welches zunächst versuchte, das strikte Kategoriensystem der amerikanischen Politik zu vermeiden.[44] Laut Klaus-Dietmar Henke ist dennoch von einer von Umbrüchen geprägten und aufgrund der geringen Planungszeit zum Teil improvisierten Entnazifizierung zu sprechen. Ihm zufolge verlief die Entnazifizierung im französischen wie im britischen Besatzungsgebiet insgesamt zersplittert und ohne hohe Priorität.[45]

Während die Forschungsliteratur zur Entnazifizierung in der sowjetischen Zone die Maßnahmen zur Vermögenskontrolle zumeist als zentrales Element einer „antifaschistisch-demokratischen Umwälzung" behandelt, greifen Studien

42 Zur britischen Entnazifizierungspolitik u.a.: Irmgard Lange, Entnazifizierung in Nordrhein-Westfalen. Richtlinien, Anweisungen, Organisation, Siegburg 1976; Heiner Wember, Umerziehung im Lager. Internierung und Bestrafung von Nationalsozialisten in der britischen Besatzungszone Deutschlands, Essen 1991; Ingo Harms, Medizinische Verbrechen und die Entnazifizierung der Ärzte im Land Oldenburg, in: Forschungen zur Medizin im Nationalsozialismus: Vorgeschichte, Verbrechen, Nachwirkungen, Göttingen 2014.

43 Vgl. Vollnhals, Einleitung, S. 33; Rauh-Kühne, Entnazifizierung, S. 63; Leßau, Entnazifizierungsgeschichten, S. 279ff.

44 Vgl. Reinhard Grohnert, Die Entnazifizierung in Baden 1945–1949. Konzeptionen und Praxis der „Epuration" am Beispiel eines Landes der französischen Besatzungszone, Stuttgart 1991; Rainer Möhler, Entnazifizierung in Rheinland-Pfalz und im Saarland unter französischer Besatzung von 1945 bis 1952, Mainz 1992; Stefan Zauner, Erziehung und Kulturmission. Frankreichs Bildungspolitik in Deutschland 1945–1949, München 1994; Corine Defrance, Les Alliés occidentaux et les universités allemandes 1945–1949, Paris 2000; Sébastien Chauffour/Corine Defrance/Stefan Martens/Marie-Bénédicte Vincent (Hrsg.), La France et la dénazification de l'Allemagne après 1945, Brüssel 2019.

45 Vgl. Klaus-Dietmar Henke, Politische Säuberung unter französischer Besatzung. Die Entnazifizierung in Württemberg-Hohenzollern, Stuttgart 1981, S. 9ff. und 126; Henke, Trennung vom Nationalsozialismus, S. 41–44.

über die von den Westmächten kontrollierten Gebiete personal- und wirtschaftspolitische Maßnahmen eher getrennt auf. Jüngere unternehmensgeschichtliche Studien zeigen dagegen, wie sehr auch hier die verschiedenen Maßnahmen von Internierung, Entlassung, Entnazifizierungsverfahren und Vermögenskontrolle zusammenwirkten.[46]

Für die sowjetische Zone entwarf zunächst Wolfgang Meinicke eine Einteilung in vier Phasen, an denen sich andere Autor:innen orientiert haben.[47] Die Literatur zur SBZ[48] betrachtet Entnazifizierung mehrheitlich in einem größeren Zusammenhang von politischen, ökonomischen und sozialen Reformen und oft als von den Maßnahmen der westlichen Regionen verschieden. Clemens Vollnhals etwa spricht von einer doppelten Zielsetzung der Entnazifizierung als Ausrottung des Nazismus einerseits und Durchsetzung des Führungsanspruchs der KPD andererseits.[49] Vergleichbar argumentiert Damien Van Melis für eine spezifische „Funktionalisierung und Instrumentalisierung der Entnazifizierung und des Antifaschismus" innerhalb der SBZ. Zwar besäße die Abkehr vom NS-Regime in allen Besatzungszonen die zentrale politische und ideologische Dimension bei der Errichtung, Legitimierung und Sicherung, doch diente die Überprüfung und Entlassung in der SBZ darüber hinausgehenden politischen Zielen.[50]

46 Vgl. Jürgen Finger/Sven Keller/Andreas Wirsching, Dr. Oetker und der Nationalsozialismus. Geschichte eines Familienunternehmens 1933–1945, München 2013, S. 375–394 und 386; Stephan H. Lindner, Schatten der Vergangenheit oder personeller Neubeginn? Die Farbwerke Hoechst nach dem Zweiten Weltkrieg, in: Jörg Osterloh/Harald Wixforth (Hrsg.), Unternehmer und NS-Verbrechen. Wirtschaftseliten im „Dritten Reich" und in der Bundesrepublik Deutschland, Frankfurt/New York 2014, S. 155–182.

47 Vgl. Wolfgang Meinicke, Zur Entnazifizierung in der sowjetischen Besatzungszone unter Berücksichtigung von Aspekten politischer und sozialer Veränderungen (1945–1948), (Diss. phil.) Berlin (Ost) 1983, S. 1–60; ders., Entnazifizierung in der sowjetischen Besatzungszone 1945 bis 1948, in: Zeitschrift für Geschichtswissenschaft 32 (1984) 11, S. 968–979.

48 Siehe u. a.: Damien Van Melis, Entnazifizierung in Mecklenburg-Vorpommern: Herrschaft und Verwaltung, München 1999; Helga A. Welsh, „Antifaschistisch-demokratische Umwälzung" und politische Säuberung in der sowjetischen Besatzungszone Deutschlands, in: Henke/Woller (Hrsg.), Politische Säuberung in Europa, S. 84–107; dies., Revolutionärer Wandel auf Befehl? Entnazifizierungs- und Personalpolitik in Thüringen und Sachsen (1945–1948), München 1989; Ruth-Kristin Rößler, Einleitung, in: dies (Hrsg.), Die Entnazifizierungspolitik der KPD/SED 1945–1948. Dokumente und Materialien, Wiesbaden 1994, S. 13–57; Timothy R. Vogt, Denazification in Soviet-Occupied Germany: Brandenburg 1945–1948, Harvard College 2000.

49 Vgl. Clemens Vollnhals, Politische Säuberung als Herrschaftsinstrument. Entnazifizierung in der Sowjetischen Besatzungszone, in: Horch und Guck. Zeitschrift zur kritischen Aufarbeitung der SED-Diktatur 44 (2003), S. 9–13, hier S. 9.

50 Van Melis, Entnazifizierung, S. 3, auch S. 8 und 320.

Andere, etwa Timothy Vogt, hinterfragen diesen Trend, Entnazifizierung unter dem Blickwinkel einer Stalinisierung zu betrachten,[51] oder sehen es wie Marcel Boldorf kritisch, dass die Forschung überwiegend von einer Instrumentalisierung der Entnazifizierung im Sinne ihres Gebrauchs zur Legitimation des intendierten Führungskräftewechsels spricht.[52] Zu bestimmen ist, an diese Debatten anschließend, insbesondere, welchen Einfluss die KPD/SED und die „Gruppe Ulbricht" auf die Gestaltung der Berliner Entnazifizierungspolitik hatten.

In vielerlei Hinsicht orientierte sich die Entnazifizierungspolitik in Berlin an den Regelungen der vier Besatzungszonen, denn die Alliierten entwarfen für die Viermächtestadt nur vereinzelt vollständig eigene Gesetze und Anordnungen. Zwei Fragen leiten diese Arbeit: Erstens, welche denen der Besatzungszonen ähnlichen oder unähnlichen Gesetze und Maßnahmen galten in Berlin und waren in der Praxis bedeutsam? Zweitens, welchen Einfluss besaßen Analysen des Nationalsozialismus und Strategien seiner Beseitigung innerhalb zentraler Gesetze und Maßnahmen?

Politik-, verflechtungs- und ideengeschichtliche Zugänge

Die hier abgebildete Erforschung der Entnazifizierungspolitik in Berlin orientiert sich an politik-, verflechtungs- und ideengeschichtlichen Ansätzen. Zwischen Politik- und Geschichtswissenschaft verortet, soll Entnazifizierung politikhistorisch rekonstruiert, transnational erklärt und ideengeschichtlich gedeutet werden. Entscheidungen und Begründungen der Alliierten Kommandantur, der Militärregierungen der vier Sektoren sowie der deutschen Verwaltung hinsichtlich Maßnahmen und Richtlinien über die Beseitigung nationalsozialistischer Einflüsse können auf diese Weise vor dem Hintergrund theoretischer Analysen des Nationalsozialismus und ihren politischen Adaptionen betrachtet werden. Gegenüber eher politik- und verwaltungshistorischen Studien kann eine solche Betrachtung helfen, leitende Theorien und Analysen herauszuarbeiten und die komplexe und widersprüchliche Entnazifizierungspolitik zu sortieren.

Zunächst basiert die Arbeit auf einer Auswertung der nachstehend skizzierten Archivmaterialien. Eine solche politikhistorische Rekonstruktion der Entnazifizierung fragt nach Rechtsgrundlagen wie Befehlen, Anordnungen und Rundverfügungen, nach Arbeitsweisen, Zuständigkeiten und Kompetenzen sowie nach politischen Rahmenbedingungen und Hintergründen. Sie skizziert ein

51 Vgl. Vogt, Denazification, S. 4f.

52 Vgl. Boldorf, Brüche oder Kontinuitäten, S. 287f.

Netzwerk an Themen und Akteur:innen, was es erlaubt, Entwicklungen, Kontinuitäten und Brüche nachzuvollziehen und im politischen, ökonomischen, rechtlichen und kulturellen Gefüge zu erklären. Diese Deutung erfolgt in einer verschränkten Betrachtung der verschiedenen Quellen und, ausgehend vom Material, in einer transnationalen Perspektive. Denn Entnazifizierungspolitik ist, insbesondere in Berlin, kein nationales Phänomen. Geprägt durch ein Mit-, Gegen- und Nebeneinander der vier Alliierten und ihrer Partner, überschreitet ihre Politik nationalstaatliche Grenzen und lässt sich nur mit Blick auf Algier/ Paris, London, Moskau und Washington verstehen.

Marc Bloch plädierte bereits 1928 für eine vergleichende Methode, die wechselseitige Einflüsse offenlegt und historische, soziale, kulturelle und politische Phänomene als nicht mit Herrschaftsräumen identisch und jenseits nationalstaatlicher Grenzen betrachtet.[53] Innerhalb der Geschichtswissenschaft existiert mit Ansätzen wie Transnationaler Geschichte, Globalgeschichte und Universalgeschichte heute eine breite, vielfältige Forschungslandschaft, die in oft fließenden Übergängen verschiedene methodische Ansätze offeriert.[54] Gemein ist jenen Perspektiven die Überwindung einer nationalstaatlichen Historiografie, an deren Stelle wirtschaftliche, kulturelle, politische und soziale Beziehungen und Verflechtungen treten. Mit dem Blick auf die „Interaktion zwischen Individuen, Gruppen, Organisationen und Staaten […], die über Grenzen hinweg agieren“,[55] widmen transnationale Ansätze sich ihrem Gegenstand multiperspektivisch. Oft an der Schnittstelle globaler Prozesse und lokaler Manifestation verortet, richten sie den Blick auf die Synchronizität historischer Prozesse, in denen Akteur:innen über größere Distanz hinweg in einer Beziehung stehen.[56] Methodisch haben dabei die Verflechtungs-, Beziehungs- und Transfergeschichte der vergleichenden

53 Vgl. Marc Bloch, Pour une histoire comparée des sociétés européennes (1928), in: Mélanges historiques 1 (1963), Paris, S. 16–40; ders., Für eine vergleichende Geschichtsbetrachtung der europäischen Gesellschaften, in: Matthias Middell/Steffen Sammler (Hrsg.), Alles Gewordene hat Geschichte. Die Schule der Annales in ihren Texten 1929–1992, Leipzig 1994, S. 121–167.

54 Vgl. Pierre-Yves Saunier, Transnational, in: Akira Iriye/Pierre-Yves Saunier (Hrsg.), The Palgrave Dictionary of Transnational History, New York 2009, S. 1047–1055.

55 Helmut Kaelble/Martin Kirsch/Alexander Schmit-Gernig, Zur Entwicklung transnationaler Öffentlichkeiten und Identitäten im 20. Jahrhundert. Eine Einleitung, in: dies. (Hrsg.), Transnationale Öffentlichkeiten und Identitäten im 20. Jahrhundert, Frankfurt a. M. 2002, S. 7–35, hier S. 9.

56 Vgl. Sebastian Conrad/Andreas Eckert, Globalgeschichte, Globalisierung, multiple Welten. Zur Geschichtsschreibung der modernen Welt, in: dies/Ulrike Freitag (Hrsg.), Globalgeschichte. Theorie, Ansätze, Themen, Frankfurt a. M./New York 2007, S. 7–52, hier S. 26–29.

Forschung neue Impulse verliehen.[57] Mit unterschiedlichen Schwerpunkten werden in „pragmatic induction“[58] Interaktionen von Personen und Transformationen von Praktiken und Ideen gesucht und auf die Verflochtenheit von wirtschaftlichen, politischen und theoretischen Dimensionen auf der Mikro- und Makroebene hin gedeutet.[59]

Entnazifizierung erklärt sich in einer solchen Perspektive als verwobene Politik der Anti-Hitler-Koalition, ihrer Regierungen, Ministerien, Geheimdienste und Militärs, ihrer politischen, wissenschaftlichen und zivilgesellschaftlichen Partner und den deutschen Beteiligten: im Alliierten Kontrollrat und in der Alliierten Kommandantur, in den Militärregierungen der vier Sektoren, ihren Beziehungen zu den Hauptquartieren der Besatzungszone, zu den Regierungen und diplomatischen Vertretungen, in der Beziehung des Magistrats und den Bezirksämtern, der Polizei, den politischen Parteien, Opfervereinigungen und religiösen Vertretungen. Ein solch transnationaler Blick fragt, woher Anstöße zur Entnazifizierung stammten, wie sie sich veränderten, sich mit anderen verbanden, ergänzten oder im Widerspruch standen, an welchen Orten und zu welchen Zeiten sie auftauchten und ob, wann und unter welchen Bedingungen sie umgesetzt wurden. Eine derartige Betrachtungsweise schließt an jüngere Plädoyers für eine gesamtdeutsche Verflechtungsgeschichte personeller, institutioneller und politisch-kultureller Kontinuitäten und Brüche der Nachkriegszeit an.[60]

57 Im angelsächsischen Raum hat sich dafür der Begriff „entangled history“ durchgesetzt, in Frankreich „histoire croisée“ und im deutschsprachigen Raum „Verflechtungsgeschichte“. Vgl. Budde, Gunilla/Conrad, Sebastian/Janz, Oliver (Hrsg.), Transnationale Geschichte. Themen, Tendenzen und Theorien, Göttingen 2002; Jürgen Osterhammel, Geschichtswissenschaft jenseits des Nationalstaats. Studien zu Beziehungsgeschichte und Zivilisationsvergleich, Göttingen 2001; Michael Werner/Bénédicte Zimmermann, Vergleich, Transfer, Verflechtung. Der Ansatz der histoire croisée und die Herausforderung des Transnationalen, in: Geschichte und Gesellschaft 28 (2002) 4, S. 607–636.

58 Michael Werner/Bénédicte Zimmermann, Histoire Croisée: Between the Empirical and Reflexivity, Histoire Croisée: Between the Empirical and Reflexivity, in: Annales. Histoire, Sciences Sociales 58 (2003) 1, S. 7–36, hier S. 32.

59 Vgl. Sebastian Conrad, Enlightenment in Global History: A Historiographical Critique, in: American Historical Review 117 (2012) 4, S. 999–1027. Siehe auch: Samuel Moyn/Andrew Sartori, Approaches to Global Intellectual History, in: dies. (Hrsg.), Global Intellectual History, New York 2013, S. 3–30.

60 Vgl. Creuzberger/Geppert, Ämter und ihre Vergangenheit, S. 196. Anknüpfungspunkte bieten ebenso: Annette Weinke, Die Verfolgung von NS-Tätern im geteilten Deutschland. Vergangenheitsbewältigung 1949–1969 oder: Eine deutsch-deutsche Beziehungsgeschichte im Kalten Krieg, Paderborn 2002; dies., Gewalt, Geschichte, Gerechtigkeit. Transnationale Debatten über deutsche Staatsverbrechen im 20. Jahrhundert, Göttingen 2006.

Methodischen Anstoß erhält die Arbeit weiter durch Grundgedanken ideengeschichtlicher Forschung. Im breiten Feld der politischen Ideengeschichte existieren als History of Ideas und Intellectual History vielfältige Ansätze, die Entstehung, Entwicklung und Wirkung politischer Ideen zu erforschen.[61] Aus jüngeren politikwissenschaftlichen Debatten lässt sich entnehmen, Ideengeschichte als „Archiv" und „Laboratorium" zu betrachten und darin archivalische und „experimentelle" Strategien zu verbinden, um den Einfluss der Ideen auf die politische Praxis in historischen Konstellationen zu untersuchen.[62] Die Forschung soll Ideen historisieren und auf ihre politische Bedeutung hin befragen. Ähnlich bestimmt Marcus Llanque die Ideengeschichte als „Archiv und Arsenal" und hebt die Rezeptionsgeschichte zentraler ideengeschichtlicher Texte als Teil eines „Gewebes politischer Diskurse" hervor.[63] Kontextualisierende und rezeptionsgeschichtliche Ansätze zusammenfassend, begreifen solche methodischen Betrachtungen ideengeschichtliche Texte als politische Interventionen, reflektieren politische Positionierungen und Rhetorik und fragen nach ihrer Wirkungs- wie Rezeptionsgeschichte.[64] Auf diese Weise Entnazifizierungspolitik zu untersuchen und zu deuten bedeutet insofern zunächst einmal, die zeitgenössischen Interpretationen des Nationalsozialismus und damit einhergehende Strategien seiner Beseitigung als politische Ideen zu verstehen und auf ihre Wirkung zu befragen. Eine solche Perspektive begreift staatstheoretische, rechts- und wirtschaftswissenschaftliche oder mentalitätsgeschichtliche Deutungen des NS-Regimes als eine Art Archiv und Sammlung, die politiktheoretische

61 Über die Methodendiskussion zur Erforschung politischer Ideen: Timothy Goering, Ideengeschichte heute. Tradition und Perspektiven, Bielefeld 2017; Andreas Busen/Alexander Weiß, Ansätze und Methoden zur Erforschung politischen Denkens, Baden-Baden 2003; Ralph Weber/Martin Beckstein, Politische Ideengeschichte. Interpretationsansätze in der Praxis, Göttingen 2014; Martin Mulsow/Andreas Mahler, Einleitung, in: dies. (Hrsg.), Die Cambridge School der politischen Ideengeschichte, Frankfurt a.M. 2010, S. 7–20; Darrin M. McMahon/Samuel Moyn (Hrsg.), Rethinking Modern European Intellectual History, Oxford 2014; Moyn/Sartori, Approaches to Global Intellectual History, S. 3–30; Alfons Söllner/Ralf Walkenhaus/Karin Wieland (Hrsg.), Totalitarismus. Eine Ideengeschichte des 20. Jahrhunderts, Berlin 1997.

62 Vgl. Grit Straßenberger/Herfried Münkler, Was das Fach zusammenhält. Die Bedeutung der Politischen Theorie und Ideengeschichte in der Politikwissenschaft, in: Hubertus Buchstein/Gerhard Göhler (Hrsg.), Politische Theorie und Politikwissenschaft, Wiesbaden 2007, S. 45–79, hier S. 45 ff.

63 Marcus Llanque, Politische Ideengeschichte. Ein Gewebe politischer Diskurse, München 2008, S. 3 f.

64 Vgl. Mark Bevir, The Contextual Approach, in: The Oxford Handbook of the History of Political Philosophy, Oxford 2011, S. 11–23; Ralph Weber/Martin Beckstein, Einleitung, in: dies. (Hrsg.), Politische Ideengeschichte, S. 13–35, hier S. 27 f.

Erklärungsansätze für zentrale Fragen der Entnazifizierung bereitstellt. Sie sucht Antworten in theoretischen Abhandlungen und geht personellen, institutionellen und textlichen Spuren nach, um nach Einflüssen auf politische Entscheidungen und Maßnahmen der Entlassung, Beschlagnahme, Bestrafung und Wiedergutmachung zu suchen.

Für eine solche Betrachtung ist eine Reihe von Arbeiten zurate zu ziehen, die sich bemühen, praktische Politik mit theoretischen Debatten zu verknüpfen und die Bedeutung von Texten und Personen wie beispielsweise des Politologen Neumann, des britischen Diplomaten und Publizisten Robert G. Vansittart und des französischen Germanisten Vermeil für die Gestaltung der Nachkriegspolitik zu erörtern. Die engere Forschungsdebatte über Entnazifizierung behandelt dies überwiegend unter dem politikhistorischen Gesichtspunkt einer Voraussetzung oder Planungszeit; Studien, die sich eher der Intellectual History zuordnen lassen, nehmen hingegen das politiktheoretische Denken und Wirken von Autor:innen und Netzwerken zum Ausgangspunkt. In beiden Bereichen finden sich wichtige Anknüpfungspunkte.

In der wissenschaftlichen Auseinandersetzung nimmt die am gründlichsten erforschte amerikanische Politik den größten Raum ein. Vor allem die in dieser Arbeit in den Vordergrund zu rückende Bedeutung Neumanns, seiner Research and Analysis (R&A) Branch des Office of Strategic Services (OSS), der Forschungsabteilung des Nachrichtendienstes, sowie ihr Einfluss auf die Entnazifizierungspolitik werden dabei recht unterschiedlich bewertet. Bereits Niethammer hat herausgearbeitet, dass das OSS unter Neumanns Führung „eine Theorie des deutschen Faschismus als eines ausbeuterischen Elitenkartells" entwickelte, zu dessen Beseitigung Verhaftungs- und Disqualifizierungsmaßnahmen geplant wurden,[65] und deutet an, dass in den Streitigkeiten innerhalb des US-Außenministeriums Elemente einer „neomarxistischen Faschismusanalyse" an Bedeutung gewannen, diese aber insgesamt nur geringen Einfluss besaßen.[66] Ulrich Herbert erkennt dagegen zwei Denkschulen innerhalb der amerikanischen Besatzungspolitik: einerseits das elitentheoretische Modell Neumanns, das Einfluss auf die Nürnberger Prozesse hatte, und andererseits – auf die Pläne Henry Morgenthaus anspielend – die Vorstellung, das NS-Regime und seine Verbrechen seien von der Mehrheit der Bevölkerung getragen worden und die Ursache dafür „in den bei den Deutschen besonders ausgeprägt zu beobachtenden

65 Ulrich Borsdorf/Lutz Niethammer, Zwischen Befreiung und Besatzung. Analysen des US-Geheimdienstes über Positionen und Strukturen deutscher Politik 1945, Erstausgabe 1967, Weinheim 1995, S. 12.

66 Niethammer, Mitläuferfabrik, S. 32–52 und 655.

Affinitäten zu autoritärem, antiliberalem, militaristischem und nationalistischem Gedankengut" zu sehen. Aus Letzterem sieht er Entnazifizierung abgeleitet – recht zugespitzt formuliert – als „Programm der politischen Überprüfung *aller* Deutscher in den Westzonen".[67]

Eine gegenteilige Lesart vertritt Barry M. Katz, der mitunter am stärksten betont, dass die amerikanische Deutschlandplanung in vielerlei Hinsicht auf den Empfehlungen des OSS beruhe.[68] Ähnlich ist für Michel Dack der Einfluss der OSS-Berichte „in shaping American strategy for denazification and its formulation of the questionnaire program" offenkundig.[69] Es erstaunt nicht, dass sich zwischen diesen konträren Positionen vermittelnde Interpretationen finden. Alfons Söllner und Petra Marquard-Bigman etwa weisen schlüssig nach, wie die Anregungen von Neumann, Marcuse und Kirchheimer Eingang in die Verhaftungs-, Internierungs- und Entlassungskriterien des vom Supreme Headquarters, Allied Expeditionary Force (SHAEF) herausgegebenen Handbuchs fanden. Zugleich unterstreichen sie einen großen Wandel von einem qualitativen Programm des OSS zu einer auf Quantität ausgerichteten amerikanischen Politik nach 1945.[70]

Eine nicht zu unterschätzende Bedeutung für weitergehende Forschungen bilden die zunächst von Alfons Söllner unter dem Titel *Zur Archäologie der Demokratie*[71] und jüngst in erweiterter Form von Raffaele Laudani als *Im Kampf gegen Nazideutschland*[72] herausgegebenen Berichte der R&A Branch des OSS, für die neben anderen Neumann, Kirchheimer und Marcuse deutschlandpolitische Analysen und Empfehlungen verfassten. Söllner verstand die Text-

67 Vgl. Ulrich Herbert, Wer waren die Nationalsozialisten? Typologien des politischen Verhaltens im NS-Staat, in: Gerhard Hirschfeld/Tobias Jersak (Hrsg.), Karrieren im Nationalsozialismus: Funktionseliten zwischen Mitwirkung und Distanz, Frankfurt a. M. 2004, S. 17–44, hier S. 19.

68 Vgl. Barry M. Katz, Foreign Intelligence. Research and Analysis in the Office of Strategic Services, 1942–1945, London 1989, S. 47.

69 Vgl. William Mikkel Dack, Questioning the Past: The Fragebogen and Everyday Denazification in Occupied Germany, Thesis Calgary, Alberta 2016, S. 90.

70 Vgl. Alfons Söllner, Archäologie der deutschen Demokratie. Eine Forschungshypothese zur theoretischen Praxis der Kritischen Theorie im amerikanischen Geheimdienst, in: ders. (Hrsg.), Zur Archäologie der Demokratie in Deutschland, Bd. 1: Analysen von politischen Emigranten im amerikanischen Geheimdienst: 1943–1945, S. 7–40, hier S. 37–40; Petra Marquardt-Bigman, Amerikanische Geheimdienstanalysen über Deutschland 1942–1949, München 1995, S. 71.

71 Söllner (Hrsg.), Zur Archäologie der Demokratie in Deutschland, Bd. 1 und Bd. 2: Analysen von politischen Emigranten im amerikanischen Außenministerium: 1946–1949.

72 Raffaele Laudani (Hrsg.), Im Kampf gegen Nazideutschland. Die Berichte der Frankfurter Schule für den amerikanischen Geheimdienst 1943–1949, Frankfurt a. M. 2006.

sammlung der „political scholar“[73] in Foucaultscher Tradition als archäologische Dokumente, die in ihren praktischen Produktionsbedingungen als Geschichte und Soziologie des Wissens zu betrachten seien und Aufschluss geben können für eine Vor- und Frühgeschichte der Bundesrepublik. An seinem Programm, wissenschaftshistorische Studien der politisch-intellektuellen Emigration mit der politischen Geschichte methodisch zu verbinden,[74] orientiert sich diese Studie. Daran anknüpfend ist es Laudani gelungen, auf den Beitrag der Frankfurter Schule im Kampf gegen das nationalsozialistische Deutschland aufmerksam zu machen, indem er die Autorenschaft einzelner Beiträge identifiziert und zugleich Verbindungen zu theoretischen Werken wie Neumanns *Behemoth* oder Kirchheimers späteren *Political Justice* (1961) aufzeigt.[75]

Zudem hat Uta Gerhardt eindrücklich aufgearbeitet, inwieweit die Schriften des Soziologen Talcott Parsons keinesfalls in Archiven verschwanden, sondern, im Rückgriff auf Ernst Fraenkels *The Dual State* und Karl Loewensteins *Hitler's Germany*, die Vorbereitungen der Foreign Economic Administration Agency zu beeinflussen suchten.[76] Zu nennen ist in diesem Zusammenhang auch die Arbeit Jörg Späters über politische Debatten im Umfeld Vansittarts, um so ein differenziertes Spektrum der britischen Deutschlandpolitik zu entwerfen.[77] Aufschluss geben ferner die Arbeiten über französische Intellektuelle wie Vermeil, Raymond Aron und Robert d'Harcourt und ihre Beteiligung an den deutschlandpolitischen Plänen Charles de Gaulles. Methodischen Ansätzen des deutsch-französischen Kulturtransfers folgend, untersuchen beispielsweise Corine Defrance, Martin Strickmann und Katja Marmetschke Voraussetzungen der Rezeption intellektueller Stimmen, rekonstruieren ein Netzwerk an Verbindungen und stellen die Interdependenz von gouvernementalen und zivilgesellschaftlichen Akteur:innen innerhalb der internationalen Politik heraus.[78]

73 Alfons Söllner, Political Scholar. Zur Intellektuellengeschichte des 20. Jahrhunderts, Hamburg 2018.

74 Vgl. Söllner, Archäologie der deutschen Demokratie, S. 9 und 18 ff.

75 Vgl. Raffaele Laudani, Einleitung, in: Laudani (Hrsg.), Im Kampf gegen Nazideutschland, S. 37–68; Axel Honneth, Vorwort, in: Kampf gegen Nazideutschland, S. 9–20.

76 Vgl. Uta Gerhardt, Wirklichkeit(en). Soziologie und Geschichte, Baden-Baden 2014, S. 311–335; dies., Talcott Parsons. An Intellectual Biography, Cambridge 2002, S. 118–149.

77 Vgl. Jörg Später, Vansittart. Britische Debatten über Deutsche und Nazis 1902–1945, Göttingen 2003.

78 Vgl. Corine Defrance, Edmond Vermeil et la commission de rééducation du peuple allemand 1945–1946, in: Revue d'Allemagne 28 (1996) 2, S. 207–223; Martin Strickmann, L'Allemagne nouvelle contre l'Allemagne éternelle. Die französischen Intellektuellen und die deutsch-französische Verständigung 1944–1950, Frankfurt a.M. 2004; Katja Marmetschke, Feindbeobachtung und Verständigung. Der Germanist Edmond Vermeil

Konkrete Auswirkungen von Büchern, Artikeln oder Memoranden auf politische und rechtliche Entscheidungen sind oft nur schwer zu ergründen, wie Kim Christian Priemel in seiner beeindruckenden Publikation über die historischen Deutungen im Strafverfahren des Internationalen Militärgerichtshofs herausgestellt hat. Zu fragen ist in der vorliegenden Untersuchung, ob sich für eine Berliner Entnazifizierungspolitik, ähnlich wie für die Nürnberger Kriegsverbrecherprozesse, ein „thick paper trail" recherchieren lässt, mit dem sich die theoretischen Debatten der Kriegsjahre mit den praktischen Entscheidungen der Nachkriegszeit verknüpfen lassen.[79]

Quellen und Materialien

Die Untersuchung basiert auf einer Auswertung von alliierten und deutschen, überwiegend kaum berücksichtigten Archivbeständen im Landesarchiv Berlin, in den National Archives in London, im Diplomatischen Archiv in La Courneuve/Paris und im Archiv des Instituts für Zeitgeschichte in München. Grundsätzlich lassen sich drei relevante Quellenbestände unterscheiden: interalliierte Bestände, Unterlagen der vier Besatzungsmächte, ihrer Regierungen oder regierungsnahen Gremien sowie Überlieferungen der Stadtverwaltung Berlin.

Die erste Hauptquelle bilden *interalliierte Bestände*. Nach Kriegsende kamen die vier Besatzungsmächte in der Alliierten Kommandantur für Berlin und, dieser übergeordnet, im Alliierten Kontrollrat für Deutschland zusammen.[80]

(1878–1964) in den deutsch-französischen Beziehungen, Köln 2008. Zur Methodendiskussionen des deutsch-französischen Kulturtransfers siehe: Michel Espagne/Michael Werner, Deutsch-französischer Kulturtransfer im 18. und 19. Jahrhundert. Zu einem neuen interdisziplinären Forschungsprogramm des C.N.R.S., in: Francia 13 (1985), S. 502–510; Dietmar Hüser, Struktur- und Kulturgeschichte französischer Außenpolitik im Jahre 1945. Für eine methodenbewußte Geschichte der internationalen Beziehungen, in: Historische Mitteilungen 16 (2003), S. 155–170; Hans Manfred Bock, Transnationale Kulturbeziehungen und auswärtige Kulturpolitik. Die deutsch-französischen Institutionen als Beispiel, in: Ulrich Pfeil (Hrsg.), Deutsch-französische Kultur- und Wissenschaftsbeziehungen im 20. Jahrhundert. Ein institutionengeschichtlicher Ansatz, München 2007, S. 9–27.

79 Kim C. Priemel, The Betrayal. The Nuremberg Trials and German Divergence, Oxford 2006, S. 404.

80 Über Funktionsweisen siehe: Jürgen Wetzel, Office of Military Government for Berlin Sector, in: Institut für Zeitgeschichte/Christoph Weisz (Hrsg.), OMGUS-Handbuch (Quellen und Darstellungen zur Zeitgeschichte, Bd. 35), München 1994, S. 671–740. Über den Kontrollrat: Jan Foitzik, Der Alliierte Kontrollrat in Deutschland/Sowjetische Sektion, in: Horst Möller/Alexandr O. Tschubarjan (Hrsg.) in Zusammenarbeit mit Wladimir

Ihre Überlieferungen sind als Materialien der jeweiligen Delegation in die Bestände der Besatzungsmächte eingegliedert; für die westlichen Alliierten als „Allied Kommandantura" im britischen Military Government Greater Berlin Area (MGGBA)[81] und im amerikanischen Office of Military Government Berlin Sector (OMGBS)[82] sowie als „Kommandatura Interalliée" im französischen Gouvernement Militaire Français de Berlin (GMFB).[83] Ähnliches gilt für den Bestand des Alliierten Kontrollrats und der während des Krieges tätigen European Advisory Commission (EAC).[84]

Auf Impuls des Alliierten Kontrollrates, einzelner Fachkomitees, einer der vier Militärregierungen oder der deutschen Verwaltung durchliefen Anliegen und Themen die zuständigen Gremien, bis die vier Militärregierungen einen einstimmigen Beschluss fassten und eine Anordnung an den Oberbürgermeister erließen oder das Thema von der Agenda nahmen. In den Fachkomitees entwarfen die Delegationen Maßnahmen und Strategien einer Entnazifizierungspolitik, beurteilten Tausende von Einzelfällen, genehmigten Einstellungen, ordneten Entlassungen und Vermögensbeschlagnahmen an und kontrollierten die Umsetzung der Maßnahmen.

Materialien der vier Militärregierungen bilden die zweite Hauptquelle. Die Stadtkommandanten und Stellvertretenden Stadtkommandanten leiteten die Militärverwaltung ihres Sektors, die Delegierten der interalliierten Fachkomitees standen zumeist der entsprechenden Abteilung vor. Diese Materialien geben Aufschluss über (interne) Vorbereitungen, Anweisungen von höherer Ebene,

P. v. Koslow/Sergei W. Mironienko/Hartmut Weber, SMAD-Handbuch. Die Sowjetische Militäradministration in Deutschland 1945–1949, München 2009, S. 100–110; Gunther Mai, Der Alliierte Kontrollrat in Deutschland 1945–1948. Alliierte Einheit – deutsche Teilung?, München 1995.

81 TNA, Allied Kommandatura, FO 1112. Zur Aufarbeitung siehe: Adolf M. Birke/Hans Booms/Otto Merker (Hrsg.), Elfbändiges Inventar Akten der Britischen Militärregierung in Deutschland. Sachinventar 1945–1955, Hannover 1993; Ulrich Reusch, Die Londoner Institutionen der britischen Deutschlandpolitik 1943–1948, in: Historisches Jahrbuch 100 (1980), S. 318–443. Unterlagen des britischen Sekretariats der Alliierten Kommandantur finden sich auch im Museumsarchiv des AlliiertenMuseums (AAM), im Bestand des britischen Sekretariats der Alliierten Kommandantur.

82 LAB, B Rep. 036–01, Office of Military Government Berlin Sector (OMGBS). Zur Aufarbeitung: James Hastings, Die Akten des Office of Military Government for Germany (US), in: Vierteljahrshefte für Zeitgeschichte 24 (1976) 1, S. 75–101; Wetzel, Office of Military Government, S. 671–740.

83 MAE, Kommandatura Interalliée (KI). Zur Aufarbeitung: Ministère des Affaires Étrangères Direction des Archives (Hrsg.), Notice générale d'orientation et d'aide à la recherche: Zone française d'occupation en Allemagne et en Autriche (ZFO), La Courneuve 2014.

84 TNA, Allied Control Council, FO 1005 und European Advisory Commission, FO 1079.

Bewertungen und Strategien der jeweiligen Delegation sowie über im eigenen Sektor geltende Bestimmungen, Diskussionen und Umsetzungen.

Aus folgenden Beständen wurden relevante Akten konsultiert: für die amerikanische Politik die amerikanische Militärregierung in Berlin (OMGBS) sowie die amerikanische Militärregierung in Deutschland (Office of Military Government United States, OMGUS); für die britische Politik die britische Militärregierung in Berlin (MGGBA), die britische Militärregierung in Deutschland (Control Commission for Germany/British Element, CCGBE) sowie aus den Akten des britischen War Office die Abteilung für zivile Angelegenheiten; für die französische Politik die französische Militärregierung in Berlin (GMFB). Unterlagen der sowjetischen Behörden konnten lediglich in Form von übersetzten Dokumentensammlungen berücksichtigt werden.[85]

Hinter den Regierungen verbargen sich unterschiedliche Standpunkte und langjährige Auseinandersetzungen ihrer Ministerien. Ein Großteil der entwickelten Pläne zur Beseitigung des Nationalsozialismus stammte aus amerikanischer und britischer Feder, maßgeblich aus der Civil Affairs Division des US-Kriegsministeriums oder vom Research Department des britischen Foreign Office.[86] Angehörige des Militärs und zivile Fachkräfte aus beiden Staaten arbeiteten zusammen in der Deutschlandabteilung des Obersten Hauptquartiers Expeditionsstreitkräfte (SHAEF) und entwarfen unter anderem die militärischen

85 Darunter folgende Editionen: Sergej Mironenko/Lutz Niethammer/Alexander von Plato (Hrsg.) in Verbindung mit Volkhard Knigge und Günter Morsch, Sowjetische Speziallager in Deutschland 1945 bis 1950, Bd. 1: Studien und Berichte, Bd. 2: Sowjetische Dokumente zur Lagerpolitik, Berlin 1998; Jochen P. Laufer/Georgij P. Kynin (Hrsg./Bearb.) unter Mitarbeit von Viktor Knoll, Kathrin König und Reinhard Preuß, Die UdSSR und die deutsche Frage 1941–1948. Dokumente aus dem Archiv für Außenpolitik der Russischen Föderation, Bd. 1: 22. Juni 1941 bis 8. Mai 1945, Bd. 2: 9. Mai 1945 bis 3. Oktober 1946, Bd. 3: 6. Oktober bis 15. Juni 1948, Berlin 2004; Hermann Weber/Jakov Drabkin/Bernhard H. Bayerlein/Aleksandr Galkin (Hrsg.), Deutschland, Russland, Komintern – Überblicke, Analysen, Diskussionen. Neue Perspektiven auf die Geschichte der KPD und die deutsch-russischen Beziehungen (1918–1943), Berlin/Boston 2014. Seit 2010 befinden sich im Bundesarchiv in Berlin-Lichterfelde Überlieferungen der Sowjetischen Militäradministration in Deutschland (SMAD), allerdings sind die Materialien für Berlin noch nicht erschlossen. Zur Aufarbeitung siehe: Elke Scherstjanoi, Sowjetische Befehle der Besatzungszeit – eine kaum genutzte Quelle im Bundesarchiv, Institut für Zeitgeschichte, München/Berlin 2019, S. 11.

86 Vgl. Henke, Amerikanische Besetzung, S. 70 ff.; Niethammer, Mitläuferfabrik, S. 34–51; Marquardt-Bigman, Amerikanische Geheimdienstanalysen, S. 119 ff.; Boehling, Question of Priorities, S. 16 f.; Edith Raim, Justiz zwischen Diktatur und Demokratie. Wiederaufbau und Ahndung von NS-Verbrechen in Westdeutschland 1945–1949, München 2013, S. 22–29; Jessica Reinisch, The Perils of Peace. The Public Health Crisis in Occupied Germany, Oxford 2013, S. 19 f.

Handbücher *Germany Zone Handbook Berlin* (1944) und *Handbook for Military Government in Germany Prior to Defeat or Surrender* (1944).[87] Auch in Moskau hatte das Volkskommissariat für Auswärtige Angelegenheiten mehrere Kommissionen eingerichtet und zudem die Exil-KPD beauftragt, Nachkriegspläne zu erarbeiten.[88] Im Vergleich verfügten de Gaulles Nationalkomitee und die France Libre über weitaus weniger detaillierte Vorbereitungen, befassten sich aber ebenfalls in mehreren Arbeitsgruppen mit der Frage, was mit Deutschland bzw. Berlin geschehen sollte.[89]

Die dritte Hauptquelle bilden *Überlieferungen der Abteilungen der Berliner Stadtverwaltung*, die Aufschluss über die praktische Umsetzung und Koordination der Entnazifizierung geben.[90] Von zentraler Bedeutung sind dabei die Bestände des Oberbürgermeisters und der Abteilung für Personalverwaltung, welche die zentralen Verbindungsstellen zwischen der Alliierten Kommandantur, den einzelnen Abteilungen des Magistrats und den Bezirksstellen bildeten und maßgeblich für Entnazifizierungspolitik verantwortlich waren. Weitere relevante Unterlagen befinden sich in der Abteilung für Arbeit, der Abteilung für Wirtschaft, der Treuhandverwaltung und des Amts des Polizei-

87 Vgl. Germany Zone Handbook No. 1A Berlin. Part I People and Administration, Part II Economic Survey, Part III Local Directory, October 1944, TNA, FO 1012/2; SHAEF Handbook, October 1994, WO 220/220.

88 Hierzu siehe: Gerhard Keiderling (Hrsg.), „Gruppe Ulbricht" in Berlin April bis Juni 1945. Von den Vorbereitungen im Sommer 1944 bis zur Widergründung der KPD im Juni 1945. Eine Dokumentation, Berlin 1993; Jörg Morré, Hinter den Kulissen des Nationalkomitees. Das Institut 99 in Moskau und die Deutschlandpolitik der UdSSR 1943–1946, München 2011; Heike Bungert, NKFD und der Westen. Die Reaktionen der Westalliierten auf das NKFD und die Freien Deutschen Bewegungen 1943–1948, Stuttgart 1997; Jörg Morré, Kader aus dem Exil. Vorbereitungen der KPD auf eine antifaschistische Nachkriegszeit, in: Andreas Hilfer/Mike Schmeitzner/Clemens Vollnhals (Hrsg.), Sowjetisierung oder Neutralität. Optionen sowjetischer Besatzungspolitik in Deutschland und Österreich 1945–1955, Göttingen 2006, S. 77–94.

89 Vgl. Papiers Maurice Dejean, MAE, PAAP 39; Papiers Massigli, PAAP 40–42; Archives rapatriées de la mission française auprès des gouvernments alliés établis, dite „mission Dejean" à Londres 1943–1945, MAE Nantes, 762PO/1. Auch: Defrance, Edmond Vermeil, S. 207–223; Marmetschke, Feindbeobachtung, S. 410–495.

90 Zu den Beständen siehe: Jürgen Wetzel (Hrsg.)/Heike Schroll/Regina Rousavy (Bearb.), Das Landesarchiv und seine Bestände: Übersicht der Bestände Berlin (West) aus der Zeit von 1945 bis 1990 (Tektonik-Gruppe B), Bd. 1, Teil II, Berlin 2003; Klaus Dettmer (Hrsg.)/ Heike Schroll und Regina Rousavy (Bearb.), Das Landesarchiv und seine Bestände: Übersicht der Bestände Berlin (Ost) aus der Zeit von 1945 bis 1990 (Tektonik-Gruppe C), Bd. 1, Teil III, Berlin 2004; auch: Martin Luchterhandt, Vom Chaos zum Mosaik. Die Berliner Überlieferung der NSDAP und Gliederungen, in: Berlin in Geschichte und Gegenwart. Jahrbuch des Landesarchivs Berlin 2010, S. 257–271.

präsidenten.[91] Die Sachakten der Verwaltung umfassen diversen Schriftverkehr mit alliierten Behörden, deutschen Parteien und Behörden, Rundschreiben und Anweisungen des Magistrats an Abteilungen und Bezirksämter, Sitzungsprotokolle der Stadträte oder Entnazifizierungsbeauftragten, Gesetzesentwürfe und Ausführungsbestimmungen, Berichte, Statistiken und Pressemitteilungen. Statistiken zur Entnazifizierung sind in den alliierten wie auch in deutschen Quellen nur in äußerst geringem Umfang überliefert. Dies erschwert eine Einschätzung der tatsächlichen Umsetzung der erlassenen Richtlinien und Gesetze. Neben den Bilanzen der Entnazifizierungskommissionen ist daher vor allem die bei Clemens Vollnhals abgedruckte Statistik des Alliierten Kontrollrats von Bedeutung.[92] Die (wenigen) Quantifizierungen sind zudem in ihren jeweiligen Entstehungskontexten zu betrachten und grundsätzlich als Zwischenbilanzen zu werten.[93]

Aufbau

Die Arbeit gliedert sich in drei thematische Teile, die dem chronologischen Verlauf der Entnazifizierungspolitik folgen: von der Planung der Entnazifizierung während des Zweiten Weltkrieges (Kapitel eins) zu zentralen Bereichen der Entnazifizierungspolitik, ihren zugrundeliegenden Ideen und Prioritäten der Alliierten (Kapitel zwei bis fünf) bis zur Beendigung der Entnazifizierung in der geteilten Stadt (Kapitel sechs).

Das erste Kapitel „Den Nationalsozialismus verstehen und bekämpfen“ befasst sich mit der Vorbereitung einer (Berliner) Entnazifizierungspolitik und

91 Darüber hinaus dienen das vom Magistrat herausgegebene Verordnungsblatt (VOBl.) sowie die von Mai 1945 bis Dezember 1946 als Quellenedition aufgearbeiteten und für die Jahre 1947 und 1948 im Landesarchiv einsehbaren Magistratsprotokolle als Quellen: Jürgen Wetzel (Hrsg.)/Dieter Hanauske (Bearb.), Die Sitzungsprotokolle des Magistrats der Stadt Berlin 1945/1946, Bd. 1 und 2, Berlin 1993 und 1995.

92 Vgl. Statistik des Alliierten Kontrollrats über die Entnazifizierung in den vier Besatzungszonen und in Berlin gemäß der Kontrollratsdirektive Nr. 24 vom 1. Januar bis zum 30. Juni 1946, abgedruckt in: Vollnhals (Hrsg.) in Zusammenarbeit mit Thomas Schlemmer, Entnazifizierung. Politische Säuberung und Rehabilitierung in den vier Besatzungszonen, S. 164f.

93 Neben Mehrfachzählungen von Entlassungen, verweigerten Einstellungen und Zurückstufungen ist die Aussagekraft der Angaben vor allem im Kontext der hohen sozialen Mobilität, mangelnder verwaltungstechnischer Standards und der allgemeinen chaotischen Situation der frühen Nachkriegszeit zu betrachten. Vgl. zu einem kritischen Umgang mit Statistiken: Boldorf, Brüche oder Kontinuitäten, S. 306ff. und 319; Welsh, „Antifaschistisch-demokratische Umwälzung“, S. 95.

möchte ein Panorama von NS-Analysen und Entnazifizierungsplänen jeder der vier alliierten Mächte sowie transnationale Verbindungen aufzeigen. Im Mittelpunkt steht die Frage, welche Überlegungen und Absprachen in konkrete diplomatische, politische und militärische Pläne übersetzt wurden.

Im mittleren Teil geht es darum, vier zentrale Aspekte der Berliner Entnazifizierungspolitik jeweils im zeithistorischen Kontext der ersten drei Nachkriegsjahre zu rekonstruieren und vor diesem Hintergrund ideengeschichtlich zu deuten. Im zweiten Kapitel „Herrschaft beseitigen: Exklusion" werden verschiedene Gesetze und Methoden der personalpolitischen Disqualifizierung im öffentlichen Dienst erörtert. Dabei wird gezeigt, dass sich das zentrale Berliner Entnazifizierungsgesetz auf herrschaftstheoretische Analysen und Strategien von Neumann, Kirchheimer und Marcuse zurückführen lässt. Das dritte Kapitel „Recht herstellen: Revision" behandelt die Praxis der Entnazifizierungskommissionen, die Betroffenen die Möglichkeit bot, ihren Fall überprüfen zu lassen. Hier wird dargelegt, dass britische Stellen das Berufungsrecht mit dem Anliegen konzipierten, Entnazifizierung nach rechtsstaatlichen Prinzipien durchzuführen und dass die Lehren einiger nach London emigrierter Weimarer Juristen für diese Verfahren eine entscheidende Rolle spielten. Anliegen des vierten Kapitels „Wirtschaft kontrollieren: Beschlagnahme" ist es, die Entnazifizierungsmaßnahmen für Handel, Handwerk und Industrie und insbesondere die spannungsreichen Auseinandersetzungen um das Thema der Vermögenskontrolle und Enteignung zu diskutieren. Dabei wird gefragt, inwieweit sich Initiativen des ersten Nachkriegsmagistrats und speziell Faschismusanalysen der KPD auf die Kontrolle von Betrieben und Unternehmen ausgewirkt haben. Das fünfte Kapitel „Kultur- und Bildungswesen reformieren: Wiederaufbau" widmet sich dem Zusammenhang von positiven und negativen Aspekten der Entnazifizierung und stellt französische Perspektiven in den Vordergrund. Diskutiert wird hier, inwieweit ein geistes- und kulturgeschichtlicher Blick auf den Nationalsozialismus, wie ihn etwa Vermeil vertrat, Grundlage bzw. Anstoß für gesellschaftliche Reformen bildete.

Im Fokus des sechsten Kapitels steht die „Beendigung der Entnazifizierung in Ost- und West-Berlin" unter den Vorzeichen des Ost-West-Konflikts. Untersucht wird, auf welche Weise im Prozess der Beendigung, der sich in Ost-Berlin bis etwa 1950 und in West-Berlin bis etwa 1951 erstreckte, die bisherigen berlinspezifischen Maßnahmen rückgängig gemacht bzw. transformiert und an die Politik der Besatzungszonen angepasst wurden. Abschließend fasst der Schluss die Ergebnisse der theoretischen Grundlagen und der praktischen Umsetzung einer geteilten Entnazifizierungspolitik zusammen.

WHO WAS A NAZI?

FACTS ABOUT THE MEMBERSHIP PROCEDURE OF THE NAZI PARTY

COMPILED BY 7771 DOCUMENT CENTER OMGUS

Office of Military Government for Germany, Berlin 1947 | *Stiftung Haus der Geschichte*

1. Den Nationalsozialismus verstehen und bekämpfen

Washington: „Is National Socialism a state?"

> „Um die Aggression zu beseitigen, muß außer der Entmachtung von Partei, Wehrmacht und hoher Bürokratie die Macht der Monopolwirtschaft grundlegend verändert werden."[1]

Zu den prominentesten Theoretiker:innen des Nationalsozialismus gehörte zweifelsfrei der Jurist und Politologe Franz L. Neumann, der mit seinem erstmals 1942 veröffentlichen *Behemoth. Structure and Practice of National Socialism* das mitunter wirkmächtigste Buch der Zeit über das NS-Regime erarbeitete. Wenige andere Werke über das NS-Regime wurden binnen kürzester Zeit so breit rezipiert, vor allem in den USA, aber auch in Großbritannien und Frankreich. Seine Analysen und Thesen waren von besonderer Bedeutung, da er gemeinsam mit dem Philosophen Herbert Marcuse, dem Verfassungsrechtler Otto Kirchheimer und anderen das US-Außenministerium und anglo-amerikanische Militärs beriet und sie mit ausführlichen und konkreten Empfehlungen versorgte.

In seiner staatstheoretischen Abhandlung steht der Titel, dem Ungeheuer der jüdischen Mythologie entnommen und auf Thomas Hobbes' Schriften bezugnehmend, allegorisch für „ein Chaos, eine Herrschaft der Gesetzlosigkeit und Anarchie" des nationalsozialistischen Herrschaftssystems.[2] Neumanns zentrale These lautete, dass das NS-Regime aufgrund paralleler Souveränitäten kein Staat im klassischen Sinne westlicher Ideengeschichte sei und stattdessen auf vier konkurrierenden Herrschaftsgruppen aus Partei, Bürokratie, Industrie und Wehrmacht beruhe: „Unter dem Nationalsozialismus […] ist die gesamte Gesellschaft in vier festgefügten zentralisierten Gruppen organisiert, von denen jede nach dem Führerprinzip operiert und ihre eigene legislative, administrative und judikative Gewalt besitzt."[3]

1 Neumann, Behemoth, S. 549 f.

2 Ebenda, S. 16.

3 Ebenda, S. 541.

Neumanns zunächst 1942 erschienene Strukturanalyse des Nationalsozialismus entstand überwiegend am vom Frankfurt nach New York vertriebenen Institut für Sozialforschung, bis er gemeinsam mit Marcuse und Kirchheimer als führende Deutschlandexperten zum Office of Strategic Services (OSS), dem Nachrichtendienst des Kriegsministeriums, nach Washington wechselte. Die Recherche- und Analyseabteilung des OSS fungierte in den letzten Kriegsjahren als eine der größten amerikanischen Forschungseinrichtungen und beschäftigte Hunderte Wissenschaftler:innen verschiedenster Fachrichtungen.[4]

Sie griffen vielfach auf Forschungen zurück, die im Umfeld der Kritischen Theorie in den USA diskutiert wurden. Das Institut für Sozialforschung hatte bereits 1941 eine Vorlesungsreihe an der Columbia Universität organisiert, die verdeutlichte, inwieweit Neumanns *Behemoth* Dreh- und Angelpunkt vieler Analysen bildete.[5] Marcuse betonte in seinem Beitrag *State and Individual under National Socialism*, dass die „These, die wir hier entwickeln werden, lautet, dass der Nationalsozialismus nicht länger ein Staat im traditionellen Sinne des Begriffs ist".[6] Die Vortragsreihe rekapitulierend, verwies Friedrich Pollock in *Is National Socialism a New Order?* deutlich auf die Neumannsche Deutung des nationalsozialistischen Herrschaftssystems. Er referierte: „Under national socialism four groups are in control which are distinctly marked off from each other, have conflicting interests, but are nevertheless bound together by common aims and the fear of common dangers: these four groups are big business, the army, the party, and the bureaucracy."[7]

Auf diese Diskussionen aufbauend, unterstützten Neumann, Marcuse und Kirchheimer das amerikanische Kriegs- und Außenministerium mit Dutzenden

4 Vgl. Laudani, Einleitung, S. 9–20; Marquardt-Bigman, Amerikanische Geheimdienstanalysen, S. 68–118; Katz, Foreign Intelligence, S. 34–44; Söllner, Archäologie der deutschen Demokratie, S. 7–40; ders., Die Enthauptung des „Behemoth". Entnazifizierung und Kriegsverbrechen, in: Söllner (Hrsg.), Zur Archäologie der Demokratie, Bd. 1, S. 153–156; David Kettler/Thomas Wheatland, Learning from Franz L. Neumann. Law, Theory and the Brute Facts of Political Life, London 2019, S. 331–349; Tim B. Müller, Krieger und Gelehrte. Herbert Marcuse und die Denksysteme im Kalten Krieg, Hamburg 2010, S. 39–59.

5 Die Reihe umfasste u. a. folgende Beiträge: Herbert Marcuse, *State and Individual under National Socialism*; A. R. L. Gurland, *Private Property under National Socialism*; Franz Neumann, *The New Rulers in Germany*; und Otto Kirchheimer, *The Legal Orders under National Socialism*. Frederick Pollock, Is National Socialism a New Order?, in: Zeitschrift für Sozialforschung. Studies in Philosophy and Science 9 (1941), S. 440–455, hier S. 440, FN 1.

6 Als deutsche Übersetzung des Manuskripts abgedruckt in: Herbert Marcuse, Feindanalysen. Über die Deutschen, hrsg. von Peter-Erwin Jansen, eingel. von Detlev Claussen, Lüneburg 1998, S. 91–112, hier S. 93.

7 Pollock, Is National Socialism a New Order, S. 441.

deutschlandpolitischen Analysen und Berichten zum sozialen, kulturellen, ökonomischen und politischen Wandel der faschistischen Länder Europas, im Besonderen zum nationalsozialistischen Deutschland.[8]

Neumann und Kirchheimer, die sich aus sozialistischen Gewerkschafts- und Rechtskreisen kannten, beschäftigte nicht erst in der Nachkriegszeit, warum die Weimarer Verfassung gegen Feinde der Demokratie wehrlos gewesen war, das NS-Regime auf legalem Wege die Macht übernehmen konnte und inwieweit das liberale Rechtssystem für seinen Aufstieg verantwortlich zu machen war.[9] Ihre Analysen einer (fehlgeleiteten) Entwicklung des Rechts und ihre radikale Kritik an der Weimarer Republik liefern Erklärungsansätze für die weitgehend politisch ausgerichteten Vorschläge einer Entnazifizierungspolitik.

Im Londoner Exil hatte Neumann seine bei Harold Laski verfasste (zweite) Dissertation *The Rule of Law* (1936) sowie den Aufsatz „Funktionswandel des Gesetzes" (1937) geschrieben, die viele Grundgedanken seiner späteren Analysen enthalten. Weder Elemente wie Allgemeinheit des Gesetzes, richterliche Unabhängigkeit und Gewaltenteilung verwerfend noch der Lehre des liberalen Rechtsstaates als Garant von Freiheit folgend, zeigte er in seinen marxistisch geprägten rechtssoziologischen Studien, wie soziale Ideen in ihr Gegenteil umgeschlagen waren.[10] Zunächst als fortschrittlich begrüßte Entwicklungen erfuhren mit veränderten politischen Kräfteverhältnissen in der späten Weimarer

8 Zu den Analysen des IfS zum Nationalsozialismus siehe: Helmut Dubiel/Alfons Söllner, Die Nationalsozialismusforschung des Instituts für Sozialforschung – ihre wissenschaftliche Stellung und ihre gegenwärtige Bedeutung, in: dies. (Hrsg.), Wirtschaft, Recht und Staat im Nationalsozialismus. Analysen des Instituts für Sozialforschung 1939–1942, Frankfurt a.M. 1982, S. 7–32; Martin Jay, Dialektische Phantasie. Die Geschichte der Frankfurter Schule und des Instituts für Sozialforschung 1923–1950, Frankfurt a.M. 1976, S. 175–208; Rolf Wiggershaus, The Frankfurt School. Its History, Theory and Political Significance, Cambridge 1994, S. 280–301; Thomas Wheatland, The Frankfurt School in Exile, London 2009, S. 61–94.

9 Vgl. Peter Intelmann, Franz Neumann. Weimar, Nationalsozialismus – und was dann?, in: Samuel Salzborn (Hrsg.), Kritische Theorie des Staates. Staat und Recht bei Franz L. Neumann, Baden-Baden 2009, S. 57–78; Udi Greenberg, The Weimar Century. German Émigrés and the ideological foundations of the Cold War, Oxfordshire 2014, S 82 ff.

10 Vgl. Frank Schale, Franz L. Neumann zwischen Rechtspositivismus, Rechtssoziologie und Wertphilosophie, in: ders./Ellen Thümmler/Michael Vollmer (Hrsg.), Intellektuelle Emigration. Zur Aktualität eines historischen Phänomens, Wiesbaden 2012, S. 59–88, hier S. 72 f.; Jürgen Bast, Totalitärer Pluralismus. Zu Franz L. Neumanns Analysen der politischen und rechtlichen Struktur der NS-Herrschaft, Tübingen 1999, S. 272; Alfons Söllner, Totalitarismustheorie und frühe Frankfurter Schule, in: Mike Schmeitzner (Hrsg.), Totalitarismuskritik von links. Deutsche Diskurse im 20. Jahrhundert, Göttingen 2007, S. 229–246, hier S. 237.

Republik einen Funktionswandel: Rechtsschöpfende Möglichkeiten wurden vermehrt von Justiz, Exekutive, zentralisierter Wirtschaft und Verwaltung genutzt, der Gebrauch von Generalklauseln und Verordnungen höhlte den Charakter der Allgemeinheit des Rechts aus und mündete schließlich in ein System absoluter Herrschaft, in dem der Führerbefehl die zentrale Rechtsquelle bildete.[11] Die rechtliche Gleichheit verschleiert die ökonomische Herrschaft, konkludierte Neumann, die „Idee des neutralen Staates eine Fiktion".[12]

Ähnlich, wenngleich radikaler, hatte Kirchheimer sich in den 1920er- und 1930er-Jahren mit den Institutionen des Weimarer Systems befasst und in seinem Aufsatz *Weimar – und was dann?* (1930) dargelegt, wie die Grundrechte der Weimarer Verfassung in konservativer Rechtspraxis nach und nach außer Kraft gesetzt wurden.[13] Schärfer als Neumann hielt Kirchheimer den Ausbau der von ihm als „Formaldemokratie" charakterisierten Weimarer Verfassungsordnung trotz seiner Freiheits- und Gleichheitsrechte für wenig erstrebenswert. Beide einte eine linke Liberalismuskritik, eine Skepsis gegenüber rechtspositivistischen Auffassungen und eine Betonung des Politischen.[14]

Die völlige Zerstörung der schützenden Funktion des Rechts im Nationalsozialismus führe zu einem Zustand vollkommener Gesetzeslosigkeit und mache das NS-Regime zu einem Un-Staat, lautete daher eine wesentliche These von Neumanns *Behemoth*. Recht im Nationalsozialismus war nichts anderes als eine „Technik der Manipulation der Massen durch Terror".[15] Sich von Fraenkels Charakterisierung des Nationalsozialismus als einem *The Dual State*

11 Vgl. Bernd Ladwig, Die politische Theorie der Frankfurter Schule, in: André Brodocz/Gary S. Schaal (Hrsg.), Politische Theorien der Gegenwart I, Opladen 2002, S. 29–68, hier S. 43; Andreas Fisahn, Recht, Berechtigt, Berechenbar – das allgemeine Gesetz. Recht und (Un-)Staat bei Franz L. Neumann, in: Salzborn (Hrsg.), Kritische Theorie des Staates, S. 25–56, hier S. 36 und 52 ff.

12 Franz L. Neumann, Funktionswandel des Gesetzes im Recht der bürgerlichen Gesellschaft. Zitiert nach: Samuel Salzborn, Eine Kritische Theorie des Staates. Franz L. Neumanns Staatstheorie im Kontext der Kritischen Theorie, in: ders. (Hrsg.), Kritische Theorie des Staates, S. 11–34, hier S. 16.

13 Vgl. Riccardo Bavaj, Otto Kirchheimers Parlamentarismuskritik in der Weimarer Republik. Ein Fall von „Linksschmittianismus", in: Vierteljahrshefte für Zeitgeschichte 55 (2007) 1, S. 33–52, hier S. 43.

14 Vgl. Schale, Franz L. Neumann, S. 72 f.; Salzborn, Eine Kritische Theorie des Staates, S. 16; Alfons Söllner, Jenseits von Carl Schmitt. Wissenschaftsgeschichtliche Richtigstellungen zur politischen Theorie im Umkreis der „Frankfurter Schule", in: Geschichte und Gesellschaft 12 (1986) 4, S. 502–529; Rolf Wiggershaus, Die Frankfurter Schule. Geschichte, theoretische Entwicklung, politische Bedeutung, München/Wien 1987, S. 231.

15 Neumann, Behemoth, S. 530.

(1941)[16] abgrenzend, sah Neumann im NS-Regime schließlich einen „non-state“, der kein Recht, keine Gewaltenteilung und keine Souveränität mehr kannte, sondern von verschiedenen konkurrierenden Herrschaftsgruppen dominiert war.[17] An die amerikanische Öffentlichkeit und Politik gerichtet, proklamierte er im abschließenden Kapitel:

> „Politische Demokratie allein wird das deutsche Volk nicht akzeptieren, so viel wenigstens hat die marxistische wie die nationalsozialistische Kritik von Liberalismus und Demokratie in der Tat erreicht. Der Deutsche weiß, daß sich hinter politischer Demokratie wirtschaftliche Ungerechtigkeit verbergen kann. Die psychologische Kriegsführung wird nicht zum Erfolg führen, wenn das schließliche Ziel in Deutschland lediglich der Status quo ist. Europa muss neu gestaltet werden.“[18]

Eine Rückkehr zum Weimarer System war unmöglich, stattdessen, lautete das vielfach zitierte Plädoyer des *Behemoth*, müssten die gesellschaftlichen Kräfteverhältnisse, die den Nationalsozialismus ermöglicht hatten, durch die Entmachtung von Partei, Wehrmacht, Bürokratie und Wirtschaft beseitigt werden.[19] Die Politisierung der Institutionen, lautete der Grundtenor, könne nicht ohne substanzielle politische Gegenmaßnahmen rückgängig gemacht werden.[20]

Um solche bemühten sich Neumann, Marcuse und Kirchheimer im OSS. Anfang 1943 beauftragte die im Kriegsministerium eingerichtete Civil Affairs Division das OSS, eine Reihe handlicher Broschüren zu verfassen, um eine zukünftige Militärregierung auf praktische Fragen und Probleme vorzubereiten.[21] Das „theoretische Gehirn des gesamten Geheimdienstes“ (Alfons Söllner) erstellte daraufhin ungefähr achtzig Leitfäden mit großem Abnehmerkreis.[22] Laut Petra Marquardt-Bigman zeigten die Wissenschaftler:innen dabei ein beachtliches Einfühlungsvermögen gegenüber den Interessen des Auftraggebers

16 Ernst Fraenkel, The Dual State. A Contribution to the Theory of Dictatorship, New York/London/Toronto 1941 [dt. Erstveröffentlichung: Der Doppelstaat. Recht und Justiz im „Dritten Reich“, Frankfurt 1974].

17 Vgl. ebenda, S. 541 f.

18 Ebenda, S. 549.

19 Vgl. ebenda, S. 549.

20 Vgl. Katz, Foreign Intelligence, S. 46.

21 Söllner (Hrsg.), Zur Archäologie der Demokratie, S. 24 ff.; Marquardt-Bigman, Amerikanische Geheimdienstanalysen, S. 121 ff. und 196 ff.

22 Vgl. Söllner (Hrsg.), Zur Archäologie der Demokratie, S. 27 und 37.

und bemühten sich zugleich, eigene Standpunkte beizubehalten.[23] Als „exercise in theoretical practice and practical criticism" bestand Barry M. Katz zufolge ihr vorrangiges Ziel darin, eine konsistente Entnazifizierungs- und Demokratisierungspolitik zu entwerfen.[24]

Zentraler Bezugspunkt der Leitfäden bildete Neumanns 1944 in erweiterter Form publizierter *Behemoth*. Dem dortigen Grundtenor folgte eine Reihe praktischer Anleitungen für die zukünftige Militärregierung. Der OSS-Leitfaden *The Treatment of Germany* (1944) erläuterte, wie das NS-Regime jeden Bereich des öffentlichen und privaten Lebens prägte, keinesfalls auf die NSDAP beschränkt werden dürfe und von Gruppen außerhalb der Partei, darunter hochrangige Wirtschaftsführer, der Landadel und das Militär, gefördert und gestützt werde. Neumann, Kirchheimer und Marcuse empfahlen, dass Entnazifizierung in allen sozialen Schichten und Institutionen erfolgen sollte: Nach der Auflösung der NSDAP und der Beschlagnahme ihres Vermögens sollten alle Funktionsträger der Partei und ihrer Gliederungen sowie alle Funktionsträger in Regierungs-, Verwaltungs-, Kultur- und Wirtschaftseinrichtungen entlassen bzw. interniert werden, ihr Vermögen sollte kontrolliert, ihr Wahlrecht entzogen und sie sollten zum Wiederaufbau in den verwüsteten Gebieten der befreiten Länder eingesetzt werden. Dabei unterschied man in „negative Ziele" wie die Zerschlagung des Nazismus und der Wehrmacht oder die gerichtliche Ahndung von Kriegsverbrecher:innen und „positive Ziele" wie Restitution, Rückführung von Displaced Persons oder die Unterstützung für die Bildung einer demokratischen Politik und Kultur.[25] Anders als in britischen und französischen Kreisen spielte Preußen in ihren Analysen eine geringere Rolle, und der Nationalsozialismus war für das OSS kein Ausdruck einer deutschen Mentalität oder Geschichte.[26]

Am detailliertesten führte der Leitfaden *Dissolution of the Nazi Party and Its Affiliated Organizations* (1944) eine umfassende Liste von Personengruppen aus Beamten, Wirtschafts- und Militärführern sowie Funktionären der Partei und ihrer Gliederungen auf, die es zu verhaften galt. Sowohl die Kategorien als auch deren zahlenmäßige Einschätzung von insgesamt etwa 200 000 Funktions-

23 Vgl. Marquardt-Bigman, Amerikanische Geheimdienstanalysen, S. 136.

24 Katz, Foreign Intelligence, S. 45.

25 Vgl. Der Umgang mit Deutschland vom 11. Oktober 1944 (R&A 2564), abgedruckt in: Laudani (Hrsg.), Im Kampf gegen Nazideutschland, S. 559–573, hier S. 566 ff.

26 Vgl. Die Bedeutung des preußischen Militarismus für den Nazi-Imperialismus: Mögliche Spannungen innerhalb der psychologischen Kriegsführung der Vereinten Nationen vom 20. Oktober 1943 (R&A 1281), abgedruckt in: Laudani (Hrsg.), Im Kampf gegen Nazideutschland, S. 111–125. Hierzu auch: Marquardt-Bigman, Amerikanische Geheimdienstanalysen, S. 89 und 126.

trägern und einflussreichen Positionen finden sich fast unverändert in späteren anglo-amerikanischen Planungsmaterialien wieder.[27] Waren es Ende 1943 noch britische Stellen gewesen, die im Rahmen der EAC erste Anstöße für eine Internierungspolitik gaben, holten die Amerikaner basierend auf Marcuses Entwurf einige Monate später auf und lieferten die Grundlage für in militärischen Handbüchern verankerte Kategorien.[28]

Auch die Empfehlungen zum Umgang mit der nationalsozialistischen Wirtschaftsordnung orientierten sich an Ausführungen im *Behemoth.* Die nationalsozialistische Wirtschaftsform war für Neumann im Kern ein „totalitärer Monopolkapitalismus“. Anders als Pollock, der mit *State Capitalism* (1941)[29] die dominante Rolle des Staates in den Vordergrund stellte, betonten Neumann, Kirchheimer und Arkadij Gurland dagegen trotz massiver staatlicher Interventionen einen Fortbestand der kapitalistischen Produktionsweise im NS-Staat.[30] Dementsprechend erörterte der Leitfaden *German Cartels and Cartel-like Organizations* den Einfluss von Staat und Partei auf die Wirtschaft, die ihrerseits von der Kriegsproduktion und Eroberung stark profitiert hatte. Das OSS empfahl die Entlassung und Verhaftung aller „aktiven“ Nationalsozialisten sowie eine Kontrolle von Unternehmen und Kartellen.[31] Strukturelle Reformen sollten nicht von einer Militärregierung, sondern von einer zukünftigen deutschen Regierung vorgenommen werden.[32]

Dass eine Demokratisierung nur von Deutschen selbst vorgenommen werden könne – eine Position, mit der Beamte des Außenministeriums und seiner Foreign Economic Administration zuweilen wenig anfangen konnten –, zog sich durch alle Bereiche. Während das Kriegsministerium die zukünftige Besatzung lange als kurzfristige militärische Operation behandelte, forderte das Außen-

27 Vgl. Die Auflösung der Nazipartei und der an sie angeschlossenen Organisationen vom 22. Juli 1944 (R&A 1655.5), abgedruckt in: Laudani (Hrsg.), Im Kampf gegen Nazideutschland, S. 341–352, hier S. 341 f.

28 Vgl. Andrew Beattie, The Allied Internment of German Civilians in Occupied Germany: Cooperation and Conflict in the Western Zones, 1945–49, in: Camilo Erlichman/Christopher Knowles (Hrsg.), Transforming Occupation in the Western Zones of Germany: Politics, Everyday Life and Social Interactions, 1945–55, London 2018, S. 81–96, hier S. 82.

29 Friedrich Pollock, State Capitalism: its Possibilities and Limitations, in: Zeitschrift für Sozialforschung. Studies in Philosophy and Science 9 (1941), S. 200–225.

30 Vgl. Alfons Söllner, Franz L. Neumann. Skizzen zu einer intellektuellen und politischen Biographie, in: Franz L. Neumann, Wirtschaft, Staat, Demokratie. Aufsätze 1930–1954, Frankfurt a. M. 1978, S. 7–56, hier S. 24.

31 Vgl. Deutsche Kartelle and kartellähnliche Organisationen (vorläufige Nr. R&A 1655.30), o. D., abgedruckt in: Laudani (Hrsg.), Im Kampf gegen Nazideutschland, S. 353–376.

32 Vgl. Marquardt-Bigman, Amerikanische Geheimdienstanalysen, S. 128.

ministerium vom OSS Vorschläge sowohl für kurz- als auch für langfristige Aufgaben ein.[33] Dabei kritisierte die Neumann-Gruppe zuweilen die im Außenministerium vertretenen Annahmen einer reibungslosen Zusammenarbeit der Alliierten ebenso wie einer simplen Restauration des Weimarer Systems.[34]

Dies lag auch in ihrer Analyse des Weimarer Rechts begründet. Denn der Nationalsozialismus hatte rechtsstaatliche Strukturen und Prinzipien aufgenommen, sie transformiert und schrittweise aufgelöst. Im von ihm verfassten OSS-Leitfaden *The Abrogation of Nazi Laws in the Early Period of MG* (1944) empfahl Kirchheimer neben der Aufhebung diskriminierender Gesetze und einer Reform des Justizsystems, „alle 12 000 bis 13 000 Richter und Staatsanwälte" vom Dienst zu suspendieren und eingehend zu prüfen.[35] Darüber hinaus setzte sich sein Leitfaden *Leadership Principle and Criminal Responsibility* (1945) mit der NS-Hierarchie auseinander, diskutierte den Zusammenhang zwischen „Führerprinzip" auf der einen und „unbegrenztem Ermessensspielraum" auf der anderen Seite und entwarf einen Rahmen für Verantwortlichkeiten innerhalb verschiedener Zuständigkeitsbereiche.[36]

Nicht bereit, das NS-System als Rechtsstaat anzuerkennen, widersprachen Kirchheimer und Neumann mit ihrer Interpretation Fraenkel und seiner Konzeption eines „Doppelstaates".[37] Der deutsch-amerikanische Politik- und Rechtswissenschaftler Fraenkel, der beim Foreign Economics Branch die US-Regierung in Fragen des Justizwesens einer Deutschlandpolitik beriet, nahm ebenfalls das Verhältnis von Staat und Recht in den Blick.[38] Mit seinem berühmten Buch *The Dual State* beschrieb er eine Parallelstruktur von „Normenstaat" und „Maßnahmenstaat" als für die nationalsozialistischen Herrschaft

33 Vgl. Katz, Foreign Intelligence, S. 72 und 79.

34 Vgl. Marquardt-Bigman, Amerikanische Geheimdienstanalysen, S. 90.

35 Die Aufhebung von NS-Gesetzen in der Anfangsphase der Militärregierung, vermutlich Ende März 1944 (R&A 1655.7), abgedruckt in: Laudani (Hrsg.), Im Kampf gegen Nazideutschland, S. 315–340, hier S. 320.

36 Führerprinzip und strafrechtliche Verantwortung vom 18. März 1945 (R&A 3110), abgedruckt in: Laudani (Hrsg.), Im Kampf gegen Nazideutschland, S. 356–609, hier S. 604.

37 Vgl. Jens Meierhenrich, The Remnants of the Rechtsstaat: An Ethnography of Nazi Law, Oxford 2018, S. 215 ff.

38 Zu Ernst Fraenkel siehe: Gerhard Göhler/Dirk Rüdiger Schumann, Vorwort, in: Ernst Fraenkel, Gesammelte Schriften, Bd. 3: Neuaufbau der Demokratie in Deutschland und Korea, Baden-Baden 1999, S. 9–49, hier S. 13 ff.; Simone Ladwig-Winters, Ernst Fraenkel. Ein politisches Leben, Frankfurt a. M. 2009, S. 191 ff.; Michael Wildt, Die Transformation des Ausnahmezustands. Ernst Fraenkels Analyse der NS-Herrschaft und ihre politische Aktualität, in: Jürgen Danyel/Jan-Holger Kirsch/Martin Sabrow (Hrsg.), 50 Klassiker der Zeitgeschichte, Göttingen 2007, S. 19–23.

charakteristisch.[39] Damit sah Fraenkel zwar ebenfalls eine Konkurrenz, nahm aber im Unterschied zu Neumann und Kirchheimer nicht nur das rivalisierende Nebeneinander des öffentlichen Apparates in den Blick, sondern die von dieser Doppelstruktur geprägten Institutionen des NS-Regimes als Ganzes. Später erhielt Fraenkel Forschungsgelder, um die Konsequenzen der Besatzung des Rheinlands nach dem Ersten Weltkrieg zu studieren und daraus Lehren für zukünftige Aufgaben der Militärregierung zu ziehen. In *Military Occupation and the Rule of Law* (1944) diskutierte er, inwieweit die Prinzipien der Rechtsstaatlichkeit als „one of the basic elements of Western civilization“ im internationalen Recht umgesetzt werden könnten.[40] In einem demokratischen Staat, konkludierte Fraenkel, beruhe Rule of Law auf einer Übereinkunft seiner Bürger, in einem Besatzungsregime hingegen habe es eine andere Bedeutung. Im Frühjahr 1944 begann er für die mit dem OSS kooperierende Foreign Economic Administration zu arbeiten und verfasste eine Reihe von Planungsdokumenten für die Besatzungszeit, darunter *Elimination of Nazi Law* (1944).[41] Der nach Kriegsende für die amerikanischen Besatzungsbehörden in Südkorea tätige Fraenkel setzte sich für die juristische Ahndung von NS-Verbrechen und für eine rechtliche Grundlage für Bestrafungen ein.[42]

Darüber hinaus befasste sich eine Reihe weiterer Juristen aus verfassungstheoretischer Sicht mit dem Verhältnis von Rechtsstaatlichkeit und Nationalsozialismus sowie Rechtsfragen einer zukünftigen Deutschlandpolitik, darunter insbesondere Karl Loewenstein und Carl J. Friedrich.[43] Der nach 1933 über London in die USA emigrierte Verfassungstheoretiker Loewenstein verfasste mit *Hitler's Germany* (1939) ein ähnlich breit rezipiertes Werk wie jene von Neumann und Fraenkel und publizierte zunächst an der Yale University eine Vielzahl von Artikeln, in denen er sich insbesondere damit auseinandersetzte, wie demokratische Staaten sich vor faschistischen Bewegungen schützen könnten und wie jene mit juristischen und politischen Maßnahmen zu bekämpfen seien.[44] Ähnlich

39 Vgl. Michael Wildt, Die Ambivalenz des Volkes. Der Nationalsozialismus als Gesellschaftsgeschichte, Berlin 2019, S. 267–271.

40 Ernst Fraenkel, Military Occupation and the Rule of Law. Occupation Government in the Rhineland, 1919–1923. Zitiert nach: Andreas Th. Müller, Promoting the Rule of Law Through the Law of Occupation? An uneasy Relationship, in: Goettingen Journal of International Law 9 (2018), S. 143–170, hier S. 145.

41 Vgl. Meierhenrich, The Remnants of the Rechtsstaat, S. 213 f.

42 Vgl. Greenberg, The Weimar Century, S. 98 ff.

43 Ausführlich: Ernst C. Stiefel/Frank Mecklenburg, Deutsche Juristen im amerikanischen Exil (1933–1950), Tübingen 1991, S. 136–180.

44 Über Loewenstein siehe: Markus Lang, Karl Loewenstein. Transatlantischer Denker der Politik, Stuttgart 2007, S. 191–262; Greenberg, The Weimar Century, S. 169–210.

wie Neumann und Kirchheimer nahm er zum Ausgangspunkt, wie das nationalsozialistische Rechtssystem Prinzipien der demokratischen Verfassung legal außer Kraft setzen, aufnehmen und missbrauchen konnte: „It is the exaggerated formalism of the rule of law which under the enchantment of formal equality does not see fit to exclude from the game parties that deny the very existence of its rules.“[45]

Daraus entwickelte er die Forderung einer „militant democracy“ als Grundstein seiner Verfassungslehre und eines Programms für den Neuaufbau der Demokratie.[46] Als konkrete Empfehlungen folgerte Loewenstein, dass die Alliierten die Erarbeitung demokratischer Verfassungen streng überwachen sollten und dabei „discredited people such as Nazi officials, prominent sympathizers, notorius turncoats, collaborationists and so on“ vom Rechtsanspruch auszuschließen waren.[47] Enthusiastisch bemühte er sich, seine Vorschläge zur *Political Reconstruction* (1946) bekannt zu machen, und wandte sich unter anderem an das OSS. Wie Fraenkel war Loewenstein zeitweilig Berater für die Foreign Economic Administration und später für das US-Außenministerium tätig. Nach Kriegsende war er Rechtsberater im Alliierten Kontrollrat in Berlin und setzte sich für eine strenge Entnazifizierungspolitik ein.[48]

Mit Carl J. Friedrich, ebenfalls aus Deutschland emigrierter Verfassungstheoretiker und Politikwissenschaftler, hatte Loewenstein zudem zwischenzeitlich an der School for Overseas Administration an der Harvard University gearbeitet, deren Aufgabe darin bestand, militärisches und ziviles Fachpersonal für eine zukünftige Besatzung auszubilden.[49] Friedrich hatte mit *Constitutional Government and Democracy* (1937) eine frühe totalitarismustheoretische Schrift vorgelegt sowie in einer Reihe von Fachartikeln das NS-Regime kommentiert, er nahm später als Berater des US-Außenministeriums sowie der Streitkräfte unter Lucius D. Clay Einfluss auf die Deutschlandpolitik.[50] Die im

45 Karl Loewenstein, Militant Democracy and Fundamental Rights I, in: The American Political Science Review 31 (1937) 3, S. 417–432, hier S. 424.

46 Vgl. Lang, Karl Loewenstein, S. 207 ff. und 228 f.

47 Karl Loewenstein, The Trojan Horse, in: The Nation, 26 August 1944, S. 235–237, hier S. 236.

48 Vgl. Rande W. Kostal, Laying Down the Law. The American Legal Revolutions in Occupied Germany and Japan, London 2019, S. 77 ff. und 93 ff.; Lang, Karl Loewenstein, S. 2487 ff.; Greenberg, The Weimar Century, S. 199 ff.; Robert Chr. van Ooyen, Ein moderner Klassiker der Verfassungstheorie: Karl Loewenstein. Eine Skizze, in: Zeitschrift für Politik 51 (2004) 1, S. 68–86.

49 Vgl. Greenberg, The Weimar Century, S. 2 f. und 54 ff.

50 Vgl. Kostal, Laying Down the Law, S. 147 ff.

Grunde einzige Möglichkeit für die Alliierten, dem totalitären Staat zu begegnen, war nach Friedrichs *Military Government as a Step toward Self-rule* (1943), den Rechtsstaat als eine Voraussetzung der Demokratie wiederherzustellen. Friedrich teilte damit die Ansicht, dass einer zukünftigen Besatzungsmacht keine alternative Elite zur Verfügung stehen werde und sie zunächst die ganze Verantwortung übernehmen müsse.[51] Nach Kriegsende plädierte er gegenüber dem Militärgouverneur Clay für eine zurückhaltende Entnazifizierungspolitik.[52]

Der Soziologe Parsons, der als stellvertretender Direktor wie Friedrich an der Harvard School for Overseas Administration lehrte, legte zunächst mit *Democracy and Social Structure in Pre-Nazi Germany* (1942) eine sozialhistorische Studie vor, der eine Reihe von Aufsätzen zum Nationalsozialismus folgte. In Anlehnung an Max Webers Herrschaftssoziologie betrachtete er das NS-Regime als charismatisches Regime einer Willkürherrschaft, analysierte das politisierte Bildungswesen des Nationalsozialismus und gab Ratschläge für eine amerikanische Re-educationpolitik.[53] Parsons' Essay *The Problem of controlled institutional change* (1944), der sich mit der Handlungslogik wirtschaftlichen Wandels befasste, lässt sich als Gegenposition zum sogenannten Morgenthau-Plan verstehen. Er argumentierte für eine Politik der Demilitarisierung und Dekartellisierung, aber sprach sich aus Rücksicht gegenüber der Gefahr eines deutschen Nationalismus gegen eine völlige Deindustrialisierung aus. Nach Kriegsende war er Berater der Foreign Economic Administration. Mit seinen Studien zur Entmilitarisierung propagierte er, anders als Neumann, einen wirtschaftlichen Liberalismus, betrachtete die Wirtschaft als Motor gesellschaftlicher Demokratisierung und schlug vor, die Industrie in Deutschland als Marktwirtschaft nach amerikanischem Vorbild zu reorganisieren.[54]

51 Vgl. Carl J. Friedrich, Military Government as a Step Toward Self-Rule, in: The Public Opinion Quarterly 7 (1943) 4, S. 527–541, hier S. 527. Vgl. Niethammer, Mitläuferfabrik, S. 38 f.

52 Vgl. Frank Schale, Carl Joachim Friedrich. Gemeinschaft, Tradition und Verwaltung, in: Sebastian Liebold/Frank Schale (Hrsg.), Neugründung auf alten Werten? Konservative Intellektuelle und Politik in der Bundesrepublik, Baden-Baden 2007, S. 129–153, hier S. 140, FN 36; Werner Sollors, Dilemmas der Entnazifizierung. Karl Loewenstein, Carl Schmitt, militärische Besatzung und wehrhafte Demokratie, in: Katharina Gerund/Heike Paul (Hrsg.), Die amerikanische Reeducation-Politik nach 1945, Berlin 2015, S. 225–256, hier S. 242.

53 Vgl. Uta Gerhardt, Denken in der Demokratie. Die Soziologie im atlantischen Transfer des Besatzungsregimes. Vier Abhandlungen, Stuttgart 2007, S. 17 f und 45 ff.

54 Vgl. Gerhardt, Wirklichkeit(en), S. 311–335; Gerhardt, Talcott Parsons, S. 118–149.

Als gegen Kriegsende mehr und mehr Informationen über die nationalsozialistischen Verbrechen, den Alliierten ein „offenes Geheimnis",[55] ans Licht kamen, organisierte das Institut für Sozialforschung im Frühjahr 1945 eine mit *The Aftermath of National Socialism* betitelte Vortragsreihe.[56] Leo Löwenthal analysierte in *The Aftermath of Totalitarian Terror* (1944), später in bekannterer Form als *Individuum und Terror* publiziert, auf der Basis erster Häftlingsberichte die Konzentrationslager als Kern eines politischen Systems des Terrors und wandte sich damit auch gegen die Ansicht, „derzufolge faschistischer Terror eine vorübergehende geschichtliche Phase sei". Vielmehr sei der Terror „tief in der Dynamik moderner Zivilisation und besonders moderner Wirtschaftsorganisation verwurzelt".[57] Adorno und Max Horkheimer präsentierten ihre neuesten Forschungsergebnisse zum Antisemitismus, einem Thema, das in den NS-Analysen zwar nicht völlig vernachlässigt, aber im Ganzen betrachtet eher randständig behandelt wurde.[58]

Auch die Forschungs- und Analyseabteilung des OSS schenkte der Ermordung der europäischen Juden und Jüdinnen verhältnismäßig wenig Aufmerksamkeit. Diejenigen Meldungen und Berichte, die sich mit der systematischen Verfolgung befassten, fanden zudem kaum Verbreitung. Wie auch in anderen politischen Sphären wurde Nachrichten vom systematischen Massenmord während der Kriegsjahre insgesamt wenig Glauben geschenkt.[59] Franz L. Neumann griff seine „Speerspitzentheorie des Antisemitismus" in *Behemoth* auf und sprach von der „Ausrottung der Juden" als ein Mittel, das letztendliche Ziel zu erreichen, nämlich die „Zerstörung freiheitlicher Institutionen, Meinungen und Gruppen".[60] In den Vorschlägen zur Entnazifizierungspolitik spielten Antisemitismus und die nationalsozialistische Vernichtungspolitik kaum eine spezifische Rolle.

55 Frank Bajohr/Dieter Pohl, Der Holocaust als offenes Geheimnis. Die Deutschen, die NS-Führung und die Alliierten, München 2006.

56 Vgl. Eva-Marie Ziege, Antisemitismus und Gesellschaftstheorie: die Frankfurter Schule im amerikanischen Exil, Frankfurt a. M. 2009, S. 234.

57 Leo Löwenthal, Individuum und Terror, in: Merkur. Deutsche Zeitschrift für europäisches Denken 403 (1983), S. 25–35, hier S. 26.

58 Sie knüpften an Horkheimers Essay *Die Juden in Europa* (1939) und an erste Vorarbeiten der *Studies in Prejudice* an, die 1950 in *The Authoritairan Personality* mündeten. Ausführlich: Wheatland, The Frankfurt School in Exile, S. 227–257; Ziege, Antisemitismus und Gesellschaftstheorie, S. 229–252.

59 Marquardt-Bigman, Amerikanische Geheimdienstanalysen, S. 77 f.

60 Neumann, Behemoth, S. 582. Franz L. Neumann verfasste für das OSS: Antisemitismus. Die Speerspitze allumfassenden Terrors vom 18. Mai 1943 (R&A 1113.9), abgedruckt in: Laudani (Hrsg.), Im Kampf gegen Nazideutschland, S. 69–73.

London: „What to do with Germany“?

> „Our ultimate objective with regard to Germany must be to make the German people believe that they are good Europeans in order that they may be able to act as such.“[61]

Mit seiner Denkschrift *What to do with Germany* (1941/42) entwarf der Soziologe Thomas H. Marshall Grundzüge einer britischen Deutschlandpolitik, die in liberaler Tradition die spezifischen historischen und sozialen Begebenheiten Deutschlands zu berücksichtigen hatte. Dabei forderte er Entschlossenheit „on the war issue, the issue of liberation“ und „as soon as possible collaboration“.[62] Das Foreign Office, das seine Rede am Royal Institute of International Affairs mit Interesse verfolgte, engagierte ihn daraufhin für umfassende Beratungstätigkeiten.[63]

Anfang 1943 gründete das Außenministerium das Foreign Office Research Department zur Ausarbeitung von Grundsatzpapieren für eine britische Deutschlandpolitik. In gewisser Ähnlichkeit zum OSS versammelten sich auch hier Forscher mehrerer Fachrichtungen, darunter der in Oxford lehrende Altphilologe Eric. R. Dodds und der Professor für International History an der London School of Economics Charles K. Webster. Im Unterschied zur amerikanischen war die britische Regierung gegenüber einer formalisierten Einbeziehung emigrierter Wissenschaftler:innen zurückhaltender. Zugleich griff auch sie auf die Expertise eines großen Kreises an Emigrant:innen zurück und arbeitete insbesondere mit Juristen zusammen, die aus Deutschland und aus von Deutschland besetzten Gebieten geflohen waren. Zu ihnen gehörten beispielsweise der ehemalige Präsident der Berliner Anwaltskammer Dr. Ernst Wolff und der in Frankfurt am Main habilitierte Jurist Ernst J. Cohn. In assoziierten Arbeitsgruppen leisteten sie wichtige Arbeit und lieferten zahlreiche Anstöße. Die Aufgabe der Forschungsabteilung bestand darin, Analysen zum NS-Regime und Empfehlungen für die Bereiche Politik, Recht, Verwaltung, Wirtschaft und Gesellschaft zu verfassen.[64]

61 Thomas H. Marshall zitiert nach: Lothar Kettenacker, Krieg zur Friedenssicherung. Die Deutschlandplanung der britischen Regierung während des Zweiten Weltkrieges, Göttingen 1989, S. 149 f.

62 Zitiert nach: Kettenacker, Krieg zur Friedenssicherung, S. 151.

63 Vgl. Thomas H. Marshall, A British Sociological Career, in: British Journal of Sociology 25 (1973), S. 399–408; Elmar Rieger, Vorwort. T. H. Marshall. Soziologie, gesellschaftliche Entwicklung und die moralische Ökonomie des Wohlfahrtstaates, in: Thomas H. Marshall, Bürgerrechte und soziale Klassen. Zur Soziologie des Wohlfahrtsstaates, hrsg. und übersetzt von Elmar Rieger, Frankfurt a. M. 1992, S. 7–32.

64 Ausführlich: Adolf M. Birke, Deutschland und Großbritannien. Historische Beziehungen und Vergleiche, München 1999, S. 132–150; Reusch, Londoner Institutionen, S. 332–359.

Die Leitung der Deutschlandabteilung übernahm der wenige Jahre nach Kriegsende mit *Citizenship and Social Class* (1949) bekannt gewordene Professor der London School of Economics Marshall.[65] In pluralistisch-sozialistischer und liberaler Perspektive hatte dieser mit seiner Denkschrift *What to do with Germany* empfohlen, dass eine politische Ordnung Deutschlands nicht von außen oktroyiert werden könne, und legte damit gewissermaßen einen Grundton der britischen Politik.

> „Germany has tried varieties of socialism, democratic and national, and will emerge from totalitarianism seeking how to restore individual liberty without sacrificing the essentials of socialism. For I believe that the new Germany must be built on socialism. The anti-capitalistic urge of recent times, the development of state socialism by the Nazis, and the general belief that Germany cannot become a good neighbour until the power of the big industrialists and biglandowners is broken, all point that way. The Western democracies can contribute much to the re-education of Germany in social and political morality, but they cannot shape its social and political structure."[66]

Seine am auch Chatham House genannten Royal Institute vorgestellten Schriften zirkulierten am Foreign Office, das zu diesem Zeitpunkt kaum über langfristige Visionen verfügte. Das Chatham House spielte eine besondere Rolle bei den Planungen der britischen Nachkriegspolitik und bildete einen Treffpunkt in den zunehmend transnationalen Debatten über eine Nachkriegsordnung in Deutschland und Europa. Es bot verschiedensten Organisationen und Individuen der vielen in London ansässigen Exilregierungen und diplomatischen Vertretungen ein inoffizielles Diskussionsforum. Auch französische Repräsentant:innen der France Libre wie Edmond Vermeil waren hier zu Gast und führten nicht selten äußerst hitzige Auseinandersetzungen und Diskussionen mit anderen Gästen.[67]

65 Der Klassiker der Soziologie, mit dem Marshall das Verhältnis von ökonomischer Ungleichheit und politisch-rechtlicher Gleichheit diskutiert und eine pluralistisch-sozialistische, liberale Konzeption eines Wohlfahrtsstaates entwirft, nahm in den 1930er-Jahren entstandene Schriften im Wiederabdruck auf und lässt sich vor dem Hintergrund seiner Erfahrungen als Kriegsgefangener in Deutschland und seiner Beratertätigkeit zu einer Deutschlandpolitik für das Foreign Office verstehen. Vgl. Julia Moses, Social Citizenship and Social Rights in an Age of Extremes. T. H. Marshall's Social Philosophy in the *Longue Durée*, in: Modern Intellectual History 16 (2019) 1, S. 155–134.

66 Zitiert nach: Kettenacker, Krieg zur Friedenssicherung, S. 151.

67 Vgl. ebenda, S. 149 und 153.

An diesem Ort war auch der Historiker Edward H. Carr aktiv, der mit *The Twenty Years Crisis* (1939) kurz nach Beginn des Zweiten Weltkrieges eine kritische Analyse der Versailler Verträge und eine Theorie internationaler Beziehungen veröffentlicht hatte und als einer von wenigen die britische Appeasementpolitik verteidigte. Carrs Bestseller *The Conditions of Peace* (1942) entwarf schließlich eine internationale Nachkriegsordnung, von der Deutschland nicht ausgeschlossen werden dürfe. Ähnlich warb auch der in Cambridge lehrende Nationalökonom John Maynard Keynes im Anschluss an seine in *The Economic Consequences of the Peace* bereits 1919 dargelegte Kritik an den Versailler Verträgen aus ökonomischer Perspektive für eine Einbindung Deutschlands in eine europäische Ordnung. Wie Carr war auch Keynes, der während des Krieges das Finanz- und Wirtschaftsministerium unter anderem in Reparationsfragen beriet, scharfer Kritiker Robert G. Vansittarts, für den das Chatham House umgekehrt ein Ort akademischer und wirklichkeitsferner Idealisten war.[68]

Als sich die Kriegswende 1942/43 abzeichnete, formalisierte das Foreign Office die dortigen Forschungen und begann, wichtige Memoranden an das US-Außenministerium weiterzuleiten, um den Austausch zwischen London und Washington voranzutreiben.[69] In der Forschung wird der Einfluss der Forschungsabteilung auf die politischen Entscheidungen unterschiedlich bewertet. Während ihr Gewicht Birke zufolge nicht zuletzt deswegen nur schwer nachweisbar ist, da es sich bei einem Großteil der Schriften um Analysen und eher indirekte Anleitungen für eine Besatzungspolitik handelt,[70] erkennt Kettenacker in einigen Entwürfen und Empfehlungen den Einfluss Marshalls.[71]

Zwischen Ende 1943 und Anfang 1945 entwarf die Forschungsabteilung des Foreign Office eine Reihe von Memoranden, die sich vorrangig mit der deutschen Geschichte und der Weimarer Republik befassten.[72] Das Scheitern der Weimarer Republik begründeten Dodds und Marshall in *The Failure of Democracy in Weimar* (1945) und anderen Schriften mit deren Entstehung aus einer militärischen Niederlage, einem Fortbestand vordemokratischer Strukturen und einem instabilen Parteien- und Verfassungssystem. Ähnlich wie zeitgleich

68 Vgl. Später, Vansittart, S. 93–101 und 179; Kettenacker, Krieg zur Friedenssicherung, S. 148, 365 und 394–409.

69 Vgl. Ulrike Walton-Jordan, Safeguards against Tyranny, in: Anthony Grenville (Hrsg.), German-speaking Exiles in Great Britain, Bd. 2, Amsterdam/Atlanta 2000, S. 1–24, hier S. 11; Kettenacker, Krieg zur Friedenssicherung, S. 149 und 153.

70 Vgl. Birke, Deutschland und Großbritannien, S. 133 und 144.

71 Vgl. Kettenacker, Krieg zur Friedenssicherung, S. 152, 157 und 162.

72 Ausführlich zu den Schriften siehe: Birke, Deutschland und Großbritannien, S. 130–140.

Kirchheimer und Neumann am OSS erörterten die britischen Forscher das Notverordnungsrecht der Weimarer Verfassung als Machtinstrument, das eine Reichsregierung unter Hitler ermöglicht hatte, ebenso wie die politischen Mehrheitsverhältnisse, die den Aufstieg des Nationalsozialismus nicht verhindert hatten. Als einflussreichste Gruppierung, die den Aufstieg der NSDAP begünstigt hatte, betrachteten sie die industriellen Unternehmer. Ihr Anliegen bestand auch darin, die innerhalb des Foreign Office verbreitete Meinung über einen völligen Fehlschlag der Weimarer Demokratie zu korrigieren und der Frage nachzugehen, welche positiven Elemente und Entwicklungen eine Nachkriegspolitik aufgreifen könnte.[73]

Das Foreign Office Research Department war kaum der Ansicht, die Deutschen seien nicht fähig zur Demokratie, und positionierte sich damit klar gegen die in der britischen Öffentlichkeit intensiv diskutierten Thesen Vansittarts über einen unveränderlichen deutschen Nationalcharakter und damit einhergehende Ideen bezüglich einer als Begriff weitgefassten Re-education. In einem Memorandum für das Außenministerium im Februar 1945 schrieb Dodds: „The breakdown of the Weimar system does not compel us to believe that Germans are permanently incapable of self-government; it is traceable to a particular constellation of contemporary factors, and Germany is not the only great country where democracy has failed at first."[74]

Neben Anstößen für eine britische Demokratisierungs- und Bildungspolitik waren die Arbeiten der Forschungsabteilung auch in Rechtsfragen bedeutsam. In beiden Bereichen bildeten die Prinzipien der Selbstbestimmung bzw. -verwaltung und eine Rückkehr zu den positiven Aspekten des Weimarer Systems den grundsätzlichen Bezugsrahmen.

Die Wiederherstellung des Rechtsstaates war früh ein Leitmotiv der britischen Pläne. Reusch argumentiert, dass die willkürlichen nationalsozialistischen Rechtssetzungen für britische Behörden insbesondere vor dem Hintergrund der deutschen rechtsstaatlichen und verwaltungsrechtlichen Tradition viele Fragen aufwarfen und einige Rechtsabteilungen und Arbeitsgruppen sich mit diesem Themenfeld befassten.[75] Hinsichtlich der Beseitigung nationalsozialistischer Einflüsse aus dem deutschen Recht arbeitete die Forschungsabteilung

73 Vgl. ebenda, S. 132 f.; Patrick Bahners, Die Dodds-Papers. Die Deutschen und das Rationale, in: Zeitschrift für Ideengeschichte 11 (2017) 4, S. 36–43.

74 Zitiert nach: Kurt Jürgensen, British Occupation Policy after 1945 and the Problem of „Re-Educating" Germany, in: History. Journal of the Historical Association 68 (1983), S. 225–224, hier S. 230.

75 Vgl. Reusch, Londoner Institutionen, S. 367.

mit dem von Ernst Wolff geleiteten Research Committee for the Revision of German Law zusammen, in dem überwiegend aus Berlin geflohene Juristen tätig waren.[76] Die Aufgabe dieses Komitees bestand darin, während des Nationalsozialismus erlassene Gesetze zu untersuchen und Vorschläge zu erarbeiten, welche Bestimmungen aufgelöst, modifiziert oder beibehalten werden sollten.[77] Im Juli 1943 legten sie einen Entwurf einer Proklamation über die *Re-establishment of Law and Justice in Germany* vor. Dieser beinhaltete Gleichheit vor dem Gesetz, das Recht auf Freiheit und Eigentum sowie ein Diskriminierungsverbot aufgrund von parteipolitischer Zugehörigkeit, Sprache oder Herkunft und schlug die Aufhebung jeglicher rechtlicher Regelungen vor, die diesen Grundsätzen widersprachen. Maßnahmen zur Beseitigung nationalsozialistischer Einflüsse hingegen sollten davon unberührt bleiben.[78]

Die Empfehlungen des Research Committee for the Revision of German Law riefen unterschiedliche Reaktionen hervor. Von Marshall als informativ gelobt, ernteten einige Arbeiten vom führenden Deutschlandexperten des Foreign Office Con O’Neill harsche Kritik. Trotz der dezidiert rechtlichen und rechtsstaatlichen Argumentation empfand er sie als zu politisch. In anderen Entwürfen, die eine Restitution und Bestrafung jener, die Jüdinnen und Juden Schaden zugefügt hatten, forderten, erkannte er sogar „by no means pureley legal but to a great extent a political paper“.[79] Grundsätzlich skeptisch gegenüber einer weitreichenden Beteiligung der Emigrant:innen und womöglich in der Annahme, die Juristen mit deutsch-jüdischem Hintergrund seien in ihrem Urteil befangen, schienen für O’Neill manche Vorschläge von einem Geist der Rache inspiriert zu sein, wie er kommentierte.[80] Die vorherrschende Meinung britischer Ministerien war, gegenüber tiefgreifenden Eingriffen und Reformvorschlägen mindestens zurückhaltend zu sein. Insgesamt bestand ihr Ansatz

76 Zu ihnen gehörten neben dem früheren Präsidenten der Reichsrechtsanwaltskammer und der Berliner Rechtsanwaltskammer Ernst Wolff auch Dr. D.E. Mende, früherer Oberregierungsrat im Preußischen Finanzministerium, Dr. W. Redlich, früher Mitglied der Berliner Anwaltskammer, Dr. K. Neumann und Dr. W. Sachs, beide früher Landgerichtsdirektoren in Berlin, Dr. W. von Simons, früher Mitglied der Berliner Anwaltskammer, Robert S. Wendriner, früher Richter am Reichsfinanzhof, und Prof. Dr. Martin Wolff, früher Professor für Zivil- und Handelsrecht in Berlin. Ausführlich: Matthias Etzel, Die Aufhebung von nationalsozialistischen Gesetzen durch den Alliierten Kontrollrat (1945–1948), Tübingen 1992, S. 3–7, hier S. 4.

77 Vgl. ebenda.

78 Über den Bericht des Wolff Committee siehe: Walton-Jordan, Safeguards against Tyranny, S. 10.

79 Zitiert nach: ebenda, S. 11.

80 Ebenda.

überwiegend darin, konstitutive Strukturveränderungen des NS-Staates rückgängig zu machen.[81]

In diesen Monaten konkretisierten sich im Zuge der interalliierten Verhandlungen auch Ideen zu personalpolitischen Maßnahmen und Internierung. Im März 1944 erarbeitete Marshalls Forschungsabteilung einen ersten Entwurf, der auf die von der Anti-Hitler-Koalition beschlossenen Kapitulationsbedingungen und die darin vorgesehene Auflösung nationalsozialistischer Einrichtungen und Internierungen einging.[82] Übereinkunft bestand darüber, alle Reichsminister sowie alle wichtigen Funktionäre der Partei umgehend zu verhaften, darunter alle NSDAP-Kreisleiter, alle Offiziere der Schutzstaffel (SS), der Sturmabteilung (SA) vom Sturmbannführer aufwärts sowie alle höheren Führer der Hitlerjugend (HJ).[83]

Das Foreign Office hingegen wollte es bei der Auflösung der Partei und ihrer Gliederungen belassen. Dass die britische Regierung darauf bedacht war, mit einer bestehenden deutschen Regierung oder zumindest Verwaltung zu kooperieren, hatte sie bereits in den Verhandlungen der EAC deutlich gemacht, und dies zeigte sich auch in anschließenden Debatten über den Umgang mit dem Beamtenapparat. Eine vorgelegte Liste, die auf die von Marcuse entwickelte OSS-Liste zurückzugehen scheint, ging dem Foreign Office und der Treasury entschieden zu weit. Wenn schon ohne Zentralregierung auszukommen sei, so wird aus einer Stellungnahme O'Neills deutlich, wollte man sich wenigstens auf Fachleute und eine funktionierende Verwaltung verlassen können. Eine gewisse Rückendeckung erhielten sie von den aus Deutschland emigrierten Juristen Wolff und Cohn, die die Leitung der anglo-amerikanischen Arbeitsgruppe Special Legal Unit Germany and Austria innehatten. Beide bekräftigten, dass das deutsche Beamtengesetz von 1937 zunächst in Kraft bleiben sollte und sich nur auf diese Weise ein funktionierender öffentlicher Dienst gewährleisten ließe. Das Foreign Office übernahm diese Empfehlung und begünstigte damit eine Kontinuität des deutschen Beamtentums.[84]

Die vehementesten und lautesten Kritiker des Foreign Office und seiner Forschungsabteilung kamen aus dem Umfeld des Diplomaten Vansittart. Eine

81 Vgl. Ulrich Reusch, Deutsches Berufsbeamtentum und britische Besatzung. Planung und Politik 1943–1947, Stuttgart 1998, S. 70.

82 Über Marshalls Diskussionspapier „The Dissolution of Nazi Organizations and the Dismissal or Internment of Nazi Personnel" siehe: Andrew Beattie, Allied Internment Camps in Occupied Germany. Extrajudicial Detention in the Name of Denazification, 1945–1950, Cambridge 2020, S. 32 ff.

83 Kettenacker, Krieg zur Friedenssicherung, S. 309 und 351.

84 Vgl. ebenda, S. 350 f.; auch: Reusch, Deutsches Berufsbeamtentum, S. 113.

Vielzahl an Büchern und Artikeln griff das geschichtswissenschaftliche Bild einer preußisch-deutschen Fehlentwicklung auf, das in Großbritannien nach dem Ersten Weltkrieg entstanden war und nun zur Erklärung des Nationalsozialismus herangezogen wurde. Geistes- und mentalitätsgeschichtliche Ansätze waren in Großbritannien ähnlich verbreitet und einflussreich wie in Frankreich. Mit dem französischen Germanisten Vermeil weitgehend übereinstimmend, stellten auch einige britische Historiker:innen und Intellektuelle einen deutschen Charakter in den Vordergrund ihrer Analysen des Nationalsozialismus, in denen das NS-Regime ein fast unvermeidlicher Ausdruck der deutschen Geschichte war, so etwa die Historiker Rohan Butler, Wickham Steed, Alan J. P. Taylor und Lews B. Namier und der Journalist Frederick A. Voigt.[85] Rohan D'O. Butler argumentierte in *The Roots of National Socialism 1783–1933* (1941) ähnlich wie Vermeil und sah die Ursprünge des Nationalsozialismus in der deutschen Geschichte und Kultur verankert. Noch deutlicher urteilten der bis 1938 an der Universität Oxford tätige und während des Krieges die Political Warefare Executive beratende Alan J.P. Taylor mit *The Course of German History* (1945) und der frühere Chefredakteur der *Times* und Berater Winston Churchills Wickham Steed, der mit Werken wie *From Frederick the Great to Hitler* (1938) den Nazismus als „outcome of a morbid national mood“ beschrieb.[86]

Diesen Kreis britischer Historiker:innen einte neben ihrem Blick auf die deutsche Geschichte auch ihre Kritik an ihrer Regierung. Einige von ihnen zählten zu den Unterstützer:innen des wohl entschiedensten Gegners der britischen Appeasement-Politik, des Diplomaten Vansittart. Dieser war für seine Radiosendungen und die Broschüre *Black Record. Germans Past and Present* (1941)[87] berühmt, und seine Deutschlandanalysen fanden große Resonanz. In der bundesdeutschen Nachkriegszeit wurde er oft in einem Atemzug mit dem amerikanischen Finanzminister Henry Morgenthau genannt. Vansittarts Deutschlandpolitik stand für einen Kollektivschulddiskurs der Alliierten, obgleich sein realpolitischer Einfluss weitaus differenzierter zu betrachten ist.[88] Seine Radiosendungen beruhten auf einem für das Außenministerium verfassten Memorandum, mit dem er eindrücklich vor dem deutschen Militarismus warnte. Die Deutschen, so Vansittart, führten Krieg gegen die westliche Zivilisation und in

85 Vgl. Später, Vansittart, S. 213–230; Priemel, The Betrayal, S. 46; Birke, Deutschland und Großbritannien, S. 130–156.

86 Zitiert nach: Später, Vansittart. Britische Debatten, S. 112.

87 Robert Gilbert Vansittart, Black Record. Germans Past and Present, London 1941.

88 Ausführlich: Später, Vansittart, S. 440 ff.; auch: Wolfgang Benz, Wie es zu Deutschlands Teilung kam. Vom Zusammenbruch zur Gründung der beiden deutschen Staaten 1945–1949, München 2018, S. 23 ff.

Antike, Christentum und Aufklärung begründete westliche Werte. 1943 forderte er: „We will therefore have to undertake the complete re-education of Germany from the ground up, and I claim that I was not exaggerating when I said in *Black record* that this task will take at least a generation. It is in reality more likely to require two generations."[89]

Vansittarts Anliegen bestand darin, Öffentlichkeit und Politik, vor allem das Foreign Office, vor der Konzeption eines „guten" und eines „bösen" Deutschlands zu warnen und die Gefahren eines Kompromissfriedens ernst zu nehmen.[90] Unter dem zentralen Begriff Re-education fasste Vansittart eine ganze Reihe von Maßnahmen zur Strafe, Kontrolle und Reform, darunter auch die Bestrafung von Kriegsverbrecher:innen, der Rückzug aus den besetzten Gebieten, Kompensation für Raub und Zerstörung sowie ein dezentralisiertes Bildungswesen.[91] Über sein eher repressives Konzept von Umerziehung referierte er in politischen Gremien, aber auch im Civil Affairs Staff Center, wo Sodat:innen und Offizier:innen in militärischen und zivilen Themen ausgebildet wurden.[92]

Gegen Vansittarts Deutschlandbild und seine Politik wandte sich eine Reihe von Historiker:innen und Politikwissenschaftler:innen um den jüdisch-sozialistischen Intellektuellen und Politiker der Labour Party Harold Laski, darunter Henry N. Brailsford und Victor Gollancz. Für die drei mitunter prominentesten Vertreter der sozialistischen Linken, die sich ab Mitte der 1930er-Jahre im Left Book Club engagiert hatten, erklärte sich der Nationalsozialismus als Antithese zu Vansittart im Kern ökonomiepolitisch.[93] In *Reflections on the Revolution of Our Time* (1943) widmete sich der einflussreiche sozialistische Politiker und Intellektuelle Laski im Kapitel „The Meaning of Fascism" dem Nationalsozialismus. Laski hob die enge Verbindung von Großindustrie und NS-Diktatur hervor und deutete den Nationalsozialismus als Monopolkapitalismus. Er sah aber, entgegen einer orthodox-marxistischen Lesart, die politische Führung nicht von der Großindustrie geleitet, sondern ähnlich wie Neumann, dessen Lehrer er Mitte der 1930er-Jahre gewesen war, in weitreichender Autonomie. Während des

89 Robert Vansittart, Lessons of My Life, London/New York/Melbourne 1943, S. 73.

90 Vgl. Lothar Kettenacker, Die britische Haltung zum deutschen Widerstand während des Zweiten Weltkrieges, in: ders. (Hrsg.), Das „Andere Deutschland" im Zweiten Weltkrieg. Emigration und Widerstand in internationaler Perspektive, Stuttgart 1997, S. 49–76, hier S. 54 ff.

91 Vgl. Später, Vansittart, S. 34 und 189.

92 Vgl. Defrance, Les Alliés occidentaux, S. 57.

93 Vgl. Günter Pakschies, Umerziehung in der britischen Zone 1945–1949. Untersuchungen zur britischen Re-education-Politik, Köln 1984, S. 33–37; Später, Vansittart, S. 127 und 164.

Krieges hielt Laski, zugleich Berater des stellvertretenden und späteren Premierministers Clement Attlee, diverse Reden über die Zerstörung der Demokratie durch ökonomische Krisen und propagierte den Sozialismus als einzige Alternative zum Faschismus.[94]

Mit linken Widerstandskreisen, aber auch mit Churchill-Vertrauten vernetzt, verfasste der Wirtschaftswissenschaftler und Sozialphilosoph Alfred Sohn-Rethel, der 1936 nach London emigriert war, wirtschaftspolitische Faschismusanalysen aus marxistischer Perspektive. Auf Anfragen von Wickham Steed, der mit vielen aus Deutschland geflohenen Intellektuellen Kontakt hielt, stellte er seine Berichte Berater:innen von Churchill zur Verfügung.[95] Sohn-Rethel nutzte Materialien, die er als Mitarbeiter des Mitteleuropäischen Wirtschaftstags, einem finanzpolitischen Netzwerk, und der *Deutschen Führerbriefe*, einem seit den 1920er-Jahren veröffentlichten Journal für Industrie- und Finanzthemen, gesammelt hatte.[96] Im Mittelpunkt der Aufzeichnungen standen die wechselnden „Interessensgruppierungen innerhalb des deutschen Großkapitals, welche das Hitler-Regime ans Ruder gebracht und den Großteil seiner Politik bestimmt haben“, mit teils detaillierten Betrachtungen der Berliner Wirtschaft.[97]

Ähnlich betrachtete die am Chatham House entstandene Studie *The Problem of Germany* aus dem Jahr 1943 tiefgreifende soziale Veränderungen als wichtigste Voraussetzung: Nicht nur müssten alle NS-Organisationen entmachtet werden,

94 Der Journalist Brailsford antwortete auf Vansittart mit *Germans and Nazis. A Reply to „Black Record“* (1944) und warf ihm vor, nicht nach sozialen und ökonomischen Ursachen zu fragen. Mit *Our Settlement with Germany* (1944), das Brailsford an Vertreter:innen der britischen Politik verteilen ließ, warb er vor dem Hintergrund der Versailler Verträge für eine Einbindung Deutschlands in eine künftige internationale Gemeinschaft. Wie Brailsford stellte auch Gollancz den sozialistischen Widerstand gegen das NS-Regime in den Vordergrund. Mit seiner Schrift *Shall our Children Live or Die? – A reply to Lord Vansittart* (1942) plädierte Gollancz dafür, nicht das deutsche Volk zu verurteilen, vielmehr müsse die Allianz zwischen Militarismus, Großindustriellen und Junkern gebrochen werden. Zwar könnten ein Ende des NS-Regimes nur die Alliierten herbeiführen, aber die Überwindung des Faschismus müsse von innen heraus und unter Berücksichtigung des Widerstands gegen Hitler, dem er eine große Rolle zuschrieb, erfolgen. Vgl. Pakschies, Umerziehung in der britischen Zone, S. 35 f.; Später, Vansittart, S. 189 f.

95 Eine Textsammlung einiger zwischen 1937 und 1941 verfasster Beiträge finden sich hier: Alfred Sohn-Rethel, Ökonomie und Klassenstruktur des deutschen Faschismus. Aufzeichnungen und Analysen, hrsg. und eingel. von Johannes Agnoli/Bernhard Blanke/Niels Kadritzke, Frankfurt a. M. 1973.

96 Laut eigener rückblickender Beschreibungen hatte er die Chance, „als unerkannter Marxist in eines der inneren Aktionszentren des Finanzkapitals zu gelangen“ und dabei zu nur schwer zu erlangenden Materialien Zugang zu bekommen. Ebenda, S. 25 ff.

97 Ebenda, S. 66.

sondern ebenso das „Rückgrat des aggressiven Nationalismus“ wie Großgrundbesitzer, Industriemagnate, führende Männer im Heer, in der Verwaltung und in der Justiz.[98] Sie folgte damit im Kern einer Analyse des Nationalsozialismus, die das Resultat einer spezifisch deutschen kapitalistischen Wirtschaftsentwicklung beschrieb und den Neumannschen Thesen zu Partei, Bürokratie, Wirtschaft und Militär entsprach. Als wichtigste Maßnahme forderte die Forschungsabteilung eine strikte Entnazifizierung des Lehrpersonals.[99]

Am konkretesten formulierte eine von Dodds geleitete anglo-amerikanische Arbeitsgruppe des Foreign Office Research Department, der auch Mitarbeiter:innen des Kriegsministeriums, des Political Intelligence Department, des Board of Education sowie Vertreter:innen des Hauptquartiers angehörten, Anfang 1944 die Vorgaben einer zukünftigen Re-educationpolitik.[100] Als positive Ziele beschrieb ihre Direktive:

> „a) to re-establish in German education the former standard of respect for objective facts and to extend […]
> b) to foster in German education interests in the ideas of popular democracy, such as freedom of opinion, speech, the press and religion“.[101]

Die Schulen sollten ihren Betrieb möglichst weiterführen, offenkundig militaristisch oder nationalsozialistisch inspirierte Lehrpläne und Schulbücher sollten eingezogen und vorerst durch Unterrichtsmaterial aus der Zeit vor 1933 ersetzt werden. Mithilfe sogenannter „black“, „grey“ und „white lists“, ähnlich der vom amerikanischen OSS erstellten Listen für ökonomische Einrichtungen, sollte unterschieden werden, wie mit dem Lehrpersonal zu verfahren sei.[102] Die

98 Eine deutsche Übersetzung erschien 1945: Das Problem Deutschland. Bericht einer Studiengruppe des Chatham House, Zürich 1945. Hier zitiert nach: Pakschies, Umerziehung in der britischen Zone, S. 51.

99 Vgl. ebenda, S. 52.

100 Vgl. Kettenacker, Krieg zur Friedenssicherung, S. 370; David Phillips, Dodds and Educational Policy for a Defeated Germany, in: Christopher Stray/Christoper Pelling/Stephen Harrison (Hrsg.), Rediscovering E. R. Dodds. Scholarship, Education, Poetry and the Paranormal, Oxford 2019, S. 244–265.

101 Zitiert nach: David Philips, Investigating Education in Germany. Historical studies from a British perspective, London/New York 2016, S. 97.

102 Unter schwarze Listen fielen und damit umgehend zu entlassen waren alle Funktionäre des NS-Lehrerbundes, NS-Dozentenbundes (NSDoB), NS-Studentenbundes (NSDStB), alle Parteiamtsleiter vom Ortsgruppenführer an, alle Mitglieder der SS, alle Führer der SA, des NSKK ab dem Sturmbannführer, des NS-Fliegerkorps (NSFK) ab Staffelführer, der HJ und des Bundes Deutscher Mädel (BDM) ab Stammführer bzw. Mädelringführer,

Kategorien waren im Vergleich strenger als im Bereich der Verwaltung oder Wirtschaft. Die Berichte verweisen auf die Grundprinzipien der späteren Umerziehungspolitik, wie Pakschies und Defrance argumentieren: Um eine Demokratisierung des Bildungswesens zu erreichen, waren nationalsozialistische Lehrer:innen zu entlassen, nationalsozialistische Ideologien aus Bildungsmaterialien zu entfernen und die Deutschen in von ihnen initiierten Bildungsreformen zu unterstützen.[103]

Shrivenham: Anglo-amerikanisches Military Handbook für Berlin

Im März 1944 bat der amerikanische Historiker und OSS-Mitarbeiter Harold Deutsch aus Großbritannien seine Kolleg:innen um Neumann in Washington „to work literally day and night", damit man ihre jüngsten Analysen und Empfehlungen in anglo-amerikanischen Planungsgruppen nutzbar machen könne.[104] Die Arbeitsgruppe German Country Unit, für die Deutsch, weitere OSS-Angehörige und einige britische Wissenschaftler:innen tätig waren, hatte den Auftrag, praktische Handbücher für eine künftige Besatzungspolitik zu erarbeiten. Sie formulierte im Zuge dessen eine konkrete und im Grunde die erste ausformulierte Entnazifizierungsstrategie.[105]

Ihr Ergebnis und damit das, was Angehörigen des Militärs in komprimierter Form einen Überblick über die Besatzungsaufgaben vermitteln sollte, waren das *Germany Zone Handbook Berlin* (1944)[106] und das *Handbook for Military Government in Germany Prior to Defeat or Surrender* (1944)[107] – zwei jeweils mehrere Hundert Seiten umfassende Handreichungen mit Anweisungen und

alle Vertrauensleute der Gestapo und des Sicherheitsdienstes des Reichsführers SS (SD), die Rektoren der Universitäten und Lehrerbildungsanstalten, sofern sie von der Politik ernannt wurden. Vgl. Kettenacker, Krieg zur Friedenssicherung, S. 371; Lothar Kettenacker, The Planning for Re-education during the Second World War, in: Nicholas Pronay/Keith Wilson (Hrsg.), The Political Re-Education of Germany and the Allies after World War II, London 1985, S. 59–81.

103 Vgl. Pakschies, Umerziehung in der britischen Zone, S. 54; Defrance, Les Alliés occidentaux, S. 38–43.

104 Zitiert nach: Marquardt-Bigman, Amerikanische Geheimdienstanalysen, S. 139.

105 Zur Gründung und den Aufgaben der German Country Unit siehe: Formation of German Country Unit, TNA, WO 219/3851. Auch Vgl. Dack, Questioning the Past, S. 88 f.

106 Vgl. Germany Zone Handbook No. 1A Berlin. Part I People and Administration, Part II Economic Survey, Part III Local Directory, October 1944, TNA, FO 1012/2.

107 Handbook for Military Government in Germany Prior to Defeat or Surrender, Allied Forces Office of the Chief of Staff, December 1994.

Gesetzesvorschlägen für die zivile Militärverwaltung im Taschenbuchformat. Viele der zuvor skizzierten Studien und Leitfäden der Forschungsabteilungen des OSS und des britischen Foreign Office wurden hier aufgenommen.

Mit dem *Handbook Berlin* waren Angehörige der anglo-amerikanischen Streitkräfte äußerst gut vorbereitet: Darin fanden sich ein kurzer Abriss der Geschichte Berlins, eine systematische Darstellung der lokalen Regierungsstruktur, Angaben zur NSDAP und militärischen Einrichtungen, Erklärungen zur Wirtschaft und ein eigenes Kapitel zum Thema Zwangsarbeit sowie Informationen zum Bildungs-, Gesundheits- und Pressewesen. Angereichert mit Statistiken, Tabellen und Karten dienten die Handbücher für Berlin und Deutschland der Armee als wichtigste Nachschlagewerke. Sie informierten über die nationalsozialistische Personalpolitik in der Stadtverwaltung, über die 400 „alten Kämpfer", die zentrale Posten übernommen hatten, sowie über die nationalsozialistischen Verwaltungsreformen. Das Handbuch enthielt Angaben über die Gauorganisation in Berlin und seine zehn Kreise und nannte Adressen von Partei- und Regierungseinrichtungen und Namen hoher NS-Funktionäre. Aus vertraulichen Berichten lagen Erkenntnisse über 3500 waffenproduzierende Fabriken und die hohe Zahl von über 270 000 Zwangsarbeiter:innen vor, die überwiegend in der Schwer- und Rüstungsindustrie verpflichtet waren. Als wichtigste Firmen, die auf Zwangsarbeit zurückgriffen, nannte das Handbuch: AEG, Henschel Flugzeug-Werke, Karger, Knorr-Bremse, Mauer Werke, OSRAM, Deutsche Reichsbahn und Siemens.[108] Das allgemeine *Handbook for Military Government* enthielt darüber hinaus detaillierte Informationen zur Entnazifizierung, insbesondere zur Auflösung nationalsozialistischer Einrichtungen, zu Entlassungen und Internierungen, zur Vermögenskontrolle und zu Überprüfungsverfahren.[109]

Die Erstellung beider Handbücher verlief politisch nicht ganz konfliktfrei. Als abzusehen gewesen war, dass sich die drei Großmächte im EAC nicht auf detaillierte Vorgaben für eine Besatzungspolitik einigen konnten – und dass, obwohl die Invasion Siziliens längst begonnen hatte, die Eröffnung einer zweiten Front und die Operation D-Day geplant war und die Streitkräfte daher auf konkrete Anweisungen drängten –, nahm das alliierte Hauptquartier SHAEF die Sache selbst in die Hand und gründete im Februar 1944 eine überwiegend

108 Für einzelne Abschnitte werden verschieden Autor:innen angegeben, darunter das britische Foreign Office, Economic Advisory Branch, American Embassy London oder Research and Analysis Branch OSS. Das Kartenmaterial stammte ausschließlich vom amerikanischen OSS. Germany Zone Handbook No. 1A Berlin, October 1944, TNA, FO 1012/2.

109 Vgl. Henke, Amerikanische Besetzung, S. 101 f.

aus zivilen Mitarbeiter:innen bestehende Arbeitsgruppe, die German Country Unit.[110] Zwar erhielten die im Civil Affairs Center in Shrivenham stationierten Expert:innen die Mitteilung, dass sich die Regierungen der USA, Großbritanniens und der UdSSR alsbald über Kapitulationsbedingungen einigen würden,[111] doch letztlich verfügten sie über großen Freiraum. Der Leiter der Civil Affairs Division im US-Kriegsministerium John H. Hilldring riet, dabei die Liste von „civil affairs guides for Germany in preparation by the Foreign Economics Administration and OSS Washington" zu verwenden.[112]

Insbesondere Hilldring bemühte sich zugleich über Monate, eine Kooperation mit den sowjetischen Stellen aufzubauen. Wenn schon keine konkreten Absprachen möglich seien, forderte Hilldring, sollten beide Seiten „at least know in advance what the other was planning".[113] Britische Stellen wandten sich dagegen: „Discussions with the Russians on post-surrender policy", lautete ihr Einwand, „can only be at governmental level and the EAC was set up for this purpose."[114] Die Haltung, dass Anfragen lediglich auf politisch-diplomatischer Ebene zu stellen seien, setzte sich durch.[115]

Ohne Wissen um die sowjetischen Pläne nahm die German Country Unit ihre Arbeit auf. Die Leitung der German-Austrian Section übernahm Felix Gilbert, der zuvor mit Neumann und Marcuse einige OSS-Leitfäden verfasst hatte. Mit ihm arbeiteten weitere von Washington nach London gewechselte Mitarbeiter:innen.[116] Die German Country Unit arbeitete unter Einbeziehung aktueller Entwicklungen. Neben den neuesten Empfehlungen aus Washington und London bezog sie auch Erfahrungen der Alliierten in Sizilien in ihre Planungen ein. „The Italian-Sicilian experience is of value in planning for the comparable problem in Germany", erkannte die Arbeitsgruppe im Mai 1944, „because they both relate on a large scale to identifying individuals by reason of their adherence to an enemy totalitarian regime and removing or excluding them from

110 Vgl. ebenda, S. 100; Dack, Questioning the Past, S. 139; Earl F. Ziemke, The U.S. Army in the Occupation of Germany 1944–1946, Washington D.C. 1975, S. 80–96.

111 Vgl. Cable WO Analysis Sheet, 18 March 1944, TNA, WO 219/3472.

112 Vgl. Field Analysis Sheet Memo, 6 March 1944, TNA, WO 219/3472.

113 Combined Civil Affairs Comm., 15 June 1944, TNA, WO 219/3793.

114 Combined Civil Affairs Comm., proposed US, UK and SHAEF coordination staff to adjust presurrender aspects of Civil Affairs, 12 June 1944, TNA, WO 219/3793.

115 SHAEF G-5 Analysis Sheet to CCAC, Russia, 22 April 1944 to 31 October 1944, TNA, WO 219/3793.

116 Darunter die Historiker Sinclair W. Armstrong, Arthur M. Schlesinger, Crane Briton, Perry Miller und Leonard Krieger, die Soziologen Edward Shils und Morris Janowittz und einige Wirtschaftswissenschaftler wie Charles Kindleberger, Walt W. Rostow und Paul Sweezy. Vgl. Dack, Questioning the Past, S. 26; Katz, Foreign Intelligence, S. 80f.

public office.“[117] Die Erfahrungen in Italien hätten verdeutlicht, wie notwendig eine gute Vorbereitung und klare Richtlinien waren. Denn es habe sich gezeigt, dass keine Standards existierten, um den „degree of fascism“ zu bestimmen, und dass viele „aktive“ Faschist:innen im Amt belassen und umgekehrt viele eigentlich harmlose und politisch unbelastete Personen entlassen worden waren. Diese Herausforderungen reflektierend, fragte sie auf den Punkt gebracht: „what policy and what measures are most likely to be workable and effective in removing and excluding ‚leading‘ Nazis from civil administration of German without also removing or excluding non-Nazis or merely nominal Nazis who are essential in the conduct of civil affairs during the early phase of military government?“[118]

Zwischen pragmatisch und provokativ zählte die German Country Unit verschiedene Szenarien mit ihren jeweiligen Vor- und Nachteilen auf. Vereinfacht formuliert: alle Personen im öffentlichen Amt belassen (und später überprüfen) oder alle entlassen (und später überprüfen), alle NSDAP-Mitglieder suspendieren (und später überprüfen) oder all jene entlassen, die unter eine der „most immediately apparent undesirable categories“ fielen (und dann überprüfen). Pro und Contra schienen auf der Hand zu liegen.[119] Damit plädierte sie einmal mehr für die Notwendigkeit eines qualifizierten, auf Kategorien basierenden Programms, wie es von der Neumann-Gruppe entworfen worden war. Für die German Country Unit stand fest: Welche andere Möglichkeit sollten die Alliierten sonst haben?

Die German Country Unit erarbeitete daraufhin klare Klassifikationen für Entlassungen und Einstellungen sowie begleitend den Fragebogen, der im August 1944 in Druck ging und noch vor Ende des Krieges in hunderttausendfacher Auflage zur Verfügung stand.[120] Ab Frühjahr 1944 präsentierte sie der Deutschlandabteilung der SHAEF zudem mehrere Entwürfe des Handbuchs. In von deutschen Bombenangriffen teils zerstörten Büros in London vollendete die German Country Unit ihre Version des Handbuches im Sommer 1944.[121]

Kaum war diese Version druckfertig, drohte im August 1944 die in der Forschung bekannte Intervention des amerikanischen Finanzministers Morgenthau, der in den Empfehlungen des *Military Handbooks* eine viel zu milde Behandlung Deutschlands sah, die bisherige anglo-amerikanische Deutschlandplanung

117 SHAEF German Country Unit, Measures for identifying and determining disposition of Nazi public officials in Germany, 28 May 1944, TNA, 1050/1267.

118 Ebenda.

119 Ebenda.

120 Ausführlich: Dack, Questioning the Past, S. 53–118. Auch: Niethammer, Mitläuferfabrik, S. 58–59; Leßau, Entnazifizierungsgeschichten, S. 58–63.

121 Vgl. SHAEF Civil Affairs German Section, 5 May 1944, TNA, WO 219/3851; Ziemke, The U.S. Army, S. 82.

in eine Krise zu stürzen. Seine nachdrückliche Kritik fand Gehör bei allen hochrangigen Politiker:innen wie auch in der Öffentlichkeit und versetzte die Beteiligten in Aufruhr und Ratlosigkeit.[122] „This so-called ‚Handbook' is pretty bad"[123] – das vielfach zitierte Schreiben von US-Präsident Franklin D. Roosevelt an seinen Kriegsminister Henry L. Stimson ließ die Veröffentlichung des Handbuchs zunächst stagnieren.[124] Zugleich konnte die umstrittene Publikation auch nicht einfach zurückgezogen werden, da die Invasion Deutschlands kurz bevorstand. Angesichts der nahenden Besatzung auf praxisorientierte Anweisung angewiesen, gelang es dem militärischen Hauptquartier schließlich, sich nicht ganz von den Debatten zwischen dem Finanz-, Kriegs- und Außenministerium der Vereinigten Staaten vereinnahmen zu lassen. Die Lösung innerhalb der über Monate anhaltenden Kontroverse fand SHAEF, wie Henke ausführt, im Grunde in einem Beiblatt, das Morgenthaus Kritik prominent aufnahm, ohne eine völlig grundsätzliche Überarbeitung vorzunehmen.[125] Fortan enthielt das allgemeine *Military Handbook* wie auch das *Handbook Berlin* an verschiedenen Stellen die Formulierung, dass „unter keinen Umständen [...] aktive Nazis oder glühende Sympathisanten" des NS-Regimes im Amt belassen werden dürften.[126] Eine grundsätzliche Neuausrichtung erfuhren das Handbuch und die Pläne nicht.[127]

Das schließlich im Dezember 1944 gedruckte *Handbook for Military Government* beschrieb im Kapitel II „Eradication of Nazism" ein umfassendes

122 Vgl. Henke, Amerikanische Besetzung, S. 102–199; Marquardt-Bigman, Amerikanische Geheimdienstanalysen, S. 141–145; Tent, Mission on the Rhine, S. 26 ff. Zur Rezeption sowjetischer Stellen siehe: Gromyko an Molotov, 13. November 1944, abgedruckt in: Die UdSSR und die deutsche Frage, Bd. 1, Dok. 136, S. 496–501.

123 Zitiert nach: Ziemke, The U.S. Army, S. 86.

124 An Stimons schrieb er: „Too many people here and in England hold to the view that the German people as a whole are not responsible for what has taken place, that only a few Nazi leaders are responsible. That unfortunately is not based on fact. The German people as a whole must have it driven home to them that the whole nation has engaged in a lawless conspiracy against the decencies of modern civilization." Zitiert nach: Beate Rosenzweig, Erziehung zur Demokratie? Amerikanische Besatzungs- und Schulreform in Deutschland und Japan, Stuttgart 1998, S. 87.

125 Vgl. Henke, Amerikanische Besetzung, S. 119. Auch: Beattie, Allied Internment Camps, S. 36.

126 Die drei Leitsätze finden sich auch in dem Planungspapier für eine zukünftige US-Militärregierung Berlin: SHAEF PS(44)42 Planning Directive for the Organisation of Berlin District December 1944. Appendix A Directive for Military Government of City of Berlin, IfZ, OMGUS AG45–46/64/10.

127 Vgl. Henke, Amerikanische Besetzung, S. 118 f.; Rebecca Boehling, Denazification in Retrospect, American Institute for Contemporary German Studies, Transatlantic Perspectives, June 2009. https://www.aicgs.org/site/wp-content/uploads/2011/10/boehling.atp09.pdf.

Programm zur Beseitigung des Nationalsozialismus aus dem öffentlichen Leben und enthielt Anweisungen zur Auflösung der NSDAP und eine Liste von über sechzig angegliederten Organisationen, Bestimmungen für zur Internierung und Entlassung vorgesehenes nationalsozialistisches Personal sowie Ausführungen zu anzuwendenden Methoden.[128] In diesen Handbüchern und beigefügten Leitfäden zeigt sich der Einfluss Neumanns und des OSS deutlich. Am bedeutsamsten sind wohl die Übereinstimmungen in den nach Funktionen und Positionen aufgeschlüsselten Entlassungskategorien.

Aus dem Dienst zu entlassen waren hiernach sämtliche Funktionsträger der NSDAP sowie Mitglieder, die der Partei vor 1933 beigetreten waren; SS-Mitglieder ab dem Rang eines Unterscharführers, SA-Mitglieder ab dem Rang eines Scharführers; Mitglieder der Hitlerjugend ab dem Rang eines Bannführers oder Bannmädels sowie weitere Funktionsträger.[129] Für den Wirtschaftsbereich war die Entlassung der Leitung der Reichswirtschaftskammer, der Reichsgruppe und Wirtschaftsgruppe sowie alle Wehr-Wirtschaftsführer vorgesehen.[130]

In Bezug auf Internierung enthielt das Handbuch mehrere Listen, die eindeutig auf den von Marcuse erstellten OSS-Leitfaden *Die Auflösung der Nazipartei und der an sie angeschlossenen Organisationen* zurückgehen. Zu internieren waren u. a. 40 Minister- und Staatssekretäre, 300 Beamte des Reichspropagandaministeriums, alle höheren Beamten, alle Angehörigen des Volksgerichtshofes, alle Bürgermeister von Städten mit mehr als 100 000 Einwohnern, alle General- und Oberstaatsanwälte, die Leitung der Reichswirtschaftskammer und weitere Vorsitzende sowie Wehrwirtschaftsführer, alle auf 30 000 geschätzten politischen Funktionsträger der NSDAP in der Reichs-, Gau- und Kreisverwaltung sowie alle auf knapp 28 000 geschätzten Ortsgruppenleiter der NSDAP, Zehntausende Mitglieder paramilitärischer Offiziere der Waffen-SS, Allgemeinen SS und SA, Mitglieder der Deutschen Arbeitsfront (DAF), ca. 20 000 Mitglieder der HJ und des BDM, die Chefs der Verwaltung in den besetzten Gebieten sowie alle übrige Funktionäre der Nazipartei.[131] Ein Vergleich der Tabellen zeigt, dass sich

128 Vgl. Handbook for Military Government, Dissolution of Nazi Party.

129 Vgl. Handbook for Military Government, Part III Table D, Positions in the Nazi Party Organizations and Formations and Relations to the Party which are to be regarded as disqualifying if held at any time.

130 Vgl. Handbook for Military Government, Part III Table E, Quasi-governmental position from which principle officers should be removed.

131 Handbook for Military Government, Part III Table B, Political Officers and Civil Servants who should be Dismissed and Suspended, Table C, Nazi Party, Police, Para-military and Governmental Officers to be Interned.

sowohl die Kategorien als auch deren zahlenmäßige Einschätzung von insgesamt etwa 200 000 einflussreichen Positionen fast unverändert im Handbuch wiederfinden.[132]

Auch hinsichtlich der Beseitigung nationalsozialistischer Einflüsse aus der Wirtschaft folgte das *Handbook* im Prinzip den Empfehlungen des OSS. Für einzelne Fachbereiche wurden die Entlassungs- bzw. Internierungskategorien sowie Mechanismen der Überprüfung zum Teil wiederholt, so beispielsweise im Anhang *Instructions to Financial Institutions and Government Financial Agencies*, der den Umgang mit öffentlichen und privaten Wirtschaftseinrichtungen beschrieb.[133] Ferner enthielt das Handbuch das im September 1944 entworfene und von den Westalliierten in Berlin später verabschiedete Gesetz Nr. 52, das die Vermögen des Reiches, der NSDAP und ihrer Gliederungen einer umfassenden Kontrolle unterwarf und auch alle in Haft oder Internierung Genommenen sowie eine ganze Reihe von Personengruppen betraf, darunter höhere Regierungs- und Parteivertreter sowie Vorstände von Banken und Versicherungen ähnlich der Entlassungskategorien.[134] In der Forschung wird die Bedeutung der R&A-Leitfäden des OSS unterschiedlich bewertet. Einschätzungen von Lutz Niethammer oder Alfons Söllner, die ebenfalls auf einige Übereinstimmungen hinweisen, aber als wesentlichen Unterschied konstatieren, das Handbuch habe den in den OSS-Richtlinien enthaltenen Teil Wirtschaft weggelassen,[135] kann ich mich nur bedingt anschließen. Vielmehr zeigt ein direkter Vergleich, dass auch hier eine Kontinuität besteht.

Im Kapitel *Education and Religious Affairs* sind verschiedene Einflüsse erkennbar. Seine Ausarbeitung oblag einer Unterabteilung der German Country Unit, die der spätere Leiter der Erziehungsabteilung der amerikanischen Militärregierung, John W. Taylor, leitete und die eine weitgehende Wiederherstellung

132 Ein Vergleich des OSS-Leitfadens mit den verschiedenen Versionen des Handbuchs, die zwischen Spätsommer 1944 und Frühjahr 1945 zwischen amerikanischen und britischen Ministerien sowie dem militärischen Hauptquartier und seinen Dienststellen zirkulierten, zeigt eine weitreichende Übereinstimmung. Siehe OSS-Leitfaden, Die Auflösung der Nazipartei und der an sie angeschlossenen Organisationen vom 22. Juli 1944, abgedruckt in: Laudani (Hrsg.), Im Kampf gegen Nazideutschland, S. 346 ff.

133 Vgl. Handbook for Military Government, Appendix B, Instructions to Financial Institutions and Government Financial Agencies.

134 Vgl. Handbook for Military Government, Appendix B, General Order No. 1. Pursuant to Military Government Law No. 52 Blocking and Control of Property.

135 Vgl. Niethammer, Die Mitläuferfabrik, S. 63–65; Alfons Söllner, Vom Reformismus zur Resignation? Franz L. Neumann als „political scholar" (Vorwort zur Neuausgabe), in: Franz L. Neumann, Behemoth. Struktur und Praxis des Nationalsozialismus, hrsg. von Alfons Söllner/Michael Wildt, Hamburg 2018, S. III–XXXVI, hier S. XVIII.

des Weimarer Systems ohne größere Eingriffe vorsah.[136] Der Studie von Katz zufolge stammen die Richtlinien zur Entnazifizierung deutscher Universitäten von Felix Gilbert, welcher die strenge Linie durchsetzte, sämtliches Lehrpersonal zu suspendieren, bis alle „aktiven Nazis" überprüft und entlassen worden waren.[137] Anders als von der Forschungsabteilung des britischen Foreign Office vorgesehen, sollten alle Schulen kurzzeitig geschlossen und erst wieder eröffnet werden, wenn „all undesirable teachers have been eliminated" sowie „an adequate supply of satisfactory teaching materials, including textbooks" verfügbar sei.[138] Dabei übernahm das Handbuch im Wortlaut die von Dodds' Arbeitsgruppe ausgearbeitete Bestimmung darüber, welche Unterrichtsmaterialien als militaristisch oder nationalsozialistisch anzusehen seien.[139]

Darüber hinaus legte das *Public Safety Manual of Procedures* fest, dass die Military Officers der sogenannten Special Branches für die Entlassungen verantwortlich waren, und übertrug ihnen die Überprüfung mittels des Fragebogens, während Intelligence Corps für Inhaftierungen verantwortlich sein sollten. Jede Person, die eine Anstellung im öffentlichen Dienst beibehalten oder annehmen wollte, habe den Fragebogen auszufüllen, der von Mitarbeiter:innen der Special Branches mittels geheimdienstlicher Informationen sowie verfügbarer Unterlagen der NSDAP, Polizei oder anderer Behörden überprüft werden würde.[140]

In die anglo-amerikanischen Vorbereitungen für die Reichshauptstadt wurde das Handbuch umgehend einbezogen: „You will follow procedures of the handbook with respect to the policies for investigation, removal and temporary appointment of public officials in Berlin", lautete der amerikanische Entwurf für eine SHAEF-Mission in Berlin von Ende Dezember 1944.[141] Währenddessen hielten sich auf britischer Seite gewisse Zweifel.

Zunächst waren aus britischen Ministerien viele positive Rückmeldungen gekommen. Aber bereits im August 1944 hatte auch Thomas H. Marshall, der an den Civil Affairs-Planungen beteiligt war,[142] gewarnt, dass „the consequences of

136 Vgl. Rosenzweig, Erziehung zur Demokratie, S. 87.

137 Vgl. Katz, Foreign Intelligence, S. 77.

138 Handbook for Military Government, Part III Chapter Education and Religious Affairs.

139 Vgl. Kettenacker, Krieg zur Friedenssicherung, S. 370 f.

140 Handbook for Military Government, Part VI Procedure for removal and appointment of public officials.

141 Vgl. SHAEF PS(44)42 Planning Directive for the Organisation of Berlin District December 1944. Appendix A Directive for Military Government of City of Berlin, IfZ, OMGUS AG45–46/64/10.

142 Siehe: Record of an informal meeting held at Foreign Office, 12 January 1944, TNA, WO 219/3472.

carrying through a drastic purge of the administration have not been squarely faced".[143] Zwar seien die Grundannahmen nachvollziehbar, aber seine weitreichenden Konsequenzen nicht durchdacht. Die Autor:innen des *Handbook*, schlussfolgerte Marshall, „have been duly optimistic in their assessment of the efficiency of that machine and the degree of collaboration which will be obtainable".[144] Nach und nach setzte sich die Einschätzung durch, dass die Alliierten keine funktionierende Verwaltung vorfinden würden und stattdessen chaotische Zustände zu erwarten seien, die eine weitreichende Kontrolle der Militärregierungen erfordern würden.[145] Vor diesem Hintergrund gewann im Frühjahr 1945 die Debatte um zu streng empfundene Kriterien erneut Aufwind, nachdem das britische Hauptquartier von allen Abteilungen Kommentare zum *Handbook* eingefordert hatte. In einhelliger Meinung empfand man die Entlassungskategorien als „too rigid" und war wegen ihrer „sweeping nature" alarmiert.[146] Die Instruktionen und Empfehlungen würden eine nationalsozialistische Untergrundbewegung begünstigen, eine große Belastung für die Militärregierung nach sich ziehen und sollte in den Augen der britischen Kontrollratsgruppe grundsätzlich überarbeitet werden.[147]

Während britische Stellen noch über Kategorien diskutierten, war das Handbuch schon längst auf dem Weg nach Paris. In Vorbereitung auf die künftige Besatzung Berlins hatte die anglo-amerikanische SHAEF-Civil Affairs Einheit A1A1 unter Leitung des späteren amerikanischen Stadtkommandanten Frank L. Howley die Materialien in ihren Trainings in Cherbourg bei Paris verwendet.[148] Als die anglo-amerikanischen Streitkräfte die Bücher im Frühjahr 1945 nach Paris brachten, beurteilten französische Behörden die Handbücher und Leitfäden als „un élément essential" für die bevorstehende Besatzungstätigkeit und ließen umgehend übersetzen, was ihnen im Rahmen knapper Ressourcen möglich war.[149]

143 Comments by T. H. Marshall, 24 August 1944, TNA, FO 371/39166.

144 Ebenda.

145 Vgl. Henke, Amerikanische Besetzung, S. 101–104.

146 HQ CCGBE, Removal from office of Nazis and German militarists, 7 May 1945; Appendix A, Retention in office of Nazis and German militarist, TNA, FO 1050/1267.

147 Ebenda.

148 Vgl. Boehling, Question of Priorities, S. 30.

149 MMAA, Note sur la diffusion de document d'origine alliée, 12 mars 1945, MAE, GMFB 1/156.

Paris: „Le Problème Allemand"

> „Germany's present attitude is nothing new: on the contrary, it is the result of a long historic process [...] at all times she has protested against our humanism, against the universalism that is its ineffaceable stamp and its very essence."[150]

In seinem Hauptwerk *L'Allemagne: Essai d'explication* (1940) suchte der bekannte Germanist Vermeil nach Erklärungen für Deutschlands „offensive against humanism" und fragte: „Why has Germany an irresistable tendency to break with it?"[151] Für den einflussreichsten Experten der französischen Entnazifizierungsplanung war das „problème allemand"[152] in der deutschen Geschichte verortet und bedurfte daher langfristiger internationaler Lösungen. Die preußische Hegemonie müsse zerschlagen und der preußisch-militaristische Geist beseitigt werden. Eine rééducation hielt Vermeil für die wichtigste, wenn auch die schwierigste Aufgabe, die keinesfalls militärische oder ökonomische Garantien ersetzen dürfe.[153]

Seine Thesen und Empfehlungen prägten die Planungen der von Charles de Gaulle in London gegründeten diplomatischen Vertretung des Komitees Freies Frankreich, dessen zentrales Mitglied er nach seiner Flucht vor der deutschen Besetzung nach Großbritannien wurde. Die ab Herbst 1943 in London ansässige Mission Française Auprès des Gouvernements Alliés, geleitet vom Diplomaten Maurice Dejean, erarbeitete in gewisser Ähnlichkeit zum OSS in Washington und zum britischen Research Department Analysen und war bemüht, sich in die anglo-amerikanischen Debatten einzubringen. Neben Vermeil und dem Historiker Paul Vaucher befanden sich unter ihnen der frühere Rechtsberater der französischen Botschaft André Gros, der gemeinsam mit dem international anerkannten Juristen René Cassin die französische Seite in der Inter-Allied Commission on

150 Edmond Vermeil, Germany's Three Reichs. Their History and Culture, übersetzt von E. W. Dickes, London 1944, S. 29 [franz. Original: L'Allemagne: Essai d'explication, Paris 1940].

151 Ebenda, S. 29.

152 Edmond Vermeil, Le Problème Allemand, vue d'ensemble, in: Quelques aspects du problème allemand, hrsg. vom Centre d'Etudes de Politiques Entrangère Paris 1945, S. 17–96.

153 Vgl. Vermeil, Les Alliés et la rééducation, S. 612 ff.; ders., Les Alliés et la rééducation des Allemands, in: Helen Liddell/ders./Bogdan Suchodoski (Hrsg.), Education in occupied Germany, Studies on Aspects of the German Problem 1947, Paris 1949, S. 23–54, hier S. 43. Über Vermeil und seine Rolle in der französischen Entnazifizierungspolitik siehe insbesondere: Marmetschke, Feindbeobachtung, S. 451–472; Zauner, Erziehung und Kulturmission, S. 40; Strickmann, L'Allemagne nouvelle, S. 404–413.

War Crimes vertrat. An ökonomischen Themen arbeiteten Lambert Blum-Picard, der de Gaulle in Wirtschafts- und Reparationsfragen beriet, der Diplomat und ehemalige Finanzinspekteur Herve Alphand und der Jurist Robert Marjolin.[154]

Über die Tatsache, dass die Mission Française personell mindestens benachteiligt war, machte man sich keine Illusionen. Als Cassin, der spätere Mitverfasser der Universellen Erklärung der Menschenrechte, im Frühjahr 1943 beispielsweise ein internationales Dokumentationszentrum aufbauen wollte – vermutlich, um die Vorbereitung einer Ahndung von Kriegs- und NS-Verbrechen voranzubringen[155] –, hagelte es harsche Kritik: Frankreich habe schlichtweg nicht dieselben Ressourcen wie das britische Foreign Office, das zu ähnlichen Zwecken allein fünfzig Fachkräfte zur Verfügung stellen könne. Solle man etwa versuchen, mit einer Handvoll Personen das Gleiche zu erreichen?[156]

Von Algier aus bereitete sich die von de Gaulle gebildete Provisorische Regierung unter großen Herausforderungen auf eine zukünftige Politik für Frankreich vor, und französische Truppen der France Libre kämpften auf der Seite der Alliierten gegen die deutsche Besetzung Frankreichs und das Vichy-Regime. Sie waren bei allen großen Kriegskonferenzen abwesend und so auch nicht an den maßgeblichen Entscheidungen der Anti-Hitler-Koalition beteiligt.[157] Der Mission Française mangelte es an Ressourcen und politischem Einfluss, aber kaum an Engagement.

Der einflussreichste französische Wissenschaftler, der seine NS-Analysen in den Dienst des France Libre stellte, war Vermeil. Seine Studien *Les doctrinaire de la Révolution* (1938) und *L'Allemagne. Essai d'explication* (1940) prägten das französische Deutschlandbild der Zeit entscheidend.[158] Ihm gelang es, sowohl die französische Öffentlichkeit als auch die Politik zu beeinflussen, indem er seine Analysen des nationalsozialistischen Deutschlands in Komitees und in Form

154 Vgl. Mission Française Auprès des Gouvernements Alliés établis à Londres, MAE Nantes, 762PO/1/1.

155 Zu René Cassins Engagement in London und seine Recherchen über Kriegsverbrechen siehe: Jay Winter, Human Rights and the Second World war, in: Helle Porsdam/Thomas Elholm, Dialogues on Justice. European Perspectives on Law and Humanities, Berlin/Bosten 2012, S. 75–107, hier S. 103 ff.

156 Vgl. Cabinet du General de Gaulle, M. R. Cassin Commissaire nation à la justice et à l'instruction publique, 12 mai 1943, MAE Nantes, 762PO/1/1.

157 Ausführlich: Dietmar Hüser, Frankreichs „doppelte Deutschlandpolitik“: Dynamik aus der Defensive – Planen, Entscheiden, Umsetzen in gesellschaftlichen und wirtschaftlichen innen- und außenpolitischen Krisenzeiten 1944–1950, Berlin 1996, S. 91–111; Reinisch, Perils of Peace, S. 55 f.

158 Edmond Vermeil, Les doctrinaire de la Révolution, Paris 1938; ders., L'Allemagne. Essai d'explication, Paris 1940.

von Broschüren publik machte. Vermeil gilt als Hauptvertreter einer Kontinuitätsthese, nach der die deutsche Geschichte, von Luther über Bismarck bis Hitler, den Nationalsozialismus maßgeblich determinierte. Er zeichnete ein Charakterbild der Deutschen aus ideen- und kulturgeschichtlich begründeten Aspekten wie einem der lutherischen Reform erwachsenen Pflichtgehorsam, preußischem Hegemonialstreben sowie der Leitidee eines zunächst religiösen, dann philosophisch und schließlich rassistisch aufgeladenen Pangermanismus.[159] Einen solchen historisch bedingten Charakter der Deutschen diskutierten in den 1920er- und 1930er-Jahren französische Germanist:innen ausführlich, darunter der Sorbonner Lehrer Vermeils, Henri Lichtenberger, in seinem Werk *The Third Reich* (1939)[160] oder der am Institut Catholique de Paris lehrende Robert d'Harcourt mit *Comment traiter l'Allemagne* (1946). D'Harcourt sah, ähnlich wie Vermeil, „deux Allemagne" – das Protestantismus und Militarismus verkörpernde Preußen und das rheinisch-katholische, kultivierte Deutschland.[161]

Vermeil, dessen Publikationen nach der Besetzung von Paris umgehend verboten wurden und der fortan auf der Liste „unerwünschter Professoren" stand, suchte Kontakt zu Gruppen der Résistance und verfasste Artikel für die im Untergrund erscheinende, von Marc Bloch herausgegebene Zeitschrift *Cahier Politique*.[162] Seine viel zitierten Schriften wurden auch in linksrepublikanischen Kreisen, der Résistance und der deutschen Exilpresse rezipiert, politisch zwar vielfach begrüßt, aber in wissenschaftlicher Hinsicht nicht immer geteilt.[163] Insbesondere im Umfeld der Annales-Historiker um Bloch und Lucien Febvre stießen seine Thesen zunächst auf wenig Zustimmung, stellten jene vielmehr soziale und ökonomische Faktoren in den Mittelpunkt ihrer Betrachtungen. In dem Aufsatz *Sur la Doctrine Nationale-Socialiste* (1939)[164] führte Febvre in Auseinandersetzung mit Vermeil aus, dass der Nationalsozialismus als sozio-kulturelles Ereignis eher eine sozialpsychologische, mentalitäts- und religionsgeschichtliche als eine geistesgeschichtliche Analyse erfordere.[165]

159 Vgl. Marmetschke, Feindbeobachtung, S. 412 und 453; Strickmann, L'Allemagne nouvelle, S. 404 ff.

160 Henri Lichtenberger, L'Allemagne nouvelle, Paris 1936. Englische Übersetzung: ebenda, The Third Reich, New York 1937.

161 Vgl. Strickmann, L'Allemagne nouvelle, S. 392 ff.

162 Vgl. Marmetschke, Feindbeobachtung, S. 441 f.

163 Vgl. ebenda, S. 430.

164 Lucien Febvre, Sur la Doctrine Nationale-Socialiste. Un Conflit de Tendances, in: Annales d'histoire sociale 1 (1939) 4, S. 426–428.

165 Vgl. Peter Schöttler, Die „Annales"-Historiker und die deutsche Geschichtswissenschaft, Tübingen 2015, S. 69 f.

Bloch kämpfte in der Résistance gegen die deutsche Besatzung und war in Widerstandsgruppen der Résistance aktiv, bis die Gestapo ihn 1944 ermordete. Bloch und Febvre bemühten sich, in der von ihnen herausgegebenen Zeitschrift *Annales d'histoire économique et sociale* einige Artikel zum Nationalsozialismus zu publizieren, und suchten den Kontakt zu französischen und ausländischen Wissenschaftler:innen wie den Historiker:innen Henri Brunschwig, Lucie Varga und Henri Mourgin. Während Febvre und Bloch einen frühen Artikel, in dem Brunschwig den Nationalsozialismus in ähnlicher Weise wie Vermeil als Produkt eines deutschen Charakters beschrieb und für eine beschwichtigende Außenpolitik warb, zunächst ablehnten,[166] veröffentlichten sie in den späten 1930er-Jahren eine Reihe von Artikeln, etwa *Eté 1939: Allemagne. Notes d'avant-guerre* (1939).[167] An eine breitere Öffentlichkeit gerichtet, verwies sein Buch *Comment les nazis se sont emparés de l'Allemagne* (1940)[168] auch auf die deutsche Geistesgeschichte, stellte aber, der Ausrichtung der Annales näher, ökonomische und kulturelle Faktoren wie die Weltwirtschaftskrise in den Vordergrund. Die mit Febvre und Bloch befreundete und geschätzte österreichische Historikerin Lucie Varga legte in *La Genèse du National-Socialisme* (1937)[169] eine sozioökonomische und mentalitätsgeschichtliche Betrachtung vor. Mit Eric Voegelins Begriff der „politischen Religion“ deutete sie die Massenbewegung des Nationalsozialismus als Religionsersatz und versuchte aus soziologischer Perspektive das Regime und dessen Fanatismus aus der Alltagserfahrung zu begreifen.[170]

In ähnlicher Weise bediente sich der liberale Philosoph und Soziologe Raymond Aron des Konzepts der „politischen“ bzw. der „säkularen Religion“, um die quasi-religiöse Dimension politischer Ordnung zu fassen.[171] Aron gehörte zu jenen, die in Frankreich totalitarismustheoretische Ansätze entwickelten und Gemeinsamkeiten und Unterschiede kommunistischer, faschistischer und nationalsozialistischer Diktaturen herausarbeiteten. 1940 floh Aron nach Großbritannien

166 Ebenda, S. 65f.

167 Henri Brunschwig, Eté 1939: Allemagne. Notes d'avant-guerre, in: Annales d'histoire sociale 4 (1939) 1, S. 355–360.

168 Ders., Comment les nazis se sont emparés de l'Allemagne, Paris 1940.

169 Lucie Varga, La Genèse du National-Socialisme. Notes d'Analyse Sociale, in: Annales d'histoire économiqe et sociale 9 (1937) 48, S. 529–546.

170 Vgl. Schöttler, Die „Annales“-Historiker, S. 67 und 167–170; Peter Schöttler, Das Konzept der politischen Religion bei Lucie Varga und Franz Borkenau, in: Michael Ley/Hans-Joachim Schoeps (Hrsg.), Der Nationalsozialismus als politische Religion, Bodenheim 1997, S. 186–205.

171 Ausführlich über Raymond Aron: Matthias Oppermann, Raymond Aron und Deutschland. Die Verteidigung der Freiheit und das Problem des Totalitarismus, Ostfildern 2008, S. 126–140.

und arbeitete als Redakteur für die Zeitschrift *La France Libre*, dem Organ der Streitkräfte für ein Freies Frankreich unter de Gaulle. Hier publizierte er mehrere Aufsätze, die sich überwiegend mit der imperialistischen Eroberungs- und Ausbeutungspolitik des nationalsozialistischen Deutschlands befassten. In Arons Augen hatte Frankreich den Fehler begangen, gegen die Remilitarisierung des Rheinlandes nichts unternommen zu haben. Er rezipierte Neumanns *Behemoth* und betonte, dass die nationalsozialistische Wirtschaft mit ihren markt- und planwirtschaftlichen Elementen sowie deutsche Industrieführer seit Jahren den Krieg vorbereitet und die Ausbeutung Europas organisiert hatten.[172]

Vor diesem Diskussionshintergrund und unter Berücksichtigung angloamerikanischer und sowjetischer Literatur verfasste die Mission Française in London eine Reihe von Analysen und Positionspapieren, in deren Mittelpunkt oftmals Vermeils Hauptwerk sowie sein darauf basierendes Memorandum *Le Problème Allemand* standen. Darin identifizierte er einen lange etablierten Pangermanismus, der sich in einem aggressiv-expansiven Überlegenheitsdenken Deutschlands äußerte und kaum durch kurzfristige Maßnahmen zu beseitigen sei. Unter den Schlagworten „dégermanisation" und „déprussification" forderte er zum einen die Zerschlagung Preußens und eine politisch-territoriale Dezentralisierung und entwarf zum anderen Ideen einer Kultur- und Bildungspolitik. Beides war für ihn unmittelbar verbunden.[173]

Für die Mission Française war eine Auseinandersetzung mit der These der „zwei Deutschlands" zentral. Man störte sich an jenen in London prominenten Stimmen, die sich zu sehr für eine Unterscheidung zwischen Hitler und der deutschen Bevölkerung einsetzten – „as if the German people, especially during the period of great victories, had not been wholeheartedly behind Hitler almost to a man", wie Vermeil festhielt.[174] Obgleich sich die Alliierten auf eine bedingungslose Kapitulation geeinigt hatten, telegrafierte der Diplomat Dejean einige Tage nach deren Verabschiedung nach Algier, der Mythos eines „guten Deutschland" sei in Großbritannien immer noch nicht völlig verschwunden. So schwierig die Lage Frankreichs auch sein möge, warnte der Missionsleiter, es dürfe nicht akzeptiert werden, dass diese Legende noch einmal zwischen Sieg und dauerhaften Frieden trete.[175] Und das von der Mission Française initiierte Allied Research

172 Vgl. Oppermann, Raymond Aron und Deutschland, S. 236 und 240–254; Joachim Stark, Raymond Aron und der Gestaltwandel des Totalitarismus, in: Söllner/Walkenhaus/Wieland (Hrsg.), Totalitarismus. Eine Ideengeschichte, S. 195–207, hier S. 201 ff.

173 Vgl. Marmetschke, Feindbeobachtung, S. 452–459.

174 Vermeil, Germany's Three Reichs, S. 408.

175 Vgl. Maurice Dejean AL/371–318 Diplofrance Alger Top Secret, 20 November 1943, MAE Nantes, 762PO/1/16/171.

Committee kam in seinem *Report on the Combating of current German Propaganda* zu dem Schluss: „‚Two Germanys' they do exist – alternating in every German mind according to the circumstances; and if there is a distinction to be maintained, it must apply solely as between Prussia and the Reich, as between the cold calculation and scientific organisation of the one, and the mystic intoxication of the other."[176]

Nicht Weimar und der Nationalsozialismus waren für das Komitee die zwei Deutschlands, sondern Preußen und das Reich. Grundsätzlich stand man der Idee einer rééducation eher skeptisch gegenüber und forderte grundlegende sozioökonomische Reformen.[177] Diese Perspektive schlug sich auch im Umgang mit Vermeils Texten nieder. Einer Besprechung des Allied Research Committee etwa lag sein *Le Problème Allemand* zugrunde, dessen Thesen er für die Sitzung zusammengefasst hatte. Als Diskussionsgrundlage diente ein an Vermeils Text gerichteter und mit Seitengaben versehener Fragenkatalog, der veranschaulichte, welche vorrangige Bedeutung deutschlandpolitische Ziele wie eine politische und wirtschaftliche Dezentralisierung und Deindustrialisierung besaßen und zugleich eine Umerziehung einschlossen.[178] Vermeils Schlussfolgerung lautete: „In order to disarm Germany militarily and industrially, to incline her towards a moderate policy and a conception of life which would consecrate this disarmament, it will be necessary, of necessity, to deploy an intense and prolific force, without which humanism, the foundation of any international order, can not be renewed and revived."[179]

Es bedürfe intensiver Anstrengungen, um den Humanismus, der zugleich die Grundlage der internationalen Ordnung zu bilden habe, zu erneuern oder wiederzubeleben. Es überrascht nicht, dass sich französische Expert:innen an liberalen Vorstellungen, wie sie am Chatham House vorherrschten, störten und, den Anhänger:innen Vansittarts zuweilen näher, einer möglicherweise milden Behandlung Deutschlands äußerst kritisch gegenüberstanden.

176 Allied Research Committee. Report on the Combating of current German Propaganda, December 1943, MAE, PAAP 40.

177 Vgl. Zauner, Erziehung und Kulturmission, S. 43.

178 Die Fragen lauteten unter anderem: „Akzeptieren Sie die hier vorgeschlagene Finanzkontrolle?", „Stimmen Sie den territorialen Zerstückelungsplänen zu?" oder „Befürworten Sie eine Dezentralisierung oder denken Sie, dass dieses Thema auf einen späteren Zeitpunkt verschoben werden sollte?" „Sollte ein europäischer Markt den bisherigen deutschen Hegemoniemarkt ersetzen? Sollten wir darauf bestehen, dass der monströse Nazi-Staat für eine bestimmte Zeit mit dem gesamten Deutschland identifiziert wird? Vgl. Questionnaires (de la part de M. Vermeils „le Problème Allemand"), MAE, PAAP 40.

179 Comité International Pour L'etude des Questions Européenes, Le Problème Allemand, MAE, PAAP 40.

Im Juli 1943 hörten sie einen Vortrag vom amerikanischen Colonel Thomas H. Minshall am Chatham House, der den Bericht *The Problem of Germany* vorstellte. Dieser forderte, den Ergebnissen von Dodds' Arbeitsgruppe entsprechend, zwar eine strenge personalpolitische Entnazifizierung, warnte aber vor tiefgreifenden Reformen und Maßnahmen. Dass Minshalls Rede mit den Worten schloss, Großbritannien könne Brücke im zukünftigen Europa sein,[180] schien umso mehr zu provozieren, hatten französische Kreise diese Rolle doch gleichermaßen Frankreich zugedacht. Zwar erfuhr der Bericht auch viel Zustimmung, aber zugleich schien er den Nationalsozialismus zu verharmlosen und erntete scharfe Kritik von französischer Seite. Vermeil missbilligte insbesondere die Beschreibung der politischen Führung Deutschlands als „a ruling group not essentially dissmilar from ambitious groups to be found in several other countries".[181] Das NS-Regime, hielt Vermeil entgegen, „rested upon an alliance between a ruling caste, with a long-established tradition of aggressive nationalism, and the mass of the people. This ruling caste consisted of the Prussian Junkers, the heavy industrialists and the Army."[182]

Auch auf der von britischer Seite initiierten alliierten Konferenz der Erziehungsminister brachten französische Repräsentant:innen im August 1944 ihre Vorbehalte gegenüber den Chancen einer Umerziehung zur Sprache. Vermeils Meinung nach sollten politische, wirtschaftliche und militärische Probleme eindeutig Vorrang haben. Der Historiker Vaucher, der die Delegation des Freien Frankreichs leitete, berichtete weiter, man habe es als Ungerechtigkeit empfunden, deutsche Universitäten wieder zu eröffnen, solange sie in den ehemals von Deutschland besetzten Gebieten noch geschlossen waren. Auch im wenige Tage darauf verfassten Memorandum zum *problème allemand* machte Dejean gegenüber de Gaulle dies deutlich. In angelsächsischen Kreisen, hieß es darin, sei oft von Erziehung die Rede. Zwar könnten solche Maßnahmen sinnvoll sein, sie dürften aber keinesfalls militärische und ökonomische Garantien und Maßnahmen ersetzen.[183]

Eine Reihe von Papieren verfasste die Kommission zu rechtlichen und wirtschaftlichen Fragen.[184] Vermeil lobte etwa die Arbeiten von Manfred Simon

180 Vgl. Mission Diplomatique Française, Note sur l'Allemagne, MAE Nantes, 762PO/1/16/171.

181 T.E. Utley, French Views on the German Problem, in: International Affairs 20 (1944) 2, S. 243–249, hier S. 243. Auch: Marmetschke, Feindbeobachtung, S. 445.

182 T.E. Utley, French Views on the German, S. 243.

183 Vgl. Defrance, Les Alliés occidentaux, S. 38 f.; Zauner, Erziehung und Kulturmission, S. 40 ff.

184 Zu finden hier: MAE Nantes, 76PO/1, Akten 14–22 Mission Française Composition und Organisation de la mission service du conseiller juridique; MAE Nantes, 762/PO/1/15 Conception juridique contentales et anglo-americaines.

nachdrücklich. Der deutsch-jüdische Rechtsexperte war nach Frankreich emigriert, hatte an der Sorbonne promoviert und war in London enger Vertrauter von Cassin und im Service Étude des Questions Juridique relatives aux Crimes de Guerre tätig.[185] Den anglo-amerikanischen Plänen stand Simon überaus kritisch gegenüber: Welche Lösung auch immer in Erwägung gezogen werde, sah Simon pessimistisch voraus, am Ende werde Frankreich wieder einem erbittertem, nationalistischen und hegemonialen Feind gegenüberstehen, der nach einer schnellen und geheimen Wiederbewaffnung Frankreich erneut überfallen werde.[186] Um eine Sicherheit Frankreichs zu gewährleisten, forderte Simon, müsse sich die französische Politik darauf konzentrieren, Deutschland zu kontrollieren und in eine europäische Gemeinschaft zu integrieren.[187]

Am intensivsten arbeitete die Mission Française an ökonomischen Themen. Bereits im Herbst 1943 hatte man begonnen, sich über Fragen einer Kontrolle der deutschen Industrie Gedanken zu machen.[188] Anfang 1944 stellte der Leiter der Wirtschaftskommission, Blum-Picard, seine sechzigseitige Studie *Mémoire sur le désarmement économique du Reich* fertig, die Empfehlungen zur wirtschaftlichen Abrüstung und zur Kontrolle der deutschen Industrie enthielt. Dabei diskutierte Blum-Picard das Erstarken der Wirtschaft und ihre Indienstnahme durch das NS-Regime. Im Nationalsozialismus, so seine These, sei die Kontrolle in den Händen der einst herrschenden Klasse geblieben: große Industrie, Junker und Bürokratie.[189] Die Aufzeichnung schloss eher mit hitzigen Worten, als dass sie konkrete Vorschläge unterbreitete.[190]

185 Vgl. Simon, Manfred, in: Werner Röder/Herbert A. Strauss (Bearb.), Biographisches Handbuch der deutschsprachigen Emigration nach 1933, hrsg. vom Institut für Zeitgeschichte München und von der Research Foundation for Jewish Immigration, Bd. 1: Politik, Wirtschaft, Öffentliches Leben, München/New York/London/Paris 1980, S. 702 f.

186 Note de Manfred Simon sur Politique à mener les avis de l'Allemagne lorsqu'elle vaincu, S. 9 f., MAE, PAAP 40.

187 Ebenda.

188 Vgl. Note sur le charge de mission économique, DIPLO/AL581135, 7 septembre 1943, MAE Nantes, 762PO/1/1.

189 Vgl. Le ministre plénipoteniarie, delegue du comité française de la libération nationale à monsieur René Massigli, Mémoire sur le désarmenent économique du Reich, 20 Janvier 1944, MAE, PAAP 40.

190 Die Literaturliste verwies neben Neumanns *Behemoth* auf Joseph Borkins und Charles A. Welshs *Germany's Master Plan: The Story of Industrial Offensive* (1943), Maxine Yaple Sweezys *The Structure of the Nazi Economy* (1941), und viele Werke von nach Großbritannien geflohenen deutsch-jüdischen Ökonomen wie Hermann Levy, Moritz J. Bonn, Robert René Kuczynski und Werner Friedrich Brucks. Vgl. Mémoire sur le désarmenent économique du Reich, janvier-avril 1944, S. 54 und 64, MAE, PAAP 4.

Insgesamt warfen die Londoner Studien, wie auch Hüser darlegt, häufig mehr Fragen auf, als dass sie klare Antworten gaben. Oft nannten die Schlussbetrachtungen mehrere Optionen, ohne aber eine konkrete Empfehlung auszusprechen.[191] Detaillierte Vorgaben, wie mit bestimmten Institutionen oder Personen(gruppen) zu verfahren sei und wie sie parallel in Washington und London entwickelt wurden, wurden nicht formuliert. Im Vergleich zu den personell weitaus besser ausgestatteten amerikanischen und britischen Einrichtungen blieben französische Vorbereitungen vage und resultierten eher in Rahmenrichtlinien und Positionspapieren.

Konkretere Vorbereitungen begannen erst, als de Gaulle einige Wochen nach der Befreiung von Paris im November 1944 die Mission Militaire pour les Affaires Allemandes unter der Leitung von General Koeltz gründete. Angesichts der Abwesenheit konkreter Instruktionen griffen französische Behörden auf die Unterstützung des anglo-amerikanischen Hauptquartiers zurück. Französische Soldat:innen und Offizier:innen wurden ab Ende 1944 von amerikanischen, britischen und französischen Dozent:innen in einem mehrwöchigen Kurs mithilfe des *Handbooks* in der Administration Militaire Française en Allemagne ausgebildet. Hier unterrichtete auch Vermeil über deutsche Geschichte, Geografie, Politik und eine zukünftige Besatzungspolitik.[192]

Im Frühjahr 1945 leitete Vermeil zudem die Commission rééducation du peuple allemand, eine gemeinsam vom französischen Außen- oder Erziehungsministerium eingerichtete Forschungsgruppe, deren wissenschaftlichem Beirat auch Raymond Aron und Jean-Paul Sartre angehörten. Die Aufgabe der Kommission bestand darin, ein ausführliches Programm einer französischen Bildungs- und Kulturpolitik zu entwerfen. Als ersten Schritt verfasste Vermeil das Memorandum *Problème de la rééducation en Allemagne*; eine umfassende Denkschrift wurde allerdings erst Monate nach Kriegsende fertiggestellt.[193]

191 Vgl. Hüser, Frankreichs „doppelte Deutschlandpolitik“, S. 229f.

192 Vgl. Peter Fäßler, Die Besatzungsmacht richtet sich ein. Strukturen des Gouvernement Militaire und Teilung des Lades Baden, in: Edgar Wolfrum/Peter Fäßler/Reinhard Grohnert, Krisenjahre und Aufbruchszeit. Alltag und Politik im französisch besetzten Baden 1945–1949, München 1996, S. 43–51, hier S. 43; Grohnert, Entnazifizierung in Baden, S. 12f.; Möhler, Entnazifizierung in Rheinland-Pfalz, S. 24f.

193 Vgl. Defrance, Edmond Vermeil, S. 207–221; Zauner, Erziehung und Kulturmission, S. 21; Strickmann, L'Allemagne nouvelle, S. 406f.

Moskau: „Zur Frage der politisch-moralischen Vernichtung des Faschismus“

> „Die faschistische Herrschaft, die sich ‚national‘ und ‚sozialistisch‘ nannte, war weder das eine noch das andere. Es war die offene Terrorherrschaft der reaktionärsten, chauvinistischsten, imperialistischsten Elemente des deutschen Finanzkapitals.“[194]

Für Walter Ulbricht war der Nationalsozialismus in Anlehnung an die Dimitroffsche Faschismusdefinition die Herrschaftsform des Monopolkapitals. Im „Hitlerimperialismus“ sah er das Volk „zur Gefolgschaft der reaktionärsten Kreise der Schwerindustrie und des Bankkapitals herabgewürdigt“ und von einem gewaltigen Polizei- und bürokratischen Apparat unterworfen. Um einer „Neubelebung imperialistischer Politik“ den Boden zu entziehen, forderte er mit seinen *Thesen über das Wesen des Hitlerfaschismus* (1945) neben einer gründlichen personalpolitischen Entnazifizierung der Verwaltung die Enteignung von Großgrundbesitzern, Konzernen und Banken.[195]

Ulbricht, Mitbegründer und zentrale Leitungsfigur des Nationalkomitees Freies Deutschland (NKFD) in Moskau, war nach Kriegsende mit der nach ihm benannten Initiativgruppe von KPD-Funktionären für den Aufbau der Verwaltungsstrukturen in Berlin verantwortlich. Ihn begleitete u. a. Karl Maron, der im Institut 99 als Redakteur für die Zeitungen des NKFD arbeitete und in Berlin zum ersten stellvertretenden Bürgermeister ernannt wurde.[196] Die bedeutendste Position in der Berliner Entnazifizierungspolitik der unmittelbaren Nachkriegszeit überhaupt besaß Arthur Pieck, der während des Krieges als Offizier der Politischen Hauptverwaltung der Roten Armee für Aufklärungsarbeit in Kriegsgefangenenlagern verantwortlich gewesen war und später die Leitung der Abteilung für Personal und Verwaltung innehatte.[197] Des Weiteren war Paul

194 Walter Ulbricht, Thesen über das Wesen des Hitlerfaschismus. 1945, abgedruckt in: Zur Geschichte der Deutschen Arbeiterbewegung: Aus Reden und Aufsätzen, Bd. II: 1933–1946, Berlin 1953, S. 403–416.

195 Ebenda, S. 406 und 415.

196 Vgl. Keiderling, Wir sind die Staatspartei, S. 57–70; Dieter Hanauske, Historische Einleitung. Der Magistrat der Stadt Berlin, in: Wetzel (Hrsg.)/Hanauske (Bearb.), Die Sitzungsprotokolle, Bd. 1, S. 62; Arthur Schlegelmilch, Hauptstadt im Zonendeutschland. Die Entstehung der Berliner Nachkriegsdemokratie, Berlin 1993, S. 105 ff.

197 Vgl. Pieck, Arthur, in: Helmut Müller-Enbergs/Jan Wielgohs/Dieter Hoffmann u. a. (Hrsg.), Wer war wer in der DDR?, Berlin 2010. Online-Datenbank der Bundesstiftung zur Aufarbeitung der SED-Diktatur.

Markgraf, ein in der Antifa-Schule in Krasnogorsk umgeschulter Wehrmachtsoffizier, Gründungsmitglied des Bundes Deutscher Offiziere (BDO) und Unterstützer des NKFD, ab Mai 1945 Polizeipräsident Berlins, er koordinierte die Registrierungen von und Ermittlungen über Berliner Nationalsozialist:innen. Ferner wurde Otto Winzer, vor Mai 1945 NKFD-Mitglied und Lehrer der Parteischule der KPD, Stadtrat der Abteilung Volksbildung.[198] Angeleitet vom Generalsekretär der Komintern, entwarf die Moskauer KPD gemeinsam mit dem NKFD Nachkriegspläne für Deutschland, die insbesondere in Berlin von Bedeutung waren.

Die Ende der 1920er-Jahre entwickelte und 1935 vom VII. Weltkongress der Kommunistischen Internationale in Moskau offiziell verabschiedete Faschismusdefinition prägte die Sicht auf das NS-Regime entscheidend. Die als Dimitroffsche Definition bekannte Deutung sah den Faschismus als Diktatur des imperialistischen Finanzkapitals.[199] Damit erfolgten eine Korrektur der bisherigen Sozialfaschismusthese, nach der die Sozialdemokratie als Hauptfeind der Arbeiterklasse galt und eine Bündnispolitik gegen den Nationalsozialismus verhinderte, sowie eine gewisse Relativierung der Kritik an der Sozialdemokratie. Oppositionelle Kommunist:innen, die differenziertere Faschismusdebatten angestoßen und geführt hatten, fielen vielfach stalinistischen Repressionen zum Opfer. Die Exil-KPD bekannte sich zur Sowjetunion und Josef W. Stalin und nahm deutschlandpolitische Planungen in Absprache mit dem Generalsekretär der Komintern Georgi Dimitroff vor.[200]

Die KPD passte im Anschluss an den VII. Weltkongress der Komintern ihr Faschismusverständnis an. Mitte der 1930er-Jahre plädierte der spätere Vorsitzende der SED und Mitbegründer des NKFD Wilhelm Pieck mit seinem auf der Parteikonferenz der KPD gehaltenen Referat *Der neue Weg zum gemeinsamen Kampf für den Sturz der Hitlerdiktatur* (1935) für eine Einheitsfront mit der Sozialdemokratie und argumentierte, die Mehrheit der Arbeiterschaft stehe dem

198 Vgl. ebenda.

199 Vgl. Richard Saage, Faschismus. Konzeptionen und historische Kontexte. Eine Einführung, Wiesbaden 2007, S. 46.

200 Vgl. Hermann Weber, Zum Verhältnis von Komintern, Sowjetstaat und KPD. Eine historische Einführung, in: ders./Drabkin/Bayerlein/Galkin (Hrsg.), Deutschland, Russland, Komintern. I Überblicke, Analysen, Diskussionen. Neue Perspektiven auf die Geschichte der KPD und die Deutsch-Russischen Beziehungen (1918–1943), Berlin/Boston 2014, S. 9–139, hier S. 112 ff.; Bernhard H. Bayerlein, Deutscher Kommunismus und transnationaler Stalinismus – Komintern, KPD und Sowjetunion 1929–1943. Neue Dokumente zur Konzeptualisierung einer verbundenen Geschichte, in: Weber/Drabkin/ders./Galkin (Hrsg.), Deutschland, Russland, Komintern, S. 225–400, hier S. 259 ff.

Nationalsozialismus ablehnend gegenüber.[201] In der Annahme, das NS-Regime könne von innen heraus gestürzt werden, entwickelte die KPD, wie Timothy R. Vogt ausführt, eine Unterscheidung zwischen aktiven Faschist:innen und passiven Unterstützer:innen als Grundstein ihrer Nachkriegspolitik.[202] In diesem Sinne argumentierte Wilhelm Pieck, eine zukünftige Politik dürfe sich nicht gegen die „irregeführten nationalsozialistischen Arbeiter richten“, stattdessen müsse man „offen zum Ausdruck bringen, daß die wahren Schuldigen der Hitlerschen Terror- und Katastrophenpolitik vor Gericht gestellt und abgeurteilt werden, daß aber die übrigen Funktionäre der Hitlerpartei nicht verfolgt und an ihnen keine Vergeltung wegen der unerhörten Blutopfer, die der Faschismus von den werktätigen Massen gefordert hat, geübt werden wird“.[203]

Die KPD wollte damit zwischen „wirklich Schuldigen“ und der Masse der Parteimitglieder, in der sie eine verführte Arbeiterklasse erkannte, unterscheiden. Lange hoffte sie, den Nationalsozialismus durch illegale Volksausschüsse und Aufstände in der Wehrmacht stürzen zu können.[204] Dementsprechend rief das im Juli 1943 gemeinsam von Kommunist:innen und Kriegsgefangenen unterzeichnete NKFD-Gründungsmanifest zum Widerstand gegen Hitler, zum Rückzug der Wehrmacht und zur Bildung einer neuen Regierung auf. Nachdem die Anti-Hitler-Koalition auf der Konferenz von Teheran Ende 1943 Stalins Forderungen nach einer zweiten Front zugestimmt hatte, appellierte das NKFD in seinen Flugblättern und Radiosendungen an der Front und in Kriegsgefangenenlagern an die Wehrmacht, zum Nationalkomitee überzulaufen. Das NKFD ebenso wie den BDO löste die sowjetische Regierung einige Monate nach Kriegsende auf.[205]

Nach der Auflösung der Komintern im Mai 1943 wurde ihr Apparat in als wissenschaftliche Einrichtungen getarnte politische Institute überführt. Das Institut 99 koordinierte die Umschulungen in den Kriegsgefangenenlagern, unterstützte die antifaschistische Arbeit der Politischen Hauptverwaltung der Roten Armee und die Nachkriegsplanungen der KPD.[206] Angestoßen wurden diese Pläne insbesondere vom ehemaligen Generalsekretär der Komintern Dimitroff, der nach ihrer Auflösung die entscheidende Verbindung zwischen der KPD und der sowjetischen Regierung bildete. Kurz nach der Konferenz von Teheran und

201 Vgl. Wilhelm Pieck, Der neue Weg zum gemeinsamen Kampf für den Sturz der Hitlerdiktatur. Referat und Schlußwort auf der Brüsseler Parteikonferenz der Kommunistischen Partei Deutschlands, Oktober 1935, 1. Aufl., Berlin 1947, S. 5–139, hier S. 32 ff. und 90.

202 Vgl. Vogt, Denazification, S. 20.

203 Pieck, Der neue Weg, S. 60.

204 Vgl. Vogt, Denazification, S. 20 f.

205 Ausführlich über das NKFD: Bungert, NKFD und der Westen, S. 21–30.

206 Vgl. Morré, Hinter den Kulissen, S. 45–60.

ersten Ergebnissen der EAC fanden Besprechungen mit der KPD-Führung statt. Anfang 1944 beauftragte Dimitroff die KPD, Planungen für Deutschland auszuarbeiten. In den darauffolgenden Monaten erarbeiteten etwa zwanzig Funktionäre das *Aktionsprogramm des Blocks der kämpferischen Demokratie* als internes Planungspapier. Darin formulierten Mitglieder des ZK der KPD wie Ulbricht, Wilhelm Pieck, Wilhelm Florin, Anton Ackermann, Elli Schmidt und Johannes R. Becher erste Überlegungen zur antifaschistisch-demokratischen Neuordnung Deutschlands.[207] Viele der Beteiligten kamen nach der bedingungslosen Kapitulation als Mitglied der sogenannten Gruppe Ulbricht oder als Begleiter:innen der Roten Armee nach Berlin und wirkten in der Stadtverwaltung oder anderen politischen Gremien.

Zeitgleich nahmen ab 1944 auch die Pläne sowjetischer Gremien Fahrt auf, indem drei Kommissionen gegründet wurden: Die Litwinow-Kommission befasste sich mit Fragen der Nachkriegsordnung, die Woroschilow-Kommission arbeitete zum Thema Waffenstillstand und die Maiski-Kommission erörterte die Wiedergutmachung der Kriegsschäden.[208] Ähnlich wie in Frankreich war auch für die sowjetische Politik die Reparations- und Wiedergutmachungsfrage die dringlichste. Dafür war im November 1943 die Kommission für die Wiedergutmachung gebildet worden, die der stellvertretende Volkskommissar für Auswärtige Angelegenheiten und vorherige sowjetische Botschafter in London, Iwan M. Maiski, leitete. Seine Forderung nach einem weitreichenden Arbeitseinsatz ging möglicherweise auf Vorschläge des Beraters des britischen Foreign Office, William Malkin, zurück. Dieser hatte gefordert, Mitglieder der Gestapo, der SS, der NSDAP und der Wehrmacht für den Wiederaufbau einzusetzen, eine Idee, der die sowjetische Politik zunächst eher skeptisch gegenüberstand.[209]

Einfluss auf die Pläne zur Reparation hatten die Arbeiten des Ökonomen und Direktors des Moskauer Instituts für Weltwirtschaft, Eugen Varga. Beauftragt, politische Grundsätze zu entwickeln, verfasste er für das Volkskommissariat für Auswärtige Angelegenheiten eine Reihe von Memoranden und hielt Vorlesungen, in deren Mittelpunkt vielmehr Demontagen und Materiallieferungen

207 Vgl. Morré, Kader aus dem Exil, S. 85 f. Verschiedene Fassungen sind abgedruckt in: Peter Erler/Horst Laude/Manfred Wilke (Hrsg.), „Nach Hitler kommen wir". Dokumente zur Programmatik der Moskauer KPD-Führung 1944/45 für Nachkriegsdeutschland, Berlin 1994, S. 240–268.

208 Vgl. Jochen P. Laufer/Georgi P. Kynin, Die Politik der UdSSR in der deutschen Frage. Einführung zu den Dokumenten (22. Juni 1941 bis 8. Mai 1945), in: Die UdSSR und die deutsche Frage, Bd. 1, S. XXV–LXXXIV, hier S. XLI–XLV.

209 Vgl. Ralf Possekel, Einleitung. Sowjetische Lagerpolitik in Deutschland, in: Sowjetische Dokumente zur Lagerpolitik, Bd. 2, S. 15–106, hier S. 31.

standen. Insgesamt sah die Sowjetunion in Reparationen auch ein Mittel der wirtschaftlichen und militärischen Schwächung Deutschlands und betrachtete sie als Teil der Deindustrialisierung. Ihre Ziele ähnelten den Vorschlägen Morgenthaus, dessen Einfluss sowjetische Verantwortliche insgesamt aber eher skeptisch beurteilten.[210]

Das Volkskommissariat für Auswärtige Angelegenheiten gründete mehrere Gremien, um an den Kapitulationsbedingungen zu arbeiten. In der Frage, inwieweit eine gemeinsame Verwaltung in Deutschland installiert werden sollte, sprach sich die sowjetische Delegation im EAC – auch aus Sorge vor einer vereinten anglo-amerikanischen Position – für eine weitgehende Autonomie der einzelnen Besatzungszonen aus.[211] Während Possekel und Laufer zufolge die sowjetische Diplomatie damit eine gemeinsame Vorbereitung bzw. Abstimmung verhinderte und eine vorläufige Teilung anstieß,[212] argumentiert Filitov, dass eine Kooperation mit den Verbündeten in den sowjetischen Kommissionen durchaus befürwortet wurde.[213] Filitov verweist auf Memoranden, nach denen die Sowjetunion auch deswegen eine weitreichende Autonomie in Besatzungsfragen befürwortete, weil die unmittelbare Beseitigung nationalsozialistischer Strukturen in den ersten Tagen nach der Besetzung zu erfolgen hatte und zu diesem Zeitpunkt noch keine funktionierende interalliierte Institution existieren würde. Darüber hinaus empfahl die von Marschall Kliment J. Woroschilow geleitete Kommission im Mai 1944, dass für die Erfüllung der Kapitulationsbedingungen, mehr als bisher angenommen, mehrere interalliierte Behörden nötig sein würden.[214]

Hinsichtlich der Aufgaben der sowjetischen Kontrollinstanzen im besetzten Deutschland hieß es in einem Gutachten an den stellvertretenden Volkskommissar Vladimir Dekanozov vom Juli 1944:

> „Kontrolle über die Reorganisation der deutschen staatlichen Verwaltung, Säuberung des deutschen Staatsapparates, Beseitigung von Nazi-Partei, SS, SA, Gestapo, Polizei, Hitlerjugend. Kontrolle der Abschaffung der Nürnberger Rassengesetze und des unter Hitler erlassenen Rechtsvorschriften. Kontrolle des deutschen Innenministeriums, des Justizministeriums, der

210 Vgl. Laufer, Die Politik der UdSSR, S. XLVIII; Reinisch, Perils of Peace, S. 47 ff.

211 Vgl. Possekel, Einleitung. Sowjetische Lagerpolitik, S. 21.

212 Vgl. ebenda; Jochen Laufer, Stalins Friedensziele und die Kontinuität der sowjetischen Deutschlandpolitik 1941–1953, in: Jürgen Zarusky (Hrsg.), Stalin und die Deutschen, München 2006, S. 131–158, hier S. 15.

213 Vgl. Aleksej Filitov, Sowjetische Deutschlandplanungen im Krieg, in: Hilfer/Schmeitzner/Vollnhals, Sowjetisierung oder Neutralität, S. 25–40, hier S. 35.

214 Vgl. ebenda, S. 35 ff.

> Gerichte und Staatsanwaltschaften, der Reichskanzlei und der örtlichen Verwaltung."[215]

Auch andere Planungsdokumente und Korrespondenzen verweisen darauf, dass die sowjetische Regierung davon ausging, deutsche Ministerien und Behörden zu kontrollieren, und damit ähnlich der britischen Politik eine funktionierende Verwaltung als gegeben annahm.[216]

Kategorien und Kriterien für Internierungen und Entlassungen wurden in den sowjetischen Kommissionen mehrfach diskutiert. Man kommentierte die Entwürfe der Kapitulationsbedingungen, welche die Internierung sämtlicher Angehöriger von SA, Gestapo sowie die Kreis-, Ortsgruppen-, Zellen und Blockleiter vorsahen. Grundsätzlich stimmten westliche und sowjetische Internierungspläne weitgehend überein.[217] Die Kommission zu Fragen der Friedensverträge und der Nachkriegsordnung verfasste einen über hundert Seiten starken Bericht *Zur Behandlung Deutschlands* (1944) mit detaillierten Informationen unter anderem zu geschätzt 450 000 Mitgliedern der SA und SS, drei Millionen Angehörigen im Kyffhäuserbund und einer Million Mitgliedern der HJ. Eigene Vorschläge für personalpolitische Maßnahmen enthielt die Studie jedoch nicht.[218]

Von sowjetischer Seite kamen in der EAC trotz Drängen des Kommissionsvorsitzenden Woroschilow keine Anstöße zur näheren Bestimmung von Entlassung oder Internierung, auch weil die Ausarbeitung einer konkreten Entnazifizierungspolitik in Moskau stockte.[219] Wiederholte Anfragen der SHAEF, eine sowjetische Vertretung in London zu stationieren, um gemeinsame Planungen militärisch wie politisch zu koordinieren, liefen ebenfalls ins Leere. Als im Sommer 1944 noch immer nicht mit der Ausbildung des künftigen Besatzungspersonals begonnen worden war, kritisierte der Leiter der Europaabteilung des Kommissariats für Auswärtige Angelegenheiten: „I have to say that we have no experience in this area […] whereas the [Western] Allies already possess a well-rehearsed system."[220]

215 Smirnov an Dekanozov, 24. Juli 1944, abgedruckt in: Die UdSSR und die deutsche Frage, Bd. 1, S. 422–425, hier S. 424.

216 Vgl. Filitov, Sowjetische Deutschlandplanungen, S. 38.

217 Vgl. Protokoll zu den Kapitulationsbedingungen. Geheim, 3. Februar 1944, abgedruckt in: Die UdSSR und die deutsche Frage, Bd. 1, S. 305–311, hier S. 309. Vgl. Possekel, Einleitung. Sowjetische Lagerpolitik, S. 24 ff.

218 Vgl. Litvinov an Molotov, 9. März 1944, Kommission zu Fragen der Friedensverträge und der Nachkriegsordnung. Behandlung Deutschlands, abgedruckt in: Die UdSSR und die deutsche Frage, Bd. 1, S. 333–364, hier S. 339 f.

219 Vgl. Possekel, Einleitung. Sowjetische Lagerpolitik, S. 22.

220 Zitiert nach: Reinisch, Perils of Peace, S. 50.

Daraufhin begannen sowjetische Stellen, britische und amerikanische Berichte und Instruktionen zu studieren und für ihre Entwürfe nutzbar zu machen. Empfehlungen des ihnen im Frühjahr 1945 zugespielten *Military Handbook* fanden Eingang in sowjetische Anweisungen an ihre Truppen, etwa zur Organisation der Militärregierungen.[221]

Derweil befasste sich die KPD mit Aspekten einer Beseitigung des Nationalsozialismus. Im Laufe des Jahres 1944 erarbeitete sie, teilweise unter Anweisungen der sowjetischen Politik, ein sogenanntes *Aktionsprogramm*.[222] Neben der „Auflösung aller faschistischen Organisationen" forderte der Programmentwurf Ende 1944 die

> „2. Sofortige Verhaftung aller Reichs- und Gauleiter der NSDAP, der Beamten der Gestapo, des Sicherheitsdienstes und aller SS-Führer, vom Scharführer aufwärts. Verbot der NSDAP und ihrer Gliederungen. Beschlagnahme des Vermögens aller dieser Organisationen. [...]
> 3. Strenge Bestrafung der Kriegsschuldigen und Kriegsverbrecher. Veröffentlichung aller geheimen und nicht-geheimen Dokumente, die die Fäden zwischen den NSDAP-Führern und dem Rüstungs- und Monopolkapital aufdecken. Sofortige Enteignung des Vermögens der Kriegsschuldigen, Kriegsverbrecher und ihrer geheimen Inspirateure.
> 4. Gründliche Säuberung des Staatsapparats in Reich, Ländern und Gemeinden und in allen seinen Verzweigungen von den faschistischen Elementen."[223]

Solche Forderungen entsprachen im Grunde den amerikanischen Direktiven.[224] Vermutlich orientierte sich die KPD an alliierten Bekanntmachungen, wie beispielsweise der Rundfunkansprache von General Dwight D. Eisenhower, mit der er wenige Wochen zuvor die künftigen Aufgaben der alliierten Militärverwaltungen umrissen hatte.[225]

221 Vgl. Possekel, Einleitung. Sowjetische Lagerpolitik, S. 54; Reinisch, Perils of Peace, S. 50; Jeanette Michelmann, Aktivisten der ersten Stunde. Die Antifa in der Sowjetischen Besatzungszone, Köln/Weimar/Wien 2002, S. 151.

222 Vgl. Morré, Kader aus dem Exil, S. 85 ff.

223 Aktionsprogramm des Blocks der kämpferischen Demokratie. Abschrift des Entwurfs von Anton Ackermann Ende 1944, abgedruckt in: Erler/Laude/Wilke (Hrsg.), „Nach Hitler kommen wir", S. 290–304, hier S. 292 f.

224 Vgl. Niethammer, Mitläuferfabrik, S. 115.

225 Zumindest finden diese Erwähnung in den Schulungsunterlagen, etwa bei: Wilhelm Pieck, Der Aufbau der KPD und ihre organisations-politischen Probleme, 31. Oktober

Während sich dieser Entwurf sprachlich und praktisch klar an den Plänen der Alliierten orientierte, waren frühere Versionen deutlicher von vorherrschenden Faschismusanalysen geprägt. In diesen beschrieb die KPD das NS-Regime als „Diktatur des deutschen Finanz- und Monopolkapitals", das durch „imperialistischen Raubkrieg und terroristische Unterdrückung der werktätigen Massen" bestand, und verwies auf „die Schuld der Sozialdemokratie".[226] Zum einen erkannte das *Aktionsprogramm* die tragenden Kräfte des Nationalsozialismus in der Wirtschaft und begründete damit ihre Forderungen zur Enteignung. Zum anderen hob sie soziale Zusammenhänge hervor und verlangte „energische Maßnahmen" zur Beseitigung imperialistischer und militaristischer Lehren.[227]

Umerziehung hatte in den KPD-Plänen hohe Priorität. Das Institut 99 richtete eine Schulbuchkommission ein, besprach sich in Kriegsgefangenenlagern mit Lehrer:innen und organisierte Antifa-Schulen. In ähnlicher Ausrichtung widmete sich eine KPD-Kommission dem Thema und befasste sich unter Mitwirkung von Fachleuten für Landwirtschaft und Bildung in mehreren Sitzungen zwischen Januar und März 1945 mit der „Rassentheorie des Hitlerfaschismus", mit „Fragen des reaktionären Preußentums" sowie mit „Richtlinien für die Gestaltung des Geschichtsunterrichts in den deutschen Schulen".[228] Sie forderte die Bildung eines einheitlichen Schulsystems und beschrieb demokratisch gesinntes Lehrpersonal als wichtigsten Garanten einer Demokratisierung.[229] Der Verfolgung der Juden und Jüdinnen kam, wie in anderen Gremien in den Vereinigten Staaten und Großbritannien, kein zentraler Stellenwert zu.[230]

Basierend auf dem *Aktionsprogramm* begannen verschiedene Einrichtungen mit der Schulungsarbeit. Dimitroff beauftragte die Exil-KPD, Mitarbeiter:innen des diplomatischen Dienstes und der politischen Abteilungen der Roten Armee über deutschlandspezifische Fragen zu unterrichten. Für Offizier:innen der politischen Abteilung GlawPURKKA begannen im November 1944 zudem

1945, abgedruckt in: Erler/Laude/Wilke (Hrsg.), „Nach Hitler kommen wir", S. 269–289, hier S. 270.

226 Aktionsprogramm des Blocks der kämpferischen Demokratie. Zweite Fassung des Entwurfs von Wilhelm Pieck, Oktober 1944, abgedruckt in: Erler/Laude/Wilke (Hrsg.), „Nach Hitler kommen wir", S. 243–246, hier S. 243. Auch: Vogt, Denazification, S. 20 ff.

227 Ebenda.

228 Vgl. Morré, Hinter den Kulissen, S. 153–156.

229 Vgl. Karl-Heinz Füssel, Die Umerziehung der Deutschen: Jugend und Schule unter den Siegermächten des Zweiten Weltkrieges 1945–1955, Paderborn 1994, S. 190.

230 Vgl. Herf, Zweierlei Erinnerung, S. 25–39

mehrwöchige Lehrgänge, in denen sowjetische Hochschullehrer:innen und KPD-Funktionär:innen lehrten.[231] In den Moskauer Vorbereitungskursen am Institut 99 wurden verschiedene programmatische Vorträge gehalten, unter anderem das Referat von Becher *Zur Frage der politisch-moralischen Vernichtung des Faschismus* (1945).[232]

Becher, später Mitglied des Zentralkomitees der KPD, beschrieb die NSDAP als „konterrevolutionäre, antidemokratische, antisozialistische, antinationale Partei“, deren Ziel darin bestand, die Niederlage des Ersten Weltkrieges und die Bestimmungen des Versailler Vertrages umzudeuten und einen imperialistischen Krieg im Auftrag des Monopolkapitals zu führen. In seinem mehrfach gehaltenen Vortrag forderte er eine umfassende Kritik der „Naziideologie als der reaktionärsten Form einer imperialistischen Zwecklehre“ und warb für die Schaffung einer „neuen deutschen Ideologie im Geiste eines streitbaren humanistischen Demokratismus“.[233]

Nach der Konferenz von Jalta im Februar 1945 erarbeitete die KPD im Auftrag der sowjetischen Regierung die *Richtlinien für die Arbeit der deutschen Antifaschisten*, um die Rote Armee bei der Besetzung deutscher Gebiete zu unterstützen. Nachdem das Konzept der Volksausschüsse nicht mehr aktuell war, ging es in dem Papier vorrangig um den Aufbau von Verwaltungsstrukturen, aber auch um eine Unterstützung der sowjetischen Militärregierung bei der Beseitigung des Nationalsozialismus und Militarismus. Die Richtlinien sahen den Einsatz von Antifaschist:innen vor, um die entlassenen Bürgermeister:innen und Abteilungsleiter:innen zu ersetzen. Aktive Mitglieder der NSDAP, ohne diesen Begriff näher zu erläutern, sollten aus der Verwaltung ausgeschlossen werden. Sie sollten vorrangig durch Widerstandskämpfer:innen ersetzt werden sowie durch diejenigen, die vor 1933 einer antifaschistischen Organisation angehört hatten und weder Mitglied der NSDAP noch der HJ gewesen waren. Darüber hinaus sollten auch Intellektuelle, Ärzt:innen und Lehrer:innen, die zwar Mitglied der NSDAP gewesen waren, aber sich nicht politisch engagiert hatten, bei Einstellungen berücksichtigt werden.[234]

Grundsätzlich sah die KPD ihre Aufgabe darin, die Entnazifizierungspolitik der Besatzungsmächte zu unterstützen; eigene Vorschläge über Begriffe und

231 Vgl. Michelmann, Aktivisten der ersten Stunde, S. 154 f.; Morré, Kader aus dem Exil, S. 86 ff.

232 Johannes R. Becher, Zur Frage der politisch-moralischen Vernichtung des Faschismus (Februar/März 1945), abgedruckt in: Erler/Laude/Wilke (Hrsg.), „Nach Hitler kommen wir“, S. 335–360.

233 Ebenda, S. 344 f.

234 Vgl. Michelmann, Aktivisten der ersten Stunde, S. 172–191.

Maßnahmen brachten sie kaum ein. Mit den Beschlüssen der Staatschefs von Jalta sei man völlig einverstanden, referierte Pieck im März 1945.

> „In der Hauptsache wird sich unsere Tätigkeit […] darauf beschränken müssen, die Bevölkerung zu veranlassen, die Besatzungsbehörden bei der Durchführung dieser Säuberungs- und Vernichtungsmaßnahmen gegen die Nazi-Verbrecher und Organisation zu unterstützen, weil das völlig im Interesse des deutschen Volkes liegt.“[235]

Zu den Aufgaben der Kader zählte man, nationalsozialistische Widerstands- und Sabotagenester aufzustöbern, Kriegsverbrecher:innen zu entlarven, zuverlässige Hitlergegner:innen ausfindig zu machen sowie über die Verbrechen des Nationalsozialismus aufzuklären und die Notwendigkeit der Entnazifizierung zu propagieren.[236]

Anweisungen an die Befehlshaber der Roten Armee bezüglich ziviler Angelegenheiten ergingen erst, nachdem sowjetische Soldat:innen und Offizier:innen deutsches Gebiet betreten hatten. Auf die anglo-amerikanische Civil Affairs verweisend und in Kenntnis ihrer militärischen Handbücher, schlug der Volkskommissar des Inneren Lawrenti Beria den Befehlshabern der drei vorrückenden Fronten im April 1945 vor, eine Militäradministration für Zivilangelegenheiten einzurichten. Diese sollte auch für eine Kontrolle der Lager und Gefängnisse und für Internierungen zuständig sein, die dem Befehl Nr. 00315 zufolge „Spione, Diversanten, Terroristen, Angehörige deutscher Straforgane, Anführer faschistischer Organisationen u. a.“ umfasste.[237] Erst als die Rote Armee kurz vor Berlin stand, erließ das sowjetische Oberkommando eine Direktive zur Behandlung der deutschen Zivilbevölkerung, die aber in Entnazifizierungsfragen lediglich festhielt, dass einfache Mitglieder der NSDAP nicht festzunehmen seien, sondern nur „die Anführer, wenn sie es nicht geschafft haben, sich aus dem Staub zu machen“.[238]

Insgesamt konkretisierte das Innenministerium der UdSSR, das NKWD, damit die Vorgaben zur Verhaftungspolitik, indem es nicht mehr wie noch im vorherigen Internierungsbefehl allgemein von „faschistischen Organisationen“

235 Wilhelm Pieck, Probleme des Kampfes für ein neues Deutschland. Handschriftliche Disposition für Lektion, 1. März 1945, abgedruckt in: Erler/Laude/Wilke (Hrsg.), „Nach Hitler kommen wir“, S. 361–374, hier S. 369.

236 Ebenda, S. 369 f.

237 Vgl. Possekel, Einleitung. Sowjetische Lagerpolitik, S. 53 f.

238 Direktive an Frontbefehlshaber und die Mitglieder der Kriegsräte der 1. Belorussischen und der 1. Ukrainischen Front. Zitiert nach: Possekel, Einleitung. Sowjetische Lagerpolitik, S. 52.

sprach, sondern Haftkategorien für die NSDAP, Gestapo, SD, SS und SA nannte. Im Unterschied zu anglo-amerikanischen Ansätzen aber hielt es sich mit allzu formellen Festlegungen zurück, auch aus der Überlegung heraus, eindeutige Vorschriften könnten die operative Arbeit behindern und den notwendigen Ermessensspielraum zu sehr einengen.[239]

Ashley Gardens: Vom Interallied Vetting Center zum Berlin Document Center

„Among the cardinal objectives of your mission in Berlin", wies das Hauptquartier SHAEF in seiner Planungsdirektive vom Dezember 1944 an, sei die Beseitigung des Nazismus und Militarismus: „the dissolution of the party, the arrest and detention of Nazi leaders and officials, and their collaborators, and the removal of Nazi and military leaders from all posts of authority." Der Berlin District Plan sah vor, dass kein „aktiver Nazi" in seiner Stellung zu belassen sei und dafür die Entlassungs- und Internierungskriterien des *Military Handbooks* herangezogen werden sollten.[240] Zu diesem Zeitpunkt lagen noch verschiedene Szenarien zur militärischen Eroberung Berlins auf dem Tisch, aber an unmittelbar zu treffenden Maßnahmen gegen nationalsozialistische Strukturen zweifelte man innerhalb der SHAEF kaum.

Gewissheit bestand gleichermaßen darüber, dass archivalische Unterlagen die Grundlage einer erfolgreichen Entnazifizierung bilden würden. Die Recherchen und Empfehlungen der German Country Unit hinsichtlich einer besonderen Bedeutung von Beweismaterialien hatten sich auch im SHAEF-Plan für Berlin niedergeschlagen. Dieser hielt fest, dass sämtliche Archivmaterialien und amtliche Dokumente aus der NS-Zeit sichergestellt werden müssen, namentlich alle Unterlagen der Reichs- und der städtischen Behörden, der NSDAP, der Gestapo, der Versicherungen, Banken und wirtschaftlichen Vereinigungen.[241] Wie eine solche Politik inklusive einer Handhabung von Dokumenten allerdings in der Praxis einer Viermächtestadt aussehen sollte, darüber herrschten recht unterschiedlichen Vorstellungen.

Etwa zeitgleich zu den SHAEF-Plänen hatten amerikanische und britische Stellen getrennt voneinander begonnen, sich von politischer Seite aus Gedanken

239 Vgl. ebenda, S. 55.

240 SHAEF Public Safety, Draft Directive for Military Government of the City of Berlin, December 1944, IfZ, OMGUS AG45-46/64/10.

241 Ebenda.

über eine zukünftige Verwaltung Berlins zu machen. Ausgehend vom Abkommen der EAC über eine „Control Machinery in Germany" vom 14. November 1944, ging es den vorläufigen Kontrollratsgruppen darum, die festgehaltene „gemeinsame Verwaltung" für einzelne Bereiche zu definieren und Vorschläge zu erarbeiten. In Fragen, inwieweit Entlassungen, Internierungen, Einstellungen und Vermögenskontrolle gemeinsam durchgeführt werden sollten, gab es teils erhebliche Differenzen.[242]

Die amerikanische Seite bemühte sich früh um eine weitgehend gemeinsame Handhabung. Mit Blick auf die im *Military Handbook* verankerten Überprüfungsverfahren fragte sie sich insbesondere, wie eine hierfür zuständige Special Branch bestmöglich zu organisieren sei. Vor allem stellten sie zur Diskussion, ob in Berlin etwa eine, drei (bzw. vier) oder 22 Special Branches eingerichtet werden sollten,[243] also ob es eine einzige Einrichtung für das ganze Stadtgebiet, eine in jedem Sektor oder eine in jedem Bezirk geben solle. Für die amerikanische Kontrollratsgruppe stand zunächst fest, dass innerhalb ihrer Militärregierung nur eine Behörde entstehen sollte. Dass diese, unter Berücksichtigung des EAC-Abkommens, als interalliiertes Zentrum ausgebaut werden könnte, hielten sie für die sinnvollste Option.[244] Ihre britischen Partner erachteten diese Pläne jedoch im Ganzen als zu ambitioniert und verfrüht, zumal es nur wenig Absprachen mit Frankreich und der Sowjetunion gab.[245] Sie wandten sich grundsätzlich gegen ein Interallied Vetting Center mit integriertem Personal. Womöglich auch vor dem Hintergrund, den in ihren Augen zu strengen Entnazifizierungsplänen der SHAEF zugestimmt zu haben, wenn auch nur widerwillig, waren sie letztlich dagegen, Kompetenz an ein interalliiertes Gremium abzugeben.[246]

242 Vgl. Joint PS Weekly Conference, 22 January 1945, IfZ, OMGUS 15/110–2/17.

243 Joint PS Weekly Conference, Extract from Memoranda by PS US Group CC for consideration at first meeting on 22 January, IfZ, OMGUS 15/110–2/17; US Group CC PSB, Secret Plan for MG Control of Police, Fire and Civilian Defense Agencies, Annex 6 Discussion of Berlin SP, undated, TNA, FO 1050/177.

244 Joint PS Weekly Conference, Extract from Memoranda by PS US Group CC for consideration at first meeting on 22 January; Joint PS Weekly Conference Secret, Official Minutes, 12 February 1945, IfZ, OMGUS 15/110–2/17.

245 Vgl. CCGBE Legal Division, Re-Organisation of Administrative Machinery in Berlin, 20 October 1944, TNA, FO 1050/177. Die amerikanischen Entwürfe und britischen Kommentare sind in der von Briten geführten Akte „German Agencies in Groß-Berlin" enthalten: CCGBE, Berlin US-Plans 1944, TNA, FO 1050/177. Auch die wöchentlichen Berichte der SHAEF G-5 Abteilung diskutierten die zukünftigen Formen einer Special Branch und Vetting of German Officials: Weekly Reports February–May 1945, TNA, WO 219/5029.

246 Vgl. Joint PS Weekly Conference Secret, Official Minutes, 12 February 1945, IfZ, OMGUS 15/110–2/17.

Um die Meinungsverschiedenheiten schnellstmöglich zu klären, brachte die amerikanische Abteilung für Public Safety zum Jahresbeginn 1945 sämtliche politischen und militärischen Beteiligten an einen Tisch. Viele der Teilnehmer:innen waren auch nach Kriegsende in der Viermächtestadt tätig.[247] In den mühseligen Auseinandersetzungen hielt die britische Public Safety Branch unter ihrem Direktor G. H. R. Halland an der Idee getrennter Büros fest, kam den Amerikanern aber in Sachen Kooperation entgegen. Die separat agierenden Abteilungen der vier Militärregierungen könnten einen gemeinsamen Council of Senior Special Branch Officers bilden. Neben dem mangelnden Austausch mit französischen und sowjetischen Stellen führte Halland als Argument an, dass es als leicht erachtet werden könne, ein quadripartite agreement über Entlassungen und Anstellungen zu erreichen, es aber weitaus schwieriger sei, gemeinsame Untersuchungen und Überprüfungen durchzuführen.[248]

Insbesondere für Col. Orlando W. Wilson, der als Berater der German Country Unit maßgeblich an der anglo-amerikanischen Planung der Entnazifizierungspolitik beteiligt gewesen war und dort etwa den Fragebogen mitentworfen hatte, musste die britische Haltung irritieren, wie aus seinen mehrfachen Nachfragen ersichtlich wird. Dass die Arbeit eines investigating officers beispielsweise an einer Sektorengrenze enden und dort einer anderen Militärregierung übergeben werden sollte, wenn doch überall dieselben Entlassungskriterien und Überprüfungsverfahren eingeführt werden sollten, konnte den späteren Leiter der amerikanischen Denazification Section und seine Kollegen kaum überzeugen.[249] Für das Hauptquartier der Streitkäfte und die amerikanische Kontrollratsgruppe war die britische Vorsicht ein erster Rückschlag. Immerhin aber signalisierten britische Stellen, dass ein gemeinsames Zentrum zur Aufbewahrung aller NS-relevanten Unterlagen unter Verantwortung aller vier Militärregierungen stehen könnte.

Derweil nutzte die SHAEF-Einheit für Berlin, mittlerweile in Barbizon und anderen Vororten von Paris stationiert, die Pläne für die Ausbildung des in Berlin einzusetzenden Personals.[250] Denn während die militärischen Belange unter

247 Amerikanische Delegierte wie R. W. Chamberlin, O. W. Wilson, S. K. Wilson und T. E. Hall und britische Experten wie F. E. Foley, R. D. W. Harrison, F. E. Isemonger und E. C. Nottingham saßen ab dem Sommer 1945 im Alliierten Kontrollrat zusammen. Repräsentanten der Military Government Berlin Area, Col. A. Cargill und C. Saull sowie Vertreter der SHAEF-Einheit A1A1 E. K. Neumann und D. D. Scarborough arbeiteten später für die Public Safety Abteilung der beiden Militärregierungen.

248 Vgl. Joint PS Weekly Conference Secret, Official Minutes, 12 February 1945, IfZ, OMGUS 15/110–2/17.

249 Vgl. ebenda.

250 Zur französischen Beteiligung an der SHAEF siehe: Reinisch, Perils of Peace, S. 55.

der Verantwortung des Oberbefehlshabers Eisenhower standen, fielen zivile Belange in den Handlungsbereich des späteren amerikanischen Stadtkommandanten Howley.[251] Mit dem militärischen Handbuch und anderen Materialien bereitete er Dutzende Angehörige der Streitkräfte auf rechtliche, polizeiliche und administrative Belange vor. Howleys Bemühungen, das französische Kontingent zu integrieren, schlugen fehl.[252]

Ebenso kam kein Austausch mit sowjetischen Militärs zustande. Im März 1945 schließlich fanden sich anglo-amerikanische Gremien damit ab, dass „there is little likelihood that the Russians will come to London to discuss post-hostility matters for Germany. This means there is little chance of any arrangement being made in respect of he Berlin district plan."[253] Zu diesem Zeitpunkt stand die Rote Armee kurz vor ihrem verlustreichen Vormarsch auf Berlin.

In den letzten Wochen des Krieges verwendeten die Alliierten viel Energie auf das Sammeln und Aufbereiten NS-bezogener Unterlagen.[254] Vorrückende Streitkräfte beschlagnahmten Dokumente, die von Ministerien, Ämtern, Behörden oder der NSDAP und ihrer Gliederungen erstellt worden waren, und richteten verschiedene Sammelstellen ein. Sie wussten nur allzu gut, dass die Deutschen angesichts der nahenden Niederlage möglichst viele Dokumente beiseite schaffen oder vernichten würden. Nachrichtendienstliche Stellen der vorrückenden britischen Streitkräfte telegrafieren „records for the most part destroyed, removed or buried" und erwarteten, dieselbe Situation in der Reichshauptstadt vorzufinden.[255]

In einem gewissen Wettlauf gegen die Zeit, die NS-Stellen nutzten, um ihre Spuren zu beseitigen, entdeckten alliierte Streitkräfte und ihnen wohl gesinnte Deutsche mehr und mehr Bestände – auf Dachböden versteckt, in ausgebombten Gebäuden teils zerstört oder auf Äckern abgestellt –, die es zu sichern galt. Vor Ankunft der Westalliierten forderte der sowjetische General Georgi K. Schukow den Magistrat auf, umgehend festzustellen, welche personenbezogenen Akten existierten, umgelagert bzw. vernichtet worden waren. Im Gebäude des

251 Vgl. SHAEF PS, Draft Directive for MG of the City of Berlin, December 1944, IfZ, OMGUS AG45-46/64/10.

252 Vgl. Walter L. Dorn, Inspektionsreisen in der US-Zone. Notizen, Denkschriften und Erinnerungen aus dem Nachlaß übersetzt und hrsg. von Lutz Niethammer, Stuttgart 1973, S. 25–29.

253 SHAEF Planning Berlin, Notes, March 1945, TNA, WO 219/5023.

254 Über das Document Center und weitere Sammelstellen ausführlich: Astrid M. Eckert, Kampf um die Akten. Die Westalliierten und die Rückgabe von deutschem Archivgut nach dem Zweiten Weltkrieg, Stuttgart 2004, S. 66–77.

255 MGGBA, Report on Mil Gov West on the Rhine with recommendations for VGK Procedure Berlin, undated, TNA, FO 1012/90.

Geheimen Staatsarchivs in Berlin-Dahlem sammelte und ordnete der Magistrat daraufhin behördliche Überlieferungen einiger Reichsministerien, die bei diversen Aktionen geborgen worden waren.[256] Einige Akten des Auswärtigen Amtes und des Volksgerichtshofes, berichtete der Bezirksbürgermeister von Berlin-Wilmersdorf, fand man im Juni 1945 „vom Regen aufgeweicht“ auf einem Bahnhof in Brandenburg.[257] Weiteres Schriftgut, das nach dem Bombardement des Volksgerichtshofes nicht – wie von Hitler angeordnet – ausgelagert worden war, befand sich noch zwei Jahre später „without guard at the bombed out premises“ in der Bellevuestraße in Berlin-Tiergarten.[258]

Den bei Weitem wichtigsten Fund machten amerikanische Truppen mit der Mitgliederkartei der NSDAP, die sie in ihrem im Juli 1945 in Berlin-Grunewald eingerichteten (Berlin) Document Center aufbewahrte. Sein weitaus umfangreichster und bekanntester Bestand war vom NS-Regime aus der „Hauptstadt der Bewegung“ in eine Papiermühle eines Münchener Vororts verfrachtet und nur knapp vor der Zerstörung gerettet worden. Dutzende Tonnen Papier, „apparently having been dumped from their file drawers into large containers“,[259] wurden im Oktober 1945 in unbrauchbarem Zustand nach Berlin überführt.[260] Früh erkannte General Clay den außerordentlichen Wert dieser Unterlagen für die Entnazifizierung und die Nürnberger Prozesse,[261] denn die alphabetisch sortierten NSDAP-Mitgliederkarteien enthielten Informationen zu Person und NSDAP-Mitgliedschaft wie Name, Geburtsdatum und -ort, Beruf, Mitgliedsnummer und Datum des Aufnahmeantrages, Eintrittsdatum und Angaben über eventuelle Beendigung der Mitgliedschaft oder Adressänderungen. Doch sie mussten in monatelanger Arbeit gesichtet und katalogisiert werden, bevor sie überhaupt von Nutzen waren.[262]

256 Vgl. OMGBS, Monthly Report, January 1946, IfZ, OMGUS 5/37–3/1.

257 Bezirksbürgermeister Wilmersdorf, Akten des Auswärtigen Amtes und des Volksgerichtshofes auf dem Bahnhof von Neuseeding, 17. Juni 1945, LAB, C Rep. 109, 1563/2.

258 AKB Legal Comm., Safeguarding Volksgerichtshof files, 20 August 1947, TNA, FO 1112/609.

259 Elmer Plischek to Murphy, 24 September 1945, Nazi Party Card file Roster, IfZ, OMGUS POLAD/729/43.

260 Zum Berlin Document Center siehe auch: Heinz Fehlauer, NS-Unterlagen aus dem Berlin Document Center und die Debatte um ehemalige NSDAP-Mitgliedschaften, in: Historische Sozialforschung 35 (2010) 3, S. 22–35, hier S. 26ff.

261 Im September 1945 meldete Clay an Chef Ankläger Jackson „it is expected that in the denazification program the cards will be of considerable significance“. CC Clay to Justice Jackson office, September 1945, IfZ, OMGUS POLAD/729/43.

262 Vgl. NSDAP records including party membership cards, exploitation, preservation and arrangement of, IfZ, OMGUS POLAD/747/4. Auch: Fehlauer, NS-Unterlagen, S. 27.

Das amerikanische Document Center war unter den vielen, über alle vier Sektoren und mehrere Bezirke verstreuten Aufbewahrungsorten der wichtigste, und die interalliierten Gremien nutzten dessen Dienste regelmäßig. Über viele Monate hinweg bemühten sich amerikanische Stellen, den Arbeitsaufwand zu teilen, indem sie immer wieder Anläufe unternahmen, ihr Document Center zu einem interalliierten Vetting Bureau auszubauen oder zumindest durch ein gemeinsam geleitetes Sekretariat zu ergänzen.

Einen weiteren Versuch unternahm die USA im Sommer 1945, als die höchsten Armeechefs, ihre Stellvertreter und Berater:innen – Georgi K. Schukow und Wassili D. Sokolowski für die UdSSR, Eisenhower, Clay, Floyd L. Parks und Robert Murphy für die USA und Bernard Montgomery, Lewis D. Lyne und William Strang für Großbritannien – erstmals nach Kriegsende zusammenkamen und, zunächst ohne Frankreich, den Aufbau des Alliierten Kontrollrats und der Alliierten Kommandantur besprachen. Das riesige Ausmaß an Dokumenten erfordere besondere Maßnahmen „to assure that these sources are effectively exploited by all interested agencies", erklärten amerikanische Berater. Anknüpfend an ihre Anfang 1945 entwickelten Pläne plädierten sie für die Gründung eines beim Alliierten Kontrollrat angesiedeltem, mit Personal aller vier Besatzungsmächte ausgestattetem „document control center" unter gemeinsamer Verwaltung.[263]

Im wenig später eingerichteten Alliierten Kontrollrat führte die amerikanische Delegation ihre Entwürfe für ein interalliiertes Archiv- und Überprüfungszentrum näher aus. Ein interalliiertes Komitee sollte für alle städtischen Angestellten und Beamt:innen verantwortlich sein und mit deutscher Unterstützung sämtliche Unterlagen prüfen, die im Rahmen von Einstellungen, Entlassungen und Einsprüchen herangezogen werden sollten. Angesichts der kritischen Haltung der anderen drei bemühte sich die amerikanische Vertretung, die Vorteile zu betonen: Eine gemeinsame Aktenführung könne verhindern, dass ehemalige NSDAP-Mitglieder und Unterstützer:innen in anderen Sektoren untertauchten, und eine gemeinsame Überprüfung würde die Entscheidungsbefugnisse der jeweiligen Militärregierungen nicht einschränken. Zudem würden Erfahrungen in Bayern zeigen, dass die Anstellung von Deutschen unter alliierter Aufsicht gut funktioniere. Die soeben in München aufgefundene Zentralkartei der NSDAP

263 Plan of Organization of ACA, Tripartite (quadripartite) Document Control Center, 4 June 1945, IfZ, OMGUS AG45–46/66/1. Das US-Militär verschickte diese und weitere Entwürfe im Vorfeld der Treffen. Vgl. Notes of a Conference held at Soviet Occupational Force Hq. presided over by Marshal Zhukov, 10 July 1945; US Proposal for Activation of Control Machinery in Germany, 10 July 1945, IfZ, OMGUS AG45–46/66/1.

bilde ferner die beste Grundlage zur Kontrolle der Fragebögen, und die amerikanische Militärregierung sei mehr als gewillt, ein zukünftiges „central archives bureau" mit allen in ihrem Besitz befindlichen Beständen zu füllen.[264]

Vor allem Frankreich, bekannt für seine Skepsis gegenüber einem zentral regierten Deutschland, enthielt sich der Diskussion gänzlich, da es das Thema für „premature" hielt.[265] Solange die Frage einer deutschen Zentralverwaltung ungelöst blieb, blockierte die französische Regierung jegliche Vorschläge dieser Art. Konfrontiert mit einer zögerlichen britischen und zunächst auch sowjetischen Haltung, verliefen amerikanische Pläne im Sande. Zwar blieb das umstrittene Thema auch in den Jahren 1946 und 1947 auf der Agenda des Alliierten Kontrollrats, aber die Pläne für ein gemeinsames Überprüfungszentrum und Archiv in Berlin traten mehr und mehr in den Hintergrund.

264 ACA DIAC/APSC, Nazi Arrest and De-nazification Sub-Comm., 4 October 1945, TNA, FO 1005/635.

265 Vgl. ACA DIAC PS Comm., 18 December 1945, TNA, FO 1005/623. Zu Frankreichs Haltung im Alliierten Kontrollrat: Henke, Politische Säuberung, S. 47.

American researchers at the Berlin Document Center peruse captured German records that are to be used as evidence in the war crimes trials, Berlin 1947
USHMM, courtesy of National Archives and Records Administration, College Park

2. Herrschaft beseitigen: Exklusion

Das Unmögliche versuchen: Den Berliner Behemoth besiegen

> „Erziehung ist schwierig, umerziehen noch schwieriger, eine andere Nation umzuerziehen, ist nahezu unmöglich. Zu versuchen, die Deutschen mittels einer Militärregierung umzuerziehen, heißt, das Unmögliche zu versuchen."[1]

Franz L. Neumanns zwei Jahre nach Kriegsende verfasster Kommentar über eine hier synonym mit Entnazifizierung stehende Umerziehungspolitik ließe sich ergänzen: Entnazifizierung in der ehemaligen Hauptstadt des NS-Regimes mittels vier Militärregierungen kam dem Vorhaben gleich, das Unmögliche zu versuchen.

Die nach wenigen Wochen der alleinigen sowjetischen Besatzung etablierte Viermächteverwaltung entwickelte nach und nach eine gemeinsame Politik von Beschäftigungsrestriktionen, die sich vorrangig an amerikanischen Impulsen ausrichtete. Kernstück ihrer Entnazifizierungspolitik war eine im Februar 1946 erlassene Gesetzgebung, die stadtweit einheitliche Vorgaben und Kriterien für Einstellungen und Entlassungen festschrieb und sich an der Kontrollratsdirektive Nr. 24 orientierte. Diese Bestimmungen zur Exklusion ehemaliger Mitglieder und Unterstützer:innen der NSDAP, so soll gezeigt werden, waren wesentlich geprägt von Neumanns, Marcuses und Kirchheimers herrschafts- und elitentheoretischen Analysen des Nationalsozialismus und Empfehlungen hinsichtlich seiner Beseitigung. Während der Einfluss amerikanischer Pläne auf die Entnazifizierung in allen Besatzungszonen einerseits und Neumanns Einfluss auf die Konzeption der Nürnberger Nachfolgeprozesse andererseits in der Forschung weitgehend anerkannt sind,[2] steht die Bedeutung der Arbeiten des

1 Franz L. Neumann, Die Umerziehung der Deutschen und das Dilemma des Wirtschaftsaufbaus (1947), in: ders., Wirtschaft, Staat, Demokratie. Aufsätze 1930–1954, hrsg. von Alfons Söller, Frankfurt a. M. 1978, S. 290–308.

2 Vgl. Michael Wildt, Franz Neumann und die NS-Forschung (Nachwort zur Neuausgabe) in: Neumann, Behemoth. Struktur und Praxis des Nationalsozialismus, S. 663–699, hier

Office of Strategic Services (OSS) für die Gestaltung der Belastungskategorien bislang eher im Hintergrund. Der Fall Berlin ist geeignet, Wirkung und Rezeption innerhalb der diversen Maßnahmen zur Beseitigung nationalsozialistischer Einflüsse deutlicher hervorzuheben.

Berlin besaß im nationalsozialistischen System eine zentrale Rolle. Für Neumann hielt der gigantische bürokratische Apparat der Partei mit seinen Hunderten Kreisleitern, Zehntausenden Ortsgruppen- und Zellenleitern, Hunderttausenden Blockleitern und Millionen Mitgliedern das Regime zusammen: Ohne ihn wäre das Regime zusammengebrochen; er stellte die „ideologische Führung", bestückte den Terrorapparat, leitete die besetzten Gebiete, organisierte Arbeit, Wohnung und Versorgung und überwachte Millionen von Zwangsarbeiter:innen. Ein genaues Bild der Struktur und personellen Zusammensetzung der NSDAP einschließlich ihrer Gliederungen, angeschlossenen Verbände und betreuten Organisationen stand daher im Mittelpunkt von Neumanns Analysen und Empfehlungen.[3] Der von Neumann hervorgehobene Dualismus von Partei- und Staatsbürokratie und die durch Wirtschaft und Militär unterstützte Verfolgungspraxis war in Berlin klar zu erkennen.

Im Regierungsviertel um die Wilhelmstraße hatten das Auswärtige Amt, das Propagandaministerium, die Reichskanzlei, das Luftfahrtministerium und die Gestapo ihren Sitz. In den über die Stadt verstreuten Ämtern des Reichssicherheitshauptamtes (RSHA), dem zentralen Organ zur Repression politischer wie „rassischer" Gegner, arbeiteten etwa 3000 Mitarbeiter:innen.[4] SA, SS und Polizei verschleppten politische Gegner:innen, Jüdinnen und Juden, Sinti und Roma, Angehörige religiöser Minderheiten, Homosexuelle oder als „Asoziale" oder „Berufsverbrecher" Diffamierte in Konzentrationslager und Gefängnisse.[5]

S. 666. Differenziert: Priemel, The Betrayal, S. 42–44, 97 und 404; ders./Alexa Stiller, Wo „Nürnberg" liegt. Zur historischen Verortung der Nürnberger Militärtribunale, in: dies. (Hrsg.), NMT. Die Nürnberger Militärtribunale zwischen Geschichte, Gerechtigkeit und Rechtschöpfung, Hamburg 2013, S. 9–63, hier S. 35; Joachim Perels, Franz L. Neumanns Beitrag zur Konzipierung der Nürnberger Prozesse, in: Mattias Iser/David Strecker (Hrsg.), Kritische Theorie der Politik. Franz L. Neumann – eine Bilanz, Baden-Baden 2002, S. 83–94, hier S. 85 f.

3 Vgl. Neumann, Behemoth. Anhang: Die Partei als Verwaltungsapparat, S. 562.

4 Über die Struktur des Reichssicherheitshauptamt und seine Verfolgungs-, Vertreibungs- und Vernichtungspolitik: Michael Wildt, Generation des Unbedingten. Das Führungskorps des Reichssicherheitshauptamtes, Hamburg 2002, S. 283–391 und 486 ff.

5 Dazu: Günter Morsch, Das „Konzentrationslager bei der Reichshauptstadt". Gründung und Ausbau, Berlin 2014, S. 45–97; Stefan Hördler, Entgrenzung und Eingrenzung der Gewalt. Berliner SA, SS und Polizei (1933–1939), in: Michael Wildt/Christoph Kreutzmüller (Hrsg.), Berlin 1933–1945, München 2013, S. 297–310.

Die Stadt- und Bezirksverwaltungen sowie die städtischen Betriebe erließen antijüdische Verfügungen: Die Stadtverwaltung verfügte Berufsverbote und -einschränkungen für jüdische Anwält:innen, Ärzt:innen, Lehrer:innen und Mitarbeiter:innen anderer öffentlicher Einrichtungen; das Haupternäherungsamt beschränkte die Lebensmittelausgabe an jüdische Berliner:innen.[6] Als „Vorreiter in der antisemitischen Wohnungspolitik" vertrieben Wohnungsämter und NSDAP-Stellen jüdische Mieter:innen und bereicherten sich an nach Flucht oder Deportation zurückgelassenem Besitz.[7] In der Synagoge Levetzowstraße richtete die Gestapo ein Sammellager für die Deportation von über 35 000 Berliner Juden und Jüdinnen ein, die größtenteils am hellen Tage mehrere Kilometer durch die Stadt zu den Bahnhöfen Grunewald und Moabit laufen mussten.[8]

Beschäftigte der Kaiser-Wilhelm-Gesellschaft halfen bei der Erfassung von als „fremdvölkisch" und „erbkrank" deklarierten und trugen damit zur wissenschaftlichen Legitimation des NS-Regimes bei. In der Tiergartenstraße Nr. 4 im Bezirk Mitte koordinierte die Zentralstelle T4 mit Unterstützung von Ärzt:innen und Pflegepersonal die Ermordung von Menschen mit Behinderung und sozial Unerwünschten, darunter in der Tötungsanstalt Brandenburg an der Havel.[9] Landeswohlfahrts- und Jugendamt verfolgten als „asozial" und „arbeitsscheu" Diskriminierte und unterstützen deren Einweisung in das Arbeitshaus Rummelsburg. Nachweislich etwa eine halbe Million Zwangsarbeiter:innen, untergebracht in mehr als 3000 Lagern in und um Berlin, wurden zur Arbeit in Fabriken der Metall- und Elektrobranche, in städtischen Werken und Bezirksämtern, kleinen Handels- und Handwerksbetrieben und privaten Haushalten zwangsverpflichtet.[10] Während des Kriegs entwickelte sich die Stadt zu einem der größten Wirtschaftsstandorte des Reiches. Die Industriemetropole spielte eine zentrale Rolle in der Kriegs- und Rüstungswirtschaft, die durch die Ausbeutung von KZ-Häftlingen und Zwangsarbeiter:innen aufrechterhalten wurde. Bei Kriegsbeginn

6 Vgl. Wolf Gruner, Die Verfolgung der Juden und die Reaktionen der Berliner, in: Wildt/Kreutzmüller (Hrsg.), Berlin 1933–1945, S. 311–324.

7 Vgl. Christoph Bernhardt, Wohnungspolitik und Bauwirtschaft in Berlin (1939–1950), in: Wildt/Kreutzmüller (Hrsg.), Berlin 1933–1945, S. 177–192, hier S. 187.

8 Vgl. Christian Dirks/Bjoern Weigel, Transport und öffentlicher Verkehr, in: Wildt/Kreutzmüller (Hrsg.), Berlin 1933–1945, S. 98–100, hier S. 105.

9 Siehe: Annette Hinz-Wessel/Astrid Ley, Die Euthanasie-Anstalt Brandenburg an der Havel, Berlin 2012.

10 Über das Konzentrationslager Sachsenhausen und seine Außenkommandos in Berlin: Wolfgang Benz/Barbara Distel (Hrsg.), Der Ort des Terrors. Geschichte der nationalsozialistischen Konzentrationslager, Bd. 3: Sachsenhausen, Buchenwald, München 2006; Elisabeth Weber, „Berlin, die Stadt ohne Bettler". Die Verfolgung „Asozialer", in: Wildt/Kreutzmüller (Hrsg.), Berlin 1933–1945, S. 325–342.

zählte die Deutsche Arbeitsfront (DAF) reichsweit doppelt so viele hauptamtliche Funktionär:innen wie die NSDAP.[11]

Im *Behemoth* unternahm Neumann den Versuch, die pluralen, jeweils souveränen und miteinander konkurrierenden Herrschaftsgruppen des NS-Regimes zu fassen. Seine Diagnose übersetzte das OSS in konkrete Handlungsanleitungen und legte mit Leitfäden wie *The Treatment of Germany* (1944) und *Dissolution of the Nazi Party and Its Affiliated Organizations* (1944) detaillierte Vorschläge darüber vor, wer aus Sicherheitsgründen zeitweise zu internieren, wer in jedem Fall und wer möglicherweise aus seinem Beschäftigungsverhältnis zu entlassen sei.[12] An diesen Listen und Erklärungen orientierten sich in London stationierte anglo-amerikanische Gremien wie die German Country Unit und integrierten sie in praktische Handbücher wie das *Handbook for Military Government in Germany*, das die Westalliierten mit nach Berlin brachten. Sie bildeten eine zentrale Quelle für die vom Alliierten Kontrollrat erlassene Direktive Nr. 24 und damit für das in allen vier Sektoren gültige Berliner Entnazifizierungsgesetz. Blickt man hinter diese Formulierungen und auf den Katalog an Merkmalen, wird eine Systematik erkennbar, in der sich das Neumannsche Herrschaftsmodell spiegelt.

Neumann wusste 1947 genau, von welchen Schwierigkeiten er sprach. Seine große Strukturanalyse des nationalsozialistischen Systems *Behemoth* hatte er zusammen mit Mitstreiter:innen des Geheimdienstes OSS „im Kampf gegen Nazideutschland"[13] nutzbar gemacht und in diversen Studien dargelegt, mittels welcher Strategien das Herrschaftssystem von Partei, Bürokratie, Wirtschaft und Militär beseitigt werden müsse. Nach Kriegsende, nun nicht mehr für das State Department tätig, beobachtete er die politische Entwicklung im besetzten Deutschland genau. Seine kritischen Erläuterungen über Erfolge und Fehlschläge von Entnazifizierung und Demokratisierung im Nachkriegsdeutschland sind gleichermaßen als Warnung vor ihrem Scheitern und als Aufruf zu ihrer Fortsetzung zu verstehen.[14] Zu diesem Zeitpunkt deutete sich eine Reintegration der

11 Vgl. Christoph Kreutzmüller, Die Wirtschaft Berlins, in: Wildt/ders. (Hrsg.), Berlin 1933–1945, S. 83–95, hier S. 92 und 95; Rüdiger Hachtmann/Christoph Kreutzmüller, Arbeiter und Arbeiterorganisationen in Berlin (1930–1945), in: Wildt/Kreutzmüller (Hrsg.), Berlin 1933–1945, S. 111–126, hier S. 126.

12 Die Auflösung der Nazipartei und der an sie angeschlossenen Organisationen vom 22. Juli 1944, abgedruckt in: Laudani (Hrsg.), Im Kampf gegen Nazideutschland, S. 341–352; auch: Der Umgang mit Deutschland vom 11. Oktober 1944, abgedruckt in: ebenda, S. 559–573.

13 Laudani (Hrsg.), Im Kampf gegen Nazideutschland.

14 Vgl. Söllner, Vom Reformismus, S. XVIII.

ehemaligen Mitglieder und Unterstützer:innen des Nationalsozialismus bereits unübersehbar an, sie war als Folge des Richtungswechsels der amerikanischen Politik zu erkennen. Denn in der amerikanischen Zone war mit dem Befreiungsgesetz mittlerweile ein Spruchkammerwesen zur Beurteilung der individuellen Verantwortlichkeit installiert worden, das die ursprünglichen Belastungskategorien praktisch verdrängt hatte.

Dieser Ansatz mit seiner Einteilung in „Hauptschuldige“ bis „Entlastete“, der in der Praxis einen Großteil ehemaliger Mitglieder und Unterstützer:innen der NSDAP zu Mitläufern deklarierte, galt allerdings in Berlin während der Zeit der Viermächteverwaltung nicht. Stattdessen bestand die Berliner Entnazifizierungspolitik darin, allen „aktiven“ bzw. „mehr als nominellen“ Nationalsozialist:innen eine Anstellung oder Weiterbeschäftigung in beaufsichtigender oder leitender Stellung zu untersagen. Das Hauptanliegen der amerikanischen Entnazifizierungsplaner:innen, einen politischen Einfluss bestimmter Gruppen durch ihre Exklusion aus dem öffentlichen Leben zu unterbinden, prägte daher die interalliierte Politik und galt, nach einer frühen Phase der Entnazifizierung unter sowjetischer Verantwortung, bis zum Frühjahr 1948.

Frühe Entnazifizierung und Anfänge einer interalliierten Verwaltung

Mit dem Potsdamer Abkommen vom 2. August 1945 verankerte der Alliierte Kontrollrat die „vier Ds“ (Denazifizierung, Demilitarisierung, Demokratisierung und Dezentralisierung) als deutschlandpolitische Grundsätze, worunter eine Reihe von Vorgaben für die Beseitigung des Nationalsozialismus fiel.[15] Detailliertere Ausführungsbestimmungen erließ der Kontrollrat aber erst einige Monate später. Bis dahin galt in Berlin eine Reihe verschiedener Anordnungen, Befehle und programmatischer Vorgaben.

In den ersten Wochen oblagen Erlass und Durchführung von Entnazifizierungsmaßnahmen zunächst den örtliche Sicherheitsorganen innerhalb des Volkskommissariats für Inneres (NKWD) und der örtlichen Militärkommandantur unter Generaloberst Nikolai E. Bersarin, die Ende Juli 1945 der Zentralbehörde der Sowjetischen Militäradministration in Deutschland (SMAD) in

15 Vgl. Wolfgang Benz/Michael F. Scholz (Hrsg.), Gebhardt – Handbuch der deutschen Geschichte, Bd. 22: Deutschland unter alliierter Besatzung 1945–1949. Die DDR 1949–1990, Stuttgart 2009, S. 1–221, hier S. 51 f.

Berlin-Karlshorst unterstellt wurde.[16] Zudem besaß der unter Anleitung der KPD aufgebaute Magistrat weitreichende Kompetenzen in der Entlassungspolitik.

Den Beginn der strukturierten Entnazifizierung markierte der Befehl Nr. 1 des sowjetischen Stadtkommandanten vom 28. April 1945. Am Tag seiner Ernennung zum Chef der Besatzung von Berlin befahl Bersarin die Auflösung der NSDAP und der ihr unterstellten Organisationen. Gleichzeitig hatte sich das führende Personal der Partei, der Gestapo, des SD, der Gefängnisse sowie aller weiteren staatlichen Dienststellen sowie sämtliche in Berlin verbliebenen Angehörigen der Wehrmacht, der SS und der SA binnen 72 Stunden bei der Polizei zu registrieren.[17] In Dutzenden Polizeirevieren wurden mithilfe lokaler Antifa-Ausschüsse sowie Haus- und Straßenobleuten unterschiedlich organisierte Listen von NSDAP-Mitgliedern erstellt und anschließend an die Bezirksverwaltungen und Militärregierungen für Maßnahmen wie Entlassung, Internierung oder Vermögenskontrolle weitergegeben.[18]

Zeitgleich begann die „Gruppe Ulbricht", basierend auf Plänen der seit Februar 1944 im Moskauer Exil tätigen Arbeitskommission der KPD in Zusammenarbeit mit der sowjetischen Militärregierung, die Stadt- und Bezirksverwaltungen aufzubauen. Unter der Leitung von Walter Ulbricht war es die Aufgabe der Bevollmächtigten des Zentralkomitees der KPD, die neuen Verwaltungsstrukturen sowie die Parteistrukturen in Berlin zu organisieren. Schlüsselpositionen wie insbesondere die ersten Stellvertretenden sowie die Stadträte der Abteilung für Personal und Verwaltung, Volksbildung oder Sozialwesen, wurden überwiegend von der KPD bzw. mit KPD-nahen Parteilosen sowie mit NS-Verfolgten besetzt.[19] Die mächtigste Abteilung überhaupt war die von Arthur Pieck und Martin Schmidt geleitete Abteilung für Personal, die insbesondere im ersten Nachkriegsjahr mit weitreichenden Befugnissen in Sachen Entnazifizierungspolitik ausgestattet war.[20]

16 Vgl. Jan Foitzik/Juri M. Korschunow/Dina Nochotowitsch, SMA-Landesverwaltung. Berlin, in: Möller/Tschubarjan (Hrsg.) zus. mit Koslow/Mironienko/Weber, SMAD-Handbuch, S. 520–526, hier S. 522.

17 Vgl. Befehl Nr. 1 des sowjetischen Stadtkommandanten Generaloberst Bersarin vom 28. April 1945, abgedruckt in: Hans J. Reichhardt/Hanns Treutler/Albrecht Lampe (Bearb.), Berlin. Quellen und Dokumente 1945–1951, Schriftenreihe zur Berliner Zeitgeschichte, Bd. 4, 1. Halbbd., hrsg. im Auftrag des Senats von Berlin, Berlin 1964, S. 208–210, hier S. 209 f.

18 Diese Listen sind heute nur noch teilweise erhalten und enthalten verschiedene Angaben. Vgl. LAB, C Rep. 207, Nr. 4968; LAB, C Rep. 207, Nr. 4961/2.

19 Vgl. Hanauske, Historische Einleitung, Bd. 1, S. 62; Schlegelmilch, Hauptstadt, S. 105 ff.; Keiderling, Wir sind die Staatspartei, S. 57–70.

20 Vgl. Müller-Enbergs/Wielgohs/Hoffmann u. a. (Hrsg.), Wer war wer in der DDR?

Bereits ab Mai 1945 leiteten der von der sowjetischen Militärregierung errichtete Magistrat, aber auch die einzelnen Bezirksämter bzw. dortigen Bürgermeister:innen und antifaschistischen Ausschüsse mehrere Maßnahmen in die Wege. Diese reichten von Entlassungsaktionen der Verwaltung über die Wiederherstellung alter Straßennamen bis zu Bestrafungsmaßnahmen und Anordnungen zur Beschlagnahme von Betrieben und Vermögen.[21] Am 31. Mai 1945 erließen Pieck und Schmidt das „Verbot der Beschäftigung ehemaliger Mitglieder der NSDAP als Dienststellenleiter und dergleichen", mit dem eine einheitliche Regelung für die im Wiederaufbau befindlichen Verwaltungsstellen gelten sollte.[22]

Den sowjetischen Verantwortlichen ging diese unkoordinierte und teils auf Leitungsfunktionen beschränkte Entlassungsaktion indes nicht weit genug. Die Magistratsverfügung ausweitend, befahl der Oberste Chef der SMAD Schukow einen Monat später, alle ehemaligen Parteimitglieder innerhalb von drei Tagen ausnahmslos aus der Stadtverwaltung zu entlassen. Diese Regelung umfasste ebenso städtische Betriebe und der Stadt unterstellte Einrichtungen und Behörden wie Verkehr, Post, Eisenbahn, Feuerwehr und Polizei. Zudem sah die Anordnung ein Beschäftigungsverbot für ehemalige NSDAP-Mitglieder im Schulwesen und in Privatunternehmen in leitenden Stellungen vor.[23] Anders als in vielen Regionen der SBZ hatten sich die sowjetischen Behörden in Berlin früh eingeschaltet und mit ihrer Anordnung, sämtliche ehemaligen NSDAP-Mitlieder aus der Verwaltung zu entlassen, die milderen Vorgaben der „Gruppe Ulbricht" korrigiert.[24]

Die Umsetzung dieser ersten großen politischen Entnazifizierungsaktion gestaltete sich aufgrund des hohen Ausmaßes an Zerstörung, vielfach vernichteter Personalregistraturen, großer Flüchtlingsströme sowie der Flucht zahlreicher Anhänger:innen des Nationalsozialismus als schwierig. Rasch ließen sich viele Betroffene von Freund:innen, Bekannten und Kolleg:innen sogenannte Unbedenklichkeitsbescheinigungen ausstellen oder wandten sich mit persönlichen und oft abenteuerlichen Ausführungen über ihre angeblichen antifaschistischen

21 Vgl. Protokoll der 3. Berliner KPD-Funktionärsversammlung. Besprechung am 27. Mai 1945, abgedruckt in: Keiderling (Hrsg.), „Gruppe Ulbricht" in Berlin, S. 405–415, hier S. 405.

22 Vgl. Verbot der Beschäftigung ehemaliger Mitglieder der NSDAP als Dienststellenleiter und dergleichen, in: Magistrat der Stadt Berlin (Hrsg.), VOBl. der Stadt Berlin 1 (1945) 3, S. 29f. Vgl. Keiderling, Wir sind die Staatspartei, S. 361–365.

23 Vgl. 9. Magistratssitzung vom 2. Juli 1945, Top 2, abgedruckt in: Wetzel (Hrsg.)/Hanauske (Bearb.), Die Sitzungsprotokolle, Bd. 1, S. 174.

24 Vgl. Harold Hurwitz, Die Stalinisierung der SED. zum Verlust von Freiräumen und sozialdemokratischer Identität in den Vorständen 1946–1949, Opladen 1997, S. 128.

Aktivitäten während der NS-Zeit an eine direkt beim Oberbürgermeister eingerichtete Beschwerdestelle, um ihre Entlassungen, Herabstufungen oder verweigerten Wiedereinstellungen abzuwenden.[25]

Trotz schwieriger Bedingungen lässt sich die erste Entnazifizierungsaktion des einschließlich der städtischen Betriebe im Sommer 1945 etwa 80 000 Mitarbeiter:innen umfassenden Verwaltungsapparats als relativ erfolgreich beschreiben.[26] Bereits wenige Tage nach Bekanntgabe des Schukow-Befehls erklärte der zuständige Stadtrat Pieck, dass die Verwaltung mit Ausnahme einiger weniger unentbehrlicher Fachkräfte als von NSDAP-Mitgliedern gereinigt bezeichnet werden könne. Die Zahl der aus der Hauptverwaltung einschließlich der städtischen Betriebe sowie der aus den Verwaltungsbezirken Entlassenen belief sich laut vorläufigem Ergebnis auf mehr als 15 000 Personen.[27] In einer Zusammenkunft der Personalabteilungen der Bezirksämter zählte Pieck detaillierter und mit leicht abweichenden Zahlen auf, dass seit dem 1. Mai 1945 insgesamt 11 677 Personen aus der Stadtverwaltung, 7631 aus dem Post- und Fernmeldewesen, 1102 aus dem Oberfinanzpräsidium und 903 aus den Berliner Städtischen Elektrizitätswerken (BEWAG) entlassen worden waren.[28] Aus dem Schulwesen waren laut Bericht des Stadtrats Karl Schulze (KPD, später SED) ebenfalls alle Lehrer:innen, die Mitglied der NSDAP gewesen waren, entlassen worden, was etwa 2500 Personen betraf.[29] Dessen Angaben zufolge waren in den ersten Nachkriegswochen insgesamt über 23 000 Personen des öffentlichen Dienstes von Entnazifizierungsmaßnahmen betroffen.

Zieht man die (eher niedrige) Einschätzung des Magistrats von ungefähr 17 Prozent NSDAP-Mitgliedern der bei Kriegsende im öffentlichen Dienst von Groß-Berlin Beschäftigten in Betracht, scheinen sich die Aussagen Piecks zur weitgehend gelungenen Entnazifizierung zu bestätigen: Angesichts der nach den vorläufigen Berichten über 20 000 gezählten Entlassenen bei circa

25 Überlieferungen der „Beschwerde- und Beratungsstelle für Entnazifizierungsangelegenheiten" finden sich hier: LAB, C Rep. 101, Nr. 124.

26 Vgl. auch: Hanauske, Historische Einleitung, Bd. 1, S. 12 und 73.

27 Im Einzelnen verzeichnete der vorläufige Bericht 12 508 Entlassene aus der Hauptverwaltung und 3287 aus den Verwaltungsbezirken. Vgl. 9. Magistratssitzung vom 2. Juli 1945, Top 2 und 10. Magistratssitzung vom 9. Juli 1945, Top 2, beide abgedruckt in: Wetzel (Hrsg.)/Hanauske (Bearb.), Die Sitzungsprotokolle, Bd. 1, S. 174 und 189.

28 Vgl. Zusammenkunft der Personaldezernenten der Bezirksämter am 6. Juli 1945, abgedruckt in: Hans Joachim Reichardt/Hermann Krätschell (Hrsg.), Berlin. Kampf um Freiheit und Selbstverwaltung 1945–1946, Bd. 1, Berlin 1961, S. 107.

29 Vgl. 10. Magistratssitzung vom 9. Juli 1945, Top 2, abgedruckt in: Wetzel (Hrsg.)/Hanauske (Bearb.), Die Sitzungsprotokolle, Bd. 1, S. 189; Hanauske, Historische Einleitung, Bd. 1, S. 13.

80 000 Beschäftigen insgesamt scheint die Entlassung von ehemaligen Mitgliedern und Unterstützer:innen noch vor Ankunft der Westalliierten relativ konsequent durchgeführt worden zu sein.

Britische, französische und amerikanische Truppen besetzten während dieser ersten großen Entlassungsmaßnahmen ihre Sektoren und übernahmen die Kontrolle der Verwaltungen ihrer Bezirke. In der Anfangsphase der Viermächteverwaltung zeigten sich auf Magistrats- und Bezirksebene bald Schwierigkeiten aufgrund des neuen Status. Mehrfach problematisierte Karl Maron, der zum stellvertretenden Oberbürgermeister ernannt worden, mit Ulbricht aus Moskau nach Berlin zurückgekehrt und früher NKFD-Mitglied gewesen war, die unterschiedliche Handhabung in den vier Sektoren. Der spätere Chef der Deutschen Volkspolizei der DDR kritisierte im September 1945, dass die Anordnungen des Magistrats in den Bezirken nicht oder nicht einheitlich durchgeführt wurden.[30] Nicht zu Unrecht fürchtete die Abteilung für Personal, dass der Magistrat dadurch an Einfluss verlieren würde.[31]

Insgesamt lässt sich die erste Phase der Entnazifizierung in Ähnlichkeit zur sowjetischen Zone charakterisieren, wo in den ersten Wochen Entlassungen und Verhaftungen durch lokal koordinierte Aktivitäten oft unsystematisch und provisorisch erfolgten und erst durch Anordnungen der neu gebildeten Verwaltungen eine gewisse Systematisierung erfuhren.[32] Wie Vollnhals betont, besaßen in der Sowjetunion geschulte KPD-Funktionäre und die von ihnen aufgebauten Verwaltungen einen relativ großen Handlungsspielraum.[33] Anders aber als in Thüringen oder Sachsen erließ der Magistrat kein eigenes Entnazifizierungsgesetz, sondern handelte nach den zunächst uneindeutigen Vorgaben der Alliierten Kommandantur.

Mitte Juli 1945 traten der sowjetische Stadtkommandant Alexander G. Gorbatov, Nachfolger des tödlich verunglückten Bersarin, der amerikanische General Floyd L. Parks sowie der britische General Lewis D. Lyne erstmals zusammen. Der französische Repräsentant, General Geoffroy M. du Bois de Beauchêsne, nahm erst ab der 4. Sitzung ab August als gleichberechtigtes Mitglied teil.[34] Die

30 Vgl. Sitzung des Magistrats vom 17. September 1945, abgedruckt in: Berlin. Kampf um Freiheit, S. 184.

31 Rundschreiben des Magistrats, Entlassung ehemaliger Mitglieder der NSDAP, 10. September 1945, Bl. 1 f., LAB, C Rep. 102, Nr. 272.

32 Zur sowjetischen Zone Meinicke, Zur Entnazifizierung, S. 2–6; Welsh, „Antifaschistisch-demokratische Umwälzung“, S. 86–98.

33 Vgl. Vollnhals, Einleitung, S. 43; ders., Internierung, Entnazifizierung und Strafverfolgung, S. 229 f.

34 Vgl. Wetzel, Office of Military Government, S. 681.

vier Stadtkommandanten verkündeten mit dem Befehl Nr. 1 vom 20. August 1945 die Übernahme der Kontrolle über die Verwaltung der Stadt und ordneten zunächst an, dass alle bisher ausgegebenen Befehle und Anordnungen bis auf weiteres in Kraft blieben.[35] Zwar galten weiterhin die Vorgaben der Sowjetischen Militäradministration und des Magistrats, doch ihre Umsetzung und Kontrolle erfolgten nun weitgehend durch die Verantwortlichen des jeweiligen Sektors. Und da die Berliner Verwaltung nun unter gemeinsamer Kontrolle der vier Besatzungsmächte stand und insbesondere amerikanische und britische Stellen eigene und differenzierte Konzepte mitbrachten, mussten neue Regelungen getroffen werden.

Zunächst einigte sich die Alliierte Kommandantur Ende August 1945 darauf, dass ein später als „officials at city or municipal level“ bezeichneter Personenkreis nur mit vorheriger Absprache entlassen, verhaftet und vor Gericht gestellt werden konnte.[36] Fortan durften leitende Angestellte der Stadtverwaltung nicht mehr von einer einzelnen Militärregierung verhaftet werden, und kein Urteil durfte ohne die Überprüfung und Bestätigung der Alliierten Kommandantur gesprochen werden. Den übrigen Besatzungsmächten musste zudem die Möglichkeit eingeräumt werden, dem Prozess zur Beobachtung beizuwohnen. Grundsätzlich setzten die Ernennung sowie Entlassung von Mitgliedern des Magistrats eine interalliierte Zustimmung voraus. Leitende Angestellte der Stadtverwaltungen wie die Bezirksbürgermeister, ihre Stellvertreter und die Bezirksstadträte konnten zwar von der Besatzungsmacht des betreffenden Sektors suspendiert werden, jedoch erforderte die Entlassung ebenfalls einen einstimmig gefassten Beschluss der Alliierten Kommandantur.[37]

Die Westalliierten, insbesondere die USA, brachten in dieser Phase zwei gewichtige Impulse ein: die Überprüfung mittels des Fragebogens und Entlassungen mittels der im *Handbook for Military Government in Germany* festgelegten Kriterien. Beide waren während des Krieges im Londoner Umfeld der German Country Unit entwickelt worden und basierten größtenteils auf den Empfehlungen des OSS.

35 Vgl. Befehl Nr. 1 der Interalliierten Militärkommandantur der Stadt Berlin vom 11. Juli 1945, in: Magistrat der Stadt Berlin (Hrsg.), VOBl. der Stadt Berlin 1 (1945) 4, S. 45.

36 Vgl. AKB BK/R(45)12, Agreement about city-wide officials, 31 August 1945, LAB, B Rep. 036-01, Nr. 11/148-1/5; BK/R(46)170 Interpretation of the words „Officials at city or municipal level“, 7 May 1946, ebenda, Nr. 11/148-2/5; BKD/M(47)1, city-wide officials (GB), 3 January 1947, ebenda, Nr. 11/149-1/2.

37 Vgl. AKB BK/R(45)12, Agreement about city-wide officials, 31 August 1945, LAB, B Rep. 036-01, Nr. 11/148-1/5.

In diesem Sinne begannen verschiedene Fachkomitees ab Herbst 1945, gemeinsam über Entlassungen und Einstellungen zu entscheiden und die Entnazifizierung in geordnete Bahnen zu lenken.[38] Dabei wurde der Fragebogen ein zentrales Instrument der Entnazifizierungsmaßnahmen in Berlin, und die Special Branch der amerikanischen Militärregierung nahm eine besondere Stellung ein. Ihr übertrug man Anfang Oktober, nicht nur die Überprüfung der bei den amerikanischen Behörden sowie in den Bezirksverwaltungen des amerikanischen Sektors Beschäftigten, sondern darüber hinaus sämtlicher leitender Angestellter der städtischen Einrichtungen (City Wide Officials) vorzunehmen, bis eine solche Instanz innerhalb der Alliierten Kommandantur funktionsfähig war. Die Evaluation des 131 Fragen umfassenden und an Dutzende Dienststellen verteilten Fragebogens erfolgte in Form von sogenannten Action Sheets, die eine Zusammenfassung der Fakten zur NS-Vergangenheit der Personen enthielten sowie nach festgelegten Merkmalen eine Empfehlung zur Anstellung, Weiterbeschäftigung oder Entlassung aussprachen, die von den Militäradministrationen der Verwaltungsbezirke anzuordnen und zu überprüfen waren.

Der Anweisung zufolge sollten die Verwaltungsstellen, sofern selbst überprüft und als vertrauenswürdig erachtet, Listen aller Angestellten der Verwaltung und anhängiger Unternehmen mit Informationen über deren NS-Vergangenheit übermitteln. Diese Listen dienten der amerikanischen Abteilung für Öffentliche Sicherheit, die ihre Informationen zugleich an die CIC Unit zur Unterstützung des Automatischen Arrests weiterleitete, als ein erster Überprüfungsschritt. Zugleich forderte die Anweisung, der Fragebogen sei entweder über die Arbeitsämter oder über die Personalabteilungen der Verwaltungen an alle Angestellten zu verteilen und von diesen nach drei Tagen ausgefüllt abzugeben. Die Arbeitsämter sollten eine Erstüberprüfung durchführen, mit welcher sichergestellt werden sollte, dass niemand, der zu diesem Zeitpunkt als „gewöhnlicher Arbeiter“ angestellt war, in die Kategorie der Entlassungspflichtigen fiel und/oder eine Gefahr für die Sicherheit darstellte. Die (amerikanische) Special Branch übernahm daraufhin die Überprüfung.[39] Nach und nach übernahm das

38 Vgl. Die Protokolle ab der ersten Sitzung im September 1945 finden sich hier: TNA, FO 1112/374, AKB PS Comm., Meeting Minutes.

39 Ihre Empfehlungen unterteilten sich in vier bzw. später fünf Kategorien: 1) Unbedingt entlassungspflichtig, 2a) Bedingt entlassungspflichtig (Entlassung vorgeschlagen) 2b) Bedingt entlassungspflichtig (keine Bedenken), 3) Kein Beweis für nationalsozialistische Betätigung, 4) Beweis für anti-nationalsozialistische Betätigung. Vgl. PSB, Administrative Memo 1 October 1945, LAB, B Rep. 036-01, Nr. 4/135-1/10; OMGUS, Investigation of German Civilian Personnel Employed by or of Interest to OMGUS, 1 October 1945, ebenda, Nr. 4/135-1/10.

interalliierte Komitee Entnazifizierung dieses Überprüfungsverfahren, begleitet von einer langwierigen Diskussion, welche Angehörigen der Stadtverwaltung durch die Alliierte Kommandantur und welche durch die jeweiligen Militärregierungen zu überprüfen waren.[40]

Die zweite neue und bedeutsame Grundlage der interalliierten Politik bildeten die von anglo-amerikanischen Planungsgremien wie der German Country Unit während des Krieges erstellten militärischen Handbücher – das allgemeine *Handbook for Military Government in Germany Prior to Defeat or Surrender* (1944) sowie das *Germany Zone Handbook Berlin* (1944). In Berlin spielten die Handbücher, zumindest für die Westalliierten, in den ersten Monaten der Besatzung auch deswegen eine entscheidende Rolle in der Entnazifizierungspolitik, da sie im Gegensatz zu den oft ungenauen Anordnungen des Magistrats und der Sowjetischen Militäradministration detaillierte Angaben zum nationalsozialistischen Herrschaftssystem enthielten sowie darüber, wer zu entlassen oder zu internieren war. Andere Quellen, die der Orientierung im konkreten Einstellungs- oder Entlassungsfall dienten, standen der Alliierten Kommandantur bzw. den Militärregierungen der vier Sektoren lange Zeit nicht zur Verfügung. In Berlin kam den Handbüchern vermutlich, wie Rebecca Boehling für die amerikanische Zone nachweist, eine größere Bedeutung zu als später erlassene Anordnungen, die oftmals wenig bekannt waren.[41]

Anhand dieser Grundlagen überprüfte das interalliierte Komitee für Öffentliche Sicherheit sämtliche Stadträt:innen und Abteilungsleiter:innen der unter alleiniger sowjetischer Besatzung wiederaufgebauten Stadtverwaltung einschließlich der Polizei und der Justiz.

Insgesamt führten die Überprüfungen dieser Personen nur zu einer geringen Anzahl von Entlassungen, was darauf schließen lässt, dass bereits eine gründliche Überprüfung unter alleiniger sowjetischer Verantwortung erfolgt war, bevor die interalliierten Komitees nun erneut die Verwaltung kontrollierten. Unter die nun erfolgten Entlassungen fiel beispielsweise der Leiter der Abteilung für Finanz- und Steuerwesen, Edmund Noortwyk, als dessen einstige Funktion als Oberscharführer im NSKK bekannt wurde.[42]

In einigen prominenten Fällen schaltete sich die höchste Ebene der interalliierten Verwaltung direkt ein, so etwa im Fall des berühmten Chirurgen Ernst

40 Vgl. AKB BK/R(46)65, Vetting of Legal Officials, 2 February 1946, LAB, B Rep. 036-01, Nr. 11/148-2/4; BKD/M(46)9, Vetting of Legal Officials, 15 February 1946, ebenda, Nr. 11/148-1/12; BKD/M(46)24, Vetting of Fragebogen of Legal Officials, 21 May 1946, ebenda, Nr. 11/148-1/12.

41 Vgl. Boehling, Question of Priorities, S. 28 f. und 49.

42 Vgl. AKB PS Comm., 14 September 1945, TNA, FO 1112/374.

Ferdinand Sauerbruch (1875–1951). Die vier Stadtkommandanten prüften dessen NS-Vergangenheit Mitte Oktober 1945 und entschieden, ihn seines Amtes als Stadtrat und Leiter des Berliner Hauptgesundheitsamtes zu entheben, ihn jedoch aufgrund seiner benötigten Kompetenzen als Arzt der Charité ohne administrative Tätigkeiten oder Autorität auf seinem Posten zu belassen.[43] Sauerbruch hatte 1933 in einem öffentlichen Brief das „Bekenntnis der deutschen Professoren zu Adolf Hitler und zum Nationalsozialismus" unterstützt, pro-nazistische Reden gehalten und war ab 1937 im Vorstand des Reichsforschungsrats tätig gewesen, der die als „Forschungsprojekte" getarnten Menschenversuche der SS unterstützte.[44] Später wandte sich Sauerbruch vehement gegen eine Aufarbeitung der Beteiligung deutscher Ärzte an nationalsozialistischen Verbrechen, insbesondere gegen die von Alexander Mitscherlich geprägten Aufklärungsbemühungen.[45] Ob für seine Entlassung eine Rolle gespielt hatte, dass Sauerbruch und seine Stellvertreter sich im Magistrat energisch gegen zu weitreichende Amtsenthebungen gewehrt hatten, bleibt offen. Zumindest dürfte den Alliierten nicht verborgen geblieben sein, dass sie sich über Verhaftungen beschwerten und die Entnazifizierungskategorien hinterfragten – ein Arzt, der Mitglied der SS war, sei „natürlich ein für alle Mal untragbar", so die Haltung; doch die Mehrheit der Berliner Ärzt:innen, von denen laut Einschätzung des Magistrats bis zu 80 Prozent Mitglied der NSDAP gewesen waren,[46] solle nicht belangt werden. Ausreichend für

43 Vgl. AKB BKC/M(45)14, Dismissal of Ernst F. Sauerbruch, 11 October 1945, LAB, B Rep. 036-01, Nr. 11/148-1/4.

44 Zugleich war er nicht der NSDAP beigetreten, unterstützte verfolgte Kolleg:innen und äußerte sich im privaten kritisch über das Regime. Über Sauerbruchs ambivalente Haltung zum Nationalsozialismus siehe: Marc Dewey/Udo Schagen/Wolfgang U. Eckart/Eva Schöneberger, Ernst Ferdinand Sauerbruch and his Ambiguous Role in the Period of National Socialism, in: Annals of Surgery 244 (2006), S. 315–321, hier S. 315 ff. Auch: Reinisch, The Perils of Peace, S. 109 f.; Andreas Malycha, Die Medizinische Fakultät an der Berliner Universität in den Jahren 1945–1950, in: Sigfrid Oehler-Klein/Volker Roelcke (Hrsg.), Vergangenheitspolitik in der universitären Medizin nach 1945. Institutionelle und individuelle Strategien im Umgang mit dem Nationalsozialismus, Stuttgart 2007, S. 147–168, hier S. 154 f.; Udo Schagen, Das Selbstbild Berliner Hochschulmediziner in der SBZ, in: Oehler-Klein/Roelcke (Hrsg.), Vergangenheitspolitik in der universitären Medizin nach 1945, S. 121–146, hier S. 129; Ernst Klee (Hrsg.), Das Personenlexikon zum Dritten Reich: Wer war was vor und nach 1945?, Frankfurt a. M. 2003, S. 520 f.

45 Vgl. Jürgen Peter, Der Nürnberger Ärzteprozess im Spiegel seiner Aufarbeitung anhand der drei Dokumentensammlungen von Alexander Mitscherlich und Fred Mielke, Münster 1998, S. 166 und 201 ff.; Tobias Freimüller, Mediziner. Operation Volkskörper, in: Norbert Frei (Hrsg.), Hitlers Eliten nach 1945, München 2012, S. 13–69, hier S. 25.

46 Vgl. 9. Magistratssitzung vom 2. Juli 1945, Top 2, abgedruckt in: Wetzel (Hrsg.)/Hanauske (Bearb.), Die Sitzungsprotokolle, Bd. 1, S. 174.

seine Amtsenthebung war zumindest allein die Funktion Sauerbruchs, denn als „Staatsrat" fiel er unter die Entnazifizierungsbestimmungen, auch wenn er kein Mitglied der Partei gewesen war.

In den Entscheidungen der Besatzungsmächte spielten die im Handbuch dargelegten Entlassungskriterien sowie die Angaben in den Fragebögen eine Rolle, doch es existierten weder eine gesetzliche Grundlage noch einheitlich festgelegte Verfahrensweisen. Die vier alliierten Mächte manövrierten sich im ersten Besatzungsjahr in ein politisches Labyrinth aus widersprüchlichen Maßnahmen, aus dem sie erst nach Monaten einen Ausweg fanden. Ende Februar 1946 erließ die Alliierte Kommandantur das zentrale Berliner Entnazifizierungsmodell, das erstmals ein stadtweit einheitliches und eindeutiges Programm festschrieb und alle bisherigen Richtlinien ersetzte.

Entstehung und Inhalt des zentralen Entnazifizierungsgesetzes

Das zentrale Entnazifizierungsgesetz stammte kaum aus der Feder der Alliierten Kommandantur. Wenige Kilometer von ihr entfernt, im Gebäude des preußischen Kammergerichts in Berlin-Schöneberg, zerbrachen sich die Delegationen des Kontrollrats seit Monaten den Kopf über deutschlandweit gültige Richtlinien. Ihr Ergebnis, die Direktive Nr. 24 vom Januar 1946, bildete die Grundlage des Berliner Entnazifizierungsgesetzes, und in beiden lassen sich die Ansätze des OSS und damit Neumanns gut erkennen.

Die Potsdamer Konferenz hatte eine Maschinerie von Ausschüssen in Gang gesetzt, deren Beschlüsse insbesondere für Berlin von Bedeutung waren. Unmittelbar nach Konferenzende setzten sich verschiedene Arbeitsgruppen daran, die von den Staatsoberhäuptern der Sowjetunion, den Vereinigten Staaten und Großbritannien gefassten vagen Beschlüsse, denen Frankreich sich nachträglich anschloss, in praktische Richtlinien umzusetzen. Hinsichtlich des ersten der als „vier Ds" geläufigen politischen Grundsätze, Denazifizierung, hielt das Abkommen fest, dass alle „Mitglieder der nazistischen Partei, welche mehr als nominell an ihrer Tätigkeit teilgenommen" hatten, von „öffentlichen und halböffentlichen Ämtern sowie von den verantwortlichen Posten in wichtigen Privatunternehmen zu entfernen" waren.[47] Für diesen Themenkomplex trat das Sub-Committee on Nazi Arrest and Denazification zusammen, das über vier Monate an Direktiven

47 Mitteilung über die Dreimächtekonferenz von Berlin vom 2. August, abgedruckt in: Ernst Deuerlein (Hrsg.), Potsdam 1945. Quellen zur Konferenz der „Großen Drei", München 1963, S. 350–370, hier S. 355.

zur Verhaftung, Internierung und Amtsenthebung arbeitete. Wie bereits aus der Bezeichnung des Komitees hervorgeht, waren diese Maßnahmen für den Alliierten Kontrollrat zweifellos miteinander verbunden und wurden gemeinsam diskutiert.[48]

In den wöchentlichen Sitzungen trafen viele Bekannte aufeinander. Amerikanische Fachleute wie R.W. Chamberlin, O.W. Wilson, S.K. Wilson und T.E. Hall und britische Experten wie F.E. Foley, R.D.W. Harrison, F.E. Isemonger und E.C. Nottingham waren sich aus Kriegszeiten vertraut. Schon während der anglo-amerikanischen Planungskonferenzen im Londoner Ashley Gardens hatten sie sich zu Kriegszeiten bemüht, eine zukünftige Entnazifizierungspolitik für Deutschland und Berlin zu entwerfen. Einige von ihnen waren zudem in der SHAEF German Country Unit aktiv gewesen und hatten in dem anglo-amerikanischen, überwiegend zivilen Planungsstab aus politischen Beschlüssen und Empfehlungen des OSS praktische Handlungsanleitungen wie die zuvor erwähnten Handbücher abgeleitet. Somit konnten britische und amerikanische Delegierte auf detaillierte Vorarbeiten zurückgreifen und dominierten aufgrund personeller Kontinuitäten und rasch weiterentwickelter Entwürfe die interalliierte Diskussion. Sie legten detaillierte Pläne über ihre zonale Gesetzgebung vor, während die französischen und sowjetischen Delegierten diese oftmals nur in mündlichen Stellungnahmen kommentierten.[49] In den bald mühsamen Verhandlungen standen sich im Prinzip zwei Vorschläge gegenüber: ein strengerer, amerikanischer und ein moderaterer britischer Entwurf.

Über Monate rangen britische Expert:innen um weniger strenge Regelungen, um den Kreis der zu Entlassenen gering zu halten: Anstelle der Entlassung sämtlicher NSDAP-Funktionäre, wie von amerikanischer Seite verlangt, sollten Entlassungen erst ab dem Rang eines Amtsleiters erfolgen; und nicht das Jahr 1937, sondern das Jahr 1933 sollte das entscheidende Datum eines Parteieintritts sein; anstelle sämtlicher Offiziere der SS und der SA sollten Einschränkungen für die Waffen-SS bzw. der Rang eines Scharführers gelten; es sollten nicht alle Offiziere der HJ und des BDM entlassen werden, sondern nur jene ab dem Rang eines Gefolgschaftsführers usw.[50] Wie bereits zu Kriegs-

48 Die Protokolle und Papiere finden sich hier: ACA DIAC/APSC, Nazi Arrest and Denazification Sub-Comm., TNA, FO 1005/635–640.

49 Bereits Ende August 1945, also einige Tage nach Konferenzende, berieten die Kontrollratsdelegationen über die drei obersten Prioritäten: Entlassung, Internierung und (interalliierte) Überprüfung. Zu Beginn und als Grundlage der Diskussion tauschten sich die Delegationen über ihre jeweiligen Politiken aus. Vgl. ACA, DIAC/APSC. Denazification Sub-Comm., 17 September 1945, TNA, FO 1005/635.

50 Vgl. CCGBE I.A.A.C. Division, Denazification Policy, 6 October 1945, TNA, FO 1049/189.

zeiten plädierten britische Verantwortliche gemäß ihrem Interesse an einer funktionierenden Wirtschaft und Verwaltung für eine Begrenzung des Betroffenenkreises. Sie argumentierten damit, wenn auch ohne direkten Verweis, für eine Fortsetzung dessen, worauf sich anglo-amerikanische Expert:innen der German Country Unit vor Kriegsende geeinigt hatten und was vom OSS empfohlen worden war.

Erfolg hatten britische Versuche angesichts der verschärften amerikanischen und wenig kompromissbereiten französischen und sowjetischen Haltung kaum.[51] „Generally speaking", fasste die britische Seite unzufrieden zusammen, „the Russians, Americans and French are far more stringent in their ideas about denazification than the British".[52] Frankreich und die Sowjetunion unterstützten die amerikanischen Pläne und übertrafen diese mit teils nicht praktikablen Vorschlägen eher noch. Der französische Repräsentant etwa schlug vor, sämtliche NSDAP-Mitglieder nicht nur zu entlassen, sondern auch zu verhaften. Auf solch rigorose Vorschläge reagierte sogar die selten für eine nachsichtige Behandlung der Deutschen plädierende sowjetische Seite mit dem Einwand, dass es wohl kaum möglich sei, acht bis zehn Millionen Menschen zu internieren.[53] Als Rückendeckung für die amerikanischen Entwürfe gedacht, sollten solche radikalen Forderungen womöglich auch darüber hinwegtäuschen, dass französische Stellen kaum konkrete Entwürfe einreichten.[54] Ebenso wie die sowjetische brachte sich die französische Delegation eher in andere Bereiche wie

51 Nur in einzelnen Punkten stimmten die anderen Delegationen den britischen Vorschlägen zu. So beispielsweise wurde das Eintrittsdatum von Justizpersonal in die NSDAP von 1933 zu 1939 verändert. Vgl. Charles Fahy to General Clay, Memorandum, 23 November 1945, IfZ, OMGUS AG45–46/15/4; Carrier Sheet to Legal Division, Comments on denazification of public administration and private enterprises, 12 November 1945, ebenda, AG45–46/15/4.

52 Vgl. CCGBE, Denazification Policy, 6 October 1945, TNA, FO 1049/189.

53 Vgl. ACA DIAC/APSC, Nazi Arrest and Denazification Subcomm., 27 September 1945, TNA, FO 1005/635. Auch: Beattie, Allied Internment Camps, S. 36.

54 Dies lag vor allem im verzögerten Aufbau der Militärregierung in der französischen Zone und der oft mangelhaften Kommunikation zwischen dem dortigen Hauptquartier und der französischen Kontrollratsgruppe in Berlin begründet. Zwar diskutierten der Oberkommandierende Marie-Pierre Koenig und der Chef der Verwaltung Émile Laffon eine spezielle Entnazifizierungspolitik in der französischen Zone, die Elemente der „Epuration" aufnahm. Ihre Kommentare erreichten die französische Kontrollratsdelegation jedoch erst verspätet. Vgl. Möhler, Entnazifizierung in Rheinland-Pfalz, S. 86 ff. Clay befand es im Winter 1945 daher für weitgehend nutzlos, mit der GCFF zu verhandeln, da sie über wenig Kompetenzen verfügte. Vgl. Matthias Etzel, Die Aufhebung von nationalsozialistischen Gesetzen durch den Alliierten Kontrollrat (1945–1948), Tübingen 1992, S. 69.

Internierung oder Überprüfung ein[55] und folgte beim Thema Entlassung den amerikanischen Vorgaben.

Den eigenen Erfolg resümierend, fasste die amerikanische Militäradministration die langwierigen Verhandlungen rückblickend zusammen:

> „Soon after the Control Council was established in the summer of 1945 a US proposal was introduced in the Public Safety Committee for a uniform denazification directive throughout Germany. This proposal, in fact, embodied the removal and exclusion provision of JSC 1067 and the 7 July directive. After lengthy negotiations in which only minor changes were made in the original draft, this proposal was adopted and published in January 1946 as Control Council Directive No. 24."[56]

In der Tat beruhte die Kontrollratsdirektive Nr. 24 zu weiten Teilen auf amerikanischen Vorgaben aus dem Sommer 1945, die zugleich einen gewissen und in der Forschung viel diskutierten Bruch mit den anglo-amerikanischen Plänen der Kriegszeit darstellten. Denn die hier erwähnten Grundlagen, die JCS 1067 und die USFET-Direktive vom 7. Juli 1945, standen unter zeitgenössischen Protagonist:innen wie auch in der zeithistorischen Forschung in dem zweifelhaften Ruf, die bisherigen Ideen massiv zu verschärfen. Als wohl wichtigste Veränderung war nun die Entlassung all jener Parteimitglieder vorgesehen, die bis 1937 und nicht mehr wie zuvor bis 1933 in die NSDAP eingetreten waren.

Forschungsarbeiten zur amerikanischen Besatzungszone konstatieren zu Recht eine dadurch erfolgte quantitative Ausweitung des Betroffenenkreises und problematisieren die daraus resultierenden Folgen. Einigen Arbeiten über die amerikanische Zone zufolge stellte die Ausweitung der Verhaftungs- und Entlassungskriterien eine zentrale Etappe der als fatal beschriebenen Entwicklung dar, zu deren Konsequenzen eine bürokratische Überforderung der Militärregierung, ein Zusammenbruch der deutschen Verwaltung und eine stark beeinträchtige Wirtschaft gezählt werden. Bedeutsam für diese Entwicklung, so ist zu betonen, waren zudem das im Herbst 1945 hastig erstellte Gesetz Nr. 8, das sogar eine Beschäftigung sämtlicher ehemaliger Mitglieder der NSDAP und ihrer Organisationen mit Ausnahme solcher in der Stellung eines „gewöhnlichen Arbeiters" verbot, sowie die zeitgleich eingeleitete Überprüfung der gesamten

55 Vgl. Beattie, Allied Internment Camps, S. 36 und 51 ff.

56 OMGUS PSB, Memorandum for the Special Advisor to the Secretary of Army, 17 December 1947, IfZ, OMGUS 15/128–3/7.

erwachsenen Bevölkerung mittels des Fragebogens.[57] In der Folge, so Niethammer, wurde ein Grenzwert erreicht, „bei dem die ganze Politik aus praktischen Gründen umkippen musste".[58] Ähnlich meint Vollnhals, dass sich weniger der Schematismus als verhängnisvoll erwiesen habe als „die Eskalation der Entlassungskategorien", die er unter anderem als Konzession an Morgenthau und andere Vertreter des „Vansittartismus" liest. War der Personenkreis bereits auf Expertenebene relativ weit gefasst worden, so vollzog spätestens das die Entnazifizierung ausdehnende Militärgesetz Nr. 8 einen gewichtigen Schritt „zur endgültigen Aufhebung der Konzeption einer politischen Säuberung".[59] Klaus-Dietmar Henke nannte diese Entwicklung eine „Tragödie".[60] Zurückhaltender urteilt Thomas Schlemmer, dass die Bedenken britischer Deutschlandpolitiker:innen über eine Beeinträchtigung von Verwaltung und Wirtschaft berechtigt waren und die Entnazifizierung in der amerikanischen Zone einer „Normalisierung des täglichen Lebens einen schmerzhaften Hieb versetzte".[61] Auf Berlin lassen sich diese Urteile aus mehreren Gründen nicht ohne Weiteres übertragen. Denn anders als in der amerikanischen Besatzungszone galt hier weder das Gesetz Nr. 8, noch leiteten die Alliierten eine vergleichbare Massenüberprüfung ein. Darüber hinaus trat die Kontrollratsdirektive erst zu einem Zeitpunkt in Kraft, an dem sich das öffentliche Leben bereits halbwegs normalisiert hatte. Die Kriterien für Beschäftigungsrestriktionen wurden ausgeweitet, aber nicht aufgelöst.

Am 12. Januar 1946 erließ der Kontrollrat die Direktive Nr. 24 zur „Entfernung von Nationalsozialisten und Personen, die den Bestrebungen der Alliierten feindlich gegenüberstehen, aus Ämtern und verantwortlichen Stellungen", die in den vier Besatzungszonen überwiegend zu Anpassungen bisheriger Regelungen, in Berlin aber als Richtlinie Nr. 101a zu grundsätzlich neuen Vorschriften führte. Sie entstand jedoch nicht infolge eines Personalmangels oder in Reaktion auf

57 Der General und Leiter der Militärregierung in Bayern, George Smith Patton, der eine antikommunistische Politik und damit einhergehend eine Eindämmung der Entnazifizierung verfolgte, um potenzielle deutsche Partner gegen die UdSSR nicht zu verprellen, kritisierte die amerikanische Internierungs- und Entlassungspolitik im Frühherbst 1945 lautstark. Seine Äußerungen lösten in der amerikanischen Öffentlichkeit große Entrüstung aus und führten zu seiner Absetzung wie zu einer Verschärfung der bisherigen Entnazifizierungsmaßnahmen. Vgl. Niethammer, Mitläuferfabrik, S. 229–242; Boehling, Question of Priorities, S. 58 f.

58 Niethammer, Mitläuferfabrik, S. 155.

59 Vollnhals, Einleitung, S. 10 und 12.

60 Henke, Trennung vom Nationalsozialismus, S. 35.

61 Schlemmer, Gelungener Fehlschlag, S. 19.

eine „rigorose Haltung der Verwaltung",[62] sondern war schlicht eine Umsetzung der deutschlandweit erlassenen Richtlinien des Kontrollrats.

Bis auf kleinere Anpassungen übernahm die Alliierte Kommandantur die Kontrollratsdirektive und erließ am 26. Februar 1946 die Anordnung 101a zur „Entnazifizierung".[63] Diese verbot, wie bereits im Potsdamer Abkommen beschlossen worden war, die Anstellung oder Weiterbeschäftigung von Personen in beaufsichtigender oder leitender Stellung, die „mehr als nominell an den Tätigkeiten der NSDAP teilgenommen haben" oder die den „Vorhaben der Alliierten feindlich gegenüberstehen". Das umfasste all jene, die

„i) der NSDAP beitraten, oder als Mitglieder angenommen wurden, bevor Mitgliedschaften im Jahr 1937 Zwang wurden,
ii) Amtsträger waren oder sonst aktiv in der Partei auf irgendwelcher Stufe von Orts- bis zu Reichsstellen oder in einer der ihr angeschlossenen Gliederungen tätig waren sowie in Organisationen, die militaristische Lehren fördern,
iii) Naziverbrechen, Rassenverfolgung oder unterschiedliche Behandlungen angestiftet oder an ihnen bejahend teilgenommen haben,
iv) offen erklärte Anhänger des Nazismus oder rassischer oder militaristischer Lehren waren, oder
v) freiwillig der NSDAP, deren Führern oder Hoheitsträgern erhebliche moralische oder materielle Unterstützung und politische Hilfe irgendeiner Art geleistet haben."[64]

Den Kern der Kontrollratsdirektive und damit der Berliner Gesetzgebung bildete ein ausführlicher Katalog an Kriterien, der diese Bestimmungen genauer

62 So deutet an: Malycha, Die Medizinische Fakultät, S. 148.

63 Siehe: BK/O(46)101a vom 26. Februar 1946, in: Magistrat von Groß-Berlin (Hrsg.), VOBl. der Stadt Berlin 2 (1946) 11, S. 71–78. Eine kurze Diskussion ergab sich nachträglich aufgrund einer französischen Intervention zur im Paragraf i) beschriebenen Zwangsmitgliedschaft. Da eine solche verpflichtende Mitgliedschaft rechtlich und faktisch nicht existiert hatte, wurde unter Einschaltung des Alliierten Kontrollrats die Streichung des Paragrafen veranlasst. Für Berlin wurde daraufhin der 1. Mai als Datum festgelegt. Vgl. AKB BK/R(46)124, Amendment to Phrase in Directive No. 24 of Control Council, 23 March 1946, LAB, B Rep. 036-01, Nr. 11/148-2/5; BKD/M(46)23, Proposed amendment to ACA Directive No. 24, para 10(2)b, 14 May 1946, ebenda, Nr. 11/148-1/12. Weitere Bearbeitungen erfolgten zu den Kategorien „subscribing member of SS" und „members of affiliated organisations". Vgl. AKB LEG Comm., BK/R(45)35, Denazification CC Directive No. 24, 17 January 1946, IfZ, OMGUS 15/123-2/15.

64 BK/O(46)101a vom 26. Februar 1946, in: Magistrat von Groß-Berlin (Hrsg.), VOBl. der Stadt Berlin 2 (1946) 11, S. 71.

definierte. Hunderte Einzelmerkmale legten fest, aufgrund welcher Mitgliedschaften, Funktionen oder Handlungen eine Person aus öffentlichen, halböffentlichen und verantwortlichen Stellungen privater Unternehmen zu entlassen war. Der erste Teil des Gesetzes definierte Gruppen, die „unverzüglich zu entlassen" waren und damit zunächst unzweifelhaft als „aktive" Nationalsozialist:innen zu betrachten waren. Der zweite Teil bestimmte, wer „sorgfältig geprüft" werden musste und wem dann entweder ebenfalls zu kündigen war oder wer nur „nominell" an den Tätigkeiten der NSDAP teilgenommen hatte und gegebenenfalls seine Stellung behalten durfte. Dies entsprach der in der Kontrollratsdirektive Nr. 24 vorgenommenen Unterscheidung in „zwangsweise zu entlassen" und „nach Ermessen zu entlassen".[65] Beide Teile spiegeln Analysen und Empfehlungen von Neumann, Marcuse und Kirchheimer wider.

Unter den ersten Teil fielen insbesondere Funktionsträger des Regimes, sämtliche Personen, die der Partei vor 1937 beitraten, Offiziere und Unteroffiziere der SS, SA, HJ und anderer angegliederter Organisationen, an Kriegsverbrechen beteiligte und offene Anhänger des Nationalsozialismus. Die Kriterien waren in mehrere Hauptbereiche gruppiert, an denen sich das Neumannsche Säulen-Modell von Partei, Verwaltung, Wirtschaft und Militär deutlich ablesen lässt: Unter den Zwischenüberschriften „Die NSDAP", „Gliederungen der NSDAP," „Angegliederte Organisationen", „Überwachte Organisationen" und „Weitere unter nationalsozialistischem Einfluss stehende Organisationen" listete die Direktive im ersten Abschnitt verschiedene Dienstgrade und Amtsträger des umfassenden Parteiwesens auf (Kategorien 4–52). Der nächste Abschnitt „Beamte" bestimmte entsprechend einer Ministerialbürokratie Funktionsträger der Reichs- und Länderbehörden wie Minister, Staatssekretäre, Ministerialdirektoren, Dienststellenleiter und andere höhere Beamten sowie Landräte, Bürgermeister, Polizeipräsidenten und -direktoren. (Kategorien 53–74). Führende Positionen der mit dem NS-Regime verschränkten ökonomischen Einrichtungen wie die Leiter der Reichswirtschaftskammer, Vorsitzende der Reichsgruppen oder Wehrwirtschaftsführer listete der Absatz „Leiter der Wirtschaft" auf (Kategorien 75–81). Und unter den Zwischenüberschriften „Militärdienst" und „Organisation in den besetzten Gebieten" fanden sich Kriterien für Führungspersönlichkeiten der Wehrmacht und der Militärverwaltung in den von Deutschland besetzten Gebieten (Kategorien 82–86).[66] Diese vier Abschnitte

65 Die Kategorien beschreibt: Angelika Königseder, Das Ende der NSDAP. Die Entnazifizierung, in: Benz (Hrsg.), Wie wurde man Parteigenosse?, S. 151–166, hier S. 151 f.

66 Vgl. BK/O(46)101a vom 26. Februar 1946, in: Magistrat von Groß-Berlin (Hrsg.), VOBl. der Stadt Berlin 2 (1946) 11, S. 71.

entsprechen dem Aufbau und Inhalt der Empfehlungen der R&A Branch weitgehend. Deutlicher noch als in den von Neumann, Marcuse und Kirchheimer entwickelten OSS-Leitfäden lassen sich in der Direktive des Kontrollrats bzw. in der Berliner Gesetzgebung die herrschaftstheoretischen Strukturen von Partei, Verwaltung, Wirtschaft und Militär als zentrale Bereiche der alliierten Entnazifizierungspolitik erkennen.

Neben diesen vier Abschnitten nannte der erste Teil unter der Zwischenüberschrift „Juristen" höhere Stellungen und Tätigkeiten an Gerichten als Entlassungskriterien sowie abschließend ohne eigene Betitelung eine Handvoll verschiedenartiger Kriterien wie hohe Amtsträger der Organisation Todt oder alle Mitglieder der Stäbe der Konzentrationslager (Kategorien 87–99). Auch die OSS-Leitfäden sahen die Entlassung des Justizpersonals vor. Noch aufschlussreicher ist aber Neumanns Kapitel zum „nationalsozialistischen Recht und Terror" im *Behemoth*. Obwohl er die Justiz in seiner Analyse nicht als zentrale Säule des Regimes einstufte, befasste er sich ausführlich mit der juristischen Ideologie des Nationalsozialismus. Das nationalsozialistische Rechtssystem, so hatte Neumann geschlussfolgert, war „nichts anderes als eine Technik der Manipulation der Massen durch Terror", in der Zivilgerichte „Vollzugsagenten der monopolistischen Wirtschaftsverbände" waren und „Strafgerichte im Verein mit der Geheimen Staatspolizei" standen.[67] Dieser Zusammenhang von Justiz und Terror spiegelt sich im letzten Abschnitt des ersten Teils der Gesetzgebung zur Entnazifizierung wider. Denn dieser führte zunächst Richter des Volksgerichtshofs und anderer Gerichte auf, nannte dann Leiter des großen Wehr- und Rüstungswirtschaftsprojekts „Organisation Todt" sowie der Konzentrationslager und schloss mit Personen, die zur Verhaftung von Gegnern des Regimes beigetragen oder Gewalttaten verübt hatten.[68]

Neben diesen zum großen Teil eindeutig definierten Gruppen „aktiver" Nationalsozialist:innen, so stand für die Alliierten fest, existierte eine „große Zahl von Deutschen", die aufgrund ihrer Verbindung und Zusammenarbeit mit dem Regime einer „sorgfältigen Untersuchung" bedurfte. Dementsprechend bestimmte der zweite Teil der Direktive eine Reihe von Gruppen, für die ein Ermessensspielraum galt. Laut Gesetzgebung konnten sie beschäftigt werden, „wenn anderes geeignetes Personal nicht zur Verfügung" stand. Falls aber unter ihnen „ausgesprochene Anhänger" des Nationalsozialismus identifiziert wurden, waren sie ebenfalls zu entlassen. Unter die etwa zwanzig Kategorien

67 Neumann, Behemoth, S. 530.

68 Vgl. BK/O(46)101a vom 26. Februar 1946, in: Magistrat von Groß-Berlin (Hrsg.), VOBl. der Stadt Berlin 2 (1946) 11, S. 71.

fielen unter anderem Berufsoffiziere der Wehrmacht, Personen, „die die preußische Junkertradition verkörpern“, Angehörige der Waffen-SS, NSDAP-Mitglieder, die der Partei nach dem 1. Mai 1937 beitraten, im Erziehungs- oder Pressewesen außergewöhnlich rasch beförderte Personen, Mitglieder der Deutschen Christenbewegung und der Deutschen Glaubensbewegung und leitendes Personal bedeutender industrieller, landwirtschaftlicher oder finanzieller Betriebe.[69]

Wenngleich weniger deutlich, lässt sich auch im zweiten Teil der Gesetzgebung eine Rezeption der OSS-Materialien erkennen. Denn auch den Forscher:innen der R&A Branch war durchaus bewusst gewesen, dass formale Kategorien für eine gründliche Entnazifizierung keinesfalls ausreichen würden. Von der Forschung zuweilen übersehen, bildete dies sogar einen zentralen Aspekt ihrer Überlegungen: Ausdrücklich betonte Marcuse in seinem im Juli 1944 veröffentlichten *Leitfaden für die Zivilverwaltung*, dass „viele der besonders aktiven Nazis“ von den an Mitgliedschaften und Funktionen orientierten Kategorien nicht erfasst würden und es schwierig sei, sie zu identifizieren, „soweit sie nicht durch ihre offizielle Stellung als solche zu erkennen sind“. Verdächtig schien dem OSS eine ganze Reihe von Personengruppen, unter denen sich der „schlimmste und brutalste Typus des aktiven Nazis“ fände, die daher genau zu überprüfen waren und möglicherweise ebenfalls mit Maßnahmen wie Gefängnisstrafe, Inhaftierung oder Entlassung belegt werden müssten.[70] Da die Untersuchungen jedoch „zwangsläufig langwierige Verfahren“ nach sich ziehen würden, legte das OSS

69 Ebenda.

70 Nämlich Personen, die an folgenden Aktivitäten beteiligt waren: „1. An der Denunzierung von politischen Gegnern des NS-Regimes und/oder an deren Festnahme; 2. An der politisch motivierten Anstiftung zu oder Begehung von Gewalttaten und Brutalitäten gegen politische und religiöse Gegner des NS-Regimes, gegen ausländische und deutsche Arbeiter, Juden, Kriegsgefangene usw.; 3. An der Verbreitung von NS-Gedankengut (im Fall von Lehrern, Schriftstellern, Redakteuren, Verlegern, Schauspielern, Ärzten, Anwälten usw. über ihre beruflichen Verpflichtungen hinaus); 4. An der bereitwilligen Entgegennahe von Ehrungen durch die Nazipartei; 5. An der Annahme von Grundbesitz, Wertpapieren und anderen Gütern von erheblichen Wert im Zusammenhang mit der Ausplünderung besetzter Länder, dem ‚Arisierungs‘-Programm und der Beschlagnahme des Eigentums von politischen Gegnern, Juden, ‚Volksschädlingen‘.“ Ebenfalls als verdächtig galten: „6. Die politischen Repräsentanten der DAF in den Fabriken, Betrieben und Büros (Unterführer, Betriebsobmänner). Es sei jedoch betont, dass in einigen Fällen Nicht-Nazis und sogar Nazigegner solche Funktionen übernommen haben, um ihre oppositionelle Haltung zu tarnen; 8. Personen, die der Nazipartei vor 1933 beigetreten sind.“ Die Auflösung der Nazipartei und der an sie angeschlossenen Organisationen vom 22. Juli 1944, abgedruckt in: Laudani (Hrsg.), Im Kampf gegen Nazideutschland, S. 348 f.

den zukünftigen Militärregierungen nahe, Sofortmaßnahmen zu ergreifen und den Kreis der Betroffenen auszuweiten. Explizit empfahlen Marcuse, Neumann und Kirchheimer dem US-Außenministerium daher, auch „allen Mitgliedern der Nazipartei mit eher politischen als technischen Aufgaben" die Ausübung wichtiger öffentlicher Funktionen zu untersagen.[71]

Der erste Praxistest einer solchen Politik schien diese Herangehensweise zu bestätigen: Die Erfahrungen anglo-amerikanischer Truppen in Sizilien reflektierend, diskutierte die German Country Unit im Mai 1944, dass im Zuge der Identifizierung eines qualitativ begründeten Kreises vorerst weitaus mehr Menschen zu entlassen waren, da man anderenfalls Gefahr laufe, nicht alle zu erfassen. Vor die Wahl gestellt, entweder aus Sorgfalt nicht alle als gefährlich eingeschätzte Personen zu ergreifen oder im Zweifelsfall auch weitere Personen über diesen Kreis hinaus zu erfassen, empfahl die Abteilung Civil Affairs energisch Letzteres und wies darauf hin, falsche Entscheidungen später korrigieren zu können.[72] Dieser Ansatz lässt sich im zweiten Teil der Kontrollratsdirektive und dem dort gewährten Ermessensspielraum erkennen. In den Richtlinien hieß es deutlich: In „Zweifelsfällen sollen Leute nicht eingestellt werden" oder nur in Posten mit geringerer Verantwortung tätig sein, bis „ihre politische Zuverlässigkeit" bewiesen sei.[73]

Insgesamt bleibt trotz der Ausweitung der Entlassungskategorien, die sich aufgrund der Unterscheidung in „zwangsweise zu entlassen" und „nach Ermessen zu entlassen" zugleich relativiert, und trotz veränderter Formulierungen, die im Zuge der vielen Bearbeitungen erfolgten, der Kern der ursprünglichen Konzeption des OSS erhalten: Die Kontrollratsdirektive Nr. 24 bzw. die Berliner Entnazifizierungsgesetzgebung lassen sich als Adaption des elitentheoretisch-strukturalistisch begründeten Programms deuten, dessen Ziel in einer Exklusion von im Nationalsozialismus einflussreichen gesellschaftlichen Herrschaftsgruppen nach überwiegend objektiven Kriterien besteht. Zwar konnte auch mit diesen Listen der Versuch, Mitläufer:innen, Sympathisant:innen oder Täter:innen zweifelsfrei zu definieren, der Sache nach nicht immer gelingen, schon gar nicht in Eile oder ohne deutsche Unterstützung, doch sie entwarf eine ziemlich genaue Handlungs- und Orientierungshilfe.

71 Ebenda, S. 350.

72 Vgl. SHAEF German Country Unit, Measures for identifying and determining disposition of Nazi public officials in Germany, 28 May 1944, TNA, FO 1050/1267.

73 BK/O(46)101a vom 26. Februar 1946, in: Magistrat von Groß-Berlin (Hrsg.), VOBl. der Stadt Berlin 2 (1946) 11, S. 71.

City Wide Officials kontrollieren: Beispiele aus Verwaltung, Politik, Polizei und Justiz

Die Entnazifizierungsgesetzgebung und das darin übersetzte Neumannsche Herrschaftsmodell galten in allen vier Sektoren. Für einen als City Wide Officials bezeichneten Personenkreis von leitenden Angestellten städtischer Einrichtungen war dabei die Alliierte Kommandantur verantwortlich. Als wohl wichtigstes Zeichen der gemeinsamen Politik überprüften und entschieden die vier Militärregierungen über Tausende Einstellungen und Entlassungen.

Dies war als mehrstufiger Prozess konzipiert und beruhte auf drei zentralen Bestimmungen, die Entlassungskriterien, Berufungsverfahren und polizeiliche Registrierungen regelten.[74] Zunächst sollten alle Mitarbeiter:innen öffentlicher und halböffentlicher Einrichtungen über ihre Arbeitsstelle oder durch Selbstanzeige mittels des Fragebogens registriert und entsprechend der Kategorien entlassen werden oder auf ihren Arbeitsplätzen verbleiben. Nach einer Berichterstattung durch die Arbeitgeber, an die Verwaltungsämter und den Polizeipräsidenten mussten die Betroffenen ihren Personalausweis von der Polizei innerhalb von fünf Tagen mit einem Sonderstempel versehen lassen.[75] Parallel dazu begann eine Überprüfung durch die Abteilung für Öffentliche Sicherheit der jeweiligen Besatzungsmacht bzw. durch das interalliierte Komitee für Entnazifizierung.

Ob die Alliierte Kommandantur oder die Militärregierung eines Sektors für die Entnazifizierung bestimmter Personen zuständig war, war nicht vollständig geklärt. Als Orientierung diente zum einen ein als „City Wide Officials" oder oder „leading officials at city level" bezeichneter Personenkreis, über den es aber nie vollständige Einigung gab. Diese Liste umfasste höhere Angestellte der zentralen Stadtverwaltung und berlinweit operierender Einrichtungen, darunter sämtliche Oberbürgermeister und Bürgermeister, Stadträte und Abteilungsleiter der Stadtverwaltung sowie ihre Stellvertreter und höhere Funktionsträger des Polizei- und des Justizwesens.[76] City Wide Officials durften nur mit Zustimmung

74 Vgl. AKB BK/O(46)101a zur Entnazifizierung; BK/O(46)102 zur Errichtung von Entnazifizierungskommissionen und Berufungsverfahren, BK/O(46)107 zur Anbringung eines Sonderstempels auf Personalausweisen sowie Bestimmung Nr. 1, 2 und 3, alle vom 26. Februar 1946, LAB, C Rep. 101, Nr. 54.

75 Vgl. Bestimmung Nr. 3 vom 26. Februar 1946, LAB, C Rep. 102, Nr. 272.

76 Vgl. AKB BK/R(47)28, Interpretation of Leading Persons of the City Government, 25 January 1947, BK/R (47), Officials at City or Municipal Level, 1 February 1947, LAB, B Rep. 036–01, Nr. 11/148–3/3; Protokoll der 9. Sitzung des Verfassungsausschusses am 12. März 1947 – Leitende Personen der Stadtverwaltung, abgedruckt in: Hans J. Reichhardt (Hrsg.)

aller vier Militärregierungen ernannt oder entlassen werden, sodass der Alliierten Kommandantur sämtliche Personalakten zur Entscheidung vorgelegt wurden. Die Regelung sollte Alleingänge und personalpolitische Beeinflussung durch eine Besatzungsmacht im politisch umkämpften Berlin verhindern und blieb dementsprechend umstritten. Zudem waren die interalliierten Gremien für die Entnazifizierung all jener verantwortlich, „deren Tätigkeit eine Bedeutung für die ganze Stadt“ hatte.[77]

Für die Überprüfung von Einzelfällen und die Begutachtung von Einspruchsverfahren gründete sich innerhalb der Viermächteverwaltung das Komitee für Entnazifizierung, das bald der aktivste aller Arbeitsbereiche war. Wie alle interalliierten Gremien entschied das Komitee für Entnazifizierung in seinen wöchentlichen Sitzungen nach dem Konsensprinzip.[78] Diejenige Delegation, die für einen Monat den Vorsitz eines Komitees innehatte, organisierte die Übersetzung sämtlicher Dokumente vom Deutschen ins Englische, Französische und Russische und verteilte sie im Vorfeld der Sitzung an die jeweiligen Hauptquartiere: in die amerikanischen Clay-Headquarters in Berlin-Dahlem im Südwesten der Stadt, ins britische Lancaster House in Berlin-Wilmersdorf im Westen, ins französische Quartier Napoléon in Berlin-Wedding im Norden und ins sowjetische Hauptquartier in Karlshorst im Osten der Stadt. Führt man sich die zerstörte Infrastruktur, mangelnde Ressourcen wie Papier und Fahrzeuge sowie die Menge an Dokumenten vor Augen, zeigt sich, welch immenser Aufwand dies Woche für Woche bedeutete. Dass an diesem auf Kooperation beruhenden Verfahren bis zum Auseinanderbrechen der Anti-Hitler-Koalition im Frühjahr 1948 keine grundsätzlichen Veränderungen vorgenommen wurden, ist auch als Ausdruck eines weitgehend gemeinsamen Interesses zu deuten.

unter Mitarbeit von Werner Breunig, Die Entstehung der Verfassung von Berlin. Eine Dokumentation, Berlin 1990, S. 521–545.

77 Unter diesen weitaus größeren Kreis fielen sämtliche Angestellte der zentralen Stadtverwaltung einschließlich städtischer Betriebe und Einrichtungen sowie darüber hinaus alle im erzieherischen, medizinischen, juristischen oder künstlerischen Bereich Tätigen. In diesen Fällen schaltete sich die Alliierte Kommandantur ein, indem sie die Empfehlung der zuständigen Kommission begutachtete, etwa wenn die betroffene Person gegen eine Entlassung Einspruch erhob. Vgl. Abt. für Personal an das Komitee für Entnazifizierung, Sachliche Zuständigkeit der Allgemeinen Kommission beim Magistrat, 1. November 1946, LAB, C Rep. 101, Nr. 54.

78 Vgl. AKB Personnel Vetting Comm., Procedure of functional Committees who wish to appoint or dismiss city-wide officials of the city of Berlin, 7 May 1946, TNA, FO 1112/374; AKB BK/R(46)211, Procedure for evaluation of Fragebogen of city-wide officials, 31 May 1946, LAB, B Rep. 036-01, Nr. 11/148-2/6; AKB BKD/M(46)23, Procedure for evaluation of Fragebogen of city-wide officials, 14 May 1946, ebenda, Nr. 11/148-1/12.

Wie viele Personen die Komitees der Alliierten Kommandantur insgesamt überprüften, ist aufgrund disparater Überlieferungen nur bedingt zu sagen. Schätzungsweise entschied das Komitee in den zwei Jahren funktionierender Kooperation über Zehntausende Einzelfälle. Aus Rücksicht auf das Gebot der alliierten Eintracht und um die Gefahr langwieriger Kontroversen zu verhindern, verliefen Entlassungen und Neubesetzungen zwar bei Weitem nicht konfliktfrei, aber insgesamt betrachtet, vor allem in der Anfangszeit und insbesondere bei nicht-prominenten Fällen, überwiegend sachlich.

Das Vorgehen des Komitees lässt sich gewissermaßen entlang der zuvor beschriebenen Abschnitte der Gesetzgebung und damit anhand des Neumannschen Herrschaftsmodells nachzeichnen: Die Public Safety Officer ließen sich Übersichten aller von den Polizeidienststellen registrierten Mitglieder der aufgelösten *Partei* schicken, sie überprüften als City Wide Officials geltende ehemalige *Beamte* der Stadtverwaltung einschließlich polizeilicher Behörden, befassten sich, wenn auch in geringem Maße, mit *Leitern der Wirtschaft*, registrierten zurückgekehrte Kriegsgefangene des *Militärs* und prüften eingehend *Juristen*, da das Justizwesen unter die Verantwortung der Viermächteverwaltung fiel.

Als erste Aufgabe widmete sich das Komitee für Entnazifizierung einer genauen Prüfung sämtlicher Mitglieder des Magistrats.[79] Bereits im Herbst 1945 hatten die Alliierten beschlossen, dass alle Entscheidungen zu einem späteren Zeitpunkt revidiert werden könnten, sollten neue Erkenntnisse über die politische Vergangenheit einer Person ans Licht kommen. Festgehalten worden war dies im Fall des Mediziners Franz Redeker, gegen dessen Ernennung zum Leiter des Hauptgesundheitsamtes und Nachfolger des entlassenen Chirurgen Ferdinand Sauerbruch zunächst keine Bedenken gesprochen hatten.[80] Nach einem guten halben Jahr und nur wenige Tage, bevor Redeker in seinem Amt bestätigt werden sollte, intervenierten französische Behörden mit belastendem Material.[81]

Zwar war die Haltung der Gesundheitsabteilung von anderen Magistratsvertreter:innen bereits zuvor kritisch beäugt worden, da sie den Eindruck erweckte, medizinische Verbrechen nicht vollständig aufklären zu wollen. Redeker hatte „auf Grund eigener Erfahrung“ behauptet, dass Sterilisationen in Berlin

79 Vgl. AKB Personnel Comm., List of City Wide officials, 22 May 1946, TNA, FO 1112/374; Abteilung für Öffentliche Sicherheit, britische Truppen, Fragebögen Magistratsbeamte, 8. August 1946, LAB, C Rep. 102, Nr. 265.

80 Vgl. AKB Personnel Comm., Examination of Questionnaire, 31 October 1945, TNA, FO 1112/374.

81 Vgl. AKB DEN Comm., Redeker and Harms Vetting, 30 May 1946, TNA, FO 1112/374.

korrekt durchgeführt, teils sogar von Hitler persönlich verhindert worden und daher nicht als „schädigende Experimente" zu zählen seien, woraufhin Maron erbost an die „ungeheuren Schweinereien" erinnerte, die Häftlingen in Konzentrationslagern angetan worden waren.[82] Vorerst aber waren keine Konsequenzen gefolgt, sodass der frühere Medizinalrat über Monate maßgeblich am Wiederaufbau der medizinischen Versorgung und sogar an der Entnazifizierung der Ärzteschaft beteiligt war. Auf einer Konferenz der Bezirksbürgermeister hatte Redeker darüber referiert, dass die Approbation fortan allen Medizinern entzogen werde, die Mitglied der SS, der Gestapo oder des SD gewesen waren. Nachdem er noch davon gesprochen hatte, dass dies auch jene beträfe, die an der „Tötung von Geisteskranken und [...] bei der Vornahme schädigender Experimente an gesunden Personen" beteiligt gewesen waren,[83] trafen ihn selbige Vorwürfe einige Monate später selbst. Da er in der NS-Gesundheitsverwaltung in die Ermordung von Menschen mit Behinderung sowie in Zwangssterilisationen in Berlin involviert gewesen war, ordneten die Alliierten im Frühjahr 1946 seine Entlassung an.[84] Vermutlich fiel er damit unter die Begriffsbestimmung zu Personen, die „nationalsozialistische Verbrechen, Rasseverfolgung oder [...] ungerechte Behandlung" gutgeheißen oder an solchen Taten teilgenommen hatten (Kategorie 2.a.ii). Ausreichend Gründe lagen dem Komitee für Entnazifizierung vor: „He was chief of public health at police headquarters under the Nazi regime, he controlled all public hospitals and mental hospitals and was directly responsible to the Prussian minister Goering. In his capacity he was concerned with the extermination of mental cases and likewise played an important part in the sterilization of the Berlin population."[85]

Erneut stand die Abteilung Gesundheitswesen im Mittelpunkt der Entnazifizierung. Dass Redeker erst jetzt entlassen wurde, obgleich seine die Verbrechen

82 14. Magistratssitzung vom 30. Juli 1945, abgedruckt in: Wetzel (Hrsg.)/Hanauske (Bearb.), Die Sitzungsprotokolle, Bd. 1, S. 278 f.

83 Konferenz der Bezirksbürgermeister am 1. August 1945, LAB, C Rep. 101, Nr. 191. Auch: 14. Magistratssitzung vom 30. Juli 1945, in: Wetzel (Hrsg.)/Hanauske (Bearb.), Die Sitzungsprotokolle, Bd. 1, S. 278 f.

84 Franz Redeker war zudem ärztlicher Beisitzer des Erbgesundheitsobergerichts Berlin. Nach seiner Entlassung arbeitete er in Hamburg, 1949 wurde er Leiter der Gesundheitsabteilung des Bundesinnenministeriums, ab 1953 war er Präsident des Bundesgesundheitsamtes. Vgl. Maren Richter, Von Seilschaften und Netzwerken. Die Abteilung Gesundheitswesen und die Gesundheitspolitik, in: Bösch/Wirsching (Hrsg.), Hüter der Ordnung, S. 536–579, hier S. 541–565; Melanie Arndt, Gesundheitspolitik im geteilten Berlin 1948–1961, Köln/Weimar/Wien 2009, S. 44, FN 71.

85 Vgl. AKB DEN Comm., Cases of Doctors Harms and Redeker, 26 June 1946, TNA, FO 1112/374.

verharmlosenden Aussagen bereits Monate zuvor auf harsche Kritik gestoßen waren, stand vermutlich im Zusammenhang mit allgemeinen Strafverfolgungen. Vor dem Landgericht Berlin war soeben ein Prozess gegen Personal der „Heil- und Pflegeanstalt" Obrawalde zu Ende gegangen, und auch andernorts wurden Ärzt:innen, die sich wegen „Euthanasie-Verbrechen" vor Gericht verantworten mussten, in der Regel hart bestraft, zumindest in den ersten beiden Nachkriegsjahren.[86]

Nach den ersten Wahlen im Herbst 1946 überprüften die Alliierten die gewählten Mitglieder der Stadtverordnetenversammlung sowie anschließend neu besetzte Verwaltungsposten.[87] Wie zuvor erhob die Viermächteverwaltung nur in Ausnahmefällen Einspruch, und die allermeisten Überprüfungen verliefen ohne nennenswerte Konflikte.[88] Zwei Fälle führten zu längeren Diskussionen, in denen eine Überlagerung von Entnazifizierung und (partei-)politischen Konflikten deutlich werden.

Der erste intensiv diskutierte Fall betraf das sozialdemokratische Mitglied der Stadtverordnetenversammlung Curt Swolinzky. In den Augen der Sowjetischen Militäradministration verhielt sich Swolinzky „feindlich gegenüber dem Anliegen der Alliierten" und war damit ebenfalls unter der Entnazifizierungsgesetzgebung zu diskutieren, was Frankreich unterstützte. Der frühere Gewerkschaftsfunktionär war entschiedener Gegner der Vereinigung von SPD und KPD, wurde zum stellvertretenden Vorsitzenden der Berliner SPD gewählt und hatte die sowjetische Politik, insbesondere ihre Verhaftungspraxis während des Wahlkampfes, vehement kritisiert.[89] Im politisch aufgeladenen Herbst 1946 machte in erster Linie die sowjetisch lizenzierte Presse gegen ihn mobil; die Zeitung *Neues Deutschland* etwa berichtete, dass Swolinzky 1938 ein „Wäschegeschäft eines jüdischen Geschäftsinhabers durch naziähnliche

86 Zudem brachte der Nürnberger Ärzteprozess medizinische Verbrechen, insbesondere der KZ-Medizin, aber auch außerhalb der KZs durchgeführte Sterilisationen und „Euthanasie"-Morde, an eine breitere Öffentlichkeit. Vgl. Freimüller, Mediziner, S. 47; Astrid Ley/Annette Hinz-Wessels (Hrsg.), Die Euthanasie-Anstalt Brandenburg an der Havel. Morde an Kranken und Behinderten im Nationalsozialismus, Berlin 2012, S. 185.

87 Die erste Nachkriegswahl in Berlin war vor allem für die SPD ein Erfolg. Der Magistrat wurde nach der Niederlage der aus der Vereinigung von KPD und SPD im April hervorgegangenen SED in großen Teilen neu besetzt. Vgl. Hanauske, Historische Einleitung, Bd. 2, S. 32 ff.; Schlegelmilch, Hauptstadt, S. 113.

88 Vgl. AKB DEN Comm., Examination of Fragebogen, 4, 10, 23 and 30 December 1946, TNA, FO 1112/374.

89 Vgl. Harold Hurwitz, Demokratie und Antikommunismus in Berlin nach 1945, Bd. IV: Die Anfänge des Widerstands, Teil 2: Zwischen Selbsttäuschung und Zivilcourage: Der Fusionskampf, Köln 1990, S. 1146–1179.

Methoden erworben hatte“ und zudem von Einwohner:innen des Bezirks Tempelhof beschuldigt wurde, das NSDAP-Abzeichen getragen zu haben.[90] Nach einigem Hin und Her einigten sich im Dezember 1946 die amerikanische, die französische und die sowjetische Delegation des Komitees für Entnazifizierung, dass zwar keine Informationen über eine Mitgliedschaft in der NSDAP vorlagen, Swolinzky aber aufgrund seiner wiederholten Kritik an der sowjetischen Besatzungsmacht als „person dangerous to the Allied aims“ zu zählen sei und daher in der Stadtverordnetenversammlung durch ein anderes SPD-Mitglied ersetzt werden solle. Die britische Delegation hielt die vorgelegte Begründung hingegen nicht für ausreichend.[91] Da kein Konsens erzielt wurde, blieb der Fall auf der Agenda und bot im sich verschärfenden Ost-West-Konflikt immer wieder Anlass für scharfe Kritik und gegenseitige Vorwürfe, die bald nichts mehr Entnazifizierung zu tun hatten.[92]

Als eines der kompliziertesten und längsten Verfahren erwies sich die Ernennung von Dr. Ferdinand Friedensburg (CDU) zum stellvertretenden Bürgermeister. Friedensburg hatte im Juni 1945 die CDU mitbegründet, war Mitglied des Präsidialrats im Kulturbund zur Demokratischen Erneuerung Deutschlands und von der Sowjetischen Militäradministration zunächst zum Präsidenten der Deutschen Zentralverwaltung für Brennstoffindustrie der SBZ ernannt worden. Von diesem Posten entließ ihn der Chef der SMAD allerdings im Vorfeld der Wahlen, nachdem vonseiten der SED wiederholt kritisiert worden war, Friedensburg habe den Nationalsozialismus unterstützt.[93]

90 Der „entnazifizierte“ Swolinzky, in: Neues Deutschland, 10. September 1946; auch: Keine Quislinge, in: Der Spiegel, 3. Mai 1947.

91 AKB DEN Comm., PRDE/R(46)19 Case of Curt Swolinsky, 20 December 1946, TNO, FO 1112/374. Über die britische Haltung siehe: Heinrich Maetzke, Der Union Jack in Berlin. Das britische Foreign Office, die SBZ und die Formulierung britischer Deutschlandpolitik 1945/47, Konstanz 1996, S. 89–93.

92 Im Juli 1947 etwa protestierte der sowjetische Stellvertretende Stadtkommandant Yelisarov dagegen, dass Swolinzky erlaubt worden war, auf einer Versammlung der SPD in Tempelhof kritisch über Lebensbedingungen in der Sowjetunion zu referieren. Den amerikanischen Behörden warf er vor, das Mitglied der Stadtverordnetenversammlung habe die Unverschämtheit besessen, „to slander the Soviet people and their country“ und die Einheit der Alliierten zu gefährden. Der amerikanische Kommandant entgegnete, wie eine solche Kritik denn gerechtfertigt sein könne, wenn doch die sowjetisch lizenzierte Presse selbst jeden Tag voll von „vivous and slanderous attacks against the US, its leading officials and its form of government“ sei. AKB BKD/M(47)29, The Anti-Soviet Speech of Swolinzky in Tempelhof, 2 July 1947, LAB, B Rep. 036–01, Nr. 11/149–1/4.

93 Vgl. Gerhard Keiderling, Um Deutschlands Einheit. Ferdinand Friedensburg und der Kalte Krieg in Berlin 1945–1952, Köln/Weimar/Wien 2009, S. 94.

Auch in der interalliierten Behörde galt der frisch gewählte, aber noch nicht bestätigte Bürgermeister keineswegs als eindeutig politisch unbelastet. Vielmehr waren sich britische, französische und sowjetische Delegierte weitgehend einig, dass Friedensburg aufgrund seiner militaristischen Haltung nicht für das Amt des Bürgermeisters geeignet sei. Auf der Basis von „more and more documentary evidence", befand der britische Delegationsleiter im Komitee für Entnazifizierung im Mai 1947, und insbesondere wegen Friedensburgs militaristischer Schriften der Kriegsjahre, die sich mit der Beschaffung von Rohstoffen in den besetzten Gebieten befassten, komme dieser für ein hohes politisches Amt nicht infrage.[94] Auch die französische Delegation hatte in Erfahrung gebracht, dass Friedensburg mehrfach an den Chef des Wehrwirtschafts- und Rüstungsamtes berichtet hatte, und bekräftigte: „with the help of these reports the Nazis prepared for the war".[95] Der sowjetische Vertreter fügte hinzu, dass die ihm vorgelegten Unterlagen und auch die Befragung des Betroffenen seine Zweifel nicht hatten beseitigen können. Wie seine britischen und französischen Kollegen plädierte auch er dafür, Friedensburg als „offen erklärten Anhänger des Nationalsozialismus oder militaristischer oder Rassenlehren" (Kategorie 2.iii) zu betrachten.[96] Die amerikanischen Offiziere waren gegenteiliger Meinung. Für sie war Friedensburg „not a militarist", zumindest nicht in einem Sinne, „which would render him objectionable to hold a leading position in the city administration".[97] Da das Komitee für Öffentliche Sicherheit keine Einigung erzielen konnte, legte es die divergierenden Ansichten den Stadtkommandanten zur Entscheidung vor; diese aber verfolgten die Angelegenheit nicht weiter.[98]

Die Situation im Polizeiwesen war anders als in der Stadtverwaltung, was britischen Informationen zufolge kaum verwunderlich war. Denn gemäß ihren

94 AKB DEN Comm., Dr. Friedensburg, 31 May 1947, TNA, FO 1112/374.

95 AKB DEN Comm., Dr. Friedensburg, 20 May 1947, TNA, FO 1112/374.

96 Vgl. AKB DEN Comm., Dr. Friedensburg, 31 May 1947; AKB DEN Comm., Dr. Friedensburg, 31 May 1947, TNA, FO 1112/374. Die alliierten Offiziere problematisierten dabei seine Rolle als Sachverständiger und Gutachter in militärischen und wehrwissenschaftlichen Organisationen. Ob sie dabei berücksichtigten, dass er 1933 aufgrund des „Gesetzes zur Wiederherstellung des Berufsbeamtentums" entlassen, 1938 aus der Reichsschrifttumskammer ausgeschlossen und 1941 ein Sondergerichtsverfahren wegen sogenannter Heimtücke gegen den damaligen Mitarbeiter des Deutschen Instituts für Konjunkturforschung eingeleitet worden war, ist den Protokollen nicht zu entnehmen. Vgl. Volker Depkat, Lebenswenden und Zeitenwenden. Deutsche Politiker und die Erfahrungen des 20. Jahrhunderts, München 2007, S, 398 ff.

97 AKB DEN Comm., Dr. Friedensburg, 31 May 1947, TNA, FO 1112/374.

98 Vgl. AKB PS Comm., Letter on Ferdinand Friedensburg, 25 June 1947, TNA, FO 1112/375.

Kenntnissen hatten alle Polizist:innen unter alleiniger sowjetischer Verwaltung lediglich eine Erklärung unterzeichnen müssen, der zufolge sie niemals Nazis gewesen seien, es habe jedoch „no system of vetting officials" gegeben.[99] Entsprechend führte die neue Gesetzgebung im Frühjahr 1946 zu mehreren Entlassungen ranghoher Beamter aus Verwaltungs-, Kriminal- und Schutzpolizei.[100] Unter ihnen befand sich Vizepräsident der Berliner Polizei, Dr. Heinz Kionka, der ausgerechnet dafür mitverantwortlich war, die polizeiliche Registrierung ehemaliger NSDAP-Mitglieder zu koordinieren,[101] aber zuvor verschwiegen hatte, dass er 1933 der SS beigetreten war. Als seine falschen Angaben im Fragebogen ans Licht kamen, wurde Kionka auf sowjetische Initiative hin entlassen, der britische Stadtkommandant leitete ein Gerichtsverfahren gegen ihn ein.[102] In ähnlicher Weise enthoben die Alliierten den Leiter der Polizeischule Oberschöneweide seines Amtes, als seine Falschaussagen bekannt wurden.[103]

Die zugrundeliegenden Kriterien lösten in den polizeilichen Dienststellen große Diskussionen und Gegenwehr aus.[104] Die Haltung des von Ulbricht eingesetzten Stadtrats für Personalfragen Arthur Pieck hierzu war deutlich: Er erklärte gegenüber dem Polizeipräsidenten, dass die Bestimmungen der Alliierten Kommandantur „zu Gunsten der sicheren Gestaltung der Demokratie eher zu streng als zu milde auszulegen seien" und Fehlentscheidungen später vor den Berufungskommissionen wieder rückgängig gemacht werden könnten.[105] Diese strenge Linie entsprach der Haltung der kurz darauf in der SBZ etablierten

99 MGGBA PSB, Confiscations in Berlin as disclosed by a preliminary survey, 7 July 1945, TNA, FO 1012/762.

100 Berichte über die Umsetzung der Entnazifizierungsgesetzgebung in den verschiedenen Abteilungen der Polizei finden sich hier: Polizeipräsident an AKB Komitee für Entnazifizierung, 101a, 15. März 1946; Namentliches Verzeichnis der unter die Bestimmung BK/O 101a fallenden Polizeiangehörigen, undatiert, Bl. 83; Kommando der Schutzpolizei Personalabteilung, Unverzüglich notwendige Entlassungen aus dem Dienst der Schutzpolizei, 12. März 1946, LAB, C Rep. 303-09, Nr. 58.

101 Vgl. Polizeipräsident an die Alliierte Kommandatur, Registrierung ehemaliger Angehöriger der NSDAP und Offiziere, 4. Oktober 1945, LAB, C Rep. 303-09, Nr. 57.

102 Vgl. AKB BKC/M(46)7, The Nazi Past of Dr. Heinz Kionka, 12 March 1946; AKB BKD/M(46)14, Dr. Heinz Kionka, 15 March 1946, LAB, B Rep. 036-01, Nr. 11/148-1/19; AKB Personnel Comm., Examination of Fragebogen, 16 October 1945, TNA, FO 1112/374.

103 Vgl. Polizeipräsident an AKB PS, Fristlose Entlassung des Leiters der Polizeischule Oberschöneweide, 8. Juni 1946, LAB, C Rep. 101, Nr. 233.

104 Polizeipräsident an AKB PS Comm., Entnazifizierung, 11. März 1946, LAB, C Rep. 303-09, Nr. 58.

105 Präsidialabteilung, Vermerk, 14. März 1946, LAB, C Rep. 303-09, Nr. 58.

Deutschen Verwaltung des Inneren und ihrem zonenweit erlassenen Verbot, ehemalige Mitglieder der NSDAP in den Polizeidienst aufzunehmen. Gegenüber den Polizeichefs der Länder erklärte der damals verantwortliche Vizepräsident Erich Mielke, ehemalige Parteimitglieder, die ehrlich gewillt seien, am demokratischen Aufbau mitzuwirken, könnten sich in jeder Arbeit bewähren, „aber nicht im Polizeidienst".[106] Angehörigen des nationalsozialistischen Parteiapparats, Mitgliedern der NSDAP, der SA und der SS sollte eine Arbeit in den Polizeiorganen grundsätzlich verwehrt bleiben.[107]

Umstrittener als die Entlassung ehemaliger NSDAP-Mitglieder und -Unterstützer:innen war jedoch der Ausbau einer parteipolitischen Dominanz der SED über die Polizei. Vergeblich kämpften die Westalliierten um mehr Einfluss auf das im sowjetischen Sektor gelegene Polizeipräsidium und um die Errichtung dezentraler Ämter. Als sich die Situation während der Blockade zuspitzte, entließ der mittlerweile im Amt bestätigte Oberbürgermeister Ferdinand Friedensburg im Sommer 1948 den Polizeipräsidenten Markgraf aufgrund „fortgesetzter verfassungswidriger ungesetzlicher Maßnahmen", Missachtung von Anweisungen des Magistrats, einseitiger Personalpolitik und einer indirekten Beteiligung an von sowjetischen Sicherheitsorganen vorgenommenen Verhaftungen.[108]

Ähnlich politisiert wie das Polizeiwesen war die Justiz. So umstritten aber die Organisation der Berliner Justiz zwischen den Besatzungsmächten war, so weitreichend war ihre Übereinstimmung in Sachen Entnazifizierung. Die Viermächteverwaltung setzte die unter alleiniger sowjetischer Besatzung eingeführte strengere Politik fort, nach der sämtliche frühere Parteimitglieder und nicht nur als „aktiv" eingestufte Nationalsozialist:innen aus den Gerichten zu entlassen waren.[109]

106 Zitiert nach: Jens Gieseke, NSDAP-Mitglieder im Ministerium für Staatssicherheit, in: Creuzberger/Geppert (Hrsg.), Ämter und ihre Vergangenheit, S. 145–162, hier S. 146 f.

107 Vgl. Bösch/Wirsching, Erfahrene Männer, S. 145–162.

108 Vgl. Hurwitz, Eintracht der Siegermächte, S. 198 ff.; Daniell Bastian, Westdeutsches Polizeirecht unter alliierter Besatzung (1945–1955), Tübingen 2010, S. 72.

109 Die Entnazifizierung des Justizwesens ähnelte damit der Praxis der SBZ, wo die SMAD mit dem Befehl Nr. 49 vom September 1945 die Entlassung sämtlicher früherer Mitglieder der NSDAP aus dem Justizdienst angeordnet hatte. Der Alliierte Kontrollrat hingegen bestimmte mit dem Gesetz Nr. 4 vom Oktober 1945 zur „Reorganisation of the German judicial system", dass alle ehemaligen NSDAP-Mitglieder, die „mehr als nominelle" Mitglieder waren, als Richter und Staatsanwälte zu entfernen seien. Vgl. ausführlich: Hermann Wentker, Justiz in der SBZ/DDR 1945–1953. Transformationen und Rolle ihrer zentralen Institutionen, München 2001, S. 103 ff.; Raim, Justiz zwischen Diktatur, S. 277 ff.; Manfred Görtemaker/Christoph Safferling, Die Akte Rosenburg. Das Bundesministerium der Justiz und die NS-Zeit, Bonn 2017, S. 43 und 80–84.

Laut Einschätzung des Magistrats hatte die Anzahl der NSDAP-Mitgliedschaften in der Justiz circa 70 Prozent betragen.[110] Um diese zu überprüfen, verschickte die Stadtverwaltung nach Erlass der Entnazifizierungsgesetzgebung im März 1946 Tausende Fragebögen an sämtliche Richter:innen, Staats- und Rechtsanwält:innen und sonstige Justizangestellte, die das interalliierte Komitee für Recht Woche für Woche abarbeitete.[111] Ihre Protokolle zeigen, dass die Offizier:innen und ihre Sekretariate intensive Recherchen und teils akribische Nachforschungen anstellten. Die französische Delegation etwa leitete intensive Recherchen über einen während des Kriegs im besetzten Lille tätigen Militärrichter ein und holte mehrere Gutachten ein, um sich ein genaues Bild zu machen.[112] Hinter den getroffenen Entscheidungen vermerkten die Delegierten die Paragrafen der Gesetzgebung, beispielsweise die Verbreitung nationalsozialistischer oder faschistischer Lehren (Kategorie 97) oder Amtsträger des Reichsnährstandes (Kategorie 60). Zumeist unterschied das Rechtskomitee entsprechend der Gesetzgebung in Kategorie I (zwangsweise zu entlassen) und Kategorie II (nach Ermessen zu entlassen), aber es untersagte zunächst eine Beschäftigung in beiden Fällen.[113]

In der Forschung wird zuweilen problematisiert, dass die Entnazifizierungskriterien nicht justizspezifisch genug waren und auf Zugehörigkeiten zum Volksgerichtshof oder den Sondergerichten zu wenig geachtet wurde.[114] Dem lässt sich entgegenhalten, dass der Gesetzestext explizit alle Richter, Direktoren, Staatsanwälte und Amtsträger umfasste, „die zu irgendeinem Zeitpunkt“ eine Stellung innerhalb des Volksgerichtshofs, in den Sondergerichten, den Partei-, SS- und SA-Gerichten und den Standgerichten innehatten (Kategorie 87).[115] Sicherlich fehlten, wie Steuwer und Leßau bezüglich der Konzeption des Fragebogens problematisieren, präzise Merkmale zu Verbrechen und Gewalttaten.[116] Gleichwohl

110 Vgl. Harold Hurwitz, Demokratie und Antikommunismus in Berlin nach 1945, Bd. I: Die politische Kultur der Bevölkerung und der Neubeginn konservativer Politik, Köln 1983, S. 51, FN 93.

111 Vgl. AKB LEG Comm. to president of Kammergericht, Extension of the delay of the submission of fragebogen, 26 November 1947, LAB, B Rep. 036-01, Nr. 4/39-1/10.

112 Vgl. AKB LEG Comm., 2 February 1948, LAB, B Rep. 036-01, Nr. 4/39-1/10.

113 Protokolle und Namenslisten des Rechtskomitees finden sich hier: LAB, B Rep. 036-01, Nr. 4/39-1/10.

114 Z.B. Raim, Justiz zwischen Diktatur, S. 278f. Mit Verweis auf Raim auch: Görtemaker/Safferling, Akte Rosenburg, S. 80.

115 Vgl. BK/O(46)101a vom 26. Februar 1946, in: Magistrat von Groß-Berlin (Hrsg.), VOBl. der Stadt Berlin 2 (1946) 11, 2, S. 71.

116 Vgl. Janosch Steuwer/Leßau, „Wer ist ein Nazi? Woran erkennt man ihn?“, S. 46f.

nannte die Direktive Personen, „die auf der Kriegsverbrecherliste stehen […] oder eines Kriegsverbrechens verdächtig sind“ (Kategorie 1), die „Gegner des Naziregimes denunziert oder zu ihrer Verhaftung beigetragen haben“ (Kategorie 95), sowie jene, die „Gewalttaten gegen politische oder religiöse Gegner des Naziregimes veranlaßt oder verübt haben“ (Kategorie 96).[117] Prinzipiell ließen die Kategorien eine Erfassung solcher Entscheidungstragenden und Verantwortlichen durchaus zu.

Erst als Personalmangel zum Problem wurde und die Presse mehr und mehr über eine Krise der Justiz berichtete, kamen Diskussionen über die Anstellung oder Wiedereinstellung sogenannter nomineller ehemaliger NSDAP-Mitglieder auf.[118] Im Dezember 1947 waren ungefähr 350 Richter:innen und 550 Staatsanwält:innen in Berlin tätig; den tatsächlichen Bedarf bezifferte der Magistrat aber auf ein Viertel mehr.[119] Einen Grund für die Personalnot sah die amerikanische Militärregierung jedoch weniger in der Entnazifizierung, sondern vielmehr in einer mangelnden Bereitschaft begründet, eine Tätigkeit im öffentlichen Dienst anzunehmen. Im Privatsektor, wo sich im Scheidungswesen gutes Geld verdienen ließ, waren die Arbeitsbedingungen oft besser, was die Gerichte wenig attraktiv erscheinen ließ.[120] Um für einen Ausgleich zu sorgen, wurden daher vorübergehend über hundert privat niedergelassene Rechtsanwält:innen als Richter:innen sowie 50 Rechtsanwält:innen als Staatsanwält:innen verpflichtet.[121]

Aufwind erfuhr die Entnazifizierung der Gerichte noch einmal im März 1948, als die Alliierte Kommandantur die Entlassung von 69 Richter:innen anordnete[122] und damit eine monatelange Pressedebatte auslöste, in der einhellig von „Justizskandal“, „Richterkrise“ und „Justizverwaltungskrise“ die Rede war. Stadtrat Kielinger der Rechtsabteilung erklärte den Stadtverordneten, dass die Entlassung auf sowjetisches Verlangen hin beschlossen worden war und die Westmächte offenbar nicht erkannt hätten, dass dem Berufsrichtertum dadurch

117 Vgl. BK/O(46)101a vom 26. Februar 1946, in: Magistrat von Groß-Berlin (Hrsg.), VOBl. der Stadt Berlin 2 (1946) 11, S. 71.

118 Über die Entnazifizierung der Berliner Justiz und die Personalsituation: Friedrich Scholz, Berlin und seine Justiz. Die Geschichte des Kammergerichtsbezirks 1945 bis 1980, Berlin/New York 1982, S. 66–73.

119 Vgl. Magistrat von Groß-Berlin (Hrsg.), Berlin 1947. Der Magistrat berichtet … Jahresbericht des Magistrats, Berlin 1947, S. 160 ff.

120 Vgl. OMGBS, Six Month Report, 4 July 1946 to 1 January 1947, IfZ, OMGUS 17/257–2/10.

121 Vgl. Magistrat von Groß-Berlin (Hrsg.), Berlin 1947. Der Magistrat berichtet …, S. 162.

122 Vgl. OMGBS, Monthly Report, May 1948, Section Legal, IfZ, OMGUS 5/37–3/5.

ein schwerer Schlag versetzt worden sei. Auch innerhalb der Strafkammern, wo es infolge der Entlassungen zu diversen Neu- und Umbesetzungen kam, sorgte der alliierte Beschluss für Furore.[123] Den entlassenen Richter:innen war auferlegt worden, einen Antrag vor der Entnazifizierungskommission zu stellen, was alle bis Mai 1948 taten.[124]

Ein Gesetz in vier Sektoren 1946: Bilanzen zum öffentlichen Dienst

Zu den Bilanzen dieser Entlassungsanordnung existieren lediglich vereinzelte Angaben, sodass der Blick auf die Umsetzung fragmentarisch bleibt.[125] Nach dem ersten Halbjahr 1946 schickten die vier Militärregierungen Angaben zur Entnazifizierung innerhalb ihrer Sektoren an den Alliierten Kontrollrat, der eine deutschlandweite Statistik veröffentlichte.[126]

Laut den Berichten der vier Militärregierungen wurden bis zum 30. Juni 1946 insgesamt über 10 000 Personen unter der Gesetzgebung erfasst, davon circa ein Drittel bzw. 3500 weiterbeschäftigt und zwei Drittel bzw. etwas mehr als 7000 entlassen oder aus einer Stellung ausgeschlossen.

123 Vgl. Scholz, Berlin und seine Justiz, S. 67 und 75; Andreas Pretzel, Die gescheiterte Entnazifizierung des Rechts, in: ders. (Hrsg.), NS-Opfer unter Vorbehalt. Homosexuelle Männer in Berlin nach 1945, Münster 2002, S. 70–82, hier S. 73.

124 Vgl. OMGBS, Monthly Report, May 1948, IfZ, OMGUS 5/37–3/5.

125 Die vom Magistrat und von der Alliierten Kommandantur eingeforderten Listen sind nur lückenhaft überliefert. Vgl. BK/O(46)101a vom 26. Februar 1946, in: Magistrat von Groß-Berlin (Hrsg.), VOBl. der Stadt Berlin 2 (1946) 11, S. 72; beispielsweise Listen aus der Verwaltungs-, Kriminal- und Schutzpolizei (LAB, C Rep. 303–09, Nr. 58), dem Amt für Liegenschaften (LAB, C Rep. 102, Nr. 34) und der Generalsteuerdirektion (LAB, C Rep. 102, Nr. 51).

126 In diesen bleibt unklar, inwieweit von der Alliierten Kommandantur vorgenommene Entlassungen und Überprüfungen enthalten sind. Denn die im folgenden abgebildeten Tabellen bilden eine allein nach den vier Sektoren aufgeschlüsselte Zusammenfassung der erfassten Personen aus dem öffentlichem Dienst ab. Trotz langwieriger Diskussionen darüber, wer unter die Liste der City Wide Officials fiel, spielte diese Liste in der vom Kontrollrat eingeforderten Statistik keine Rolle. Vgl. Statistik des Alliierten Kontrollrats über die Entnazifizierung in den vier Besatzungszonen und in Berlin gemäß der Kontrollratsdirektive Nr. 24 vom 1. Januar bis zum 30. Juni 1946, abgedruckt in: Vollnhals (Hrsg.) in Zusammenarbeit mit Thomas Schlemmer, Entnazifizierung. Politische Säuberung und Rehabilitierung, S. 164 f.

Tabelle 1:
Statistik des Alliierten Kontrollrats über die Entnazifizierung vom 1. Januar bis zum 30. Juni 1946: Öffentlicher Dienst[127]

	Amerikanischer Sektor	Britischer Sektor	Französischer Sektor	Sowjetischer Sektor	Insgesamt
Weiterbeschäftigung	3257	241	101	–	3599
Entlassung	1047	495	156	5134	6832
Ausschluss	87	–	35	184	306
Erfassungen insgesamt	4391	736	292	5318	10737

Den eingereichten Statistiken zufolge war die Entnazifizierung der Verwaltung im sowjetischen Sektor am strengsten. Hier wurden mit über 5000 Angestellten (75 Prozent) gegenüber 191 im französischen (3 Prozent), 495 im britischen (7 Prozent) und 1134 im amerikanischen (15 Prozent) die meisten der erfassten ehemaligen NSDAP-Mitglieder und -Unterstützer:innen entlassen oder ausgeschlossen. Zudem wurde im sowjetischen Sektor, im Unterschied zu anderen Sektoren, keine unter die Gesetzgebung fallende Person weiterbeschäftigt, also keine Ausnahmeregelungen genehmigt. Zwar relativieren sich die quantitativen Unterschiede zwischen den Sektoren mit Blick auf deren Einwohnerzahlen,[128] dennoch sind auch relativ betrachtet im sowjetischen Sektor mit Abstand die meisten Entlassungen zu verzeichnen.

Im Magistrat, den Bezirksämtern und den öffentlichen Betrieben waren 1946 weit über 100000 Personen beschäftigt, davon rund 7000 in der Hauptverwaltung und knapp 45000 bei den Bezirksverwaltungen.[129] So lässt sich schluss-

127 Vgl. ebenda.

128 Dem vorläufigen Ergebnis der Volkszählung vom 29. Oktober 1946 zufolge waren in Berlin insgesamt 3169689 Personen registriert, davon im sowjetischen Sektor 1170297, im amerikanischen Sektor 975504, im britischen Sektor 602530 und im französischen Sektor 421358 Personen. Vgl. AKB BK/R(46)406, Report on preliminary census totals for Berlin, Combined Report, LAB, B Rep. 036-01, Nr. 11/148-2/9.

129 Der Post- und Telekommunikationsbereich zählte rund 19000 und BEWAG, BVG, Eisenbahn und Feuerwehr ungefähr 47000 Beschäftigte. Vgl. Hurwitz, Eintracht der Siegermächte, S. 191 und 279.

folgern, dass im ersten Halbjahr 1946 noch ungefähr zehn Prozent der im öffentlichen Dienst Beschäftigten von der neuen Richtlinie betroffen waren und etwa sieben Prozent entlassen wurden. Die Tendenz der vergleichsweise niedrigen Anzahl der Entlassungen und verweigerten Einstellungen scheinen Angaben des Stadtrats Schmidt zu bestätigen, der um die 1000 Entlassungen aus dem Magistrat und der Bezirksverwaltungen bezifferte.[130] Auch vereinzelt überlieferte Berichte der Bezirksämter bezeugen diese Größenordnung. Beispielsweise meldete die Bezirksverwaltung des französisch besetzten Bezirks Reinickendorf im Mai 1946, dass etwa ein Dutzend unter die Gesetzgebung fallende Personen noch im Dienst der Verwaltung stehe.[131] Aus diesen Zahlen wird ersichtlich, wie auch der stellvertretende Leiter der Personalabteilung Schmidt urteilte, dass die Entnazifizierung der Verwaltung mit ca. 30 000 Entlassungen bis Ende 1945 bereits vor Erlass der neuen Gesetzgebung „weitgehend abgeschlossen"[132] bzw. weit fortgeschritten war.

Eine Herausforderung lag im Fachkräftemangel, den die Alliierten in vielen Arbeitsbereichen, insbesondere aber in medizinischen, juristischen und technischen Berufen thematisierten. Bereits kurz nach Erlass der Gesetzgebung stellten amerikanische und britische Offizier:innen einen Entwurf zur „vorläufigen Beibehaltung" benötigter und unersetzlicher Fachkräfte zur Diskussion, was französische Stellen prinzipiell unterstützten. Die sowjetischen Repräsentant:innen begründeten ihr Veto damit, dass mit solchen Ausnahmeregelungen zahlreiche Nationalsozialist:innen in ihren Stellungen belassen und viele argumentieren würden, unersetzlich zu sein.[133]

Wie kompliziert die Lösung des Fachkräftemangels war, offenbarte sich am Beispiel der medizinischen Versorgung, die sich aufgrund kriegsbedingter Zerstörungen und Materialmangels mit immensen Herausforderungen konfrontiert sah. Dem öffentlichen Gesundheitsdienst stand bei Kriegsende nur eine Handvoll ausgebildeter Ärzt:innen zur Verfügung. Waren vor Kriegsbeginn noch über 6500 Mediziner:innen in Berlin ansässig, musste die Bevölkerung nach Kriegsende mit einem Drittel der Vorkriegsbelegschaft auskommen, und alliierte wie deutsche Verwaltungsstellen sorgten sich um die gesundheitlichen

130 Vgl. Bericht von Martin Schmidt, Entnazifizierung der Verwaltung, 12. September 1947, Bl. 128, LAB, C Rep. 102, Nr. 29.

131 Vgl. GMFB Reinickendorf, Note de Service, Dénazification, 14 mai 1946, MAE, GMFB 5/2022.

132 Bericht von Martin Schmidt, Entnazifizierung der Verwaltung, 12. September 1947, Bl. 128, LAB, C Rep. 102, Nr. 29.

133 Vgl. AKB BK/R(46)261, Temporary Retention of Certain Technicians, 20 July 1946, LAB, B Rep. 036-01, Nr. 11/148-2/7.

Zustände.[134] Betätigungsverbote, zuweilen in der Forschung missverständlicherweise als „Entnazifizierungsverluste“[135] bezeichnet, erschwerten die Lage, aber lösten sie keineswegs aus. Denn den Beteuerungen der breiten Ärzteschaft, „unpolitische Mediziner“ gewesen zu sein, deren wissenschaftliche Tätigkeit sich fernab jeder Politik vollziehe und für die eine Parteimitgliedschaft notwendige Bedingung gewesen war, wie Sauerbruch gegenüber dem Magistrat mehrfach insistierte,[136] war man nicht gänzlich aufgesessen. Immerhin überprüften die Alliierten bis Ende 1946 amerikanischen Berichten zufolge eine beträchtliche Anzahl von über 1600 Ärzt:innen und entzogen 350 Lizenzen aufgrund einer festgestellten NSDAP-Mitgliedschaft und -Unterstützung.[137] Freilich waren diese Prüfungen angesichts bis zu 80 Prozent NSDAP-Mitgliedschaften innerhalb der Berliner Ärzteschaft sowie all jener Mediziner:innen, die nicht durch Funktionen oder Mitgliedschaften erfasst wurden, kaum gründlich genug. Von den ehemaligen „Rassehygienikern“ des Kaiser-Wilhelm-Instituts etwa wurde Hans Nachtsheim auf den Genetik-Lehrstuhl der Berliner Humboldt-Universität berufen.[138]

Ferner bestand eine Diskrepanz zwischen dem öffentlichen und dem privaten Gesundheitswesen. Da als „nominelle“ Mitglieder des Nationalsozialismus eingestufte Ärzt:innen sich mit temporärer Lizenz privat niederlassen durften und damit oft besser verdienten als im öffentlichen Dienst Beschäftigte und sogar als politisch unbelastete Kolleg:innen, verpflichteten die Besatzungsbehörden sie für die öffentliche Verwaltung. Fortan sollten jene Mediziner:innen mit temporärer Lizenz täglich mehrere Stunden für die öffentlichen Gesundheitsdienst tätig sein.[139] Wie im Justizwesen bot der Privatsektor vielen Fach-

134 Vgl. Ein halbes Jahr Berliner Magistrat. Der Magistrat gibt Rechenschaft. Die Reden des Oberbürgermeisters Dr. Arthur Werner und des Stellvertretenden Oberbürgermeisters Karl Maron auf der Kundgebung in der deutschen Staatsoper am 19. November 1945. Berichte der Stadträte, hrsg. vom Magistrat der Stadt Berlin, Berlin 1945, S. 53.

135 So Malycha, Die Medizinische Fakultät, S. 157.

136 Vgl. Reinisch, Perils of Peace S. 109.

137 Des Weiteren wurden im selben Zeitraum 866 Zahnärzt:innen überprüft (davon 219 entlassen), 62 Veterinärmediziner:innen (davon 26 entlassen), 3111 Krankenschwestern (davon 196 entlassen), 163 Pharmazeut:innen (davon 92 entlassen) und über 3000 weiteres medizinisches Personal (davon 250 entlassen). Vgl. OMGBS, Six Month Report, 4 July 1946 to 1 January 1947, IfZ, OMGUS 17/257–2/10.

138 Vgl. Freimüller, Mediziner, S. 32; Peter Weingart/Jürgen Kroll/Kurt Bayertz, Rasse, Blut und Gene. Geschichte der Eugenik und Rassenhygiene in Deutschland, Frankfurt a. M. 1992, S. 418 f.

139 Vgl. OMGBS, Historical report 1 October 1946 to 31 December 1946, IfZ, OMGUS 5/36–1/2.

kräften oft bessere Bedingungen, was die Alliierte Kommandantur durch verpflichtende Dienste oder vorübergehende Genehmigungen auszugleichen suchte. Fand sich kein adäquater Ersatz, sollten NS-belastete Klinikangestellte ohne Leitungsfunktion vorübergehend weiterbeschäftigt werden, beispielsweise im Fall Ewald Harndt, der als Direktor der Zahnärztlichen Instituts der Universität zunächst entlassen wurde, dann aber sein Amt kommissarisch fortsetzen durfte. An der Medizinischen Fakultät der Berliner Universität, weist Andreas Malycha nach, war neun Professor:innen, fünf Dozent:innen und 22 Assistenzärzt:innen eine solche Weiterbeschäftigung gestattet worden.[140] Malycha erkennt darin zuweilen eine „paradoxe Situation", in der NS-belastete Ärzt:innen von ihren Leitungsfunktionen enthoben waren, diese de facto aber mit schlechterer Bezahlung weiterhin ausübten.[141] In anderer Deutung lässt sich darin eine Fortsetzung dessen erkennen, was sich der Magistrat zusammen mit der Sowjetischen Militäradministration bereits im Sommer 1945 vorgenommen hatte, nämlich dass nach Ausbildung neuer Fachkräfte die an verantwortlichen Stellen vorübergehend Weiterbeschäftigten ausgetauscht werden sollten.[142]

Prinzipiell waren jegliche vorübergehende Weiterbeschäftigungen, zulässig für unter die Kategorie II der Gesetzgebung fallende Personen, von der Alliierten Kommandantur bzw. einer der vier Militärregierungen zu genehmigen. Im Postwesen waren über 6600 Mitarbeiter:innen tätig, deren Überprüfung im März 1946 bis auf einige Hundert Fälle abgeschlossen war. Etwa 200 ehemaligen Mitgliedern und Unterstützer:innen der NSDAP war gekündigt worden, und halb so viele wurden in einer Position ohne Aufsichtsfunktion weiterbeschäftigt.[143] Aus der Stadtentwässerung waren etwa 950 Mitarbeiter:innen entlassen worden, 17 ehemalige Parteimitglieder wurden wegen fehlenden qualifizierten Ersatzes als einfache Arbeiter pro Stunde bezahlt. Die Berliner Wasserwerke reichten zwei Listen ein, die belegten, dass zwölf als „aktive Nazis" eingestufte Angestellte noch zu entlassen waren und rund 150 vorübergehend weiterbeschäftigt werden sollen. Aus der etwa 5000 Personen umfassenden Belegschaft der Berliner Gaswerke war über 800 ehemaligen NSDAP-Mitgliedern und -Unterstützer:innen gekündigt wirden, lediglich fünf waren provisorisch weiterbeschäftigt worden. Ähnlich meldete die BEWAG, dass seit Kriegsende

140 Vgl. Malycha, Die Medizinische Fakultät, S. 157.

141 Ebenda.

142 Vgl. 9. Magistratssitzung vom 2. Juli 1945, Top 2, abgedruckt in: Wetzel (Hrsg.)/Hanauske (Bearb.), Die Sitzungsprotokolle, Bd. 1, S. 184 f.

143 Vgl. OMGBS, Monthly Report, March 1946, IfZ, OMGUS 5/37–3/1.

etwa 1500 nationalsozialistisch gesinnte Mitarbeiter:innen entlassen worden waren und in 16 Fällen um eine vorübergehende Weiterbeschäftigung ersucht werde.[144] Die eingereichten Übersichten zeigen, dass sich die Anzahl temporärer Weiterbeschäftigungen und Ersuchen um Ausnahmeregelungen in den städtischen Betrieben insgesamt in einem durchaus überschaubaren Ausmaß bewegten.

Aufschlussreich für eine Bewertung der Umsetzung ist zudem ein Blick auf die Kategorien, nach denen ehemalige Mitglieder und Unterstützer:innen der NSDAP weiterbeschäftigt, entlassen oder ausgeschlossen wurden, was die zuvor diskutierte Statistik des Alliierten Kontrollrats ebenfalls erfasste. Die beiden folgenden Tabellen zeigen eine Aufteilung der nach den Kategorien I (zwangsweise zu entlassen) und II (nach Ermessen zu entlassen) erfassten Personen.[145]

Tabelle 2:
Statistik des Alliierten Kontrollrats über die Entnazifizierung vom 1. Januar bis zum 30. Juni 1946: Öffentlicher Dienst gemäß Kategorie I (zwangsweise zu entlassen)

	Amerikanischer Sektor	Britischer Sektor	Französischer Sektor	Sowjetischer Sektor	Insgesamt
Weiterbeschäftigung	–	14	31	–	45
Entlassung	437	352	70	5049	5908
Ausschluss	27	–	20	146	193
Erfassungen insgesamt	464	366	121	5195	6146

Die Statistik zeigt, in welchem Umfang man im öffentlichen Dienst Ausnahmen traf: Im britischen und französischen Sektor wurden insgesamt 14 bzw. 31 „aktive" Nationalsozialist:innen trotz ihrer Klassifikation als „zwangsweise zu entlassen" weiterbeschäftigt; im amerikanischen und sowjetischen Sektor

144 Vgl. GMFB, Note de Service, Dénazification, 14 mai 1946, MAE, GMFB 5/2022.

145 Vgl. Statistik des Alliierten Kontrollrats über die Entnazifizierung in den vier Besatzungszonen und in Berlin gemäß der Kontrollratsdirektive Nr. 24 vom 1. Januar bis zum 30. Juni 1946, abgedruckt in: Vollnhals (Hrsg.) in Zusammenarbeit mit Thomas Schlemmer, Entnazifizierung. Politische Säuberung und Rehabilitierung, S. 164f.

hingegen wurden keine solchen Ausnahmen gemacht. In strikter Umsetzung der Gesetzgebung wurden hier alle 464 als „aktive" Nationalsozialist:innen Eingestuften im amerikanischen Sektor und alle 5195 im sowjetischen Sektor ihres Amtes enthoben. Auffällig ist ferner, dass im sowjetischen Sektor weitaus mehr ehemalige NSDAP-Mitglieder und -Unterstützer:innen unter die Kategorie I als unter die Kategorie II fielen, wie ein Vergleich mit der folgenden Tabelle zeigt. Im amerikanischen Sektor erfolgten Entlassungen umgekehrt weitaus häufiger auf Grundlage der Belastungskategorie II. Offen bleibt, ob dies auf eine strengere Begutachtung im sowjetischen oder eine mildere im amerikanischen zurückzuführen ist.

Tabelle 3:
Statistik des Alliierten Kontrollrats über die Entnazifizierung vom 1. Januar bis zum 30. Juni 1946: Öffentlicher Dienst gemäß Kategorie II (nach Ermessen zu entlassen)

	Amerikanischer Sektor	Britischer Sektor	Französischer Sektor	Sowjetischer Sektor	Insgesamt
Weiterbeschäftigung	3257	227	70	–	3554
Entlassung	610	143	86	85	924
Ausschluss	60	–	15	38	113
Erfassungen insgesamt	3927	370	171	123	4591

Die Statistik zeigt, dass von 4591 berlinweit unter der Kategorie II Erfassten insgesamt 77 Prozent bzw. 3554 ehemalige Mitglieder und Unterstützer:innen der NSDAP als „nominell" betrachtet und daher zunächst weiterbeschäftigt wurden. Als besonders strenge Umsetzung wurde allein im sowjetischen Sektor kein Beschäftigungsverhältnis fortgeführt. Denkbar ist, dass das Komitee für Entnazifizierung auch aufgrund solcher Berichte und Statistiken nach mehrwöchigen Diskussionen im August 1946 zu der Einschätzung kam, dass das Problem des Fachkräftemangels mittlerweile seine Dringlichkeit verloren hatte.[146]

146 Vgl. AKB DEN Comm., Temporary retention of certain technicians, 19 August 1946, TNA, FO 1112/374.

Angaben überprüfen: Registrierungspflicht, Archive und Fragebögen

„Zuverlässige Unterlagen über jemanden in der Millionenstadt zu finden ist unvergleichlich schwerer als in einem kleinen Provinznest",[147] beklagte die *Tägliche Rundschau* im August 1946. Entnazifizierung konnte nur gelingen, wenn Angaben zur Person, zu Beruf und insbesondere zu Mitgliedschaften, Funktionen und Stellen überprüft werden konnten. Zur Einschätzung der politischen Belastung benötigten die Militärregierungen ebenso wie Personalabteilungen und Betriebsausschüsse die entsprechenden Unterlagen, die allerdings oft nicht vorhanden waren.

Die Reste des ohnehin fast vollständig zerstörten Berliner Meldewesens waren angesichts der unübersichtlichen Bevölkerungs- und Wohnsituation gänzlich unbrauchbar, und der Wiederaufbau der Einwohnerkarteien ohne funktionierende Infrastruktur und durch oft ungeschulte Polizeikräfte zog sich über Monate hin.[148] Die Zentralkartei der NSDAP sowie weitere relevante Registraturen, sofern überhaupt auffindbar, mussten in mühsamer Arbeit erst sortiert werden. Es dauerte oft Monate bis Jahre, bis sie für eine Überprüfung herangezogen werden konnten; die Karteien der SS-Mitglieder etwa waren zum Oktober 1947 erst bis zum Buchstaben K sortiert.[149] Kriegsbedingte Zerstörungen von archivalischen Unterlagen und die gezielte Vernichtung von belastenden Dokumenten gehörten mitunter zu den größten Herausforderungen bei der Beseitigung nationalsozialistischer Einflüsse aus dem öffentlichen Leben.

Nach Erlass der neuen Entnazifizierungsgesetzgebung bemühte sich die amerikanische Militärregierung um eine Integration der von der Polizei vorgenommenen Registrierungen zur Vervollständigung ihrer Karteien im Berlin Document Center.[150] Um die Grundlage der jeweiligen Verhaftungs- und Internierungspraktiken voranzutreiben, übernahm die Alliierte Kommandantur Anfang September 1945 die Anordnung des Kontrollrats zur „Vollständigen Registrierung ehemaliger deutscher Offiziere, ehemaliger Mitglieder der NSDAP

147 Entnazifizierungskommissionen, in: Tägliche Rundschau, 22. August 1946.

148 Zudem waren die Personalakten über frühere Polizeiangehörige nicht mehr vorhanden. Sie wurden größtenteils in den letzten Kriegstagen auf Veranlassung des NS-Regimes vernichtet. Vgl. Polizeipräsident an British MG PSB, 11. Oktober 1947, LAB, C Rep. 303–09, Nr. 57.

149 Vgl. OMGBS Director's Office, ODI Activity Report, 2 October 1947, LAB, B Rep. 036–01, Nr. 4/137–1/19.

150 Vgl. Präsidialabteilung Polizei, Notiz bzgl. Listen der registrierten PGs, 1. März 1946, LAB, C Rep. 303–09, Nr. 59.

und aller anderen Naziorganisationen.".[151] Im Oktober 1945 waren über 100000 ehemalige Mitglieder der NSDAP und ihrer Gliederungen sowie Offiziere der Wehrmacht in Berlin registriert.

Tabelle 4:
Zusammenstellung der bei den Polizeidienststellen des Polizeipräsidiums Berlin registrierten Angehörigen der früheren NSDAP und Gliederungen sowie der ehemaligen Offiziere bis zum 1. Oktober 1945[152]

	Sowjetischer Sektor	Amerikanischer Sektor	Britischer Sektor	Französischer Sektor	Insgesamt
NSDAP	19442	32538	20330	12158	84488
Waffen-SS	34	163	98	67	362
Allgemeine SS	116	147	81	90	434
SD	13	17	10	7	47
SA	1268	2021	1315	986	5590
HJ	899	2005	650	473	4027
BDM	1213	3333	895	736	6177
NSDstB	19	135	77	22	253
NSDoB	9	18	9	8	44
NSKK	364	802	539	449	2154
NSFK	86	311	167	114	678
Gestapo	18	14	13	9	54
Der Gestapo angliederte Organisationen	10	7	10	5	32
Offiziere	343	2433	1475	491	4742
Gesamt					109352

151 Vgl. AKB BK/C(45)9, Kommuniqué No. 9, LAB, B Rep. 036–01, Nr. 11/148–1/4; Präsidialabteilung an Pressestelle, Registrierung ehemaliger Offiziere, 21. September 1945, C Rep. 303–09, Nr. 59.

152 Kommando der Schutzpolizei, Zusammenstellung der bei den Polizeidienststellen des Polizeipräsidiums Berlin registrierten Angehörigen der früheren NSDAP und Gliederungen sowie der ehemaligen Offiziere bis zum 1. Oktober 1945, LAB, C Rep. 303–09, Nr. 59.

Die Registrierungspflicht wurde in den folgenden Monaten und Jahren einige Male erneuert, um Zugezogene oder zurückgekehrte Kriegsgefangene erfassen zu können. Die monatlichen Zusammenstellungen zeigen, dass sich die Gesamtzahl bis 1948 erheblich erhöhte; allein im März 1946 registrierten sich knapp 2000 weitere ehemalige Mitglieder der NSDAP und über 80 der Gestapo.[153] Bis April 1946 wurden etwa über 100 000 aus der Kriegsgefangenschaft zurückgekehrte Wehrmachtsangehörige registriert; mehrere Tausend in jedem der zwanzig Bezirke.[154]

Ob alle Aufgeforderten ihrer Pflicht nachkommen würden, blieb trotz drohender Strafe mehr als fraglich. Berichte, die die britische Militärregierung erreichten, ließen hierüber große Zweifel entstehen. Ortskundige sprachen von Bestechungen und Seilschaften und schätzten, dass sich mancherorts nur etwa fünf Prozent registriert hatten.[155] Als die amerikanische Special Branch etwa eine beim Amtsgericht Charlottenburg liegende Kartei von 25 000 NSDAP-Mitgliedern desselben Bezirkes mit den polizeilichen Registern abglich, stellte sich heraus, dass nur etwa die Hälfte der früheren Charlottenburger Parteimitglieder registriert war.[156]

Das Document Center war unter den vielen über alle vier Sektoren und mehrere Bezirke verstreuten Aufbewahrungsorten für archivalische Überlieferungen der wichtigste. Innerhalb weniger Jahre erreichten das Zentrum über 100 000 Anfragen.[157] Fehlerhafte und falsche Angaben ehemaliger NSDAP-Mitglieder und -Unterstützer:innen bereiteten die größten Probleme. Laut einer Untersuchung der Special Branch gaben etwa 50 Prozent nicht an, welchen Rang oder welche Funktion sie innerhalb einer NS-Organisation innehatten, etwa 25 Prozent der Unterschriften waren unleserlich, und in weiteren 25 Prozent waren Fragen nur lückenhaft beantwortet.[158] Solche lücken- bzw. fehlerhaften Informationen verlangsamten die Überprüfungsarbeit ungemein, und es war nur in

153 Vgl. Polizeipräsident, Zahlenmäßige Zusammenstellung der registrierten Mitglieder für den Monat März, 5. April 1946, LAB, C Rep. 303–09, Nr. 59.

154 Der Polizeipräsident schickte monatliche, alphabetische und nach Bezirken geordnete Listen an jede Militärregierung. Ausschnitte und Zusammenfassungen finden sich hier: LAB, C Rep. 303–09, Nr. 59; C Rep. 303–09, Nr. 233.

155 Vgl. PSB to Brigadier R. M. K. Martin, Registration of Nazis, 25 October 194, TNA, FO 1012/752, MGGBA.

156 Vgl. MGGBA, Charlottenburg, Erfassung ehemaliger Parteigenossen der NSDAP im Amtsgericht Charlottenburg, 21. Juni 1946, LAB, C Rep. 207.

157 Vgl. OMGBD, Monthly Report, February 1946, IfZ, OMGUS 5/37–3/1.

158 Vgl. OMGBS PS SP, Preparation of Fragebogen, 3 April 1947, LAB, B Rep. 036–01, Nr. 4/135–1/10.

Einzelfällen möglich, bewusste Falschaussagen nachzuweisen.[159] Zwar wiesen Presse und Verwaltung gezielt auf Fälle von aufgedeckten Falschangaben hin und machten darauf aufmerksam, dass die Militärregierung die Beurteilungen der Kommission genau prüfen und Falschaussagen ahnden werde; die *Berliner Zeitung* sprach sogar von „hohen Freiheitsstrafen und empfindlichen Geldstrafen" in Höhe von 10 000 Mark.[160] Solche Versuche der Abschreckung waren jedoch nur minder erfolgreich. Denn tatsächlich war es für die Alliierten äußerst schwierig, die systematischen, oft als Kavaliersdelikt verstandenen Falschangaben in Fragebögen aufzudecken und zu ahnden.[161]

Das Komitee für Entnazifizierung nutzte die Dienste des Document Center regelmäßig. Zumeist übernahm die amerikanische Delegation die Koordination und Begutachtung eines City Wide Officials, und das Ergebnis eines Berufungsverfahrens wurde vertagt, bis das Document Center reagiert hatte. In einigen Sitzungen bat der sowjetische Repräsentant seinen amerikanischen Kollegen, ehemalige NSDAP-Mitglieder und -Unterstützer:innen aus dem sowjetischen Sektor zu überprüfen.[162] Möglich scheint, dass sowjetische Vertreter:innen weitaus häufiger um solche Unterstützung baten, dies aber nicht im Protokoll vermerkt wurde. Zweifelsfrei stemmten die amerikanischen Behörden einen Großteil der Überprüfungsarbeit.

Zwar waren die amerikanischen Pläne, ein interalliiertes Zentrum aufzubauen, längst vom Tisch – für das Entnazifizierungskomitee der Alliierten Kommandantur war das Problem aber alles andere als gelöst, und es wurde nach Erlass der Entnazifizierungsgesetzgebung vom Februar 1946 umso dringlicher. Solange es kein gemeinsames Büro und nicht einmal ein eigenes Sekretariat gab, musste jede Delegation die Unterlagen der City Wide Officials sowie Zehntausender Verfahren der stadtweit operierenden Entnazifizierungskommissionen separat verwalten und prüfen.

159 Report on MG West on the Rhine with recommendations for VBKS Procedure Berlin to HQ MGGBA, undated, TNA, FO 1012/90.

160 Naive Appellanten. Rund um den Entnazifizierungsausschuss für Künstler, in: Berliner Zeitung, 2. Oktober 1946. Auch: Bezirksamt Wilmersdorf, Aushang: Warnung an das Publikum, LAB, C Rep. 209, Nr. 1531.

161 Ende 1947 hielt die britische Public Safety Branch beispielsweise fest, dass sich kein Rückgang in der Zahl der Fälschungen zeige. Im Dezember leitete sie 15 Strafverfolgungsmaßnahmen ein. (Vgl. MGGBA, PSB, Monthly Report, December 1947, TNA, FO 1050/1684.) Zu Ausmaß und Umgang mit Fragebogenfälschung im Allgemeinen siehe: Leßau, Entnazifizierungsgeschichten, S. 101–119.

162 Z. B. AKB DEN Comm., Fragebogen examined, 12 August 1946, TNA, FO 1112/374.

Absprachen und Konflikte über Verhaftungs- und Internierungspraktiken

„Dort wo die Gefängnisse überfüllt sind, sollen die verhafteten Nazis in den Konzentrationslagern untergebracht werden",[163] empfahlen Neumann und Herbert Marcuse in ihrem *Leitfaden für die Zivilverwaltung* recht pragmatisch den zukünftigen Militärregierungen, einstige Verfolgungsstätten des Nationalsozialismus für ihre Internierungspolitik zu nutzen. In allen vier Zonen errichteten die Alliierten Internierungslager. Die präventiven Verhaftungen dienten dem Ziel, potenziell gefährliche NS-Aktivisten, welche die Besatzungsmächte und den Aufbau eines demokratischen Staates gefährden könnten, in Gewahrsam zu halten und ihre NS-Verstrickung zu überprüfen. Neben der besatzungspolitischen Sicherheitsmaßnahme schuf die Internierung mutmaßlicher Kriegsverbrecher zugleich die Voraussetzung für eine justizielle Strafverfolgung. Die Internierungspolitik war damit eingebettet in das politische Programm zur Beseitigung nationalsozialistischer Einflüsse und Teil des Potsdamer Abkommens.[164] In diesem war festgehalten worden: „Nazistische Parteiführer, einflußreiche Nazianhänger und die Leiter der nazistischen Ämter und Organisationen und alle anderen Personen, die für die Besetzung und ihre Ziele gefährlich sind, sind zu verhaften und zu internieren."[165]

Daraufhin gab es, wie die Gremienarbeit des Nazi Arrest and Denazification Sub-Committee des Kontrollrats zeigt, Bemühungen, deutschlandweit gültige Richtlinien zu erlassen, wozu es allerdings nicht kam. Stattdessen erfolgten Internierungen nach jeweils eigenen Vorhaben und Kategorien und, trotz grundsätzlicher Übereinstimmung, mit regionalen und zonalen Unterschieden.[166] In weitaus geringerem Umfang als im Bereich von Entlassungen und Einstellungen lassen sich daher auch in Berlin Verhaftungen und Internierungen als gemeinsame Politik der Besatzungsmächte beschreiben. Vielmehr besaßen die jeweiligen Militärregierungen hier weitreichende Handlungsspielräume.

In ihrer ersten Sitzung am 18. Juli 1945 verständigten sich die Stadtkommandanten über eine Zusammenarbeit bei sektorenübergreifenden Verhaftungen.

163 Die Auflösung der Nazipartei und der an sie angeschlossenen Organisationen vom 22. Juli 1944, abgedruckt in: Laudani (Hrsg.), Im Kampf gegen Nazideutschland, S. 346.

164 Vgl. Beattie, Allied Internment Camps, S. 44–59; ders., The Allied Internment, S. 83 f.; Vollnhals, Internierung, S. 223–248; Possekel, Einleitung. Sowjetische Lagerpolitik, S. 69; Meyer, Entnazifizierung von Frauen, S. 11; Wember, Umerziehung im Lager, S. 362 f.

165 Bericht über die Dreimächtekonferenz von Berlin (Potsdam) vom 2. August 1945, in: Berlin. Quellen und Dokumente, Bd. 4, 1. Halbbd., S. 79–94, hier S. 84.

166 Ausführlich: Beattie, Allied Internment Camps, S. 60–102.

Auf Vorschlag von General Gorbatov beschloss man, mehrere Polizeistationen an den Sektorengrenzen zu eröffnen, an denen die Militärpolizeien kommunizieren und verhaftete Personen austauschen sollten.[167] Doch vor allem die britischen und amerikanischen Militärbehörden berichteten fortlaufend von illegalen Verhaftungen durch sowjetische Einheiten oder deutsche Polizist:innen in sowjetischem Auftrag.[168] Im September einigten sich die Stadtkommandanten schließlich auf einen Vorschlag des Komitees für Öffentliche Sicherheit, demzufolge politische Verhaftungen nur mit vorheriger Konsultation der betreffenden Geheimdienste vorgenommen werden durften. Damit konnten Befehle an örtliche Polizeistellen nur noch von der jeweiligen Militärbehörde des betreffenden Sektors erteilt werden.[169] Bis auf die Verständigung darüber, dass höhere Angestellte der zentralen Stadtverwaltung bzw. sogenannte City Wide Officials nur im gegenseitigen Einvernehmen verhaftet werden durften, erfolgten Internierungen und Verhaftungen weitgehend getrennt.

Einen Großteil der Verhaftungen nahmen in den ersten Wochen nach Kriegsende sowjetische Stellen vor.[170] Für die sowjetische Verhaftungs- und Internierungspraxis waren zwei Befehle von Bedeutung. Der zunächst erlassene NKWD-Befehl Nr. 0016 von Anfang 1945 war eine groß angelegte Sicherungsmaßnahme, mit der die vorrückende Rote Armee während des Krieges vor Widerstand geschützt werden sollte.[171] Verantwortlich für die Durchführung des bisherigen wie für den am 18. April 1945 erlassenen neuen NKWD-Befehl Nr. 00315 war für Berlin der Kommissar für Staatssicherheit Iwan A. Serov.[172]

167 Vgl. AKB BKC/M(45)2, Notes of a meeting at Soviet HQ, 18 July 1945, LAB, B Rep. 036–01, Nr. 11/148–1/4.

168 Vgl. OMGBD to G-5 Section, Report on Russians in US Sector, 25 July 1945, LAB, B Rep. 036–01, Nr. 4/135–1/10.

169 Vgl. AKB BK/R(45)33, Orders to Civil Police, 12 September 1945, LAB, B Rep. 036–01, Nr. 11/148–1/5.

170 Vgl. Stanciu, „Alte Kämpfer", S. 338.

171 Zu verhaften waren „Führungs- und Einsatzkräfte der Polizei, Leitungspersonal von Gefängnissen und Konzentrationslagern, Militärkommandanten, Staatsanwälte, Untersuchungsrichter, Mitglieder von Kriegsgerichten und Militärtribunalen, Leiter von Vertretungen und Verwaltungen auf Gebiets- und Kreisebene, Bürgermeister, Mitglieder faschistischer Organisationen, Leiter großer Wirtschafts- und Verwaltungseinheiten, Zeitungs- und Zeitschriftenredakteure, Autoren antisowjetischer Veröffentlichungen, Kommandeure und Angehörige von Armeen der gegen die UdSSR kriegführenden Länder […] auch sonstige verdächtige Elemente". Befehl des Volkskommissariats für Inneres Nr. 0016 über „Maßnahmen zur Säuberung des Hinterlandes der Roten Armee von feindlichen Elementen", in: Mironenko/Niethammer/von Plato (Hrsg.), Sowjetische Speziallager in Deutschland, Bd. 2, S. 142–146, hier S. 144.

172 Vgl. Possekel, Einleitung. Sowjetische Lagerpolitik, S. 43.

Die ihm unterstehenden einzelnen NKWD-Operativgruppen waren bis zur Ankunft der Westalliierten bezirksübergreifend aktiv. In Abwandlung des früheren Befehls Nr. 0016 waren die Kategorien für die Verhaftung der Angehörigen des nationalsozialistischen Herrschaftsapparats im Befehl Nr. 00315 verhältnismäßig präziser formuliert:

„a) Spione, Diversanten und Terroristen der deutschen Geheimdienste;
b) Angehörige aller Organisationen und Gruppen, die von der deutschen Führung und den Geheimdiensten des Gegners zur Zersetzungsarbeit im Hinterland der Roten Armee zurückgelassen wurden;
c) Betreiber illegaler Funkstationen, Waffenlager und illegaler Druckereien [...];
d) aktive Mitglieder der nationalsozialistischen Partei;
e) Führer der faschistischen Jugendorganisationen auf Gebiets-, Stadt- und Kreisebene;
f) Mitarbeiter von Gestapo, SD und sonstigen deutschen Straforganen;
g) Leiter von Gebiets-, Stadt- und Kreisverwaltungen sowie Zeitungs- und Zeitschriftenredakteure und Autoren antisowjetischer Veröffentlichungen.“[173]

Damit ging es den sowjetischen Sicherheitsbehörden unter Beibehaltung der Verfolgung „antifaschistischer“ und „feindlicher Elemente“ nun um die Hauptverantwortlichen des NS-Regimes. Explizite Erwähnung fanden Gestapo, SD, SS und SA. Ihre Mitglieder sowie Offiziere der Wehrmacht, das Personal der Gefängnisse, der Konzentrationslager und der Gerichte sollten in Kriegsgefangenenlager des NKWD auf dem Gebiet der UdSSR eingewiesen werden.[174]

Neben Kriegsgefangenen- und Arbeitslagern errichteten sowjetische Behörden mehrere, zunächst dem NKWD unterstellte Speziallager, in denen außer NSDAP-Mitgliedern auch willkürlich Verhaftete interniert wurden. Aufgrund der geografischen Nähe waren die Speziallager Nr. 3 in Hohenschönhausen und Nr. 7 in Weesow (bzw. ab August 1945 in Sachsenhausen) vermutlich vorrangig von Bedeutung.[175]

173 Befehl des Volkskommissars für Inneres Nr. 00315 zur „teilweisen Abänderung des Befehls des NKVD der UdSSR Nr. 0016 vom 11. Januar 1945“, in: Mironenko/Niethammer/von Plato (Hrsg.), Sowjetische Speziallager in Deutschland, Bd. 2, S. 178–181, hier S. 178.

174 Vgl. Possekel, Einleitung. Sowjetische Lagerpolitik, S. 51.

175 Vgl. Beattie, Allied Internment Camps, S. 113 und 118 f.; Jörg Morré, Werneuchen/Weesow – Speziallager Nr. 7 (Mai – August 1945) und Gabriele Camphausen, Berlin-Hohenschönhausen – Speziallager Nr. 3 (Mai 1945 – Oktober 1946), beide in: Jörg Morré,

Im Speziallager Sachsenhausen fiel die größte Gruppe der etwa 60 000 zwischen August 1945 und März 1950 inhaftierten Personen unter das sogenannte Spezkontingent, wurden also auf Grundlage des Verhaftungsbefehls und ohne formelles Gerichtsurteil interniert. Sie machten etwa die Hälfte der Häftlinge aus und umfassten überwiegend untere und mittlere NS-Funktionär:innen, insbesondere Block- und Zellenleiter, sowie in kleinerem Umfang Angehörige der SS, des SD, der Gestapo, der KZ-Wachmannschaften oder Mitarbeiter:innen nationalsozialistischer Behörden.[176] Sowjetischen Angaben zufolge befanden sich im Sommer 1946 unter den nicht verurteilten Deutschen etwa 7500 Mitglieder der NSDAP, 370 Mitarbeiter:innen der Gestapo, 400 Agenten der Abwehrorgane, 350 Mitarbeiter:innen der Polizei, 450 Angehörige der SA, der SS und des SD sowie über 500 Mitarbeiter:innen administrativer Organe. Weitere Häftlingsgruppen bildeten je Tausende ehemalige Wehrmachtsoffiziere und von Sowjetischen Militärtribunalen (SMT) Verurteilte.[177] Zu Letzteren zählten auch 16 frühere Angehörige des Lagerpersonals des KZ Sachsenhausen, die im Sachsenhausen- bzw. Berlinskij-Prozess vom Herbst 1947 angeklagt waren.[178] Dabei kam es durchaus zu interalliierter Kooperation. Enrico Heitzer etwa erläutert, dass die Auslieferungspraxis von Kriegsverbrecher:innen zwischen den Alliierten nur unzureichend erforscht ist.[179] Aus der vergleichenden Studie Beatties wird zudem deutlich, wie hoch die Mobilität zwischen den Zonen insgesamt war und dass viele Festnahmen nicht am Wohnort erfolgten.[180]

Speziallager des NKWD. Sowjetische Internierungslager in Brandenburg 1945–1950, Potsdam 1997, S. 79–82 und 83–92.

176 Vgl. Günter Morsch/Ines Reich (Hrsg.), Sowjetisches Speziallager Nr. 7/Nr. 1 in Sachsenhausen (1945–1950), Berlin 2005, S. 138 f.

177 Ausführlich: Lutz Prieß, Das Speziallager des NKVD Nr. 7 (Nr. 1) Sachsenhausen, in: Mironenko/Niethammer/von Plato (Hrsg.), Sowjetische Speziallager in Deutschland, Bd. 1, S. 380–410, hier S. 397–399.

178 Vgl. Prieß, Das Speziallager des NKVD, S. 401; Enrico Heitzer/Günter Morsch/Robert Traba, Der sowjetische „Berlinskij-Prozess" gegen Täter des KZ Sachsenhausen im Kontext alliierter NS-Verfahren. Eine Einleitung, in: dies./Katarzyna Woniak (Hrsg.), Im Schatten von Nürnberg. Transnationale Ahndung von NS-Verbrechen, Berlin 2019, S. 9–24.

179 Er weist nach, dass einige der angeklagten Täter des KZ Sachsenhausen den sowjetischen Behörden von britischer Seite übergeben worden waren und die sowjetische Militäradministration wiederum Anfang 1947 die Auslieferung von einigen Hundert höheren Angehörigen der NS-Organisationen aus der amerikanischer Zone forderte. Vgl. Enrico Heitzer, Die „Norweger". Das sowjetische Speziallager Nr. 7/Nr. 1 in Sachsenhausen im Kontext der interalliierten Verfolgung von NS- und Kriegsverbrechen, in: ders./Morsch/Traba/Woniak (Hrsg.), Im Schatten von Nürnberg, S. 117–131, hier S. 199–123.

180 Vgl. Beattie, The Allied Internment, S. 71 ff.; auch: Possekel, Einleitung. Sowjetische Lagerpolitik, S. 69.

Anders als in den westlichen Lagern blieb in in den Speziallagern eine Entlassung geringfügig Belasteter lange aus, und es fanden kaum systematische Untersuchungen oder Ermittlungen statt. Aufgrund der Inhaftierung von Personen, die man nicht aufgrund ihrer NS-Belastung festhielt, wegen der schlechten Lebens- und Haftbedingungen und einer außerordentlich hohen Todesrate standen Speziallager schon zeitgenössisch in der Kritik.[181] Bemerkenswerterweise thematisierten interalliierte Gremien die Haftbedingungen und die willkürlichen Verhaftungen, die bald zum Gegenstand öffentlicher Auseinandersetzungen wurden, zu keinem Zeitpunkt. In Presse und Politik dominierte das Thema Speziallager erst mit dem Bruch der Alliierten ab 1948, wie rezeptionsgeschichtliche Studien von Andrew Beattie und Wolfram von Scheliha nachweisen.[182] Die grundsätzliche Zurückhaltung der westlichen Besatzungsmächte in den interalliierten Gremien lässt sich auf die vor allem in den ersten Monaten praktizierte generelle Rücksichtnahme auf den zerbrechlichen Viermächtestatus zurückführen. Zudem lässt sich eine prinzipielle Anerkennung der jeweils anderen Verhaftungs- und Verurteilungspraxis erkennen, die sich im Konkreten etwa in Unterredungen über zu koordinierende Gerichtsverfahren gegen Mitglieder der Stadtverwaltung oder in der im Frühjahr 1947 gemeinsam durchgeführten Razzia zeigt.

Die westalliierten Militärregierungen arbeiteten nach einem ähnlichen, als „Automatischer Arrest" bezeichneten Verfahren und den im SHAEF-Handbuch detailliert formulierten Vorgaben. Die darin festgelegten Verhaftungskategorien waren weitaus präziser. Festzunehmen waren zusammengefasst sämtliche Mitglieder der SS, des SD, der Gestapo, des RSHA, Mitglieder der Sicherheits- und der Kriminalpolizei, höhere Polizeibeamte, Mitglieder weiterer paramilitärischer Organisationen wie der Waffen-SS ab Rang eines Scharführers, sämtliche Mitglieder der Totenkopfverbände, Mitglieder der HJ ab dem Rang eines Gefolgschaftsführers, des NSFK ab Rang eines Sturmbannführers sowie sämtliche

181 Vgl. Vollnhals, Internierung, S. 225 f.; Natalie Jeske, Versorgung, Krankheit, Tod in den Speziallagern, in: Mironenko/Niethammer/von Plato (Hrsg.), Sowjetische Speziallager in Deutschland, Bd. 1, S. 189–223.

182 Vgl. Andrew Beattie, „Sowjetische KZs auf deutschem Boden". Die sowjetischen Speziallager und der bundesdeutsche Antikommunismus, in: Jahrbuch für historische Kommunismusforschung 2011, S. 119–137; Wolfram von Scheliha, Die sowjetischen Speziallager. Ein Symbol des kommunistischen Unrechts in der publizistischen Auseinandersetzung zwischen Ost und West bis zum Bau der Mauer 1961, in: Petra Haustein/Annette Kaminsky/Volkhard Knigge/Bodo Ritscher (Hrsg.), Instrumentalisierung, Verdrängung, Aufarbeitung. Die sowjetischen Speziallager in der gesellschaftlichen Wahrnehmung 1945 bis heute, Göttingen 2006, S. 10–29.

NSDAP-Funktionäre ab der Ortsgruppenebene und höhere Staatsbeamte.[183] Im Unterschied zu den sowjetischen Lagern etablierten Amerikaner und Briten semijuristische Überprüfungsmechanismen vor sogenannten Security Review Boards und begannen nach einigen Monaten, Internierte zu entlassen.[184]

Zur Anzahl der Internierungen sowie zu den Orten der Lager und Gefängnisse im Raum Berlin liegen im überlieferten Material und in der Literatur nur vereinzelte und divergierende Angaben vor.[185] Der Volkszählung vom Oktober 1946 zufolge befanden sich im amerikanischen Sektor 143 Internierte, davon 19 Frauen, im französischen Sektor 395 Internierte, davon 31 Frauen, und im britischen Sektor 41 Internierte, davon zwei Frauen.[186] Der Großteil der von den Westalliierten in Berlin Festgenommenen wurde jedoch in Internierungslager der jeweiligen Besatzungszonen gebracht.

Für den amerikanischen Sektor liegen Hinweise für das bis September 1946 existierende Internierungslager Lichterfelde und ab Anfang 1946 für das Haftlager Wannsee vor. In diesen befanden sich im Mai 1946 zusammen 452, im Oktober 1946 442 und im Januar 1947 nur noch 23 Internierte.[187] Auf Anweisung des U.S. Headquarters waren ab November 1945 Military Government Security Review Boards und German Security Review Boards als Überprüfungs- und Appellationsinstanzen für die im amerikanischen Sektor Inhaftierten tätig.[188] Da diese aber im Zuge der Entnazifizierungsgesetzgebung in Kommissionen mit begrenzten Befugnissen umgewandelt wurden, gab es kein Gremium zur Vollstreckung von Strafmaßnahmen für Angehörige der im Zuge der Nürnberger Kriegsverbrecherprozesse als „verbrecherische Organisationen" erklärte Institutionen wie die SS und die Gestapo.

183 Vgl. „Automatischer Arrest". Aufstellung des britisch-amerikanischen Oberkommandos (SHAEF) vom Oktober 1944, abgedruckt in: Vollnhals (Hrsg.) in Zusammenarbeit mit Thomas Schlemmer, Entnazifizierung. Politische Säuberung und Rehabilitierung, S. 238–240.

184 Vgl. Possekel, Einleitung. Sowjetische Lagerpolitik, S. 69; Wember, Umerziehung im Lager, S. 26–47; Stanciu, „Alte Kämpfer", S. 354.

185 Zur Forschung über Anzahl und Orte in allen Zonen siehe: Beattie, Allied Internment Camps, S. 148–151.

186 Für den sowjetischen Sektor lagen keine Angaben vor. Vgl. AKB BK/R(46)406, Report on preliminary census totals for Berlin, Combined Report, LAB, B Rep. 036–01, Nr. 11/148–2/9.

187 Die Angaben von Kathrin Meyer decken sich mit den wenigen innerhalb des OMGBS-Bestands überlieferten Berichten der Special Branch. Vgl. Meyer, Entnazifizierung von Frauen, S. 92.

188 Vgl. HQ USFET to Commanding Generals Berlin-District, Review of Cases of Detention, 15 November 1945, LAB, B Rep. 036–01, Nr. 4/38–3/5. Auch: Wetzel, Office of Military Government, S. 714.

Gängige Praxis war es daher, Internierte aus Berlin in Lager in Bayern, Baden, Württemberg und Hessen zu bringen, was zwar hundertfach erfolgte, aber zu diversen Schwierigkeiten führte. Denn laut amerikanischen Bestimmungen konnten ehemalige NSDAP-Mitglieder und -Unterstützer:innen auf ein Verfahren an ihrem Wohnort bestehen, im fernen Süden ließen sich kaum Nachforschungen anstellen, die dort Verantwortlichen hatten genug eigene Probleme und verweigerten daher vermehrt die Aufnahme von Internierten aus Berlin.[189]

Die britische und die französische Militärregierung hatten hingegen keine Internierungslager in Berlin. Auch aus ihren Sektoren wurden dort Inhaftierte in Internierungslager der britischen bzw. französischen Zone gebracht. Aus den Unterlagen der britischen Geheimdienste lässt sich nur wenig erfahren, da die meisten Übersichten den britischen Sektor entweder nicht gesondert ausweisen oder gänzlich ausschließen. Eine für den Monat Januar erstellte Statistik verzeichnete 40 Verhaftungen in Berlin, darunter mehrere Angehörige der SS, Gestapo und „security threats" einschließlich mutmaßlicher Kriegsverbrecher:innen.[190] Als Höchststand an Internierungen befanden sich Wember zufolge im Februar 1946 knapp 4500 Personen aus Berlin in Lagern der britischen Zone.[191]

Insgesamt kamen die Internierungen und Verhaftungen in den Gremien der Alliierten Kommandantur, zumindest offiziell, nur in geringem Umfang zur Sprache. Bis auf Einzelfälle, die während der Gründungsphase der Viermächteverwaltung und der Etablierung der Sektorengrenzen vermehrt ab 1946/47 zu Auseinandersetzungen führten, tauschten sich die Delegationen weder über Verhaftungskategorien und Internierungsorte noch über grundsätzliche Zielvorstellungen aus. Eine Ausnahme bildeten illegale bzw. noch nicht registrierte Jugendorganisationen und unter den Namen „Werwolf" oder „Edelweiß" vermutete Untergrundbewegungen, die verhältnismäßig große Beachtung fanden.

Alle vier Besatzungsmächte teilten die Sorge vor nationalsozialistischen Widerstandsbewegungen, insbesondere einer fanatisierten Jugend, auch wenn sie die Gefahr eines systematischen Partisanenkampfes überschätzten. Vor allem sowjetische Geheimdienste führten Razzien durch und verhafteten Tausende

189 Vgl. OMGBS to Deputy Director of Intelligence, Status of Internees, 3 July 1947; Office Deputy Director of Intelligence to HQ Berlin, Status of Internees, 17 July 1947; OMGUS to DIAC, Disposition of individuals falling into the automatic arrest categories, 22 July 1947, IfZ, OMGUS 17/261-2/31; OMGUS to Chief of Staff, Trial of civilian internees who are residents of US sector of Berlin, 3 March 1948, ebenda, Nr. 15/118-2/59.

190 Vgl. CCGBE, Denazification Statistics – Table of Arrest, Release and Detainees, January 1946, TNA, FO 1049/437.

191 Vgl. Wember, Umerziehung im Lager, S. 88.

Jugendliche.[192] Mehrfach problematisierten sowjetische Repräsentanten auch innerhalb der Alliierten Kommandantur die Existenz illegaler Jugendgruppen in allen Sektoren.[193] Aus den Reaktionen auf ihre Berichte geht deutlich hervor, dass auch die anderen und ganz besonders die französische Militärregierung faschistische Organisationen fürchteten und einer Kontrolle der Jugend großen Stellenwert beimaßen.[194]

Auf sowjetische Nachfragen erklärten die französischen Behörden beispielsweise, dass sie Anfang 1946 etwa 40 Mitglieder der Gruppe „Edelweiß" verhaftet und im Militärgefängnis Tegel interniert hatten.[195] Eine Gruppe Jugendlicher, die größtenteils Mitglied der HJ gewesen waren, hatten im Wedding ein Büro der SED angegriffen und dabei nazistische Lieder wie das Horst-Wessel-Lied gesungen. Mehr als die Hälfte der Festgenommenen wurde daraufhin in das Internierungslager Landau in der Pfalz überführt.[196] Wie sehr französische Behörden vor allem die Jugend fürchtete, zeigt ein Schreiben des Leiters der Abteilung für Öffentliche Sicherheit vom September 1946: „les anciens gradés de la Wehrmacht, les membres de l'ex-Gestapo, les dirigents des groupements nazis dissous paraissent cartes, devoir etre utilement surveilles, mais ce sont a n'en pas douter les Jeunes Allemande, les ex-Hitler Jugend qui, en ce moment constitutent l'élément le mieux préparé à passer a la résistance."[197]

Einstige Mitglieder der Wehrmacht, der Gestapo und anderer aufgelöster NS-Organisationen müssten überwacht werden, aber es bestehe kaum Zweifel,

192 Vgl. Morsch/Reich (Hrsg.), Sowjetisches Speziallager, S. 138 f.; Perry Biddiscombe, Werwolf! The History of the National Socialist Guerilla Movement 1944–1946, Toronto 1998, S. 21; Dieter Pohl, Justiz in Brandenburg 1945–1955. Gleichschaltung und Anpassung. Veröffentlichungen zur SBZ-/DDR-Forschung im Institut für Zeitgeschichte, München 2001, S. 83–88.

193 Im Juni 1946 berichtete die sowjetische Militärregierung beispielsweise von mehreren illegalen, als anti-demokratisch und faschistisch betrachteten Jugendorganisationen. Vgl. AKB BKC/M(46)17, Creation of illegal Youth Groups in Berlin (USSR), 25 June 1946, LAB, B Rep. 036-01, Nr. 11/148-1/10.

194 Siehe Protokolle: TNA, FO 1112/579, AKB PS Comm., Meeting Minutes.

195 Vgl. AKB BKD/M(46)29, Operation of Illegal Youth Groups in Berlin, 28 June 1946, LAB, B Rep. 036-01, Nr. 11/148-1/12.

196 Vgl. L'inspecteur N. Calmon Robert, Officier de Securite à Monsieur le Directeur des Services de la Securite publique du GMFB, Manifestation Nazis. Organisation d'un mouvement résistance; Le lieteunant Colonel Devaux Commandant Wedding à General Commandant GMFB, Organisation d'éléments de résistance, 15 juin 1946, MAE, GMFB 7/367.

197 Le Directeur des Services de la Securite Publique du GMFB à Monsieur le General Commandant GMFB, La Résistance Allemande à Berlin, septembre 1946, MAE, GMFB 7/366.

dass die ehemalige HJ derzeit am besten für einen Widerstand vorbereitet sei. Solche Berichte ließen Mitarbeiter:innen der französischen Militärregierung aufhorchen, denn sie ließen das Risiko einer gut organisierten Untergrundbewegung, die bestrebt war, weitere ehemalige NSDAP-Mitglieder zu rekrutieren und zu reorganisieren, groß erscheinen.[198]

Ein weiteres Beispiel für ein geteiltes Interesse an einer gemeinsamen Sicherheits- und Ordnungspolitik und einer wenn auch in geringem Ausmaß stattfindenden Kooperation bietet die Umsetzung der seit Dezember 1946 geplanten sektorenübergreifenden Razzia, in deren Rahmen auch NS- und Kriegsverbrecher:innen verhaftet werden sollten. Nach einigem Hin und Her einigten sich die Offiziere für Öffentliche Sicherheit in der Alliierten Kommandantur darauf, eine berlinweite Razzia unter Anleitung des Komitees für Öffentliche Sicherheit durchzuführen.[199] Vom 9. bis 10. April 1947 verhafteten die Militärregierungen daraufhin in allen Sektoren mehrere Tausend Personen, die von der Polizei als gesucht registriert waren oder, in der Mehrheit, die verdächtigt wurden, gegen alliierte Gesetze und Anordnungen verstoßen zu haben. Im Vorfeld der Razzia tauschten die vier Militärregierungen Listen von gesuchten Personen, darunter auch NS- und Kriegsverbrecher:innen aus, zu denen es Hinweise gab, dass sie sich in den anderen Sektoren aufhielten.[200] Bereits wenige Tage nach der Razzia übergaben sowjetische den amerikanischen Behörden sechs im sowjetischen Sektor Festgenommene und verlangten im Gegenzug die Auslieferung von 50 mutmaßlichen Kriegsverbrecher:innen.[201] Laut amerikanischem Zwischenbericht hatte die französische Militäradministration die Verhaftung von 15 Personen verlangt, von denen aber nur vier auffindbar waren.[202] In sechs Fällen von im amerikanischen Sektor Festgenommenen verlangte die Sowjetische Militär-

198 Vgl. GMFB Direction de la Surete, Surveillance du territoire, organisation clandestinne allemande, 27 mars 1946; GMZFO, Mouvement de la résistance Edelweiss-Piraten, 24 Avril 1946; Le General de Brigade Lancon Commandant le GMFB à Monsieur le chef du group justice du GMFB, Transfer en zone française de jeunes alemande incarcéres à le prison tégel, 4 septembre 1946, MAE, GMFB 7/367.

199 Vgl. AKB PS Comm., PUSA/R(47)12, Law and Order in Berlin, 12 March 1947, LAB, B Rep. 036–01, Nr. 4/10–1/6.

200 Vgl. Enforcement of law and order in Berlin. Report on the 24-hour raid, 18 April 1947, AAM, AK 94/11, BK/R(47)101; AKB BK/R(47)14, Enforcement of Law and Order in Berlin, 11 January 1947, LAB, B Rep. 036–01, Nr. 11/148–3/3.

201 Vgl. OMGBS to the Commanding General OMGUS, Quadripartite Roundup Operation, 11 April 1947; OMGBS, Memorandum, 17 April 1947, LAB, B Rep. 036–01, Nr. 4/10–1/6.

202 Vgl. OMGBS Office of Director, Quadripartite Roundup-Operation, 11 April 1947; OMGBS PSB, Results of 24-hour raid conducted from 2100 hrs. April 9 1947 to 21 hrs. April 10 1947, 10 April 1947, LAB, B Rep. 036–01, Nr. 4/10–1/6.

administration eine Auslieferung, der in den meisten Fällen stattgegeben wurde, darunter ein wegen Mordes an einem sowjetischen Offizier Angeklagter, zwei Offiziere der Gestapo und ein Mitglied des Abwehrkommandos im von Deutschland ehemals besetzten Gebieten.[203] Im Frühjahr 1948 plante das alliierte Komitee für Recht erneut eine stadtweite Razzia, die aber aufgrund der bald darauf zerfallenden Viermächteverwaltung nicht mehr durchgeführt wurde.[204]

203 Vgl. OMGBS PSB, Resume of Names and Recommended Disposition of Persons Arrested During Quadripartite Raid 9–10 April 1947 Against Whom Charges have been Submitted by the Soviet Authorities, 5 May 1947, LAB, B Rep. 036-01, Nr. 4/10-1/6; auch: Soviet Military Kommandantur, List of war criminals subject to arrest in American Sector.

204 Vgl. OMGBS, Monthly Report, April 1948, IfZ, OMGUS 5/37-3/5.

Vereidigung der Entnazifizierungskommission Bezirk Tiergarten, Berlin 1946
LAB, F Rep. 290-02-01 Nr. 0001701, Foto: Erich O. Krueger

3. Recht herstellen: Revision

Ernst J. Cohns School of German Law

„In order to free, in as just a manner as possible, the German people from all Nazi influence in the sense of a democratic state, and in agreement with resolution at Potsdam, the purely nominal members of the former NSDAP and its affiliations ought to be given a possibility to have this ascertained in open court by producing evidence.“[1]

Für eine gerechte Entnazifizierung nach demokratischen Prinzipien müssten ehemalige Mitglieder und Unterstützer:innen des Nationalsozialismus die Möglichkeit haben, ihre „nominelle“ Mitgliedschaft vor Gericht prüfen zu lassen. Dies forderte die britische Militärregierung im November 1945 mit ihrem Entwurf zur Errichtung spezieller Tribunale und formulierte damit zugleich das Kernanliegen ihrer Entnazifizierungspolitik.

Als zweiten zentralen Aspekt des im Frühjahr 1946 erlassenen Berliner Entnazifizierungsgesetzes besaßen Personen, die sich zu Unrecht entlassen oder von anderen Maßnahmen wie Geschäftsschließungen, Entzug von Bürgerrechten, Gehaltskürzungen oder Vermögenskontrolle betroffen sahen, fortan das Recht, ihren Fall vor Entnazifizierungskommissionen überprüfen zu lassen. Im Folgenden soll gezeigt werden, dass die Idee zur Errichtung dieser Kommissionen aus britischer Feder stammte. Für die britische Militärregierung in Berlin bot sich die Gelegenheit, ein von ihr vielfach gefordertes rechtsstaatliches Verfahren in die Entnazifizierungspolitik einzuführen. In die Forschungsdiskussion über Entnazifizierung kann dies eine neue Perspektive einbringen, da die meisten Studien sich mit dem in der amerikanischen Zone entworfenen und anderenorts übernommenen Spruchkammermodell befassen und das berlinspezifische, rechtsstaatlich begründete Berufungsrecht demgegenüber eine Besonderheit darstellt.

1 MGGB PSB, Proposed Ordinance Setting up Tribunals to clear nominal Nazis, 27 November 1945, TNA, FO 1012/668.

Der Fokus Großbritanniens auf Prinzipien des Rule of Law bzw. Rechtsstaatlichkeit trat keineswegs nur oder erst in diesem Kontext zutage. Britische Regierungsstellen hatten bereits während des Krieges großen Wert auf rechtliche Fragen gelegt und eine Vielzahl an Arbeitsgruppen initiiert, an denen etliche aus Deutschland vertriebene Rechtswissenschaftler:innen beteiligt waren. Sie befassten sich mit der Auflösung nationalsozialistischer Gesetze, entwickelten Vorschläge zur Wiederherstellung rechtsstaatlicher Strukturen und hielten Schulungen für das zukünftige Besatzungspersonal ab.[2]

Eine zentrale Figur des breiten und vielstimmigen Netzwerkes war der von seiner Professur für bürgerliches Recht an der Universität Breslau vertriebene, 1933 nach Großbritannien emigrierte Jurist Ernst J. Cohn. Als langjähriger Rechtsberater des Obersten Hauptquartiers SHAEF nahm er eine zentrale Rolle in der anglo-amerikanischen Planung von Rechtsfragen ein. Er koordinierte die Arbeit der Special Legal Unit Germany and Austria, die neben vielen rechtsberatenden Tätigkeiten detaillierte Ausbildungsprogramme entwarf und eine Vielzahl prominenter britischer wie deutscher Jurist:innen versammelte, darunter den Arbeitsrechtler Otto Kahn-Freund und den Strafrechtsexperten Max Grünhut. Später setzten Cohn und andere ihre Arbeit in der Nachfolgeorganisation British Special Legal Research Unit fort und unterstützten das Foreign Office und die zukünftige Militärregierung in Deutschland mit diversen Entwürfen, Gutachten und Handbüchern.[3]

Viele der Rechtsgelehrten waren im britischen Recht ausgebildet, hatten sich zum Barrister qualifiziert, lehrten an britischen Hochschulen oder hatten die vergleichende Rechtsforschung in Großbritannien vorangetrieben. Sie waren gewissermaßen idealtypische Vermittler zwischen den verschiedenen Rechtstraditionen. Wenngleich sie mit den Spezifika des Common Law bestens vertraut waren und auch jüngste internationale Entwicklungen in ihre Empfehlungen aufnahmen,[4] in ihren vielschichtigen Überlegungen zur Demokratisierung und

2 Vgl. Etzel, Aufhebung von nationalsozialistischen Gesetzen, S. 4–29; Reusch, Deutsches Berufsbeamtentum, S. 110; ders., Londoner Institutionen, S. 367 ff.

3 Vgl. Werner Lorenz, Ernst J. Cohn (1904–1976), in: Jack Beatson/Reinhard Zimmermann (Hrsg.), Jurists Uprooted. German-Speaking Emigré Lawyers in Twentieth Century Britain, Oxford 2004, S. 325–344; Leonie Breunung/Manfred Walther, Cohn, Ernst Joseph (1904–1976), in: dies. (Hrsg.), Die Emigration deutschsprachiger Rechtswissenschaftler ab 1933. Ein bio-bibliographisches Handbuch, Bd. 1, Berlin/Boston 2012, S. 81–102; Martina Jabs, Die Emigration deutscher Juristen nach Großbritannien. Der Beitrag deutscher Emigranten zum englischen Rechtsleben nach 1933, Osnabrück 1999, S. 55–60; Etzel, Aufhebung von nationalsozialistischen Gesetzen, S. 20–24; Reusch, Londoner Institutionen, S. 372 f.

4 Vgl. Walton-Jordan, Safeguards against Tyranny, S. 9. Auch: Hannes Ludyga, Otto Kahn-Freund. Ein Arbeitsrechtler in der Weimarer Zeit, Berlin/Bosten 2016, S. 59 f. und 81.

Herstellung eines Rechtsstaats bildete die Weimarer Republik den grundlegenden Bezugsrahmen. Demzufolge lag der Schwerpunkt ihrer Schulungen – wie der Titel des umfangreichsten Trainings für in Berlin einzusetzendes ziviles und militärisches Personal veranschaulicht – auf dem deutschen Recht.[5]

Unter dem Titel *School of German Law* organisierte die britische Einheit des späteren Kontrollrats zwischen Januar und März 1945 eine dreimonatige Ausbildung in rechtlichen Belangen. Die Vorlesungsreihe hatte das Ziel, angloamerikanisches Besatzungspersonal mit deutschem Recht vertraut zu machen, und sollte eine Brücke von der theoretischen zur praktischen Arbeit schlagen.[6] Den Auftakt bildete der Vortrag von G. H. R. Halland, Direktor der Public Safety Branch, zu den Hauptaufgaben der Special Branch.[7]

Mitarbeiter:innen der Rechtsabteilung waren angewiesen, unmittelbar nach ihrer Ankunft eine zentrale Gerichtsbarkeit im Sektor und Gerichte in den Verwaltungsbezirken aufzubauen und dafür auch Kontakt zu deutschen Rechtsexpert:innen zu suchen. Mithilfe der Emigrant:innen aus dem Umfeld der British Special Legal Research Unit hatte man die Adressen von über dreihundert in Berlin ansässigen Anwält:innen und Richter:innen zusammengestellt, die sie als vertrauenswürdig einstufte und daher für Positionen und Beratung geeignet hielt.[8]

Unter den Vortragenden befand sich ferner der von seiner Professur an der Universität Bonn vertriebene und nach seiner Flucht an der Universität Oxford lehrende Strafrechtler Grünhut, der über die Rolle der Staatsanwaltschaft referierte.[9] Über die Funktionsweisen von Verwaltungs- und Arbeitsgerichten lehrte Kahn-Freund, der 1933 als Vorsitzender Richter eines Berliner Arbeitsgerichtes

5 Der Stundenplan eines von der Special Legal Unit Germany and Austria organisierten, allerdings nicht berlinspezifischen Ausbildungsprogramms ist abgedruckt in: Etzel, Aufhebung von nationalsozialistischen Gesetzen, S. 206 f.

6 Vgl. Regional Commissioners Berlin, Lectures and Legal Subjects, January–March 1945, TNA, FO 1012/696.

7 Vgl. G. H. R. Halland, The Vetting of Legal Personnel, TNA, FO 1012/696. Denselben Vortrag hielt Halland auch auf den wöchentlichen anglo-amerikanischen Planungstreffen in Ashley Gardens, auf denen u. a. das *Military Handbook* besprochen wurde. Vgl. Comments on Handbook by Director Halland, PSB, 5 October 1944, TNA, FO 1032/417; Joint PS Weekly Conference, Draft Minutes, 12 March 1945, IfZ, OMGUS 15/110-2/17.

8 Vgl. MGGBA, Minutes of Conference No. 2 at Princes Gardens, 1 February 1945; MGGBA, Classified List of Berlin Judges and Lawyers, February 1945, TNA, FO 1012/94.

9 Vgl. Max Grünhut, Public Prosecutor and His Office und German Criminal Procedure, TNA, FO 1012/696. Über Max Grünhut: Roger Hood, Hermann Mannheim (1889–1974) und Max Grünhut (1893–1964), in: Beatson/Zimmermann (Hrsg.), Jurists Uprooted, S. 709–738, besonders S. 726 f.; Leonie Breunung/Manfred Walther, Max Grünhut (1893–1964), in: dies. (Hrsg.), Die Emigration deutschsprachiger Rechtswissenschaftler ab 1933, Bd. 1, S. 182–203.

entlassen worden war und mittlerweile an der London School of Economics arbeitete.[10] Von Karl Neumann lernten die Offizier:innen deutsches Zivilrecht,[11] und zur nationalsozialistischen Rechtstheorie und zu ihren zu beseitigenden Praktiken unterrichtete Cohn.[12]

Dass Franz L. Neumanns *Behemoth* und Ernst Fraenkels *The Dual State* zu den wenigen Werken gehörten, die zur weiterführenden Lektüre empfohlen wurden, war kein Zufall. Der alte (Berliner) intellektuelle Kreis um Neumann, Kirchheimer, Fraenkel und Kahn-Freund blieb gut vernetzt. Gerade sozialdemokratische Juristen wie Grünhut und Kahn-Freund hatten kritische Analysen über die konservative Weimarer Justiz nicht nur geteilt, sondern wie und mit Neumann und Fraenkel in den 1920er- und frühen 1930er-Jahren selbst rege an den Debatten und arbeitsrechtlichen Kämpfen teilgenommen und dann diagnostiziert, wie der Nationalsozialismus die Zerstörung der liberalen Rechtsformen vollendete.[13] Aber während Kirchheimer gefolgerte hatte, dass eine demokratische Rechtsordnung allein in sozialistischer Gesellschaftsordnung gewährleistet werden könne und auch Neumann sich in seiner Londoner Zeit zunehmend radikaleren Ansätzen widmete,[14] wandte sich Kahn-Freund weder vom Liberalismus noch vom Positivismus ab. Der Weimarer Idee eines sozialen Rechtsstaates verbunden, teilte er zwar zeit seines Lebens die Aussagen von Fraenkels *Soziologie der Klassenjustiz*, wie er rückblickend urteilte, aber die Idee individueller Freiheit hatte für ihn größeres Gewicht als für seine „stärker marxistisch orientierten Freunde".[15] Nicht nur auf persönlicher Ebene – Fraenkel war

10 Vgl. Otto Kahn-Freund, German Labour Courts und Labour Law, TNA, FO 1012/696. Über Kahn-Freund siehe: Ludyga, Otto Kahn-Freund, S. 25 ff.; Otto Kahn-Freund, Autobiographische Erinnerungen an die Weimarer Republik. Ein Gespräch mit Wolfgang Luthart, in: Zeitschrift für Kritische Justiz 14 (1981) 2, S. 183–200, hier S. 188 f.; Mark Freedland, Otto Kahn-Freund (1900–1979), in: Beatson/Zimmermann (Hrsg.), Jurists Uprooted, S. 299–323.

11 Vgl. Karl Neumann, The Code of Civil Procedure, TNA, FO 1012/696.

12 Vgl. Ernst J. Cohn, Judicial Process in Germany in Today und Nazi Theory of Law, TNA, FO 1012/696.

13 Vgl. Söllner, Franz L. Neumann. Skizzen, S. 23 ff.; Ludyga, Otto Kahn-Freund, S. 17–55.

14 Vgl. Joachim Perels, Otto Kirchheimer. Demokratischer Marxist und Verfassungstheoretiker, in: Kritische Justiz (Hrsg.), Streitbare Juristen. Eine andere Tradition, Baden-Baden 1988, S. 401–414, hier S. 406; Ulrich K. Preuß, Franz L. Neumann (1900–1954). Demokratie als unvollendetes Projekt, in: ebenda, S. 390–400.

15 So Kahn-Freund im Gespräch mit Wolfgang Luthardt. (Zitiert nach: Kahn-Freund, Autobiographische Erinnerungen, S. 189.) Ernst Fraenkel schrieb an seinen Freund: „[E]in faires Verfahren und ein wirklicher Prozess sind das Rückgrat der politischen Tradition in den anglo-amerikanischen Ländern. Der Nazismus ist nicht wichtig genug, um diese Tradition aufzugeben." Zitiert nach: Ladwig-Winters, Ernst Fraenkel, S. 199.

auf seiner Flucht in die USA zwischenzeitlich bei Kahn-Freund in London untergekommen und zuvor einer der Ersten gewesen, der sich öffentlich gegen die in Breslau entfachten heftigen antisemitischen Kampagnen gegen Cohn gestellt hatte[16] – auch theoretisch und politisch war die *School of German Law* Fraenkel näher als Neumann. Dies gilt umso mehr für den bürgerlich-liberalen Cohn, der Mitglied der Deutschen Demokratischen Partei bzw. Deutschen Staatspartei gewesen war und in britischen Kreisen als „constant and fearless defender of the majestic and historic principles of the civil code" galt.[17]

Das von ihm verteidigte materielle Recht, erklärte Cohn in seinem Aufsatz *German Legal Science Today* (1953) rückblickend, blieb grob gesprochen über Staatsformen hinweg dasselbe – der Nationalsozialismus habe es sich durch eine „manipulation by interpretation" zu eigen gemacht.

> „The Civil, Criminal and Commercial Codes have served the Imperial Reich, the Weimar Republic, the Nazi regime and now serve with equal detachment both the Communist regime of the East and the restored Republic in the West. It is clear that a text which has been conceived by men of a liberal spirit in what can, with a grain of salt, be called a liberal age cannot serve a modern dictatorship unless it is manipulated."[18]

Diese Manipulation gelte es rückgängig zu machen. Dass man sich darauf beschränken müsse, die „Nazi methods of interpretation" zu verbieten und sich auf eine „restoration of [...] what was law under the Weimar Republic" zu fokussieren, war für Cohn keine Absage an Reformen, sondern den Umständen der Besatzung in der Nachkriegszeit geschuldet.[19] Insgesamt war der Kreis der

16 Vgl. Donald L. Niewyk, The Jews in Weimar Germany. The Impact of Anti-Semitism on Universities, Political Parties and Government Services, in: Herbert Arthur Strauss (Hrsg.), Hostages of Modernization: Germany, Great Britain, France. Studies on Modern Antisemitism 1870–1933/39, Berlin/New York 1993, S. 206–226, hier S. 209; Horst Göppinger, Juristen jüdischer Abstammung im „Dritten Reich". Entrechtung und Verfolgung, München 1990, S. 191.

17 A. G. Chloros/K. H. Neumayer, Biographical Note, in: dies. (Hrsg.), Liber Amicorum Ernst J. Cohn. Festschrift für Ernst J. Cohn zum 70. Geburtstag, Heidelberg 1975, S. 9–12, hier S. 9.

18 Ernst J. Cohn, German Legal Science Today, in: International and Comparative Law Quarterly 2 (1953) 2, S. 169–191, hier S. 175 f.

19 „It would be unjust to blame the Western Occupation Powers for not having changed the basic structure of the German system of administering justice. The hour of defeat and utter poverty was not suitable for building up a new, strong and proud tradition – least of all if the builders were foreigners or working under the guidance of occupying Powers." Cohn, German Legal Science, S. 181.

School of German Law, wie auch Kahn-Freunds Engagement für eine Reform des britischen Arbeitsrechts oder Cohns Einsatz für vergleichende Ansätze im Zivilrecht veranschaulichen, durchaus reformerisch, aber wenig radikal.

Dies passte zur Haltung der britischen Behörden, die kaum interessiert daran waren, grundlegende Rechtsreformen einzuleiten. Cohns *Manual of German Law*, ein Wegweiser durch das deutsche Rechtssystem, seine Geschichte, Gesetze und Besonderheiten, spiegelte diesen Ansatz wider und enthielt konkrete Anleitungen und Erklärungen für britisches Besatzungspersonal.[20] Zwar erst 1949 publiziert, griff es viele zuvor veröffentlichte Materialien auf, die den Aufbau eines demokratischen Rechtswesens nach dem Prinzip einer „indirect rule" – von der Militärregierung angeleitet und kontrolliert und von der deutschen Verwaltung ausgeführt – beschrieben.[21] Dementsprechend, mit Edith Raim argumentiert, verstanden britische Offizier:innen ihre Aufgabe vorrangig als Suche nach vor-nationalsozialistischen Elementen in der deutschen Justizverwaltung.[22]

Nach Kriegsende standen viele Rechtsgelehrte weiter im Dienst der Regierung. Die Special Legal Research Unit verblieb in London, stand aber der britischen Militärregierung weiterhin beratend zur Seite. Cohn spielte weiterhin eine zentrale Rolle und legte beispielsweise zahlreiche Gutachten zum deutschen Justiz- und Verwaltungswesen vor.[23] In der ehemaligen Reichshauptstadt etablierte sich im Juli 1945 die mit etwa hundert Offizier:innen und einigen höheren Zivilbeamt:innen besetzte Legal Division der britischen Kontrollgruppe, deren Leitung auch nach dem Umzug des Hauptquartiers in verschiedene Orte der britischen Besatzungszone in der Viermächtestadt verblieb.[24] Mit ihrer in London und Berlin ansässigen Rechtsberatung war die britische Militärregierung in rechtlichen Fragen von Beginn an am besten aufgestellt und brachte diese Perspektive in die Berliner Entnazifizierungspolitik ein.

20 Vgl. Foreign Office (Hrsg.)/E. J. Cohn (Bearb.), Manual of German Law, General Introduction, Vol. 1, London 1950.

21 Vgl. Reinhold Joachim Wenzlau, Der Wiederaufbau der Justiz in Nordwestdeutschland 1945–1949, Königstein 1979, S. 44; Edith Raim, Nazi Crimes against Jews and German Post-War Justice. The West German Judicial System During Allied Occupation (1945–1949), Berlin 2017, S. 25.

22 Vgl. Raim, Nazi Crimes against Jews and German Post-War Justice, S. 25.

23 Vgl. Reusch, Londoner Institutionen, S. 373 f.

24 Vgl. Martin Broszat, Siegerjustiz oder strafrechtliche „Selbstreinigung". Aspekte der Vergangenheits-bewältigung während der Besatzungszeit, in: Vierteljahrshefte für Zeitgeschichte 29 (1981) 4, S. 478–544, hier S. 50 f.; Etzel, Aufhebung von nationalsozialistischen Gesetzen, S. 63 f. und 77.

Entnazifizierung als rechtsstaatliches Verfahren: Zur Entstehung der Kommissionen

In rechtlicher Perspektive geschult und geprägt, blickten britische Offiziere mit Entsetzen auf die unklare Rechtslage der unmittelbaren Nachkriegszeit. „The sources of law [...] in Berlin are at present diverse, obscure and conflicting", lautete das vernichtende Urteil der Rechtsabteilung im Herbst 1945.[25] Angesichts für ungültig erklärter nationalsozialistischer Gesetze, einer aufgelösten Verwaltung, mündlicher Befehle der Sowjetischen Militäradministration und auf Rundschreiben basierenden Anordnungen war der Legal Branch weitgehend unklar, welche Rechtsquellen überhaupt galten. Minutiös versuchten sie, Ordnung in das Chaos zu bringen, verfassten Listen geltender Bestimmungen sowie Vorschläge, diese in rechtsstaatlich konforme Strukturen zu überführen. Allein die britischen Behörden beschäftigten sich derart intensiv mit Fragen der Rechtsnormen und -sicherheit; vergleichbare Bemühungen gab es bei den anderen Besatzungsmächten nicht.

Neben der sowjetischen Rechtspraxis waren britischen Dienststellen insbesondere diejenigen des Magistrats und der ihm unterstellten Einrichtungen ein Dorn im Auge. Immer wieder hegten sie Zweifel an der von vielen Berliner:innen geforderten und von der Sowjetischen Militäradministration lancierten deutschen Selbstverwaltung, die sich in ihren Augen vor allem durch einen mangelnden Schutz vor staatlich-bürokratischer Willkür hervortat. Das tiefe Misstrauen Großbritanniens gegenüber den deutschen Verwaltungsinstitutionen – Ulrich Reusch zufolge ein Grundmotiv der britischen Deutschlandpolitik[26] – war in Berlin außerordentlich stark. Nahezu fassungslos beobachteten britische Offiziere namentlich das System der Straßen- und Hausobleute, gegen deren Kompetenzen, Schikanen und Bestechungen sich die Bevölkerung kaum wehren könne:

> „Pursuing the policy of de-nazification with the utmost vigour, the Oberbürgermeister has issued instructions which the Bürgermeister and the ‚self-government organisation' have put into force, for victimising anyone who ever had the remotest connection within the Nazi Party. People have been refused ration-cards for food or clothing, have had their property confiscated, or have been turned out of jobs by the Strassenobmänner in the most

25 MGGBA, Memorandum on the local government of Berlin from the point of view of operation of the Rule of Law, September 1945, TNA, FO 1012/668.

26 Vgl. Reusch, Deutsches Berufsbeamtentum, S. 169.

> arbitrary manner, and in many cases, there is reason to believe that the proceedings have been motivated by personal dislike and/or receipt of bribes."[27]

Die Entnazifizierungsmaßnahmen der Bezirke und der oft eigenmächtig agierenden Tausenden Obleute, die für amerikanische wie britische Stellen ein Instrument kommunistischer Machtausübung darstellten,[28] waren britischen Behörden viel zu streng und boten in ihren Augen reihenweise Anlass für Missbrauch. Neben dem umstrittenen, zuerst im amerikanischen und im Oktober 1945 auch im britischen Sektor verbotenen Obleute-System richtete sich die Kritik auch gegen personalpolitische Schlichtungsstellen der Verwaltung. Im September 1945 entwarf die Rechtsabteilung einen bezeichnenderweise mit „Control of German Officials" betiteltes Memorandum über die Berliner Stadtverwaltung „from the point of view of operation of rule of law". Seine Ziele, nicht weniger deutlich, umfassten: Die Beseitigung des Nationalsozialismus „in a controlled and orderly manner", eine verringerte Arbeitsbelastung der Militärregierung, ein Verbot anti-nationalsozialistischer Aktivitäten für Individuen und eine Kontrolle sämtlicher Angestellter der Verwaltung bis zur Errichtung eines Verwaltungsgerichts.[29]

Vielleicht von den Zivilrechts- und Schiedsgerichtsverfahren inspiriert, wie Grünhut und Cohn in London gelehrt hatten, schlug das Memorandum vor, die Spruchkammer beim Magistrat, die für Einsprüche gegenüber beschlagnahmtem Gewerbe zuständig war und als Unterabteilung der Abteilung Handel kaum als unabhängiges Gremium angesehen wurde, in eine Art Verwaltungsgericht zu transformieren.[30] Von Vermögenskontrolle Betroffene sollten sich nicht mehr an die Spruchkammer, sondern an neu zu bildende Kammern wenden können, um Beschwerden gegen Diskriminierungs- oder Korruptionsfälle zu melden und Widerspruch einzulegen. Diese unabhängigen Kammern sollten öffentliche Anhörungen abhalten und Empfehlungen an die Militärregierung geben.[31] Britischen Recherchen zufolge stieß der Vorschlag auf großen Anklang. Denn in jedem Bezirk, meldeten die Verbindungsoffiziere in Charlottenburg, Spandau,

27 MGGBA, Memorandum on the local government of Berlin from the point of view of operation of the Rule of Law, September 1945, TNA, FO 1012/668.

28 Vgl. Hurwitz, Eintracht der Siegermächte, S. 188 ff.

29 Vgl. MGGBA, Memorandum on the local government of Berlin from the point of view of operation of the Rule of Law, September 1945, TNA, FO 1012/668.

30 „It has been suggested that to prevent discriminatory persecutions under cover of byelaws, instructions etc. of doubtful legality there should be established Verwaltungsgerichte at bezirk level staffed by genuinely independent judges." Ebenda.

31 Vgl. ebenda.

Tiergarten und Wilmersdorf, häuften sich Beschwerden bezüglich „discriminatory action by officials based on political grounds“,[32] denen die Militärverwaltungsstellen schon allein aufgrund begrenzter Ressourcen nicht gerecht werden konnten.

Ihr Vorschlag war von zwei korrespondierenden Entwicklungen geprägt: dem umstrittenen Wiederaufbau des Berliner Gerichtswesens einerseits und den britischen Bemühungen um eine Reform der Gemeindeordnung und des Beamtenrechts andererseits. Im Herbst 1945 existierte noch kein Verwaltungsgericht, und die Verhandlungen im Alliierten Kontrollrat über das deutsche Gerichtswesen verliefen äußerst schleppend.[33] Zeitgleich bemühte sich die britische Delegation im Kontrollrat um eine Reform der kommunalen Selbstverwaltung, bei der eine strikte Trennung von politischen und administrativen Funktionen im Mittelpunkt stand.[34] Die Legal Branch der britischen Militärregierung schien diese Aspekte in ihrem Entwurf aufgegriffen zu haben, denn es ging ihr gleichermaßen um eine Kontrolle der deutschen Verwaltung und um Rechtsschutz vor Amtsmissbrauch sowie vor politischer Parteilichkeit. Zwar errichteten kurz darauf zuerst die Amerikaner eigenmächtig Mitte November 1945 und einen Monat später auch die Briten ein Bezirksverwaltungsgericht, vor dem Verfügungen des Magistrats angefochten werden konnten,[35] aber ein Einspruchsrecht gegenüber Entnazifizierungsmaßnahmen war auch damit noch nicht etabliert.

Wohl deswegen übernahm die vorrangig für Entnazifizierung zuständige Abteilung für Öffentliche Sicherheit die Pläne für quasi-gerichtliche Kammern und legte im November 1945 einen detaillierten Gesetzesentwurf vor, in denen die Bedingungen für Bewerbung, Zusammensetzung der Kammer, Anhörung und Urteilsspruch genau beschrieben waren.[36] Nicht allein der Titel des Entwurfs „Tribunals to Clear Nominal Nazis“ spiegelt deutlich das mit dem Wechsel

32 Vgl. MGGBA Det. Tiergarten, Control of Officials, 18 September 1945; Det. Charlottenburg, Control of Officials, 17 September 1945; Det. Wilmersdorf, Control of Officials, 21 September 1945; Det. Spandau, Administrative Courts, 21 September 1945, TNA, FO 1012/668.

33 Vgl. Friedrich Scholz, Berlin und seine Justiz: Die Geschichte des Kammergerichtsbezirks 1945–1980, Berlin 1982, S. 49.

34 Vgl. Reusch, Deutsches Berufsbeamtentum, S. 161–169; Wolfang Benz, Versuche zur Reform des öffentlichen Dienstes in Deutschland 1945–1952, in: Vierteljahrshefte für Zeitgeschichte 29 (1981) 42, S. 216–245.

35 Vgl. Scholz, Berlin und seine Justiz, S. 49; Gerhard Keiderling, Die Alliierte Kommandantur der Stadt Berlin. Von der EAC 1944/45 bis zum Ende der Viermächteverwaltung 1948, in: Jahrbuch für Geschichte 35 (1987) Berlin (Ost), S. 565–615, hier S. 590.

36 Vgl. MGGBA PSB, Proposed Ordinance Setting up Tribunals to clear nominal Nazis, 27 November 1945, TNA, FO 1012/668.

von der Rechts- zur Public Safety-Abteilung in den Vordergrund tretende britische Interesse an weniger strengen Entnazifizierungskategorien. Wie in den zeitgleich stattfindenden Verhandlungen über eine Umsetzung des Potsdamer Abkommens im Alliierten Kontrollrat ging es britischen Fachleuten auch hierin darum, den Kreis der Betroffenen möglichst gering zu halten – konkret um eine Begrenzung der vom Magistrat erlassenen Anordnungen – und als „nominell" eingestuften Nationalsozialist:innen eine Wiedereingliederung zu ermöglichen. Auf eine Begriffsbestimmung von „nominell" hatten sich die Alliierten zu diesem Zeitpunkt noch nicht geeinigt; dementsprechend vage und den moderaten britischen Vorstellungen entsprechend hielt der Entwurf fest, dass es lediglich ehemaligen Mitgliedern der SS, des SD und der Gestapo nicht erlaubt war, einen solchen Antrag zu stellen.[37] Der breiten Masse ehemaliger NSDAP-Mitglieder und -Unterstützer:innen hingegen sollte eine Rehabilitierung möglich sein. Der Entwurf lässt beide Zielsetzungen klar erkennen, nämlich ein rechtsstaatliches Verfahren zu etablieren und einen Großteil ehemaliger, geringfügig belasteter Nationalsozialist:innen zu reintegrieren.

Die britische Militärregierung verfolgte die Debatten im Kontrollrat über die Verabschiedung der Direktive Nr. 24 um die Jahreswende 1945/1946 genau. Anders als die übrigen Besatzungsmächte setzte sie sich rasch daran, eine Ausführungsbestimmung für Berlin zu erarbeiten,[38] und hatte einen fast fertigen Plan in der Tasche: Viele Aspekte des skizzierten Vorhabens aufgreifend, schlugen britische Delegierte in der Alliierten Kommandantur nun vor, Entnazifizierungskommissionen in jedem Bezirk und auf stadtweiter Ebene zu errichten. Als quasi-gerichtliche Instanzen schufen die Kommissionen eine Möglichkeit, die seit Monaten geforderte Überprüfbarkeit von Verwaltungsakten zu gewährleisten. Die Berliner Kommissionen erlaubten eine Umsetzung der Prinzipien rechtsstaatlicher Verfahren, auf die seit Monaten gedrungen worden war: Bürger:innen können eine Beschwerde vor Gericht bringen, und ausnahmslos alle Bürger:innen, auch ehemalige Mitglieder und Unterstützer:innen der NSDAP, besitzen dieses Einspruchsrecht.

Der britische Entwurf wurde von der Alliierten Kommandantur einhellig als Arbeitsgrundlage angenommen.[39] Hinter den Kulissen allerdings herrschte

37 Der britischen Militärregierung ging es hierbei um eine Verkleinerung des Betroffenenkreises, wie in der Magistratsverordnung vom 2. Juli 1945 zur Vermögenskontrolle festgelegt. Vgl. ebenda.

38 Vgl. MGGBA, Minutes First Meeting of DEN Comm., 7 January 1946; Minutes Second Meeting of DEN Comm., 20 January 1946, TNA, FO 1012/323.

39 Die französischen und sowjetischen Delegationen im Komitee für Entnazifizierung kündigten zwar an, eigene Vorschläge einzureichen, aber unterließen es letztlich. Die

in amerikanischen Kreisen eine gewisse Verwunderung. Wie ihre Kolleg:innen im britischen Sektor bereitete sich auch amerikanisches Besatzungspersonal auf die neue Kontrollratsdirektive vor. Von den britischen Entwürfen unterrichtet, beriet sich der in Berlin verantwortliche Rechtsoffizier Adolph J. Radosta mit allen Entnazifizierungsexpert:innen des amerikanischen Hauptquartiers OMGUS, darunter mit Clays Rechtsberater Charles Fahy und seinem Mitarbeiter Philipp Elman sowie mit den Offizieren für Öffentliche Sicherheit Orlando W. Wilson und Lt. Chermin.[40] Laut ihren von Radosta zusammengefassten Einschätzungen unterschied sich der britische Ansatz für Berlin von amerikanischen Vorstellungen in einem bedeutsamen Punkt:

> „The British seem to have little concern with the persons who were found to be qualified satisfactory by the German Boards, and are more concerned with persons who have been found not qualified. Actually the Americans are equally concerned with appeals in both types of cases, and are even more concerned with those whom the German boards qualified, for the reason that, if we are to denazify Germany, we must be very careful to make sure that the German Boards do not, thru error or fraud, allow objectionable Nazis to obtain any positions of importance in the German administration."[41]

Britische Behörden, so lässt sich der Kommentar zusammenfassen, sorgten sich in erster Linie um abgewiesene, amerikanische hingegen um befürwortete Berufungsanträge. Während die britische Seite befürchtete, dass die deutschen Kommissionen zu Unrecht getroffene Maßnahmen nicht rückgängig machten, also berechtigte Einsprüche gegen Entlassung oder Beschlagnahme abweisen könnten, ahnten die amerikanischen Verantwortlichen, dass ihr Entlassungsmodell durch zu viele positive Einsprüche unterlaufen werden könnte.

amerikanische Delegation reichte keinen Vorschlag ein. Vgl. KI Comité de Dénazification, procès-verbal de la 3eme reunion, 15 février 1946, MAE, KI/571/2.

40 Sie alle waren tief mit der Materie vertraut: Der Jurist Fahy leitete das kürzlich ins Leben gerufene Denazification Policy Board, das eine Überprüfung der bisherigen, zunehmend in der Kritik stehenden Politik in der US-Zone vornahm. Der Kriminologe O. W. Wilson war Leiter der OMGUS Public Safety Branch, einer der wichtigsten Positionen für Entnazifizierung überhaupt, und Lt. Chermin hatte als Vertreter im Komitee für Nazi Arrest and Denazification die Verabschiedung der maßgeblich auf amerikanischen Plänen beruhenden Kontrollratsdirektive Nr. 24 über Monate begleitet. Siehe Protokolle des PS Comm./Nazi Arrest and Denazification Sub-Comm.: TNA, FO 1005/635 und 636.

41 OMGBS PSB, Tentative Plan for Denazification, 15 January 1946, LAB, B Rep. 036-01-01, Nr. 4/38-3/5.

Die amerikanische Skepsis ist im Kontext ihrer bisherigen Erfahrungen mit deutschen Ausschüssen und Plänen über ein zukünftiges Spruchkammerwesen in der amerikanischen Zone zu deuten. Zwar hatten auch Jurist:innen aus den Vereinigten Staaten, neben Fahy auch der ehemalige Berliner Rechtsanwalt und Berater Clays für Entnazifizierung, Fritz E. Oppenheimer, bald kritisiert, dass die bisherige personalpolitische Entnazifizierung keinen „due process of law", also kein faires, rechtsstaatliches Verfahren, gewähre, und Prinzipien der Rechtssicherheit in Form eines Einspruchsrechts gefordert, das im Zuge des hastig entworfenen Gesetzes Nr. 8 vom September 1945 eingerichtet wurde.[42] Aber die daraufhin tätigen Überprüfungsausschüsse, mit denen den Deutschen aus Zeit- und Kostengründen mehr Verantwortung übergeben worden war, legten nahe, dass den meisten Einsprüchen stattgegeben wurde.[43]

In der zitierten Einschätzung des britischen Entwurfs schlugen sich eine prinzipielle Unterstützung des Berufungsrechts ebenso wie eine Sorge vor den Folgen solcher Einzelfallprüfungen nieder. Zudem saßen die amerikanischen Entnazifizierungsstellen im Winter 1945/46 zwischen den Stühlen verschiedener Richtlinien – mit der Direktive JCS 1067 und dem Gesetz Nr. 8 war kaum jemand mehr zufrieden, und eine neue zonale Gesetzgebung war noch nicht erarbeitet. Einen konkreten Vorschlag für die Viermächtestadt hatten die ansonsten kaum zurückhaltenden amerikanischen Fachleute zu diesem Zeitpunkt daher nicht. Vermutlich da der britische Entwurf die formalen Belastungskriterien – eine Konstante der amerikanischen Politik – in keiner Weise infrage stellte, hatte die amerikanische Militärregierung in Berlin „no real objection to the British plan".[44] In allgemeinerem Sinne ließ der Kommentar zwei grundsätzlich verschiedene Prioritäten der gesamten Berliner Entnazifizierungspolitik erkennen: Der amerikanische Fokus lag auf einem politischen Programm der Exklusion, der britische auf einem rechtsstaatlichen Verfahren. Beides war Bestandteil der Berliner Gesetzgebung.

42 Vgl. Niethammer, Mitläuferfabrik, S. 243.

43 Vgl. Paul Hoser, Die Entnazifizierung in Bayern in: Walter Schuster/Wolfgang Weber (Hrsg.), Entnazifizierung im regionalen Vergleich, Linz 2004, S. 473–510, hier S. 481. Mitunter deswegen hielten das amerikanischen Hauptquartier und speziell Lucius D. Clay trotz wachsender Kritik an einer Beibehaltung der formalen Belastungskriterien wie in der Kontrollratsdirektive Nr. 24 verankert fest und verteidigten sie ab Anfang 1946 in den kontroversen Verhandlungen über ein deutsches Entnazifizierungsgesetz gegenüber den deutschen Ministern der Zone, die insbesondere den Grundsatz des freien richterlichen Ermessens forderten und schließlich im Befreiungsgesetz vom März 1946 durchsetzten. Ausführlich zur Entstehungsgeschichte des Befreiungsgesetzes: Niethammer, Mitläuferfabrik, S. 260–318. Auch: Gimbel, American Occupation, S. 102 ff.

44 OMGBS PSB, Tentative Plan for Denazification, 15 January 1946, LAB, B Rep. 036-01-01, Nr. 4/38-3/5.

Das Berufungsrecht: Berliner Besonderheiten zwischen Antifaschismus und Antikommunismus

Am 26. Februar 1946 erließ die Alliierte Kommandantur die zentrale Berliner Gesetzgebung, die neben der Anordnung zur „Entnazifizierung" mit ihren Entlassungskriterien weitgehend den britischen Plänen entsprechend auch eine Anordnung zur „Errichtung von Entnazifizierungskommissionen" umfasste. In dieser neuen Phase der Entnazifizierungspolitik wurden ab Frühjahr 1946 in jedem Bezirk, in jedem Sektor und auf stadtweiter Ebene Kommissionen gebildet. Sobald diese einer Berufung stattgaben und damit verhängte Disqualifizierungsmaßnahmen wie Entlassung, herabgestufte Einstellung, Geschäftsschließungen oder Beschlagnahme von Eigentum widerrufen werden sollten, musste die Empfehlung zur Bestätigung an die jeweilige Militärregierung des betreffenden Sektors oder an die Alliierte Kommandantur weitergeleitet werden. Lehnte eine Kommission eine Berufung ab, war es den Appellant:innen erlaubt, Revision einzulegen. Den Sektorkommissionen oblag dabei die Funktion eines höheren Berufungsgerichts für die Bezirkskommissionen und dem interalliierten Komitee für Entnazifizierung dieselbe Funktion für die stadtweiten Magistratskommissionen, die für City Wide Officials zuständig waren.

Mit der Organisation der Bezirkskommissionen sowie der Errichtung der Sektorkommissionen als zweiter Instanz betraute der Magistrat das Bezirksamt Prenzlauer Berg für den sowjetischen, das Bezirksamt Schöneberg für den amerikanischen, das Bezirksamt Charlottenburg für den britischen und das Bezirksamt Wedding für den französischen Sektor.[45] Laut Anordnung sollten die Kommissionen mit je sieben Mitgliedern besetzt werden, die „allesamt aktive Antifaschisten sein mussten" und „nach Möglichkeit jede Schicht der Gesellschaft, sowohl Männer wie Frauen" vertreten sollten. Entscheidungsfähig war ein Quorum aus mindestens fünf Mitgliedern einschließlich einer:s für die Sitzungsleitung verantwortlichen Vorsitzenden.[46] Wie die Bezirksämter für die dortigen Kommissionen forderte Stadtrat Schmidt für die Bildung der Magistratskommissionen im März 1946 die KPD, SPD, CDU, LDP, den Freien Deutschen Gewerkschaftsbund (FDGB), den Hauptausschuss Opfer des Faschismus (OdF) sowie den „Zentralen Frauenausschuss" auf, Vorschläge für Mitglieder einzureichen. Die Parteien und Organisationen wurden im Sinne eines

45 Vgl. Abt. für Personal, Bericht über die Tätigkeit des Magistrats hins. Entnazifizierungsanordnungen, 20. März 1946, Bl. 18 f., LAB, C Rep. 102, Nr. 272.

46 Vgl. Magistrat Oberbürgermeister, Anordnung der Alliierten Kommandantur über die Entnazifizierung, Bestimmung Nr. 2., LAB, C Rep. 101, Nr. 54.

gesellschaftlichen Querschnitts gebeten, je nach Kommission unterschiedliche Vorschläge zu machen: Arbeiter:innen, Angestellte, Unternehmer:innen, Intellektuelle, Geistliche, Hausfrauen, Ärzt:innen und Jurist:innen. Nach einiger Zeit bat man auch die Jüdische Gemeinde, Vertreter:innen zu entsenden.[47]

Der Machtposition der Personalabteilungen stand die amerikanische Militärregierung nicht weniger kritisch gegenüber als die britische. Vor allem amerikanische Offiziere fürchteten nun eine kommunistische Beeinflussung und eine Instrumentalisierung des gesamten Berufungssystems. Denn der Aufbau der Entnazifizierungskommissionen erfolgte zeitgleich mit den parteipolitischen Konflikten, die sich im Zuge der Kampagne zur Vereinigung von KPD und SPD zur SED und im Vorfeld der für Herbst 1946 angesetzten ersten Wahlen der Stadtverordnetenversammlung intensivierten und die Aufmerksamkeit der amerikanischen Militärregierung auf kommunistische Einflussnahmen lenkte. Mit Bezug auf die Kommissionen problematisierten amerikanische Offiziere dabei speziell das Prinzip der in Einstimmigkeit zu fällenden Urteile.

> „The requirement of unanimous agreement by the appeal boards before a person removed may be reinstated, creates a real danger of ever-increasing communist control of the city in Berlin. […] Most of the boards will have at least one communist member and he, by his vote alone, can prevent reinstatement of any person who has been removed. It therefore appears that the unanimity rule gives the communist party a weapon of tremendous power in the present political situation in Berlin."[48]

Die amerikanischen Behörden erwartete ferner, dass der Magistrat die Entnazifizierung für seine Zwecke instrumentalisieren, freigewordene Verwaltungsstellen in erster Linie mit KPD-Mitgliedern besetzen und darüber hinaus eine Wiedereinstellung anti-kommunistisch eingestellter Personen über ein Veto in den Magistratskommissionen verhindern würde.[49] Daher erwirkte die amerikanische Delegation in der Alliierten Kommandantur, das Abstimmungsprinzip in ein qualifiziertes Mehrheitsvotum umzuändern.[50] Trotz dieser Modifikation

47 Vgl. Abt. für Personal, an die Bezirksleitungen der KPD, SPD, CDU und LDP, an den Hauptausschuss Opfer des Faschismus, den FDGB Berlin und an den Zentralen Frauenausschuss, 5. März 1946, Bl. 326–332, LAB, C Rep. 102, Nr. 273.

48 OMGUS Secret Memo on Berlin Denazification Ordinance, 29 March 1946, IfZ, OMGUS AG45–46/87/4.

49 Vgl. ebenda.

50 Vgl. Abt. für Personal, Besprechung der Entnazifizierungskommissionen, 17. April 1946, LAB, C Rep. 102, Nr. 272.

blieb innerhalb der amerikanischen Militärregierung die Sorge vor einem Missbrauch des Berufungssystems bestehen. Zu groß war das von Geheimdienstberichten, die fortlaufend über Gefahren einer kommunistischen Infiltrierung und Einschüchterungspolitik der Sowjetischen Militäradministration SMAD warnten, befeuerte Misstrauen.[51]

Prinzipiell mussten sämtliche vorgeschlagenen Mitglieder von der jeweiligen Militärregierung bzw. von der Alliierten Kommandantur genehmigt werden. Im April 1946 bestätigte das interalliierte Komitee für Entnazifizierung die Mitglieder der ersten stadtweit operierenden Magistratskommissionen, die für Anträge sogenannter City Wide Officials, darunter Angestellte der Verwaltung, Mediziner:innen, Jurist:innen, Künstler:innen und Lehrer:innen, zuständig waren.[52] Die zunächst gegründete Allgemeine Kommission mit Unterkommissionen für Jurist:innen und für Ärzt:innen nahmen im Mai 1946 ihre Arbeit auf, und bald waren in Berlin 23 Kommissionen tätig, eine in jedem der zwanzig Bezirke und drei auf Magistratsebene.[53]

Laut Anordnung waren Einsprüche am Ort der (letzten) Arbeitsstätte und nicht des Wohnsitzes zu erheben. Nahm eine Kommission einen Antrag an, sollte der Fall anhand verfügbarer Archivmaterialien sowie mittels Anfragen an die Verwaltungs- und Polizeistellen und Recherchen am früheren Arbeitsplatz und im Wohnumfeld geprüft werden. Da sich rasch zeigte, wie umfangreich diese Untersuchungen waren und die Kommissionen dafür kaum ausgestattet waren, erließ die Alliierte Kommandantur im Juni 1946 die ebenfalls von britischer Seite initiierte, ergänzende Anordnung 288, die den Einsatz von zusätzlichen Ermittlungsstäben vorsah. Den Ermittlungsbeamt:innen, auch Prüfer:innen oder Rechercheur:innen genannt, oblag es, notwendige Beweismittel zu sammeln und die Kommissionsmitglieder in ihrer Recherche zu unterstützen. Damit sollte das Berufungsverfahren grundsätzlich an Qualität gewinnen, denn die Ermittler:innen, „gewissermaßen die Staatsanwälte der Entnazifizierungskomm issionen“,[54] waren verpflichtet, für und wider die Betroffenen zu recherchieren.[55]

51 Ausführlich: Hurwitz, Eintracht der Siegermächte, S. 79 f.

52 Vgl. AKB Denazification Committee, Approval of Members of Denazification Commissions at Magistrat level, 17 April 1946, TNA, FO 1112/374.

53 Vgl. Noch drei Jahre Denazifizierung?, in: Neues Deutschland, 24. November 1946.

54 Diesen etwas schiefen Vergleich – denn die Rechercheur:innen führten zwar Ermittlungen durch, aber erhoben keine Anklage – zog die *Neue Zeit* (Verfahren bei der Entnazifizierung, in: Neue Zeit, 19. Juli 1946). Dagegen verglich die *Berliner Zeitung* vielmehr die Position des Referenten mit jener eines Staatsanwaltes. Vgl. Entnazifizierungsroutine, in: Berliner Zeitung, 25. Oktober 1946.

55 Vgl. AKB BK/O(46)288 zu Entnazifizierungskommissionsverfahren vom 29. Juni 1946, Bl. 235, LAB, C Rep. 102, Nr. 27; AKB DEN Comm., Consideration of Procedure in

Die Ermittlungen umfassten formalisierte Anfragen an diverse Behörden und individuelle Befragungen im beruflichen und privaten Umfeld. Zu diesem Zweck ordnete die Personalabteilung des Magistrats an, dass alle Archive und Dokumente, die „zur Nachprüfung der Ansprüche Antragstellender dienen können", den Verfahren zur Verfügung gestellt werden sollten.[56] Auf die NSDAP-Mitgliederkartei des Document Centers und andere Unterlagen im Besitz der Alliierten hatten die Kommissionen allerdings keinen direkten Zugriff.[57] Wahrscheinlich aus organisatorischen Gründen waren Anfragen an die Abteilung für Öffentliche Sicherheit zu richten, was zu großen Verzögerungen führte. Aber auch die Bezirksämter verfügten über dienliche Quellen, die seit der unmittelbaren Nachkriegszeit von den diversen Prüfungsstellen der Sozial- und Wohnungsämter sowie der treuhänderischen Vermögensverwaltung zusammengestellt worden waren; darunter beispielsweise die polizeilichen Register, die bald über 100 000 Namen umfassten.[58]

Aufgrund der teils geringen Erfolge der Ermittlungen bemühte sich der Magistrat, den Verfahren mehr Bekanntheit zu verschaffen, und ließ alle zur Verhandlung kommenden Fälle öffentlich ankündigen. Ebenso erhielten sämtliche Zeitungen die Übersichten. Die *Berliner Zeitung* war zudem verpflichtet, sämtliche Termine der Magistratskommissionen zu publizieren, und die Mitteilungsblätter der Bezirksverwaltungen hatten die Termine der Bezirkskommissionen zu veröffentlichen.[59] Alle Berliner:innen sollten sehen, wer von Entnazifizierungsmaßnahmen betroffen war und wer glaubte, dies ungerechtfertigterweise zu sein.

Auch einige Bezirksämter bemühten sich, der mangelnden Unterstützung aus der Bevölkerung entgegenzuwirken, und riefen zur direkten Mithilfe auf. Die Entnazifizierungskommission Wedding etwa ließ für einige Personen, deren Angaben sie anzweifelte, extra Aushänge anfertigen: „Alle Personen, die sachliche Angaben über nazistisches Verhalten der Vorgenannten machen können, und ferner wissen, ob die gemachten Angaben über Eintrittsdatum, Funktion

Denazification Appeal Commissions, 10 May 1946; AKB DEN Comm., Draft Procedure in Appeal Commissions, 17 May 1946, MAE, KI/571/2.

56 Abt. für Personal, Rundverfügung Entnaz I.1, 4. März 1946, LAB, C Rep. 207, Nr. 4490.

57 Vgl. AKB DEN Comm., Access of German Commissions to Certain Information, 8 April 1946, TNA, FO 1112/374.

58 Vgl. Kommando der Schutzpolizei, Zusammenstellung der bei den Polizeidienststellen des Polizeipräsidiums Berlin registrierten Angehörigen der früheren NSDAP und Gliederungen sowie der ehemaligen Offiziere bis zum 1. Oktober 1945; Polizeipräsident, Zahlenmäßige Zusammenstellung der registrierten Mitglieder für den Monat März, 5. April 1946, LAB, C Rep. 303-09, Nr. 59.

59 Bekanntmachungen finden sich hier: LAB, C Rep. 102, Nr. 278; C Rep. 207, Nr. 4990.

usw. stimmen, werden gebeten sich zu melden. Auf Wunsch werden Angaben diskret behandelt."[60]

In ähnlicher Weise richtete das Bezirksamt Schöneberg „an jede Privatperson, an jeden Betrieb, an jeden Behörde und Organisationen" die Aufforderung, dem Rathaus jegliche Informationen über das politisches Verhalten von Antragsteller:innen anzuzeigen, etwa Propagandatätigkeiten, Mitgliederwerbung, Bespitzelungen und Anzeigen oder geschäftlichen Missbrauch und Bereicherung.[61] Als „moral duty" beschrieb die Wilmersdorfer Kommission eine Beteiligung an den Berufungsverfahren und forderte in einem Aushang direkt auf: „You should tell the Committee that you want to be heard as a witness. You should submit to the Committee the documents of accusation, accompanied by your name and exact address. You should make suggestions aiming at an improvement of the activities of our denazification Committee."[62]

Über verfügbare Ent- und Belastungsmaterialien, Herausforderungen und Probleme der Verfahren tauschten sich die Schriftführer:innen in vom Magistrat einberufenen Konferenzen regelmäßig aus. Die Verfahrensabläufe waren genau beschrieben: Zuerst sollte der Berufungsantrag verlesen und die Belastungszeug:innen aufgerufen werden, im Anschluss der/die Antragsteller:in befragt und die Entlastungszeug:innen gehört werden, schließlich sollten die Ermittlungsbeamt:innen Bericht erstatten und die Kommission hinter verschlossenen Türen ein Urteil fällen.[63]

In der Praxis allerdings entwickelten sich in den ersten Wochen und Monaten gewisse unterschiedliche Praktiken sowohl zwischen den Sektoren als auch zwischen den Bezirken. Insbesondere variierte die Anzahl der Ermittlungsbeamt:innen stark. Die amerikanische Militärregierung hatte die Einstellung von zusätzlichem Personal zunächst untersagt, während die Kommissionen des britischen, französischen und sowjetischen Sektors bereits im Mai 1946 zusätzliche Rechercheur:innen einstellten.[64] Ferner wurden im britischen und

60 Entnazifizierungskommission Bezirk Wedding, Entnazifizierung, Juni 1947, LAB, C Rep. 203, Nr. 9263.

61 Bekanntmachung Nr. 199, in: Spandauer Volksblatt, 12. April 1946.

62 DEN Comm. Gasteiner Strasse 21, Denazification, undated, TNA, FO 1012/110.

63 Vgl. AKB BK/O(46)288 zu Entnazifizierungskommissionsverfahren vom 29. Juni 1946, Bl. 235, LAB, C Rep. 102, Nr. 27.

64 Magistrat Department for Personnel to all District Boards, 2 May 1946, TNA, FO 1012/110. Auch: Abt. für Personal, Verzeichnis der Leiter und Mitglieder des Ermittlungsstabes sämtlicher Entnazifizierungskommissionen, 21. Oktober 1946, LAB, C Rep. 102, Nr. 265; Abt. für Personal, Bericht des SED-Landesverband an die kommunalpolitische Abt. Magistrat, 5. September 1946, LAB, C Rep. 102, Nr. 273.

sowjetischen Sektor die Kommissionsmitglieder öffentlich vereidigt, was in den anderen Sektoren nicht der Fall war.[65] Und während es im amerikanischen und französischen Sektor unmittelbar untersagt war, sich juristisch vertreten zu lassen, erließ die britische Militärregierung ein solches Verbot erst im August 1946.[66]

Auch brauchte es einige Zeit, um bürokratische Abläufe zu vereinheitlichen. Zeitweise kursierten beispielsweise drei verschiedene Versionen von Fragebögen sowie unterschiedliche Formen der Bestätigung durch die Kommissionen und die Besatzungsmächte.[67] Allein aufgrund der Größe der Millionenstadt, ihre mit zwanzig Bezirken dezentrale Verwaltungsstruktur und die Einteilung in vier Sektoren mit einer übergeordneten interalliierten Instanz gab es viele Gründe „für verschiedene Methoden", wie die *Tägliche Rundschau* diese Unterschiede erklärte und im Vergleich mit anderen Regionen urteilte: „In Berlin ist die Arbeit der Entnazifizierungskommissionen am schwierigsten."[68]

Ob ihre Tätigkeit schwieriger war oder nicht, die Berliner Kommissionen arbeiteten anders als vergleichbare Ausschüsse oder Spruchkammern in den vier Besatzungszonen. Als berlinspezifische Besonderheit unterschieden sie sich vor allem von den ebenfalls ab Frühjahr 1946 in der amerikanischen und wenige Zeit darauf in den britischen und französischen Besatzungszonen eingerichteten Spruchkammern sowie von den im Winter 1946/47 gegründeten Kommissionen in der Sowjetischen Besatzungszone.

In der Sowjetischen Besatzungszone überprüften unter Kontrolle der Länder- und lokalen Regierungen Kommissionen bzw. Ausschüsse auf Kreis- und Landesebene öffentliche Einrichtungen und Betriebe sowie spezielle Berufsgruppen, ordneten Entlassungen an und verhängten Sühnemaßnahmen. Einige Ländergesetze sahen zudem die Möglichkeit vor, gegen die Entscheidung einer Entnazifizierungskommission bei einer gesonderten Spruchbehörde Revision einzulegen.[69] Timothy R. Vogt deutet an, dass die Entnazifizierungskommissionen in

65 Vgl. Dramatische Szenen vor der Kommission. Einspruch wurde anerkannt. Erste Sitzung in Wilmersdorf, in: Der Berliner, 4. Juni 1946; Um die Reinwaschung. Die erste Sitzung der Entnazifizierungskommission im sowjetisch besetzten Sektor Berlin, in: Tägliche Rundschau, 28. Juni 1946.

66 Vgl. MGGBA PSB, Denazification Appeal Commissions, 15 August 1946; MGGBA PSB, Denazification, 13 August 1946, TNA, FO 1012/110.

67 Vgl. Abt. für Personal to all VBK Denazification, Sector and Magistrat Denazification Offices, 24 August 1946, TNA, FO 1012/110.

68 Entnazifizierungskommissionen, in: Tägliche Rundschau, 22. August 1946.

69 Vgl. Vollnhals, Einleitung, S. 13–17 und 49 ff.; Clemens Vollnhals, Die Entnazifizierung als Instrument kommunistischer Machtpolitik, in: Mike Schmeitzner/Clemens Vollnhals/

Berlin als Vorbild für die einige Monate später in der gesamten SBZ eingerichteten Gremien dienten.[70] In diesen führten allerdings, im Unterschied zu den Berliner Kommissionen, die Oberbürgermeister:innen bzw. Landrät:innen und die Leitungen der Personalreferate den Vorsitz und besaßen daher weitaus größere Einflussmöglichkeiten auf die Verfahren. Als Umsetzung der neuen Kontrollratsdirektive Nr. 38 und bei gleichzeitiger Ankündigung einer Beendigung der Entnazifizierung erfolgte mit dem SMAD-Befehl Nr. 201 vom August 1947 eine weitere Umstrukturierung. Dabei nahmen die Säuberungsausschüsse eine erneute Überprüfung aller Beschäftigen vor und beurteilten sie entsprechend formaler Belastungskategorien.[71] Die Berliner Kommissionen unterschieden sich darin, dass sie keine Überprüfungen ganzer Verwaltungen und Betriebe vornahmen, keine Entnazifizierungsmaßnahmen wie Entlassungen oder Geschäftsschließungen anordneten und nicht unter direkter Kontrolle der Regierungs- bzw. Verwaltungsstellen standen.

Die Spruchkammern der amerikanischen Besatzungszone, an der sich die französischen und britischen Modelle orientierten, urteilten über die von einem öffentlichen Kläger vorgenommene Einstufung in eine der fünf Belastungskategorien („Hauptschuldige", „Belastete", „Minderbelastete", „Mitläufer" und „Entlastete") und verhängten dementsprechend Sühnemaßnahmen wie Haftstrafen, Vermögensbeschlagnahme, Kürzungen von Versorgungsansprüchen, eingeschränkte Berufsausübung oder Verlust der bürgerlichen Rechte. Damit leitete das Spruchkammerwesen eine bedeutsame Veränderung der Entnazifizierungspolitik ein, indem das bisherige Entlassungs- hin zu einem Straf- und Rehabilitierungssystem verschoben wurde.[72] Die Ähnlichkeit der Berliner Kommissionen zu den Spruchkammern bestand in den zugrundeliegenden Belastungsmerkmalen. Denn die in der Kontrollratsdirektive Nr. 24 festgelegten Kriterien für „aktive" Nationalsozialist:innen übernahm das Befreiungsgesetz für

Francesca Weil (Hrsg.), Von Stalingrad zur SBZ: Sachsen 1943 bis 1949, Göttingen 2016, S. 293–328, hier S. 308 ff.; Meinicke, Zur Entnazifizierung, S. 975; Van Melis, Entnazifizierung, S. 221–227.

70 Vogt gibt hierzu allerdings keine näheren Belege an. Vgl. Vogt, Denazification, S. 80.

71 Vgl. Rößler, Einleitung, S. 27 und 35; Clemens Vollnhals, Politische Säuberung als Herrschaftsinstrument. Entnazifizierung in der Sowjetischen Besatzungszone, in: Andreas Hilfer/Mike Schmeitzner/Ute Schmidt (Hrsg.), Diktaturdurchsetzung. Instrumente und Methoden der kommunistischen Machtsicherung in der SBZ/DDR 1945–1955, Dresden 2001, S. 127–138, hier S. 130 ff.; Der SMAD Befehl Nr. 201 und seine Ausführungsbestimmung sind abgedruckt in: Rößler (Hrsg.), Entnazifizierungspolitik der KPD/SED, S. 147–158, hier S. 151.

72 Vgl. Niethammer, Mitläuferfabrik, S. 310 ff.; Vollnhals, Einleitung, S. 19.

eine Definition der Gruppen „Hauptschuldige" und „Belastete".[73] Anders aber als in der Berliner Verordnung hielt das Befreiungsgesetz wie von deutscher Seite gefordert explizit fest, dass neben diesen Belastungskategorien auch die „Beurteilung des Einzelnen [...] in gerechter Abwägung der individuellen Verantwortlichkeit und der tatsächlichen Gesamthaltung" zu erfolgen hatte und dass „äußere Merkmale wie die Zugehörigkeit zur NSDAP, eine ihrer Gliederungen oder einer sonstigen Organisation" nicht allein entscheidend waren.[74] Von der damaligen deutschen Öffentlichkeit heftig angegriffen und als Ausdruck einer illegitimen Kollektivschuld kritisiert, galt das Befreiungsgesetz vielen als Beleg für mangelnde Rechtsstaatlichkeit.[75] Auch die Kritik vonseiten der Kirche war deutlich: Das Befreiungsgesetz widerspreche dem Grundsatz, dass Bestrafung nachweisbare Schuld voraussetze, und verstoße mit der Umkehrung der Beweislast gegen das allgemeine Gerechtigkeitsempfinden.[76]

Insgesamt ähnelten die Berliner Entnazifizierungskommissionen damit eher früheren, weitaus weniger bekannten Ausschüssen, die sich aufgrund des im Militärgesetz Nr. 8 verankerten Widerspruchsrechts als Vorläufer der Spruchkammern im Sinne reiner Berufungsinstanzen etablierten. Die Empfehlungen dieser Komitees auf erster und der Prüfungsausschüsse auf höherer Ebene wurden, wie jene der Berliner Kommissionen, von der Militärregierung geprüft und bestätigt.[77] Der strafrechtliche Charakter der späteren Spruchkammern entwickelte sich, so Niethammer, aus diesem Einspruchsverfahren und dem zugrundeliegenden Bemühen liberaler Jurist:innen, „die Betroffenen in der Entnazifizierung überhaupt erst als Rechtssubjekte zu konstituieren und ihnen relativen rechtsstaatlichen Schutz" zu verschaffen.[78]

Insgesamt oblag den Berliner Kommissionen, anders als den Ausschüssen und Spruchkammern der vier Besatzungszonen, zu keinem Zeitpunkt die Überprüfung von Betrieben und Verwaltungen, ihren Beschäftigten und durchgeführten Entlassungen, und sie waren nicht befugt, über Sühnemaßnahmen zu entscheiden. Ebenso wenig war es ihnen erlaubt, wie der Magistrat in Absprache mit der Alliierten Kommandantur ermahnte, „Anweisungen an die Bezirks-

73 Vgl. Erich Schullze (Hrsg.), Gesetz zur Befreiung von Nationalsozialismus und Militarismus mit den Ausführungsvorschiften und Formularen, mit Anmerkungen und Sachverzeichnis versehen von Erich Schullze. Hrsg. in amtlichem Auftrag, München 1946.

74 Ebenda.

75 Vgl. Schlemmer, Gelungener Fehlschlag, S. 19; Henke, Trennung vom Nationalsozialismus, S. 93; Woller, Gesellschaft und Politik, S. 118; Königseder, Ende der NSDAP, S. 157.

76 Vgl. Vollnhals, Evangelische Kirche, S. 72.

77 Vgl. Dorn, Inspektionsreisen, S. 74.

78 Niethammer, Mitläuferfabrik, S. 243.

ämter oder Befürwortungen für die Verhängung von Arbeitsdienst, Entziehung von Gewerbeerlaubnissen oder Vermögensbeschlagnahme" zu geben. Wenn solche Rechtsfolgen gewünscht wurden, konnte lediglich eine Abschrift des Berufungsurteils dem entsprechenden Arbeitsamt, Wirtschaftsamt oder der Vermögenstreuhandstelle zur Kenntnis weitergeleitet werden. Die Bezirksämter konnten dann über Sühnemaßnahmen wie Arbeitseinsatz oder Entziehung der Gewerbeerlaubnis verfügen, jedoch erst, nachdem die Betroffenen auf eine Revision bei der Sektorkommission verzichtet hatten oder die Sektorkommission die Entscheidung der Bezirkskommission aufrechterhalten hatte. Ergaben sich Hinweise auf NS- oder Kriegsverbrechen, waren ihre Akten an die zuständigen Gerichte weiterzuleiten.[79]

Nach einiger Zeit fiel auch den alliierten Hauptquartieren auf: „the commissions in the zone are working in a different way to commissions in Berlin."[80] Und die Berliner Militärregierungen, zumindest die amerikanischen und britischen, wurden von den Hauptquartieren angewiesen, das System der Viersektorenstadt an die jeweilige Zonenregelung anzupassen. So forderte das amerikanische Hauptquartier OMGUS etwa die Berliner Abteilung für Öffentliche Sicherheit auf, im interalliierten Komitee für Entnazifizierung eine Umsetzung des Befreiungsgesetzes zu erwirken, was die anderen drei Delegierten im April 1946 ohne viel Aufhebens abwehrten.[81] In ähnlicher Weise erhielten nach einiger Zeit britische Verantwortliche die Anweisung, die Tätigkeiten der Berliner Kommissionen an die neue Regelung der Besatzungszone über „German Panels, Commissions and German Review Boards" anzupassen, was ebenfalls keine Auswirkungen hatte.[82] Beide Impulse kamen in gewisser Hinsicht zu spät. Keine der Besatzungsmächte war gewillt, die neue, soeben erst aufgebaute Gesetzgebung nach nur kurzer Zeit wieder zu ändern. Da sich die Alliierten in Berlin nicht auf eine Umsetzung der Kontrollratsdirektive Nr. 38 vom Oktober 1946, die eine Einführung des Spruchkammerwesens nach amerikanischen Modell vorsah, einigen konnten, blieb das Berufungssystem bis nach der Teilung der Stadt Ende 1948 in Kraft.

79 Abt. für Personal, Rundverfügung zur Besprechung mit Herrn Kapitän Belakoni, 5. August 1946, Bl. 58, LAB, C Rep. 102, Nr. 272.

80 MGGBA, Denazification Policy, 24 April 1946, TNA, FO 1012/110.

81 Vgl. AKB DEN Comm., Law for Liberation from National Socialism, 24 April 1946, TNA, FO 1112/374.

82 Vgl. MGGBA, The Political Aspect of Zone Policy Instruction, 17 January 1947, TNA, FO 1012/110.

„No one ever wore the Party Badge“: Bilanzen 1946

Die ersten Ergebnisse der Entnazifizierungskommissionen waren ein Schlag ins Gesicht vor allem der amerikanischen Militärregierung und lösten eine große öffentliche Debatte aus. „It seems to me that the commissions are not aware of their functions“,[83] urteilte Ulrich R. Gress, Officer der amerikanischen Special Branch, und übte in einem Rundschreiben an alle Abteilungen vernichtende Kritik an der bisherigen Spruchpraxis. Man müsse davon ausgehen, warnte Gress, dass die Kommissionen sich ihrer Funktion in keiner Weise bewusst seien, völlig falsche Anweisungen erhalten hätten und die Deutschen nicht gewillt seien, ihre Aufgabe zu erfüllen.

> „This is evident from the unusually high percentage of cases upheld by the German Commissions:
> U.S.: 93% upheld
> USSR.: 61% upheld
> British: 59% upheld
> FR: 40% upheld
> [...] It is obvious that the U.S. Sector Commissions are operating as clemency boards, and whitewashing nearly every applicant.“[84]

Die immensen Unterschiede zwischen 93 Prozent Befürwortungen im amerikanischen und den mit 40 Prozent weniger als halb so vielen im französischen Sektor ließen sich kaum beschönigen und überraschten die Verantwortlichen völlig. Die Ergebnisse der Kommissionen standen im Widerspruch zu dem, was die amerikanische Special Branch erwartet hatte. In ihrem Verständnis durfte den Berufungsanträgen lediglich in begründeten Ausnahmefällen stattgegeben werden, und zwar im Falle eines Austritts aus der NSDAP vor 1933, bei nachweislicher Widerstandstätigkeit, eigener Verfolgung bzw. der Unterstützung von Opfern oder Gegner:innen des nationalsozialistischen Regimes. Insofern hatte man mit weitaus niedrigeren Befürwortungen gerechnet, Gress hielt etwa 20 Prozent für realistisch und angemessen. Das größte Problem der Kommissionen sah er darin, dass ihre Mitglieder fast ausschließlich zugunsten der Appellant:innen recherchierten.[85] Da sie offensichtlich allen Aussagen und Angaben unhinterfragt Glauben schenkten, so Gress sarkastisch, entstehe folgendes Bild:

83 OMGSB SP, Operation of Denazification Commissions in U.S. Sector, 30 August 1946, LAB, B Rep. 036-01, Nr. 4/135-1/10.

84 Ebenda.

85 Ebenda.

„a) Germany had the largest underground movement in the world. Practically every NSDAP member only joined the Party so he could fight Fascism.
b) No one ever wore the Party Badge.
c) No one ever attended Party meetings.
d) No one ever used the Hitler Salute.
e) No one ever had a picture of Hitler in his home.
f) Each Party member listened to the BBC. (This may be true).
g) Each Party member helped at least one Jew or DP. (With a peak of 6000000 Pg's there should be a large number of healthy, well fed and wealthy Jews in Germany)."[86]

Gress' mahnender Aufruf fand innerhalb der amerikanischen Behörden Aufmerksamkeit. Der Stadtkommandant Frank L. Howley veranlasste umgehend eine Überprüfung und stärkere Kontrolle der Kommissionen. Aufgrund der kritischen Berichterstattung und da auch der amerikanischen Militärregierung zur gleichen Zeit von Gewerkschaften und Arbeitsämtern vorgeworfen wurde, über tausend ehemalige NSDAP-Mitglieder als „einfache Arbeiter" in ihrer Administration zu beschäftigen,[87] wollte man weitere öffentliche Kritik unbedingt vermeiden.[88]

Wohl auch deswegen suchte der Leiter der Special Branch Radosta wenige Wochen später bei seinen britischen, französischen und sowjetischen Kollegen um Rat und vereinbarte, die Kommissionen der drei anderen Sektoren besichtigen zu können, um herauszufinden, „whether or not there were points which

86 Ebenda.

87 Vgl. OMGBS to OMGUS, Employment of Mandatory Removal Categories by U.S. Military Units; OMGBS SP to Deputy Director Babcock, Memorandum, 1 September 1946, LAB, B Rep. 036-01, Nr. 4/135-1/10.

88 Public Safety-Offiziere untersuchten daraufhin, warum gerade in ihrem Sektor fast jedem Einspruch stattgegeben wurde und sich die Ergebnisse so sehr von den anderen unterschieden, fanden aber wenig konkrete Antworten. Als korrigierende Maßnahmen sollten nun auch im amerikanischen Sektor Ermittlungsbeamt:innen eingestellt werden sowie die Special Branch enger mit den Verbindungsoffizieren der Bezirke kooperieren und insbesondere belastende Informationen des Document Centers weitergeben. Vgl. OMGUS Report, German Newspaper Attacks on Denazification in the U.S. Sector of Berlin, 5 September 1946, IfZ, OMGUS POLAD/749/26; Chief of Security Review Board to Chief of Public Safety Office, Improvements in Review Procedure of Denazification Commissions, 27 September 1946, LAB, B Rep. 036-01, Nr. 4/135-2/9; Liaison Officer Kaspzycki to Manpower Branch, Interpretation and Application of SP Decisions, 30 October 1946; OMGBS PSB Security Review Board and Denazification Section, Report 5 September to 11 September 1946, ebenda, Nr. 4/135-1/9.

he could adopt in his sector with a view to a general improvement".[89] Die anderen drei Delegationen willigten ein, aber ein tiefer gehender Austausch über die Bilanzen ihrer Sektoren kam nicht zustande. Warum die Alliierten die Arbeit der Kommissionen nicht eingehender diskutierten, bleibt unklar. Denn ihre Urteilspraxis sorgte auch andernorts nicht minder für Staunen, nachweislich jedenfalls innerhalb der britischen Militärregierung. Ihre Abteilung für Öffentliche Sicherheit hatte schon im Mai 1946 angeregt, dass die Alliierte Kommandantur eine stadtweite Untersuchung aller Entnazifizierungskommissionen durchführen müsse,[90] da weder mit derart vielen Anträgen noch mit derart vielen Befürwortungen gerechnet worden war.[91]

Im britischen Sektor lösten die Ergebnisse eine vergleichbare Debatte über die hohe Anzahl der Verfahren und positiv begutachteten Einsprüche aus.[92] Aus Wilmersdorf beklagte der Verbindungsoffizier bei den ersten Verfahren, dass die Kammern aller drei Bezirke, aber speziell die dortige, besonders vielen Einsprüchen stattgab, nämlich bislang 104 von 166 Fällen. Über die in seinen Augen viel zu hohe Zustimmungsrate von über 60 Prozent verfasste er ähnlich wie sein amerikanischer Kollege ein kritisches Memorandum und trug verschiedene Gründe vor. Gut vorbereitete Antragsteller:innen, viele Entlastungszeug:innen und kaum Belastungszeug:innen führten dazu, dass selbst unglaubwürdigen Anträgen stattgegeben wurde, so die Erklärung der britischen Special Branch. Aus ihrer Sicht boten die ersten Verfahren im Frühjahr 1946 ausreichend Anlass, in die als „too lenient" beschriebene Arbeit der Kommissionen zu intervenieren und von ihnen eine strengere Spruchpraxis einzufordern.[93]

Das Hauptquartier untersagte zwar einen solchen direkten Eingriff der Bezirkskommandeure mit der Begründung, eine sektor- und berlinweit einheitliche Handhabung nicht gefährden zu wollen, ordnete aber eine intensive Beobachtung und Betreuung an.[94] Mitarbeiter:innen der britischen Abteilung für Öffentliche Sicherheit suchten daraufhin stärkeren Austausch mit den Kommissionen,

89 AKB DEN Comm., 17 September 1946, TNA, FO 1112/374.

90 Vgl. MGGBA to MG Wilmersdorf, Denazification, 31 May 1946, TNA, FO 1012/110.

91 Bezeichnend für die eklatante Fehleinschätzung ist die Einschätzung des Leiters der Kulturabteilung der britischen Militärregierung, der im Januar 1945 an der Planung des Einspruchsrechts beteiligt gewesen war und vermutete hatte: „The majority of Germans would not appeal to other Germans because of their ready acceptance of orders even though in their opinion such orders were unjust." MGGBA, Minutes of the PS Section, 20 January 1946, TNA, FO 1012/323.

92 Vgl. MGGBA to MG Wilmersdorf, Denazification, 31 May 1946, TNA, FO 1012/110.

93 MG Wilmersdorf to MG Secretariat, 28 May 1946, TNA, FO 1012/110.

94 Vgl. MGGBA to MG Wilmersdorf, Denazification, 31 May 1946, TNA, FO 1012/110.

beriefen regelmäßige Besprechungen ein und gaben Empfehlungen, wie mit den skizzierten Problemen umzugehen sei. Angesichts der auch Monate darauf noch anhaltend hohen Befürwortungen der Wilmersdorfer Kommissionen fragten sie sich allerdings, ob die Spruchpraxis nicht der Idee der Entnazifizierung zuwiderlaufe.[95]

Die innerhalb der amerikanischen und britischen Gremien kritisch diskutierten ersten Ergebnisse standen im Zusammenhang mit im August 1946 erstmalig in der Presse veröffentlichten, eindringlich diskutierten Zahlen. Die im Folgenden abgebildete und im *Telegraf* veröffentlichte tabellarische Übersicht enthält Angaben über alle in den vier Sektoren gestellten, bearbeiteten und entschiedenen Anträge. Binnen weniger Wochen waren weit über 30 000 Anträge an die Bezirkskommissionen gerichtet und davon ungefähr 4500 bearbeitet worden. Vor den Sektorkommissionen waren zu diesem Zeitpunkt noch keine auf erster Instanz abgewiesenen Fälle verhandelt worden. Hinzuzurechnen sind daher etwa 1000 an die Magistratskommissionen gestellten Anträge, die in der Tabelle fehlen.[96]

Tabelle 5:
Entnazifizierungsverfahren Erste Instanz seit Errichtung bis ca. 15. August 1946[97]

	eingegangen	bearbeitet	befürwortet	abgelehnt
Amerikanischer Sektor	14 928	2629	2464	163
Britischer Sektor	6035	1101	660	348
Französischer Sektor	1874	186	76	83
Sowjetischer Sektor	7763	590	363	227
insgesamt	30 600	4506	3563	821

95 Vgl. DEN Comm. Wilmersdorf to British MG, 7 September 1946, TNA, FO 1012/110.

96 Insgesamt kursierten in den ersten Monaten verschiedene Angaben. Laut *Tagesspiegel* hatten bis Mitte Juni 1946 insgesamt 44 600 Personen einen Antrag gestellt, darunter 13 000 an die Magistratskommissionen (Vgl. Fast 50 000 Parteigenossen, in: Der Tagesspiegel, 25. August 1946). Mitte August berichtete die *Freie Gewerkschaft* sogar von über 75 000 Verfahren. Vgl. Die Entnazifizierungskommissionen, in: Freie Gewerkschaft, 17. August 1946.

97 Die Tabelle ist in leicht abgewandelter Form abgedruckt in: Entnazifizierung in Berlin, in: Der Telegraf, 23. August 1946.

Im amerikanischen Sektor wurden doppelten so viele Anträge gestellt wie im einwohnerstärksten sowjetischen Sektor, und die amerikanischen Kommissionen lehnten weitaus weniger Einsprüche als jene der anderen Sektoren, lautete der Tenor der Berichterstattung. Der britisch lizenzierte *Telegraf* bezeichnete die über 93 Prozent Befürwortungen im amerikanischen Sektor gegenüber 61 im sowjetischen, 59 im britischen und 40 im französischen Sektor vorsichtig formuliert als „bemerkenswert" und lobte seinerseits die gute Arbeit im britischen Sektor.[98] Dagegen kommentierte die sowjetisch lizenzierte *Tägliche Rundschau* die Unterschiede zwischen dem amerikanischen und den anderen drei Sektoren deutlich: Während im französischen Sektor teilweise bis zu 70 Prozent abgelehnt würden, habe es „die Bezirkskommission Schöneberg fertiggebracht, bis zum 15. Juli von 240 Fällen nur einen Antrag abzuweisen".[99] Zurückhaltender und beschwichtigend führte die vom Magistrat herausgegebene *Berliner Zeitung* die unterschiedlichen Ergebnisse darauf zurück, dass in einigen Bezirken und Sektoren leichtere Fälle zuerst zur Verhandlung kamen und dadurch ein höherer Prozentsatz zustande kam.[100]

Die Berichterstattung über seinen Sektor alarmierte das amerikanische Hauptquartier OMGUS. Von nachrichtendienstlichen Stellen als „German Newspaper Attacks on Denazification in the U.S. Sector of Berlin" skandalisiert, zogen die Bilanzen die Aufmerksamkeit des Militärgouverneurs auf sich, und die Special Branch musste die auch für sie unerklärlichen Ergebnisse gegenüber ihren Vorgesetzten rechtfertigen. Die auffällig hohe Gesamtzahl von über 14 000 Anträgen ließ sich noch leicht damit begründen, dass die Kommissionen zum einen bereits seit Januar 1946 tätig waren, und überdies positiv interpretieren: Da mehr ehemalige Mitglieder und Unterstützer:innen der NSDAP entlassen worden waren, legten schlicht auch mehr Personen Widerspruch ein.[101] Schwieriger war es, die geringe Zahl der Ablehnungen zu begründen. In diesem Punkt erzähle die Presse nicht die ganze Geschichte, rechtfertigte die Public Safety Branch das eigentliche Problem umgehend: „[D]enazification review boards in Berlin are purely advisory and their decision is not final."[102] Angehörige der amerikanischen Militärregierung kämen nicht umhin, positive Empfehlungen häufiger abzulehnen, und zwar mindestens jede zweite Befürwortung. Dadurch

98 Ebenda.

99 Entnazifizierungskommissionen, in: Tägliche Rundschau, 22. August 1946.

100 Vgl. Es geht nicht um Schuld und Strafe. Aus der Arbeit der Berliner Entnazifizierungskommissionen, in: Berliner Zeitung, 12. August 1946.

101 Vgl. OMGUS Report, German Newspaper Attacks on Denazification in the U.S. Sector of Berlin, 5 September 1946, IfZ, OMGUS POLAD/749/26.

102 Ebenda.

erfolge eine Angleichung an die Ergebnisse der anderen Sektoren, erläuterte die Special Branch und schlüsselte auf: Rechne man die Ablehnungen der Bezirkskommissionen und jene der Militärregierung zusammen, waren circa 50 Prozent aller Anträge befürwortet worden. Und dies sei, so die besänftigende Erklärung, „quite a different picture than that painted by the Berlin newspapers“.[103]

Die ersten Ergebnisse der Kommissionen lösten eine erste große Debatte über Entnazifizierung aus. Im ersten Nachkriegsjahr gegenüber Entlassungen noch weitgehend positiv eingestellt, begrüßten viele Redaktionen das neue Einspruchsrecht, die damit verbundene Einzelfallprüfung und die (partielle) Übergabe in deutsche Verantwortung. Deutlich verurteilten sie ungerechte Urteile und dreiste Lügen, prangerten die unzähligen Freundschaftsdienste und Bestechungen an und forderten Schutz für bedrohte Opfer und Zeug:innen.

Auch die Presse staunte, wie viele Anträge gestellt wurden und vor allem von wem. Man wundere sich, wie viele Personen „trotz aktiver nationalsozialistischer Handlungen einen Antrag stellten“,[104] und das selbst in Fällen, „die bei nüchtern und unvoreingenommen denkenden Menschen höchste Verwunderung erregen müssten“,[105] so die *Freie Gewerkschaft* und das *Neue Deutschland*. Unerklärlich fand die *Tägliche Rundschau*, wie „mit gleicher Selbstverständlichkeit, mit der man früher der Partei beitrat, [...] man sich jetzt entnazifizieren“ lasse.[106] Wohl in der Annahme, dass alle NS-Archive vernichtet seien, verschwiegen viele Antragsteller:innen belastende Tatsachen, so die *Berliner Zeitung*. Wie auch von amerikanischen und britischen Offizieren konstatiert, bestand das größte Problem der Verfahren aus Sicht vieler Zeitungen darin, dass fast ausschließlich Entlastungs- und kaum Belastungszeug:innen zu Wort kamen. Von „Antragstellern, die hier mit Zeugen aufmarschieren“,[107] sprach der französisch lizenzierte *Kurier*, und der SPD-nahe *Telegraf* persiflierte, wie sich ehemalige NSDAP-Mitglieder und -Unterstützer:innen ihre persönlichen Netzwerke zunutze machten, indem er dem Wort „Entlastungszeugen“ den Nachtrag „(lies: Freunde des Antragstellers)“ beifügte.[108] Es sei schlichtweg eine „Tatsache, die jedes Mitglied einer Kommission kennt“, berichtete Hilde Benjamin in einem Gastbeitrag für die *Tägliche Rundschau* aus ihrer Arbeit im sowjetischen Sektor und schilderte,

103 Ebenda.

104 Unsere Meinung: Entnazifizierung darf nicht zur Farce werden!, in: Die Freie Gewerkschaft, 16. August 1946.

105 Um das politische Alibi. Aus der Arbeit der Entnazifizierungskommissionen in Berlin, in: Neues Deutschland, 18. August 1946.

106 Entnazifizierungskommissionen, in: Tägliche Rundschau, 22. August 1946.

107 Waren sie Nazis oder nicht? Erste Fälle und Entscheidungen, in: Der Kurier, 4. Mai 1946.

108 Entnazifizierung, in: Der Telegraf, 29. Juni 1946.

dass die Antragsteller:innen Entlastungszeug:innen und -material „in fast unbeschränktem Umfang“ mitbrächten.[109]

Trotz unzähliger Mahnungen legten die Antragsteller:innen zahlreiche als Persilschein bekannt gewordene eidesstattliche Entlastungsschreiben vor, darunter auch im ersten Nachkriegsjahr von Verwaltungsstellen ausgestellte und nun ungültig gewordene Unbedenklichkeitsbescheinigungen.[110] Als es gerade so schien, als habe man das Problem in den Griff bekommen, erkannten viele Betroffene nun die neue Gelegenheit, sich mithilfe von „Persilscheinen“ in ein positives Licht zu rücken. Allein zwischen Juli und Dezember 1946 verzeichnete die Polizei nicht weniger als 10 000 Eingänge und Anfragen wegen Unbedenklichkeitsbescheinigungen und Bescheinigungen über Nichtzugehörigkeit der NSDAP.[111] Wiederholt erinnerten die Alliierte Kommandantur und der Magistrat daran, dass diese keine Gültigkeit mehr besaßen und in keiner Form zu berücksichtigen waren.[112] Einige Zeitungen berichteten auch über die bald verbreitete Taktik, sich insbesondere von jüdischen Zeug:innen ein politisches korrektes Verhalten bescheinigen zu lassen und glaubwürdig zu erscheinen. Bereits im Mai 1946, als die Kommissionen erst zu tagen begannen, hatte die jüdische Wochenzeitschrift *Der Weg* ihre Leser:innen davor gewarnt, ehemaligen Parteimitgliedern und Unterstützer:innen Leumundszeugnisse auszustellen.[113] Über die angeblich verbreitete Hilfe von „in Not geratenen jüdischen Kollegen“ in der Kulturszene spottete der *Sozialdemokrat* bald beißend: „Hätten die nationalsozialistischen ‚Künstler‘ nur früher ihr Herz für ihre jüdischen Kollegen entdeckt.“[114]

Die Kommissionen brauchten ein gutes Urteilsvermögen, betonte der *Kurier*, denn es läge „in der Natur der Sache“, dass Appellant:innen nur ihre positiven Seiten zur Kenntnis brächten.[115] Es sei zudem ihr gutes Recht, „ein riesiges Aufgebot von Entlastungszeugen“ mitzubringen, verteidigte der Schriftführer aus Tiergarten, Hermann Möhlenkamp, das Einspruchsrecht, denn hierin läge der

109 Keine Hemmung bei der Entnazifizierung, in: Tägliche Rundschau, 4. Juni 1946.

110 Vgl. Abt. für Personal, Rundschreiben I.18 Unbedenklichkeitsbescheinigungen, 10. Mai 1946, LAB, C Rep. 207, Nr. 4990.

111 Vgl. Sekretariat der Polizei, Jahresbericht für die Zeit vom 1. Mai 1945 bis 31. Dezember 1945, 25. Februar 1947, LAB, C Rep. 101, Nr. 232.

112 Vgl. Denazifizierung, in: Der Tagesspiegel, 15. Mai 1946.

113 Vgl. Der Weg – Zeitschrift für Fragen des Judentums, 24. Mai 1946. Auch: Um das politische Alibi. Aus der Arbeit der Entnazifizierungskommission in Berlin, in: Neues Deutschland, 18. August 1946; Unter Zwang – und freiwillig mitgegangen. Streiflichter aus einer Entnazifizierungsverhandlung, in: Der Morgen, 18. August 1946.

114 Die „Hilfsbereiten“, in: Der Sozialdemokrat, 25. Januar 1947.

115 Die Praxis der Entnazifizierung. Wichtige Fragen im Bezirk Wedding erörtert, in: Der Kurier, 14. Juni 1946.

Unterschied zum nationalsozialistischen Rechtssystem: Die Kommissionen dürften die „Verteidigung in keiner Weise beschränken".[116] Denn im post-nationalsozialistischen Berlin solle, postulierte der *Telegraf*, „Recht wieder ein ganzes, unteilbares sein".[117] Ob allerdings die Deutschen über ein dafür notwendiges gemeinsames Rechtsbewusstsein verfügten, bezweifelte der Chefredakteur der Zeitung *Der Sozialdemokrat*, Klaus-Peter Schulz. Denn gerade die Mitglieder und Unterstützer:innen des Regimes, befand Schulz, „nehmen nun die von ihnen einst verunglimpfte demokratische Diskussionsfreiheit umso eifriger in Anspruch, um ‚die furchtbaren und unerträglichen Ungerechtigkeiten' anzuklagen, unter denen sie heute leiden".[118]

Diese Inanspruchnahme ging so weit, dass ehemalige Mitglieder und Unterstützer:innen der NSDAP gerichtlich gegen Belastungszeug:innen vorgingen und Klagen wegen Beleidigung, Verleumdung und Schädigung einreichten. Diese Klagen, erkannte die *Tägliche Rundschau*, würden in Berlin jetzt Mode, brächten potenzielle Zeug:innen in große Bedrängnis und schließlich zur Haltung „lieber nichts gegen einen PG sagen".[119] Ähnliches befürchtete der Schriftführer der britischen Sektorkommission, der sich wegen „der Gefahr, dass die Belastungszeugen aus Furcht vor Verwicklungen mit dem Gericht" schwiegen, an die britische Militärregierung wandte und davor warnte, dass die Berliner:innen von belastenden Aussagen immer mehr absehen würden.[120] Zum Schutz der Zeug:innen beschloss die Alliierte Kommandantur im zweiten Nachkriegsjahr, dass die Entnazifizierungsakten nur den Militärregierungen, dem Polizeipräsidenten, Generalstaatsanwält:innen und Gerichten zu übermitteln waren, und erlaubte lediglich den Antragsteller:innen, Einsicht zu beantragen.[121]

Dass kaum belastende Aussagen getätigt wurden, war ein riesiges Problem. Viele Zeitungen und insbesondere Mitglieder von Kommissionen, die in Gastbeiträgen oder Interviews aus ihrer Arbeit berichteten, appellierten immer wieder an die Bevölkerung, sich an den Verfahren zu beteiligen und belastendes Material bereitzustellen. Gerade engagierte Kommissionsmitglieder zeigten oft wenig Verständnis für die Zurückhaltung der Berliner:innen. „Diejenigen, die

116 Freie Diskussion. Feigheit behindert Entnazifizierung. Von Schriftführer der Entnazifizierungskommission Tiergarten, in: Berliner Zeitung, 8. September 1946.

117 Die Entnazifizierten, in: Telegraf, 16. August 1946.

118 Politische Säuberung, in: Der Sozialdemokrat, 30. August 1946.

119 Keine Hemmung bei der Entnazifizierung, in: Tägliche Rundschau, 4. Juni 1946.

120 Bezirksamt Charlottenburg, Jahnke an MG Officer Hastings, 1. Oktober 1946, LAB, C Rep. 207, Nr. 5064.

121 Vgl. Abt. für Personal, Rundschreiben II.69 Überlassung von Akten an andere Dienststellen, 9. Juli 1947, LAB, C Rep. 207, Nr. 4990.

die nationalsozialistische Aktivität bezeugen können", kritisierte die *Berliner Zeitung*, hielten sich häufig zurück und „bekunden ihr Erstaunen erst, wenn der Appellant mangels Belastungsmaterials freigesprochen wird".[122] Die *Tägliche Rundschau* schilderte für den Bezirk Prenzlauer Berg, dass es selten vorkam, dass Belastungszeug:innen sich meldeten. Meist konnten sie nur durch intensive Nachforschungen ausfindig gemacht werden.[123] Bemüht, „die schlimmsten Mängel zu beseitigen und dem einseitigen Ansturm der Entlastungszeugen" entgegenzuwirken,[124] wie kommunistische Kommissionsmitglieder auf einer Sitzung festhielten, schlug den Ermittler:innen, die im Wohn- und Arbeitsumfeld recherchierten, oft eine ablehnende bis aggressive Haltung entgegen. Aus den Berichten des Charlottenburger Ermittlungsleiters Kurt Dainat geht hervor, dass die Rechercheur:innen kaum belastende Informationen hervorbrachten und in ihren Befragungen zumeist die knappe Antwort erhielten, die betreffende Person „sei kein aktiver Nazi" gewesen.[125]

Die wenigen Personen, die über öffentliche Aushänge von den Verfahren erfuhren, über Ermittlungsbeamt:innen ausfindig gemacht und sich zur Aussage bereit erklärten, wurden oft eingeschüchtert und nicht selten daran gehindert, auszusagen. Unter den Zuhörer:innen der öffentlichen Verhandlung waren überwiegend ehemalige NSDAP-Mitglieder und -Unterstützer:innen, die den Antragsteller:innen zur Seite standen, sich auf ihre eigene Verhandlung vorbereiteten und Befragungen durch Zwischenrufe oftmals störten. Der *Telegraf* wusste von antisemitischen und beleidigenden Übergriffen zu berichten, die Zeug:innen über sich ergehen lassen mussten.[126] Um zu verhindern, „dass Nazis vor ihrem Entnazifizierungstermin psychologische Studien" machen, forderte die Zeitung einige Monate später, diese von allen Verhandlungen außer ihrer eigenen auszuschließen.[127] In Charlottenburg, berichtete der dortige Ermittlungsstab mehrfach, würden potenzielle Zeug:innen teilweise auch im privaten Umfeld bedroht und deswegen nicht zur Verhandlung erschienen.[128] Aus Sicht der *Täglichen Rundschau*

122 Es geht nicht um Schuld und Strafe. Aus der Arbeit der Berliner Entnazifizierungskommissionen, in: Berliner Zeitung, 12. August 1946.

123 Vgl. Wer wird rehabilitiert? Entnazifizierungskommission im Bezirk Prenzlauer Berg bei der Arbeit, in: Tägliche Rundschau, 30. Mai 1946.

124 So ein Bericht von kommunistischen Kommissionsmitgliedern. LAB, C Rep. 102, Nr. 273, Magistrat Abteilung für Personal, Bericht des SED-Landesverband an die kommunalpolitische Abt. Magistrat, 5. September 1946.

125 Berichte des Ermittlungsstabes zu Entnazifizierungsanträgen, LAB, C Rep. 207, Nr. 4969.

126 Vgl. Entnazifizierung, in: Der Telegraf, 29. Juni 1946.

127 Eine notwendige Maßnahme, in: Der Telegraf, 24. Januar 1947.

128 Vgl. Berichte des Ermittlungsstabes zu Entnazifizierungsanträgen, LAB, C Rep. 207, Nr. 4969.

waren Bedrohungen zwar noch nicht so verbreitet wie in anderen Regionen Deutschlands, aber auch in Berlin würden sich Versuche mehren, „Antifaschisten, die es wagen, Nazis einen Nazi zu nennen", unter Druck zu setzen.[129] Immer wieder protestierten Entnazifizierungsgegner:innen vor den Verhandlungsräumen, und die amerikanische Abteilung für Öffentliche Sicherheit registrierte besorgt, dass „demonstrations and threats of violence became more common at denazification hearings".[130] Die verbalen und körperlichen Übergriffe nahmen so sehr zu, dass der Magistrat entschied, jedes Verfahren bei derartigen Zwischenfällen vorläufig einzustellen, sämtliche „Täter, Anstifter und Helfer" strafrechtlich zu verfolgen[131] und die Verhandlungen unter Polizeischutz zu stellen.[132]

Neben Einschüchterungen und Bedrohungen kamen nach und nach auch Fälle von Korruption, Amtsmissbrauch und Betrug an die Öffentlichkeit. Die amerikanische Abteilung für Öffentliche Sicherheit berichtete, dass gefälschte Dokumente, die wahlweise eine jüdische Abstammung oder Folter durch das NS-Regime nachwiesen, auf dem Schwarzmarkt erhältlich waren.[133] Von Angestellten der Kommissionen, die ihre Stellung ausnutzten, um Geldbeträge zu erschwindeln, berichtete *Der Morgen* im Oktober 1946.[134] Kurz darauf verhaftete die französische Militärregierung ein in Bestechung verwickeltes Kommissionsmitglied aus Reinickendorf. Der größte Skandal, ausgerechnet in der Kommission für Juristen, kam im darauffolgenden Jahr ans Licht. Die Staatsanwaltschaft ermittelte gegen mehrere Mitglieder, die systematisch Geld- und Sachzuwendungen entgegengenommen hatten, um sich für eine schnellere Bearbeitung und positive Begutachtung von Anträgen einzusetzen.[135] Gezielt wiesen Presse und Verwaltung auf Fälle von aufgedeckten Dokumentenfälschungen hin und machten darauf aufmerksam, dass die Militärregierung Falschaussagen ahnden werde; die *Berliner Zeitung* sprach sogar von „hohen Freiheitsstrafen und empfindlichen Geldstrafen" von 10 000 Mark.[136]

129 Keine Hemmung bei der Entnazifizierung, in: Tägliche Rundschau, 4. Juni 1946.
130 OMGBS, Historical report 1 October 1946 to 31 December 1946, IfZ, OMGUS 5/36–1/2.
131 Störung wird bestraft, in: Der Tagesspiegel, 5. Juli 1946.
132 Vgl. Abt. für Personal, Rundschreiben I.21, 1. Juli 1946, LAB, C Rep. 207, Nr. 4990.
133 Vgl. OMGBS, Historical report 1 October 1946 to 31 December 1946, IfZ, OMGUS 5/36–1/2.
134 Vgl. Vergehen im Amt, in: Der Morgen, 25. Oktober 1946.
135 Vgl. Der Generalstaatsanwalt bei dem Kammergericht an das Rechtskomitee der Alliierten Kommandantur, Anschuldigungen gegen Mitglieder der Entnazifizierungskommission, 12. November 1947, MAE, GMFB 5/1965.
136 Naive Appellanten. Rund um den Entnazifizierungsausschuss für Künstler, in: Berliner Zeitung, 2. Oktober 1946. Auch: Bezirksamt Wilmersdorf, Aushang: Warnung an das Publikum, LAB, C Rep. 209, Nr. 1531.

Das skizzierte Bild passt in vielen Aspekten zu den Ergebnissen zahlreicher Studien über die Arbeit von Ausschüssen oder Spruchkammern anderer Regionen. Am Beispiel der Region Ansbach und Fürth hat Woller bereits ausführlich gezeigt, wie das soziale Netzwerk aus Familie, Freund:innen und Kolleg:innen ehemalige NSDAP-Mitglieder und -Unterstützer:innen mit entlastenden Aussagen zur Seite sprang, und nachgewiesen, wie oft dieselben, den Betroffenen als unpolitischen und integren Menschen darstellenden Formulierungen auftauchen.[137] Jüngere Studien haben dies bestätigt[138] und wie etwa Martin Münzel in Bezug auf ehemalige Beamt:innen des Reichsarbeitsministeriums von einer „Reaktivierung und Festigung kollegialer Solidarisierungsnetzwerke“ gesprochen.[139] Gerade auch die evangelische Kirche war maßgeblich daran beteiligt, ehemaligen NSDAP-Mitgliedern und -Unterstützer:innen politische Unbedenklichkeit zu bescheinigen. und verfügte sogar über spezielle Broschüren zu diesem Zweck.[140]

Die bisherigen Ausführungen bestätigen, was beispielsweise Angela Borgstedt am Beispiel von Karlsruhe herausgearbeitet hat, nämlich dass die Kammern selten über Belastungsmaterial verfügten und insbesondere die mangelnde Bereitschaft der Bevölkerung die Arbeit immens erschwerte. Forschungen der letzten Jahre zeichnen dabei ein differenziertes Bild der Mitglieder von Spruchkammern, die oftmals kaum von Rache geleitet waren, sondern ihre Tätigkeit engagiert und gewissenhaft wahrnahmen.[141] Jüngere Studien wie Timothy Vogts Arbeit über Brandenburger Kommissionen revidieren das in der Forschung überwiegende Urteil, dass Entnazifizierung in der sowjetischen Zone als „Instrument einer klassenkämpferischen Politik“ zu betrachten sei. Stattdessen seien zwar auch hier politisch motivierte Entscheidungen gefallen, aber es fänden sich „many and more examples that display fairness, compassion and a sense of justice“.[142]

137 Vgl. Woller, Gesellschaft und Politik, S. 132–135. Auch: Niethammer, Mitläuferfabrik, S. 662.

138 Über die argumentative Struktur der Leumundszeugnisse: Leßau, Entnazifizierungsgeschichten, S. 133–143 und 179–198.

139 Martin Münzel, Neubeginn und Kontinuitäten. Das Spitzenpersonal der zentralen deutschen Arbeitsbehörden 1945–1960, in: Alexander Nützenadel (Hrsg.), Reichsarbeitsministerium im Nationalsozialismus. Verwaltung – Politik – Verbrechen, Göttingen 2017, S. 494–550, hier S. 522.

140 Vgl. Vollnhals, Evangelische Kirche, S. 72.

141 Vgl. Borgstedt, Entnazifizierung in Karlsruhe, S. 231 ff. und 253; Niethammer, Mitläuferfabrik, S. 392 ff.

142 Vogt, Denazification in Soviet-Occupied Germany, S. 236.

In Berlin trugen aber auch schlecht geführte Verhandlungen zu den hohen Befürwortungszahlen bei. In den Besprechungen sämtlicher Leiter:innen der Ermittlungsstäbe beklagten diese bald, dass die von ihnen vorgebrachten Informationen nicht genügend berücksichtigt werden. Wiederholt war beobachtet worden, dass die Verhandlungen mit langen Vorträgen der Appellant:innen begannen, und der Magistrat musste die Kommissionen mehrfach an die Verfahrensordnung erinnern, die eine „klare Herausarbeitung der Belastungen und danach erst die Beweisaufnahme über Entlastungsmomente" vorsah.[143] Besorgt registrierte der Magistrat eine zunehmend schlechte Vorbereitung der Verhandlungsführer:innen und ein allgemein nachlassendes Interesse – eine „Gleichgültigkeit, die sich mitunter bis zu Gähnkrämpfen" steigerte und aus Sicht der Personalabteilung auf eine „Entnazifizierungsroutine" hinauslaufe.[144]

Ein britischer Erfolg? Bilanzen 1947

Mit seiner Sorge vor einem nachlassenden Interesse sollte der Magistrat recht behalten. Ein gutes Jahr nachdem die ersten stadtweiten Statistiken in der Presse publiziert worden waren, hatte sich die Zahl der Anträge verdoppelt, der Anteil der Befürwortungen blieb hoch und die zuvor kritisierten Missstände waren kaum weniger geworden, doch eine kritische Debatte wie noch im Vorjahr blieb sowohl innerhalb der Militärregierungen als auch in der Presse aus. Hinter den Kulissen bemühten sich britische Stellen um eine sorgfältigere Umsetzung der Verfahren, was fehlerhafte Abläufe sowie den allgemeinen Integrationskurs aber kaum verhinderte.

Jeweils zum Sommer 1947 und zum Herbst 1948 fasste der Magistrat die von allen Bezirken eingeforderten Berichte in Form von statistischen Übersichten zusammen.[145] Aus ihnen wird ersichtlich, wie viele Anträge an die Kommissionen der zwanzig Verwaltungsbezirke und an die Magistratskommissionen seit ihrer Errichtung gestellt, wie viele bearbeitet und zu welchen Teilen diese befürwortet oder abgelehnt wurden. Sie geben keine Auskunft darüber, wie häufig die

143 Abt. für Personal, Rundschreiben I.51, 29. Januar 1947, LAB, C Rep. 207, Nr. 4990.

144 Entnazifizierungsroutine, in: Berliner Zeitung, 25. August 1946.

145 Vgl. Abt. für Personal, Entnazifizierungskommissionen beim Magistrat, Fälle seit Errichtung dieser bis zum 30. Juni 1947, Bl. 4; Tätigkeit der Entnazifizierungskommissionen seit Errichtung dieser bis einschließlich 30. September 1948, Bl. 59, LAB, C Rep. Nr. 279. Für die Monate Januar bis September 1948 sind jeweils monatliche Übersichten überliefert: LAB, C Rep. 102, Nr. 280–282. Monatliche Statistiken für Oktober bis Dezember 1947 finden sich hier: MAE, KI/93/1, KI Comité des Affaires Culturelles.

jeweiligen Militärregierungen die Urteile bestätigt oder zurückgewiesen haben. An den im Folgenden abgebildeten Statistiken lassen sich Gemeinsamkeiten und Unterschiede zwischen den Sektoren sowie Entwicklungen bis zur administrativen Teilung der Stadt erkennen.

Tabelle 6:
Entnazifizierungsverfahren Erste Instanz seit Errichtung bis 30. Juni 1947[146]

	eingegangen	bearbeitet	befürwortet	abgelehnt
Magistratskommissionen	10 906	1372	956	416
Amerikanischer Sektor	22 943	6570	4836	1734
Britischer Sektor	12 154	4808	2612	2196
Französischer Sektor	3948	1527	960	567
Sowjetischer Sektor	14 374	7413	4926	2487
Insgesamt	64 325	21 690	14 290	7400

Nach einem guten Jahr verzeichneten die Berliner Kommissionen der Ersten Instanz knapp 65 000 Berufungsanträge. Davon entfiel ungefähr ein Sechstel auf die stadtweit operierenden Kommissionen für Angestellte der Stadt, medizinisches Personal, Jurist:innen und Beschäftigte im Bildungs- und Kulturwesen. In den einwohnerstärksten Bezirken des amerikanischen und sowjetischen Sektors erfolgten, nun ausgeglichener als im Vorjahr, die meisten Anträge, und die Zahl der Fälle in den vier Sektoren entspricht in etwa den Anteilen der dort registrierten Personen an der Berliner Gesamtbevölkerung. Zieht man die Volkszählung von 1946 heran, so legten im amerikanisch-britischen Südwesten gegenüber dem französisch-sowjetischem Nordosten relativ betrachtet etwas mehr Personen Einspruch ein.[147] Von den insgesamt 21 690 bearbeiteten Anträgen wurde in 14 290 Fällen bzw. 66 Prozent eine Rehabilitierung befürwortet. Der Anteil

146 Die vollständige Statistik einschließlich der einzelnen Magistrats- und Bezirkskommissionen findet sich hier: Abt. für Personal, Entnazifizierungskommissionen beim Magistrat, Fälle seit Errichtung dieser bis zum 30. Juni 1947, Bl. 4, LAB, C Rep 102, Nr. 279.

147 Für die Ergebnisse der Volkszählung vom 29. Oktober 1946 siehe: AKB BK/R(46)406, Report on Preliminary Census Totals for Berlin, Combined Report, LAB, B Rep. 036–01, Nr. 11/148–2/9.

der Befürwortungen der Bezirkskommissionen lag bei 54 Prozent im britischen, 63 Prozent im französischen, 66 Prozent im sowjetischen und 74 Prozent im amerikanischen Sektor. Die beim Magistrat angesiedelten Kommissionen entschieden etwa 70 Prozent ihrer Fälle positiv.

Innerhalb von zwei Wochen konnte gegen die negativen Bescheide erneut Berufung eingelegt werden. Ein Großteil der Betroffenen machte davon Gebrauch und war mit dem zweiten Einspruch erfolgreich. Bis Ende Juni 1947 legten von den 7400 abgewiesenen Antragsteller:innen der folgenden Statistik zufolge knapp 5000 Personen Widerspruch ein.

Tabelle 7:
Entnazifizierungsverfahren Zweite Instanz seit Errichtung bis 30. Juni 1947[148]

	eingegangen	bearbeitet	befürwortet	abgelehnt
Amerikanischer Sektor	1435	135	120	15
Britischer Sektor	1356	481	276	205
Französischer Sektor	284	232	136	96
Sowjetischer Sektor	1870	674	387	287
Insgesamt	4945	1522	919	603

Die vier Sektorkommissionen entschieden bis Ende Juni 1947 über 1522 Fälle und davon 919 Anträge bzw. durchschnittlich circa 60 Prozent positiv. Anhand dieser Statistik ist der These von Dieter Hanauske zu widersprechen, die zweiten Instanzen hätten sich in den meisten Fällen den Empfehlungen der Bezirkskommissionen angeschlossen.[149] Im Gegenteil, ein Großteil der von den Bezirkskommissionen ausgestellten negativen Urteile wurde in zweiter Instanz gekippt, und zwar zwischen durchschnittlich 57 Prozent im britischen und sowjetischen, 59 Prozent im französischen und 88 Prozent im amerikanischen Sektor. Letztere erinnern an die Ergebnisse der amerikanischen Besatzungszone; auch dort hatte die erste Instanz zuweilen strenger agiert und manchen Betroffenen eine Rehabilitierung verweigert, während die Berufungsinstanz diese Urteile widerrief.[150]

148 Abt. für Personal, Entnazifizierungskommissionen beim Magistrat, Fälle seit Errichtung dieser bis zum 30. Juni 1947, Bl. 4, LAB, C Rep. 102, Nr. 279.
149 Vgl. Hanauske, Historische Einleitung, Teil 2, S. 30.
150 Vgl. Niethammer, Mitläuferfabrik, S. 662 f.

Aus einigen der überlieferten monatlichen Statistiken der Entnazifizierungskommissionen wird darüber hinaus ersichtlich, ob jemand der Kategorie I als „zwangsweise zu entlassen“ und Kategorie II als „nach Ermessen zu entlassen“ angehörte und in welchem Verhältnis die Kommissionen diese jeweils befürworteten und ablehnten. Es lässt sich festhalten, dass Antragsteller:innen beider Kategorien annäherungsweise gleich viele Anträge stellten und auch die Anteile der Befürwortungen sich nicht sehr unterschieden. In den quantitativen Überlieferungen bestätigt sich, dass die Kategorien in den Verfahren kaum eine Bedeutung besaßen.[151] Forciert wurde diese Praxis auch vom Magistrat. Die Personalabteilung unter Pieck, Schmidt und Dr. Knoll setzte sich früh dafür ein, dass auch das Verhalten nach 1945 in den Entscheidungen bewertet werden sollte. Sie entwarfen dafür das Handblatt „Bewertungspunkte für Entnazifizierung“, das als Orientierungshilfe dienen sollte.[152]

Man orientierte sich sicherlich am auf deutscher Seite früh verbreiteten Integrationskurs, der zunehmend von der Sowjetischen Militäradministration unterstützt wurde und sich im Januar 1947 in einer Unterredung von Stalin mit der SED-Führung manifestierte.[153] Einige Monate später beschloss der Parteivorstand der SED, dass „einfache Mitglieder der Hitlerpartei“, die loyal am Wiederaufbau mitgearbeitet haben, wieder die Möglichkeit erhalten sollen, als Staatsbürger:innen mit vollen Rechten anerkannt zu werden.[154] Kriterien wie das Tragen des Parteiabzeichens, der Gebrauch des „Hitler-Grußes“ oder das Sammeln von Spenden sollten, so verdeutlichte auch eine Besprechung einiger Magistratsmitglieder mit der sowjetischen Zentralkommandantur im Frühjahr 1947, fortan als „mit der rein nominellen Mitgliedschaft unzweifelhaft verbunden“ betrachtet werden.[155]

Dagegen wandte sich insbesondere die britische Militärregierung. Denn sie legte großen Wert auf eine sorgfältige Umsetzung „ihres“ Einspruchsrechts und

151 Siehe z. B. Magistrat Groß-Berlin, Etat numérique des demandes reglées apr Commissions d'appel en octobre 1947, MAE, KI/93/1–3. Statistiken für die Monate Dezember 1947 bis Februar 1948 finden sich: MAE, KI/93/1–3. Für die Monate Januar bis September 1948 sind jeweils Übersichten überliefert: C Rep. 102, Nr. 280–282.

152 Abt. für Personal, Bewertungspunkte für Entnazifizierung, undatiert, LAB, C Rep. 102, Nr. 284.

153 Vgl. Unterredung zwischen Stalin und der SED-Führung vom 31. Januar 1947, abgedruckt in: Laufer/Kynin (Hrsg./Bearb.), Die UdSSR und die deutsche Frage 1941–1948, Bd. 3, S. 142–144.

154 SED und nominelle Parteigenossen. Beschluß des Parteivorstandes vom 20. Juni 1946, in: Vollnhals (Hrsg.) in Zusammenarbeit mit Thomas Schlemmer, Entnazifizierung. Politische Säuberung und Rehabilitierung, S. 191 ff.

155 Abt. für Personal, Richtlinien aufgrund einer ausführlichen Besprechung mit der sowjetischen Zentralkommandantur, 22. April 1947, Bl. 83, LAB, C Rep. 102, Nr. 272.

hatte von Anfang an eine engmaschigere Betreuung installiert. Sie hielt regelmäßige Besprechungen mit den verantwortlichen Offizieren der Verwaltungsbezirke und den Mitgliedern der Kommissionen ab, wohnte Verhandlungen bei, kritisierte Verstöße gegen die Verfahrensvorschriften und gab klarere praktische Anweisungen. Auf eine Einhaltung der Anordnung 288 achtend, kritisierte die britische Special Branch beispielsweise, wenn die Verhandlung nicht mit der Verlesung des Berufungsantrages, sondern mit der Verteidigung begann und so kaum Zeit für die Berichte des Ermittlungsstabes und die Aussagen der Belastungszeug:innen blieb.[156] Auch gab das Bezirksamt Charlottenburg, das die Kommissionen aller Bezirke im britischen Sektor koordinierte, konkrete Tipps für eine gute Verhandlungsführung und riet ganz praktisch etwa, Suggestivfragen zu vermeiden oder Verhöre nicht in die Länge zu ziehen.[157]

Britische Offiziere erkannten früh das Problem, dass sich Zeug:innen untereinander absprachen, und wiesen mehrfach an, dies zu verhindern, indem Zeug:innen nur nacheinander vernommen werden sollten.[158] Auch bemühten sie sich um eine frühere Beschaffung von belastenden Materialien. Die Kommissionen waren aufgefordert, Anfragen, die eine Überprüfung der parteistatistischen Unterlagen erforderten, rechtzeitig an die britischen Behörden zu richten, um die Angaben vor und während der Verhandlung auf dieser Grundlage überprüfen zu können.[159] Dadurch flossen Informationen aus NS-Archiven frühzeitig in die Beurteilung ein, ohne dass die Kommissionen, wie die Alliierte Kommandantur entschieden hatte, direkten Zugang zum Document Center hatten. Dementsprechend kritisierte die britische Abteilung für Öffentliche Sicherheit auch, wenn den Widersprüchen zwischen den Angaben im Fragebogen und aus Akten entnommenen Informationen während der Verhandlung nicht genug Aufmerksamkeit geschenkt wurde, und ermahnte, dass in schwerwiegenden Fällen von Falschangaben in den Fragebögen Strafanzeige gestellt werden müsse.[160] Ebenso sollten die Kommissionen umgehend der Militärregierung melden, wenn sich

156 Vgl. Bezirksamt Wilmersdorf to British MG, DEN Comm., 29 March 1946; MGGBA, PSB to Commander VBKs, Denazification Appeal Commissions, 15 August 1946; MGGBA PSB, Denazification Policy, 30 August 1946; MGGBA PSB to Commander Wilmersdorf, Denazification Policy, 7 September 1946, TNA, FO 1012/110.

157 Vgl. Bezirksamt Charlottenburg an alle Mitglieder der Entnazifizierungskommission Charlottenburg, 24. Mai 1946, LAB, C Rep. 207, Nr. 4978.

158 Vgl. MGGBA PSB Denazification Policy, 30. August 1946; MGGBA PSB, Denazification Policy, 7 September 1946, TNA, FO 1012/110.

159 Vgl. MGGBA to VBK Commissions, 1 April 1946, TNA, FO 1012/110.

160 Vgl. MGGBA PSB S. McGill to British Sector Commissions, Vorsitzende der I., II. und III. Kammer und Leiter der Ermittlungsstöbe, 22 September 1946, LAB, C Rep. 207, Nr. 5064.

unter den Antragsteller:innen auch solche mit schwerwiegenderer politischer Belastung von möglicher strafrechtlicher Relevanz befänden.[161]

Neben einer stärkeren Kontrolle und einem intensiven Austausch waren die Kommissionen im britischen Sektor personell besser ausgestattet, zumindest besser als jene des amerikanischen Sektors, denen weitaus weniger Ermittlungsbeauftragte zur Verfügung standen.[162] Angesichts des Mangels freiwilliger Belastungszeug:innen war die Arbeit der Rechercheur:innen umso relevanter, um die Aussagen der Antragsteller:innen zu prüfen. Standen keine oder nur wenige Ermittlungsbeauftragte zur Verfügung, war die Befürwortungsrate höher, und je mehr Rechercheur:innen die Angaben der ehemaligen NSDAP-Mitglieder und -Unterstützer überprüften, desto geringer war sie, wie sich in einem Vergleich mit den monatlichen Statistiken erkennen lässt. Zur besseren Ausstattung ist auch zu zählen, dass die Kommissionen des britischen Sektors mehrere Kammern umfassten, sodass unter den vier Bezirkskommissionen bis zu einem Dutzend Ausschüsse tagten und dementsprechend mehr Zeit für jeden Fall aufbringen konnten. Infolgedessen vermerkte auch die Presse, dass die Arbeit im britischen Sektor am effektivsten war.[163]

Die Mitglieder der britischen Kommissionen schienen zudem sorgfältiger ausgewählt. Während die amerikanische Special Branch immer wieder problematisierte, geeignete Mitglieder zu finden, hatte die britische Militärregierung einen strengen Blick auf ihre Auswahl. Die Public Safety Branch prüfte die von den Bezirksämtern vorgeschlagenen Personen eingehend, führte Interviews und kommentierte deren Eignung und achtete, soweit ersichtlich, auf ausgeglichene Zugehörigkeiten zu Parteien, Berufen und Geschlechtern. Bereits im Zuge der Planung des Berufungsverfahrens im Januar 1946 hatten britische Stellen

161 Vgl. MGGBA PSB to Denazification Commissions, Denazification, 15 May 1946, TNA, FO 1012/110.

162 Denn während die Kommissionen in Charlottenburg, Tiergarten, Spandau, Wilmersdorf sowie die übergeordnete Sektorkommission im Oktober 1946 jeweils von mindestens fünf und bis zu zehn Rechercheur:innen unterstützt wurden und damit berlinweit am besten besetzt waren, waren in den amerikanisch kontrollierten Bezirken Kreuzberg, Schöneberg, Steglitz und Zehlendorf lediglich je zwei Ermittlungsbeauftragte tätig, bei der Sektorkommission sowie in Tempelhof und Neukölln sogar überhaupt keine. Die Anzahl der Ermittlungsbeamt:innen bewegte sich zwischen vier bis sechs im französischen und fünf bis acht im sowjetischen Sektor. Vgl. Abt. für Personal, Verzeichnis der Leiter und Mitglieder des Ermittlungsstabes sämtlicher Entnazifizierungskommissionen, 21. Oktober 1946, LAB, C Rep. 102, Nr. 265.

163 Vgl. MGGBA to VBK Commanders, Denazification Commissions, 16 March 1946, TNA, FO 1012/110; Abt. für Personal, Für den Rundfunk, 16. November 1946, LAB, C Rep. 118, Nr. 578.

erkannt, dass „in order to avoid political discrimination, German Committees must be carefully selected and be represented of all political parties and of all spheres of social and industrial life".[164] Den Vorschlag des Magistrats, eine größere Anzahl anerkannter Opfer des Faschismus als Mitglieder aufzunehmen, hatte die Abteilung für Öffentliche Sicherheit abgelehnt,[165] vermutlich, um die Kommissionen von dem bald kommunistisch dominierten Hauptausschuss Opfer des Faschismus beim Magistrat unabhängig zu halten. Aber aus den (wenigen) überlieferten Übersichten und Notizen der Special Branch wird ersichtlich, dass sich unter den Mitgliedern einige Opfer des Nationalsozialismus befanden.[166] Im Unterschied zu den Kommissionen des amerikanischen Sektors, die oftmals keine oder nur vereinzelt Mitglieder der SED umfassten, waren im britischen Sektor kommunistische Parteimitglieder ebenso vertreten wie Angehörige anderer Parteien. Eine paritätische Zusammensetzung scheint hier häufiger eingehalten worden zu sein.[167]

Gemein war der Praxis aller Sektoren, dass sich die Anträge in ihren Geschäftsstellen stapelten. Ende Juni 1947 waren berlinweit über 40 000 Einsprüche nicht bearbeitet, und bei jeder Kommission warteten Tausende Antragsteller:innen auf einen Verhandlungstermin. Bereits im November 1946 hatte das *Neue Deutschland* ausgerechnet, dass die Entnazifizierung mit diesem Tempo noch drei Jahre dauern würde.[168] Dabei beeinflussten auch die Erfahrungen und politischen Debatten der Besatzungszonen, insbesondere der amerikanischen, diese Sichtweise. In der amerikanischen Zone war eine Kritik am Bürokratismus des Spruchkammerwesens bereits seit Sommer 1946 verbreitet, und es kursierte die polemische Schätzung, dass die Entnazifizierung dort über

164 MGGBA, Minutes First Meeting of DEN Comm., 7 January 1946, TNA, FO 1012/323.

165 Vgl. Magistrat Department of Personal and Admin to VBKs Tiergarten, Charlottenburg, Spandau, Wilmersdorf, undated, TNA, FO 1012/110.

166 Vgl. List of Denazification Commissions, 17 May 1946, TNA, FO 1012/110.

167 Die Zusammensetzungen der Kommissionen und vor allem Partei- und Organisationszugehörigkeiten sind nicht systematisch überliefert. Hinweise finden sich in einer vom Magistrat erstellten Übersicht vom September 1948. (Vgl. Abt. für Personal, Aufstellung über die Zusammensetzung der Kammern nach der politischen Einstellung der Mitglieder, 1. September 1948, LAB, C Rep. 102, Nr. 281.) Die SED führte Übersichten darüber, welche Kommissionsmitglieder Angehöriger ihrer Partei waren. (Vgl. KPD Bezirksorganisation Groß-Berlin, Aufstellung der Genossen aus den Kreisen, die der Entnazifizierungskommissionen angehören, undatiert. Vermutlich 1947, LAB, C Rep. 901, Nr. 285.) Die britische Militärregierung führte im Frühjahr 1946 mehrere Listen mit Angaben zu Beruf und Partei der Mitglieder. Vgl. MGGBA, Lists of Denazification Commissions, TNA, FO 1012/110.

168 Vgl. Noch Drei Jahre Denazifizierung?, in: Neues Deutschland, 24. November 1946.

zehn Jahre brauchen werde.[169] Solchen Einschätzungen, die vielfach mit einer generellen Kritik einhergingen, hielt *Der Sozialdemokrat* für Berlin eine optimistischere Sichtweise entgegen und vertrat die Meinung, dass die Kommissionen bei beschleunigter Tätigkeit und einer Bearbeitung von etwa 2000 Fällen pro Monat bis zum Jahresende den größten Rückstand beseitigen könnten.[170] Doch auch die Fachkomitees der Alliierten Kommandantur waren besorgt über den langsamen Fortschritt und planten – als Folge der öffentlichen Debatte –, das gesamte Berufungssystem zu überprüfen und speziell zu erörtern, „what can be done to speed up denazification in all sectors of Berlin".[171]

Rehabilitierung im Ost-West-Konflikt: Bilanzen 1948

Der große Rückstand von Zehntausenden Anträgen traf auf eine veränderte politische Konstellation. Seit 1947 befand sich die Alliierte Kommandantur mitten in Verhandlungen über eine Umsetzung einer neuen Entnazifizierungsgesetzgebung. Und auch in der Berliner Verwaltung traten die politischen Konflikte nach den Wahlen und der verzögerten Neubesetzung des Magistrats immer offener zutage.[172] Der neu gewählte Bürgermeister Otto Ostrowski (SPD) zögerte, sämtliche SED-Funktionär:innen aus dem Magistrat zu entlassen, wurde daraufhin von seiner eigenen Fraktion durch ein Misstrauensvotum zum Rücktritt gezwungen und im Juni 1947 durch Ernst Reuter (SPD) ersetzt. Ein sowjetisches Veto verhinderte jedoch den Antritt Reuters, sodass Louise Schroeder bis zur Teilung der Stadt amtierende Bürgermeisterin Berlins war. In diesen personalpolitischen Spannungen hielt der neue Stadtrat der Personalabteilung Otto Theuner unter Kritik zu seinem hauptamtlichen Stellvertreter Schmidt, der als einer der wenigen SED-Mitglieder eine Stellung im Magistrat behielt und weiterhin für die Arbeit der Kommissionen verantwortlich war.[173] Theuner und Schmidt hatten die Entnazifizierungspolitik gegen Vorwürfe verschiedenster Seiten zu verteidigen und standen immer mehr unter Beschuss.

Alliierte Umfragen ergaben, dass die Unterstützung einer Entnazifizierung immer schwächer wurde. Die Presse war weitaus kritischer und griff nach anfänglicher Unterstützung die Arbeit der Kommissionen offen an, wobei darauf geachtet

169 Vgl. Sorgen um die Säuberung, in: Neue Zeit, 23. August 1946.

170 Vgl. Schnelle Entnazifizierung, in: Der Sozialdemokrat, 3. Januar 1947.

171 AKB DEN Comm., Examination of denazification statistics, 12 December 1946, TNA, FO 1112/374.

172 Vgl. Hanauske, Historische Einleitung, Teil 2, S. 32 ff.; Schlegelmilch, Hauptstadt, S. 113.

173 Vgl. Hurwitz, Stalinisierung der SED, S. 173.

wurde, wie es die amerikanische Information Branch zusammenfasste, „not to express other than subtle and insuinuated dislike of the entire proceedings".[174] Forderungen nach Amnestien wurden lauter, insbesondere von Jugendorganisationen und Gewerkschaften. Im Januar 1947 verlangte die SPD-Fraktion der Stadtverordnetenversammlung, unterstützt von CDU und LDP, die Schaffung eines „Amtes zur Sicherung der Demokratie", das mitunter für eine Koordination und Überwachung sämtlicher Kommissionen zuständig sein sowie verschiedenste Aufgaben wahrnehmen sollte, etwa die Bekämpfung von nationalsozialistischen Aktivitäten, Korruption in Ämtern und Wirtschaft, Kontrolle der Vermögenskontrolle und Dienststrafverfahren innerhalb des Magistrats.[175] Ebenfalls im Januar forderte das Parlament vom Magistrat ausführliche Informationen über den Fortgang der Entnazifizierung ein, welche die Personalabteilung ohne interalliiertes Überprüfungszentrum und ohne zentrales Register kaum vorweisen konnte.[176]

Das Berufungssystem wurde bald auch zur Kostenfrage. Bereits im Sommer 1946 hatte das Bezirksamt Reinickendorf im französischen Sektor potenzielle „Überschneidungen und Doppelprüfungen" bei Ermittlungen problematisiert und vorgeschlagen, die verschiedenen Prüfungsstellen der Wohnungs- und Sozialämter sowie der treuhänderischen Vermögensverwaltungsstellen zu zentralisieren.[177] Diesen Vorschlag griff Theuner im Juni 1948 auf und plante unter dem Hinweis, dass der damalige Aufbau „mit einem planmäßigen und sparsamen Personaleinsatz unvereinbar" sei, sämtliche Ermittlungsdienste der Bezirke beim Magistrat zusammenfassen.[178] Auch waren die Kommissionen angewiesen, die durchschnittlichen Kosten pro Fall zu verringern und ihre personelle Ausstattung dahingehend zu prüfen.[179] Angesichts sinkender Zustimmung, bürokratischer Herausforderungen und vor allem politischer Konflikte war die Personalabteilung bemüht, das Entnazifizierungssystem zumindest halbwegs unbeschadet zu Ende zu bringen.

174 OMGBS, Historical report 1 October 1946 to 31 December 1946, IfZ, OMGUS 5/36–1/2.

175 Man kann ruhig darüber sprechen, in: Der Kurier, 18. Januar 1947. Vgl. Demokratische Sicherungen, in: Der Spiegel, 25. Januar 1947.

176 Vgl. Magistrat Oberbürgermeister, Papiermangel bei den Entnazifizierungskommissionen. Drucksache Nr. 15/103 der Stadtverordnetenversammlung, 2. Mai 1947; Stadtrat Theuner an das Büro des Oberbürgermeisters, Papiermangel bei den Entnazifizierungskommissionen, 8. Mai 1947, LAB, C Rep. 102, Nr. 29.

177 Bezirksamt Reinickendorf an den Bezirksbürgermeister, 21. August 1946, LAB, C Rep. 102, Nr. 143.

178 Abt. für Personal, Rundverfügung Nr. 22/1948, 18. Juni 1948, LAB, C Rep. 102, Nr. 143.

179 Vgl. Abt. für Personal, Rundschreiben I.50 Tätigkeitsbericht der Entnazifizierungskommissionen, 25. Januar 1947; Abt. für Personal, Rundschreiben Tätigkeitsbericht der Entnazifizierungskommissionen, 31. Mai 1948, LAB, C Rep. 207, Nr. 4990.

Bis zum Herbst 1948 erreichten die Entnazifizierungskommissionen noch einmal Tausende neue Berufungsanträge. In den letzten Tagen vor der administrativen Teilung und während der seit einigen Wochen währenden Blockade und Gegen-Blockade angelegt, gibt die folgende Tabelle einen Überblick über bis zum Herbst 1948 gestellte und verhandelte Berufungsverfahren. Bis Ende September 1948 widersprachen über 73 000 Personen ihrer Entlassung, verweigerten Einstellung, Berufsausübung bzw. Vermögenskontrolle.

Tabelle 8:
Entnazifizierungsverfahren Erste Instanz seit Errichtung bis 30. September 1948[180]

	eingegangen	bearbeitet	befürwortet	abgelehnt
Magistratskommissionen	10 768	4044	3072	972
Amerikanischer Sektor	29 907	24 003	20 983	3020
Britischer Sektor	12 503	10 036	6668	3368
Französischer Sektor	5129	3206	2267	939
Sowjetischer Sektor	14 836	13 600	9962	3638
Insgesamt	73 143	54 889	42 952	11 937

Die Entnazifizierungskommissionen der Bezirke und des Magistrats verzeichneten insgesamt 73 143 Berufungsanträge. Von den mittlerweile 54 889 bearbeiteten Fällen der Ersten Instanz – ein großer Rückstand lag nicht mehr vor – wurden 42 952 Anträge bzw. etwa 78 Prozent befürwortet. Der Anteil der Befürwortungen der Bezirks- und Magistratskommissionen lagen nun deutlich höher: 66 Prozent im britischen, 70 Prozent im französischen, 73 Prozent im sowjetischen, 75 Prozent bei den Magistratskommissionen und 87 Prozent im amerikanischen Sektor.

Vor den Kommissionen der Zweiten Instanz zeigt sich eine ähnliche Entwicklung zum Vorjahr. Über 8000 der knapp 12 000 zunächst abgewiesenen Personen legten Revision ein.

180 Abt. für Personal, Tätigkeit der Entnazifizierungskommissionen seit Errichtung dieser bis einschließlich 30. September 1948, 15. November 1948, Bl. 59, LAB, C Rep. 102, Nr. 279.

Tabelle 9:
Entnazifizierungsverfahren Zweite Instanz seit Errichtung bis 30. September 1948[181]

	einge-gangen	erledigt	befür-wortet	abgelehnt
Amerikanischer Sektor	2478	1891	1799	92
Britischer Sektor	2356	1483	1033	450
Französischer Sektor	649	617	312	305
Sowjetischer Sektor	2713	1507	957	550
insgesamt	8196	5498	4101	1397

Von den insgesamt 5498 bearbeiteten Fällen vor den Sektorkommissionen wurden 4101 Anträge befürwortet. Dies sind 74 Prozent im Vergleich zu etwa 60 Prozent bis zum Sommer 1947. Besonders hoch war auch in der Zweiten Instanz der Anteil der Befürwortungen im amerikanischen Sektor mit 95 Prozent, gefolgt vom britischen mit 70 Prozent und dem sowjetischen mit 64 Prozent. Die Sektorkommission des französischen Sektors verzeichnete mit 51 Prozent als einzige Berufungsinstanz eine leicht rückläufige Zustimmungsrate.

Insgesamt zeigt der Vergleich der beiden Tabellen von Ende Juni 1947 und Ende September 1948, wie sich die Entnazifizierung in ihrer Abschlussphase zu einer Massenrehabilitierung entwickelt hat. Vor allem die Kommissionen des amerikanischen Sektors taten sich entsprechend der umfassenden Amnestieregelungen hervor, die zuvor gültigen Entlassungsbestimmungen zurückzunehmen, indem im gesamten Zeitraum seit Frühjahr 1946 beinahe neun von zehn Anträgen positiv entschieden wurden.

Zwischen Skandalen und Teilung: Bilanzen der Magistratskommissionen 1948

Die Magistratskommissionen, die das gesamtstädtische Entnazifizierungskonzept sowie ihr Ende am deutlichsten veranschaulichen, lieferten ähnliche Ergebnisse. Mehr noch als die in den Bezirken angesiedelten waren die für „City Wide Officials“, darunter Angestellte der Verwaltung, Mediziner:innen, Jurist:innen, Künstler:innen und Lehrer:innen, zuständigen Kommissionen von Problemen

181 Ebenda.

wie Bestechungen oder Missmanagement, Forderungen nach Amnestien und schließlich von der Teilung der Stadt betroffen.

Die Allgemeine Kommission war zuständig für Beschäftigte städtischer Einrichtungen, darunter ehemalige Angestellte des Magistrats, frühere Staats- oder Reichsbehörden sowie Angehörige städtischer Betriebe.[182] Ihr Vorsitzender war Pater Olido Braun, der im katholischen Widerstand aktiv und 1944 im Gestapogefängnis Lehrter Straße inhaftiert und als Gefängnisseelsorger tätig gewesen war.[183] Die Verfahren vor der Allgemeinen Kommission waren bald begleitet vom Streit über die Abschaffung des Beamtenrechts durch den ersten Nachkriegsmagistrat und von in erster Linie von der LDP vorgebrachten Forderungen nach einer Wiederherstellung der Ansprüche von Beamt:innen. Seit Frühjahr 1947 beobachtete speziell die britische Militärregierung, wie die erhobenen Ansprüche ehemaliger Beamt:innen die Arbeit der Kommissionen unter Druck setzten.[184]

Die für Richter:innen, Staatsanwält:innen und Rechtsanwält:innen Berlins zuständige Kommission für Juristen wurde zunächst von der ehemaligen Rechtsanwältin der Roten Hilfe und späteren Justizministerin der DDR, Hilde Benjamin, geleitet. Unter dem Vorsitz ihres Nachfolgers Georg Hirschberg standen mehrere Mitglieder im Verdacht, systematisch Bestechungen entgegengenommen zu haben.[185] Kriminalpolizeiliche Ermittlungen ergaben, dass sie Gelder in

182 Vgl. Entnazifizierungskommission beim Magistrat, Bearbeitung von Berufungsanträgen im Entnazifizierungsverfahren beim Magistrat, 1. Juli 1947, LAB, C Rep. 102, Nr. 279.

183 Weitere Mitglieder waren Paul Haase, Adalbert Pietsch, Katharina Joppe, Karl Abraham Loehr, Martha Husemann, Paul Pasch. Vgl. AKB Den Comm., Approval of members of denazification commissions, 17. April 1946, TNA, FO 1112/374. Über Odilo Braun: Johannes Tuchel, „... und ihrer aller wartet der Strick." Das Zellengefängnis Lehrter Straße, Berlin 2014, S. 135 ff.

184 Vgl. MGGBA Legal Division, Administrative Tribunals Control Branch, 17 December 1945; MGGBA to Stadtrat Theuner, Status of Magistrat Officials, 3 July 1947; MGGBA, Inter-Office Memorandum on Disciplinary Code for Regional and Local Public Servants, 14 July 1947; MGGBA, Civil Servants Law in Berlin by Dr. E. Schrader Vice-President of the Bezirksverwaltungsgericht British Sector of Berlin, undated, TNA, FO 1012/254.

185 Schriftführer war der Sozialdemokrat und Gewerkschafter Karl Siegle, der aufgrund seines Widerstands gegen den Nationalsozialismus in mehreren Konzentrationslagern und Gefängnissen inhaftiert gewesen war. Im Zuge der Korruptionsaffäre bei der Juristen-Kommissionen wurde Siegle der Bestechung verdächtigt; er verstarb im November 1947 an den Folgen der KZ-Haft während der Untersuchungen des Landgerichts Berlins. Sein Nachfolger wurde der bisherige Leiter des Ermittlungsstabes Ludwig Siegmann, gegen den ebenso wie gegen das Mitglied Rosel Gembries wegen Bestechung ermittelt wurde. Nur das Mitglied Arthur Sadina, ein ehemaliger Gewerkschaftssekretär und Sozialdemokrat, der ab 1946 in die Bezirksverordnetenversammlung in Berlin-Neukölln gewählt wurde, schien nicht in Bestechungen verwickelt. Vgl. AKB DEN Comm., Approval of

einer Summe von 30000 Reichsmark annahmen, um sich für einen positiven Verfahrensausgang einzusetzen. Generalstaatsanwalt Loerboks äußerte zudem den Verdacht, dass eine Reihe weiterer Mitglieder, darunter auch solche der Kommission für Ärzte sowie zugelassene Rechtsanwält:innen, Bestechungsgelder erhielten.[186] Alle Urteile, forderte *Der Tagesspiegel* im Frühjahr 1947, in denen die Verhafteten und Belasteten mitwirkten, „müssen sorgfältig auf ihre Rechtsmäßigkeit geprüft werden".[187]

Kaum weniger von Skandalen geprägt war die Kommission für Ärzte, die über Einsprüche von Ärzt:innen Zahnärzt:innen, Tierärzt:innen und dem gesamten Krankenhauspersonal urteilte. Ihr Schriftführer war Rudolf Kurzweg, gegen den das interalliierte Komitee zunächst Bedenken geäußert hatte[188] und der bald für die hier außerordentlich langsame Bearbeitung der Fälle verantwortlich gemacht wurde. Mitglieder der Kommissionen warfen ihm vor, Sitzungen ständig ausfallen zu lassen und getroffene Entscheidungen nicht an die Alliierte Kommandantur weiterzuleiten. Es gäbe niemanden, urteilten sie, der „seine Tätigkeit mit solcher Interessenlosigkeit" ausübe.[189] Im Sekretariat stapelten sich ungeordnete Anträge und Entscheidungen, und bis zum Frühjahr 1948 hatte die Kommission für Ärzte nur etwas über 400 Verfahren durchgeführt.[190]

Im Haus des Kulturbundes in Charlottenburg, während des Nationalsozialismus Sitz der Reichskulturkammer, richtete sich im September 1946 die Entnazifizierungskommission für Kulturschaffende ein. Mit einjähriger Verspätung wurde im Juni 1947 die Kommission für Lehrer und Erzieher gegründet, die aus

members of denazification commissions, 17 April 1946, TNA, FO 1112/374; Kammergerichtspräsident an das Rechtskomitee, Voruntersuchungen gegen Mitglieder der Entnazifizierungskommission beim Magistrat, 15. Mai 1948, MAE, GMFB 5/1965.

186 Vgl. Der Generalstaatsanwalt bei dem Kammergericht an das Rechtskomitee der Alliierten Kommandantur, Anschuldigungen gegen Mitglieder der Entnazifizierungskommission, 12. November 1947, MAE, GMFB 5/1965.

187 Entnazifizierung gegen Bar, in: Der Tagesspiegel, 23. März 1947.

188 Vgl. AKB Den Comm., Approval of members of denazification commissions, 17 April 1946, TNA, FO 1112/374.

189 Entnazifizierungskommission beim Magistrat für Ärzte an Abt. Personal, Tätigkeit des Schriftführers Kurzweg, 22. Oktober 1948, LAB, C Rep. 118, Nr. 576.

190 Weitere Mitglieder waren 1946 Kurt Haffner, Dr. Gunther Hess, Hermann Emil Kuenzer, Gerhard Piorkowski und Lucy Schumann. Vgl. AKB Den Comm., Approval of members of denazification commissions, 17 April 1946, TNA, FO 1112/374. Über die Vorwürfe gegen Kurzweg: Vgl. Abt. für Personal, Entnazifizierungskommission für Ärzte beim Magistrat, 27. August 1948, LAB, C Rep. 118, Nr. 576; AKB DEN Comm. to Magistrat, Benachrichtigung der Anerkennung des Herrn Rudolf Kurzweg als zusätzliches Mitglied der Sonderkommission zur Entnazifizierung von Doktoren und ärztlichem Personal, 23. August 1946, TNA, FO 1112/373.

Vertreter:innen des Hauptschulamtes, Lehrer:innen der Volks-, Mittel-, Ober- und Berufstechnischen Schulen, dem Schulrat sowie Pädagog:innen bestehen sollte. Ihr Vorsitzender war das SPD-Mitglied Helmut Schade.[191] Sie arbeitete noch langsamer als die Kommission für Ärzte. Ihren riesigen Rückstand – von 3000 Berufungsanträgen hatte die Kommission Anfang 1948 lediglich einige Dutzend bearbeitet – kritisierten die Alliierten als Extrembeispiel für die langsame Arbeit aller Kommissionen.[192]

Keine der fünf stadtweit tätigen Magistratskommissionen arbeitete zufriedenstellend. Die letzte berlinweite Statistik gibt Aufschluss über bis Ende April 1948 bearbeitete Verfahren der zu diesem Zeitpunkt etwa 10 000 eingereichten Berufungsverfahren.

Tabelle 10:
Entnazifizierungsverfahren der Magistratskommissionen seit Errichtung bis 30. April 1948[193]

	bearbeitet	befür- wortet	befürwortet in %	abgelehnt
Allgemeine Kommission	933	693	74%	240
Kommission für Ärzte	413	285	70%	128
Kommission für Juristen	652	390	60%	262
Kommission für Lehrer	216	190	88%	26
Kommission für Kunstschaffende	624	453	72%	171
Insgesamt	2838	2011	71%	827

191 Weitere Mitglieder waren Prof. Brandt, Hochschullehrer Wilhelm Hauser, Michaelis und Piepkorn. Vgl. Mitteilung des Magistrats, 1. April 1946, Bl. 3, LAB, C Rep. 102, Nr. 272; Alliierte Kommandantur der Stadt Berlin, Komitee der Bildung und Religion, 22. November 1946, Bl. 409, LAB, C Rep. 102, Nr. 273.

192 Aufgrund der Langsamkeit war noch im April von AKB genehmigt worden, zusätzliche Kommissionen zu gründen. Vgl. AKB DEN Comm., PRDE/M(48)50, Sector Commission for Teachers, 20 April 1948, LAB, B Rep. 036-01-01, Nr. 4/10-3/39.

193 Abt. für Personal, Tätigkeitsbericht der Entnazifizierungskommissionen seit Errichtung dieser bis einschließlich 30. April 1948, LAB, C Rep. 207, Nr. 4990.

Die Befürwortungen der Magistratskommissionen bewegten sich zwischen 60 Prozent für Jurist:innen, 70 Prozent für Ärzt:innen, 72 Prozent für Künstler:innen, 74 Prozent für Angestellte städtischer Einrichtungen und 88 Prozent für Lehrer:innen. Mehr noch als jene der Bezirkskommissionen widersprachen diese hohen Befürwortungsraten den Vorgaben der Gesetzgebung. Denn für einige der Berufsgruppen galten verschärfte Bestimmungen: Jurist:innen und Lehrer:innen durften ihren Beruf nicht ausüben, sofern sie Mitglied der NSDAP oder ihrer Gliederungen gewesen waren, unabhängig davon, ob sie als „aktiv" oder „nominell" klassifiziert waren. Entlassenen oder von Beschäftigung Ausgeschlossenen war gestattet, Berufung einzulegen, aber eine Wiedereinstellung „nomineller" Mitglieder und Unterstützer:innen des Nationalsozialismus blieb über Monate umstritten. Dies führte zu der widersprüchlichen Situation, dass ehemalige Mitglieder und Unterstützer:innen der NSDAP „entnazifiziert" wurden, aber unklar war, ob sie in ihrem Beruf tätig sein durften. Im Frühjahr 1948 trafen die konträren Positionen, insbesondere zwischen der an milden Regelungen interessierten britischen Militärregierung und der für Strenge plädierenden sowjetischen Delegationen, ein letztes Mal aufeinander. Aus britischer Sicht war das bisherige Verfahren völlig ausreichend, die Magistratskommissionen besäßen die Kompetenz, über Wiederanstellungen zu entscheiden, und ihren Urteilen sollte vertraut werden. Der sowjetische Stellvertretende Stadtkommandant dagegen hielt weiterhin an einem Berufsverbot für Lehrer:innen und Jurist:innen, die Mitglied der NSDAP gewesen waren, fest.[194]

194 Vgl. AKB BKD/M(48)4, Resumption of Profession by Former Lawyers and Teachers, 27 January 1948, LAB, B Rep. 036-01-01, Nr. 11/149-1/7.

Wer trägt die Schuld

am Unglück des Deutschen Volkes?

„Die Schuld und Verantwortung tragen die gewissen-losen Abenteurer und Verbrecher, die die Schuld am Kriege tragen. Es sind die

Hitler und Göring, Himmler und Goebbels

die aktiven Anhänger und Helfer der Nazipartei. Es sind die

Träger des reaktionären Militarismus

die Keitel, Jodl und Konsorten. Es sind die

imperialistischen Auftraggeber der Naziparte

die Herren der Großbanken und Konzerne, die Krupp und Röchling, Poensgen und Siemens."

(Aus dem Aufruf der Kommunistischen Partei Deutschlan

Darum strenge Bestrafung

dieser Kriegsverbrecher u. aller Nazis,
die sich krimineller Verbrechen und der Teilnahme an Hitlers Volksverrat schuldig gemacht haben!

2/7.45 **Kommunistische Partei Deutschland**

94 Hans Horn, Dresden N 23

KPD-Plakat, Juli 1945 | *BArch Plak 100-012-0*

4. Wirtschaft kontrollieren: Beschlagnahme

Gegen die „imperialistischen Auftraggeber der Nazipartei"

Als „Schlag gegen die ökonomischen Grundpfeiler des deutschen Faschismus" bezeichnete der stellvertretende Bürgermeister Karl Maron Mitte Juli 1945 in der *Berliner Zeitung* die soeben erlassene Verordnung zur Vermögenskontrolle ehemaliger Mitglieder und Unterstützer:innen der NSDAP.[1] Mit seinem groß angelegten Programm zur Kontrolle und Beschlagnahme des Vermögens „von Personen, die sich aktiv faschistisch betätigt hatten",[2] legte der erste Nachkriegsmagistrat in seiner Entnazifizierungspolitik einen klaren Schwerpunkt auf den Bereich der Wirtschaft und gab zugleich einen Anstoß für die von den vier Alliierten fortgesetzte Kontrolle von Unternehmen und Betrieben.

Dass die Wirtschaft vom Krieg profitiert hatte und für den Aufstieg des Nationalsozialismus mitverantwortlich und an seinen Verbrechen beteiligt gewesen war – darüber bestanden für Großbritannien, Frankreich, die Sowjetunion und die Vereinigten Staaten kaum Zweifel. Ebenso war man sich grundsätzlich über die Konsequenz einig, dass hohe Wirtschaftsfunktionär:innen festgenommen oder entlassen und wichtige Unternehmen und Betriebe kontrolliert werden sollten.[3] Die Kontrolle von Vermögen und ihre Zusammenhänge mit einer personalpolitischen Entnazifizierung bildeten den dritten, zentralen

1 Karl Maron, Zur Beschlagnahme der Nazivermögen, in: Berliner Zeitung 13. Juli 1945, abgedruckt in: Dieter Felbick, Schlagwörter der Nachkriegszeit 1945–1949, Berlin/New York 2003, S. 564.

2 Verordnung über die Anmeldung und die Beschlagnahme des Vermögens der Personen, die sich aktiv faschistisch betätigt haben vom 2. Juli 1945, in: Magistrat der Stadt Berlin (Hrsg.), VOBl. der Stadt Berlin 1 (1945) 4, S. 45–47. Vgl. 9. Magistratssitzung vom 2. Juli 1945, Top 2, abgedruckt in: Wetzel (Hrsg.)/Hanauske (Bearb.), Die Sitzungsprotokolle, Bd. 1, S. 183.

3 Vgl. Benz/Scholz (Hrsg.), Gebhardt, S. 149–151; Kim C. Priemel, Unternehmensgeschichte *reloaded*. Der Umgang der Friedrich Flick KG mit der NS-Vergangenheit in Öffentlichkeitsarbeit, Entflechtung und Restitution nach 1945, in: Institut für Zeitgeschichte München–Berlin (Hrsg.), Der Flick-Konzern im Dritten Reich, München 2008, S. 647–714, hier S. 648 f.

Aspekt der Entnazifizierungspolitik in Berlin. Trotz im Ost-West-Konflikt zunehmender wirtschaftspolitischer Auseinandersetzungen lässt sich von einer wenn auch umkämpften, so zunächst grundsätzlich ähnlichen Politik sprechen. Die Entnazifizierung der Wirtschaft, so soll zum einen gezeigt werden, wurde dabei angestoßen von Initiativen des Magistrats, die vor dem Hintergrund einer Faschismusanalyse der KPD zu verstehen sind. Zum anderen soll in diesem Kapitel diskutiert werden, inwieweit sich Franz L. Neumanns Analysen eines „totalitären Monopolkapitalismus“ in amerikanischen bzw. alliierten Konzepten niedergeschlagen haben und daher für eine Bewertung aufschlussreich sind.

Am Tag nach der Zulassung politischer Parteien durch die Sowjetische Militäradministration startete die KPD eine Kampagne zur Enteignung der nationalsozialistischen Führung und zur Überführung ihres Vermögens in die öffentliche Hand. „Wer trägt die Schuld an der Katastrophe?“, fragte die KPD in ihrem Gründungsaufruf vom 11. Juni 1945 und unterstrich: „Es sind die Träger des reaktionären Militarismus, die Keitel, Jodel [Jodl] und Konsorten. Es sind die imperialistischen Auftraggeber der Nazipartei, die Herren der Großbanken und Konzerne, die Krupp und Röchling, Poensgen und Siemens.“[4]

Obgleich die KPD in dem tausendfach verteilten Flugblatt auch die politische Elite verurteilte, die Schuld der „zehn Millionen Deutschen, die 1932 bei freien Wahlen für Hitler stimmten“, hervorhob und all jenen eine Verantwortung zuschrieb, die „im Marschieren und Exerzieren das seligmachende Heil der Nation erblickten“, lagen die Hauptschuld und -verantwortung ihrer Ansicht nach bei den Militär- und Wirtschaftsführer:innen. Als dringendste politische Aufgabe forderte sie, neben Verhaftung und Bestrafung, die „Enteignung des gesamten Vermögens der Nazibonzen und Kriegsverbrecher“.[5]

Die Grundlagen ihrer Deutschlandpolitik hatte die Exil-KPD bereits vor Kriegsende erarbeitet. Ihrem *Aktionsprogramm der kämpferischen Demokratie* vom Oktober 1944 zufolge lagen die Hauptursachen des Nationalsozialismus in der „Diktatur des deutschen Finanz- und Monopolkapitals“, die zu einem „imperialistischen Raubkrieg, gesteigerter Ausbeutung und terroristischer Unterdrückung der werktätigen Massen“ geführt habe.[6] Nach Kriegsende setzte die KPD ihr instrumentelles Faschismusverständnis fort. Walter Ulbricht veröffentlichte mit seiner Schrift *Die Legende vom deutschen Sozialismus* (1945) ein Lehrbuch

4 Aufruf der KPD vom 11. Juni 1945, abgedruckt in: Hermann Weber (Hrsg.), DDR. Dokumente zur Geschichte der Deutschen Demokratischen Republik 1945–1985, München 1986, S. 32–36, hier S. 35 f.

5 Ebenda, S. 35 f.

6 Aktionsprogramm der kämpferischen Demokratie (3. Entwurf) vom 21. Oktober 1944, abgedruckt in: Keiderling (Hrsg.), „Gruppe Ulbricht“ in Berlin, S. 130–134.

über das „Wesen des deutschen Faschismus“, in dem Unternehmen und Konzernen, insbesondere 300 „deutsche[n] Rüstungsindustrielle[n] und Bankherren“ die Hauptschuld am Nationalsozialismus zukam.[7]

In Nachkriegsberlin spielte der im KPD-Aufruf erwähnte große Elektrokonzern Siemens und sein Führungspersonal eine besondere Rolle. Die verschiedenen Positionen lassen sich an dem Fall, der in der Viermächtestadt mitunter am stärksten diskutiert wurde, gut umreißen. Die *Deutsche Volkszeitung*, später *Neues Deutschland*, beschuldigte Siemens im August 1945, die Gaskammern in Auschwitz produziert zu haben, und startete eine jahrelange Kampagne gegen das Vorstandsmitglied Wolf-Dietrich von Witzleben.[8] Nachdem weitere Personen aus der Siemens-Führung geflohen waren, Selbstmord begangen hatten oder von der Roten Armee verhaftet worden waren, war von Witzleben der führende Kopf der beiden großen Siemens-Werke im britisch kontrollierten Berlin-Spandau. Mit anwaltlicher Unterstützung wehrte er sich gegen die Vorwürfe, forderte die Zeitung auf, eine Richtigstellung zu veröffentlichen, und wandte sich empört an den britischen Stadtkommandanten Lewis D. Lyne. Vorsichtshalber hatten mehrere Vorstandsmitglieder bereits ein Memorandum über „The Behavior of the House of Siemens during the Hitler Regime“ verfasst, dessen letzte Version von Witzleben seinem Schreiben beifügte. Gerade in Berlin angekommen und dabei, die in ihrem Sektor gelegenen, teils kriegszerstörten und von sowjetischen Behörden demontierten Werke wieder zu eröffnen, reagierte die britische Militärregierung prompt. Sie verhaftete und verhörte von Witzleben mehrfach und beließ ihn trotz Protesten in Presse und Belegschaft in seiner Position.[9] Als früherer Wehrwirtschaftsführer und Vorstandsmitglied einer industriellen Institution fiel der Siemens-Direktor unter die Entnazifizierungskategorien, aber das britische Hauptquartier hielt eine schützende Hand über ihn und erwirkte in der Alliierten Kommandantur eine Ausnahmeregelung für eine vorübergehende Weiterbeschäftigung.

Von Witzleben selbst sah sich als „Gehilfe des Briefträgers“, als er seine Rolle in der NS-Wirtschaft in seinem Entnazifizierungsverfahren im Spandauer Rathaus im Februar 1947 beurteilte.[10] Für das „rote Berlin“ hingegen – Teile der Arbeiterschaft, die KPD/SED und sowjetisch lizenzierte Zeitungen – war der Konzern ein

7 Walter Ulbricht, Die Legende vom „deutschen Sozialismus“. Ein Lehrbuch für das schaffende Volk über das Wesen des deutschen Faschismus, Berlin 1945, S. 11. Vgl. Herf, Zweierlei Erinnerung, S. 46–49.

8 Ausführlich über den Fall Wolf-Dietrich von Witzleben und Siemens: Jonathan S. Wiesen, West German Industry and the Challenge of the Nazi Past. 1945–1955, Chapel Hill/London 2011, S. 30–46.

9 Vgl. ebenda.

10 Vgl. ebenda, S. 46.

Kriegsverbrecherbetrieb, der von der nationalsozialistischen Expansions- und Kriegswirtschaft profitiert und die Arbeiterschaft ausgebeutete hatte, und die Konzernleitung für den Aufstieg des Regimes mit-, wenn nicht hauptverantwortlich. Zwar hatte Siemens keine Gaskammern produziert, wohl aber Außenlager im Konzentrations- und Vernichtungslager Auschwitz unterhalten und dort wie in vielen anderen an Konzentrationslager angegliederten Produktionsstätten Zehntausende Zwangsarbeiter:innen ausgebeutet, etwa jüdische Arbeiter:innen bis zur ihrer Deportation in Berlin-Siemensstadt, sogenannte Ostarbeiter aus den besetzten Gebieten in Betrieben der Siemes-Schuckertwerke und weibliche und jugendliche KZ-Häftlinge im Siemens&Halske-Außenlager des Konzentrationslagers Ravensbrück.[11] Wolf-Dietrich von Witzleben, ab 1939 Vorstandsmitglied, war für Personalfragen und damit auch für den Einsatz von Arbeitskräften verantwortlich gewesen, ebenso wie für die Abteilung Politische Abwehr, also für betriebsinterne und -externe Strafmaßnahmen. Allein im Jahr 1941 wurden über 350 Arbeiter:innen der beiden Siemens-Werke der Gestapo übergeben.[12]

Anglo-amerikanischen Stellen war die vielfache Verstrickung Berliner Unternehmen in die nationalsozialistische Wirtschaft und in NS-Verbrechen relativ gut bekannt. Das *Military Handbook Berlin* bezifferte die Anzahl der ausländischen Zwangsarbeiter:innen für das Jahr 1943 auf 270 000, benannte die wichtigsten Unternehmen, darunter AEG, die Daimler-Benz AG und die Henschel Flugzeugwerke und führte eine, wenn auch nicht vollständige, so doch umfangreiche Liste von Dutzenden, über die ganze Stadt verteilten Zwangsarbeiterlagern.[13] Insbesondere die Amerikaner bemühten sich mithilfe von Neumanns Analysen und Mitarbeit in den Nürnberger Nachfolgeprozessen, prominente Industrielle vor Gericht zu stellen, um die Verbrechen deutscher Konzerne wie Raub jüdischen Eigentums, Ausbeutung in besetzten Gebieten und den Einsatz von Zwangsarbeiter:innen strafrechtlich zu ahnden.[14] Der Chef, Hermann

11 Zur Zwangsarbeit in Berlin und bei Siemens siehe: Cord Pagenstecher/Marc Buggeln, Zwangsarbeit, in: Wildt/Kreutzmüller (Hrsg.), Berlin 1933–1945, S. 127–143; Karl Heinz Roth, Zwangsarbeit im Siemens-Konzern (1938–1945). Fakten – Kontroversen – Probleme, in: Hermann Kaienburg (Hrsg.), Konzentrationslager und deutsche Wirtschaft 1939–1945, Opladen 1996, S. 149–168; Cord Pagenstecher/Bernhard Bremberger/Gisela Wenzel, Zwangsarbeit in Berlin. Archivrecherchen, Nachweissuche und Entschädigungen, Berlin 2008; Internationaler Freundeskreis e. V. für die Mahn- und Gedenkstätte Ravensbrück (Hrsg.), Zwangsarbeit für Siemens im Frauenkonzentrationslager Ravensbrück. Kommentierte Berichte von Zeitzeuginnen, Berlin 2017.

12 Vgl. Roth, Zwangsarbeit im Siemens-Konzern, S. 161, FN 41.

13 Vgl. MGGBA Zone Handbook No. 1a. Berlin. Part I People and Administration, Part II Economy Survey, Part III Local Directory, TNA, FO 1012/2.

14 Vgl. Wildt, Franz Neumann, S. 665 ff.

von Siemens, wurde von amerikanischen Dienststellen in „automatic arrest" genommen und angeklagt, aber nicht verurteilt. Zwar waren im Zuge des Flick-Prozesses auch Ermittlungen gegen Siemens aufgenommen worden, aber im gewandelten Klima des gerade erst verkündeten Marshallplans sank das amerikanische Interesse an einer umfassenden strafrechtlichen Ahndung.[15] Die SED protestierte gegen die Freisprüche und geringen Haftstrafen und nahm die Urteile zum Anlass, ihrerseits den Erfolg der in der sowjetischen Zone erfolgten und in Berlin umstrittenen Maßnahmen wie Bodenreform und Enteignungen herauszustellen.[16]

Ermutigt von den Sozialisierungskampagnen hatte auch der Betriebsrat von Siemens gemeinsam mit der SED Materialien über die Verstrickung des Unternehmens in nationalsozialistische Verbrechen gesammelt und eine Entlassung des Managements gefordert. Erst nachdem eine Spandauer Entnazifizierungskommission Witzlebens Entnazifizierungsantrag Ende 1946 ablehnte, sah sich die britische Militärregierung zum Handeln gezwungen und entließ ihn von seinem Vorstandsposten. Zugleich fielen damit die Werke Siemens-Schuckert und Siemens&Halske unter das westalliierte Gesetz zur „Sperre und Kontrolle von Vermögen", und die britische Abteilung für Property Control stellte sie zeitweilig unter treuhänderische Verwaltung.[17]

Nur wenige Wochen später rehabilitierte die Berufungskommission Witzleben und befürwortete seine Wiedereinsetzung in seinen früheren Posten. Die politisch gespaltene Stadt diskutierte den Fall lebhaft: Die Stadtverordnetenversammlung protestierte, das *Neue Deutschland* sprach von einem „Fehlurteil" und *Der Kurier* erinnerte daran, dass der „Kriegsverbrecher" durch ein vorheriges Urteil für schuldig befunden worden war.[18] Während sich die von den Westalliierten lizenzierte Presse zurückhaltend gab, kommentierte der französische Diplomat M. de Charmasse, benutze die sowjetische Presse das Urteil, um bereits am Vorabend der Moskauer Außenministerkonferenz die dort offenkundig werdenden Vorwürfe zu verbreiten: Die Westmächte, von „Agenten des

15 Vgl. Kim C. Priemel, Flick. Eine Konzerngeschichte vom Kaiserreich bis zur Bundesrepublik, Göttingen 2007, S. 618; Wiesen, West German Industry, S. 49; Nina Grunenberg, Die Wundertäter: Netzwerke der Deutschen Wirtschaft 1942–1966, München 2006, S. 106.

16 Vgl. Jörg Osterloh, „Die Angeklagten sind die Hauptkriegsverbrecher." Die KPD/SED und die Nürnberger Industriellen-Prozesse 1947/48, in: ders./Vollnhals (Hrsg.), NS-Prozesse und deutsche Öffentlichkeit, S. 107–130, hier S. 120 ff.

17 Vgl. Wiesen, West German Industry, S. 46 ff.

18 Conseiller Politique auprès du Commandant en Chef Français en Allemagne, à son Excellence Monsieur Georges Bidault, Ministère des Affaires Étrangères, Sur le cas Witzleben, 17 mars 1947, MAE, GMFB 1/671.

Kapitalismus beeinflusst", würden sich weigern, energische Entnazifizierungsmaßnahmen zu ergreifen.[19]

Die großen Diskrepanzen zwischen den sowjetischen und westalliierten Vorstellungen über Entnazifizierung, berichtete der französische Diplomat de Charmasse an seinen Außenminister Georges Bidault im Frühjahr 1947, zeigten sich im Fall Witzleben deutlich.[20] Zwischen den von der Sowjetunion akzeptierten bis unterstützten Enteignungsforderungen der KPD/SED, die in den großen Konzernen und Monopolen die Hauptverantwortlichen des NS-Regimes sahen, einem britischen, und zuweilen von Frankreich geteilten, Interesse an einer funktionierenden Wirtschaft und einer ambivalenten amerikanischen Haltung lagen zwar nicht immer Welten, aber die divergierenden Haltungen erschwerten ein gemeinsames Vorgehen erheblich. Zugleich existierten in allen Sektoren Formen der Vermögenskontrolle und personalpolitische Maßnahmen zur Beseitigung nationalsozialistischer Einflüsse in Betrieben und Unternehmen.

Magistratsprogramm zur Vermögenskontrolle

Mit seiner im Juli 1945 erlassenen Verordnung zur Kontrolle und Beschlagnahme des Vermögens ehemaliger Mitglieder und Unterstützer:innen der NSDAP vereinheitlichte der Magistrat die vielfältigen, engagierten, aber unkoordinierten Maßnahmen der ersten Nachkriegswochen, an denen sowjetische Soldat:innen und Offizier:innen, neu berufene Bürgermeister:innen sowie lokale Antifa- und Betriebsausschüsse beteiligt waren. Keiner anderen Maßnahme der unmittelbaren Nachkriegszeit lag ein so detailliert ausgearbeitetes Gesetz einschließlich eigener Begriffsdefinition zugrunde. Kaum eine andere Aktion war so gut vorbereitet, von mehreren Abteilungen gemeinsam geplant und zwischen Haupt- und Bezirksverwaltungen koordiniert.

Berlin hatte sich vor und während des Krieges zu einem der größten Wirtschaftsstandorte Deutschlands entwickelt. Unternehmen, insbesondere der Elektroindustrie und des Maschinenbaus, waren für die NS- und Kriegswirtschaft unerlässlich.[21] Als die Rote Armee die Stadt eroberte, schloss sie die meisten Unternehmen, darunter die Werke in der Siemensstadt in Spandau und die Didier-Werke in Wilmersdorf, beide im späteren britischen Sektor gelegen, die Borsig-Werke im künftig französisch besetzten Tegel, die Askania-Werke in

19 Ebenda.
20 Ebenda.
21 Vgl. Kreutzmüller, Die Wirtschaft Berlins, S. 83.

Mariendorf im dann amerikanischen Sektor und das Kabelwerk Oberspree in Oberschöneweise sowie die GEMA-Werke in Köpenick im Osten Berlins. Rasch begannen sowjetische Stellen mit dem Abbau industrieller Anlagen, konfiszierten Maschinen und Rohstoffe, die in die Sowjetunion gebracht werden sollten, verhafteten (verbliebenes) Personal und verpflichteten deutsche Kriegsgefangene für den Wiederaufbau zerstörter Gebiete in der Sowjetunion. Auf Befehl des Außenministers der Sowjetunion Wjatscheslaw M. Molotow führte das Sonderkomitee beim Staatskomitee für Verteidigung umfassende Demontagen vor allem in der elektrotechnischen Industrie und im Maschinenbau im gesamten Stadtgebiet durch.[22]

Bereits Anfang Mai 1945 gab der Oberste Chef der Sowjetischen Militäradministration in Deutschland, Georgi K. Schukow, dem Magistrat die Anweisung, „aktive" Nationalsozialist:innen aus der Wirtschaft zu entlassen, allerdings ohne hierfür genauere Bestimmungen zu erteilen.[23] Auf sich gestellt und den Handlungsspielraum nutzend, leitete die deutsche Verwaltung daraufhin mehrere Maßnahmen zur Kontrolle der Wirtschaft in die Wege, darunter als Erstes die Anordnung über die „Bereinigung des Handels von faschistischen Elementen" vom 22. Mai 1945.[24] Insbesondere die von Josef Orlopp, einem früheren Gewerkschaftsfunktionär und SPD-, später SED-Mitglied, geleitete Abteilung Handel und Handwerk bemühte sich damit um eine planvollere Entnazifizierung. Binnen weniger Tage löste der Magistrat mit dieser Regelung zahlreiche Wirtschaftsorganisationen auf, die während des Nationalsozialismus in Gauwirtschaftskammern zusammengefasst und nach dem Führerprinzip reorganisiert worden waren. Bis zum Herbst 1945 wurden ungefähr 3000 vom Magistrat als „nationalsozialistische Angestellte" bezeichnete Personen entlassen.[25]

22 Vgl. Klaus Neitmann/Jochen Laufer (Hrsg.), Demontagen in der Sowjetischen Besatzungszone und in Berlin 1945-1948. Sachthematisches Archivinventar (Veröffentlichungen des Brandenburgischen Landeshauptarchives, Bd. 61), Berlin 2014, S. 56-63; Johannes Bähr, Industrie im geteilten Berlin (1945–1990). Die elektrotechnische Industrie und der Maschinenbau im Ost-West-Vergleich: Branchenentwicklung, Technologien und Handlungsstrukturen, München 2001, S. 48f. und 64f.

23 Vgl. Bereinigung der Handels- und Handwerksbetriebe vom 17. Mai 1945, in: Magistrat der Stadt Berlin (Hrsg.), VOBl. der Stadt Berlin 1 (1945) 4, S. 49. Auch: Wolfang Ribbe, Vom Vier-Mächte-Regime zur Bundeshauptstadt (1945–2000), in: ders. (Hrsg.), Geschichte Berlins, Bd. 2: Von der Märzrevolution bis zur Gegenwart, Berlin 2002, S. 1027–1208, hier S. 1072.

24 Vgl. Anordnung des Magistrats über die Bereinigung des Handels von faschistischen Elementen vom 22. Mai 1945, in: Reichardt/Treutler/Lampe (Bearb.), Berlin. Quellen und Dokumente, Bd. 4, 1. Halbbd., S. 344; Keiderling, Wir sind die Staatspartei, S. 283.

25 Vgl. Josef Orlopp, Zusammenbruch und Aufbau Berlins 1945/1946, Berlin 1947, S. 40; Magistrat der Stadt Berlin (Hrsg.), Ein halbes Jahr Berliner Magistrat, S. 92; Thomas

Da die Unterlagen Tausender Gewerbebetriebe kriegsbedingt fast vollständig zerstört waren, initiierte der Magistrat eine Erhebung sämtlicher Berliner Geschäfte und Gewerbe, um eine Versorgung der Stadt gewährleisten und zugleich die politische Einstellung von Inhaber:innen überprüfen zu können. Stadtrat Orlopp empfahl den Bezirksämtern, eigenständige Maßnahmen zu erlassen, da noch keine genaueren Bestimmungen existierten. Als konkrete Vorschläge nannte er, geschlossene Geschäfte, deren Inhaber:innen nach Kriegsende geflüchtet waren, zu beschlagnahmen und „zuverlässige Kaufleute" einzuweisen; Geschäfte, deren Besitzer:innen der NSDAP, der SA oder der SS angehört hatten, nicht mehr mit bewirtschafteten Bedarfsgütern zu beliefern sowie jene, die zwar nicht der nationalsozialistischen Partei angehört, aber „faschistische oder militaristische" Ideen propagiert hatten, zu verwarnen oder ihre Geschäfte zu schließen.[26]

Wie dies im Einzelfall bewertet wurde, oblag verschiedenen Stellen. Die Polizeistellen der Bezirke besichtigten und registrierten wöchentlich Hunderte Betriebe. Waren Inhaber:innen geflohen oder stufte man sie als „aktive Nazis" ein, übernahmen die Bezirksämter die Leitung der Betriebe.[27] Zugleich begannen vielerorts Arbeiter:innen und Angestellte, oftmals vor 1933 politisch organisiert, mit Aufräumarbeiten und der Wiederaufnahme der Produktion in verlassenen oder kleineren Betrieben. Antifaschistische Ausschüsse, Straßenobleute und Angehörige der neuen Verwaltung besichtigten, teils eigenmächtig, teils auf Anweisung sowjetischer Behörden, Firmen und Produktionsstätten, sprachen mit Mitarbeiter:innen und Kund:innen und durchforsteten verbliebene Aktenbestände über die Beziehungen von Personen und Unternehmen zum NS-Regime. In einigen Fällen registrierten Betriebsausschüsse eigenständig Betriebsangehörige, verweigerten, sofern antinazistisch eingestellt, bekannten Nationalsozialist:innen den Zutritt und gaben Informationen an die Bürgermeistereien oder Kommandanturen weiter.[28]

Hertz, Die Industrie- und Handelskammer zu Berlin. Ein Beitrag zur Wirtschaftsgeschichte Berlin, Berlin/New York 2008, S. 101.

26 Anordnung des Magistrats über die Bereinigung des Handels von faschistischen Elementen vom 22. Mai 1945, in: Reichardt/Treutler/Lampe (Bearb.), Berlin. Quellen und Dokumente, Bd. 4, 1. Halbbd., S. 344.

27 Vgl. Der Polizeipräsident in Berlin, Bericht über den Monat Juli 1945, 5. August 1945, LAB, C Rep. 101, Nr. 232; Orlopp, Zusammenbruch und Aufbau, S. 42; Axel Reibe, Kommunalpolitik an einem schwierigen Ort. Die acht Bezirke von Berlin (Ost) nach 1945, in: Berlin in Geschichte und Gegenwart, Jahrbuch des Landesarchivs 1991, S. 175–242, hier S. 22 f.

28 Vgl. Keiderling, Wir sind die Staatspartei, S. 239 f.

Für den Magistrat waren Beschlagnahmungen unmittelbar mit Fragen eines gerechten Wiederaufbaus verbunden. Antifaschistische Hausverwalter:innen meldeten den Bezirksämtern, wenn Grundstücke und Räumlichkeiten nun frei waren, und verteilten Wohn- und Geschäftsräume neu.[29] Der Magistrat stellte zudem gesicherte Immobilien und Grundstücke nationalsozialistischer Organisationen oder Häuser aus dem Privateigentum hoher NS-Funktionär:innen teilweise der von Ottomar Geschke geleiteten Abteilung für Sozialfürsorge zur Verfügung. Das ehemalige Mitglied der KPD-Fraktion des Deutschen Reichstags Geschke setzte sich wenige Tage nach seiner Befreiung vom Todesmarsch der Häftlinge des KZ Sachsenhausen dafür ein, dass Opfern des Nationalsozialismus Unterkünfte, darunter vor allem Wohnungen von Nationalsozialist:innen, zur Verfügung gestellt wurden.[30]

Neben unbeweglichen Vermögenswerten richtete der Magistrat sein Augenmerk auch auf Banken und Konten. Unmittelbar nach Kriegsende hatte der sowjetische Stadtkommandant Nikolai E. Bersarin mit seinem Befehl Nr. 1 vom 28. April 1945 die Schließung sämtlicher Banken verordnet.[31] Die Finanzabteilung des Magistrats sichtete und sperrte daraufhin Bankkonten und begann, das Vermögen von NS-Organisationen – von der Gestapo bis zur Nationalsozialistischen Kriegsopferversorgung (NSKOV) – und vieler Privatpersonen, darunter

29 Vgl. Michelmann, Aktivisten der ersten Stunde, S. 87.

30 Als Leiter des bald darauf gegründeten Hauptausschusses Opfer des Faschismus (OdF) war er mit der großen Notlage der Tausenden Überlebenden vertraut und engagierte sich vielfach für eine sozialfürsorgliche Betreuung von NS-Opfern, wenngleich viele Opfergruppen wenig Beachtung fanden. Da zunächst nur politisch Verfolgten und erst im Jahr 1946 auch sogenannten rassisch Verfolgten, also nach den Nürnberger Gesetzen jüdischen Opfern, der OdF-Status zuerkannt wurde, waren im September 1945 nur etwa 2400 Personen von circa 12 000 Antragsteller:innen als OdF anerkannt und damit berechtigt, finanzielle Soforthilfe, Wohnraum, Hausrat, Kleidung und gesundheitliche Betreuung zu erhalten. Auch später wurden andere Verfolgtengruppen, wie als „Kriminelle" oder „Asoziale" Diskriminierte, Zeugen Jehovas, Homosexuelle oder Sinti und Roma vom Hauptausschuss OdF nicht berücksichtigt. (Vgl. Gerd Kühling, Erinnerung an nationalsozialistische Verbrechen in Berlin. Verfolgte des Dritten Reiches und geschichtspolitisches Engagement im Kalten Krieg 1945–1979, Berlin 2016, S. 41 f.) Ausführlich über die Praxis des Berliner Hauptausschusses: Susanne Leiden, Unwürdige Opfer. Die Aberkennung von NS-Verfolgten in Berlin 1945 bis 1949, Berlin 2003. Über die Rückerstattung und Entschädigung jüdischen Besitzes: Atina Grossmann, Juden, Deutsche, Alliierte. Begegnungen im besetzten Deutschland, Göttingen 2012, S. 160 f. und 183–186.

31 Ausführlich über das Berliner Bankenwesen: Sebastian T. Pollems, Der Bankplatz Berlin zur Nachkriegszeit. Transformation und Rekonstruktion des Ost- und Westberliner Bankwesens zwischen 1945 und 1953, Berlin 2006, hier S. 44. Auch: Bähr, Industrie im geteilten Berlin, S. 48.

Funktionsträger der NSDAP und SS, zu beschlagnahmen. In einer ihrer ersten Sitzungen bestätigte die Alliierte Kommandantur den Erlass des Magistrats, das Bankgeheimnis für als „Nazi-Führer" definierte Personen offiziell aufzuheben.[32]

Auf verschiedenen Wegen führten die von Orlopp, Geschke und anderen angestoßenen Initiativen zur treuhänderischen Verwaltung von Immobilien, Grundstücken, Betrieben, Bank- und Barvermögen, ohne dass in den ersten Nachkriegsmonaten eine eindeutige und einheitliche Rechtsgrundlage und Verfahrensweisen existierten.[33] Um diese bemühte sich derweil eine Gruppe von Magistratsvertreter:innen. In Abwesenheit konkreter Ausführungsbestimmungen – kaum ungewöhnlich für die von der Sowjetunion kontrollierten Gebiete[34] – hatte der mündlich geäußerte, vage Befehl des SMAD-Chefs Schukow zur Entnazifizierung der Wirtschaft zu einigen Unklarheiten und verschiedenen Interpretationen innerhalb der Verwaltung geführt.

In den Magistrats- und Bezirkssitzungen begannen rege Auseinandersetzungen darüber, welche Personen denn nun von welchen Maßnahmen betroffen sein sollten. Zur genaueren Klärung wurde daraufhin, vorerst für den Wirtschaftsbereich, ein gesonderter Ausschuss beauftragt, den Begriff des „aktiven Nazis" bzw. des „Nazi-Führers" herauszuarbeiten und abzugrenzen.[35] In leicht veränderter Form bildete diese Begriffsdefinition die Grundlage der kurz darauf erlassenen Verordnung. Am 2. Juli 1945 erließ der Magistrat die Verordnung über die „Anmeldung und Beschlagnahme des Vermögens der Personen, die sich aktiv faschistisch betätigt hatten", und setzte damit umfangreiche Kontrollen in Gang.[36]

32 Vgl. AKB BKC/M(45)6, Decree suspending secrecy regarding loan books, bank and saving accounts in the cases of persons who were engaged in fascist activities, 1 August 1945, LAB, B Rep. 036–01, Nr. 11/148–1/4. Auch: 9. Magistratssitzung vom 2. Juli 1945, Top 2, abgedruckt in: Wetzel (Hrsg.)/Hanauske (Bearb.), Die Sitzungsprotokolle, Bd. 1, S. 184f.

33 Vgl. Ribbe, Vom Vier-Mächte-Regime, S. 1072.

34 Ähnlich wie in Fragen der Entnazifizierung des Verwaltungsapparats lagen in der Beschlagnahme- und Enteignungspolitik zunächst keine zentralen Anweisungen durch die SMAD vor. Vgl. Detlev Brunner, Einleitung. Mecklenburg-Vorpommern 1945/46, in: Werner Müller/Andreas Röpcke (Hrsg.), Die Landesregierung in Mecklenburg-Vorpommern unter sowjetischer Besatzung 1945 bis 1949, Bd. 1: Die ernannte Landesverwaltung Mai 1945 bis Dezember 1946. Eine Quellenedition, Bremen 2003, S. 11–94, hier S. 77.

35 Vgl. 9. Magistratssitzung vom 2. Juli 1945, Top 2, abgedruckt in: Wetzel (Hrsg.)/Hanauske (Bearb.), Die Sitzungsprotokolle, Bd. 1, S. 183; Konferenz der Bezirksbürgermeister vom 27. Juni 1945, in: Reichardt/Krätschell (Hrsg.), Berlin. Kampf um Freiheit und Selbstverwaltung, S. 97.

36 Verordnung über die Anmeldung und die Beschlagnahme des Vermögens der Personen, die sich aktiv faschistisch betätigt haben vom 2. Juli 1945, in: Magistrat der Stadt Berlin (Hrsg.), VOBl. der Stadt Berlin 1 (1945) 4, S. 45–47. Siehe auch: Keiderling, Wir sind die Staatspartei, S. 361ff.

Bisherige Regelungen vereinheitlichend, mussten mit ihr alle „Nazi-Führer" Auskünfte über ihren Besitz erteilen. Bis Ende Juli bzw. Ende August 1945 waren den Bezirksämtern Angaben zur Person, zu Mitgliedschaften in NS-Organisationen und Vermögen in Land- und Forstwirtschaft, Grund, Betrieb, Spareinlagen und Bankguthaben, Ansprüche aus Lebens-, Kapital- und Rentenversicherungen sowie Wertgegenstände zu übermitteln. Die bezirklichen Finanzabteilungen wollten auf diesem Wege Register erstellen, die Angaben begutachten und konfiszierte Betriebe oder sonstiges Eigentum über Bevollmächtigte verwalten lassen.[37] Als „Nazi-Führer" galten und damit der Anmeldepflicht und Beschlagnahme unterlagen:

> „1. alle Personen, die zu irgendeinem Zeitpunkt Mitglieder der NSDAP, der SA, des Nationalsozialistischen Kraftfahrkorps, des NS-Fliegerkorps, der Hitlerjugend vom Unterbannführer aufwärts, des NS-Studentenbundes, der hauptamtlichen Führung der Deutschen Arbeitsfront in einer Stellung vom Zellenleiter oder Untersturmführer oder einen entsprechenden Rang an aufwärts gewesen sind, und sämtliche Blutordensträger und Träger des goldenen Parteiabzeichens,
> 2. alle Personen, die zu irgendeinem Zeitpunkt Angehörige der SS, des SD oder der Gestapo gewesen sind. […]
> 3. alle Personen, die als Verfechter des Nationalsozialismus aktiv hervorgetreten sind und die sich gegen andere brutal oder gemein verhalten haben,
> 4. alle Personen, die durch Ausnutzung der ihnen vom Nazi-Regime gegebenen Stellung in Partei, Staat, Wehrmacht oder Wirtschaft Vorteile für sich oder ihre Angehörigen gezogen haben, die nach gesunder Volksanschauung unangemessen sind."[38]

Der Magistrat entwarf damit vor Ankunft der Westalliierten, ohne detaillierte Vorgaben der sowjetischen Militärregierung und vor dem Potsdamer Abkommen eine eigene Begriffsbestimmung, die auf Funktionsträger der NSDAP und ihrer Gliederungen, nicht aber auf einfache Mitglieder zielte. Sie war damit den anglo-amerikanischen grundsätzlich sehr ähnlich.

37 Vgl. Anleitung zur Ausfüllung des Vermögensverzeichnisses nach dem Stand des Vermögens. Merkblatt, LAB, C Rep. 207, Nr. 5082. Auch: Beschlagnahme der Nazi-Vermögen. Wichtige Verordnung des Magistrats, in: Berliner Zeitung, 12. Juli 1945; Magistratsverordnung über Beschlagnahme der Nazivermögen, in: Tägliche Rundschau, 13. Juli 1945.

38 Verordnung über die Anmeldung und die Beschlagnahme des Vermögens der Personen, die sich aktiv faschistisch betätigt haben vom 2. Juli 1945, in: Magistrat der Stadt Berlin (Hrsg.), VOBl. der Stadt Berlin 1 (1945) 4, S. 45–47.

Von verschiedenen bezirklichen und zentralen Stellen im Sommer 1945 mehrfach bestätigt, führte die Verordnung zu einem raschen Aufbau dezentraler Register. Dadurch oblag die Vermögenskontrolle überwiegend speziellen Vermögensverwaltungsstellen der Bezirksämter.[39] Was mit dem beschlagnahmten Besitz dauerhaft geschehen sollte, blieb vorerst offen und einer zukünftigen Bestimmung vorbehalten.

Wie viele dieser kleineren und größeren Betriebe von Maßnahmen betroffen waren, ist schwer zu bestimmen.[40] Laut Arbeitsstättenzählung vom 12. August 1945 waren einige Monate nach Kriegsende etwa 118 000 Betriebe mit circa 560 000 Beschäftigten vorhanden, gegenüber dem Jahr 1939 mit rund 278 000 Betrieben mit circa 1 180 000 Arbeitsplätzen.[41] Schätzen lässt sich hier, dass in den ersten Wochen und Monaten seit Erlass der Richtlinie Hunderte bis Tausende kleinere und größere Betriebe geschlossen worden sind. Ein Indikator hierfür bildet eine beim Magistrat eingerichtete Spruchkammer, die für Einsprüche gegen Entscheidungen der Bezirksverwaltungen zuständig war.[42] Sie unterstand direkt der Abteilung für Handel und Handwerk, und über die vorgelegten Fälle und politische Zuverlässigkeit entschied ein dreiköpfiges Gremium. Bis Ende des Jahres 1945 führte die Spruchkammer über 1500 Widerspruchsverfahren durch; ein Jahr später waren rund 5000 Einsprüche eingegangen.[43]

39 Vgl. Abt. Finanz- und Steuerwesen: Anleitung zur Ausfüllung des Vermögensverzeichnisses nach dem Stand des Vermögens, 21. August 1945, LAB, C Rep. 207, Nr. 5082.

40 Für die ersten Nachkriegswochen lassen sich statistische Angaben aufgrund der Vielzahl beteiligter Akteur:innen – sowjetische Behörden, verschiedene Magistratsabteilungen, Bezirksämter, antifaschistische Ausschüsse und die im Wiederaufbau befindlichen Polizeidienststellen – bei gleichzeitigem Personal- und Ressourcenmangel nur bruchstückhaft machen. Die Zerstörung von Unterlagen wie Gewerberegistraturen im Krieg, dezentrale Neuanmeldungen, die kaum dokumentierte Demontage-, Entlassungs- und Verhaftungspraxis sowjetischer Behörden sowie eine Reorganisation der Verfahren nach Einzug der Westalliierten erschweren zudem quantitative Angaben.

41 Im Juli 1945 waren im Berliner Stadtgebiet wieder 600 Industriebetriebe mit über fünf Beschäftigten tätig. In jedem Wirtschaftsbereich besichtigte die Gewerbepolizei allmählich sämtliche Betriebe. Im Zuge dieser ordnungsamtlichen Tätigkeit wurden über 40 000 Betriebe bis Ende August neu registriert bzw. angemeldet. Vgl. Hauptamt für Statistik und Wahlen des Magistrats von Groß-Berlin (Hrsg.), Berlin in Zahlen 1946/1947, Berlin 1949, S. 203 f.; Orlopp, Zusammenbruch und Aufbau, S. 46 und 60. Ausführlich über die sozioökonomische Struktur: Hurwitz, Die politische Kultur der Bevölkerung, S. 56 ff.; Schlegelmilch, Hauptstadt, S. 431–470.

42 Errichtung einer Spruchkammer vom 18. Juni, in: Magistrat der Stadt Berlin (Hrsg.), VOBl. der Stadt Berlin 1 (1945) 4, S. 49–51; Richtlinien für die Behandlung der Gewerbeerlaubnis und das Spruchkammerverfahren vom 30. August, in: Magistrat der Stadt Berlin (Hrsg.), VOBl. der Stadt Berlin 1 (1945) 7, S. 82–86.

43 Vgl. Marvin, Entnazifizierung in Berlin, S. 120; Orlopp, Zusammenbruch und Aufbau, S. 46.

Grundsätzlich ähnelt der Berliner Vorstoß der Entwicklung in den Ländern und Provinzen der SBZ, wo die Verwaltungs- und Regierungsstellen in Abwesenheit sowjetischer Vorgaben ebenfalls lokale Gesetze und Richtlinien erließen und maßgeblich Einfluss auf die Kontrolle von Betrieben und Unternehmen nahmen.[44] Die Frage, inwieweit diese auf eine spezifische Faschismuskritik zurückzuführen sind, lediglich für die Durchsetzung einer neuen Wirtschaftsordnung instrumentalisiert wurden oder in beidem begründet sind, hat die Forschung ausgiebig, aber kaum abschließend diskutiert. Weitgehende Einigkeit besteht darüber, insgesamt von einer Funktionalisierung, Instrumentalisierung oder Einbindung der Entnazifizierung in machtpolitische Ambitionen zu sprechen. Grundsätzlich konnte, wie Helga Welsh zurückhaltend formuliert, im kommunistischen Verständnis die Beseitigung des Nationalsozialismus nicht bei einem Elitenaustausch enden, sondern musste wirtschaftliche und politische Grundlagen des Kapitalismus erfassen.[45] Während ihr zufolge die Dimitroffsche Faschismusdefinition zu Beginn keine maßgebliche Rolle in der Ausrichtung der Entnazifizierung spielte und erst nach und nach zur Legitimation der wirtschaftlichen Umstrukturierungen herangezogen wurde,[46] betont beispielsweise Jörg Osterloh, dass sich die offizielle Faschismusdeutung der DDR bereits in frühen Reden und Aufsätzen von Ulbricht und Wilhelm Pieck zeigt.[47] Ähnlich erkennt Arnd Bauerkämper in der im KPD-Aufruf enthaltenen Forderung nach einer Enteignung der „Junker" ein reduktionistisches Verständnis von Entnazifizierung, dem ein orthodoxes Faschismusverständnis zugrunde lag.[48] Auch Harold Hurwitz sieht in der Hervorhebung der „imperialistischen Auftraggeber" dogmatische Lehren, weist aber zugleich darauf hin, dass die Themen Schuld, Mitschuld und Sühne den weitaus größeren Raum einnehmen.[49] Eine differenzierte Betrachtung schlägt Timothy R. Vogt vor, indem er in Moskau formulierte

44 Über Thüringen und Sachsen-Anhalt: Vgl. Marcel Boldorf, Planwirtschaft: Ordnungs- und Preispolitik, in: Dierk Hoffmann (Hrsg.), Die zentrale Wirtschaftsverwaltung in der SBZ/DDR, Berlin/Boston 2016, S. 133–216, hier S. 136 f. Über Mecklenburg-Vorpommern: Brunner, Einleitung: Mecklenburg-Vorpommern, S. 77.

45 Vgl. Welsh, Revolutionärer Wandel, S. 7.

46 Die (spätere) Bedeutung der Faschismusinterpretation wird Welsh zufolge beispielsweise im SMAD-Befehl Nr. 201 deutlich, der im Zuge des Abschlusses der Entnazifizierung eine Verhinderung faschistischer und militaristischer Tendenzen auch mit der Bodenreform und eingeleiteten wirtschaftlichen Umstrukturierungen begründete. Vgl. Welsh, „Antifaschistisch-demokratische Umwälzung", S. 85 und 101.

47 Vgl. Osterloh, „Die Angeklagten sind die Hauptkriegsverbrecher.", S. 108.

48 Vgl. Arnd Bauerkämper, Ländliche Gesellschaft in der kommunistischen Diktatur. Zwangsmodernisierung und Tradition in Brandenburg 1945–1963, Köln 2002, S. 72.

49 Vgl. Hurwitz, Die Anfänge des Widerstands. Teil 1, S. 130 f.

Faschismuskritiken und daraus resultierende Widersprüche auf verschiedene Ansätze der Entnazifizierungspolitik bezieht: Während auf Historischem Materialismus fußende Analysen zu einer umfassenden politischen, wirtschaftlichen und sozialen Kritik des Nationalsozialismus geführt hätten, führten im Leninismus begründete Perspektiven zu kurzfristigen und revolutionären Maßnahmen.[50] Aufschlussreich, insbesondere für Berlin und für die hier verfolgte These, dass die Alliierten trotz ihrer Unterschiedlichkeiten eine grundsätzlich ähnliche Entnazifizierungspolitik verfolgten, ist die Deutung von Jan Foitzik. Ihm zufolge prägten die amerikanischen Direktiven nicht nur die sowjetische Politik, sondern führten im Grunde dazu, dass die KPD mit der von ihr geforderten Enteignung ehemaliger führender NSDAP-Mitglieder und -Unterstützer:innen und der Übergabe ihres Vermögens in die öffentliche Hand das amerikanische Besatzungsrecht kopierte.[51]

Alliierte Initiativen vor und nach dem Potsdamer Abkommen: Britische Kritik

Mit dem Potsdamer Abkommen einigte sich die Anti-Hitler-Koalition, Deutschland zu demilitarisieren und zu dezentralisieren, also die Rüstungsindustrie abzuschaffen und die wirtschaftliche Konzentration in Form von Kartellen, Großunternehmen und monopolistischen Wirtschaftsunternehmen zu beseitigen.[52] Eine zentrale Maßnahme hierfür bildete die Kontrolle von Unternehmen, Fabriken, Werken und anderen Vermögenswerten, für die im West- und Ostteil der Stadt getrennte, aber grundsätzlich ähnliche Regelungen eingeführt wurden. Im August 1945 entschieden die Stadtkommandanten, dass vorerst die in den jeweiligen Besatzungszonen gültigen Regelungen auch in den Berliner Sektoren anzuwenden seien.[53]

50 „In short, historical materialism suggested an approach to denazification that was massive in its proportions and unamendable to short-term solutions, while Leninist tactics required a rapid seizure of power." Erstere Politik, so folgert Vogt, ließe sich Johannes R. Becher zuschreiben, Letztere Walter Ulbricht. Vogt, Denazification, S. 234.

51 Vgl. Jan Foitzik, Sowjetische Ordnungspolitik und deutsche Ordnungsambition, in: ders. (Hrsg.), Sowjetische Kommandanturen und Verwaltung in SBZ und frühen DDR. Dokumente, Berlin/Boston 2014, S. 99–254, hier S. 135.

52 Vgl. Mitteilung über die Dreimächtekonferenz von Berlin vom 2. August, abgedruckt in: Deuerlein (Hrsg.), Potsdam 1945. Quellen zur Konferenz der „Großen Drei", S. 350–370, hier S. 356.

53 Vgl. U.S. MG Report, Six Month Report, 4 July 1945 to 1 January 1946, LAB, B Rep. 036–01, Nr. 11/147–2/1. Auch: Wetzel, Office of Military Government, S. 723.

Dabei wurde das vom Magistrat initiierte Programm schrittweise aufgelöst bzw. an die neuen Gesetze angepasst und Ende Oktober 1945 offiziell für ungültig erklärt.[54] Stattdessen trat in den West-Sektoren das im August erlassene amerikanische Gesetz Nr. 52 zur „Sperre und Kontrolle von Vermögen“ in Kraft, im sowjetischen Sektor galten ab Ende Oktober die Befehle Nr. 124 über die „Beschlagnahme und provisorische Übernahme einiger Eigentumskategorien“ und Nr. 126 über die „Beschlagnahme des Eigentums der NSDAP, ihrer Organe und der ihr angegliederten Organisationen“.[55]

Mitunter am deutlichsten argumentiert Kim C. Priemel dafür, Entflechtung und Entnazifizierung als zwei Seiten einer Medaille zu begreifen, die dem Ziel einer Zerschlagung der militärischen-industriellen Machtkonzentration dienen sollte: Die Wirtschaftseliten, die den Nationalsozialismus unterstützt oder mit dem Regime kooperiert hatten, sollten zur Verantwortung gezogen und strafrechtlich belangt werden, und Konzern- und Kartellstrukturen insbesondere der Chemie- und Elektroindustrie sollten aufgelöst bzw. aufgegliedert und unter alliierte Kontrolle gestellt werden, um das Kriegspotenzial Deutschlands zu schwächen.[56] In ähnlicher Weise stellt Marcel Boldorf die verschiedenen Maßnahmen in Beziehung zueinander und schlägt vor, die Potsdamer Beschlüsse über Wirtschaftsfragen als vier miteinander verwobene Ziele zu betrachten.[57] Diesen Sichtweisen folgend, soll anhand der Reaktionen der amerikanischen und britischen Militärregierungen auf das Magistratsprogramm zur Vermögenskontrolle gezeigt werden, dass sich die diversen Maßnahmen zur Beseitigung nationalsozialistischer Einflüsse aus der Wirtschaft kaum getrennt voneinander diskutieren lassen.

Da der Kontrollrat im Sommer 1945 keine genaueren Vorgaben machte (und seine Gremien sich auch in kommenden Wochen und Monaten auf keine Richtlinien einigen konnten), herrschte in Berlin – wie im Bereich von Entlassungen – ein Nebeneinander diversen Gesetze, Befehle und Anordnungen. Dass der Magistrat über eine solche Machtposition verfügte, war im Prinzip allen vier Besatzungsmächten ein Dorn im Auge, jedoch aus verschiedenen Gründen: Die Sowjetische Militäradministration gab dem Magistrat zwar allgemeine Rückendeckung, aber

54 Vgl. Die Finanzabt. beim Magistrat an die Bezirksämter des sowjetischen Besatzungssektors Groß-Berlin, Magistratsverordnung vom 2. Juli 1945 über die Beschlagnahme des Vermögens von aktiven Nationalsozialisten, LAB, C Rep. 800, Nr. 42.

55 Vgl. Vermögenskontrolle durch die Besatzungsmächte, a. Gesetz Nr. 52 und b. Befehl der sowjetischen Militärverwaltung über die Beschlagnahme deutschen Eigentums, in: Reichardt/Treutler/Lampe (Bearb.), Berlin. Quellen und Dokumente, Bd. 4, 1. Halbbd., S. 375–380.

56 Vgl. Priemel, Unternehmensgeschichte *reloaded*, S. 660.

57 Vgl. Boldorf, Planwirtschaft, S. 133–135.

duldete die weitreichenden Kompetenzen nur so lange, bis eine gesonderte Instanz für ihren Sektor geschaffen wurde. Dagegen billigte und übernahm die französische Militärregierung, lange mit der Errichtung ihrer Verwaltung befasst, viele Maßnahmen zur Vermögenskontrolle, wollte aber ihre Umsetzung dezentralisieren und sah ihre Autorität vom Magistrat infrage gestellt. Demgegenüber plädierten amerikanische Stellen dafür, dass die Entnazifizierung der Wirtschaft und damit die Spruchkammer beim Magistrat nach den in der amerikanischen Zone geltenden Regelungen funktionieren sollte. Britische Fachleute hingegen, ohnehin kritisch gegenüber Enteignungen, stießen sich an der nicht existenten Gewaltenteilung und wollten die Aufsicht über sämtliche Fälle gewinnen. Denn für sie stand fest: „This administrative set-up has resulted in grave abuses."[58]

Entsprechend vehement beendete die britische Militärregierung die Beschlagnahmepraktiken in ihrem Sektor, der bis Mitte August noch die dann französisch regierten Bezirke Reinickendorf und Wedding umfasste.[59] Fortan durften die Bezirksämter zwar Listen von zu konfiszierendem Eigentum von NSDAP-Mitgliedern erstellen; diese waren jedoch umgehend an die Militärregierung abzugeben. Unter keinen Umständen hingegen war es der Verwaltung von nun an erlaubt, bewegliches oder unbewegliches Eigentum eigenmächtig zu beschlagnahmen. Ebenso wenig durften Geschäfte geschlossen oder Wohnungen konfisziert werden, in Anspielung auf die Magistratsdefinition ganz unabhängig davon, ob sie „Nazi-Führer" waren oder sich brutal verhalten hatten.[60] Mit Nachdruck konkludierte die Anweisung des britischen Bezirkskommandanten in Charlottenburg:

„a. No business will be closed or their owner displaced.
b. No business or stocks will be confiscated, requisitioned or compulsorily purchased.
c. No dwelling houses will be requisitioned or their owners or tenants displaced.

58 MG Berlin British Element, Memorandum on the local government of Berlin from the point of view of the operation of rule of law, TNA, FO 1012/688.

59 Im Juli 1945 kontrollierte das britische Hauptquartier die Bezirke Reinickendorf, Wedding, Tiergarten, Charlottenburg, Wilmersdorf und Spandau. Das französische Militär war in Reinickendorf stationiert, aber verfügte noch nicht über eine funktionierende Verwaltung. Vgl. Schwierigkeiten in Berlin vom 9. Juli, abgedruckt in: Deuerlein (Hrsg.), Potsdam 1945. Quellen zur Konferenz der „Großen Drei", S. 70–73, hier S. 73.

60 Vgl. MG Charlottenburg to Bezirksbürgermeister, July 1945; MGGBA to Charlottenburg, Reinickendorf, Spandau, Tiergarten, Wedding, Wilmersdorf, Property of Nazis, 25 July 1945, TNA, FO 1012/81.

d. No movable property of any kind will be confiscated, requisitioned or compulsorily purchased.“[61]

Damit war die Magistratsverordnung für den gesamten Nordosten Berlins bereits nach wenigen Wochen aufgehoben bzw. unter britische Kontrolle gestellt.[62]

Der zentrale Teil britischer Kritik betraf die direkt beim Magistrat angesiedelte Spruchkammer für Gewerbe und Betriebe. Wie im vorherigen Kapitel ausgeführt, bemühten sich britische Behörden über Monate um die Errichtung neuer, unabhängiger Kammern und Entnazifizierungskommissionen. Dass der Magistrat mit der Einrichtung der Spruchkammer gerade ein rechtsstaatliches Verfahren hatte einrichten wollen, fand bei britischen Behörden kaum Gehör. Dabei hatte Stadtrat Orlopp bereits Mitte Juni 1945 kaum anders argumentiert: Um die Zulassung für Gewerbeanmeldungen einschließlich der fachlichen und politischen Eignung nicht allein den Bezirksämtern zu überlassen und um Antragsteller:innen die Möglichkeit einer nochmaligen Überprüfung zu geben, hatte Orlopp in einer Magistratssitzung erklärt, solle bis zur Errichtung eines Verwaltungsgerichts hierfür eine Spruchkammer tätig sein.[63]

Stadträte wie Orlopp und Maron sorgten sich im Sommer 1945, an Einfluss zu verlieren, insbesondere im Wirtschaftsbereich. Nicht zu Unrecht befürchteten die Abteilungen des Magistrats, dass sich unterschiedliche Verfahren in den vier Sektoren entwickeln würden. Die berechtigte Sorge des Magistrats war, dass sich die Alliierten auch im Laufe der kommenden Monate nicht einigen und die in den einzelnen Besatzungszonen geltenden Bestimmungen über die Vermögenskontrolle auch in den jeweiligen Sektoren Berlins anwenden würden. Denn damit, kritisierte Maron im August 1945 umgehend, besäße die Magistratsverordnung wohl nur noch im sowjetischen Sektor Gültigkeit.[64]

Eine große Ähnlichkeit der Magistratspolitik bestand allerdings mit den amerikanischen Gesetzen, weswegen die amerikanische Militärregierung bald die Möglichkeit sah, das bisherige Programm von Beschlagnahmungen und Ent-

61 MG Charlottenburg to Bezirksbürgermeister, July 1945, TNA, FO 1012/81.

62 Laut Bericht des Bezirksamtes Wilmersdorf wirkte die Militärregierung fortan bei jeder Geschäftsschließung und -beschlagnahme mit und ließ das Wirtschaftsamt nur mit ihrer Genehmigung Entscheidungen treffen. Vgl. Bezirksverwaltung Wilmersdorf, Niederschrift über das wesentliche Ergebnis der Besprechung mit Herrn Major Durlac vom 11. September 1945, LAB, C Rep. 109, Nr. 1563/2.

63 Vgl. 7. Magistratssitzung vom 18. Juni 1945, abgedruckt in: Wetzel (Hrsg.)/Hanauske (Bearb.), Die Sitzungsprotokolle, Bd. 1, S. 143.

64 Vgl. Konferenz der Bezirksbürgermeister vom 24. August 1945, in: Reichardt/Krätschell (Hrsg.), Berlin. Kampf um Freiheit und Selbstverwaltung, S. 156.

lassungen mit in ihrer Besatzungszone geltenden Reglungen in Einklang zu bringen. Aufgrund von Kritik der Öffentlichkeit in den Vereinigten Staaten an einer zu milden Behandlung der Deutschen erließ Lucius D. Clay, Oberkommandierender der Streitkräfte in Europa, im September 1945 das hastig erstellte Gesetz Nr. 8, das zu einer Erweiterung der dortigen Entnazifizierungskategorien in den amerikanischen Konzepten führte. Mit Ausnahme der Stellung als „gewöhnliche Arbeiter" verbot das Gesetz die Beschäftigung sämtlicher ehemaliger Mitglieder der NSDAP und einiger ihrer Organisationen. Als Ausweitung auf den Wirtschaftssektor sollten somit auch Betriebe geschlossen bzw. nicht wiedereröffnet werden, es sei denn, man konnte vor der Public Safety Section belegen, dass keine ehemaligen NSDAP-Mitglieder in leitenden Stellungen beschäftigt wurden.[65]

Die amerikanische Militärregierung versuchte mehrfach, das Gesetz Nr. 8 auch in Berlin zu implementierten, und wies vorerst eine inoffizielle Anwendung in ihrem Sektor an.[66] Ihr ging es speziell darum, dass die Spruchkammer beim Magistrat, die für Einsprüche gegen die Einsetzung einer Treuhandverwaltung oder gegen den Entzug von Gewerbegenehmigungen geschaffen worden war, fortan auf Basis ihres Gesetzes arbeiten sollte. So sollten für Überprüfungen eindeutige Kriterien gelten, die anhand des Fragebogens kontrolliert und von den Besatzungsmächten bestätigt werden konnten. Unterstützung erhielt sie auch von deutscher Seite. Denn die Abteilung für Handel und Handwerk befürwortete das in der Direktive verankerte Einspruchsrecht und beantragte im Einverständnis mit amerikanischen Delegationen bei der Alliierten Kommandantur, wenn auch erfolglos, dies als einheitliche Rechtsgrundlage für die gesamte Stadt zu erlassen.[67]

Ein undatierter Magistratsentwurf, vermutlich vom Herbst 1945, sollte eine Angleichung der bisherigen Regelungen an das amerikanische Gesetz Nr. 8 erreichen. Diesem Papier zufolge waren „in gewerblichen Betrieben aller Art alle Angehörigen, welche Mitglieder der NSDAP oder Gliederungen waren, zu entlassen", ausgenommen jener, die nur als „Handarbeiter" beschäftigt waren.[68] Vieles entsprach dem Gesetz Nr. 8, das ebenfalls Geschäftsschließungen sowie ein Beschäftigungsverbot für ehemalige Mitglieder und „aktive" Unterstützer:innen

65 Vgl. Niethammer, Mitläuferfabrik, S. 241 ff.

66 Vgl. Kommuniqué. Die 17. Sitzung der Alliierten Kommandantur der Stadt Berlin, in: Tägliche Rundschau Nr. 148, 2. November 1945; AKB BKD/M(45)17, Denazification of Berlin, 29 October 1945, LAB, B Rep. 036–01, Nr. 11/148–1/6.

67 Vgl. AKB PS Comm., Employment of Ex-members of NSDAP in private enterprises, 4 October 1945, TNA, FO 1112/579; Charles Fahy to Cap. Radosta, Memorandum on denazification of business enterprises in Berlin districts, 13 May 1946, IfZ, OMGUS 17/55–2/6.

68 Verordnung zur Reinigung des Wirtschaftslebens von nationalsozialistischen Einflüssen, undatiert, LAB, C Rep. 102, Nr. 29.

des Nationalsozialismus mit Ausnahme einfacher Tätigkeiten vorsah. Auch die Passage über Treuhänder:innen entsprach weitgehend der amerikanischen Regelung. Der Entwurf veranschaulicht, wie vereinbar und ähnlich streng die Vorhaben der amerikanischen Militärregierung und des Magistrats waren.

Auch britische Delegationen planten im Herbst 1945, sich innerhalb der Alliierten Kommandantur für Absprachen über Art und Umfang treuhänderischer Verwaltung einzusetzen.[69] Im Vergleich zu anderen wollten sie aber den Umfang begrenzen: „The broad policy recommended is that only property of persons arrested or sentenced to imprisonment or exile shall be taken into custody."[70] Während die deutsche Verwaltung ebenso wie die amerikanische ein umfassendes Programm für Entlassungen und Vermögenskontrollen vor Augen hatte, wollten britische Offiziere Letzteres auf Internierte und Verurteilte beschränkt wissen.

Ähnliche Auseinandersetzungen fanden parallel in den Gremien des Kontrollrats statt. Auch hier bemühten sich amerikanische Delegierte erfolglos, ihr Militärgesetz Nr. 8 als deutschlandweit gültige Richtlinie zu etablieren. Die amerikanische Kontrollratsgruppe erachtete dabei Beschlagnahmungen von Entlassenen und Inhaftierten als wichtigen Schritt, ein mögliches Wiedererstarken des Nationalsozialismus zu verhindern. Unter dem Stichpunkt „Liquidation of wealth of Nazis" plädierte sie in einem Memorandum von Ende 1945: „It is not sufficient to eliminate the Nazi and militaristic leadership through arrest or removal. It also necessary to liquidate their economic power and influence."[71]

Dass speziell amerikanische Instanzen den Zusammenhang von Entlassungen, Inhaftierungen und Vermögenskontrolle am deutlichsten verschränkten, mag nicht zuletzt daran liegen, dass die dafür angewendeten Kategorien zum großen Teil aus ihren Vorbereitungen folgten.

Kategorien zu Vermögenskontrolle und Entlassungen: „Praktiker der Gewalt" erfassen

Das stadtweite Berliner Entnazifizierungsgesetz und die Regelungen zur Vermögenskontrolle waren eng miteinander verwoben. Die Kontrollratsdirektive Nr. 24 hatte bestimmt, dass alle von Entlassung oder verweigerter Berufsausübung prinzipiell auch von Vermögenskontrolle betroffen und dafür die im

69 Vgl. MGGBA, PC Monthly Report, October 1945, TNA, FO 1012/139.

70 Ebenda.

71 OMGUS Office of Political Affairs, Report on the „Evaluation of the denazification program", 5 December 1945, IfZ, OMGUS POLAD/731/18–20.

jeweiligen Sektor gültigen Beschlagnahmeregelungen anzuwenden waren. Umgekehrt legten die Vorgaben zur Vermögenskontrolle fest, dass das Eigentum sämtlicher Internierter und je nach Auslegung sämtlicher oder einiger Entlassener zu sperren sei. Die zugrundeliegenden, sich überschneidenden Kategorien waren zu weiten Teilen von den Arbeiten des Office of Strategic Services (OSS) geprägt und sollen daher vor dem Hintergrund einer Neumannschen Deutung der NS-Wirtschaft beleuchtet werden.

Die deutsche Industrie, hatte Neumann im *Behemoth* erklärt, „ist bereit gewesen, voll und ganz zu kooperieren", und teilte die expansiven Interessen des Regimes: Der Nationalsozialismus benutze den Wagemut, die Kenntnisse, die Aggressivität der industriellen Führungsschicht, während die „Wirtschaftsführer" vom Antidemokratismus, Antiliberalismus und Gewerkschaftsfeindlichkeit der Partei Gebrauch machten. Die ökonomische Struktur, folgerte er, müsse daher grundlegend verändert werden.[72] Insbesondere im 1944 veröffentlichten Anhang betonte Neumann, wie die „Nazigruppe der Unternehmer" durch Errichtung der Gauwirtschaftskammern an Einfluss gewonnen hatte, führende Industrielle hohe Positionen in der SS innehatten und viele hohe Parteifunktionär:innen Machtpositionen in der Industrie übernommen hatten. Darin sah Neumann die für die Kriegswirtschaft spezifische, der Struktur des NS-Regimes inhärente Vereinigung von Wirtschaft, Partei und Staat.[73] „Die Praktiker der Gewalt werden mehr und mehr Unternehmer und die Unternehmer Praktiker der Gewalt."[74]

Dass eine Analyse des nationalsozialistischen Wirtschaftssystems für Neumann von besonderer Bedeutung war, zeigt sich nicht allein daran, dass eine Erörterung der „totalitären Monopolwirtschaft" einen großen Teil des *Behemoth* ausmachte, sondern auch in diversen, für amerikanische Behörden während des Krieges erstellten OSS-Studien breiten Raum einnahm.

In dem Leitfaden *German Cartels and Cartel-like Organizations* machte das OSS deutlich, wie die NS-Politik versuchte, die Kartelle und andere Unternehmensverbände durch Einrichtung neuer Organisationen und die Einführung von Pflichtmitgliedschaften und Führerprinzip unter staatliche Kontrolle zu bringen. Das vorrangige Ziel einer zukünftigen Militärregierung, lautete der Rat an die Civil Affairs Division, müsse die Abschaffung der Reichs- und Gauwirtschaftskammern sein und „zwingend mit der Entlassung und Verhaftung

72 Vgl. Neumann, Behemoth, S. 422.

73 Ebenda, S. 660. Vgl. Söllner, Vom Reformismus, S. XIV; Wildt, Franz Neumann, S. 667; Ralf Ahrens, Die nationalsozialistische Raubwirtschaft im Wilhelmstraßen-Prozess, in: Priemel/Stiller (Hrsg.), NMT, S. 353–375, hier S. 374.

74 Neumann, Behemoth, S. 660.

aller aktiven Nazis und mit fortwährenden Kontrollen" einhergehen. Um zu verhindern, dass sich ein „neuerlicher faschistischer Einfluss Bahn bricht", könnte man alle Verbände verpflichten, ihre Satzungen, Vorstände und Angestellten zu registrieren und zu prüfen. Die Besatzungsmächte, riet das Papier weiter, könnten erst abgezogen werden, sobald eine „Zerschlagung der ökonomischen Macht der Junker durch eine entsprechende Bodenpolitik" und eine „Zerschlagung der Macht des Großunternehmens" erfolgt sei.[75] Als weiteres Beispiel lässt sich der Leitfaden *Zur Auflösung der Nazipartei* nennen, der empfahl, alle Leitungsstellen der Reichswirtschaftskammern, der Reichsgruppen und Wirtschaftskammern sowie alle Wehrwirtschaftsführer zu inhaftieren. Ferner sollten alle jene, die beispielsweise an der „Ausplünderung besetzter Gebiete, dem ‚Arisierungs'-Programm und der Beschlagnahme des Eigentums von politischen Gegnern, Juden, ‚Volksschädlingen' usw." gewesen waren, strengstens überprüft werden.[76]

In Forschungsdebatten zur Entnazifizierung wird betont, dass sich Neumanns Analysen und Empfehlungen eher in geringem Maße in wirtschaftspolitischen Maßnahmen niederschlugen. So argumentiert Lutz Niethammer, dass Neumanns Theorie bei den Kategorien zu Entlassungen und Inhaftierungen teilweise zum Tragen kamen, aber die quasirevolutionären Ansätze im wirtschaftlichen Bereich kaum aufgegriffen wurden.[77] Ähnlich verweist Alfons Söllner darauf, dass zwar die OSS-Leitfäden zuweilen über Seiten identisch mit dem Kapitel im *Behemoth* über die nationalsozialistische Wirtschaftsordnung waren, aber ausgerechnet diese Teile in der Schlussfassung des *Military Handbooks* fehlten.[78] Besaßen die politischen Vorhaben der Mitteleuropa-Sektion bereits vor 1945 verhältnismäßig wenig Rückhalt innerhalb der amerikanischen Ministerien – auch wenn es Neumann und seinen Mitstreitern oftmals gelang, den marxistischen Grundton ihrer Analysen gut zu verdecken –, spielten sie Söllner zufolge in der Nachkriegszeit eine immer geringe Rolle, bis sie schließlich der internationalen Neuausrichtung des Kalten Krieges ganz zum Opfer fielen.[79]

Dennoch sollten die Neumannschen Impulse nicht vollkommen übersehen werden. Gegen die zitierten Argumente lässt sich einwenden, dass der Autor des

75 Deutsche Kartelle and kartellähnliche Organisationen, abgedruckt in: Laudani (Hrsg.), Im Kampf gegen Nazideutschland, S. 372.

76 Die Auflösung der Nazipartei und der an sie angeschlossenen Organisationen vom 22. Juli, abgedruckt in: Laudani (Hrsg.), Im Kampf gegen Nazideutschland, S. 349.

77 Vgl. Niethammer, Mitläuferfabrik, S. 60.

78 „Ich habe eigentlich gar nicht gemerkt, daß es sich um Marxisten handelte!" Interview mit Prof. Eugene N. Anderson am 10. Dezember 1983, in: Söllner (Hrsg.), Zur Archäologie der Demokratie, Bd. 2, S. 22–34, hier S. 27.

79 Vgl. Söllner, Vom Reformismus, S. XVIII.

Behemoth eine tiefgreifende Umgestaltung der Wirtschaft nicht als Aufgabe der Militärregierungen verstand, sondern einer zukünftigen deutschen Regierung überlassen werden müsse.[80] Des Weiteren lässt sich belegen, dass die in den OSS-Leitfäden vorgeschlagenen Entlastungs- und Verhaftungskategorien einer Wirtschaftselite zwar nicht in den militärischen Handbüchern, wohl aber in die Kontrollratsdirektive und in das Berliner Entnazifizierungsgesetz aufgenommen wurden. Wie zuvor ausgeführt, betraf dies sämtliche Leiter, Vorsitzende und Präsidenten der Reichswirtschaftskammer, der Reichs- und Wirtschaftsgruppen sowie der Gauwirtschaftskammern und alle Wehrwirtschaftsführer.[81] Insofern ließe sich vielmehr fragen, warum Neumann, Marcuse und Kirchheimer nur diese und nicht weitere Kategorien für die Wirtschaftselite entworfen haben, wenn die NS-Wirtschaft doch einen so zentralen Stellenwert in ihren Auseinandersetzungen einnahm.

Anregend hierzu ist ein von Ralf Ahrens in Bezug auf den Verlauf des Wilhelmstraßen-Prozesses aufgeworfener Gedanke. Er fragt, ob Neumanns Interpretation des NS-Regimes geeignet war, den amerikanischen Anklagebehörden eine Komplizenschaft zwischen Industrie, Banken, Staat und Partei zu erklären, aber sie zugleich auf die Schwierigkeit verweist, deren Handeln begrifflich klar zu fassen.[82] Denn Neumanns Deutung der NS-Wirtschaft als „totalitärer Monopolwirtschaft" beeinflusste die Nürnberger Nachfolgeprozesse und bildete eine konzeptionelle Grundlage für die Anklage gegen Unternehmensführer wie beispielsweise Flick und Krupp. Als Experte für ökonomische Fragen war Neumann direkt an der Vorbereitung der Militärtribunale beteiligt. Er erstellte dazu biografische Dossiers über die Wirtschaftselite und fertigte Analysen an.[83] Im Wilhelmstraßen-Prozess war eine schwer abgrenzbare Funktionselite angeklagt, darunter der Wirtschaftsbeauftragte der NSDAP, der Leiter der Vierjahresbehörde, Gauwirtschaftsberater, der Vizepräsident der Reichsbank und der Vorstandssprecher der Dresdner Bank. Wie Ahrens ausführt, war es

80 Vgl. Deutsche Kartelle and kartellähnliche Organisationen, abgedruckt in: Laudani (Hrsg.), Im Kampf gegen Nazideutschland, S. 371; Marquardt-Bigman, Amerikanische Geheimdienstanalysen, S. 128.

81 Vgl. BK/O(46)101a vom 26. Februar 1946, in: Magistrat von Groß-Berlin (Hrsg.), VOBl. der Stadt Berlin 2 (1946) 11, S. 71.

82 Vgl. Ahrens, Nationalsozialistische Raubwirtschaft, S. 374. Siehe auch: ders., Kartelle und Verschwörung. Franz Neumanns „Behemoth" und die Nürnberger Prozesse, in: Norbert Frei/Tim Schanetzky (Hrsg.), Unternehmen im Nationalsozialismus. Zur Historisierung einer Forschungskonjunktur, Göttingen 2010, S. 26–35, hier S. 30.

83 Vgl. Wildt, Franz Neumann, S. 667; Söllner, Vom Reformismus, S. XVII; Priemel, Flick, S. 57–60.

eine Herausforderung, für diese teilweise als „Wirtschaftsbeamte“ bezeichnete Gruppe einen gemeinsamen Nenner zu finden.[84]

Auf Belastungskategorien der Entnazifizierung und der Vermögenskontrolle ließe sich übertragen: Die spezifische Verschmelzung von Unternehmen, Partei und Staat, die Neumann beschrieb, war kaum anhand objektiver Kategorien bzw. Funktionen und Mitgliedschaften abzubilden. In dieser Perspektive waren die „Praktiker der Gewalt“ in den vom OSS entworfenen Kriterien als SS-Funktionäre, als Vorsitzende der Reichs- und Gauwirtschaftskammern oder als Wehrwirtschaftsführer zu erkennen. Diesen Überlegungen folgend, waren auch das amerikanische Gesetz, seine Ausführungsbestimmungen und ergänzenden Empfehlungen zumindest partiell von Neumanns Ansätzen beeinflusst.

Grundsätzlich waren die neuen Anordnungen, das westalliierte Gesetz Nr. 52 und die sowjetischen Befehle Nr. 124 und Nr. 126, zu weiten Teilen ähnlichen Inhalts. Das SHAEF-Gesetz Nr. 52 und die SMAD-Befehle Nr. 124 und Nr. 126 bestimmten gleichermaßen, staatliches und parteipolitisches Vermögen – also das des Deutschen Reiches, seiner Länder, Gaue und Provinzen, ausgewählte Betriebe und Unternehmen, das Vermögen der NSDAP und ihrer Organisationen sowie bestimmter Personengruppen – unter die Kontrolle der Militärregierung zu stellen. Beide Regelungen übertrugen betriebliche Leitungen in treuhänderische Verwaltung, ohne die Eigentumsfrage abschließend zu klären. Insbesondere mit Blick auf die formell festgelegten Kategorien lassen sich zunächst kaum Differenzen feststellen. Das westalliierte Gesetz Nr. 52 regelte die Kontrolle von Vermögen des Deutschen Reiches, seiner Länder, Gaue und Provinzen, der NSDAP, ihren Ämtern und Organisationen sowie Beamt:innen, leitenden Mitgliedern und Unterstützer:innen der NSDAP und allen Inhaftierten.[85] Mit abweichenden Formulierungen, aber in prinzipiell ähnlicher Richtung bestimmte der sowjetische Befehl Nr. 124, das Eigentum zu konfiszieren, das sich im Besitz des deutschen Staates und seinen Behörden, Amtsleitern, führenden Mitgliedern und einflussreichen Anhängern befand.[86]

Der Vergleich zeigt, dass die vier Besatzungsmächte insbesondere in Bezug auf bedeutsame NS-Organisationen in weitgehender Eintracht agierten. Bereits während des Zweiten Weltkrieges hatten die Alliierten festgelegt, nach dem Sieg

84 Vgl. Ahrens, Nationalsozialistische Raubwirtschaft, S. 353 und 363.

85 Vgl. Vermögenskontrolle durch die Besatzungsmächte, Gesetz Nr. 52, in: Reichardt/Treutler/Lampe (Bearb.), Berlin. Quellen und Dokumente, Bd. 4, Halbbd. 1, S. 375–380, hier S. 375 f.

86 Vgl. Vermögenskontrolle durch die Besatzungsmächte, Befehl der sowjetischen Militärverwaltung über die Beschlagnahme deutschen Eigentums, in: Reichardt/Treutler/Lampe (Bearb.), Berlin. Quellen und Dokumente, Bd. 4, 1. Halbbd., S. 375–380, hier S. 279.

über Deutschland alle unrechtmäßigen Enteignungshandlungen rückgängig zu machen. Spätestens nachdem sich der Alliierte Kontrollrat auf das Kontrollratsgesetz Nr. 2 zur „Auflösung und Liquidierung der Naziorganisationen" vom 10. Oktober 1945 geeinigt hatte, stand eine Liste von über sechzig aufzulösenden nazistischen Organisationen, deren Immobilien und Konten es zu beschlagnahmen galt.[87] Diese Auflistung übernahmen sowohl das westalliierte Gesetz Nr. 52 als auch der sowjetische Befehl Nr. 126 im Wortlaut.

In der ehemaligen Reichshauptstadt spielte dies eine große Rolle, denn die städtische Verwaltung war auch für die Auflösung und Verwaltung der vielen hier liegenden Reichs- und Parteistellen zuständig. Mehrere von den Alliierten zumeist bestätigte treuhänderische Verwalter:innen der Finanzabteilung betreuten massenhaft Vermögenswerte, die vom Gebäude der Reichsrundfunkgesellschaft bis hin zu Parkanlagen des Berliner Tiergartens reichten.[88] Bis Ende 1945 standen insgesamt über 1200 einstige Immobilien der NSDAP und weitere 800 frühere Immobilien des Reiches unter Aufsicht der interalliierten Komitees.[89]

Der Vergleich der beiden Rechtsgrundlagen zeigt ferner, dass beide Regelungen auch die Kontrolle von Privateigentum vorsahen – das Gesetz Nr. 52 nannte Vermögen von Beamten sowie leitender Mitglieder oder „Gönner der NSDAP", der Befehl Nr. 124 Amtsleiter der NSDAP, deren führende Mitglieder und einflussreiche Anhänger. Beide ergänzten, dass darüber hinaus das Eigentum von den Militärregierungen anderweitig bekannten Personen kontrolliert werden könne.

Beide Regelungen ließen die baldige Streitfrage der Disposition von Privateigentum offen.[90] Die SMAD und auch die Sowjetische Militäradministration Berlin propagierten im ersten Besatzungsjahr keine Verstaatlichung der Industrie. Ihre wirtschaftliche Priorität bestand zunächst vielmehr darin, Reparationslieferungen und Demontagepraktiken zu sichern. Ein ausgearbeitetes Konzept für eine Neugestaltung des Wirtschaftssystems lag lange nicht vor. Auch

87 Vgl. Kontrollratsgesetz Nr. 2 „Auflösung und Liquidierung der Naziorganisationen" vom 10. Oktober 1945, in: Magistrat der Stadt Berlin (Hrsg.), VOBl. der Stadt Berlin 1 (1945) 10, S. 118.

88 Vgl. Abt. für Wirtschaft, Denkschrift über die bisherige Form der Verwaltung des Vermögens der ehemaligen Reichs- und Staatsdienststellen und der Naziaktivisten, 23. April 1946, LAB, C Rep. 106, Nr. 180. Für einzelne Meldungen siehe auch: LAB, C Rep. 102, Nr. 34.

89 Vgl. U.S. MG Report, 4 July 1945 to 3 January 1946, LAB, B Rep. 036-01, Nr. 11/147-2/1; MGGBA, PC Monthly Report, October 1945, TNA, FO 1012/139.

90 Vgl. Boldorf, Planwirtschaft, S. 143; Keiderling, Wir sind die Staatspartei, S. 288 f. und 293.

amerikanische Gremien hatten lange keine feste Position.[91] Beispielsweise sah die amerikanische Kontrollratsgruppe Ende 1945 drei Möglichkeiten: Vermögen für Zeit der Besatzung einfrieren, es freigeben, sobald drängende Sicherheitsrisiken beseitigt seien, oder eine dauerhafte Beschlagnahme. Letztere, folgerte ihr Memorandum, „if properly worked out, will do justice and should be supported".[92]

Insgesamt lassen sich sowjetische Befehle als rechtliche Angleichung an westalliierte Regelungen verstehen, die anglo-amerikanische Zivileinheiten bereits seit 1944 planten. Laut Jan Foitzik leistete das Gesetz Nr. 52 das, was die sowjetischen Befehle nur missverständlich formulierten, und seine Bestimmungen ergaben sich größtenteils aus der amerikanischen Vorlage.[93] Auch Norbert Frei weist darauf hin, dass sich die Bestimmungen des SMAD-Befehls an den angloamerikanischen Gesetzen orientierten.[94]

Zugleich waren die Chefs der Wirtschaftsämter der sowjetischen Länderverwaltung angewiesen, die Listen der Beschlagnahme oder provisorischen Verwaltung von Eigentum nachzuprüfen und bis Anfang Dezember 1945 „Vorschläge über eine weitere Ausnutzung" an die SMAD zu übermitteln.[95] In Berlin leitete dieser Abschnitt, im Unterschied zur in der Sowjetischen Besatzungszone eingeleiteten Industrie- und Bodenreform, vorerst keine Verstaatlichung ein, und als bedeutender Unterschied erfolgten umfassende Enteignungen erst nach der politischen Teilung der Stadt. Stattdessen führte die Passage in erster Linie dazu, dass eine gesonderte Verwaltungsstelle gebildet wurde. Während in den westlichen Sektoren von den Militärregierungen eingesetzte Personen das Privatvermögen von ehemaligen Mitgliedern und Unterstützer:innen in den westlichen Sektoren verwalteten, war für den sowjetischen Sektor die „Sondervermögensverwaltung", eine Unterabteilung der Finanzabteilung beim Magistrat, zuständig.[96]

Auf westalliierter Seite beschrieb die von amerikanischer Seite vorbereitete Ausführungsbestimmung am detailliertesten, wer von Vermögenskontrolle

91 Vgl. Benz/Scholz (Hrsg.), Gebhardt, S. 140; Boldorf, Planwirtschaft, S. 141; Wiesen, West German Industry, S. 44.

92 OMGUS Office of Political Affairs, Report on the „Evaluation of the denazification program", 5 December 1945, IfZ, OMGUS POLAD/731/18–20.

93 Vgl. Foitzik, Sowjetische Ordnungspolitik, S. 135.

94 Vgl. Norbert Frei/Ralf Osterloh/Tim Schanetzky, Flick. Der Konzern, die Familie, die Macht, München 2009, S. 456. Auf Norbert Frei verweisend auch: Boldorf, Planwirtschaft, S. 143.

95 Vermögenskontrolle durch die Besatzungsmächte, Befehl der sowjetischen Militärverwaltung über die Beschlagnahme deutschen Eigentums, in: Reichardt/Treutler/Lampe (Bearb.), Berlin. Quellen und Dokumente, Bd. 4, 1. Halbbd., S. 375–380, hier S. 279.

96 Vgl. Abt. Wirtschaft, Bericht, Juni 1946, LAB, C Rep. 106, Nr. 180.

betroffen sein sollte. Ähnlich der vom OSS inspirierten und später im Kontrollrat beschlossenen Direktive Nr. 24 nannte sie neben Leitungsstellen aus Staat und Militär auch sämtliche Funktionäre der NSDAP und ihrer Gliederungen vom Ortsgruppenleiter aufwärts. Ferner erweiterte das Gesetz Nr. 52 die Kategorien und benannte verschiedene Vorstands- und Aufsichtsratsmitglieder von staatlichen und privaten Banken.[97]

In Berlin war dies von Bedeutung, da das Bankwesen unter gemeinsamer alliierter Verantwortung stand. In den ersten vier Kriegsjahren hatte die Sparkasse der Stadt Berlin ihre Bilanzsumme verdreifacht, und auch die Commerzbank, die Dresdner Bank und die Deutsche Bank verzeichneten hohe Gewinne.[98] Ihre Zentralen hatten sich, ebenso wie andere große Unternehmen, auf Kriegsende und Nachkriegszeit gut vorbereitet und beispielsweise ihre Vorstände dezentral über (zukünftige) Besatzungszonen reorganisiert.[99] Bei allem Misstrauen, das die Westalliierten gegenüber der sowjetischen Finanzpolitik hegten, teilten die vier Besatzungsmächte das Ziel, den nationalsozialistischen Einfluss auch im Bankwesen zu beseitigen, seine zentralistische Organisation zu zerschlagen und wiedereröffnete Banken unter strenge Aufsicht zu stellen.[100]

Der Studie Pollems' zufolge knüpfte das neu errichtete Bankwesen um Stadtkontor, Sparkasse und Volksbank personell in den ersten Wochen ohne größere Veränderungen an das alte an.[101] Ihre Vorstände fielen unter die (westalliierten) Regelungen zur Vermögenskontrolle sowie unter die Liste der sogenannten City Wide Officials. Dadurch kamen bei prominenten Einzelfällen auch Entlassungen zur Sprache. Im September 1945 beispielsweise ordnete die Alliierte Kommandantur die Amtsenthebung des Direktors des Berliner Stadtkontors Hermann Heister an, zur Begründung gereichten seine Mitgliedschaften in der

97 Vgl. Allgemeine Vorschrift Nr. 1 (Zur Ausführung der Gesetze Nr. 52 der Militärregierung; Sperre und Beaufsichtigung von Vermögen), abgedruckt in: Gesetze und Verordnungen der Militärregierung. Vollständige Sammlung bis zum 30. Juni 1945, Wiesbaden 1945, S. 17–21, hier S. 18.

98 Vgl. Kreutzmüller, Wirtschaft Berlins, S. 93.

99 Über die Vorbereitungen der Deutschen Bank und der Dresdner Bank siehe: Klaus-Dietmar Henke, Die Dresdner Bank 1933–1945. Ökonomische Rationalität, Regimenähe, Mittäterschaft, München 2006, S. 215; Harold James, Die Deutsche Bank im Dritten Reich, München 2003, S. 217–220.

100 Vgl. Pollems, Bankplatz Berlin, S. 125.

101 Laut Pollems waren die leitenden Mitarbeiter:innen von Stadtkontor, Sparkasse und Volksbank in Berlin zunächst ausschließlich ehemalige Bankangestellte, die bereits vor 1945 tätig gewesen waren. Erst unter interalliierter Verwaltung kam es zu Entlassungen. Vgl. ebenda, S. 125.

SA, im Reichsbund der Deutschen Beamten (RDB), im Reichskolonialbund und seine Stellung als Bankdirektor der Reichsbank bis 1945.[102] Einige Monate später brachte die amerikanische Delegation den Fall des früheren Vorstandsmitgliedes der Deutschen Bank, Dr. Clemens Plassmann, zur Sprache. Dabei forderte sie, ihm eine Beschäftigung in privaten Geschäftsunternehmen in allen Sektoren zu untersagen.[103]

Im Allgemeinen sind diese Erweiterungen der Kategorien auf den Einfluss der anglo-amerikanischen Arbeitsgruppe Combined Intelligence Objective Subcommittee (CIOS) zurückzuführen, in der sich während des Krieges verschiedene britische und amerikanische Behörden und Ministerien zu geheimdienstlichen und ökonomischen Fragen berieten.[104] Das CIOS hatte unter anderem eine geheime Richtlinie zum Umgang mit hochrangigen Wirtschaftsführern verfasst und empfahl darin die Internierung von etwa 1800 Personen sowie die Beschlagnahme des Vermögens jener, die den Nationalsozialismus unterstützt und von seinem System profitiert hatten. Sie umfasste führende Persönlichkeiten aus der Wirtschaft, die „in an outstanding way thrived under National Socialism, who welcomed it in the beginning, aided the Nazis to obtain power, supported them in office, shared the spoils of expropriation and conquest, or otherwise benefited in their careers or fortunes under the Nazis".[105]

Listen und Empfehlungen gehen zurück auf Arbeiten des Geheimdienstes OSS und beruhen im Konkreten auf der von Herbert Marcuse erarbeiteten Broschüre *De-Nazification of Important Business Concerns in Germany* vom März 1944, mit der die Internierung und Vermögenskontrolle der Leitung der Reichswirtschaftskammer, relevanter Wirtschaftsgruppen und Gauwirtschaftskammern sowie aller Wehrwirtschaftsführer empfohlen worden war. Auch die von Marcuse und Neumann vorgeschlagenen Kriterien zur Identifizierung „aktiver Nazis", die allen Empfehlungen der Research & Analysis Branch zugrunde lagen, finden sich unverändert im Leitfaden zur Entnazifizierung wichtiger Betriebe wieder. Hiernach waren „sämtlichen Personen, die dem NS-Regime auf

102 Vgl. AKB PS Comm., 28 September 1945, TNA, FO 1112/374.

103 Vgl. AKB DEN Comm., Removal of officials, 30 May 1946, TNA, FO 1112/374. Clemens Plassmann war ab 1957 erneut im Vorstand der Deutschen Bank tätig. Kurze Hinweise über Plassmann finden sich bei: James, Die Deutsche Bank, S. 186 und 213.

104 Zum Hintergrund der CIOS siehe: Eckert, Kampf um die Akten, S. 41 ff.

105 OMGUS to General Clay and Denazification Working Comm., List of Key Industrial and Financial Leaders in Germany, 2. January 1946, IfZ, OMGUS AG45–46/15/4. Vgl. Secretary of Mission to Ambassador Murphy, OSS Report No. 1655.5A „De-nazification of business, supplement to the dissolution guide, March 1945, ebenda, OMGUS POLAD/729/42.

führenden Positionen in der Regierung oder bei der Organisation der Wirtschaft treu gedient haben", als „aktive Nazis" zu zählen.[106]

Ebenfalls an den Arbeiten des OSS orientiert, hatte das CIOS Ende 1944 sogenannte schwarze und graue Listen bedeutender ökonomischer Ziele erarbeitet. Für Berlin nannten diese Listen ungefähr dreißig aufzulösende oder zu beschlagnahmende Unternehmen und Banken, darunter AEG, Siemens, Osram, Telefunken, Rheinmetall-Borsig, I.G. Farben und Deutsche Lufthansa sowie die Deutsche Bank, die Dresdner Bank und die Commerzbank.[107] Diese Empfehlungen und Analysen zirkulierten zwar innerhalb anglo-amerikanischer Stellen, waren aber als solche nicht offiziell veröffentlicht und blieben in der Anwendung umstritten. So kritisierte die Arbeitsgruppe CIOS beispielsweise im Januar 1946, dass ihre Empfehlungen von der Militärregierung weitgehend ignoriert wurden, und erkundigte sich im Hauptquartier, ob denn das Dokument überhaupt allen bekannt sei.[108]

Auch hatten sich zwar ihre Empfehlungen im militärischen Handbuch für Berlin niedergeschlagen, das diverse Betriebe in einem eigenen Kapitel hervorhob.[109] Aber auch hier war der genaue Umgang mit ihrem Leitungspersonal nicht festgelegt. Insgesamt blieben die westalliierten Regelungen damit trotz der ausführlichen Ausführungsbestimmungen zum Gesetz Nr. 52 diffus und ließen großen Interpretationsspielraum darüber zu, wann welches Eigentum zu sperren war.

„Four divergent applications of the same": Bilanzen zur treuhänderischen Verwaltung

In ihrem Bestreben, sich wirtschaftspolitische Optionen in den ersten Nachkriegsmonaten offenzuhalten und möglichst frei über den eigenen Sektor bestimmen zu können, verwendeten die vier Besatzungsmächte trotz weitreichender Ähnlichkeiten wenig Energien darauf, ihr jeweils eigenes Gesetz stadtweit zu implementieren. Zu groß war auf westalliierter Seite die Sorge vor einer sowjetischen Vereinnahmung ihrer Ansätze. Vor einer Veröffentlichung ihres Gesetzes

106 Vgl. Katz, Foreign Intelligence, S. 47.

107 Vgl. Panel of CIOS and London Coordinating Comm., Memo Gray Lists, 15 March 1945, IfZ, OMGUS 2/70/4.

108 Vgl. OMGUS to General Clay and Denazification Working Comm., List of Key Industrial and Financial Leaders in Germany, 2 January 1946, IfZ, OMGUS AG45–46/15/4.

109 Das Kapitel IV. „Foreign Workers" schätzte, dass 1943 in Berlin etwa 270 000 Zwangsarbeiter:innen beschäftigt waren. Vgl. Military Handbook Berlin, Chapter IV Foreign Workers, S. 33 ff., TNA, FO 1012/2.

im sowjetischen Sektor schreckten amerikanische Offiziere zurück, „because of the use in this law of such terms as the right to confiscate properties which might be understood in an entirely different manner from that contemplated in the law“,[110] hielt der Stadtkommandant Frank L. Howley rückblickend fest. Die sektorale Auseinanderentwicklung trat zudem immer deutlicher zutage, je mehr die Frage in den Vordergrund rückte, was mit dem konfiszierten Eigentum letztlich geschehen sollte. „Although there were only these three closely related property control laws in effect in Berlin, there were four divergent applications of the same. This fact became more and more apparent as the property control program moved into what might be termed the final phase – the ultimate disposition of the property taken into custody.“[111]

In der Praxis führten das Gesetz Nr. 52 und die Befehle Nr. 124 und Nr. 126 zu großen lokalen Unterschieden und einer oft uneinheitlichen Umsetzung, auch innerhalb eines Sektors bzw. Bezirks. Zudem erschwerten die Vielzahl beteiligter Institutionen, verschieden gebrauchte Begrifflichkeiten, sich überschneidende Zuständigkeiten, institutionelle Umstrukturierungen, heterogene Register, Mechanismen und Dokumentationen eine uniforme Handhabung und damit auch eine Rekonstruktion. An einem Vorgang konnten beispielsweise die Abteilung Handel und Handwerk, die Abteilung für Wirtschaft, das jeweilige Bezirksamt, seine Verwaltung für Sondervermögen, die deutsche Treuhandverwaltung, einzelne Bevollmächtigte sowie die jeweilige Militärregierung und ihre Bezirkskommandanten beteiligt sein. Dementsprechend stichpunktartig sind in dieser Arbeit quantifizierende Angaben über die Umsetzung in den einzelnen Sektoren.

Die amerikanische Militärregierung trat in Sachen Vermögenskontrolle, wie auch in der amerikanischen Zone, engagiert auf. Für die treuhänderische Verwaltung größerer Industrieunternehmen, Verlage und Handelsorganisationen setzte sie einzelne Bevollmächtigte ein, die direkt an die Besatzungsmacht berichteten; kleinere Betriebe wurden zusammengefasst von für einen Bezirk Verantwortlichen kontrolliert. Als ersten Schritt wertete die Property Control Branch gemeinsam mit ihren deutschen Mitarbeiter:innen die verfügbaren Behördenakten sowie die vom Magistrat erstellten Register aus, um Eigentumsverhältnisse sowie politische Belastungen zu klären.[112]

110 OMGBS, Three Month Report 1 July to 30 September 1945, IfZ, OMGUS 5/37–3/9.
111 OMGBS, Historical report 1 October 1946 to 31 December 1946, IfZ, OMGUS 5/36–1/2.
112 Über die Organisation der Property Control Branch siehe: Wetzel, Office of Military Government, S. 722 f. Zur Entnazifizierung der Unternehmen im amerikanischen Sektor siehe Akte: Denazification of business enterprises in Berlin district, IfZ, OMGUS 17/55–2/6. Auch: James Nobles Chief PC to all Bezirksämter, Denazification of Business enterprises in US sector, 11 February 1948, IfZ, OMGUS 3/86–3/14.

Überliefert ist beispielsweise, dass im stark zerstörten Berlin-Kreuzberg bis Ende September 1945 85 Firmen untersucht und in 13 Fällen Bevollmächtigte eingesetzt worden waren. Für das industriell geprägte Neukölln berichtete die amerikanische Abteilung für Vermögenskontrolle von 100 registrierten Industrieanlagen mit mehr als 25 Beschäftigten. Hier wie auch in Steglitz waren viele größere Werke entweder während des Krieges zerstört oder stark beschädigt worden oder durch sowjetische Demontagen kaum funktionsfähig.[113]

Ende des Jahres 1946 befanden sich insgesamt 3430 Vermögenswerte verschiedener Kategorien unter Kontrolle der Militärregierung.[114] Aus ihren monatlichen Berichten geht hervor, dass einige Hundert Betriebe ehemaliger Mitglieder und Unterstützer:innen der NSDAP unter treuhänderischer Verwaltung standen. Darunter fielen beispielsweise die Firma OSRAM zur Herstellung von Glühlampen, die mit den Konzentrationslagern Sachsenhausen und Flossenbürg über Außenlager für Zwangsarbeit verhandelt hatte, und der von AEG geführte, auf Funk- und Radargeräte spezialisierte und die Wehrmacht mit elektrotechnischer Entwicklung versorgende Großbetrieb Telefunken. Ebenso kontrollierten amerikanische Behörden die Hansa Werkstätten und die Deutsche Lufthansa für Flugzeugbau, für die in Berlin-Tempelhof Tausende jüdische Zwangsarbeiter:innen und später sowjetische Kriegsgefangene an Flugzeug-Reparaturen schufteten, den Maschinen- und Waffenhersteller Ludwig Loewe, der in den späten 1930er-Jahren „arisiert" worden war, sowie die Kontinentale Öl AG, die mit Beteiligung des Reichswirtschaftsministeriums, der Deutschen Bank und I.G. Farben das Monopol für Mineralölerzeugnisse besaß.[115]

In der personalpolitischen Entnazifizierung widmete sich die Abteilung Property Control zunächst bedeutenden Unternehmen der Industrie, Chemie und des Maschinenbaus, die sie in der sogenannten A-Group fasste, und als

113 Vgl. OMGBD, Three Month Report 1 July–30 September 1945, IfZ, OMGUS 5/37–3/9.

114 Aufgeschlüsselt nach den Eigentumskategorien „Vereinte Nationen", „Deutsches Reich", „NSDAP und deren Gliederungen", „IG Farben", „German Jewish", also „arisiertes" Vermögen, sowie „NSDAP-Mitglieder" bzw. „operating companies". OMGBS, Historical report 1 October 1946 to 31 December 1946, IfZ, OMGUS 5/36–1/2.

115 Vgl. OMGBD, Monthly Report, January 1946; OMGBD, Monthly Report, February 1946; OMGBD, Monthly Report, March 1946, IfZ, OMGUS 5/37–3/1. Vgl. über OSRAM: Marc Buggeln/Michael Wildt, Arbeit im Nationalsozialismus, München 2014, S. 363 ff. Über Ludwig Loewe: Thomas Irmer, „Es wird der Zeitpunkt kommen, wo das alles zurückgezahlt werden muss." Die AEG und der Antisemitismus, in: Christof Biggeleben/Beate Schreiber/Kilian J. L. Steiner (Hrsg.), „Arisierung" in Berlin, Berlin 2007, S. 121–149. Über Telefunken: Thomas Irmer, „... eine Art Sklavenhandel ..." – Zwangsarbeit bei AEG/Telefunken in Berlin und Wedding, in: Arbeitskreis Berliner Regionalmuseen (Hrsg.), Zwangsarbeit in Berlin 1938–1945, Berlin 2003, S. 154–166.

zweite Priorität den weniger wichtigen Betrieben wie Einzelhandelsgeschäften der „B-Group".[116] In Kooperation mit den deutschen Behörden hatten alle Personen in aufsichtführender oder leitender Position sämtlicher Unternehmen im amerikanischen Sektor einen Fragebogen ausfüllen müssen. Die folgende Statistik gibt Einblick in die Überprüfung der über 52 000 registrierten Firmen im amerikanischen Sektor.[117]

Tabelle 11:
Statistik der amerikanischen Militärregierung über Entnazifizierung der Wirtschaft bis zum 1. Januar 1947

	Betriebe im amerikanischen Sektor	Betriebe: „Nazi firms"	Betriebe: „denazified"	Betriebe: „not yet denazified"
Steglitz	8300	529	299	203
Zehlendorf	4000	296	246	50
Kreuzberg	13 900	985	815	170
Tempelhof	5000	373	139	243
Schöneberg	11 400	1076	726	350
Neukölln	10 200	3904	2695	1209
Insgesamt	52 800	7163	4920	2225

Amerikanische Dienststellen hatten 7163 Betriebe als „Nazi firms" eingestuft und davon bis Ende Dezember 1946 4920 überprüft („denazified"). Daraufhin erklärten sie, dass die Entnazifizierung des Wirtschaftssektors im amerikanischen Sektor fast beendet sei. „Aktive Nazis" und Funktionär:innen der NSDAP und ihrer Gliederungen seien entlassen worden, einige wenige Probleme existierten lediglich in der Entnazifizierung kleiner Betriebe, da nicht ausreichend kompetente Sachverwalter:innen gefunden werden konnten.[118]

116 Erstere war den Monatsberichten zufolge 1945 abgeschlossen, die Entnazifizierung der weniger bedeutsamen Unternehmen und Betriebe sollte bis Frühjahr 1946 beendet sein. Vgl. OMGBD, Monthly Report, January 1946; OMGBD, Monthly Report, February 1946; OMGBD, Monthly Report, March 1946, IfZ, OMGUS 5/37–3/1.

117 Vgl. OMGBS, Six Month Report, 4 July 1946 to 1 January 1947, IfZ, OMGUS 17/257–2/10.

118 Vgl. ebenda.

In einer zweiten Phase begann die amerikanische Militärregierung, viele der treuhänderisch verwalteten, vor allem kleinere und mittlere, Betriebe sowie sonstige Vermögenswerte freizugeben.[119] Ende 1947 hielt die amerikanische Abteilung für Vermögenskontrolle noch etwa 2284 Vermögenswerte unter ihrer Kontrolle, nachdem sie laut Pressemitteilung im Laufe des Jahres über 500 Vermögenseinheiten an die deutsche Wirtschaft zurückgegeben hatte.[120] Zum Jahresbeginn 1948 wies sie ihren Leiter der Treuhandverwaltung an, keine weiteren Gewerbebetriebe „with regard to their owners being subject to denazification regulations" zu überprüfen.[121]

Im britischen Sektor, für den weniger Berichte überliefert sind, befanden sich im Februar 1947 auf der Grundlage des Gesetzes Nr. 52 insgesamt 77 Vermögenswerte der NSDAP und ihrer Gliederungen, 483 „Nazi firms" und 677 Einheiten von „blacklisted persons" unter treuhänderischer Verwaltung.[122] Die britische Militärregierung beauftragte Walter Schmidt mit der Kontrolle des Vermögens der NSDAP und ihrer Mitglieder, der ein Team von neun Mitarbeiter:innen koordinierte. Fiel eine Person oder eine Firma unter das Gesetz Nr. 52, war ein Formular auszufüllen, das Aufschluss über sämtlichen Besitz gab. Bestätigte das Büro von Schmidt die notwendige Beschlagnahme, wurde die Bezirksbank informiert, die Bankkonten zu sperren und eine Sachverwaltung zu errichten.[123] Die Bezirksämter, so Schmidt, berichteten über alle von den Entnazifizierungskommissionen abgewiesenen Anträge, worauf seine Abteilung deren Vermögenswerte unter Aufsicht stellte.[124]

Wie im Bereich von Entlassungen war es britischen Behörden auch in Fragen der Vermögenskontrolle ein Anliegen, nach rechtsstaatlichen Prinzipien zu verfahren. In detaillierten Fallbeschreibungen bemühten sich die britischen Offiziere, auch in Konsultation mit ihrem Hauptquartier, eindeutige Rechtsgrundlagen zu identifizieren und Verfahrensabläufe zu standardisieren.[125] Dabei kritisierten sie beispielsweise, dass die Beschlagnahme von Mobiliar nicht systematisch verlaufe[126] oder dass jemand, der in keinem Beschäftigungsverhältnis

119 Vgl. Wetzel, Office of Military Government, S. 723.

120 Vgl. OMGBS Press Release, 19 December 1947, IfZ, OMGUS 5/39–1/3.

121 James Nobles Chief PC to all Bezirksämter, Denazification of Business enterprises in US sector, 11 February 1948, IfZ, OMGUS 3/86–3/14.

122 Die Treuhänder:innen arbeiteten nach den allgemeinen Richtlinien, die der Magistrat am 30. August 1945 für die treuhänderische Führung von Betrieben aufgestellt hatte. Vgl. Custodian of Property of NSDAP and its members, undated, TNA, FO 1012/803.

123 Vgl. ebenda.

124 Vgl. Walter Schmidt to MG PCB, 4 September 1946, TNA, FO 1012/803.

125 Vgl. CCGBE to MGGBA, Property Control, 28 June 1946, TNA, FO 1012/803.

126 Vgl. Walter Schmidt to MG PC, 26 August 1946, TNA, FO 1012/803.

stand, gegenüber denen, die entlassen worden waren, im Vorteil war. Denn die Vermögenskontrolle griff oftmals nur dann, wenn ehemalige NSDAP-Mitglieder oder -Unterstützer:innen an ihrem Arbeitsort überprüft wurden.[127]

Kaum weniger skeptisch gegenüber der deutschen Selbstverwaltung als die Briten, aber inhaltlich der Magistratsverordnung wie dem Gesetz Nr. 52 folgend, betonten französische Stellen den Zusammenhang zwischen Beschlagnahmungen und Entnazifizierung am deutlichsten.[128] Bereits im Frühjahr 1946 verwalteten von der Militärregierung beauftragte Personen laut einem Bericht der Abteilung für Vermögenskontrolle alle großen und mittleren Industrieunternehmen inklusive Aktiengesellschaften, die unter die Gesetze zur Entnazifizierung oder Vermögenskontrolle fielen. Kleinere Gewerbebetriebe und Geschäfte hingegen verwalteten die Bezirksämter Wedding und Reinickendorf. Des Weiteren hatten französische Offiziere Treuhandverwalter:innen für private Grundstücke, Gebäude und Mobiliar eingesetzt und entschieden in Ausnahmefällen, dass Angehörige, insbesondere Familien, Wohnungen ihrer als „aktive" Nationalsozialist:innen eingestuften Ehepartner:innen weiterhin nutzen durften. Besorgt wegen anhaltender Kritik an ihrer Demontage und Beschlagnahmepraxis, verband die französische Militärregierung damit das vorrangige Ziel, ihr Ansehen und Anliegen, wie man intern wiederholt betonte, nicht zu gefährden.[129]

Von den beschlagnahmten Werken und Unternehmen, hoben französische Berichte hervor, gehörten einige zu den größten früheren Rüstungsproduzenten ganz Deutschlands wie AEG, Rheinmetall-Borsig sowie Krupp. Die Borsig-Werke in Tegel hatten zum Großunternehmen Rheinmetall gehört, waren damit während des Nationalsozialismus in den NS-Staatskonzern Reichswerke Hermann Göring integriert und standen daher auf der Demontageliste des Alliierten Kontrollrats.[130] Die französische Demontagepolitik stieß bald auf

127 Vgl. HQ MG to Walter Schmidt, 19 September 1946, TNA, FO 1012/803.

128 Vgl. GMFB Section Contrôle de Biens, Extrait d'un compte-rendu de travail effectué par la section de contrôle de biens, 30 avril 1946, MAE, GMFB 5/2022.

129 Vgl. ebenda; GMZFO, Manuel de Contrôle de Biens (Handbuch für Vermögenskontrolle), décembre 1947, GMFB 2/239. Über die französische Demontagepolitik und Reaktionen der Bevölkerung siehe: Dorothea Führe, Besatzungsmacht zweiter Ordnung. Die französische Besatzungspolitik in Berlin 1945–1949, in: Michael Bienert/Uwe Schaper/Andrea Theissen (Hrsg.), Die Vier Mächte in Berlin. Beiträge zur Politik der Alliierten in der besetzten Stadt, Berlin 2007, S. 31–50.

130 Vgl. GMFB Contrôle de Biens, Extrait d'un compte-rendu de travail effectué par la section de contrôle de biens, 30 avril 1946, MAE, GMFB 5/2022. Ausführlich: Cyril Buffet, Die Borsig-Affäre 1945–1950. Ein Beispiel französischer Reparationspolitik, in: Berlin in Geschichte und Gegenwart, S. 243–262.

Widerstände von deutscher Seite. Der Magistrat wollte Rheinmetall-Borsig als „lebensnotwendigen Betrieb“ aufnehmen, der vor Demontage und Entlassungen zu schützen sei, und die Stadtverordnetenversammlung protestierte im September 1948, mitten in der begonnenen und hitzig diskutierten Teilung der Stadt, in einem Dringlichkeitsantrag gegen die „Zerstörung der Borsig-Werke“.[131]

Im sowjetischen Sektor, im Unterschied zu den westlichen Bezirken, wurde die Vermögensverwaltung zunächst nicht durch von der Militärregierung eingesetzte Bevollmächtigte verwaltet, sondern von Abteilungen zur Sondervermögensverwaltung bei den Bezirksämtern organisiert. Diese hatten nach Erlass des Befehls Nr. 126 sämtliche Angaben zur Vermögensbeschlagnahme direkt an den zuständigen Militärkommandanten zu übermitteln, und auch die Bezirksämter waren aufgefordert, direkt mit der Sowjetischen Militäradministration in Verbindung zu treten.[132]

Mit der Bildung der „Deutschen Treuhandstelle zur Verwaltung des sequestrierten und beschlagnahmten Eigentums“ im April 1947 oblag nun sowohl die Sequestrierung als auch die weitere Verwaltung einer gesonderten Dienststelle im sowjetischen Sektor, die der Finanzabteilung der Sowjetischen Militäradministration unterstellt war. Die Deutsche Treuhandstelle unter der Leitung von Willy Rumpf, der zuvor stellvertretend die Finanzabteilung des Magistrats geleitet hatte, war mit ihren circa 150 Mitarbeiter:innen, darunter 132 SED-Mitglieder, personell gut aufgestellt.[133] Die Bezirksämter waren verpflichtet, alle relevanten Aktenmaterialien an die Deutsche Treuhandstelle zu übergeben. Bis Juni 1947 umfassten diese Listen ungefähr 1200 Industrie- und Handwerksbetriebe, die dem Befehl Nr. 124 und Nr. 126 unterlagen, wobei auch einige Wochen später nicht alle Bezirksämter trotz Mahnungen die Unterlagen abgegeben hatten.[134] Für Personen wurde eine Zentralkartei angelegt und

131 Vgl. Buffet, Borsig-Affäre, S. 243–262; Führe, Besatzungsmacht zweiter Ordnung, S. 31–50.

132 Vgl. Magistrat der Stadt Berlin an Bezirksämter Mitte, Prenzlauer Berg, Friedrichshain, Treptow, Köpenick, Lichtenberg, Weißensee, Pankow, Befehl Nr. 126 der SMA vom 31. Oktober 1945 über Beschlagnahme des Eigentums, 14. November 1945, LAB, C Rep. 800, Nr. 965.

133 Vgl. DTV zur Verwaltung des sequestrierten und beschlagnahmten Vermögens im sowjetischen Besatzungssektor der Stadt Berlin, Tätigkeitsbericht für die Zeit vom 15. April bis 15. Juni 1947, LAB, C Rep. 800, Nr. 1.

134 Vgl. Finanzabteilung an die Bezirksämter des sowjetischen Sektors, Durchführung des Befehls Nr. 27, 26. Juli 1947; Aktennotiz, Besprechung mit der Abt. Wirtschaft über Übergabe von Listen seitens der Bezirksämter des sowjetischen Sektors, 27. September 1947, LAB, C Rep. 800, Nr. 42.

alphabetisch sortiert. Mitte 1947 enthielt diese Kartei rund 6000 Namen.[135] Die Ermittlungsabteilung der Treuhandstelle prüfte ebenfalls vorgebrachte Einsprüche. Von den Bezirksämtern hatte sie im Frühsommer 1946 etwa 1000 solcher Einsprüche übernommen und 1947 knapp 300 Fälle bearbeitet. Von diesen wurden 13 Betriebe und 21 Grundstücke zur Beschlagnahmung vorgeschlagen, in einigen Dutzend Fällen wurde die Enteignung abgelehnt, und bei weniger als zwei Dutzend liefen laut Bericht noch Ermittlungen beim Berlin Document Center.[136]

Einspruchsrecht und Ausnahmeregelungen: Bilanzen zu Handel und Industrie

„All three persons Benkert, Pohlmann and von Witzleben of Siemens Schuckert and Siemens Halske should be temporarily retained."[137] Für einen Zeitraum von zwei Monaten, forderten der britische Public Safety Officer T. Simmonds und sein französischer Kollege A. Barrier in einer Sitzung des Komitees für Entnazifizierung, sollte den drei Direktoren der Siemens-Werke eine befristete Weiterbeschäftigung erlaubt sein, obwohl sie nach den Bestimmungen des neuen Entnazifizierungsgesetzes sofort zu entlassen waren. In dieser ungewöhnlichen Allianz – denn die französischen und britischen Vertreter:innen lagen zumeist im Widerstreit über die Strenge der Entnazifizierung, wenngleich ihr grundsätzliches Interesse am Wiederaufbau der Wirtschaft sie einte – eröffneten die beiden westeuropäischen Delegationen kurz nach Erlass der Entnazifizierungsgesetzgebung die Debatte um Ausnahmeregelungen.

Mit der Einführung des zentralen Entnazifizierungsgesetzes im Februar 1946 durften öffentliche wie private Betriebe ebenso wie die öffentliche Verwaltung keine Personen in beaufsichtigender oder leitender Stellung beschäftigen, die „mehr als nominell" an den Tätigkeiten der NSDAP teilgenommen hatten und unter eine von Dutzenden Kategorien fielen. Vom Geschäftsführer eines großen Konzerns bis zur Inhaberin eines Lebensmittelgeschäfts war allen Personen, die unter eine der vielen Dutzend Kategorien fielen, eine Betätigung

135 Vgl. DTV zur Verwaltung des sequestrierten und beschlagnahmten Vermögens im sowjetischen Besatzungssektor der Stadt Berlin, Tätigkeitsbericht für die Zeit vom 15. April bis 15. Juni 1947, LAB, C Rep. 800, Nr. 1.

136 Vgl. ebenda.

137 AKB DEN Comm., Consideration of temporary retention of essential persons in mandatory removal category, 3 May 1946, TNA, FO 1112/374.

untersagt und ihre Vermögenskontrolle bestätigt worden. Ausnahmen durften prinzipiell nur mit besonderer Genehmigung der Alliierten Kommandantur gemacht werden, wofür sich vor allem britische Behörden einsetzten. Woche für Woche beschäftigte das von britischen Delegationen immer wieder vorgebrachte Thema die vier Alliierten.[138]

Die drei, um die es in der ersten Grundsatzdiskussion im Mai 1946 ging, waren ausgerechnet die in der Presse vielfach diskutierten Direktoren der Siemens-Werke Johann Benkert, Bruno Pohlmann und Wolf-Dietrich von Witzleben. Von amerikanisch-sowjetischer Seite zunächst abgewehrt – das amerikanische Mitglied Adolph J. Radosta wollte Ausnahmeregelungen nicht anhand von Einzelfällen und der sowjetischer Repräsentant Derajev das Thema im Grunde gar nicht diskutieren[139] –, einigte sich das Komitee wenig später auf den britischen Vorschlag, den Stadtkommandanten „in view of the urgent necessity [...] of the internal economy and of the re-establishment of essential services, and industrial and economic life" zumindest vorübergehend zu erlauben, Entlassungen aufzuschieben.[140] Im Sommer 1946 kam das Komitee zu dem Schluss, dass das Thema seine Dringlichkeit verloren hatte, und entschied, dass fortan Ausnahmeregelungen im Einklang mit der Kontrollratsdirektive Nr. 24 getroffen werden durften, das heißt zur Erzeugung von „Bedarfsmitteln und Nahrungsmitteln, Brennstoff und Baumaterialien".[141]

Wie im Bereich des öffentlichen Dienstes sind für den Bereich Handel und Industrie lediglich vereinzelte Statistiken überliefert. Wie viele vorübergehende Beschäftigungen und wie viele Entlassungen im Zuge des Entnazifizierungsgesetzes bis Juni 1946 erfolgten, lässt sich aus vom Alliierten Kontrollrat eingeforderten Berichten für den Bereich Handel und Industrie erkennen.[142]

138 Vgl. Protokolle in: TNA, FO 1112/374, AKB DEN Comm.

139 Vgl. AKB DEN Comm., Consideration of temporary retention of essential persons in mandatory removal category, 3 May 1946, TNA, FO 1112/374.

140 AKB DEN Comm., Temporary retention of individuals who would normally be removed by denazification laws, 14 June 1946, TNA, FO 1112/374.

141 Vgl. AKB DEN Comm., Temporary retention of certain technicians, 19 August 1946, TNA, FO 1112/374.

142 Vgl. Statistik des Alliierten Kontrollrats über die Entnazifizierung in den vier Besatzungszonen und in Berlin gemäß der Kontrollratsdirektive Nr. 24 vom 1. Januar bis zum 30. Juni 1946, abgedruckt in: Vollnhals (Hrsg.) in Zusammenarbeit mit Thomas Schlemmer, Entnazifizierung. Politische Säuberung und Rehabilitierung, S. 164f.

Tabelle 12:
Statistik des Alliierten Kontrollrats über die Entnazifizierung vom 1. Januar bis zum 30. Juni 1946: Handel & Industrie

	Amerikanischer Sektor	Britischer Sektor	Französischer Sektor	Sowjetischer Sektor	Insgesamt
Weiterbeschäftigung	638	257	58	–	953
Entlassung	442	217	212	1189	2060
Ausschluss	28	–	120	37	185
Erfassungen insgesamt	1108	474	400	1226	3198

Den eingereichten Statistiken zufolge wurden im sowjetischen Sektor mit über 1220 die meisten ehemaligen Mitglieder und Unterstützer:innen der NSDAP und etwa 55 Prozent der insgesamt Erfassten aus der Wirtschaft entlassen oder ausgeschlossen. Im Vergleich erfolgten im amerikanischen Sektor 470 Entlassungen oder Ausschlüsse (20 Prozent), 332 im französischen (15 Prozent) und 217 im britischen (10 Prozent).

Von den 3198 in der Wirtschaft Beschäftigten, die unter die Entnazifizierungsgesetzgebung fielen, wurden ungefähr 30 Prozent (vorübergehend) weiterbeschäftigt – davon im amerikanischen Sektor 58 Prozent, im britischen Sektor 54 Prozent und im französischen Sektor 14 Prozent. Über die Hälfte der im ersten Halbjahr 1946 berlinweit 2245 ausgesprochenen Entlassungen und verweigerten Einstellungen in der Wirtschaft erfolgte im sowjetischen Sektor, und nur hier wurden keine (im Zuge der Kontrollen erfassten) ehemaligen Mitglieder oder Unterstützer:innen der NSDAP weiter beschäftigt.

Vergleichsweise hoch sind die Bilanzen im französischen Sektor. Hier entließen Verantwortliche mit 342 Personen zum einen, die Einwohnerzahlen und Beschäftigungsverhältnisse berücksichtigend, weitaus mehr ehemalige Mitglieder und Unterstützer:innen der NSDAP als in den anderen Sektoren. Zum anderen war die Anzahl der Entlassungen aus der Wirtschaft im Arbeiter- und Industriebezirk Wedding und im die Industriezonen Tegel und Borsigwalde umfassenden Reinickendorf fast doppelt hoch wie aus dem öffentlichen Dienst.[143]

Dass die französische Militärregierung in ihrer Handhabung flexibler oder gar desinteressiert blieb, lässt sich für Berlin nicht bestätigen. Vielmehr hielten sich französische Behörden, hier lässt sich Dorothea Führes Eindruck bestätigen,[144] an interalliierte Absprachen und verfolgten gerade im Bereich der Wirtschaft einen strengen Ansatz. Die Bezirkskommandanten von Wedding und Reinickendorf wandten sich beispielsweise mit detaillierten Anweisungen an sämtliche Abteilungen: Vor 1937 in die NSDAP oder eine ihrer Gliederungen eingetretenen Geschäftsinhaber:innen seien jegliche Handelsgenehmigungen strikt zu verweigern, nach 1937 Eingetretene müssen gründlich überprüft werden. Sofern die Abteilung für Öffentliche Sicherheit zu dem Urteil komme, dass eine „mehr als nominelle" Tätigkeit vorliegt, müsse auch hier eine Gewerbeerlaubnis verweigert werden.[145]

Die im Folgenden abgebildeten Tabellen geben Aufschluss darüber, wie viele Personen unter die Kategorien I (zwangsweise zu entlassen) und II (nach Ermessen zu entlassen) fielen.[146]

Über die Hälfte (55 Prozent) der insgesamt Erfassten fiel unter die Kategorie I, nämlich 1756 von 3198 Personen. Ferner zeigt sich, dass die Entnazifizierung der Wirtschaft im amerikanischen und im sowjetischen Sektor am strengsten war. Im britischen und im französischen Sektor wurden vier bzw. 24 „aktive" Nationalsozialist:innen trotz ihrer Klassifikation als „zwangsweise zu entlassen" weiterbeschäftigt; im amerikanischen und im sowjetischen Sektor hingegen, wie auch im Öffentlichen Dienst, traf man keine solchen Ausnahmen.

143 Für den Bezirk Wedding lässt sich ergänzen: Im Mai 1946 legte das Bezirksamt Wedding der französischen Militärregierung eine Liste von etwa 18 Geschäftsinhaber:innen oder Angestellten in leitenden Positionen vor, die als „aktive Nazis" ihre Funktion hatten aufgeben müssen, und ersuchte um eine vorübergehende Weiterbeschäftigung „in Anbetracht ihrer Funktion im Aufbau der Wirtschaft". Unter den Firmen befanden sich kleinere Druckereien, Tischlereien, Werkstätten, aber auch einige Firmen, die etwa im Military Handbook Berlin aufgeführt waren, wie etwa die AEG-Werke in der Brunnenstraße. Vgl. Stadt Berlin Bezirksamt Wedding an die französische Militärregierung, Entnazifizierungsgesetz. Zwischengenehmigungen, 2. Mai 1946, MAE, GMFB 5/2022.

144 Vgl. Führe, Die französische Besatzungspolitik, S. 174.

145 Vgl. GMFB Cabinet P/JS, Note concernant les mesures de dénazification, 3 Juin 1946, GMFB 5/2022.

146 Vgl. Statistik des Alliierten Kontrollrats über die Entnazifizierung in den vier Besatzungszonen und in Berlin gemäß der Kontrollratsdirektive Nr. 24 vom 1. Januar bis zum 30. Juni 1946, abgedruckt in: Vollnhals (Hrsg.) in Zusammenarbeit mit Thomas Schlemmer, Entnazifizierung. Politische Säuberung und Rehabilitierung, S. 164 f.

Tabelle 13:
Statistik des Alliierten Kontrollrats über die Entnazifizierung vom 1. Januar bis zum 30. Juni 1946: Handel & Industrie gemäß Kategorie I (zwangsweise zu entlassen)

	Amerikanischer Sektor	Britischer Sektor	Französischer Sektor	Sowjetischer Sektor	Insgesamt
Weiterbeschäftigung	–	4	24	–	28
Entlassung	199	160	194	1141	1684
Ausschluss	18	–	–	26	44
Erfassungen insgesamt	217	164	218	1167	1756

Tabelle 14:
Statistik des Alliierten Kontrollrats über die Entnazifizierung vom 1. Januar bis zum 30. Juni 1946: Handel & Industrie gemäß Kategorie II (nach Ermessen zu entlassen)

	Amerikanischer Sektor	Britischer Sektor	Französischer Sektor	Sowjetischer Sektor	Insgesamt
Weiterbeschäftigung	638	253	34	–	925
Entlassung	243	57	28	48	376
Ausschluss	10	–	120	11	141
Erfassungen insgesamt	891	310	182	59	1442

Diese Übersicht lässt erkennen, dass von den 1442 Personen, die unter die Kategorie „nach Ermessen zu entlassen" fielen, in den westlichen Sektoren 925 ehemalige NSDAP-Mitglieder und -Unterstützer:innen (bzw. 64 Prozent) weiterbeschäftigt wurden. Umgekehrt hatte die Prüfung in 517 Fällen (bzw. 36 Prozent) ergeben, dass Entlassung oder Ausschluss anzuordnen waren.

Dass solche Statistiken lediglich einen Ausschnitt abbilden, zeigt sich z. B. darin, dass die britische Militärregierung nur wenige Tage später erneut alle Firmen aufforderte, bis Ende Juli 1946 über die getätigten Entlassungen Bericht zu erstatten.[147] Das Bezirksamt Wilmersdorf informierte daraufhin über 2088 Firmen in seinem Bezirk mit weit höheren Angaben über Entlassungen und Ausnahmeregelungen. Diese Firmen umfassten insgesamt knapp 25 000 Beschäftigte, hatten 1444 ehemalige Mitglieder und Unterstützer:innen der NSDAP entlassen und beschäftigten weiterhin 2146 Personen, die unter Kategorie I, und 960 Personen, die unter die Kategorie II der Entnazifizierungsdirektive fielen.[148] Gemäß diesem Zahlen wurden etwa sechs Prozent aller im Bezirk Beschäftigten aufgrund ihrer politischen Belastung entlassen. Umgekehrt lässt sich folgern: Mindestens zwölf Prozent aller Beschäftigten der Wilmersdorfer Wirtschaft waren ehemalige Mitglieder und Unterstützer:innen der NSDAP, acht Prozent waren der Entnazifizierungsgesetzgebung zufolge sogar „zwangsweise zu entlassen".

Ob sie und die in den anderen Bezirken weiterbeschäftigten ehemaligen Mitglieder und Unterstützer:innen der NSDAP dabei tatsächlich eine Genehmigung der Militärregierung des betreffenden Sektors erhalten hatten oder aus den Firmen und Betrieben noch nicht entlassen worden waren, bleibt offen. Als sich Großbritannien in der Alliierten Kommandantur dafür einsetzte, temporäre Weiterbeschäftigungen in der Industrie zu erlauben, erwartete Wolf-Dietrich von Witzleben, im engen Kontakt mit britischen Offizieren, gerade sein erstes Entnazifizierungsverfahren vor der Spandauer Kommission.

Die Bemühungen Großbritanniens schienen darauf bedacht, ihn nicht entlassen zu müssen. Tatsächlich lehnte die Kommission seinen ersten Antrag im August 1946 ab, und die britische Militärregierung beließ Witzleben, von der Ausnahmeregelung Gebrauch machend, zunächst in seiner Position als Geschäftsführer von Siemens, was in der sowjetisch lizenzierten Presse hohe Wellen schlug und auch zu Protesten innerhalb der Belegschaft führte.[149] Die

147 Vgl. MGGBA, Suggestion for a publication in our official notices. Complete Denazification, undated; Magistrat Department Personnel and Administration, 20 July 1946, TNA, FO 1012/110.

148 Vgl. DEN Comm. Wilmersdorf to British MG, Summary of reports, 31 August 1946, TNA, FO 1012/110.

149 Nach seinem Urteil wandte sich Wolf-Dietrich von Witzleben an das britische Hauptquartier mit einem Bericht über sein Entnazifizierungsverfahren. (Siehe: Wolf-Dietrich von Witzleben to Col. Fletcher, Economy and Supply Department British HQ, 20. September 1946, Report on the proceeding of the denazification comm. of 27 August 1946, TNA, FO 1012/323.). Innerhalb der britischen Militärregierung standen die für wirtschaftliche Stabilität plädierende Economics Branch und die für Entnazifizierung verant-

öffentliche Kritik wuchs erneut, als Witzleben in seinem zweiten Versuch, sich entnazifizieren und rehabilitieren zu lassen, erfolgreicher war. Im Februar 1947 gab die anders besetzte Spandauer Entnazifizierungskommission seiner Berufung statt. Zwar war der Appellant laut Urteilsgründung „nach Teil I, Ziffer 80 als Wehrwirtschaftsführer“ und „nach Teil II, Ziffer XXII als Vorstandsmitglied einer industriellen Institution“ belastet, aber die Beweisaufnahme habe keine Anhaltspunkte für eine „aktive“ Betätigung ergeben. Abgesehen von „gelegentlicher Teilnahme an Vortragsabenden“, gebe es keine Hinweise darauf, dass er sich für nationalsozialistische Ziele eingesetzt habe. Und auch die Vernehmung der Entlastungszeugen, so die Kommission, ergab vielmehr seinen „Einsatz für politisch und rassisch Verfolgte“.[150] Wie in Zehntausenden anderen Fällen entschieden die Kommissionen zumeist nicht entlang der Mitgliedschaften oder Funktionen, die beispielsweise Witzleben als „aktiven Nationalsozialisten“ klassifizierten, sondern nach subjektiven Kriterien.

Alle unter die Entnazifizierungsgesetzgebung fallenden Personen besaßen ein Einspruchsrecht. Da ab Frühjahr 1946 Entnazifizierungskommissionen für die Überprüfung selbstständiger Gewerbebetreibender zuständig waren, verlor auch die unter den Alliierten umstrittene Spruchkammer beim Magistrat ihre Kompetenz, und sämtliche Einsprüche gegen deutsche oder alliierte Verfügungen waren stattdessen an die neu gegründeten Kommissionen zu richten.[151] Es existierte keine beim Magistrat angesiedelte, stadtweit operierende Kommission für Angehörige des Wirtschaftssektors, wie es für das Gesundheits-, Bildungs- und Justizwesen sowie für den Kulturbereich der Fall war. In der Wirtschaft Beschäftigte oder selbstständige Gewerbetreibende mussten sich, wenn sie gegen ihre Entlassung, Geschäftsschließung oder Vermögensbeschlagnahme vorgehen wollten, an die für ihren Wohnort zuständige Bezirkskommission wenden.

Zwischen den Kommissionen der Sektoren und Bezirke kam es zu unterschiedlichen Praktiken und Ausführungen des Gesetzes. Im französischen Sektor, berichteten die dortigen Kommissionen auf einer Sitzung im Juni 1946, setzte die Militärregierung für alle Gewerbetreibende, die unter die Entnazifizierungsgesetzgebung fielen, umgehend Treuhandverwalter:innen ein. Auch

wortliche Political Branch lange im Konflikt über den Fall Witzleben. Erst nachdem die Entnazifizierungskommission Witzlebens Antrag abgelehnt hatte, konnte sich Letztere durchsetzen und ihn aus seiner Stellung entlassen. Hierzu wie zur Reaktion der Presse und der Belegschaft siehe: Wiesen, West German Industry, S. 47 ff.

150 Beglaubigte Abschrift. Appellant Wolf-Dietrich von Witzleben. Behandlung vom 25. Februar 1937. Entscheidungsgründe, LAB, C Rep. 102, Nr. 124.

151 Vgl. Abt. für Handel und Handwerk an alle Bezirksämter, Spruchkammer und Entnazifizierungsverfahren, 26. März 1946, LAB, C Rep. 207, Nr. 4978.

im amerikanischen Sektor war ihnen eine Weiterführung bis zum Ausgang des Verfahrens verboten; ob allerdings in jedem Fall eine treuhänderische Verwaltung eingesetzt wurde oder Geschäfte teilweise geschlossen blieben, konnte nicht berichtet werden. Für den britischen Sektor war bekannt, dass die Kommissionen von Fall zu Fall anders entschieden, und im sowjetischen Sektor durften als „nominelle" Nationalsozialist:innen eingestufte Gewerbeinhaber:innen bis zum Abschluss des Verfahrens sogar bedingt weiterarbeiten.[152] Auf deutscher Seite war damit die Handhabung der Kommissionen im französischen und amerikanischen strenger als im britischen und sowjetischen Sektor.

Derweil bemühten sich die Schriftführer:innen der Kommissionen um eine einheitliche Regelung. Sie kamen darin überein, dass für Gewerbetreibende, die unter die Kategorie I des Entnazifizierungsgesetztes fielen, eine Treuhandschaft einzusetzen sei, und für die Kategorie II eine befristete Weiterführung des Betriebes gestattet werden sollte.[153] Inwieweit sich diese Einigung auf die Praxis in den Bezirken auswirkte, ist schwer zu bestimmten. Denn in den interalliierten Gremien war man sich nicht einig und widmete sich mehrfach der Frage, wie mit kontrollierten Vermögen während eines laufenden Verfahrens umzugehen sei. Während amerikanische und britische Mitglieder des Komitees für Property Control einen von der Militärregierung bestätigten, positiven Bescheid der Entnazifizierungskommissionen für ausreichend hielten, um Besitztümer freizugeben, waren französische und sowjetische Vertreter der Ansicht, dass eine weitere Prüfung und Genehmigung nötig waren.[154] Die Delegationen der Komitees für Vermögenskontrolle und für Entnazifizierung standen zwar im Austausch miteinander, aber es erfolgten eher punktuelle Abstimmungen der Maßnahmen für Beschlagnahme und Entlassung.

Insofern ist dem Urteil von Wolfgang Ribbe, dass das Entnazifizierungsgesetz gegenüber den im Ost- und im Westteil der Stadt geltenden Gesetzen bzw. Befehlen zur Vermögenskontrollen eine Klarheit hinsichtlich der Behandlung von NS-Betrieben schuf,[155] nur halb zuzustimmen. Denn die Herausforderung blieb bestehen, dass Eigentum sowohl aufgrund der Regelungen zur Vermögenskontrolle vom Sommer bzw. Herbst 1945 oder aufgrund des Entnazifizierungsgesetzes vom Februar 1946 kontrolliert werden konnte und dementsprechend andere Verfahren galten.

152 Vgl. Bericht über die Sitzung der Entnazifizierungskommissionen am 18 Juni 1946, LAB, C Rep. 102, Nr. 265.

153 Vgl. ebenda.

154 Vgl. AKB PC Comm., 24 October 1946, TNA, FO 1112/285.

155 Vgl. Ribbe, Vom Vier-Mächte-Regime, S. 1072.

In diesem Sinne regelte auch die für den sowjetischen Sektor verantwortliche Rechtsabteilung der Deutschen Treuhandstelle den Zusammenhang von Entnazifizierungsverfahren und Vermögenskontrolle. Zu der Frage, ob ein erfolgreiches Verfahren das frühere Besitzverhältnis automatisch wiederherstellen würde, stellte sie klar, dass der Spruch einer Kommission nicht automatisch Rechtskraft für das Beschlagnahmerecht besäße. Vielmehr würden die Befehle Nr. 124 und Nr. 126 ganz unabhängig von den Entscheidungen der Kommissionen gelten, denn die Entnazifizierung „betrifft die Wiedereinsetzung des ehemaligen PG [Parteigenossen] in seine Rechte als Wähler. Inhaber bestimmter Gewerbe und dergleichen ist jedoch ein Vermögenswert, insbesondere ein Betrieb, durch faschistische Haltung eines Eigentümers zu einem Werkzeug der Naziherrschaft erworben, so wird diese Tatsache nicht durch die bloße persönliche Entnazifizierung des formellen Eigentümers aus der Welt geschafft.“[156]

Aus Sicht der Deutschen Treuhandstelle sollten zwar die Verfahren der Entnazifizierungskommissionen, aber auch neue Ermittlungen berücksichtigt werden. Im September 1947 beauftragte der sowjetische Kommandant Alexander G. Kotikow den Leiter der Deutschen Treuhandverwaltung gemeinsam mit dem Vertreter für Wirtschaftsfragen, Oberleutnant Nesamojew, einen Plan zur Kontrolle und zukünftigen Verwendung der kontrollierten Industrie-, Handels-, und Gewerbeunternehmen vorzulegen.[157] Zu diesem Zeitpunkt debattierten die Alliierten und die deutschen Parteien bereits seit einigen Monaten heftig über eine mögliche Sozialisierung von Berliner Unternehmen und eine stadtweite Enteignung von Nationalsozialist:innen und Kriegsverbrecher:innen.

Die Frage „Wer ist der zukünftige Eigentümer des treuhänderisch geleiteten Betriebs?“ blieb zunächst ungelöst, aber die vom Magistrat eingeführten Verordnungen zur Entnazifizierung, hielt Orlopp in seiner 1947 publizierten Schrift *Zusammenbruch und Aufbau* fest, seien von Anfang an darauf ausgerichtet gewesen, die „Grundlagen zu schaffen für die Übernahme […] der Nazi-Betriebe“ und für die „Überführung der Großbetriebe in den Besitz des Volkes“.[158] Im Streit

156 Stellungnahme Rechtsabteilung der deutschen Treuhandverwaltung, Nr. 2, 9. Mai 1946, LAB, C Rep. 800, Nr. 8.

157 Vgl. Befehl des Befehlshabers der Garnison und Militär-Kommandanten des Besatzungssektors der Stadt Berlin, Nr. 133 vom 19. September 1947, Reorganisation der Deutschen Treuhandstelle, LAB, C Rep. 800, Nr. 8.

158 Orlopp war mittlerweile SED-Mitglied und ab 1947 in der Deutschen Verwaltung für Handel und Versorgung der in SBZ tätig. Vgl. ebenda, Zusammenbruch und Aufbau, S. 39 und 46.

um die Sozialisierung von Wirtschaftsunternehmen und die Enteignung von „Naziaktivisten und Kriegsverbrechern" positionierte sich der frühere Stadtrat für Handel und Handwerk eindeutig und stellte die von ihn angestoßenen Maßnahmen als einen gewichtigen Schritt dar. Die vier Alliierten beantworteten die Frage gleichwohl unterschiedlich.

Der ungelöste Streit um die Enteignung von NS- und Kriegsverbrecher:innen und Unternehmen

Zentrale Impulse für die Enteignung von NS- und Kriegsverbrecher:innen und Unternehmen bildeten zwei Gesetzesvorschläge der Stadtverordnetenversammlung, die von der Alliierten Kommandantur, weder bestätigt noch abgelehnt, monatelang diskutiert wurden. Angeregt von den zunächst in Sachsen und dann in allen Ländern der SBZ durchgeführten Volksentscheiden,[159] beschloss Stadtverordnetenversammlung im Februar 1947 das Gesetz zur „Überführung von Konzernen und sonstigen wirtschaftlichen Unternehmen in Gemeindeeigentum" und im März 1947 das Gesetz zur „Einziehung von Vermögenswerten der Kriegsverbrecher und Naziaktivisten". Die parteipolitische Mehrheit befürwortete das Vorhaben, nachdem sich der wirtschaftspolitische Ausschuss geeinigt hatte. Konzerne, Großunternehmen und Monopolunternehmen sollten gegen eine Entschädigung vergesellschaftet werden; „Kriegsverbrecher und aktive Nationalisten" – in den Auseinandersetzungen verschieden definiert – sollten dagegen keine Entschädigung erhalten.[160]

159 Über diese siehe: Jochen Laufer, Die UdSSR und die Einleitung der Bodenreform in der Sowjetischen Besatzungszone, in: Arnd Bauerkämper (Hrsg.), „Junkerland in Bauernhand"? Durchführung, Auswirkung und Stellenwert der Bodenreform in der Sowjetischen Besatzungszone, Stuttgart 2006, S. 21–36; Elke Scherstjanoi, SED-Agrarpolitik unter sowjetischer Kontrolle 1949–1953, München 2007, S. 63 ff.; Nikita W. Petrow, Die sowjetische Besatzungsverwaltung und die Sowjetisierung Ostdeutschlands, in: Jan Foitzik (Hrsg.), Sowjetische Kommandanturen und deutsche Verwaltung in der SBZ und frühen DDR, Berlin/München/Boston 2015, S. 33–98, hier, S. 70 ff.; Jan Foitzik, Einleitung, in: ders. (Hrsg.), Sowjetische Interessenspolitik 1944–1954, München 2012, S. 5–166, hier S. 124 f.; Bauerkämper, Ländliche Gesellschaft, S. 72 ff.

160 Drei der vier Fraktionen des im vorausgegangenen Herbst gewählten Parlaments hatten einen Entwurf zur Sozialisierung wirtschaftlicher Unternehmen eingereicht und schließlich den überarbeiteten Antrag der SPD angenommen. Lediglich die LDP-Fraktion unter Carl-Hubert Schwennicke stimmte gegen den Antrag. Vgl. Jürgen Filjalkowski/Peter Hauck/Axel Horst (Hrsg.), Berlin – Hauptstadtanspruch und Westintegration, Wiesbaden 1967, S. 184–189.

Der sowjetische Stadtkommandant Kotikow drängte vehement auf eine Umsetzung dieser Gesetze, was von den anderen Stadtkommandanten zögerlich zurückgewiesen, aufgeschoben und schließlich durch ein amerikanisches Veto verhindert wurde. In monatelangen Diskussionen, die sich bis zum Auseinanderbrechen der Viermächteverwaltung hinzogen, hatte die Alliierte Kommandantur zunächst dem Magistrat eine Umsetzung untersagt, dann im Sommer 1947 Vorschläge einer Durchführungsbestimmung eingefordert und diese Entwürfe ab Ende 1947 zu diskutieren begonnen.[161] Woche für Woche standen die vielfach miteinander verschränkten Themen Sozialisierung, Enteignung und Entnazifizierung auf der Tagesordnung vieler interalliierter Gremien, ohne dass je nennenswerte Erfolge verzeichnet werden konnten. Sich im Kreis drehend, gaben die Stadtkommandanten gegensätzliche Stellungnahmen ab, schickten Entwürfe und Kommentare immer wieder an die Fachkomitees zur Begutachtung zurück, nur um dann einige Zeit später erneut die fast gleichlautenden Positionen zu wiederholen.

Dies war ein Spiegelbild der internationalen Ebene, auf der sich die Anti-Hitler-Koalition zunehmend voneinander entfernte. Unter den Vorzeichen der konfliktreichen und hinsichtlich gemeinsamer Wirtschaftspläne fehlgeschlagenen Moskauer Außenministerkonferenz im Frühjahr 1947 war auch eine Einigung über Berliner Belange blockiert. Dass sich die Alliierten über eine gemeinsame Deutschlandpolitik und die Streitfragen Reparation, Zentralverwaltung und Wirtschaftsform in Moskau und auch in den kommenden Monaten nicht einigen konnten, wirkte sich unmittelbar auf die Viermächtestadt aus. Anknüpfend an den im Vorjahr eingeleiteten Richtungswechsel der amerikanischen Deutschlandpolitik, stellte der neue Außenminister der Vereinigten Staaten George C. Marshall seinen Plan zur wirtschaftlichen Vereinigung in Deutschland und zum Wiederaufbauprogramm Europas vor, und noch während der Moskauer Konferenz hielt US-Präsident Harry S. Truman vor dem amerikanischen Kongress seine berühmte Rede über den Kampf gegen die Ausbreitung des Kommunismus in Europa.[162]

161 Vgl. Sitzungsprotokolle der Stadtkommandanten, beispielsweise: AKB BKD/M(47)49, The law of socialization of industry and the deprivation of property of fascist criminals, 24 November 1947, LAB, B Rep. 036–01, Nr. 11/149–1/5; AKB BKD/M(47)53, Confiscation of property of active Nazis and war criminals 23 December 1947, ebenda, Nr. 11/149–1/5. Zu der Bearbeitung in den zuständigen Fachkomitees siehe Sitzungsprotokolle des Property Control (PC) Committee: TNA, FO 1112/285 und Sitzungsprotokolle Local Government (LG) Committee: TNA, FO 1112/378.

162 Vgl. Michael Wala, Der Marshallplan und die Genese des Kalten Krieges, in: Die USA und Deutschland im Zeitalter des Kalten Krieges. Ein Handbuch, Bd. 1, 1945–1968, Stuttgart 2001, S. 124–130, hier S. 124.

Zu Beginn desselben Jahres hatten sich die amerikanische und die britische Besatzungszone zu einem gemeinsamen Wirtschaftsraum zusammengeschlossen und einige Monate später, in einem Schritt hin zu einem westdeutschen Teilstaat, einen Wirtschaftsrat für das vereinte Wirtschaftsgebiet geschaffen. Auf den Wirtschaftsrat der Bizone antwortete die Sowjetische Militäradministration mit der gleichermaßen vorbereiteten Gründung der Deutschen Wirtschaftskommission.[163] Frankreich, lange zwischen den Stühlen stehend, war besorgt über ein Erstarken der deutschen Wirtschaft, zunächst skeptisch gegenüber dem angloamerikanischen Projekt und schloss sich erst 1949 der Bizone an.[164] Doch auch innerhalb der französischen Diplomatie wurden schon früher kritische Stimmen lauter. Der Botschafter Frankreichs in Berlin und politische Berater von General Koenig, Jacques Tarbé de Saint-Hardouin, etwa berichtete regelmäßig an seinen Außenminister Georges Bidault und warnte eindringlich vor einem wachsenden sowjetischen Einfluss, insbesondere in Berlin.[165]

Dabei standen die Westalliierten den Sozialisierungsplänen zunächst nicht völlig ablehnend gegenüber. „All four delegations are willing to approve the idea of socialization for Berlin in some form", fasste der amerikanische Stadtkommandant im Sommer 1947 zusammen.[166] In seiner Einschätzung war die sowjetische Delegation dafür, das deutsche Gesetz so zu belassen, wie es verabschiedet worden war, französische und britische Behörden forderten eine Überarbeitung, und die amerikanische Militärregierung wollte ein öffentliches Referendum abhalten. Wie Schlegelmilch ausführt, spielte die USA auf Zeit, hielt sich an ihre Besatzungsdirektive „to give the German people an opportunity to learn of the principles and advantages of free enterprise"[167] und vertraute den Prognosen ihrer Sozialwissenschaftler:innen. Umfragen in Westberlin hatten im November 1947 ergeben, dass die Berliner:innen zwar einer Verstaatlichung der Industrie offener

163 Vgl. Benz/Scholz (Hrsg.), Gebhardt, S. 152.

164 Ausführlich über die Haltung Frankreichs: Klaus Hänsch, Frankreich zwischen Ost und West. Die Reaktionen auf den Ausbruch des Ost-West-Konflikts 1946–1948, Berlin/New York 1972, S. 79–128. Auch: Frieder Günther/Lutz Maeke, Vorgeschichte und Entstehung der Innenministerien in Bonn und Ost-Berlin, in: Bösch/Wirsching (Hrsg.), Hüter der Ordnung, S. 27–54, hier S. 38 f.

165 Vgl. Ambassador de France M. J. Tarbé de Saint-Hardouin à Georges Bidault, La politique sovietique à l'egard des anciens nazis, 15 avril 1948, MAE, GMFB 1/200; Tarbé de Saint-Hardouin à son excellence monsieur Georges Bidault, ministre des Affaires étrangères, arrestation de Juges dans les differents secteurs de Berlin, 7 mars 1946, ebenda, GMFB 1/442.

166 Zitiert nach: Schlegelmilch, Hauptstadt, S. 400 (OMGBS Director Howley an US Commandant, Socialization of Industry, 8. August 1947, LAB, B Rep. 036-01, Nr. 4/127-3/14).

167 Ebenda, S. 40.

gegenüberstanden als die Bevölkerungen von Bayern, Hessen und Baden-Württemberg, aber die Befürwortung geringer ausfiel als erwartet.[168]

Zudem drohte sich die bereits Herbst 1945 getrennt organisierte Verwaltung kontrollierten Vermögens – in westalliierten Sektoren durch von der Militärregierung eingesetzte Treuhandverwalter:innen und im sowjetischen Sektor durch die Sondervermögensverwaltung beim Magistrat – weiter zu separieren. Vor dem Hintergrund der Bildung zentraler deutscher Kommissionen in der Sowjetischen Besatzungszone hatte die Sowjetische Militäradministration Berlin im April 1947 die Gründung der „Deutsche Treuhandstelle zur Verwaltung des sequestrierten und beschlagnahmten Eigentums" angeordnet und damit die Verwaltung der unter die Befehle Nr. 124 und 126 fallenden Vermögenswerte dieser allein dem sowjetischen Stadtkommandanten gegenüber rechenschaftspflichtigen Einrichtung unterstellt. Spätestens nach ihrer Umstrukturierung in die „Deutsche Treuhandverwaltung des sequestrierten und beschlagnahmten Vermögens im sowjetischen Besatzungssektor der Stadt Berlin" (DTV) im September 1947 besaß sie planwirtschaftliche Funktionen. In dem Bemühen, (Ost-) Berlin wirtschaftspolitisch stärker in die SBZ zu integrieren und der dortigen Entwicklung anzupassen, betonte Kotikow immer wieder die eigenständige Befehlsgewalt der jeweiligen Militärregierungen über ihren Sektor.[169]

Großbritannien, Frankreich und die Vereinigten Staaten versuchten eine Zeit lang erfolglos, der Bildung einer gesonderten Treuhandverwaltung entgegenzuwirken, und schlugen vor, die gesamte Vermögensverwaltung der Stadtverwaltung zu übergeben, in der Hoffnung, Berlin so unter gesamtalliierter Verwaltung zu halten.[170] Ihr Bestreben war von dem Interesse geleitet, Kosten innerhalb der eigenen Verwaltung zu sparen, aber ebenso ein Zugeständnis und ein Kompromissvorschlag.[171] Denn die politischen Kräfteverhältnisse innerhalb der Stadtver-

168 Vgl. ebenda, S. 401. Zu ähnlichen Umfragen der britischen Militärregierung siehe: Victor Mauer, Brückenbauer. Großbritannien, die deutsche Frage und die Blockade Berlins 1948–1949, München 2018, S. 468.

169 Vgl. Jan Foitzik, Sowjetische Militäradministration in Deutschland 1945–1949 (SMAD) (Quellen und Darstellungen zur Zeitgeschichte, Bd. 44), Berlin 1999, S. 180 f.; Bähr, Industrie im geteilten Berlin, S. 119 f.; Wetzel (Hrsg.)/Schroll/Rousavy (Bearb.), Das Landesarchiv und seine Bestände, Bd. 1, Teil II, S. 334 f.

170 Vgl. AKB BK/R(47)154, Custody, Management and Administration by the City Administration on Controlled Property, Draft Proposal by US, GB and France, 16 June 1947, LAB, B Rep. 036-01, Nr. 11/148-3/5.

171 Zu den Diskussionen über eine gesonderte Treuhandverwaltung siehe: AKB BK/R(47)154, Custody, Management and Administration by the City Administration on controlled Property, 16 June 1947, LAB, B Rep. 036-01, Nr. 11/148-3/5; AKB BKD/M(47)27, Administration of controlled property by city government, 19 June 1947; AKB BKD/M(47)28,

ordnetenversammlung sprachen sehr dafür, dass der Magistrat mit einer solchen Kompetenz weitaus strengere Regelungen zur Beschlagnahme und Enteignung treffen würde, als es die Westalliierten, bzw. die amerikanischen und britischen Behörden, billigten. Von sowjetischer Seite abgelehnt, verwies die Alliierte Kommandantur die Streitfrage an den ihr übergeordneten Alliierten Kontrollrat, dessen Gremien in monatelanger Diskussion ebenfalls keine Einigung erzielen konnten.[172] Mit der Bildung der Deutschen Treuhandstelle im sowjetischen Sektor war im Grunde bereits im Frühjahr 1947 eine gemeinsame Regelung zur Vermögensbeschlagnahme institutionell und politisch unmöglich geworden.

Überdies verkomplizierte die zeitgleich ebenso intensiv geführte Diskussion über ein mögliches neues Entnazifizierungsgesetz jegliche Übereinkunft. Denn die vom Alliierten Kontrollrat verabschiedete neue Direktive Nr. 38 sah für stärker belastete ehemalige Nationalsozialist:innen neben anderen Sühnemaßnahmen auch die Abgabe von Vermögen vor. Die Gremien der Alliierten Kommandantur stritten über diesen Ansatz ebenso intensiv und erfolglos wie über die Themen der Sozialisierung und Enteignung, und aufgrund inhaltlicher Überschneidungen waren diese Debatten alsbald miteinander verwoben. Im Prinzip ging es in den widersprüchlichen Verhandlungen darum, ob Beschlagnahmungen im Zuge eines neuen Entnazifizierungsgesetzes oder als separates Thema behandelt werden sollten. Dahinter verbargen sich nebst Strategie und Polemik im Grunde zwei simple Fragen, nämlich ob (und wann) bis dato kontrolliertes Vermögen zurückgegeben werden sollte und wie groß der Kreis der Betroffenen sein sollte.

Das Komitee für Vermögenskontrolle, in dem zumeist konstruktiv gearbeitet wurde, riet pragmatisch dazu abzuwarten, bis der Alliierte Kontrollrat eine neue Richtlinie im Einklang mit dem Gesetz Nr. 10 und der Direktive Nr. 38 veröffentlicht haben würde.[173] Die westalliierten Stellvertretenden Stadtkommandanten schlossen sich dieser Sichtweise an, der sowjetische Vertreter hingegen befürwortete mit Nachdruck eine Umsetzung des Gesetzes der Stadtverordnetenversammlung.[174] In seinen Augen bestimmte bereits das existierende Entnazifizierungsgesetz, das Vermögen all derjenigen zu beschlagnahmen, die „mehr als

Administration of controlled property by city government, 24 June 1947, ebenda, Nr. 11/149–1/3.

172 Vgl. Note by the Allied Secretariat, Coordinating Comm. on Administration of Controlled Property by City Government of Berlin, 30 October 1947, IfZ, OMGUS 3/86–3/14.

173 Vgl. AKB BK/O(47)301, Confiscation of Property of Active Nazis and War Criminals, 15 December 1947, IfZ, OMGUS 5/39–1/3.

174 Vgl. AKB BKD/M(47)53, Confiscation of property of active Nazis and war criminals, 23 December 1947, LAB, B Rep. 036–01, Nr. 11/149–1/5.

nominell an den Tätigkeiten der NSDAP" teilgenommen hatten, und der vorliegende Gesetzesentwurf, dem Willen der Berliner Bevölkerung entsprechend,[175] sähe nun lediglich vor, dieses auch zu enteignen: „The implementation of Control Council Directive No. 38 would only increase the number of confiscated properties without changing the disposition of property which had already been confiscated from the sentenced criminals."[176]

Im Zuge eines neuen Gesetzes könnte noch weiteres Vermögen beschlagnahmt werden, aber die Entnazifizierung dürfe nicht hinter bereits getroffene Maßnahmen zurückfallen, insistierte die sowjetische Stellungnahme.[177] Obgleich es sich bei den betroffenen ehemaligen Mitgliedern und Unterstützer:innen der NSDAP nicht um „sentenced criminals" handelte, ließ die Kontrollratsdirektive Nr. 24 eine solche Argumentation und Auslegung durchaus zu.

In Anbetracht immer polemischerer Auseinandersetzungen bestand jedoch kaum eine Chance, sich zu einigen. Denn im gleichen Atemzug warfen sowjetische Offiziere dem „imperialistisch-antidemokratischen Westen" immer wieder vor, nicht nur jegliche Abmachungen zu sabotieren, sondern auch hochrangige „war criminals and war organizers" wie Schwennicke und Witzleben insbesondere in der Wirtschaft zu schützen und zu protegieren.[178] Oftmals übernahmen sie die bereits in Moskau vom sowjetischen Außenminister Molotow vorgebrachten Beschuldigungen, dass „important fascists leaders" nach wie vor hohe Positionen in der amerikanischen und britischen Zone innehatten,[179] und verprellten damit ihr Gegenüber.

Auch die SED scheute nicht vor ähnlichen Aussagen zurück. Für den Berliner Parteivorstand der SED waren Entnazifizierung und Enteignung nach dem Vorbild der sowjetischen Zone Grundbedingungen für ein zukünftiges demokratisches Deutschland.[180] Im Gegensatz zu Politikern des Westens, argumentierte

175 So argumentierte der SMA-Chef Alexander G. Kotikow auf einer Pressekonferenz. Sehr verschiedene Bürger, in: Der Spiegel, 6. September 1947.

176 AKB BKD/M(48)15, Resolution of city assembly regarding confiscation of property of war criminals and Nazi activities, 16 April 1948, LAB, B Rep. 036–01, Nr. 11/149–1/9.

177 Vgl. ebenda.

178 Die Vorwürfe richteten sich an Großbritannien und die Vereinigten Staaten; Frankreich wurde explizit ausgenommen. AKB BKD/M(48)17, Implementation of ACA Directive No. 38, 28 April 1948, LAB, B Rep. 036–01, Nr. 11/149–1/9.

179 Zur Rede des sowjetischen Außenministers Wjatscheslaw M. Molotow auf der Moskauer Außenministerkonferenz siehe: Foreign Ministers council. Denazification, demilitarization of Germany. Mr Molotovs speech, reports from Moscow, IfZ, OMGUS 7/28–3/24.

180 Vgl. Heike Amos, Die Westpolitik der SED 1948/1949–1961. „Arbeit nach Westdeutschland" durch die Nationale Front, das Ministerium für Auswärtige Angelegenheiten und das Ministerium für Staatssicherheit, Berlin 1999, S. 14.

Ulbricht im Februar 1948, „sind wir der Meinung, dass nicht die Werktätigen und der Mittelstand die Träger des Faschismus waren, sondern die Konzern-, Bankherren und Großgrundbesitzer, die den Faschismus zur Macht brachten, um das eigene Volk auszubeuten und unterdrücken zu können".[181]

Anders als in Berlin könne in der sowjetischen Zone die Entnazifizierung für beendet erklärt werden, da dort die öffentliche Verwaltung gesäubert und die Betriebe „der Kriegsverbrecher mit oder ohne Naziparteibuch" sowie der Boden der Großgrundbesitzer enteignet wurden. Die wirtschaftliche Grundlage des Faschismus, postulierte Ulbricht, sei dadurch bereits beseitigt worden.[182] In der Viermächtestadt dagegen, so der vielfach erhobene Vorwurf, würden Westmächte eine ähnliche Entwicklung verhindern.

Ohne antiwestliche Rhetorik, aber im Kern nicht grundverschieden, schaltete sich auch Neumann im Herbst 1948 mit seinem Aufsatz *Militärregierung und Wiederbelebung der Demokratie in Deutschland* in die Debatte ein. Hatte das OSS vor 1945 noch empfohlen, dass derartige Reformen von einer zukünftigen deutschen Regierung ausgehen sollten, betonte Neumann angesichts der wachsenden Polarisierung zwischen Ost und West nun, dass in Deutschland bislang noch „jeder demokratischere Fortschritt [...] von oben diktiert worden" war und sich die vier Besatzungsmächte auf radikale sozioökonomische Umstrukturierungen zu verständigen hätten.[183] Da er nicht für das OSS tätig war, brauchte er kein Blatt vor den Mund zu nehmen. Mit deutlichen Worten wiederholte er die zentrale These des *Behemoth*, dass die Zusammenarbeit von Industrie und Partei „beinahe perfekt" gewesen sei, und prognostizierte, dass die Wirtschaftselite niemals aufgehört habe, „auf die Eroberung fremder Märkte und Länder" und eine „Zerstörung der Demokratie und die Auslöschung der Arbeiterbewegung zu hoffen und hinzuwirken". Die kapitalistische Demokratie, urteilte Neumann scharf, habe in Deutschland nicht funktioniert und dürfe nicht erneut etabliert werden. Eine Verstaatlichung sei daher „eine zwingende Notwendigkeit". Für Neumann war dies eine Umsetzung des Potsdamer Abkommen.[184]

Inmitten der ersten Berlinkrise forderte Neumann die Besatzungsmächte auf, eine Entscheidung zu treffen: Die Alliierten können demokratische Prozesse einführen, ohne die sozioökonomische Struktur zu verändern – dann stünden die Deutschen leicht wieder vor den gleichen Problemen wie 1933, und es gäbe

181 Zitiert nach: Görtemaker/Safferling, Akte Rosenburg, S. 73.

182 Ebenda.

183 Franz L. Neumann, Militärregierung und Wiederbelebung der Demokratie in Deutschland (1948), in: ders., Wirtschaft, Staat, Demokratie, S. 309–326, hier S. 313 und 316.

184 Ebenda, S. 309 und 320 f.

keine „Garantie dafür, dass sie nicht wieder in den Faschismus zurückfallen". Oder aber die Besatzungsmächte verändern die sozioökonomische Struktur radikal. Nur welche „Garantie gibt es dann, dass eine solche Maßnahme Freiheit und Demokratie sichern wird?"[185]

Neumanns an die amerikanische Politik adressierten Worte fanden kaum Gehör, schon gar nicht in Berlin. Die Warnung ihres Hauptquartiers vor Augen – „The Russians used denazification for expropriation concerns"[186] – hatte die amerikanische Militärregierung aber bereits begonnen, von ihr verwaltetes Vermögen zurückzugeben. Die britische Militärregierung hatte ohnehin verhältnismäßig wenig Betriebe, Immobilien oder sonstige Vermögenswerte kontrolliert, und die französische Militärregierung kaum eine Möglichkeit, zwischen den disparaten Positionen zu vermitteln. Nahezu aussichtslos zogen sich die Verhandlungen bis zum Auseinanderbrechen der Alliierten Kommandantur im Frühjahr 1948.

185 Ebenda, S. 312.

186 Hq USFET Assistant Chief of Staff G-2 to Director of Intelligence OMGUS, essential elements of information on denazification in Russian zone, 27 January 1947, IfZ, OMGUS 3/162-1/9.

Karikatur, 1948 | *Stiftung Haus der Geschichte, EB-Nr. 1994/05/0290, Stury*

5. Kultur- und Bildungswesen reformieren: Wiederaufbau

Edmond Vermeils breiter Entnazifizierungsbegriff

„Le terme de ‚dénazification' est donc un terme fallacieux. On ne quitte pas le nazisme comme un vêtement démodé, pour se trouver pur de tout blâme ou de tout danger après l'avoir abandonné."[1]

Ein enges Verständnis von Entnazifizierung, befand Edmond Vermeil, dessen Analysen des NS-Regimes im Mittelpunkt der französischen Planungen standen, sei wenig zielführend. Den amerikanischen personalpolitischen Ansatz im Blick, kritisierte Vermeil den Begriff „Entnazifizierung" als irreführend, denn man könne den Nationalsozialismus nicht abstreifen wie ein Kleidungsstück. Vielmehr müsse es darum gehen, in Deutschland nicht nur eine dauerhafte Abneigung gegen den Nationalsozialismus herbeizuführen, sondern auch einen kritischen Blick auf die deutsche Geschichte zu erzeugen. Und eine solche Aufklärungsarbeit könnten die Alliierten nur leisten, plädierte er im Jahr 1947, wenn sie sich zusammentun.[2]

Die Idee, dass eine Beseitigung des Nationalsozialismus nicht allein mit negativen Maßnahmen und ein Aufbau demokratischer Strukturen nicht allein durch Zensur und Kontrolle erfolgen konnte, sondern dass positive, in die Zukunft gerichtete Aktivitäten erforderlich waren, hatten diverse alliierte Gremien bereits zu Kriegszeiten intensiv diskutiert. Die Beseitigung nationalsozialistischer Einflüsse aus kirchlichen, zivilgesellschaftlichen, kulturellen und bildungspolitischen Einrichtungen war eng mit dem demokratischen Wiederaufbau dieser Institutionen verbunden. Ob etwa Kirchen ihre Vertreter:innen eigenmächtig ernennen konnten, wer Theater, Opernhäuser leiten oder dort auftreten durfte, wem gestattet war, einen Sport- oder Gesangsverein zu gründen,

1 Edmond Vermeil, Les Alliés et la rééducation des Allemands, in: Politique etrangère 6 (1947), S. 599–622, hier S. 613.

2 Ebenda. Auch: Marmetschke, Feindbeobachtung, S. 456f.

oder wer geeignet war, an Schulen zu unterrichten, diskutierten Delegierte im interalliierten Komitee für Entnazifizierung intensiv und oft im Zusammenhang mit den Inhalten von Reden, Stücken, Satzungen und Lehrplänen. Belastungskategorien lagen nicht nur Entscheidungen über Beschäftigungs- und Betätigungsrestriktionen zugrunde, sondern waren auch bei Zulassungen und Genehmigungen bedeutsam. Den vierten zentralen Aspekt der Berliner Entnazifizierungspolitik bildeten daher Maßnahmen, die auf einen gesellschaftlichen Wiederaufbau zielten. Französische Impulse und insbesondere Vermittlungen zwischen den Alliierten spielten dabei eine zentrale Rolle.

Entnazifizierung war für Frankreich, wie Vaillant gezeigt hat, in erster Linie ein kulturelles Problem.[3] In der französischen Entnazifizierungspolitik lagen negative und positive Maßnahmen eng zusammen, und die Grenzen zwischen dénazification und rééducation bzw. Sicherheits- und Demokratisierungspolitik waren fließend. Dass Entnazifizierung strenge Maßnahmen umfassen und zugleich auf langfristige gesellschaftliche Wirkungen ausgerichtet sein sowie ein starkes Augenmerk auf einen Fortbestand oder möglichen Wiederanstieg von Nationalsozialismus, Nationalismus und Militarismus legen sollte, forderten französische Gremien sowohl vor als auch nach Kriegsende.[4] Für viele französische Expert:innen und Politiker:innen durfte Entnazifizierungspolitik daher keinesfalls auf den engen Rahmen eines personalpolitischen Ansatzes begrenzt sein.[5]

Vermeils Analysen prägten diese Sichtweise. In *Allemagne. Essai d'explication* und darauf basierenden Empfehlungen hatte er dargelegt, dass der Nationalsozialismus tief in der deutschen Geschichte und Kultur verankert sei und daher langfristige strukturelle Maßnahmen notwendig seien. Nach Kriegsende setzte er seine Beratungen fort. Als Vorsitzender der Commission de rééducation du peuple allemand beriet er französische Behörden in Bildungs- und Kulturfragen,[6]

3 Vgl. Jérôme Vaillant, La dénazification par les vainqueurs: La politique culturelle occupants en Allemagne 1945–1949, Lille 1981, S. 7.

4 Vgl. Zauner, Erziehung und Kulturmission, S. 61 und 65; Marmetschke, Feindbeobachtung, S. 459f.; Rainer Hudemann, Kulturpolitik in der französischen Besatzungszone – Sicherheitspolitik oder Völkerverständigung?, in: Gabriele Clemens (Hrsg.), Kulturpolitik im besetzten Deutschland 1945–1949, Stuttgart 1994, S. 185–199, hier S. 188.

5 Vgl. Jérôme Vaillant, Einleitung. Bedeutung und Ausmaß des französischen Einflusses auf die kulturelle Entwicklung im Nachkriegsdeutschland, in: ders. (Hrsg.), Französische Kulturpolitik in Deutschland 1945–1949. Berichte und Dokumente, Konstanz 1984, S. 9–21, hier S. 13.

6 Vgl. Defrance, Edmond Vermeil, S. 207–221; Marmetschke, Feindbeobachtung, S. 449f. und 463–472; Zauner, Erziehung und Kulturmission, S. 21; Strickmann, L'Allemagne nouvelle, S. 406f.

später engagierte er sich im Comité français d'éxchanges avec l'Allemagne nouvelle, das den deutsch-französischen Austausch mittels Studienreisen und Veranstaltungen förderte.[7]

Um die von Vermeil geforderte internationale Kooperation bemühten sich in Berlin insbesondere Félix Lusset, Leiter der in Berlin ansässigen Kulturmission, und Eugène Hepp, Leiter der Erziehungs- und Kulturabteilung der französischen Kontrollratsgruppe in Berlin. Beide stammten aus dem Umfeld Vermeils, und unter ihrer Leitung startete Frankreich eine große Kulturoffensive in Berlin.[8] Der Kulturattaché Lusset, der sich als Schüler des Germanisten Vermeils verstand,[9] konnte mit dem Begriff „Umerziehung" wenig anfangen: „Die Berliner, denen es im übrigen nie an kritischem Geist gefehlt hat, sollten weniger ‚umerzogen' als vielmehr aufgefordert werden, sich einer Auseinandersetzung freier und unabhängiger Meinungen zu stellen."[10]

Anlass für diesen rückblickenden Kommentar bildete der vielbeachtete Besuch von Jean-Paul Sartre in Berlin Anfang 1948. Als Höhepunkt des ambitionierten kulturellen Engagements Frankreichs in Berlin war er im Februar 1948 zu Gast am Berliner Hebbel Theater, das sein Theaterstück *Die Fliegen* aufführte und mit einer öffentlichen Diskussionsrunde über den Umgang mit der politischen Vergangenheit begleitete. Mit Vertreter:innen aus Religion, Kultur, Presse und Bildung diskutierte Sartre über das Problem einer in die Vergangenheit gerichteten Schuld und einer in die Zukunft gerichteten Verantwortung.[11] In

7 Vgl. Joseph Jurt, Ein transnationales deutsch-französisches literarisches Feld nach 1945?, in: Patricia Oster/Hans-Jürgen Lüsebrink (Hrsg.), Am Wendepunkt: Deutschland und Frankreich um 1945 – zur Dynamik eines „transnationalen" kulturellen Feldes, Berlin 2015, S. 189–230, hier S. 214; Hans Manfred Bock, Das Deutsch-Französische Institut in der Geschichte des zivilgesellschaftlichen Austausches zwischen Deutschland und Frankreich, in: ders (Hrsg.), Projekt deutsch-französische Verständigung. Die Rolle der Zivilgesellschaft am Beispiel des Deutsch-Französischen Instituts in Ludwigsburg, Opladen 1998, S. 11–123, hier S. 60–67.

8 Vgl. Stefan Zauner, Die französische Kulturmission in Berlin, in: Hans-Martin Hinz/Cyril Buffet/Bernard Genton/Pierre Jardin (Hrsg.), Die vier Besatzungsmächte und die Kultur in Berlin, Leipzig 1999, S. 87–102; ders., Erziehung und Kulturmission, S. 85; Führe, Die französische Besatzungspolitik, S. 190 ff.; Margarete Mehdorn, Französische Kultur in der Bundesrepublik Deutschland. Politische Konzepte und Zivilgesellschaftliche Initiativen 1945–1970, Köln 2009, S. 76.

9 Vgl. Bock, Deutsch-Französische Institut, S. 84.

10 Felix Lusset, Sartre in Berlin. Zur Arbeit der französischen Kulturmission in Berlin, in: Vaillant (Hrsg.), Französische Kulturpolitik, S. 107–119, hier S. 113.

11 Vgl. Vaillant, La dénazification, S. 91 ff.; Klaus Grosse Kracht, „Der feigste aller Mörder ist einer, der bereut". Jean-Paul Sartre und die deutsche Zusammenbruchsgesellschaft,

der prominenten Runde prallten, wie der *Spiegel* berichtete, die „Meinungen fürchterlich doktrinär aufeinander".[12] Angehörige der vier Besatzungsmächte, die zahlreich im Publikum saßen, verfolgten die Debatte genau. Ihre Beziehungen waren nach den jüngsten politischen Auseinandersetzungen rund um den Ersten Deutschen Schriftstellerkongress, dem Verbot des Kulturbundes zur Demokratischen Erneuerung Deutschlands und der Zulassung der Vereinigung der Verfolgten des Nazi-Regimes (VVN) alles andere als vertrauensvoll, und so beobachteten „still notierende, scharf zu hörende Offiziere in allen Uniformen dieser Stadt" genau, wohin die Podiumsdiskussion führte.[13]

Eingeladen hatte die Kulturmission, deren Ziel die Kulturförderung in allen Regionen Deutschlands war. In seinen einführenden Worten betonte der mit der Résistance verbundene Lusset, die Diskussion sei, indem sie Sartre mit Kritiker:innen des Existenzialismus zusammenbringe, ein Musterbeispiel für Demokratie und ein streitbares Miteinander.[14] Lussets Worte richteten sich nicht nur an die Berliner:innen, sondern auch an die mittlerweile äußerst zerstrittenen Alliierten. Denn sowjetische Dienststellen standen nicht nur Sartres Besuch kritisch gegenüber, sondern hatten sogar versucht, die Veranstaltung zu verhindern. Dagegen hielt die französische Militärregierung, wie Lusset rückblickend und etwas feierlich betonte, kontroverse und intellektuelle Auseinandersetzungen für ausgesprochen wünschenswert.[15]

Auch wenn sich Frankreichs mit einer ambitionierten Kulturpolitik hervortat, prinzipiell waren sich alle vier Alliierten einig, dass Entnazifizierung nicht allein mittels Restriktionen gelänge. In der Planungszeit hatte sich klar gezeigt, dass Überlegungen zur Beseitigung des Nationalsozialismus unmittelbar mit der Frage verbunden waren, was an dessen Stelle treten sollte. Unter dem deutschen Schlagwort der Umerziehung kursierte eine Vielzahl von Begriffen – neben dem bekannten, von amerikanischer Seite geprägten „re-education" verwendeten britische wie später auch amerikanische Behörden „re-orientation" und „reconstruction", in der französischen Militärregierung zirkulierten „rééducation" oder „mission civilisatrice", und die Sowjetische Militäradministration

in: Axel Schildt (Hrsg.), Von draußen. Ausländische intellektuelle Einflüsse in der Bundesrepublik bis 1990, Göttingen 2016, S. 89–104; Magnus Klaue, Das Weltkind und seine Propheten. Jean-Paul Sartre in Berlin, 1948, in: Zeitschrift für kritische Theorie 23 (2017) 44/45, S. 33–59; Strickmann, L'Allemagne nouvelle, S. 21 und 155 f.

12 Prophete rechts, Prophete links, in: Der Spiegel, 7. Februar 1948. Auch: Lusset, Sartre in Berlin, S. 110 f.

13 Ebenda.

14 Vgl. Strickmann, L'Allemagne nouvelle, S. 166 f.

15 Vgl. Lusset, Sartre in Berlin, S. 113.

sprach von „antifaschistisch-demokratischer Umgestaltung“ sowie „geistiger Erneuerung“.[16]

Die im Potsdamer Abkommen verankerten Ziele hingen in vielfältiger Weise zusammen. Laut Rebecca Boehling sollten die eher diskriminierenden Elemente wie Denazifizierung, Demilitarisierung und Dekartellisierung prinzipiell das positive „D“ der Demokratisierung ermöglichen. Dabei umfasste eine Re-educationpolitik nicht nur Bildungs- und Kulturpolitik, sondern war eng mit Entnazifizierung und Entmilitarisierung verbunden.[17] So hielt etwa die Education Mission im September 1946 über die Beschlüsse des Alliierten Kontrollrats fest: „Negatively, their agreement runs that ‚all members of the Nazi party who have been more than nominal participants in these activities and all other persons hostile to allied purposes‘ shall be removed [...]. Positively, the agreement is that ‚such persons shall be replaced by persons, who by their political and moral qualities, are deemed capable of assisting in developing genuine democratic institutions in Germany‘.“[18]

Entnazifizierung umfasste beides, Entlassung und Betätigungsverbote sowie gezielte Neubesetzung und Zulassungen. Aus struktureller Sicht, so hielt selbiges Papier fest, ging es darum, öffentliche Institutionen so zu gestalten „as completely to eliminate Nazi and militaristic doctrines and to make possible the successful development of democratic ideas“.[19]

Wie für Lusset war der Begriff bald nicht nur bei vielen Deutschen, sondern auch bei den alliierten Militärregierungen wenig beliebt. Die britische Militärregierung in Deutschland schrieb 1948, sie könne das Wort nicht ausstehen, und protestierte: „This is an Education Branch, not a ‚Re-Education‘ Branch, and that word has never been used in our directives.“[20] Ähnliches galt für Berlin, wo

16 Siehe: Gudrun Hentges, Staat und politische Bildung. Von der „Zentrale für Heimatdienst“ zur „Bundeszentrale für politische Bildung“, Wiesbaden 2013, S. 27 ff.; Henry Kellermann, Von Re-Education zur Re-Orientation. Das amerikanische Re-orientierungsprogramm im Nachkriegsdeutschland, in: Manfred Heinemann (Hrsg.), Umerziehung und Wiederaufbau. Die Bildungspolitik der Besatzungsmächte in Deutschland und Österreich, Stuttgart 1981, S. 86–101; Hans-Werner Kuhn/Peter Massing/Werner Skuhr, Erziehung zur Demokratie als Lebensform – Re-education nach 1945, in: dies. (Hrsg.), Politische Bildung in Deutschland. Entwicklung – Stand – Perspektiven, Wiesbaden 1993, S. 109–141.

17 Vgl. Boehling, Transitional Justice, S. 63.

18 HQ Education Mission to Germany, Berlin Education Report, 20 septembre 1946, S. 17, MAE, AC/4.

19 Ebenda.

20 Zitiert nach: Kurt Jürgensen, Zum Problem der „Political Re-Education“, in: Heinemann (Hrsg.), Umerziehung und Wiederaufbau, S. 114–138, hier S. 123.

Dienststellen auf westalliierter Seite zumeist als Abteilung oder Komitee für Bildung oder für Kulturelle Angelegenheiten bzw. auf sowjetischer Seite Abteilung für Kultur und Propaganda bezeichnet wurden und ihre Anweisungen kaum die oben genannten Begriffe trugen. Ihre Gesetze und Direktiven bildeten die Grundlage, auf der Theater und Konzerthäuser eröffnet, Parteien, Gewerkschaften und Vereine zugelassen, Veranstaltungen genehmigt, eine Schulreform initiiert und Lehrinhalte überarbeitet wurden.

In diesem Kapitel werden ausgewählte Beispiele diskutiert, die innerhalb der Alliierten Kommandantur am intensivsten verhandelt wurden – die Bereiche Kirche, Kultur, Zivilgesellschaft und Schulwesen. Während das zentrale Entnazifizierungsgesetz für den öffentlichen Dienst und auch für die freie Wirtschaft Entlassungs- und Einstellungskriterien entworfen hatte, galten für das Bildungs- und Kulturwesen divergierende Regelungen. Während sich die Kirche für eine weitgehende Autonomie und milde Umsetzung einsetzte, waren für Kulturschaffende flexiblere und für Lehrkräfte lange strenge Kriterien in Kraft. Im Folgenden soll gezeigt werden, dass Angehörige der französischen Militärregierung sich als Vermittler:innen zwischen den oft konträren amerikanischen und sowjetischen Positionen hervortaten. Mehr als den anderen war ihnen an einer Kooperation und interalliierten Lösungen gelegen, und sie bemühten sich in den ideologisch aufgeladenen und zunehmend konfliktreichen Verhandlungen, Kompromisse zu finden, die ihrem eigenen Standpunkt und Plänen gerecht wurden.

Zwischen Schuldbekenntnis und Widerstand: Georges Casalis' Bemühungen gegenüber den Berliner Kirchen

„In the case of the Church the un-de-Nazified condition of the clergy is simply scandalous." Die Kirche, klagte der frühere Spezialist des Office of Strategic Services (OSS) und mittlerweile in Berlin tätige Edgar N. Johnson im Mai 1946 in Briefen an seine Frau, „doesn't want to get rid of its Nazi clergy", und ihre Vertreter:innen waren keineswegs „the heroes I thought they were going to be".[21] Mitunter von bündnispolitischen Erwägungen geleitet, hatten die vier Alliierten und ihre Expert:innen überwiegend erwartet, in den Glaubensgemeinschaften

21 Edgar N. Johnson, Schreiben an die Ehefrau, 11. Mai 1946, abgedruckt in: Werner Breunig/Jürgen Wetzel (Hrsg.), Fünf Monate in Berlin: Briefe von Edgar N. Johnson aus dem Jahre 1946, München 2014, S. 216–220, hier S. 219. Auch: Werner Breunig, Edgar N. Johnson – eine biographische Skizze, in: ebenda, S. 5–42, hier S. 12.

verlässliche Partner zu finden, und wurden daher vielfach vom großen Ausmaß des kirchlichen Widerstands gegen eine Entnazifizierung überrascht.

Im Unterschied zu kulturellen und politischen Vereinigungen, die erst nach eingehender Prüfung tätig werden durften, waren die Berliner Kirchen weitgehend selbst für ihre Entnazifizierung verantwortlich und gingen die Sache mehr als milde an. Die kritische Haltung der katholischen und insbesondere der evangelischen Kirche gegenüber Entnazifizierungsfragen, etwa ihre harsche Kritik an den als „Siegerjustiz“ empfundenen Gerichtsverfahren, ihre politische Unterstützung von verurteilten NS- und Kriegsverbrecher:innen und ihre vehementen Forderungen nach einer Beschränkung und schließlich Beendigung der personalpolitischen Restriktionen sind gut erforscht.[22] Eine erschöpfende Aufarbeitung der kirchlichen Entnazifizierung in der Viermächtestadt fehlt bislang,[23] aber es herrschten hier kaum andere Töne.

In Berlin war es in erster Linie die französische Militärregierung, die eine Entnazifizierung der Religionsgemeinschaften immer wieder auf die Agenda der Alliierten Kommandantur brachte und sich gegen die nur schleppend vorangehende Beseitigung nationalsozialistischer Einflüsse wandte. Französische Offiziere, möglicherweise die Thesen Edmond Vermeils zum großen Einfluss der lutherischen Tradition auf politische Ideen in Deutschland und Preußen vor Augen, forderten vehement ein Ende der Sonderregelungen und setzten sich für gesamtstädtische Lösungen ein.

Eine besondere Rolle spielte der französische Theologe und Sozialist Georges Casalis (1917–1987), der zunächst in Baden-Baden und dann in Berlin als Berater für religiöse Angelegenheiten der französischen Gremien tätig war. Casalis hatte Evangelische Theologie in Paris und dann in Basel studiert, wo er in den späten 1930er-Jahren Schüler Karl Barths wurde. Er sympathisierte mit der Bekennenden Kirche und war in der Résistance aktiv. In Berlin suchte Casalis den Kontakt zu jungen Pfarrern aus dem Umfeld Barths und Bonhoeffers, etwa Wolf-Dieter Zimmermann, und koordinierte ab dem Frühjahr 1946 für die französischen

22 Siehe v.a.: Vollnhals, Evangelische Kirche, S. 52–59; ders., Entnazifizierung und Selbstreinigung im Urteil der evangelischen Kirche: Dokumente und Reflexionen 1945–1949, München 1989; Klee, Persilscheine, S. 231–246; Matthew D. Hockenos, Die Kirchen nach 1945. Religiöse Abbrüche, Umbrüche und Kontinuitäten, in: Manfred Gailus/Armin Nolzen (Hrsg.), Zerstrittene „Volksgemeinschaft“: Glaube, Konfession und Religion im Nationalsozialismus, Göttingen 2011, S. 287–311; Frei, Vergangenheitspolitik, S. 21.

23 Vgl. Manfred Gailus, „Hier werden täglich drei, vier Fälle einer nichtarischen Abstammung aufgedeckt“. Pfarrer Karl Themel und die Kirchenbuchstelle Alt-Berlin, in: ders. (Hrsg.), Kirchliche Amtshilfe. Die Kirche und die Judenverfolgung im „Dritten Reich“, Göttingen 2008, S. 82–100, hier S. 98, FN 38.

Behörden den Austausch mit den Kirchen.[24] Bald nach seiner Ankunft in Berlin wurde Casalis, der die Lage ähnlich kritisch eingeschätzt haben dürfte wie der für die amerikanischen Behörden tätige Johnson, derjenige, der am engagiertesten dafür eintrat, die Entnazifizierung der Kirchen unter strenge interalliierte Aufsicht zu stellen.

Dabei hatten anglo-amerikanische Planungsstellen klar vorausgesehen, dass die Alliierten mit höchst unterschiedlichen Reaktionen und heftiger Gegenwehr zu rechnen hatten. Einige kirchliche Kreise würden die Besatzungsmächte willkommen heißen, andere, warnte das *Handbook for Military Government* deutlich, würden sie schlichtweg hassen.[25] Materialien wie das *Handbook* informierten die Alliierten sowohl über die nationalsozialistische Verfolgung der Kirchen und ihren Widerstand als auch über deren breite Unterstützung für Hitler. Angehörige der Streitkräfte konnten dort nachlesen, dass das NS-Regime Christentum und Nazismus für unvereinbar erklärt und weitgehend die Kontrolle über die kirchlichen Strukturen übernommen hatte. Sie wussten, dass viele Pastoren Mitglieder und Unterstützer der NSDAP waren und speziell die Deutschen Christen zu den großen Fürsprechern des NS-Regimes gehörten, aber auch vom Widerstand um Martin Niemöller im Stadtteil Dahlem und Heinrich Grüber im Stadtteil Kaulsdorf sowie von Hunderten Verhaftungen.[26] Weitsichtig beschrieb das Handbuch, mit welchen Allianzen zu rechnen sei:

> „Catholics who disapprove of Nazi racial and nationalistic doctrines or whose educational or charitable activities have been restricted or forbidden, Protestants who object to the effort of the ‚German Christians' to tie the German Evangelical Church to the Nazi propaganda machine, leaders of minority religious groups such as the Jews, Christian Scientists and the free Protestant churches which have been persecuted by the Hitler regime – all these

24 Über Georges Casalis siehe: Kurt Anschütz, Gemeinschaftlich mit Deutschen unterwegs. Der französische Militärpfarrer Georges Casalis in Berlin (1946–1950), in: Hinz/Buffet/Genton/Jardin (Hrsg.), Die vier Besatzungsmächte, S. 149–166, hier S. 150 ff.; Frédéric Hartweg/Daniela Heimerl, Der französische Protestantismus und die deutsche Frage (1945–1955) Teil 2, in: Kirchliche Zeitgeschichte 4 (1991) 1, S. 202–235, hier S. 212, FN 110; Jean-Louis Klein, Georges Casalis. „Unterwegs bleiben", in: Marieluis Christadler (Hrsg.), Die geteilte Utopie. Sozialisten in Frankreich und in Deutschland. Biografische Vergleiche zur politischen Kultur, Wiesbaden 1985, S. 321–330.

25 Vgl. Handbook for Military Government in Germany Prior to Defeat or Surrender, Part III Education and Religious Affairs, item 844.

26 Vgl. Germany Zone Handbook No. 1A Berlin. Part I People and Administration, Chapter Religion, S. 89–106 und Part III Local Directory, October 1944, Chapter Religious Communities, S. 89–92, TNA, FO 1012/2.

will give the Allies enthusiastic welcome. On the other hand, those Catholics who regard their co-religionist Hitler as a bulwark against Bolshevism, along with the German Christians and the Neo-pagans, will use all their influence behind the scenes to hinder the progress of the Allies."[27]

Diese kritischen Ausführungen gehen maßgeblich auf den Professor für europäische Geschichte Johnson zurück, der während des Krieges für das OSS in Washington und London tätig und dort als Spezialist für Kirchenfragen für die Ausarbeitung des *Handbook on the German Church* sowie *Military Government Guide on the German Church* verantwortlich gewesen war. Im Frühjahr 1946 begann Johnson, der zwischenzeitlich als oberster Berater des amerikanischen Hauptquartiers für Entnazifizierungsfragen im Gespräch war, für den amerikanischen Stadtkommandanten Berlins zu arbeiten. Sowohl mit Kirchen- als auch Entnazifizierungsfragen bestens vertraut, war das ehemalige OSS-Mitglied wie seine früheren Kollegen Franz L. Neumann und Herbert Marcuse lange der festen Überzeugung gewesen, dass Entnazifizierung grundsätzlich nur in Zusammenarbeit mit Deutschen erfolgen könne. Eineinhalb Jahre nach Kriegsende musste er ernüchtert feststellen, dass diese Politik insbesondere im Bereich der Glaubensgemeinschaften offenkundig gescheitert war.[28]

Es bewahrheitete sich gewissermaßen, was sein ehemaliger Mitstreiter Marcuse in seiner Empfehlung *Die Auflösung der Nazipartei* hatte kommen sehen, nämlich, dass Angehörige der Kirchen, sofern sie nicht durch eine Unterstützung des NS-Regimes kompromittiert seien, einerseits eine hilfreiche und objektive Informationsquelle sein könnten. Andererseits aber würden sie „aufgrund ihrer apolitischen Einstellungen manchmal einen viel zu engen Begriff von ‚aktiven Nazis' haben".[29]

Dass viele hochrangige Kirchenvertreter die alleinige Verantwortung für den Nationalsozialismus einem kleinen Kreis zuschieben wollten, den vier Besatzungsmächten oft kritisch gegenüberstanden und darüber hinaus zuweilen antidemokratische Einstellungen vertraten, zeigte sich in Berlin stationierten amerikanischen Offizier:innen ab dem Sommer 1945 in diversen Gesprächen.[30] Wie Dähn und Goerner herausgearbeitet haben, gewährte auch die Sowjetische Militäradministration den Kirchen in den ersten beiden Nachkriegsjahren relativ

27 Handbook for Military Government in Germany Prior to Defeat or Surrender, Part III Education and Religious Affairs, item 844.

28 Vgl. Breunig, Edgar N. Johnson, S. 12 und 17.

29 Die Auflösung der Nazipartei und der an sie angeschlossenen Organisationen vom 22. Juli 1944, abgedruckt in: Laudani (Hrsg.), Im Kampf gegen Nazideutschland, S. 349.

30 Vgl. Vollnhals, Evangelische Kirche, S. 10 ff.

große Freiräume. Die Sowjetische Militäradministration erlaubte den Kirchen als einzigen gesellschaftlichen Großverbänden in ihrer Zone und in Berlin, eine Entnazifizierung weitgehend selbst durchzuführen, und verfolgte wie angloamerikanische Stellen zunächst eine kooperative Politik, die nach Bündnissen suchte.[31]

Der erste große Gegenwind der Kirchen richtete sich gegen die Schulpolitik. Der Vorschlag des Magistrats, den Religionsunterricht an Berliner Schulen abzuschaffen, provozierte einen Aufschrei innerhalb der beiden Kirchen. Im Herbst 1945 hatte die Abteilung für Volksbildung den Alliierten angesichts der desaströsen Lage des Bildungswesens – während der letzten Kriegsjahre hatte kaum Unterricht stattgefunden, Hunderte Schulgebäude waren zerstört, Tausende Lehrer entlassen, nationalsozialistische Schulbücher nicht zu gebrauchen und Schulspeisung nur knapp zu gewährleisten – erste Vorschläge für einen Übergangslehrplan gemacht. Von der Erwägung ausgehend, „dass die deutsche Schule nicht mehr zerrissen werden darf durch Glaubensbekenntnisse und Weltanschauung", empfahl der Magistrat, das Bildungswesen von der Kirche zu trennen. Jegliche religiöse oder weltanschauliche Erziehung sollte in Zukunft eine Angelegenheit der Glaubensgemeinschaften sein.[32] Religionsunterricht sollte von den Kirchengemeinden organisiert und unabhängig vom Lehrplan für jene Kinder durchgeführt werden, deren Eltern sie angemeldet hatten.[33]

Für die evangelische Kirche war dies „eine Fortsetzung der faschistischen Kulturpolitik und [...] nichts anderes".[34] Ihre öffentliche Stellungnahme scheute nicht vor großen Thesen zurück: Den Kern des Nationalsozialismus – aus Sicht der evangelischen Kirche seine antikirchliche und antichristliche Politik – setze der Magistrat nun fort und „vollendet ihn". Eine Abschaffung des Religionsunterrichts gegen den Willen der Bevölkerung entspreche „faschistischen Methoden", sei „völlig undemokratisch", und eine aus laizistischem Staatsverständnis

31 Vgl. Horst Dähn, Kirchen und Religionsgemeinschaften, in: Martin Broszat/Hermann Weber (Hrsg.), SBZ-Handbuch. Staatliche Verwaltungen, Parteien, gesellschaftliche Organisationen und ihre Führungskräfte in der Sowjetischen Besatzungszone Deutschlands 1945–1949, München 1990, S. 813–851, hier S. 824ff.; Martin Georg Goerner, Die Kirche als Problem der SED. Strukturen kommunistischer Herrschaftsausübung gegenüber der evangelischen Kirche 1945 bis 1958, Berlin 1997, S. 30f. und 391.

32 Abt. für Volksbildung, Vorlage für die Sitzung am 15. Oktober 1945, 12. Oktober 1945, MAE, GMFB 9/95.

33 Vgl. Magistrat, Richtlinien des Schulamtes zum Religionsunterricht vom 26. September 1945, abgedruckt in: Wetzel (Hrsg.)/Hanauske (Bearb.), Die Sitzungsprotokolle, Bd. 1, S. 481.

34 Der evangelische Bischof von Berlin Kirchliche Erziehungskammer, Stellungnahme zur Vorlage für die Sitzung vom 15. Oktober 1945, 22. Oktober 1945, MAE, GMFB 9/95.

abgeleitete religiöse Neutralität fände keinerlei Unterstützung innerhalb der Elternschaft. Die Kirchen, in erster Linie die Bekennende Kirche, traute sich die Stellungnahme zu behaupten, seien „der einzig wirksame, von einer Organisation ausgehende Widerstand“ gegen das Regime gewesen.[35] Aus Sicht des evangelischen Bischofs von Berlin gab es daher auch nur „eine einzige Möglichkeit, dem Wiederaufkommen des Faschismus im deutschen Volk alle inneren Voraussetzungen zu nehmen: die bewusst christliche Erziehung der deutschen Jugend“.[36]

Im Ton zurückhaltender, aber ähnlichen Inhaltes wandte sich auch der katholische Bischof von Berlin, Konrad von Preysing, an das Schulamt. Der Magistrat nehme „die im Zuge der zwölfjährigen Kirchenverfolgung bereits erzielten Ergebnisse als gegeben hin“, kritisierte Preysing, und handele in seinem Bestreben, die Spuren des Nationalsozialismus zu beseitigen, in der Frage des Religionsunterrichts im entgegengesetzten Sinne.[37] Auch innerhalb des Magistrats erhoben die Vertreter:innen des kirchlichen Beirats Einwände. Der Theologe Peter Buchholz etwa sah die „mit Blut und Tränen erkämpfte antifaschistische Einheitsfront“ in Gefahr, die sich in der gleichsamen Verfolgung von Kommunist:innen und Christ:innen vor allem in den Konzentrationslagern gebildet hatte, wogegen kommunistische Stadträte prompt protestierten.[38]

Es stieß nicht nur den KPD-Mitgliedern des ersten Nachkriegsmagistrats auf, dass die beiden Kirchen und auch einige Mitglieder der CDU die Politik der Sowjetischen Militäradministration mit jener des NS-Regimes verglichen, wie Stadtrat Otto Winzer an den Vorsitzenden der SED, Wilhelm Pieck, berichtete.[39]

35 Ebenda.

36 Ebenda.

37 Schreiben des katholischen Bischofs von Berlin, Graf von Preysing, an das Schulamt vom 10. Oktober 1945, Katholischer Religionsunterricht an Schulen, abgedruckt in: Wetzel (Hrsg.)/Hanauske (Bearb.), Die Sitzungsprotokolle, Bd. 1, S. 519.

38 Karl Maron konterte beispielsweise, der Faschismusvorwurf sei gern gebraucht worden, und erinnerte daran, dass die Trennung von Kirche und Staat in Großbritannien, Frankreich, den USA und der Sowjetunion Normalität besaß und niemand behaupten könne, diese Staaten seien faschistisch. Vgl. 26. Magistratssitzung vom 15. Oktober 1945, abgedruckt in: Wetzel (Hrsg.)/Hanauske (Bearb.), Die Sitzungsprotokolle, Bd. 1, S. 526 und 529.

39 Vgl. Schreiben des CDU-Vorsitzenden Dr. Hermes an den Magistrat vom 16. Oktober, Richtlinien des Schulamtes zum Religionsunterricht, 26. September 1945, abgedruckt in: Wetzel (Hrsg.)/Hanauske (Bearb.), Die Sitzungsprotokolle, Bd. 1, S. 549–551. Auch: Sean Brennan, Politics of Religion in Soviet-Occupied Germany. The Case of Berlin-Brandenburg 1945–1949, Plymouth 2011, S. 22 f.; Horst Dähn, Grundzüge der Kirchenpolitik von SMAD und KPD/SED, in: Hartmut Mehringer/Michael Schwartz/Hermann Wentker (Hrsg.), Erobert oder befreit? Deutschland im internationalen Kräftefeld und die Sowjetische Besatzungszone, München 1999, S. 147–162, hier S. 156 f.

Auch die Besatzungsmächte mussten mehr als irritiert sein von der Behauptung, allein die Kirchen hätten gegen den Nationalsozialismus opponiert und seien daher der wichtigste Garant für Frieden und Demokratie. Zugleich war es das Ziel der Alliierten, die freie Religionsausübung wieder zu ermöglichen, und sie wollten keinen Streit vom Zaun brechen. Ebenso wenig wollten die Alliierten die Berliner Elternschaft, von der nach Angaben der Kirchen zwischen 70 und 90 Prozent Religionsunterricht an Schulen forderten, gegen sich aufbringen. Im Januar 1946 bestätigte die Kommandantur, dass den Glaubensgemeinschaften erlaubt werden müsse, Religionsunterricht für hier angemeldete Kinder zu organisieren.[40] Daraus resultierten Debatten, wer einen solchen Unterricht geben dürfe und wer nicht.

Bei französischen Offizieren hinterließen die Schreiben der Kirchen zugleich einen denkbar schlechten Eindruck. Dieser verfestigte sich umso mehr, als die evangelische Kirche einen zweiten Vorstoß wagte, indem sie die Alliierte Kommandantur um Erlaubnis bat, ehemalige Mitglieder der NSDAP und Angehörige der Wehrmacht als Religionslehrer:innen einstellen zu dürfen, was im Januar 1946 mit Blick auf die soeben vom Alliierten Kontrollrat verabschiedete Entnazifizierungsdirektive abgelehnt wurde.[41] Dass es Theologen wie Otto Dibelius und andere aber überhaupt wagten, eine solche Forderung zu erheben, wertete die französische Militärregierung als deutliche Tendenz, außerhalb des Rechts agieren zu wollen, und sorgte zunehmend für Missfallen.[42] Das Evangelische Konsistorium verschleppte oder verweigerte Auskünfte und wollte die Hoheit über Einstellungen und Überprüfungen bewahren.[43]

Vor allem nach Inkrafttreten des zentralen Berliner Entnazifizierungsgesetzes vom Frühjahr 1946 störten sich französische Behörden zunehmend daran, dass es den Kirchen selbst überlassen sein sollte, über Entlassungen zu entscheiden. Denn bis zum Herbst 1946 hatte dies dazu geführt, dass in ihrem Sektor lediglich sieben Pastoren, die während des Nationalsozialismus offenkundig die Deutschen Christen unterstützt hatten, vom Dienst suspendiert worden waren. Nach französischen Recherchen hatte es dagegen weitaus mehr Mitglieder oder Unterstützer:innen

40 Vgl. 44. Magistratssitzung vom 31. Januar 1946, Durchführung des Befehls über Religionsunterricht an Schulen, abgedruckt in: Wetzel (Hrsg.)/Hanauske (Bearb.), Die Sitzungsprotokolle, Bd. 2, S. 134.

41 Vgl. OMGBS, Monthly Report, January 1946, IfZ, OMGUS 5/37–3/1.

42 Vgl. Compte rendu d'activité août 1946–décembre 1947, MAE, AC/61.

43 Ausführlich, aber in teils recht wohlwollender Darstellung gegenüber den Bemühungen der Evangelischen Kirche: Christian Halbrock, Evangelische Pfarrer der Kirche Berlin-Brandenburg 1945–1961. Amtsautonomie im vormundschaftlichen Staat?, Berlin 2004, S. 149–165.

der NSDAP gegeben. Aber von den ungefähr 200 Kirchenvertreter:innen, die in den Augen der französischen Militärregierung unter die Kriterien der Entnazifizierungsgesetzgebung fielen, behielt das evangelische Konsistorium alle im Amt bzw. entließ lediglich eine Person in den frühzeitigen Ruhestand.[44] Warum die Alliierten solche De-facto-Sonderregelungen akzeptieren sollten, die nicht nur reaktionäre Tendenzen stärkten und den notwendigerweise radikalen Charakter der Entnazifizierung aushöhlten, wie französische Berichte festhielten, sondern damit auch noch jene Stimmen in einer Position beließen, in der sie ihre Ablehnung und scharfe Kritik an der Entnazifizierung öffentlich kundtun konnten – darüber waren die Franzosen sichtlich empört.[45]

Ihre Schätzungen scheinen angesichts aus der Forschung bekannten Zahlen realistisch, auch wenn vermutlich viele, in erster Linie an der Verbrechens- und Verfolgungspraxis Beteiligte, Berlin nach Kriegsende verlassen hatten.[46] Wie Manfred Gailus herausgearbeitet hat, gehörten von den 565 während des Nationalsozialismus in Berlin tätigen Pfarrern etwa 40 Prozent den Deutschen Christen an, und noch mehr waren Mitglied der NSDAP.[47] Laut Christian Halbrock hatten die kircheninternen Ausschüsse einige wenige Fälle disziplinarrechtlich behandelt und über 200 Verfahren initiiert, die auf eine moralisch-ethische Bewertung weitgehend ohne dienstrechtliche Konsequenzen hinausliefen.[48]

Dagegen, dass Dutzende, wenn nicht Hunderte Pastoren und Mitglieder der Gemeindeleitungen trotz ihrer nationalsozialistischen Vergangenheit weiter tätig sein durften, opponierte vor allem Casalis, der kurz nach Erlass des Entnazifizierungsgesetzes in Berlin eintraf. Ihm zufolge sollte der Kirche in Sachen Entnazifizierung keinesfalls vertraut werden. Entnazifizierung, machte er immer wieder deutlich, sollte auch dort nach geltenden Entlassungs- und Einspruchsregelungen, in öffentlichen Verfahren und im Rahmen einer von allen vier Alliierten getragenen Politik erfolgen.[49] Der französischen Militärregierung riet er: „Les

44 Vgl. Division Politique, épuration du clergé allemand, 30 octobre 1946, MAE, GMFB 1/337.

45 Vgl. Ebenda.

46 Vgl. Manfred Gailus, Täter und Komplizen in Theologie und Kirchen 1933 bis 1945 – zur Einführung, in: ders. (Hrsg.), Täter und Komplizen in Theologie und Kirchen 1933–1945, Göttingen 2015, S. 15–31.

47 Vgl. Manfred Gailus, Protestantismus und Nationalsozialismus. Studien zur nationalsozialistischen Durchdringung des protestantischen Sozialmilieus in Berlin, Köln/Weimar 2001, S. 619.

48 Vgl. Halbrock, Evangelische Pfarrer der Kirche, S. 158 und 162 f.

49 Vgl. Georges Casalis, note sur la dénazification à l'intérieur de l'église évangélique en Allemagne, 15 février 1947, MAE, GMFB 9/74.

possibilités de dénazification, c'est-a-dire la reconnaissance des changements d'attitudes, des actes de courage et de repentir des pasteurs et fonctionnaires ecclésiastique devraient etre les mêmes que pour l'ensemble de la population allemande."[50]

Die Bedingungen und Möglichkeiten der Entnazifizierung, verstanden als Anerkennung von Verhaltensänderungen, Mut und Reue, sollten für Angehörige der Kirchen dieselben sein wie für den Rest der Bevölkerung. Anfang September 1946 schlug Casalis der französischen Militärregierung daher vor, dass die Entnazifizierung der Kirche, ähnlich wie es für die Bereiche Medizin, Kultur und Erziehung der Fall war, durch eine zentrale Kommission erfolgen sollte. Ihm zufolge interessierte sich die Sowjetische Militäradministration „weder in ihrem Sektor noch in ihrer Zone" für die Kirche, und auch britische Instanzen hätten sich diesem Bereich kaum gewidmet. Allein von amerikanischer Seite sei die Anweisung ergangen, dass sämtliche Mitglieder der NSDAP und den Deutschen Christen angehörende Pfarrer ohne Unterschied zu entlassen waren. Die Franzosen hätten zwar recht erfolgreiche Arbeit geleistet, räumte Casalis ein, aber allein eine gemeinsame Politik gebe den Alliierten eine Garantie.[51] Sein großes Anliegen, bei aller Sympathie und Nähe, war, die Entnazifizierung nicht der Kirche zu überlassen.[52]

Vor dem Hintergrund dieser Diskussionen und der kirchlichen Stellungnahmen, die den französischen Behörden vorlagen, forderte Casalis eine strengere und gesamtstädtische Politik, die unter alliierter Aufsicht von einer speziellen Entnazifizierungskommission für Geistliche durchgeführt werden sollte. Seine Initiative fand zunächst verhältnismäßig wenig Unterstützung bei den Militärregierungen der anderen Sektoren, obwohl die Entnazifizierung der Kirche dort ähnlich schleppend verlief. Französischen Einschätzungen zufolge zeigte die sowjetische Militärregierung kaum Interesse für das Thema, und die britische wollte sich nicht in innere Angelegenheiten der Kirche einmischen. Und amerikanische Behörden, die zwar grundsätzlich auf eine gründliche Umsetzung der überwiegend von ihr erstellten Kriterien beharrten, fürchteten eine gesellschaftliche Abwehr und wollten eine Entnazifizierung der Glaubensgemeinschaften daher schnellstmöglich abschließen.[53]

50 Ebenda.

51 Vgl. Le Pasteur Casalis à Monsieur le General, Commandant le GMFB, 4 septembre 1946, MAE, GMFB 9/94.

52 Über das Engagement Casalis im Alliierten Kontrollrat siehe: Vollnhals, Evangelische Kirche, S. 82-85.

53 Vgl. Division Politique, épuration du clergé allemand, 30 octobre 1946, MAE, GMFB 1/337.

Die amerikanische Delegation der Kommandantur versuchte zunächst, den Vorschlag für eine Gründung einer speziellen Entnazifizierungskommission abzuwehren. Sie befand, „there is no need for modification or change", und versuchte, das Komitee für Bildung von der bisherigen Praxis zu überzeugen.[54] Seit Anfang des Jahres hatte die amerikanische Special Branch über hundert Fragebögen von Geistlichen zu ihrer NS-Vergangenheit überprüft, mit dem Ziel, Mitglieder der NSDAP oder Angehörige der Deutschen Christen zu entlassen. Von den 57 im März 1946 bearbeiteten Fällen hatten jedoch 45 Personen ihre Stellung behalten dürfen. Die restlichen waren, hielt der Education Report vage fest, „for appropriate action" an die Kirchen weitergeleitet werden.[55] Schließlich – und damit gleichwohl strikter als in den anderen Sektoren, wie Casalis betonte – wies die amerikanische Special Branch Ende Oktober 1946 die Entlassung von vierzehn Pastoren an, was umgehend große Kritik vonseiten der Kirche hervorrief. Daraufhin gestattete man den Glaubensgemeinschaften, diese Fälle vor der Neuköllner Entnazifizierungskommission überprüfen zu lassen, die umgehend viele Entlassungen widerrief.[56] Angesichts des großen Widerstands der Kirchen, der fast beendeten Überprüfung der Fragebögen und weniger verbliebener Fälle schien eine neue Kommission aus amerikanischer Sicht lediglich neuen Ärger zu bedeuten.[57]

Darüber hinaus stand Bischof Otto Dibelius, Mitverfasser des Stuttgarter Schuldbekenntnisses, in regelmäßigem Austausch mit General Clay und dessen Team für Entnazifizierung, Charles Fahy und Walter L. Dorn. Der von Dibelius unterstützte kirchliche Protest war für die USA zu einem Politikum geworden, das in der amerikanischen Zone zwar keine offizielle Gesetzesänderung bewirkte, aber die Verantwortlichen immer mehr unter Druck setzte und unter anderem zu einer stillschweigenden Akzeptanz von missachteten Predigtverboten führte, die für bestimmte ehemalige NSDAP-Mitglieder ausgesprochen worden waren.[58] Wie Vollnhals ausführt, zeigt sich im Rückblick, dass evangelische Kirchenführer den Rehabilitierungscharakter des in der amerikanischen Zone geltenden Befreiungsgesetzes nicht erkannten, sondern die Belastungskriterien fortwährend kritisierten, auch wenn sie mit den Spruchkammerverfahren der

54 OMGBS to Commanding General, Re-Employment of Denazified Teachers, 14 October 1946, LAB, B Rep. 036-01, Nr. 4/1-1/2.

55 OMGBD, Monthly Report, March 1946, IfZ, OMGUS 5/37-3/1.

56 Vgl. Georges Casalis, note sur la dénazification à l'intérieur de l'église évangélique en Allemagne, 15 février 1947, MAE, GMFB 9/74.

57 Vgl. AKB DEN Comm., Appeal Commission for clergy, 7 January 1947, TNA, FO 1112/374.

58 Vgl. Vollnhals, Evangelische Kirche, S. 69–91.

amerikanischen Zone bereits relativiert worden waren.[59] Insofern musste die Kritik der Kirchen in Berlin gegen die hier geltenden strikteren Regelungen im Grunde stärker ausfallen, was amerikanischen Offizieren in Berlin möglicherweise bewusst war. Anders formuliert: In der strengeren Berliner Entnazifizierungsgesetzgebung hatten die Kirchen im Grunde einen größeren Gegner.

Der französische Vorschlag fand letztlich Unterstützung von britischer und sowjetischer Seite. Insbesondere die britische Delegation wollte kirchliche Vertreter:innen zu den City Wide Officials zählen und hatte wenig gegen eine Umsetzung des von ihr entwickelten Einspruchsverfahrens einzuwenden.[60]

Dies gelang im Januar 1947. Aus dem eigenen Haus ernannte der Magistrat den stellvertretenden Leiter des Beirats für Kirchenfragen und Mitglied des Hauptausschusses Opfer des Faschismus, Heinrich Grüber, und zudem Pater Odilo Braun, Pfarrer Arthur Rackwitz und Bischof Victor Trawnik.[61] Sie waren Gegner und Verfolgte des Nationalsozialismus. Der Dominikaner Odilo Braun hatte in den 1930er-Jahren regimekritische Predigten gehalten und war nach dem Juli-Attentat 1944 verhaftet und für einige Monate im Gestapogefängnis in der Lehrter Straße festgehalten worden.[62] Pfarrer Arthur Rackwitz war eine der wichtigsten Personen des illegalen Netzwerkes der religiösen Sozialisten gewesen und dafür ins KZ Dachau verschleppt worden. Nach Kriegsende engagierte er sich in Arbeitskreisen der SED und hatte den Wahlaufruf „Christentum und Sozialismus sind keine Gegensätze“ unterstützt.[63] Speziell Grüber war den Alliierten kein unbekannter. Aus dem *Handbook Berlin*, das die Situation der Berliner Kirchen und ausgewählte Einzelpersonen detailliert beschrieb, erfuhren die Offizier:innen, dass Grüber „devoted himself to the care of ‚non-Aryan‘ members of the evangelical community“ und dafür viel Lob von NS-Gegner:innen erfahren hatte. Seine Hilfsstelle – von der Gestapo „Büro Grüber“ genannt – hatte bis Ende 1943 Hunderten jüdischen Verfolgten die Ausreise ermöglicht.[64] Für seine Unterstützung von zum Christentum konvertierten Juden und Jüdinnen war

59 Vgl. ebenda, S. 91.

60 Vgl. AKB DEN Comm., Appeal Commission for clergy, 7 January 1947, TNA, FO 1112/374.

61 Vgl. AKB DEN Comm. to Department Personalfragen, Denazification of Clergy, 30 January 1947, TNA, FO 1112/374.

62 Vgl. Tuchel, „… und ihrer aller wartet der Strick.“, S. 135 f.

63 Vgl. Kühling, Erinnerung an nationalsozialistische Verbrechen, S. 42 ff.; Ulrich Peter, Walther Schultz und Heinrich Schwartze – zwei deutsche Theologenkarrieren in drei Systemen, in: Manfred Gailus/Clemens Vollnhals (Hrsg.), Für ein artgemäßes Christentum der Tat. Völkische Theologen im „Dritten Reich“, Göttingen 2016, S. 171–188, hier S. 175.

64 Germany Zone Handbook No. 1A Berlin. Part I People and Administration, Chapter Religion, S. 105, TNA, FO 1012/2.

er zwischenzeitlich in den Konzentrationslagern Sachsenhausen und Dachau inhaftiert worden. Auch die sowjetische Militärregierung hatte ein positives Bild von Grüber und berief den Gerd Kühling zufolge zu Recht als Symbolfigur des christlichen Widerstands bezeichneten Theologen zum stellvertretender Leiter des Beirats für kirchliche Angelegenheiten des Magistrats sowie in den Hauptausschuss Opfer des Faschismus.[65]

Die genannten Personen führten die Entnazifizierungsverfahren für kirchliche Vertreter. Da es sich hier um eine Unterkommission der Allgemeinen Kommissionen handelte und daher keine eigenen Statistiken angefertigt wurden, lassen sich aus dem untersuchten Material keine Aussagen über die Anzahl der Verfahren oder ihre Urteile treffen. Aufgrund ihrer verhältnismäßig späten Einrichtung und der weitgehend abgeschlossenen Überprüfung in den jeweiligen Sektoren ist zu vermuten, dass eher wenig Fälle zur Verhandlung kamen. Der Erfolg der französischen Initiative bestand vielmehr darin, das Thema auf die interalliierte Agenda zu bringen und der harschen Kritik seitens Kirchen, insbesondere der evangelischen, etwas entgegenzuhalten.

Diese Kritik wiederum riss nicht ab. Im Frühjahr 1948 brachte die protestantische Kirchenverwaltung Berlin erneut ihren Einspruch vor. Täglich, berichtete sie, gingen Beschwerden von Gemeindemitgliedern über eine als ungerecht empfundene Entnazifizierung bei ihr ein. Über zwei Punkte, so das Schreiben eingangs, bestehe weitgehende Einigkeit: Zum einen verfehle das gegenwärtige Verfahren seinen Zweck, zum anderen benötige es viel zu lange. Die Schuldvermutung werde als Rache wahrgenommen, erlaube keinen Gesinnungswandel, und das lange Warten führe zu Bitterkeit, so das Urteil. Man forderte, jegliche Strafen mit der Ausnahme von Hauptkriegsverbrechern zu beenden, allen „nominellen" einschließlich temporärer Funktionsträger der NSDAP und ihrer Gliederungen schriftliche Rehabilitierungen auszustellen und ihnen die vollen bürgerlichen Rechte wiederzugeben. In deutlichen Worten drängte die Kirchenverwaltung: „actions of denazification should be stopped and only those individuals should appear in court for trial who can be convicted of crimes."[66]

Dass die protestantische Kirche eine Verantwortung vehement von sich wies und damit zugleich den Blick für die Ursachen des Nationalsozialismus versperrte, blieb den alliierten Fachleuten für Entnazifizierung kaum verborgen. Nur wenig später beschrieb dies dann auch der Entnazifizierungsexperte des amerikanischen Hauptquartiers Dorn. In seiner Rezension von Vermeils

65 Vgl. Kühling, Erinnerung an nationalsozialistische Verbrechen, S. 36 und 43.

66 Protestant Church Administration Berlin-Brandenburg, 2 March 1948, LAB, B Rep. 036–01, Nr. 4/10–3/30.

jüngster Publikation *L'Eglise en Allemagne* (1949) lobte Dorn die Ausführungen Vermeils zur Entwicklung des Protestantismus und zum Kirchenkampf als „masterful analysis", zugleich vermisste er eine kritische Auseinandersetzung mit der Entnazifizierung. „However, M. Vermeil is singularly unaware of the fact that the stubborn resistance of both the Protestant and Catholic churches presented the greatest single obstacle to a thorough denazification not only of the German churches but of German society. German protestants have generally confused the question of collective responsibility, which they refuse to accept, with an analysis of the causes of Nazism."[67]

Tatsächlich enthielt Vermeils Aufsatz kaum kritische Ausführungen zu den Auseinandersetzungen der Kirchen mit dem Nationalsozialismus oder zum Verlauf der Entnazifizierung im Allgemeinen, sondern stattdessen in die Zukunft gerichtete, positive Worte. Da der Katholizismus und die katholische Kirche stark genug gewesen waren, dem Nationalsozialismus Widerstand zu leisten, solle ihnen Vermeil zufolge auch eine zentrale Rolle in der kulturellen Erneuerung Deutschlands zukommen.[68] Ähnlich fand auch Casalis in der von Sartre und de Beauvoir gegründeten Zeitschrift *Les Temps Modernes* mittlerweile nur noch wenig kritische Worte.[69] Beides mag vor dem Hintergrund des intensiveren deutsch-französischen Austausches verständlich werden, in dem sich insbesondere das linkskatholische Intellektuellenmilieu und Akteure wie Vermeil, d'Harcourt, Casalis und Lusset vermehrt für einen Neubeginn aussprachen.[70]

Insgesamt fanden die Alliierten in ihrem Bemühen, die nationalsozialistischen Einflüsse aus der Gesellschaft zu beseitigen, in den Berliner Kirchen bis auf Einzelpersonen weniger einen Partner als einen Gegner. Gegen ihre wiederholt vorgetragenen Forderungen, die Entnazifizierung zu beenden und einen Schlussstrich zu ziehen, positionierte sich in Berlin am deutlichsten die französische Militärregierung, doch auch bei ihr ließen, im auf Verständigung und Kooperation ausgerichteten Wandel, die kritischen Stimmen nach.

67 Walter L. Dorn, Review. The Churches in Germany by Edmond Vermeil, K. J. Hahn and Gabriel Le Bras, in: Educational Research Bulletin 30 (1951) S. 14–25, hier S. 25.

68 Vgl. Edmond Vermeil, Les églises en Allemagne. The churches in Germany, Paris 1949, S. 94. Auch: ders., Les Alliés et la rééducation, S. 600 ff.

69 Vgl. Georges Casalis, L'Église évangélique en Allemagne, in: Les Temps Modernes. Allemagne 46 (1949), S. 388–395.

70 Über die vielfältigen zivilgesellschaftlichen Initiativen siehe: Marmetschke, Feindbeobachtung, S. 472–482; Corine Defrance, Versöhnung als europäischer Gründungsmythos? Deutsch-französische Beziehungen nach 1945, in: Urszula Pękala (Hrsg.), Ringen um Versöhnung II. Versöhnungsprozesse zwischen Religion, Politik und Gesellschaft, Göttingen 2019, S. 65–86, hier S. 72 ff.

Schlüterstraße 45: Kulturförderung und -kontrolle an einem Ort

Die Entnazifizierung des Kulturwesens war ebenfalls von Sonderregelungen geprägt. Denn zum einen war allen Besatzungsmächten eine rasche Kulturförderung ein wichtiges Anliegen. Zum anderen standen dabei eine von sowjetischer Seite favorisierte Flexibilität und die von amerikanischer Seite regelkonforme Anwendung des Handbuches und später des Berliner Entnazifizierungsgesetzes oft im Widerspruch. Beide Aspekte, die Beseitigung des Nationalsozialismus aus dem Kulturleben und dessen Erneuerung, fanden gewissermaßen an einem gemeinsamen Ort statt: In der Schlüterstraße 45 in Charlottenburg saßen die meisten bedeutsamen Kultureinrichtungen, darunter der Kulturbund zur Demokratischen Erneuerung Deutschlands, die Kammer der Kulturschaffenden, der Schutzverband Deutscher Autoren sowie einige Monate später die Entnazifizierungskommission für Künstler. Der Sitz der ehemaligen Reichskulturkammer war damit auch im Nachkriegsberlin zentraler Treffpunkt des kulturellen Lebens.

In Schlüterstraße trafen täglich Schauspieler:innen, Regisseur:innen, Sänger:innen und Schriftsteller:innen, darunter Gegner:innen wie Verfolgte des Nationalsozialismus, mit alliierten Offizier:innen und Soldat:innen, aufeinander. Der Kulturbund und die Alliierten organisierten hier Vorträge und Ausstellungen; Ausschüsse für Film, Theater, Musik und Literatur überprüften die politische Vergangenheit von Autor:innen sowie Inhalte von Werken. Sie hörten die Anliegen jener, die an alte Erfolge anknüpfen wollten, und derjenigen, die Informationen über nationalsozialistische Künstler:innen vorbringen konnten. Nach dem Erlass des zentralen Berliner Entnazifizierungsgesetzes im Februar 1946 fanden hier die öffentlichen Verfahren statt, und die Presse und die interessierte Öffentlichkeit gingen ein und aus.[71]

Als die Westalliierten im Sommer 1945 in Berlin eintrafen, war das kulturelle Leben bereits in vollem Gange.[72] Eine schnelle Öffnung der Theater, Opern und anderer Bühnen erschien der sowjetischen Militärregierung und dem Magistrat als ebenso geeignetes wie notwendiges Mittel, die kriegsgeschädigte „Bevölkerung Berlins aus ihrer Apathie herauszureißen".[73] Dem Stadtkommandanten

71 Ausführlich: Bernard Genton, Les Alliés et la culture: Berlin, 1945–1949. Essai de comparaison, Paris 1998, S. 17–35 und Wolfgang Schivelbusch, Vor dem Vorhang. Das geistige Berlin 1945–1948, Frankfurt a. M. 1997, S. 80 ff. und 128.

72 Vgl. Jürgen Wetzel, Die Rolle der Amerikaner bei der kulturellen Erneuerung Berlins, in: Hinz/Buffet/Genton/Jardin (Hrsg.), Die vier Besatzungsmächte, S. 73–86, hier S. 74; Keiderling, Wir sind die Staatspartei, S. 309 ff.

73 So Otto Winzer gegenüber amerikanischen Behörden. USFET ICD FTM Chief Michael Josselson, Halbwochenbericht vom 14. Juli, abgedruckt in: Brewster S. Chamberlin

Nikolai E. Bersarin lag die Kulturförderung zudem persönlich am Herzen, nicht zuletzt da er in den 1920er-Jahren als Mitarbeiter der sowjetischen Botschaft in Berlin in engem Kontakt zum Theaterwesen gestanden hatte.[74]

Angesichts des seit Monaten kriegsbedingt eingestellten Theater- und Musiklebens und dem Chaos und der Zerstörung der unmittelbaren Nachkriegszeit waren die Wiederbelebung einiger Theater und das erste Konzert nur eine einzige Woche nach Kriegsende auch aus amerikanischer Sicht eine „beachtliche Leistung". Die sowjetische Militärregierung ließ den Deutschen weitgehend freie Hand, und die amerikanische wunderte sich, dass sowjetische Verantwortliche geneigt schienen, „vieles zu vergessen, wenn es sich um Künstler handelt".[75] Diese Einschätzung hat die Forschung weitgehend bestätigt. Wer überlebt hatte, als unbelastet galt und vor Ort war, fasst Werner Mittenzwei zusammen, erhielt in den weitgehend konzeptionslosen ersten Berliner Nachkriegsmonaten die Erlaubnis, auf der Bühne zu stehen.[76] Die Kulturschaffenden, beschreibt Bernard Genton, wurden von der Sowjetischen Militäradministration umschmeichelt und gefördert.[77]

Die Kammer für Kulturschaffende, die als Nachfolgeorganisation der Reichskulturkammer die Registrierung von Künstler:innen vornahm, richtete sich im Juni 1945 in der Schlüterstraße 45 ein. Ausschüsse für Film, Theater, Musik und Literatur überprüften Autor:innen und Werke und erteilten bzw. verweigerten dementsprechend Erlaubnisse.[78] Die sowjetische Militärregierung übertrug

(Hrsg.), Kultur auf Trümmern. Berliner Berichte der amerikanischen Information Control Section Juli–Dezember 1945, Stuttgart 1979, S. 40–45, hier S. 51.

74 Vgl. Natalja P. Timofejewa, Deutschland zwischen Vergangenheit und Zukunft. Die Politik der SMAD auf dem Gebiet von Kultur, Wissenschaft und Bildung 1945–1949. Einleitung, in: Horst Möller/Alexandr O. Tschubarjan (Hrsg.), Die Politik der Sowjetischen Militäradministration in Deutschland (SMAD): Kultur, Wissenschaft und Bildung 1945–1949. Ziele, Methoden, Ergebnissen. Dokumente aus russischen Archiven, München 2005, S. 9–30, hier S. 11 ff.; Bärbel Schrader, Die erste Spielzeit und die Kammer der Kunstschaffenden, in: Ursula Heukenkamp (Hrsg.), Unterm Notdach. Nachkriegsliteratur in Berlin 1945–1949, Berlin 1996, S. 229–266, hier S. 235.

75 Henry C. Alter, Empfehlungen der Film-, Theater- und Musik-Abteilung, 18. Juli, abgedruckt in: Chamberlin (Hrsg.), Kultur auf Trümmern, S. 60–65, hier S. 61.

76 Vgl. Werner Mittenzwei, Verfolgung und Vertreibung deutscher Bühnenkünstler durch den Nationalsozialismus, in: Frithof Trapp/Werner Mittenzwei/Henning Rischbieter/Hansjörg Schneider (Hrsg.), Handbuch des deutschsprachigen Exiltheaters 1933–1945. Verfolgung und Exil deutscher Theaterkünstler, Bd. 1, München 1999, S. 7–80, hier S. 67. Auch: Schivelbusch, Vor dem Vorhang, S. 63 ff.;

77 Vgl. Genton, Les Alliés et la culture, S. 51.

78 Vgl. Brewster S. Chamberlin, Einleitung, in: ders. (Hrsg.), Kultur auf Trümmern, S. 9–31, hier S. 20 f.

damit die Kontrolle der Berliner kulturellen Aktivitäten weitgehend dieser Kammer, die der von Winzer geleiteten Abteilung für Volksbildung beim Magistrat verantwortlich war, und ließ sie weitgehend autonom entscheiden, wer eine Anstellung oder Auftrittsgenehmigung erhielt und wer nicht.[79] Zusammen mit den bezirklichen Kulturämtern registrierte sie Autor:innen, Schauspieler:innen, Musiker:innen, Tänzer:innen und Filmemacher:innen, überprüfte anhand der im Haus verbliebenen Akten der Reichskulturkammer deren Anträge und erteilte Lizenzen, Nachweise sowie politische Unbedenklichkeitsbescheinigungen.[80] Rückendeckung erhielt die Kammer von der Sowjetischen Militäradministration, die im Unterschied zu den westlichen Alliierten die nationalsozialistische Vergangenheit von Künstler:innen eher großzügig bewertete und die Verwaltung weitgehend selbstständig entscheiden ließ, wer eine Auftrittsgenehmigung erhielt und wer nicht.[81]

Nach der Einrichtung der Viermächteverwaltung verlor die Kammer schrittweise die Verantwortung für die Entnazifizierung. Die Westalliierten brachten mit den im *Military Handbook* verankerten Richtlinien ein eigenes Entnazifizierungsprogramm sowie ein eigene Lizenzpolitik nach Berlin, die im Gegensatz zur bisherigen Praxis auf verhältnismäßig festen Kriterien und Verfahren beruhten. Insbesondere die amerikanische Militärregierung bemühte sich um eine Anpassung an ihre strengen Richtlinien. Zwar schätzten sie die bisherige Arbeit von Wegener als grundsätzlich vertrauenswürdig ein und wollten mit der Kammer zusammenarbeiten, um „die deutschen kulturellen Aktivitäten in Berlin regeln“ zu können. Aber sie waren nicht gewillt, Entnazifizierung in alleinige deutsche Verantwortung zu legen, wollten eindeutige Kategorien umgesetzt sehen und planten daher umgehend, „wie die Kammer, ihr Prüfungsausschuss und ihre Überprüfungsmöglichkeiten in unserer Lizenzierungssystem eingebaut werden“ konnten.[82]

Nach und nach installierten die Alliierten verschiedene Mechanismen der Registrierung, Lizenzierung, Zensur und Kontrolle sämtlicher Kulturprogramme und -institutionen in ihrem jeweiligen Sektor. Filmproduzent:innen, Theaterleiter:innen und Verleger:innen benötigten eine Lizenz, um im jeweiligen Sektor tätig werden zu dürfen. Künstler:innen, Sänger:innen und Schauspieler:innen

79 Vgl. 8. Magistratssitzung vom 25. Juni 1945, abgedruckt in: Wetzel (Hrsg.)/Hanauske (Bearb.), Die Sitzungsprotokolle, Bd. 1, S. 163; Schrader, Die erste Spielzeit, S. 234.

80 Vgl. Chamberlin, Einleitung, S. 20 f.

81 Vgl. Schrader, Die erste Spielzeit, S. 234.

82 Semi-Weekly Report No. 1, Henry C. Alter to ISC Officer Berlin District, 12 July 1945, abgedruckt in: Chamberlin (Hrsg.), Kultur auf Trümmern, S. 40.

und Kulturprodukte vertreibende Personen, etwa Kinobesitzer:innen oder Buchhändler:innen, wurden registriert und konnten nach erteilter Genehmigung ihre Arbeit aufnehmen.[83] Binnen weniger Monate waren dadurch bereits 27 Theater und etwa 170 Lichtspielhäuser wieder in Betrieb.[84] Da die meisten kulturellen Einrichtungen keine gesamtstädtischen Einrichtungen waren, stand die alliierte Kulturpolitik im Spagat zwischen sektorspezifischer und stadtweiter Politik. Auf ihrem ersten Treffen im Juli 1945 hatten die Stadtkommandanten lediglich vage Grundzüge einer gemeinsamen Kultur- und Informationspolitik ins Auge gefasst: Ein koordinierender Ausschuss sollte die Aktivitäten von Theatern und Opern kontrollieren, und obgleich jede Besatzungsmacht die alleinige Befugnis hatte, über kulturelle Aktivitäten in ihrem Sektor zu entscheiden, solle dies im gegenseitigen Einvernehmen („with an understanding that each power consult with the others") erfolgen.[85] Als stadtweit wichtige Theater identifizierten die Alliierten die Staatsoper, das Deutsche Theater, das Metropol Theater sowie das Theater am Schiffbauerdamm im sowjetischen, das Hebbel-Theater, das Schlosspark Theater, die Neue Scala und das Kabarett der Komiker im amerikanischen, die Städtische Oper, das Renaissance Theater und die Tribüne im britischen und das Mercedes-Palast Lichtspieltheater im französischen Sektor.[86]

Als Forum der Konsultation fungierte das interalliierte Komitee für Kulturelle Angelegenheiten, das sich in seinen Sitzungen über ihre jeweilige Lizenzpolitik unterrichtete, kulturelle Veranstaltungen anregte, schwarze Listen nationalsozialistischer Künstler:innen sowie abgelehnter Arbeitsgesuche austauschte und ab Frühjahr 1946 schließlich für eine Entnazifizierung der Berliner Kulturschaffenden verantwortlich war.[87]

Zunächst untersagte das interalliierte Komitee der Kammer für Kulturschaffende, ohne vorherige Zustimmung mit der Alliierten Kommandantur Anweisungen herauszugeben, und löste die Kammer schließlich auf.

83 Vgl. allgemein über das Verfahren der Alliierten mit Fokus auf die britische Politik siehe: Gabriele Clemens, Die britische Kulturpolitik in Deutschland, in: dies. (Hrsg.), Kulturpolitik im besetzten Deutschland, S. 200–218, hier S. 204 ff.

84 Vgl. Magistrat der Stadt Berlin (Hrsg.), Ein halbes Jahr Berliner Magistrat, S. 81.

85 Director ICD to Major General Floyd Parks, Report of meeting of representatives of Kommandantura to discuss control of information services, 21 July 1945, IfZ, OMGUS POLAD/732/32.

86 Vgl. AKB CULT Comm., Ration Card for Theatre Artist, 8 May 1946; Resolution Nr. 153 Stop Licensing of small theatres and varieties, 14. August 1945; Resolution Nr. 207a Taking over 7 theatres as municipal theatres, 10. October 1945, MAE, KI/562/18.

87 Siehe z. B. AKB CULT Comm., Mutual Exchange of MG Orders and Regulations Pertaining to Licensing of Theatres, Publishers etc., 18 January 1946, MAE, KI/562/18.

Bedeutsam für eine gewisse Annäherung der unterschiedlichen Vorstellungen war, dass das Komitee im Januar 1946 eine gemeinsame „blacklist for artists in Berlin“ einführte. Binnen drei Monaten umfasste diese Liste über 80 Künstler:innen, denen damit ein Auftrittsverbot in jedem Sektor auferlegt war, unter ihnen der Schauspieler Heinz Rühmann, der Dirigent der Berliner Staatsoper Robert Heger, der frühere Leiter des Berliner Kammerorchesters Hans von Benda, der Tänzer Jockel Stahl und der Sänger Eugen Fuchs.[88] Der Austausch über prominente Künstler:innen führte wenig später sogar zur vom Komitee angestoßenen Verhaftung des Tänzers Egon Molkow, der nach den Alliierten vorliegenden Informationen „aktives“ NSDAP-Mitglied und an den Novemberpogromen 1938 beteiligt gewesen war.[89]

Mit dem im Februar 1946 erlassenen zentralen Berliner Entnazifizierungsgesetz galten erstmals stadtweit einheitliche Entlassungs- und Einstellungskriterien. Überprüfungen von entlassenen Künstler:innen oder ihnen verweigerten Auftrittsgenehmigungen übernahmen nun das interalliierte Komitee für Entnazifizierung und eine spezielle Entnazifizierungskommission. Auf der Grundlage eines ausführlichen Kriterienkatalogs war zu entscheiden, ob jemand „zwangsweise“ zu entlassen war, etwa bei einer Parteimitgliedschaft vor 1937 oder bei früheren Dienststellenleitern in der Reichskultur-, Reichsschrifttums-, Reichspresse- oder Reichsfundkammer Tätigen.[90] Anders aber als im Bereich der Verwaltung führte die neue Regelung nicht zu einer systematischen erneuten Überprüfung, sodass die meisten Genehmigungen vermutlich bestehen blieben. Der Kammer für Kulturschaffende teilten die Alliierten mit, dass sie nicht mehr befugt sei, die Entnazifizierung durchzuführen, und sich ihre Tätigkeit künftig auf die Sammlung von Informationen zu beschränken habe, die den verantwortlichen Gremien zugeleitet werden sollten.[91] Zu den frühen Überprüfungsausschüssen bestand eine gewisse Kontinuität, da mehrere Mitglieder in die neue Entnazifizierungskommission übernommen wurden und diese später als eine Art Expertengremium eine beratende Funktion wahrnahmen.[92]

88 Vgl. OMGBS, Monthly Report, March 1946; OMGBS, Monthly Report, January 1946, IfZ, OMGUS 5/37–3/1. Allgemein über die schwarzen, grauen und weißen Listen: Gerhardt, Denken in der Demokratie, S. 22 und 83f.

89 Vgl. OMGBS, Monthly Report, February 1946, IfZ, OMGUS 5/37–3/1.

90 Vgl. BK/O(46)101a vom 26. Februar 1946, in: Magistrat von Groß-Berlin (Hrsg.), VOBl. der Stadt Berlin 2 (1946) 11, S. 71–82, hier S. 73.

91 Vgl. KI Comité des Affaires Culturelles, dénazification, 26 février 1946, MAE, KI/562/18.

92 Vgl. AKB CULT Comm. to Magistrat Finanzabt., 5 June 1946; KI Comité des Affaires Culturelles, extension des pouvoirs de la commission d'experts, 31 octobre 1946, MAE, KI/562/18. Auch: Genton, Les Alliés et la culture, S. 12.

Etablierung der Entnazifizierungskommission für Künstler

Die neuen detaillierten Bestimmungen widersprachen oftmals der flexibleren Entnazifizierungspraxis der Kammer für Kulturschaffende ebenso wie derjenigen der Sowjetischen Militäradministration. Daher standen sich die verschiedenen Prioritäten – zugespitzt formuliert eine amerikanische Kontrolle über die und eine sowjetische Förderung der Kultur – oftmals konträr gegenüber. Die Auseinandersetzungen der Alliierten zeigten sich vor allem in dem Zeitraum, bevor die deutsche Entnazifizierungskommission für Künstler im September 1946 ihre Arbeit aufnahm, wie die von den Alliierten intensiv diskutierten Fälle des Schauspielers Gustaf Gründgens und des Dirigenten Wilhelm Furtwängler veranschaulichen.

Gründgens wurde während des Nationalsozialismus zu einer der bedeutendsten Persönlichkeiten des deutschen Theaters. Im Jahr 1934 wurde er zum Intendanten des Schauspielhaus genannten Preußischen Staatstheaters, dem wichtigsten Theater in Berlin, und wenig später zum Preußischen Staatsrat berufen. Vom *Völkischen Beobachter* diffamiert, sah sich Gründgens aufgrund der nationalsozialistischen Verfolgung von Homosexuellen in Gefahr und floh 1938 kurzzeitig in die Schweiz, setzte aber unter Görings Schutz seine Karriere fort, wirkte in Propagandafilmen mit und hatte ab 1944 einen Platz auf der Gottbegnadeten-Liste wichtiger Künstler:innen.[93] Nachdem er unmittelbar nach Kriegsende vom sowjetischen Stadtkommandant kontaktiert worden war, nahm er eine Inszenierung von Schillers *Räuber* in Angriff, in der auch der kurz darauf zum Präsidenten der Kammer der Kulturschaffenden ernannte Wegener spielen sollte.[94] Wegener allerdings äußerte Bedenken und war skeptisch, wie das Publikum auf den Mann reagieren würde, der zwar seine Stellung in „großartiger Weise“ für verfolgte Kolleg:innen eingesetzt hatte, der aber eben „seine Karriere innerhalb dieses Reiches“ gemacht hatte und Staatsrat gewesen war.[95] Die Prüfungsausschüsse befassten sich nicht weiter mit der Frage, denn Gründgens wurde am selben Tag von sowjetischen Behörden verhaftet und erst im Frühjahr 1946 aus dem Internierungslager Jamlitz entlassen. Sowjetische Kulturoffiziere hatten sich für seine Freilassung eingesetzt mit der

93 Vgl. Ernst Klee (Hrsg.), Das Kulturlexikon zum Dritten Reich. Wer war was vor und nach 1945, Frankfurt a. M. 2007, S. 203 f.; Wigand Lange, Theater in Deutschland nach 1945. Zur Theaterpolitik der amerikanischen Besatzungsbehörden, Frankfurt a. M. 1980, S. 131 ff.

94 Vgl. Schrader, Die erste Spielzeit, S. 237; Wetzel, Die Rolle der Amerikaner, S. 74.

95 Protokoll der konstituierenden Sitzung des Präsidialausschusses, zitiert nach: Schrader, Die erste Spielzeit, S. 237.

Idee, Gründgens für den Aufbau des Theaterwesens im sowjetischen Sektor zu engagieren.[96]

Von diesen Vereinbarungen wussten die westlichen Alliierten in Berlin indes nichts. Im Gegenteil, für die amerikanischen Behörden tauchte der „Nazi Actor-Producer" plötzlich ohne Erlaubnis in Berlin auf und fiel unter die „mandatory exclusion" Kategorie des Entnazifizierungsgesetzes.[97] Der sowjetische Repräsentant im Komitee für Kulturelle Angelegenheiten versicherte Anfang April 1946 zunächst, dass Gründgens ohne Zustimmung des Komitees nicht in Berlin auftreten werde.[98] Widerwillig und nur nach französischer Fürsprache gab die amerikanische Delegation ihre Zustimmung, und die Alliierten einigten sich schließlich, dass Gründgens lediglich als Schauspieler, nicht aber als Produzent oder Regisseur tätig sein durfte.[99] Vermutlich in diesem Zusammenhang entstand die Abmachung der Alliierten über Visaregelungen für Künstler:innen ohne Wohnort in Berlin: Zukünftig sollte jede Militärregierung alle Personen, die in ihrem jeweiligen Sektor auftreten wollten, dem Komitee für Entnazifizierung für eine eingehende Prüfung bekannt geben. In den Protokollen sind mehrere solcher Gesuche um Auftrittserlaubnisse überliefert.[100]

Als im Sommer 1946 Gerüchte über eine Regie von Gründgens aufkamen, drohte die Situation erneut zu eskalieren. Über Wochen forderte die amerikanische Vertretung die sowjetische auf, ihr Rede und Antwort zu stehen, und verlangte eine Presseerklärung, „to stop current rumors that Gruendgens was preparing to direct a play in the Deutsches Theater".[101] Die Verantwortung von sich weisend, wich der sowjetische Vertreter B.R. Otchkin aus, tat unwissend und stürzte die anglo-amerikanische Seite damit in Verzweiflung. Französische Vermittlungen deeskalierten die Debatte. Offizier Michel Beauquey beschwichtigte, indem er zunächst den amerikanischen Vorschlag einer öffentlichen Stellungnahme unterstützte, dann aber seinem sowjetischen Kollegen zur Seite

96 Vgl. Schivelbusch, Vor dem Vorhang, S. 93ff.; Mittenzwei, Verfolgung und Vertreibung, S. 63ff.

97 OMGBS, Monthly Report, March 1946, IfZ, OMGUS 5/37–3/1.

98 Vgl. AKB CULT Comm., Gustav Gruendgens, 5 April 1946, MAE, KI/562/18.

99 Dass solche Ausnahmen und individuellen Bewertungen innerhalb der amerikanischen Entnazifizierungsstrenge eigentlich nicht vorgesehen waren, zeigt sich auch darin, dass man wenige Wochen später versuchte, diese Zustimmung wieder zurückzunehmen und in der Alliierten Kommandantur zu erwirken, dass der Fall neu verhandelt wird, was aber die anderen drei Besatzungsmächte ablehnten. Vgl. AKB CULT Comm., Gustav Gruendgens, 7 May 1946, MAE, KI/562/18.

100 Z.B. AKB CULT Comm., Passes for Artists coming to Berlin, 17 May 1946, MAE, KI/572/18.

101 AKB CULT Comm., Gustav Gruendgens, 9 August 1946, MAE, KI/562/18.

sprang: Seit dem Frühjahr 1946, erklärte Beauquey, habe er sowjetische Anliegen unterstützt, „because there was some discord in the Committee“ und weil er die angespannten Beziehungen innerhalb des alliierten Gremiums durch eine Einigung habe stärken wollen. Bei diesem Standpunkt bleibend, unterstütze er die sowjetische Haltung, dass eine Unterscheidung zwischen Schauspieler:innen und Produzent:innen, wie sie die Amerikaner vornahmen, unverständlich sei.[102] Schließlich lenkte die amerikanische Delegation zähneknirschend ein und genehmigte nun auch eine Erlaubnis für Regie und Produktion mit der Einschränkung, dass Gründgens nicht Intendant werden sollte.[103]

Der Fall Gründgens veranschaulicht die verschiedenen Positionen der Alliierten und vor allem die konträren amerikanischen und sowjetischen Positionen auch deswegen deutlich, weil sein Fall nicht vor der Entnazifizierungskommission für Künstler verhandelt wurde, sondern direkt von den Alliierten. Erst mit der Errichtung der von Deutschen geführten Entnazifizierungskommission im Herbst 1946 verlagerte sich die Entscheidungsbefugnis, und solche Streitfälle wurden meist nicht mehr von interalliierten Gremien ausgetragen. Dies illustriert der ebenfalls ausführlich diskutierte Fall des berühmten Dirigenten und Komponisten Wilhelm Furtwängler.[104]

Nachdem im Frühjahr 1946 aus der Presse zu erfahren war, dass Furtwängler bald in Berlin auftreten werde, brach im Komitee für Entnazifizierung eine hitzige Debatte aus. Die amerikanische Delegation sah „no alternative but to place Furtwängler into the ‚mandatory removal‘ category“.[105] Als früherer Preußischer Staatsrat und Vizepräsident der Reichsmusikkammer stand der Dirigent auf einer schwarzen Liste und unterlag einem Aufführungsverbot. Seinen Fragebogen in den Händen haltend, pochten amerikanische Offiziere auf eine Anwendung der gültigen Entnazifizierungsgesetze, was von britischer und französischer Seite unterstützt wurde. Der sowjetische Repräsentant allerdings forderte eine Einreise- und Spielerlaubnis für den „conductor of world wide fame“.[106]

Kurz davor, divergierende Stellungnahmen an die höhere politische Ebene zu senden und die Stadtkommandanten entscheiden zu lassen, einigte sich das

102 AKB CULT Comm., Gustav Gruendgens, 16 August 1946, MAE, KI/562/18. Auch: OMGBS, Historical report 1 October 1946 to 31 December 1946, IfZ, OMGUS 5/36–1/2.

103 Vgl. AKB CULT Comm., Gustav Gruendgens, 23 August 1946, MAE, KI/562/18.

104 Vgl. Klee (Hrsg.), Das Kulturlexikon, S. 171 f.; Sam H. Shirakawa, The Devil's Music Master. The controversial Life and Career of Wilhelm Furtwängler, New York/Oxford 1992, S. 294–369.

105 AKB DEN Comm., Matters relating to vetting of personnel, 6 August 1946, TNA, FO 1112/374.

106 Ebenda.

Komitee schließlich darauf, den Fall an die Entnazifizierungskommission weiterzugeben. Furtwängler erhielt ein Schreiben mit der Erlaubnis, einen Antrag zu stellen, und dem Hinweis, dass es ihm bei einem erfolgreichen Verfahren gestattet sein würde, „to resume your musical activities in Berlin". Nach einem Verhandlungstag im Dezember 1946 empfahl die Kommission Furtwänglers Rehabilitierung, und die Alliierten bestätigten diese Entscheidung nach einigen Diskussionen im Frühjahr 1947.[107]

Die in den Sitzungsprotokollen überlieferten Entscheidungen lassen vermuten, dass sich das interalliierte Komitee wie im Falle Furtwänglers in den meisten Fällen den Empfehlungen der Kommission anschloss. Bis zum Herbst 1948 führte die Entnazifizierungskommission für Künstler einige Hundert Verhandlungen durch und gab Empfehlungen darüber ab, ob jemand zu Unrecht von Entnazifizierungsmaßnahmen betroffen war und wieder in seinem Beruf tätig sein durfte. Der Sitzungssaal im dritten Stock der Schlüterstraße 45 war mit seinen achtzig Plätzen für die auf großes öffentliches Interesse stoßenden Verfahren regelmäßig viel zu klein. Gerade bei prominenten Fällen wie jenen der Schauspielerin Käte Jöken-König, die im Propagandafilm *Jud Süß* mitgespielt hatte, oder des Opernsängers und frühen NSDAP-Mitglieds Willi Domgraf-Fassbaender drängte die Presse in den überfüllten Verhandlungsraum.[108] Interessierte Zuschauer:innen warteten nicht selten gedrängt auf den Fluren und auf der Straße auf das Ergebnis.[109] Mehr als bei anderen Berufsgruppen standen die Verfahren von Künstler:innen unter spezieller Beobachtung. Die Berliner:innen fragten sich, ob die Kommission bei Prominenten wohl „beide Augen zudrücken und sie mit besonderem Wohlwollen behandeln" oder umgekehrt hart urteilen und damit „die deutsche Kunst Schaden erleiden würde", wie es die Illustrierte *Nacht-Express* formulierte.[110]

Ein im *Telegraf* veröffentlichter Leserbrief übte scharfe Kritik an einer „alles andere als wohlabgewogenen" Spruchpraxis. Die Größen der Kulturwelt, lautete der Vorwurf, kämen ungeschoren davon, „weil man ohne sie geschäftlich nicht auszukommen meint", und zählte auf: Ernst Legal, Willi Domgraf-Fassbaender, Tjana Lemnitz, Gertrud Rünger, Wolf Völker und Josef Greindl hätten alle

107 Auszüge des Verhandlungsprotokolls und Urteils des Entnazifizierungsverfahrens sind hier abgedruckt: Klaus Lang, Wilhelm Furtwängler und seine Entnazifizierung, Aachen 2012; Shirakawa, Devil's Music, S. 294–368.

108 Vgl. Klee (Hrsg.), Das Kulturlexikon, S. 118 und 527.

109 Vgl. Rund um den Entnazifizierungsausschuss für Künstler, in: Berliner Zeitung, 2. Oktober 1946.

110 Prominenz in der Entnazifizierung, in: Nacht-Express, 5. September 1946. Auch: Vergehen im Amt, in: Der Morgen, 25. Oktober 1946.

„nichts zu fürchten“, selbst wenn ihre „SA-Zugehörigkeit und Parteimitgliedsnummer einwandfrei“ bekannt seien.[111] Die Urteilspraxis entsprach weitgehend jener der Kommissionen der Bezirke sowie anderer Berufsgruppen. Von den im April 1947 aufgeführten cirka 70 Einsprüchen lehnte die Kommission nur ungefähr ein Dutzend ab, darunter ausschließlich Dirigenten und Regisseure, und befürwortete die restlichen, vor allem Schauspieler:innen, Sänger:innen, Musiker:innen und Tänzer:innen.[112] Deutlich wird aus dem vorliegenden Material, dass die Kommission bis zum Mai 1948 etwa 450 Kulturschaffende rehabilitierte und damit über 70 Prozent der 624 zur Verhandlung kommenden Einsprüche befürwortete und den Betreffenden eine Rückkehr auf eine Berliner Bühne ermöglichte.[113]

Aufbau einer politisierten Zivilgesellschaft: Zwischen Verbot und Unterstützung am Beispiel des Kulturbundes

„Approval of organisations depends on two things“, stellte der französische Offizier Beauquey heraus, „first the desirability of the statutes, and second the suitability of the organisers.“[114] Im Jahr 1947 begann die Zulassung von Hunderten zivilgesellschaftlichen Organisationen. Nachdem die Sowjetische Militäradministration bereits im Juni 1945 und damit weitaus früher als die westlichen Besatzungsmächte die Gründung von politischen Parteien und Gewerkschaften genehmigt hatte, durften nun auch andere politische und kulturelle Vereinigungen und Verbände um eine Zulassung ansuchen. Im verschärften Ton des beginnenden Ost-West-Konflikts brachen heftige Debatten um einige Organisationen aus, etwa den Kulturbund. Die meisten Vereine und Verbände erhielten allerdings ohne viel Aufhebens ihre Zulassung und stellten einen gewichtigen Schritt zum Aufbau der Berliner Zivilgesellschaft dar.

Der negative und der positive Aspekt der Entnazifizierung waren untrennbar miteinander verbunden: Sämtliche Gründungs- und Vorstandsmitglieder einer Organisation waren vom Komitee für Entnazifizierung zu prüfen; sämtliche Satzungen und größere Veranstaltungen vom Komitee für Kulturelle Angelegenheiten zu genehmigen. Insbesondere die französische Delegation machte

111 Sonderbare Denazifizierungspraxis, in: Telegraf, 7. Juli 1946.

112 Vgl. AKB CULT Comm., 29 April 1947, MAE, KI/563/1.

113 Vgl. Abt. für Personal, Tätigkeitsbericht der Entnazifizierungskommissionen seit Errichtung dieser bis einschließlich 30. April 1948, LAB, C Rep. 207, Nr. 4990.

114 AKB CULT Comm., 28 August 1947, MAE, KI/653/1.

sich für den engen Zusammenhang der beiden Aspekte und deswegen für eine enge Zusammenarbeit der beiden interalliierten Gremien stark. Im August 1947 argumentierte sie: „The Cultural Affairs Committee had the responsibility of studying and approving or disapproving the statutes, and the Denazification Committee had the responsibility of determining the suitability of the organisers, and that the combination of the two decisions would be the determining factor as to whether or not the organisation should be approved. The two operations were parallel."[115]

Beide Kontrollen stellten für Frankreich zwei Seiten einer Medaille dar. Die französischen Behörden vertraten in Sachen Vereinigung und Versammlungen mitunter die strengste Position der Alliierten. Anders als die anderen hatten sie, wie im Magistrat diskutiert wurde, unmittelbar nach ihrer Ankunft in Wedding und Reinickendorf sogleich „alle Versammlungen bis herunter zu kleinen Gewerkschaftsversammlungen verboten".[116] Ebenso störten sich KPD-Vertreter:innen daran, dass die Jugendausschüsse und die Freie Deutsche Jugend im französischen Sektor nicht zugelassen worden waren.[117] Ihre strenge Haltung setzten französische Delegierte in der Alliierten Kommandantur nun fort.

Die alliierten Komitees gingen sehr genau vor – befanden sich ehemalige Mitglieder oder Unterstützer:innen der NSDAP, die unter das Entnazifizierungsgesetz fielen, unter den Antragsteller:innen, wurde der Antrag abgelehnt. Waren Satzungen in einigen Punkten zweifelhaft oder unklar, wurden Korrekturen eingefordert. Entstand der Eindruck, dass alte Verbindungen wiederbelebt werden könnten, etwa wenn mehrere Personen hohe militärische Ränge innehatten oder bereits früher im selben, möglicherweise NS-nahen Verein tätig gewesen waren, riet das Komitee für Entnazifizierung ihren Kolleg:innen, die Organisation im Auge zu behalten.[118]

Fernab politisch aufgeladener Diskussionen prüften und genehmigten die Alliierten Woche für Woche Hunderte Gesangsgruppen, Jagd- und Ruderklubs, Kegel- und Taubenzüchtervereinigungen ebenso wie Gruppen der Arbeiterwohlfahrt, akademische Vereine, den Arbeitskreis der Kirchen und Religionsgesellschaften in Groß-Berlin sowie politische Vereinigungen verschiedener Strömungen. Sie durften tätig werden, nachdem die vier Alliierten ihre Gründungs- bzw. Vorstandsmitglieder auf ihre nationalsozialistische Vergangenheit sowie die

115 Ebenda.

116 21. Magistratssitzung vom 17. September 1945, abgedruckt in: Wetzel (Hrsg.)/Hanauske (Bearb.), Die Sitzungsprotokolle, Bd. 1, S. 431.

117 Vgl. Füssel, Umerziehung der Deutschen, S. 250.

118 Vgl. AKB DEN Comm. to EDU Comm., Vetting of sponsors of non-political organisations, 30 September 1947, MAE, GMFB 9/17.

Satzung auf ihre demokratische Ausrichtung hin geprüft hatten.[119] Allein im September 1947 lagen den Alliierten über 500 Fragebögen zur Prüfung vor.[120]

Die weitgehend konfliktfreie Kooperation der vier alliierten Mächte belegt, wie sehr sich ihre Interessen in diesem Punkt deckten. In anderen Worten: Ein großer Teil der Demokratisierung Deutschlands bzw. Berlins lag in der Zulassung Hunderter Wohltätigkeitsorganisationen, Sportverbände, Freizeitvereine und Interessenverbände.

Besondere Vorsicht ließen die Alliierten bei Jugendorganisationen walten. Nachdem eine Reihe von „underground fascist activities" aufgedeckt worden war, wie das Komitee für Bildung im Frühjahr 1946 festhielt, prüften sie Anfragen zur Bildung von Jugendklubs und deren Veranstaltungen überaus genau.[121] Speziell sowjetische Offiziere sahen hier eine große Gefahr und lehnten daher einen Großteil der kulturellen Veranstaltungen ab, die zugelassene Organisationen beantragten.[122] Stand im ersten Nachkriegsjahr noch die Sorge vor bewaffnetem Widerstand, vor allem der Jugend, einerseits sowie Gleichgültigkeit und Resignation andererseits im Vordergrund – amerikanische Umfragen attestierten den Berliner:innen „a combination of anxiety about personal welfare and apathy about everything else"[123] –, war die Stadt spätestens nach den Berlinwahlen im Herbst 1946 stark politisiert. Das Spannungsfeld von Antifaschismus, Antiamerikanismus und Antikommunismus zeigte sich im Bereich der Zulassung von Vereinen und Veranstaltungen, in erster Linie bei der Organisation des Kulturbundes.

Anfang Juni 1945 hatte der nur wenige Wochen später verunglückte Stadtkommandant Bersarin die Errichtung des Kulturbundes zur demokratischen Erneuerung Deutschlands beauftragt.[124] Auf Plänen der Moskauer Exil-KPD beruhend, gründete sich daraufhin der Kulturbund als „unabhängige und überparteiliche Bewegung" mit dem Ziel, die „Naziideologie auf allen Lebens- und Wissensgebieten" zu vernichten und eine demokratische Kultur zu entwickeln. Die Leitung übernahm der in der Exil-KPD aktiv gewesene Schriftsteller Johannes R. Becher. Mit einer Vielzahl an Veranstaltungen, darunter Lesungen, Theaterabende, Diskussionsrunden, Konzerte und Ausstellungen, stieß der Kulturbund auf breite Resonanz und fand bald Tausende Mitglieder in Berlin. Im August 1945

119 Siehe Sitzungsprotokolle 1947: AKB CULT Comm., MAE, KI/653/1.

120 Vgl. CCGBE PSB, Monthly Report, September 1947, TNA, FO 1050/1684.

121 OMGBS, Monthly Report, April 1946, IfZ, OMGUS 5/37–3/2.

122 Vgl. Tent, Mission on the Rhine, S. 242.

123 OMGBD, Three Month Report July-September 1945, IfZ, OMGUS 5/37–3/9.

124 Ausführlich: Andreas Zimmer, Der Kulturbund in der SBZ und in der DDR. Eine ostdeutsche Kulturvereinigung im Wandel der Zeit zwischen 1945 und 1990, Wiesbaden 2018, S. 29–54.

gründete der Kulturbund den ebenfalls in der Schlüterstraße ansässigen Aufbau Verlag und gab später die Zeitschriften *Aufbau* und *Sonntag* heraus. Seit dem Herbst organisierte der Kulturbund darüber hinaus mehrere Male pro Woche Sendebeiträge für den Berliner Rundfunk.[125] Über die Frage, ob ehemalige Mitglieder der NSDAP in einer der zahlreichen Ortsgruppen aktiv werden durften, hatte man ausführlich diskutiert und schließlich gegen Jahresende entschieden, alle ehemaligen Parteimitglieder auszuschließen, die vor 1920 geboren wurden.[126]

Der Kulturbund genoss unter den Alliierten zunächst großes Ansehen, denn sein Programm entsprach in weiten Teilen einer Politik der Re-education und Demokratisierung. Die Alliierten förderten und beteiligten sich an zahlreichen gemeinsamen Veranstaltungen in verschiedenen Bezirken und kooperierten mit vielen Mitgliedern des Kulturbundes, als Angehörige beratender Ausschüssen oder als Einzelpersonen, in Entnazifizierungsfragen.[127] Doch der Kulturbund stand zunehmend im Spannungsfeld zwischen der parteipolitischen Linie der SED und einer breiteren intellektuellen Auseinandersetzung, wie sie Becher verstanden wissen wollte.[128]

Unter den Westalliierten war eine Skepsis gegenüber dem kommunistischen Einfluss weit verbreitet, insbesondere in amerikanischen Behörden. Sie verdächtigten den Kulturbund, kommunistisch unterwandert und antiamerikanisch zu sein, untersagten immer wieder einzelne Veranstaltungen und schließlich, nach der einem Verbot gleichkommenden nicht erteilten Zulassung durch die Alliierte Kommandantur im Herbst 1947, sämtliche Aktivitäten in ihrem Sektor.[129] Die britische Militärregierung gewährte zwar dem Kulturbund in ihrem Sektor Obdach, war jedoch zurückhaltend eingestellt und schloss sich dem Verbot an. Frankreich indes tat dies nicht, vermutlich auf Bestreben von Lusset.[130] Obgleich ebenfalls misstrauisch, sahen französische Behörden in Berlin, anders als in der französischen Besatzungszone, im Kulturbund grundsätzlich einen verlässlichen und festen Partner sowie die Möglichkeit, mit ihm ihre kulturelle Präsenz zu erhöhen. Im Sommer 1946 teilte der französische Botschafter de Saint-Hardouin seinem Außenministerium mit, dass nach Einschätzungen vor Ort der Kulturbund zwar zu Beginn dem Kommunismus eng verhaftet gewesen war, aber allmählich gemäßigtere Tendenzen zeigte, sich dem Westen gegenüber

125 Vgl. Zimmer, Der Kulturbund, S. 40; Wetzel, Die Rolle der Amerikaner, S. 83 f.

126 Vgl. Zimmer, Der Kulturbund, S. 39.

127 Vgl. Schivelbusch, Vor dem Vorhang, S. 153.

128 Protokoll der Präsidialsitzung am 29. April 1946, zitiert nach: Zimmer, Der Kulturbund, S. 42.

129 Vgl. Wetzel, Die Rolle der Amerikaner, S. 81.

130 Vgl. Führe, Die französische Besatzungspolitik, S. 206 ff.; Zimmer, Der Kulturbund, S. 52.

öffne und daher gerade in Berlin Grundlagen für eine enge Zusammenarbeit existierten. Es sei daher empfehlenswert, so der Bericht, die Kooperationen zu verstärken, „pour developer notre influence à Berlin sur le plan culturel".[131] Als der Kulturbeauftragte Lusset wenig später nach Berlin kam, um seine Kulturmission aufzubauen, suchte er unmittelbar Kontakt mit dem Kulturbund und initiierte diverse Veranstaltungen, die schließlich mit der Einladung Sartres im Frühjahr 1948 ihren Höhepunkt fanden.[132]

Gemeinsame Veranstaltungen mit dem Kulturbund fanden, so Dorothea Führe, große Beachtung und auch Begeisterung innerhalb der französischen Militärregierung, darunter eine Veranstaltung mit Hunderten Besucher:innen aus allen Sektoren anlässlich des französischen Nationalfeiertags im Weddinger Lichtspielhaus und dem Theater Mercedes Palast im Sommer 1946. In einem Bericht für Paris und Baden-Baden hielt General Noiret den Behauptungen, der Kulturbund stehe unter sowjetischem Einfluss, entgegen, dass Becher während des Nationalsozialismus auch in Frankreich Zuflucht gefunden habe und nun öffentlich betone, Deutschland benötige für seine geistige Erneuerung Beziehungen zum Osten wie auch zum Westen.[133] Und ein Bericht der französischen Gruppe des Alliierten Kontrollrats zitierte Becher mit den Worten, er ziehe „das reaktionärste Französische dem demokratischsten Amerikanischen" vor.[134]

Die französische Militärregierung glaubte an Bechers integrative Bemühungen und unterstützte sie. Demensprechend hielt die französische Delegation die Anerkennung des Kulturbunds eher für eine Formalie.[135] Während die seit zwei Jahren aktive Organisation aus Sicht der sowjetischen Seite aufgrund des Befehls Nr. 1 der Alliierten Kommandantur vom 11. Juli 1945, der bisherige Befehle der sowjetischen Behörden für weiterhin gültig erklärte, selbstverständlich legal war, sahen amerikanische Behörden im Kulturbund immer mehr eine „communist front organization".[136]

Die dem Kulturbund zugewandten französischen Vertreter:innen im Komitee für Kulturelle Angelegenheiten waren um Ausgleich zwischen konträren Positionen bemüht. Sie argumentierten im Juni 1947, dass eine Vereinigung keine Veranstaltung organisieren könne, bevor sie de facto anerkannt worden

131 Zitiert nach: Genton, Les Alliés et la culture, S. 77.

132 Vgl. ebenda.

133 Vgl. Führe, Die französische Besatzungspolitik, S. 203 f.

134 Zitiert nach: Martin Schiede, Im Blick des anderen die deutschfranzösischen Kunstbeziehungen 1945–1959, Berlin 2005, S. 44 f.

135 Vgl. Führe, Die französische Besatzungspolitik, S. 205.

136 So kommentierte Stadtkommandant Howley das spätere Verbot. Zitiert nach: Keiderling, Um Deutschlands Einheit, S. 105.

sei,[137] und schlossen sich der amerikanischen Bedingung an, Veranstaltungen wie den Schriftstellerkongress nur dann zu genehmigen, wenn er allein vom Schutzverband, nicht aber vom Kulturbund organisiert werde.[138] Ähnlich rang die französische Delegation den Sommer über immer wieder um Kompromissvorschläge. Als der FDGB im August 1947 gemeinsam mit dem Kulturbund eine Kulturwoche veranstalten wollte, sprach sich Beauquey für eine Genehmigung aus und stellte die Konsens findende Bedingung, dass vorab ein detailliertes Programm vorgelegt werden müsse. Im September genehmigte das Komitee für Bildung ebenfalls nach französischer Fürsprache eine Bewerbung des Kulturbundes um bildungspolitische Arbeit an Schulen unter der Auflage, dass es sich um eine rein kulturelle Veranstaltung handele, die „nichts mit Politik oder Propaganda" zu tun habe und „weder Schulverwaltung oder Lehrer zu beeinflussen" suche.[139]

Die angespannte Situation eskalierte, als der Journalist und amerikanische Kulturoffizier Melvin Lasky auf dem Ersten Deutschen Schriftstellerkongress die Verfolgung und Diskriminierung von Künstler:innen in der Sowjetunion offen kritisierte und damit heftige Gegenproteste auslöste. Wenig später wies der Militärgouverneur der amerikanischen Besatzungszone Lucius D. Clay mit der „Operation Back-Talk" seine Abteilungen an, den Kommunismus in jeder Form zu bekämpfen. Jegliche Veranstaltungen des Kulturbundes im amerikanischen Sektor wurden umgehend untersagt, und die Organisation musste ihre Räumlichkeiten in der Schlüterstraße im britischen Sektor sofort verlassen.[140]

Berliner Schulreform und die Entnazifizierung des Lehrpersonals

Frankreich, Großbritannien, die Sowjetunion und die Vereinigten Staaten stimmten völlig darin überein, dass die Berliner Kinder und Jugendlichen zutiefst von der nationalsozialistischen Ideologie beeinflusst waren und eine grundlegende Erneuerung des Schulwesens erforderlich war.[141] Auch für den Magistrat stand

137 Vgl. KI Comité des Affaires Culturelles, 30 juin 1947, MAE, AC/11.

138 Vgl. KI Comité des Affaires Culturelles, compte-rendu, 21 julliet 1947, MAE, AC/11.

139 AKB EDU Comm. to Abt. Volksbildung, Antrag des Kulturbundes über Schülerveranstaltung, 27. September 1946, MAE, 9/94. Auch: AKB CULT Comm., FDGB Cultural Week, 27 August 1947, MAE, KI/563/1.

140 Vgl. Wetzel, Die Rolle der Amerikaner, S. 84; Schivelbusch, Vor dem Vorhang, S. 157; Keiderling, Um Deutschlands Einheit, S. 112 f.

141 Vgl. Gregory P. Wegner, Germany's Past Contested. The Soviet-American Conflict in Berlin over History Curriculum Reform, 1945–48, in: History of Education Quarterly 30 (1990) 1, S. 1–16, hier S. 3; Führe, Die französische Besatzungspolitik, S. 212.

fest, dass die Schulen zu „Drillanstalten des Menschenhasses und Militarismus" und Orten des „Rassenhasses, des Chauvinismus und der Kriegshetze" gemacht worden und substanzielle Reformen nötig waren.[142] Wer zukünftig unterrichten durfte und was unterrichtet werden sollte, bildeten die wichtigsten, stets zusammenhängenden Fragen für eine Entnazifizierung des Schulwesens.

Am 1. Juni 1948, inmitten politisch-ideologischer Auseinandersetzungen, einigten sich die Alliierten überraschend und erließen als eine ihrer letzten gemeinsamen Handlungen ein neues Schulgesetz für Berlin, mit dem die Einheitsschule eingeführt werden sollte, und wenige Tage später, nach langen und hitzigen Debatten, einen Lehrplan für das als besonders wichtig erachtete Fach Geschichte.[143] Bis zum Zerfall der Viermächteverwaltung hielten die Alliierten zugleich an der von französisch-sowjetischer Seite durchgesetzten strengen Regelung fest, die sämtliche ehemaligen Mitglieder und Unterstützer:innen der NSDAP aus erzieherischen Berufen ausschloss. Obgleich die Alliierten ab 1947 kaum ein Thema mehr ohne Kontroversen behandelten, überwog das gemeinsame Interesse an einer Reorganisation des Schulwesens und einer strikten Entnazifizierung.

Wie in anderen Bereichen bestand auch in bildungspolitischen Fragen ein enger Zusammenhang zwischen der Beseitigung des Nationalsozialismus und dem demokratischen Aufbau. So war im Potsdamer Abkommen festgehalten worden: „Das Erziehungswesen in Deutschland muss so überwacht werden, dass die nazistischen und militaristischen Lehren völlig entfernt werden und eine erfolgreiche Entwicklung der demokratischen Ideen möglich gemacht wird."[144]

Ab dem Sommer 1945 erließ der Alliierte Kontrollrat daraufhin verschiedene unter dem Komplex „Elimination of Nazi Doctrine from the German Educational System" zusammengefasste Resolutionen und Direktiven zur Entlassung und Ausbildung von Lehrer:innen, zur Zulassung von Schüler:innen, über die Vernichtung von nationalsozialistischer Literatur und schließlich über

142 Magistrat der Stadt Berlin (Hrsg.), Ein halbes Jahr Berliner Magistrat, S. 74. Auch: Magistrat an AKB, Berliner Schulen, 17. Juni 1946, MAE, GMFB 9/99.

143 Ausführlich zum Berliner Schulwesen nach 1945: Marion Klewitz, Berliner Einheitsschule 1945–1951. Entstehung, Durchführung und Revision des Reformgesetzes von 1947/1948, Berlin 1971; Wegner, Germany's Past, S. 1–16; Tent, Mission on the Rhine, S. 244–250; Füssel, Umerziehung der Deutschen, S. 298–365; Daniela Anikke Dittgen, West-Berliner Lehrerinnen zwischen Kontinuität und Neuanfang. Weibliche Berufstätigkeit an wissenschaftlichen Oberschulen in den 1950er Jahren, Berlin 2014, S. 60–81; Klaus Mancke, Die Einheitsschule nach dem Kriegsende in Berlin, in: Berliner Geschichtswerkstatt (Hrsg.), So viel Anfang war nie?! Nach dem Kriegsende in Berlin 1945, Berlin 2016, S. 25–45.

144 Bericht über die Dreimächtekonferenz von Berlin (Potsdam) vom 2. August 1945, in: Reichardt/Treutler/Lampe (Bearb.), Berlin. Quellen und Dokumente, Bd. 4, 1. Halbbd., S. 79–94, hier S. 85.

Grundprinzipien für die Demokratisierung des Bildungswesens.[145] In Berlin wurde aus diesen Rahmenbedingungen Praxis. Zwei Aspekte sind hervorzuheben: Sämtliche nationalsozialistischen Lehrkräfte sollten durch Hilfs- und Neulehrer:innen ersetzt werden, und Schulformen und -bücher sollten grundlegend überarbeitet werden. In beiden Bereichen herrschten insbesondere zwischen der amerikanischen und der sowjetischen Militärregierung vielfach divergierende Ansichten, und es waren oft französische Impulse und Vermittlungen, die trotz des Ost-West-Konflikts eine gemeinsame Politik möglich machten.

Die Berliner Schulen waren bereits geöffnet, als die westlichen Alliierten im Sommer 1945 Berlin erreichten. Anerkennend stellten sie fest, dass Kinder und Jugendliche hier ihre Zeit nicht auf der Straße, sondern im, wenn auch provisorischen, Unterricht verbrachten. In den westlichen Besatzungszonen hingegen war geplant, Schulen und andere Einrichtungen vorerst komplett zu schließen und erst nach gründlicher Entnazifizierung und Reorganisation wieder zu eröffnen. Die Schulpflicht, wurde ihnen rasch deutlich, war auch ein Beitrag zur öffentlichen Sicherheit, denn sie senkte die weitverbreitete Jugendkriminalität und die Gefahr eines bewaffneten Widerstands durch die fanatische und demoralisierte HJ-Generation, den alle vier Besatzungsmächte fürchteten. Die pragmatische Politik imponierte vor allem amerikanischen Offizieren. Beeindruckt stellten sie fest, dass die Sowjetische Militäradministration im bildungspolitischen Bereich zudem gut ausgestattet war und über weit mehr gut ausgebildete Bildungsbeauftragte verfügte als sie selbst.[146] Ihr Erfolg, befand Stadtkommandant Frank L. Howley, „lies in a flair for starting things, commencing things, without waiting for final perfection".[147]

Das Schulnotprogramm des Magistrats beschrieb es als dringlichste Aufgabe, alle „Lehrer, die Parteimitglieder waren oder sich in irgendeiner Form im nationalsozialistisch-militärischen Sinn hervorgetan haben", zu entlassen. Jene Lehrkräfte, die nur „unter äußeren Druck in die Partei gegangen" waren, erklärte Stadtrat Winzer zugleich, sollten die Möglichkeit erhalten, nach eingehender Prüfung weiterhin zu unterrichten.[148] Der Sowjetischen Militäradministration

145 Vgl. ACA Report Section II Denazification, Part 8 Elimination of Nazi Doctrine from the German educational system, IfZ, OMGUS 2/108–2/3–7.

146 Vgl. OMGBS, Three Month Report 1 July to 30 September 1945, IfZ, OMGUS 5/37–3/9; OMGBS, Six Month Report, 4 July 1946 to 1 January 1947, ebenda, Nr. 17/257–2/10.

147 OMGBS, Three Month Report 1 July to 30 September 1945, IfZ, OMGUS 5/37–3/9.

148 6. Magistratssitzung vom 11. Juni 1945, abgedruckt in: Wetzel (Hrsg.)/Hanauske (Bearb.), Die Sitzungsprotokolle, Bd. 1, S. 123. Auch: Vorläufige Richtlinien für die Wiedereröffnung der Schule vom 11. Juni 1945, in: Magistrat der Stadt Berlin (Hrsg.), VOBl. der Stadt Berlin 1 (1945) 3, S. 32–33; Klewitz, Berliner Einheitsschule, S. 269; Füssel, Umerziehung der Deutschen, S. 300.

war dies nicht streng genug. Sie hatte umgehend 59 der 60 Angestellten des Hauptschulamtes entlassen[149] und führte darüber hinaus die strengere Regelung ein, nach der sämtliche Mitglieder der NSDAP ausnahmslos aus dem Dienst der Stadtverwaltung und damit aus dem Schuldienst zu entlassen waren. Binnen weniger Wochen wurden daraufhin, laut einem Bericht des Stadtrats Karl Schulze (KPD, später SED), ungefähr 2500 Lehrkräfte entlassen.[150]

Den vielfach problematisierten Personalmangel sah die Abteilung für Volksbildung als das kleinere Übel, das zudem leichter zu beseitigen sei „als es der Schaden wäre, den jene faschistischen Elemente" in den Schulen anrichten könnten.[151] Den im Krieg beschädigten Schulen fehlte es an vielem, darunter an Räumlichkeiten und Beheizung, an Verpflegung, Schulbüchern, Arbeitsmaterialien und vor allem an Lehrer:innen. Von ehemals etwa 650 Schulen war die Hälfte völlig zerstört oder schwer beschädigt. Über 230 000 Schüler:innen wurden zunächst von nur etwa 5300 Lehrkräften betreut.[152]

„Ohne Schulhelfer und Neulehrer", betonte Winzer in seiner Rede zur Eröffnung der Pädagogischen Hochschule im Herbst 1946, wären die Schulen nie imstande gewesen, auch nur „den bescheidensten Unterricht zu sichern".[153] Um die circa 2500 Entlassungen auszugleichen, genehmigte das interalliierte Komitee für Bildung und Religiöse Angelegenheiten im Januar 1946 ein von der Abteilung für Volksbildung entworfenes achtmonatiges Fortbildungsprogramm für neue Lehrkräfte, das sich an Verfahren der Sowjetischen Besatzungszone orientierte.[154] Der Magistrat hatte errechnet, dass der akute Mangel durch eine Ausbildung von 2300 Neulehrer:innen beseitigt werden könne: Zunächst sollten sogenannte Hilfslehrer:innen eine zehn Kurse umfassende Weiterbildung

149 Vgl. Tent, Mission on the Rhine, S. 238 f.

150 Vgl. Magistrat der Stadt Berlin (Hrsg.), Ein halbes Jahr Berliner Magistrat 1945, S. 74.

151 Abt. für Volksbildung Amt für Wissenschaft und Schule, Bericht über die Lage der Volks- und Mittelschulen, 4. Juni 1945. Zitiert nach: Füssel, Umerziehung der Deutschen, S. 304, FN 9.

152 Vgl. Magistrat der Stadt Berlin (Hrsg.), Ein halbes Jahr Magistrat 1945, S. 74; Mancke, Die Einheitsschule, S. 31.

153 Rede des Stadtrates Otto Winzer bei der Eröffnungsfeier der Pädagogischen Hochschule am 21. November 1946, MAE, GMFB 9/99.

154 Vgl. AKB BK/R(46)11, Approval of Teacher Training Institute, 11 January 1946, LAB, B Rep. 036-01, Nr. 11/148-2/3; Magistrat, Vorschläge betreffend die Anzahl der eventuell auszubildenden Neulehrer, 14. Dezember 1945, MAE, GMFB 9/94; Resolution of the Magistrat about the Establishment of a Pedagogic Institute in the City of Berlin, 17 September 1945, ebenda, GMFB 9/94. Zur Schulreform und Ausbildung von Neulehrer:innen in der SBZ: Foitzik, Sowjetische Ordnungspolitik, S. 240–358; Benita Blessing, The Antifascist Classroom. Denazification in Soviet-occupied Germany, 1945–1949, New York 2006, S. 47 ff.

durchlaufen und nach der Gründung eines Pädagogischen Instituts über eine längerfristige Ausbildung einen anerkannten Abschluss machen können.[155]

Spätestens mit der Eröffnung der Pädagogischen Hochschule im November 1946 war das Berliner Schulwesen zu einem internationalen Projekt geworden. Regelmäßig trugen hier hochrangige alliierte Expert:innen vor, um über das Bildungswesen in Großbritannien, Frankreich, der Sowjetunion und den Vereinigten Staaten zu berichten.[156] Unter den Vortragenden war auch der britische Reformpädagoge Robert Birly, der als Educational Advisor der britischen Militärregierung in Deutschland maßgeblich für die britische Politik der Re-education verantwortlich war. An anderen Tagen berichteten der sowjetische Bildungswissenschaftler und Leiter des Schulsektors der Abteilung Volksbildung der SMAD Konstantin D. Mitropolski, der für die Schulreform in der sowjetischen Zone verantwortlich war, und der frühere Mitarbeiter des Pariser Erziehungsministeriums Eugène Hepp, der die Erziehungs- und Kulturabteilung der französischen Kontrollratsgruppe sowie der französischen Militärregierung leitete.[157]

Insbesondere Hepps Vortrag über das französische Schulwesen hob der Leiter des Hauptschulamtes Ernst Wildangel auf der Eröffnungsfeier des Instituts als „hochinteressant" hervor.[158] Vor Kriegsende hatte Hepp, früher Oberstudienrat, das Ausbildungsprogramm für in Deutschland einzusetzende französische Truppen geleitet. In Baden-Baden hatte Hepp mit dem Generaldirektor für kulturelle Angelegenheiten, Raymond Schmittlein, der die Bildungs- und Erziehungspolitik für die französische Besatzungszone konkretisierte, zusammengearbeitet und zudem eigene Entwürfe erarbeitet, etwa zur Neugestaltung der Volksschullehrerausbildung.[159]

Hepps Broschüre *L'école Hitlérienne et l'étranger* (1937) war sogar von einer Lehrerkommission im französischen Abgeordnetenhaus herausgegeben worden. Nach der deutschen Besatzung von Paris war er in Südfrankreich untergetaucht und hatte französische Widerstandskämpfer unterstützt, bis er 1944 von der SS verhaftet wurde und erst im Frühjahr 1945 freikam.[160] Wie tief Wildangels

155 Vgl. Resolution of Magistrat Department of Public Education, 27 December 1945, LAB, B Rep. 036-01, Nr. 4/11-3/18.

156 Vgl. Pädagogische Hochschule an die Interalliierte Erziehungskommission, 5. Juni 1947, MAE, GMFB 9/94.

157 Auszug aus der Rede des Leiters des Hauptschulamtes Wildangel bei Eröffnung der Pädagogischen Hochschule am 21. November 1946, MAE, GMFB 9/94.

158 Vgl. ebenda.

159 Vgl. Zauner, Erziehung und Kulturmission, S. 85.

160 Vgl. Wildangel, Friedrich Wilhelm Ernst, in: Röder/Strauss (Bearb.), Biographisches Handbuch der deutschsprachigen Emigration 1933–1945, S. 819; Dieter Hanauske, Kurz-

Verbundenheit mit Frankreich reichte, zeigte er, indem er seine Rede mit einem Zitat des von Deutschen ermordeten französischen Schriftstellers und Widerstandskämpfers Jacques Decour schloss. Wie kaum ein anderer stehe dieser für Humanismus und Völkerverständigung, was als primäres Ziel der Berliner Bildungs- und Schulpolitik gelten solle.[161]

Das Verhältnis beruhte auf Gegenseitigkeit. Auch französische Stellen sahen in Wildangel einen verlässlichen Partner, mit dem sie regelmäßig gemeinsame Veranstaltungen durchführten.[162] Als dezidiertem Gegner des Nationalsozialismus und Antisemitismus, als Sympathisant der Résistance und profundem Kenner der Schul- und Reformpädagogik schienen französische Behörden dem katholisch sozialisierten SED-Mitglied, der dem Westen weitaus offener gegenüberstand als viele Moskauer Kader, größeres Vertrauen entgegenzubringen als anderen Mitgliedern der deutschen Verwaltung.[163] Seinen durchweg kritischen Berichten über die Entwicklung des Berliner Schulwesens der Nachkriegszeit schienen französische Offiziere Glauben zu schenken. Ihnen wie auch der alliierten Schulkommission machte der Stadtschulrat immer wieder deutlich, dass der Einfluss der Hitlerzeit keineswegs verschwunden sei, nur weil sich kein NSDAP-Mitglied mehr unter der Lehrerschaft befinde. Vielmehr komme es immer wieder zu „nationalsozialistischen Entgleisungen", lediglich eine Minderheit der Lehrer:innen sei „bewusst demokratisch eingestellt", und seiner Ansicht nach werde es „einige Jahren dauern", bis die Mehrheit für eine demokratische Gesellschaft gewonnen sei.[164]

Seine Ausführungen deckten sich mit der französischen Vorstellung, wie sie Vermeil bereits in London formuliert hatte, nämlich dass rééducation als Langzeitprojekt begriffen werden müsse und nur in europäischer Ausrichtung erfolgreich sein könne. Wildangel warb ferner für die Einführung von Fremdsprachen als Möglichkeit, um von Ländern zu lernen, die „schon längst eine demokratische Regierungsform" verwirklicht hätten, und bezweifelte immer wieder, ob die Masse der politisch Anpassungsfähigen, die er als „Chamäleons" bezeichnete, die richtigen Voraussetzungen für eine Demokratisierung mit-

biographien, in: Wetzel (Hrsg.)/Hanauske (Bearb.), Die Sitzungsprotokolle, Bd. 2, S. 999–1253, hier S. 1205 f.; Blessing, Antifascist Classroom, S. 54 ff.

161 Vgl. Auszug aus der Rede des Leiters des Hauptschulamtes Wildangel bei Eröffnung der Pädagogischen Hochschule am 21. November 1946, MAE, GMFB 9/94.

162 Vgl. Führe, Die französische Besatzungspolitik, S. 202 f.

163 Über Wildangel und Kritik vonseiten der SED: Füssel, Umerziehung der Deutschen, S. 325 f.

164 AKB Alliierte Erziehungskommission, Bericht von Ernst Wildangel, undatiert, MAE, GMFB 9/98.

bringe.[165] Im Unterschied zu anderen Mitgliedern der deutschen Verwaltung stand der Leiter des Hauptschulamtes hinter den strengen Regelungen, die ehemaligen Parteimitgliedern den Lehrerberuf ausnahmslos versagten.

Für Lehrer:innen galt weiter eine strengere Politik als für viele andere Berufe. Französische und sowjetische Delegationen hatten durchgesetzt, dass der für die meisten anderen Berufsgruppen geltende Ermessensspielraum, nach dem ehemalige Mitglieder und Unterstützer:innen der NSDAP abhängig von Organisation, Eintrittsdatum und Verhalten als „nominell" oder „aktiv" kategorisiert werden konnten, für die Entnazifizierung der Lehrerschaft nicht galt.[166] Zugleich stand aber mit den Entnazifizierungskommissionen jedem Betroffenen, also auch Lehrkräften, ein Einspruchsrecht und ein Überprüfungsverfahren zu. Dadurch stellte sich die lange unbeantwortete Frage, welche Rechte entlassene Lehrer:innen besaßen, deren Einspruch von einer Kommission stattgegeben worden war.

In diesem grundsätzlichen Konflikt sprachen sich britische, französische und sowjetische Delegierte in ungewöhnlicher Allianz für „very strict measures" sowie eine berlinweit einheitliche Regelung aus und initiierten im Oktober 1946 die Gründung einer speziellen Entnazifizierungskommission für Lehrer. Diese sollte sowohl die NS-Vergangenheit der Antragsteller:innen, aber explizit auch ihre Einstellung bezüglich „militaristic, nationalistic, or pan-germanistic propaganda" in den Blick nehmen. Bei diesem Kompromiss setzte Großbritannien sein Modell eines individuellen Einspruchsrechts durch, und Frankreich und die Sowjetunion erreichten, dass die Persönlichkeit des Einzelnen begutachtet werden sollte. Dass dabei auch „pangermanistische" Haltungen eine Rolle spielen sollten, ist auf französischen Einfluss zurückzuführen.[167]

Auch nach der Errichtung der Kommission für Lehrer, die aufgrund einer verzögerten Bestätigung ihrer Mitglieder erst im Frühjahr 1947 ihre Arbeit aufnahm,[168] blieb eine Wiedereinstellung ehemaliger NSDAP-Mitglieder, deren

165 Otto Winzer/Ernst Wildangel, Ein Jahr Neuaufbau des Berliner Schulwesens. Bericht von der Konferenz der Lehrer an den öffentlichen Schulen der Stadt Berlin, 2. September 1946, S. 82.

166 Der Zusatz lautete: „no active nor nominal ex-member of the NSDAP before or after 1937, nor any ex-leader of a satellite organisation of this party, could be employed in the teaching profession". AKB BK/R(46)379, possible reinstatement of denazified members of the teaching profession, 23 October 1946, LAB, B Rep. 036-01, Nr. 11/148-2/9.

167 Vgl. ebenda; AKB BKC/M(46)29, possible reinstatement of denazified members of the teaching profession, 25 October 1946, LAB, B Rep. 036-01, Nr. 11/148-1/11; AKB BKD/M(46)48, possible reinstatement of denazified members of the teaching profession, 29 October 1946, ebenda, Nr. 11/148-2/2.

168 Vgl. Magistrat, Report of the status of denazification of teachers as of 31 March 1948, LAB, B Rep. 036-01, Nr. 4/10-3/30.

Fall von einer Kommission positiv beschieden wurde, umstritten. So ist Dorothea Führes Ansicht zuzustimmen, dass im Komitee keine Einigung darüber erzielt werden konnte, ob alle Entscheidungen der Kommissionen einer Bestätigung durch die Alliierte Kommandantur bedurften.[169] Allerdings lag der Konflikt tiefer, denn es war unklar, ob „entnazifizierte" Lehrkräfte überhaupt wieder im Schulwesen tätig werden durften. Während sich amerikanische und britische Delegierte Anfang 1948 klar dafür aussprachen, war für den sowjetischen Vertreter ein „nomineller Nazi immer noch ein Nazi", und die Tatsache, dass jemand nicht als „aktiv" eingestuft worden war, besagte lediglich, dass kein Strafverfahren eingeleitet werden müsse, nicht aber, dass die betreffende Person für den Lehrerberuf geeignet sei.[170] Auch der französische Kompromissvorschlag, eine Wiederanstellung im öffentlichen Dienst weiterhin zu verbieten, im privaten Sektor aber zu gestatten, fand in dieser Grundsatzfrage keine Zustimmung.[171]

Zugleich arbeitete die Entnazifizierungskommission derart langsam, dass sich das Problem lange aufschieben ließ: Bis Sommer 1947 waren über 2800 Anträge eingereicht worden – was zugleich bedeutet, dass im Grunde fast jeder, der aus dem Schuldienst entlassen oder dem eine Einstellung verweigert worden war, dagegen Einspruch erhoben hatte –, aber es war kaum ein Verfahren zur Behandlung der Einsprüche durchgeführt worden.[172] Bis Ende März 1948 hatte die Kommission weniger als 200 Verfahren durchgeführt, davon nur etwa zwei Dutzend an das interalliierte Komitee für Entnazifizierung zur Begutachtung weitergeleitet, das wiederum lediglich eine Handvoll Urteile bestätigt hatte. Beinahe sämtliche der über 3000 eingereichten Einsprüche von Personen, die aus dem Schuldienst entlassen worden waren oder denen eine Einstellung verweigert worden war, blieben hingegen bis zum Auseinanderbrechen der Alliierten Kommandantur und der eingeleiteten Teilung der Stadt unbearbeitet.[173] Die strenge Entnazifizierung des Bildungsbereichs und die Frage möglicher Wiedereinstellungen waren damit zwar unter den Alliierten höchst umstritten, aber es kam bis zur Teilung der Stadt zu keiner Änderung.

Im Mittelpunkt der interalliierten Arbeit standen seit Herbst 1946 auch die Berliner Schulreform und die Lehrpläne. Nach den ersten Berliner Wahlen

169 Vgl. Führe, Die frranzösische Besatzungspolitik, S. 217.

170 AKB BKD/M(48)4, Resumption of profession by former lawyers and teachers, 27 January 1948, LAB, B Rep. 036–01, Nr. 11/149–1/7.

171 Vgl. ebenda.

172 Vgl. AKB EDU Comm., Central Teachers' Denazification Comm., 10 September 1947, MAE, KI/563/1.

173 Vgl. Magistrat, Report of the status of denazification of teachers as of 31 March 1948, LAB, B Rep. 036–01, Nr. 4/10–3/30.

im Oktober 1946 forderte die Alliierte Kommandantur den Magistrat auf, ein Gesetz zur Schulreform sowie einen Lehrplan für das strittigste und bislang ausgesetzte Unterrichtsfach Geschichte zu entwerfen.[174] Dieser Aufforderung nachkommend, reichte Wildangel die seit Juli 1946 in der Sowjetischen Besatzungszone gültigen „Richtlinien für den Unterricht in der deutschen Geschichte" ein, die insgesamt drei jeweils circa sechzig Seiten lange Bände umfassten.[175]

Der Studie von Füssel zufolge hatte Wildangel, dem es kaum möglich war, kurzfristig selbst einen Lehrplan zu erarbeiten, dabei nach Rücksprache mit Winzer das Vorwort der in der SBZ gültigen Richtlinien weggelassen und sich von der Sowjetischen Militäradministration Rückendeckung geben lassen.[176] Der den Geschichtslehrplänen zugrundeliegende Historische Materialismus aber war der amerikanischen Delegation nicht verborgen geblieben, und sie wies den Entwurf vehement zurück. Ihre konträre Vorstellung von Geschichtsdarstellung zeigt sich in einem internen Positionspapier, das proklamierte:

> „We cannot accept the oversimplification of history which recognizes the economic basis as the only influence on the development of society. Ideas, desires for prestige, political structure, religious motivation and tradition are all potent forces shaping society at any time, although at certain times one may have greater influence than the others, which includes economic factors".[177]

Das Memorandum des Leiters des Curriculum Office, Ralph Strebel, ließ kein gutes Haar an den Lehrplänen und warnte die amerikanischen Offiziere in einer frühen Rhetorik des Kalten Krieges vor den Gefahren der russischen Geschichtsdeutung. Dabei riet Strebel, auf keinen Fall zu kooperieren, sondern „negative resistance" gegenüber den Verhandlungen auszuüben und einen eigenen Lehrplan zu entwickeln.[178]

174 Um die Schulen mit den Nötigsten zu versorgen und den anhaltend hohen Bedarf an neuen Schulbüchern teilweise zu befriedigen, ließen die Alliierten kurzerhand Lehrbücher aus den Besatzungszonen drucken und verteilen. Vgl. OMGBD, Monthly Report, October 1945, IfZ, OMGUS 5/37–2/11; OMGBD, Monthly Report, February 1946, ebenda, Nr. 5/37–3/1; Compte rendu d'activité août 1946–décembre 1947, MAE, AC/61.

175 Vgl. Richtlinien für den Unterricht in der Deutschen Geschichte, ausgearbeitet von einer Gruppe demokratischer Lehrer im Auftrage der deutschen Verwaltung für Volksbildung in der sowjetischen Besatzungszone. Berlin-Leipzig, 1945, MAE, GMFB 9/99.

176 Vgl. Füssel, Umerziehung der Deutschen, S. 310 ff.

177 Zitiert nach: ebenda, S. 311.

178 Wegner, Germany's Past, S. 8 f.

Der Konfrontationskurs gegen die sowjetischen Lehrpläne zeigte Wirkung. Im Oktober 1947 lähmte ein amerikanisch-sowjetischer Disput, der zugleich die divergierenden Ansichten veranschaulicht, die Arbeit des alliierten Komitees für Wochen.[179] Konkret ging es um die Zulassung folgender Bücher: Friedrich Schillers *Wilhelm Tell*, Mark Twains *Tom Sawyer*, Jack Londons *Otto der Heide*, Claude Tilliers *Mein Onkel Benjamin*, das Unterrichtslehrbuch *Erziehung zur bewussten Disziplin in der demokratischen Schule* und eine Edition von Josef W. Stalins *Reden*. Es war zu erwarten, dass sich die Westalliierten gegen eine Lektüre Stalins aussprachen. Aber der amerikanische Repräsentant und Leiter der Education and Cultural Relations Abteilung Paul E. Shafer erhob gegen jedes Einzelne dieser Werke Einspruch, weil er sie für sozialkritisch, tendenziös und politisch hielt.[180]

Da auf Ebene des Fachkomitees trotz langer Auseinandersetzungen keine Einigung erzielt werden konnte, verfassten die Alliierten vier Positionspapiere, die zu einer Klärung auf höherer Ebene dienen sollten. Insgesamt verfolgte Frankreich in der Frage von Schulbuchtexten eine liberale Haltung und das Ziel, Schüler:innen zur Kritik- und Urteilsfähigkeit zu bilden.[181] Raymond Krugel, der französische Repräsentant für Bildungsfragen, ließ in seiner Stellungnahme keinen Zweifel daran, wie unverständlich ihm die amerikanische Position war. Spitzfindig paraphrasierte er den Standpunkt der amerikanischen Delegation, der die Bücher allesamt gegen die westliche Demokratie gerichtet schienen: Für sie sei Twain offenbar zu kapitalismuskritisch, London zu gesellschaftskritisch, Schiller zu antibürgerlich und das Lehrbuch zu sehr von Lenin beeinflusst. Geschichte auf diese Art zu interpretieren, kritisierte er, würde bedeuten, klassische Literatur zu verbieten, so wie es Hitler getan habe.[182] Im französischen Bildungsverständnis und speziell für den aus der linken Résistance stammenden Krugel schien es sonderbar, kritische Klassiker der Literatur nicht in der Schulbildung zu verwenden. In der amerikanischen Sichtweise hingegen lag der Konflikt allein im sowjetischen Beharren begründet, und die sowjetische Delegation blockiere „any of the other textbooks until the Americans agree to the use of Stalin's Speeches in Berlin schools",[183] was sie schließlich Ende 1947 taten.

179 Vgl. Wetzel, Office of Military Government, S. 731; Füssel, Umerziehung der Deutschen, S. 237 ff.; Tent, Mission on the Rhine, S. 248 ff.; Wegner, Germany's Past, S. 8 ff.

180 Vgl. AKB EDU Comm., Point de vue de représentant français au Comité éducation, MAE, GMFB 9/9.

181 Vgl. Führe, Die französische Besatzungspolitik, S. 225 f.

182 Vgl. AKB EDU Comm., Point de vue de représentant français au Comité éducation, MAE, GMFB 9/95.

183 OMGBS, Monthly Report, December 1947, IfZ, OMGUS 5/37–2/3.

Über die Notwendigkeit und grundlegende Ausrichtung einer Schulreform bestand dagegen weitgehende Einigkeit innerhalb der Alliierten Kommandantur und bei der Mehrheit der Berliner Abgeordneten. Die vom Kontrollrat verabschiedeten „Grundprinzipien der Demokratisierung des Erziehungswesens in Deutschland" sahen eine gleiche Schulbildung, eine allgemeine Schulpflicht, ein (nicht näher bestimmtes) integriertes Schulsystem sowie Lehrpläne vor, die „Verständnis und Achtung gegenüber anderen Nationen zum Ziel" haben.[184] Beeinflusst, zuweilen im identischen Wortlaut erkennbar, war die Direktive von der „United States Education Mission to Germany", der von George F. Zook vom American Council on Education geleiteten Kommission zur amerikanischen Politik der Re-education.[185]

Anders als in den westlichen Zonen, wo sich konservative Parteien gegen die Abschaffung des gymnasialen Schulsystems positionierten, griffen die Berliner Verwaltung und insbesondere bereits in der Weimarer Republik engagierte Reformpädagogen wie Paul Oestreich und Fritz Karsen frühere Reformpläne auf. Der über Frankreich und andere Staaten in die USA emigrierte und mit Wildangel bekannte Pädagoge Fritz Karsen hatte während des Krieges die amerikanischen Re-education-Pläne unterstützt und war ab 1946 war in der Higher Education and Teacher Training Abteilung des amerikanischen Hauptquartiers angestellt. Gemeinsam mit Paul Oestreich, der Hauptschulrat in Zehlendorf war, und anderen reformpädagogisch orientierten Schulräten engagierte er sich für die Einführung einer achtjährigen gemeinsamen Grundschule.[186] Ihre Bemühungen führten dazu, dass sich die zunehmend verfeindeten Parteien SPD und SED im November 1947 einigten und die Stadtverordnetenversammlung gegen die Stimmen der CDU das Gesetz zur Schulreform verabschiedete, das die Alliierte Kommandantur im Juni 1948 bestätigte.[187]

Angesichts der nahenden Verabschiedung eines Schulgesetzes entstand für die Alliierten eine gewisse Dringlichkeit, auch die fehlenden Lehrpläne fertigzustellen. Hierfür hatten die Alliierten ein eigenes History Sub-Committee gegründet, das sich ausschließlich mit dem Thema befasste und nun erstaunlich

184 Direktive des Kontrollrats Nr. 54 vom 25. Juni 1947, abgedruckt in: Reichardt/Treutler/Lampe (Bearb.), Berlin. Quellen und Dokumente, Bd. 4, 2. Halbbd., S. 545f.

185 Vgl. Mancke, Die Einheitsschule, S. 30f.; Tent, Mission on the Rhine, S. 20, 118f. und 257ff.

186 Vgl. Wegner, Germany's Past, S. 4; Mancke, Die Einheitsschule, S. 27f.; Klewitz, Berliner Einheitsschule, S. 136 und 168; Dittgen, West-Berliner Lehrerinnen, S. 79–81.

187 Vgl. Schulgesetz für Groß-Berlin 1948 vom 1. Juni 1948, in: Reichardt/Treutler/Lampe (Bearb.), Berlin. Quellen und Dokumente, Bd. 4, 2. Halbbd., S. 546–551, hier S. 547. Vgl. Füssel, Umerziehung der Deutschen, S. 319f.

kooperativ arbeitete, vermutlich nach einigen Personalwechseln auf amerikanischer und sowjetischer Seite. Als Grundlage diente ein von sowjetischer Seite eingebrachter überarbeiteter Entwurf, der die von amerikanischer Seite geäußerte Kritik berücksichtigte, so zumindest die Einschätzung der französischen Militärregierung, die sich dafür engagiert hatte, die revidierten Richtlinien noch einmal zu diskutieren.[188]

Insbesondere französische Delegierte legten großen Wert auf eine internationale Perspektive und wollten die deutsche Geschichte im europäischen Kontext verankert wissen.[189] Hier spiegelt sich ein grundlegendes deutschlandpolitisches Ziel Frankreichs wider. Auch lassen sich Ähnlichkeiten zur Pariser Denkschrift zur rééducation erkennen, die als Leitbild ein international ausgerichtetes Unterrichtswesen festgelegt hatte und die zumindest Hepp – und vermutlich auch seinen Mitarbeiter:innen – bekannt gewesen sein dürfte.[190] Absatz für Absatz gingen die alliierten Komiteemitglieder die Lehrpläne der Klassen 5 bis 12 durch. Das Resultat unterschied sich deutlich von den 1946 erlassenen Richtlinien der Sowjetischen Besatzungszone und lässt sich als europäische bzw. international ausgerichtete Geschichts- und Gesellschaftsinterpretation verstehen, in der Einflüsse aller vier Alliierten zum Tragen kamen. In dem Curriculum, das eine kurzzeitige ideologische Neutralität wahren sollte, wie Wegner es auf den Punkt bringt, trafen marxistisch-leninistische Interpretationen auf die moderne Sozialwissenschaft, die Geschichte in einen Zusammenhang mit Kultur, Psychologie, Soziologie, Wirtschaft und Geografie stellte.[191] Der im Mai 1948 fertiggestellte Lehrplan wurde noch veröffentlicht, fand aber nach Beginn der kurz darauf einsetzenden ersten Berlinkrise keine Anwendung.[192]

Seit Frühjahr 1948 zerbrach auch der Konsens über strenge Entlassungsregelungen für Lehrkräfte. Im April 1948 reichte die Entnazifizierungskommission für Lehrer selbst einen Vorschlag für Amnestien ein, demzufolge nach 1919 Geborene, Menschen mit körperlicher Behinderung und als „nominell" klassifizierte Lehrkräfte reintegriert werden sollten.[193] Daran angelehnt, diskutierte

188 Vgl. AKB History Sub-Comm. to EDU Comm., 10 May 1948, MAE, GMFB 9/9.

189 Vgl. Führe, Die französische Besatzungspolitik, S. 227 f.

190 Vgl. Zauner, Erziehung und Kulturmission, S. 81.

191 Vgl. Wegner, Germany's Past, 16. Auch: Gregorgy P. Wegner, The Legacy of Nazism and the History Curriculum in the East German Secondary Schools, in: The History Teacher 25 (1992) 4, S. 471–487, hier S. 474.

192 Vgl. AKB. History Sub-Comm. to EDU Comm., 10 May 1948, MAE, GMFB 9/99.

193 Vgl. Entnazifizierungskommission beim Magistrat, Vorschlag zur Durchführung einer beschleunigten Entnazifizierung der Lehrkräfte, 7. April 1948, LAB, B Rep. 036–01, Nr. 4/11–1/1.

das Fachkomitee für Bildung im Juni 1948 auf Grundlage der Entscheidung der Stadtkommandanten einen Vorschlag zur Wiedereinstellung von entnazifizierten Lehrkräften.[194] Zu diesem Zeitpunkt befand sich die Alliierte Kommandantur bereits in Auflösung, und die amerikanische Militärregierung hatte eigenmächtig die Wiedereinstellung zuvor entlassener Lehrkräfte in ihrem Sektor veranlasst. Ab Sommer 1948 galten die in den Westsektoren erlassenen Amnestien auch für den Bildungsbereich.[195]

Aus Sicht des Hauptschulamtes war der Personalmangel mittlerweile beseitigt. Im November 1948 berichtete der Magistrat mit beigefügten Statistiken über die Anzahl der Lehrkräfte und resümierte: „Der Lehrermangel ist in den 20 Bezirken bis auf geringe Ausnahmen gedeckt."[196] In den westlichen Sektoren begann ab Ende 1948 die Wiedereinstellung von Lehrer:innen, die erfolgreich ein Kommissionsverfahren durchlaufen hatten. Im französischen Sektor galt dabei der Zusatz: „L'enseignement de l'histoire lui est interdit"[197] – ehemalige NSDAP-Mitglieder und -Unterstützer:innen blieben vom Geschichtsunterricht ausgeschlossen.

194 Vgl. AKB EDU Comm., EDUC R(48)19, 18 June 1948, LAB, B Rep. 036-01, Nr. 4/11-1/2.

195 Vgl. OMGBS Education Section to Abt. für Volksbildung, Denazification of Teachers, 14 August 1948, LAB, B Rep. 036-01, Nr. 4/10-3/28.

196 Hauptschulamt an GMFB Section Education, Ausbildung der Schulhelfer und Hilfslehrer, 19. November 1948, MAE, GMFB 9/64.

197 Siehe Bescheide der französischen Militärregierung: MAE, GMFB 9/64.

Soldaten der Siegermächte mit gefalteten Flaggen am Eingang der Kommandatura Berlin, 1948
LAB, F Rep. 290-02-03 Nr. 025, Foto: Henry Ries

6. Beendigung der Entnazifizierung in Ost- und West-Berlin

Zum Zerfall einer gemeinsamen Entnazifizierungspolitik: „Dealing with a horse which is very nearly dead"

Die gemeinsame Entnazifizierungspolitik der vier Alliierten fand während des sich zuspitzenden Ost-West-Konflikts und spätestens im Herbst 1948 ein Ende. Denn bei allen Besatzungsmächten stieg das Interesse an einem Abschluss der Entnazifizierung, die sich in der administrativ geteilten Stadt auf unterschiedliche Weise, aber mit ähnlichen Voraussetzungen für eine weitreichende Reintegration der Masse der ehemaligen Mitglieder und Unterstützer:innen der NSDAP vollzog. Nach knapp drei Jahren interalliierter Verwaltung erfolgte im zunehmend zweigeteilten Berlin eine sukzessive Angleichung der Entnazifizierungsmaßnahmen an die Politik der jeweiligen Besatzungszonen. Trotz aller Unterschiede überwogen in dieser letzten Phase inhaltliche Ähnlichkeiten und zeitliche Parallelitäten von Entscheidungen. Die zuvor behandelten zentralen Aspekte der interalliierten Entnazifizierungspolitik – Exklusion, Revision, Beschlagnahme und Wiederaufbau – wurden in beiden Stadthälften größtenteils zurückgenommen oder ins Gegenteil verkehrt.

Grundsätzlich stand am Ende der Entnazifizierung im Osten ebenso wie im Westen die gesellschaftliche und staatsbürgerliche Integration der einstigen NSDAP-Mitglieder und -Unterstützer:innen in die neu errichteten politischen Systeme von BRD und DDR.[1] Darüber, dass der Ost-West-Konflikt

1 So: Norbert Frei, NS-Vergangenheit unter Ulbricht und Adenauer. Gesichtspunkte einer vergleichenden Bewältigungsforschung, in: Danyel (Hrsg.), Die geteilte Vergangenheit, S. 125–132, hier S. 127. Frei hat damit bereits vor einiger Zeit für vergleichende Analysen des Umgangs mit der NS-Vergangenheit plädiert. Jüngeren Studien zufolge sind Wechselwirkungen zwischen Ost und West bei der politisch-administrativen Neugründung der beiden Teilstaaten noch immer nicht hinreichend erforscht. Perspektiven einer deutsch-deutschen Verflechtungsgeschichte sind etwa in den Untersuchungen der behördlichen Aufarbeitungsstudien bislang wenig berücksichtigt worden. Vgl. Stefan Creuzberger/Dominik Geppert, Das Erbe des NS-Staates als deutsch-deutsches Problem. Eine Einführung, in: dies. (Hrsg.), Ämter und ihre Vergangenheit, S. 7–16, hier S. 8.

ein gewichtiger Faktor für die Beendigung der Entnazifizierung war und das Interesse der Alliierten an der Beseitigung nationalsozialistischer Einflüsse zugunsten außen- und wirtschaftspolitischer Fragen nachließ, herrscht innerhalb der Forschung zur Entnazifizierung weitgehend Einigkeit. Am deutlichsten hat Lutz Niethammer für die amerikanische Politik erklärt, dass „der ‚Kalte Krieg' den äußeren Anstoß gab", die innerlich bereits ausgehöhlte Entnazifizierung vollends abzubrechen.[2] Und auch in der sowjetischen Politik erhärtete sich im Zuge des Ost-West-Konfliktes die Überzeugung, so Harold Hurwitz, dass eine Integration „des Millionenheeres von nicht- und minderbelasteten Mitgliedern der NSDAP, Angehörigen der Waffen-SS und Offizieren der Wehrmacht" für eine stabiles System unerlässlich sei.[3] Wenngleich Rehabilitierung und Reintegration als die maßgeblichen Prinzipien dieser letzten Phase zu betrachten sind, gehört es ebenso zur Geschichte der Entnazifizierung, dass der Prozess ihrer Beendigung keineswegs geradlinig verlief. Ungeachtet diverser Abschlussgesetze und eines vielfach öffentlich verkündeten Endes umfasste diese Etappe ebenfalls neue Maßnahmen und Anstöße.[4] Eingeleitet wurde der Zerfall einer gemeinsamen Entnazifizierungspolitik durch den gescheiterten Versuch der Alliierten Kommandantur, eine Einigung über ein neues Entnazifizierungsgesetz zu erzielen.

Der Alliierte Kontrollrat hatte bereits Mitte 1946 eine neue Richtlinie, die Direktive Nr. 38, für eine deutschlandweite Entnazifizierungspolitik erlassen, die weitgehend auf dem in der amerikanischen Zone gültigen Befreiungsgesetz basierte[5] und deren Umsetzung die amerikanische Militärregierung in Berlin seither vehement eingefordert hatte. Die Direktive Nr. 38 zur „Verhaftung und Bestrafung von Kriegsverbrechern, Nationalsozialisten und Militaristen und Internierung, Kontrolle und Überwachung von möglicherweise gefährlichen Deutschen" vom 12. Oktober 1946 umfasste drei Bestimmungen:

a) „die Bestrafung von Kriegsverbrechern, Nationalsozialisten, Militaristen und Industriellen, welche das nationalsozialistische Regime gefördert und gestützt haben;
b) die vollständige und endgültige Vernichtung des Nationalsozialismus und des Militarismus durch Gefangensetzung oder Tätigkeitsbeschränkung von bedeutenden Teilnehmern oder Anhängern dieser Lehren;

2 Niethammer, Mitläuferfabrik, S. 13.
3 Hurwitz, Stalinisierung der SED, S. 122.
4 Allgemein zur letzten Phase siehe: Boldorf, Brüche oder Kontinuitäten, S. 316.
5 Hierzu ausführlich: Niethammer, Mitläuferfabrik, S. 298–333.

c) die Internierung von Deutschen, welche, ohne bestimmter Verbrechen schuldig zu sein, als für die Ziele der Alliierten gefährlich zu betrachten sind, sowie die Kontrolle und Überwachung von Deutschen, die möglicherweise gefährlich werden können."[6]

Im Kern dieses Gesetzes stand ein in der Literatur viel diskutiertes Spruchkammermodell, das sich vom Ansatz der Entnazifizierungskommissionen unterschied und in den vier Besatzungszonen in der einen oder anderen Form umgesetzt worden war. Zur Beurteilung der individuellen Verantwortlichkeit und einer dementsprechenden Verhängung von Sühnemaßnahmen sollten öffentliche Kläger:innen und Spruchkammern alle erwachsenen Personen in fünf Kategorien einteilen: „Hauptschuldige", „Belastete", „Minderbelastete", „Mitläufer" und „Entlastete".[7] Während die Belastungskategorien, wie sie in der Direktive Nr. 24 und damit im Berliner Entnazifizierungsgesetz verankert worden waren, bestehen blieben, lag der entscheidende Unterschied zu dem neuem Ansatz darin, dass dieser nicht mehr allein auf Exklusion, sondern auf Bestrafung und Rehabilitierung ausgerichtet war.[8]

Die monatelangen und konfliktreichen Diskussionen der Alliierten Kommandantur waren von diversen Strategie- und Richtungswechseln, vermeintlichen Annäherungen und schließlich offenen Konflikten geprägt, insbesondere zwischen der amerikanischen und der sowjetischen Militärregierung. Nach fast eineinhalb Jahren und Dutzenden, bis zu dreizehnstündigen Sitzungen war die Debatte schließlich im Mai 1948 an einem toten Punkt angelangt und glich, wie Frank L. Howley im Militärjargon festhielt, „dealing with a horse, which was very nearly dead".[9] Letztlich ließ sich als Folge der Vetopolitik nicht einmal mehr eine Einigung darüber erzielen, das Thema Entnazifizierung von der Agenda zu nehmen.

6 Direktive Nr. 38 des Kontrollrats vom 12. Oktober 1946, in: Magistrat von Groß-Berlin (Hrsg.), VOBl. der Stadt Berlin 3 (1947) 3, S. 33–44.

7 Die Direktive enthielt eine relativ genaue Aufzählung darüber, wer aufgrund welcher Funktionen oder Tätigkeiten welcher der fünf Kategorien zuzuordnen war und welche Sühnemaßnahmen dementsprechend zu verhängen waren. Dies waren u. a. Todes- oder Gefängnisstrafen, Vermögenseinziehung oder Wiedergutmachungszahlungen, Arbeitsdienst, der Verlust staatsbürgerlicher Rechte, Berufsverbote, Wohnraum- und Aufenthaltsbeschränkungen oder Auflagen zur regelmäßigen polizeilichen Kontrolle. Vgl. ebenda.

8 Vgl. Vollnhals, Einleitung, S. 20.

9 AKB BKC/M(48)10, Implementation in Berlin of ACA No. 38, 13 May 1948, LAB, B Rep. 036–01, Nr. 11/149–1/19.

Die tiefgreifenden Konflikte ließen schließlich im Sommer 1948 die Alliierte Kommandantur endgültig auseinanderbrechen. Nachdem im März 1948 Wassili D. Sokolowski aus dem Alliierten Kontrollrat ausgezogen war, folgte schließlich Anfang Juli auch die Aufkündigung der sowjetischen Beteiligung an der Alliierten Kommandantur. Dies markierte de facto das Ende der knapp dreijährigen Viermächteverwaltung von Berlin. Mit dem Auseinanderbrechen der Alliierten Kommandantur, der Blockade und Gegenblockade, den separaten Währungsreformen und der Ausbildung zweier eigenständiger Justiz- und Polizeiapparate verstärkte sich auch der Erosionsprozess der gesamtstädtischen Verwaltung.[10] Dabei verloren die Integrationsversuche des Magistrats, wie der noch im September 1948 fertiggestellte Entwurf einer neuen Entnazifizierungsverordnung,[11] ihre Bedeutung.

Im Ost- und Westteil der Stadt wurde daraufhin auf getrenntem Wege, aber unter ähnlichen Vorzeichen, ein offizieller Abschluss der Entnazifizierung eingeleitet. Dieser Prozess begann mit der anfänglich noch umstrittenen Einführung von Amnestien, welche die Belastungskategorien nahezu gänzlich aufhoben. Damit büßte das Prinzip der Revision seine Bedeutung weitgehend ein, und die neu gebildeten Verwaltungen in Ost- und West-Berlin lösten im Auftrag der jeweiligen Besatzungsmacht nach und nach die Entnazifizierungskommissionen auf. Hatten die Kommissionen und ähnliche Regelungen noch einen gewissen Konsens über die treuhänderische Verwaltung von Vermögenswerten garantiert, schlugen Ost- und West-Berlin nach der Währungsreform verschiedene Wege ein, in denen die Vermögenskontrolle ehemaliger NSDAP-Mitglieder in den Hintergrund trat.

Vor der Berlinkrise: Der umstrittene Erlass von Amnestien

„Getting above amnesties and the denazification in effect in Berlin on a quadripartite basis is a primary priority."[12] Bereits Anfang 1947 wies der amerikanische Stadtkommandant Howley seine Abteilungen an, in den alliierten Verhandlungen über ein neues Entnazifizierungsgesetz Straferlässe zur zentralen Bedingung

10 Vgl. Michael Lemke, Vor der Mauer, Berlin in der Ost-West-Konkurrenz 1948–1961 (Zeithistorische Studien, Bd. 48), Köln/Weimar/Wien 2011, S. 54; Benz, Wie es zu Deutschlands Teilung kam, S. 103.

11 Vgl. Entwurf. Verordnung zur Durchführung der Direktive Nr. 38, 8. September 1948, Bl. 5, LAB, C Rep. 102, Nr. 30.

12 OMGBS, Interoffice Memo Slip Howley to Radosta, 2 January 1947, LAB, B Rep. 036-01, Nr. 4/38-3/2.

zu machen.[13] Ausgerechnet die Amerikaner, die das System der Belastungskategorien entworfen und sich am stärksten für seine Umsetzung engagiert hatten, forderten nun weitreichende Amnestien und entfachten damit den mitunter größten Streit in der Berliner Entnazifizierungspolitik.

Dass sich die Alliierten nur ein knappes Jahr, nachdem das erste Entnazifizierungsgesetz in Gang gekommen war, auf ein komplett neues und umfangreiches Verfahren einigen würden, erschien als schwierige, aber zunächst noch zu bewältigende Herausforderung. Denn gegen eine Verschiebung vom bisherigen Exklusions- hin zu einem Straf- und Rehabilitierungssystem, wie es die neue Richtlinie begründete, hatten alle vier Seiten an und für sich wenig einzuwenden. Erste Gespräche hatten signalisiert, dass eine Einigung möglich schien, sodass die Alliierte Kommandantur Mitte Dezember 1946 ankündigte, eine Durchführungsbestimmung sei in Kürze zu erwarten. Ein entsprechender Entwurf werde bereits in wenigen Wochen fertiggestellt sein, lautete die erste optimistische Einschätzung des interalliierten Gremiums an den Magistrat.[14]

Wider Erwarten zerbrach das Komitee für Personal und Entnazifizierung an der Frage der Amnestien und übersandte der obersten interalliierten Entscheidungsebene zwei divergierende Vorschläge: einen amerikanisch-britischen Entwurf und einen französisch-sowjetischen Gegenentwurf. Ersterer sah eine Straffreiheit für bestimmte Gruppen vor, wie sie bereits in der amerikanischen Zone in Kraft war bzw. diskutiert wurde.[15]

In der Diskussion über beide Entwürfe plädierten der amerikanische und der britische Stellvertretende Stadtkommandant vor dem Hintergrund praktischer Erfahrungen in ihren Besatzungszonen für eine Beschränkung des Betroffenenkreises. Der Chef der amerikanischen Abteilung für Öffentliche Sicherheit, William T. Babcock, erläuterte, dass die Anzahl der von Sanktionen betroffenen Personen unbedingt verringert werden müsse, um das Verfahren insgesamt zu beschleunigen. Anderenfalls, warnte er, sei mit einer Bearbeitungszeit von 20 bis 25 Jahren zu rechnen. Auch der britische Repräsentant argumentierte, dass sich kaum 25 Prozent der Bevölkerung Berlin, also ungefähr 600 000 Personen, überprüfen ließen.[16]

13 „Do your best and keep me informed." Ebenda.

14 Vgl. AKB to Oberbuergermeister, Control Council Directive No. 38, 18 December 1946, LAB, B Rep. 036–01, Nr. 4/38–3/1. Zu frühen Diskussionen innerhalb des Komitees für Öffentliche Sicherheit siehe: AKB PS Comm., 6, 12, 17 und 23 December 1946, TNA, FO 1112/374.

15 Vgl. Niethammer, Mitläuferfabrik, S. 436 f.; Woller, Gesellschaft und Politik, S. 140–144.

16 Vgl. AKB BKD/M(47)7, Implementation of Directive 38, 7 February 1947, LAB, B Rep. 036–01, Nr. 11/149–1/2.

Argumentation und Zahlen hatten sie vom amerikanischen Hauptquartier übernommen, das entsprechende Gesprächsleitfäden bereitgestellt hatte. Der Stellvertretende Militärgouverneur Lucius D. Clay und sein Berater für Entnazifizierungsfragen Walter L. Dorn wussten nur allzu gut, was für gigantische Probleme mit dem Spruchkammerwesen auf Berlin zukommen würden. In der amerikanischen Zone hatten zu diesem Zeitpunkt über 13 Millionen Personen einen Fragebogen ausgefüllt, und Hunderttausende Spruchkammerverfahren standen aus.[17] Die dortigen Kammern waren überfordert, und die Kritik war immens. „Die Kleinen hängt man, die Großen lässt man laufen" war bereits zu einem verbreiteten Sprichwort geworden, da man begonnen hatte, zunächst Fälle mit geringerer Belastung zu verhandeln, weswegen schwerwiegendere Fälle erst nach Monaten oder gar nicht mehr verhandelt wurden.[18] Mit Amnestien war und sollte versucht worden, dieser Entwicklung entgegenzuwirken und den riesigen bürokratisch-juristischen Apparat zumindest etwas zu entlasten. Zweifelsfrei befand sich Entnazifizierung in der amerikanischen Zone in der Krise.[19] Eine solche wollten Clay und Dorn der Viermächtestadt ersparen und legten ihren Berliner Kollegen die Vorzüge einer „Mitläufer-Amnestie" nahe: „In the zone 25% of the population was chargeable under denazification laws. This follower amnesty clears 90% of them and makes it possible for the denazification tribunals to accomplish their mission without being buried. The amnesties will clear approximately 2/3 of the cases which would otherwise come before denazification tribunals."[20]

Die Alternativen in dieser vertrackten Situation schienen einfach: Entweder man mutete sich und den bereits jetzt überforderten Entnazifizierungskommissionen bzw. dann Spruchkammern Hunderttausende neue Verfahren zu oder man nahm von Beginn an gezielt eine Begrenzung vor. Man bemühte sich zu betonen, dass eine Neuregelung ohne Amnestien zum Scheitern verurteilt war und Straffreiheit nicht für „Hauptschuldige" und „Belastete" gelten würde.[21]

Die französischen und sowjetischen Vertreter:innen überzeugten diese Begründungen wenig. Vehement lehnten sie jegliche Ausnahmeregelungen ab und argumentierten in ihrer Vorlage, dass nach der Kontrollratsdirektive Amnestien grundsätzlich unzulässig seien. Alle Schuldigen, verlangten Frankreich und die

17 Vgl. Vollnhals, Einleitung, S. 20f.

18 Vgl. Reichel, Vergangenheitsbewältigung, S. 34; Woller, Gesellschaft und Politik, S. 152.

19 Vgl. Vollnhals, Einleitung, S. 21 und 30.

20 OMGUS Berlin District, Interoffice Memo Slip Howley to Radosta, 2 January 1947, LAB, B Rep. 036-01, Nr. 4/38-3/2.

21 Vgl. AKB BKD/M(47)7, Implementation of Directive 38, 7 February 1947, LAB, B Rep. 036-01, Nr. 11/149-1/2.

Sowjetunion, sollten unabhängig von Alter, Einkommen und körperlicher Verfasstheit bestraft werden.[22] Womöglich vermuteten sie, was das Office of Strategic Services (OSS) wenig später für die Entnazifizierung der amerikanischen Zone schwarz auf weiß bestätigte (und was spätere Forschungen bekräftigten): dass in der Praxis gerade schwer belastete Mitglieder und Unterstützer:innen von den Amnestieregelungen profitierten, da die Ankläger:innen die Belastungskategorien allzu oft ignorierten. Auch wenn Amnestien prinzipiell gerechtfertigt seien, analysierte das OSS im Frühjahr 1948, ihre Umsetzung „resulted in further damage to the original purpose of the denazification". Da eine „considerable number of major Nazis" im Zuge der Massenüberprüfung versehentlich oder vielmehr absichtlich amnestiert würden, könnten sie sich der Strafverfolgung bzw. einem Spruchkammerverfahren entziehen.[23]

Insofern lässt es sich als vorausschauend bezeichnen, dass sowjetische Offiziere gerade die umfassende Registrierung als größte Schwachstelle des neuen Gesetzes identifizierten und sich daher von Beginn an gegen eine solche Massenüberprüfung in Berlin ausgesprochen hatten.[24] „A general registration of all Nazis, large as well as small", fasste der sowjetische Stadtkommandant die Einwände später zusammen, „would only create a general excitement in Berlin and would provide [...] the possibility for the actual war criminals to avoid punishment", da sie Anklagestellen und Spruchkammern nochmals mit unwichtigen Fällen überfluten würde.[25] Nicht mittels weitreichender Straffreiheiten für bestimmte Gruppen wollte die französisch-sowjetische Seite eine notwendige zahlenmäßige Begrenzung erreichen, sondern durch eine gezielte Fokussierung auf „Hauptschuldige" und „Belastete".

Ab dem Frühjahr waren die Verhandlungen mehr und mehr von außenpolitischen Entwicklungen bestimmt. In den Wochen vor und nach der fünften Außenministerkonferenz, die vom 10. März bis zum 24. April 1947 in Moskau stattfand, blockierte die amerikanische Delegation jegliche Einigung. Mehrfach

22 Vgl. AKB BK/R(47)35, Exemptions from Sanctions under Directive No. 38, 5 February 1947, LAB, B Rep. 036–01, Nr. 11/148–3/3; AKB BKD/M(47)7, Implementation of Directive 38, 7 February 1947, ebenda, Nr. 11/149–1/2.

23 OIR Report No. 1626, The Present Status of Denazification in Western Germany and Berlin. Secret (US Officials only), 15 April 1948, IfZ, OMGUS 5/364–2/27. Die R&A Branch des OSS, in dem Franz L. Neumann tätig gewesen war, war zu diesem Zeitpunkt bereits aufgelöst worden. Unter dem Druck konservativer Kreise befand das State Department, dass innerhalb des Nachrichtendienstes zu viele linke Expert:innen mit „stark sowjetischen Neigungen" tätig seien. Siehe: Laudani, Einleitung, S. 65.

24 Vgl. AKB PS Comm., Control Council Directive 38, 6 December 1946, TNA, FO 1112/374.

25 AKB BKD/M(48)17, Implementation of ACA Directive No. 38, 28 April 1948, LAB, B Rep. 036–01, Nr. 11/149–1/9.

wies Clay an, „to take positive steps to delay the enactment of the implementation until 1 April 1947 pending the outcome of the Foreign Ministers Conference in Moscow", und befahl, jegliche Annäherungen platzen zu lassen. Diese „delaying technique"[26] mündete schließlich in der Anweisung, überhaupt keinem Entwurf mehr zuzustimmen.[27]

Die in Berlin verantwortlichen amerikanischen Expert:innen zerbrachen sich derweil den Kopf über Sinn und Zweck der unflexiblen Haltung ihrer Vorgesetzten. Die angeordnete Obstruktionspolitik musste ihnen immer absurder vorkommen, verunmöglichte sie doch eine Umsetzung, die gerade für den amerikanischen Sektor am wichtigsten zu sein schien. Denn in der Einschätzung von Radostas Abteilung hatte die strenge und zuweilen sogar über bestehende Gesetze hinausgehende, amerikanische Entnazifizierungspraxis insbesondere in ihren Bezirken zu vielen Entlassungen einfacher Arbeiter:innen und kleinerer Geschäftsleute geführt. Aus Sicht der lokalen Verantwortlichen seien weitere Verzögerungen daher kaum dienlich und würden lediglich ein schlechtes Bild auf die amerikanische Politik werfen.[28]

Zwischen den Alliierten entwickelte sich die als Aushandlung über eine konkrete Durchführungsbestimmung begonnene Diskussion zu einer Grundsatzdebatte über die bisherige und zukünftige Entnazifizierung. Im Grunde waren sich die Positionen und Intentionen bald viel näher als man gewillt war zuzugeben. Denn in der letzten Phase der Entnazifizierung ging es den Beteiligten immer mehr um einen raschen Abschluss. Obwohl sich der Fokus aller Verantwortlichen immer mehr in Richtung Beschleunigung und Beendigung verschob, wurde eine Einigung immer unwahrscheinlicher. Dies hing auch mit Entwicklungen in den vier Besatzungszonen zusammen. Beeinflusst von immer neuen Regelungen, die in kurzen Abständen in den Besatzungszonen erlassen wurden und die immer neue Anweisungen an die Berliner Behörden zur Folge hatten, sah man in Berlin bald den Wald vor lauter Bäumen nicht mehr und verlor angesichts diverser Entwürfe den Überblick über Unterschiede und Gemeinsamkeiten.

26 OMGBS PSB to Director Howley, Implementation of Directive No. 38, 22 May 1947, LAB, B Rep. 036-01, Nr. 4/38-3/6.

27 Da die Außenminister eine Empfehlung an den Alliierten Kontrollrat verabschiedet hatten, derzufolge die Entnazifizierung in deutsche Verantwortung übergeben werden sollte, hielten die amerikanischen Vertreter:innen an ihrer Verzögerungstaktik fest. „It would be a waste of time", sich weiter mit der Direktive Nr. 38 zu befassten, erfuhr Howleys Team im Juni 1947, da zu erwarten sei, dass der Kontrollrat abermals neue, deutschlandweit gültige Richtlinien erlassen werde. Adolph J. Radosta to Director of OMGBS, Frank L. Howley, 12 June 1947, LAB, B Rep. 036-01, Nr. 4/38-3/7.

28 Vgl. OMGBS, History of implementation of directive 38, 16 June 1947, LAB, B Rep. 036-01, Nr. 4/38-3/7.

Den Anfang machte die Sowjetische Militäradministration, indem sie mit ihrem Befehl Nr. 201 vom August 1947 in ihrer Zone den „Abschluss der Entnazifizierung" einleitete.[29] Neu gebildete Kommissionen übernahmen die Überprüfung und sollten in Anlehnung an die jüngste Kontrollratsdirektive Sühnemaßnahmen verhängen. Für „nominelle" Parteimitglieder hingegen ebnete der Befehl den Weg ihrer umfassenden politischen und gesellschaftlichen Wiedereingliederung, indem verhängte Strafen und Einschränkungen weitgehend aufgehoben wurden. Damit handhabte man eine Rehabilitierung NS-belasteter Personen in weiten Teilen (und mit Ausnahme bestimmter Berufe) zunehmend pragmatisch.[30] In der britischen Zone erließ die dortige Militärregierung sowohl in Reaktion auf den sowjetischen Kurswechsel als auch nach kontroversen Auseinandersetzungen mit den deutschen Länderregierungen im Herbst 1947 die Verordnung Nr. 110, nach der die Entnazifizierung unter deutscher Verantwortung ebenfalls zum Abschluss gebracht werden sollte.[31] Schließlich schloss sich auch Frankreich der milderen Politik der anderen Besatzungsmächte an. Baden-Baden erließ zunächst im Frühjahr 1947 eine Jugendamnestie und im darauffolgenden November umfangreiche Rehabilitierungen für „nominelle" Mitglieder der NSDAP,[32] woraufhin die französische Delegation in Berlin sich den Straferlassen gegenüber zunehmend offener zeigte und sich gegen Jahresende der amerikanisch-britischen Position anschloss.[33]

Gleichwohl stellten diese Annäherungen und Gemeinsamkeiten in den Verhandlungen um ein neues Berliner Gesetz fast mehr Probleme als Lösungen dar, denn im Wettlauf um eine schnelle Beendigung ging es vermehrt darum, die

29 Auch die sowjetische Politik war im Frühjahr 1947 darauf bedacht, eine erfolgreiche Entnazifizierung zu präsentieren. Die Militäradministration der sowjetischen Zone arbeitete gemeinsam mit der SED an einem eigenen Ausführungsbefehl zur Direktive Nr. 38, der bis zur Außenministerkonferenz zurückgehalten werden sollte. Vgl. Jochen P. Laufer, Die Politik der UdSSR in der deutschen Frage. Einführung zu den Dokumenten, in: ders./ Kynin (Hrsg./Bearb.), Die UdSSR und die deutsche Frage, Bd. 3, S. VII–LXXXIV, hier S. XXIX; Vollnhals, Einleitung, S. 52.

30 Vgl. Befehl Nr. 201 der SMAD vom 16. August 1947. Richtlinien zur Anwendung der Direktive Nr. 24 und Nr. 38 des Kontrollrats, abgedruckt in: Rößler (Hrsg.), Entnazifizierungspolitik der KPD/SED, S. 147–158. Vgl. Welsh, Revolutionärer Wandel, S. 75; Wentker, Justiz in der SBZ/DDR, S. 424; Van Melis, Entnazifizierung, S. 201; Vollnhals, Einleitung, S. 51; Hurwitz, Stalinisierung der SED, S. 122; Foitzik, Einleitung, S. 24; Görtemaker/Safferling, Akte Rosenburg, S. 713.

31 Vgl. Rauh-Kühne, Entnazifizierung, S. 60.

32 Vgl. Möhler, Entnazifizierung in Rheinland-Pfalz, S. 239 und 292 ff.; Vollnhals, Einleitung, S. 41.

33 Vgl. AKB DEN Comm., Alleviation of Restrictions for certain categories of Nazis, 15 January 1948, TNA, FO 1112/375.

eigene Politik in ein positives Licht zu rücken. Als der amerikanische Stellvertretende Stadtkommandant beispielsweise – in einer Mischung aus Provokation, diplomatischer Schmeichelei und tatsächlicher Anerkennung – vorschlug, der sowjetische Befehl Nr. 201 mit seinen weitreichenden Amnestien könne ja als Diskussionsgrundlage für Berlin dienen,[34] wehrte der sowjetische Stadtkommandant den Vorschlag unverzüglich ab. Anders als in der sowjetischen Zone, lautete der Vorwand, sei die Entnazifizierung in Berlin weitaus weniger gründlich erfolgt, nicht weit genug fortgeschritten und der sowjetische Ansatz daher ungeeignet.[35]

Amerikanischen Stellen musste diese Scheinheiligkeit oder zumindest Widersprüchlichkeit der sowjetischen Argumentation gehörig auf die Nerven gehen. Seit Längerem beobachteten sie die sowjetischen Integrations- und Rehabilitierungsbemühungen und auch, dass die Sowjetische Militäradministration nur allzu oft bereit war, „to forgive and forget when ex-Nazis joined the KPD or SED".[36] Während in der Zone eine „full-fledged amnesty for all but major Nazis"[37] erlassen worden war, wie man in nachrichtendienstlichen Berichten lesen konnte, blockierten sowjetische Offiziere in Berlin jedwede ähnlichen Forderungen. Der neue Befehl der SMAD, warnten Washingtoner Analyst:innen umgehend, stellte dadurch eine große Gefahr dar:

> „the new rules provide the Soviets with effective propaganda weapons against the Western powers. Full amnesty for nominal Nazis can be compared favorably with bungling, delays, and to a certain extent, undue harshness

34 In den Verhandlungen mit den anderen Stellvertretenden Stadtkommandanten sagte er: „This directive which is now in effect in the Soviet zone of Germany has also some other features which we consider excellent. For example, it places responsibility for registering upon the criminal and leading Nazis rather than upon the filling out of thousands of Fragebogen. Very frankly, on this point I think the Russian order has a good practical solution." AKB DC Verbatim Report, Implementation of Directive No. 38, 17 September 1947, TNA, FO 1112/62.

35 Vgl. AKB BKD/M(47)39, Implementation of Directive No. 38, 17 September 1947, LAB, B Rep. 036-01, Nr. 11/149-1/5.

36 OMGUS Assistant Chief of Staff G-2 to Drector of Intelligence OMGUS, essential elements of information on denazification in Russian zone, 27 January 1947, IfZ, OMGUS 3/162-1/9. Über die pragmatische Rehabilitierungspolitik ab 1948 siehe: Jürgen Danyel, Die SED und die „kleinen Pg's". Zur politischen Integration der ehemaligen NSDAP-Mitglieder in der SBZ/DDR, in: Annette Leo/Peter Reif-Spirek (Hrsg.), Helden, Täter und Verräter. Studien zum DDR-Antifaschismus, Berlin 1999, S. 177–196; Hurwitz, Stalinisierung der SED, S. 122–129.

37 Department of State Division of Research for European Office of Intelligence Research, Situation Report Central Europe No. 1113.1671, 3 September 1947, IfZ, OMGUS 7/28-3/24.

in Western zones while vigorous prosecution of major Nazis through both purge authorities and criminals courts can be contrasted with the inability or unwillingness of denazification boards and courts in the West to trace and convict such persons.“[38]

Die neue sowjetische Regelung schien geeignet, die Schwächen der amerikanischen Politik zu offenbaren – vom OSS beschrieben als eine zuweilen unangemessene Härte gegenüber der breiten Masse bei gleichzeitig verschleppter strafrechtlicher Ahndung stärker Belasteter – und die Stärken des sowjetischen Ansatzes wie eine schnelle Beendigung, weitreichende Rehabilitierungen und eine rigorose Ahndung von Kriegs- und NS-Verbrechen öffentlichkeitswirksam zu thematisieren. Dass die neue sowjetische Entnazifizierungspolitik nun der westlichen ähnlich war, wertete das State Department nicht als Zeichen einer willkommen zu heißenden Annäherung, sondern als „Propagandawaffe“.[39]

Aus London trafen bald ähnliche Einschätzungen ein. Nachdem in der sowjetischen Zone im Februar 1948 das offizielle Ende angekündigt worden war,[40] reagierte das britische Außenministerium prompt, es müsse jeder Eindruck vermieden werden, die Entnazifizierung sei in der sowjetischen Zone weiter fortgeschritten oder abgeschlossen. Unbedingt, telegrafierte das britische Außenministerium nach Berlin, müsse auf die Vorzüge der britischen Politik hingewiesen werden.[41] Vor Ort wusste man dagegen, wie gering die Unterschiede tatsächlich waren. Zwar werde in der Öffentlichkeit oft behauptet, der sowjetische Befehl gehe weiter als der britische, stellte die in Berlin ansässige britische Kontrollratsgruppe richtig, doch in Wirklichkeit seien beide recht ähnlich. Kurzum: Beide beendeten Entlassungen und beide sorgten für Reintegration.[42] Aus amerikanischen und britischen Einschätzungen geht hervor, dass zwischen den verschiedenen Ansätzen kaum Welten lagen.

38 Ebenda.

39 Ebenda.

40 Vgl. Befehl Nr. 35 der SMAD über die Auflösung der Entnazifizierungs-Kommissionen vom 26. Februar 1948, abgedruckt in: Rößler (Hrsg.), Die Entnazifizierungspolitik der KPD/SED, S. 257 f.

41 Vgl. Foreign Office to BERCOMB Berlin CCGBE, Incoming secret Telegram, 4 March 1948, TNA, FO 1049/1274.

42 Die einzigen Unterschiede bestünden im Grunde darin, dass die Verantwortung in der sowjetischen Zone bei der Militäradministration und in der britischen Zone bei den Länderregierung liege, und dass Kriegsverbrecher:innen in der sowjetischen Zone von deutschen Gerichten und in der britischen Zone von deutschen Spruchkammern verurteilt würden. Vgl. CCGBE to Foreign Office, Secret Cipher Message, 1 March 1948, TNA, FO 1049/1274.

Wie in Washington und London erwartet, traten die Konflikte innerhalb der Kommandantur bald offen zutage, und es häuften sich die Vorwürfe von sowjetischer Seite. Eine Umsetzung der neuen Kontrollratsdirektive stand in fast jeder Sitzung auf der Tagesordnung der Alliierten, aber auch die Presse bezweifelte, dass es zu einer Bildung der neuen Spruchkammern als Strafinstanzen in Berlin kommen werde.[43] Im Kontext von Truman-Doktrin, Marshall-Plan und den Abkommen zur Bizone manifestierte sich die konträre Politik der Westmächte und der UdSSR, und die Zusammenarbeit der Alliierten verschlechterte sich zunehmend auch beim Thema Entnazifizierung. Unter diesen Bedingungen musste auch ein letzter französischer Vermittlungsversuch scheitern. Hinsichtlich der Organisation der Spruchkammern, so die französische Einschätzung, war der sowjetische Entwurf der überzeugendere.[44]

Im April 1948 schließlich ließ der sowjetische Stadtkommandant nach intensiven Auseinandersetzungen jedwede Einigung platzen und prangerte die westliche Politik offen an.

> „In western zones denazification had been carried out in an extremely unsatisfactory manner. Prominent Nazis, if they came from the rich strata of population, were often not only not prosecuted but were given an opportunity to receive leading posts in the German self-government in departments of police, justice, and economy. […] On the other hand, former Nazis from the working population of Western zones frequently suffered unjustified sanctions which did not correspond with their degree of guilt. Unimportant Nazis were being prosecuted and prominent Nazis were receiving ministerial portfolios."[45]

Aufschlussreich für eine Bewertung unterschiedlicher Positionen sind solche offenen Angriffe insofern, als die Kritik einen wahren Kern traf. Den Finger auf den wunden Punkt der amerikanischen Entnazifizierungspolitik legend, entgegnete die sowjetische Delegation auf den entrüsteten Protest der Westalliierten, dass doch der Militärgouverneur Clay selbst seine große Unzufriedenheit öffentlich zum Ausdruck gebracht hatte.[46] Bezichtigungen, etwa dass sich wohlhabende NS-Vertreter:innen in den westlichen Zonen für einige tausend Mark

43 Vgl. Der Kurier, Spruchkammern noch nicht spruchbereit, 2. Dezember 1947.

44 Vgl. AKB BKD/M(48)16, Implementation of ACA No. 38, 20 April 1948, LAB, B Rep. 036-01, Nr. 11/149-1/9.

45 AKB BKD/M(48)17, Implementation of ACA Directive No. 38, 28 April 1948, LAB, B Rep. 036-01, Nr. 11/149-1/9.

46 Vgl. ebenda.

einen Rehabilitierungsschein erkaufen könnten und zugleich in hohe Ämter gehievt würden, wiesen westalliierte Repräsentant:innen erbost von sich,[47] auch wenn man den Vorwürfen insgeheim wohl recht geben musste. Denn auch in der Berliner Presse wurde mittlerweile offen über Bestechungen berichtet. Zwanzig Mark, kritisierte der *Kurier*, sei der „niedrigste Gebührensatz, der für eine Pauschalentlastung" gebraucht werde, nach oben seien keine Grenzen gesetzt.[48]

Zu den wenigen, die an einer berlinweiten Lösung interessiert schienen, sich nicht auf die Spirale aus Vorwürfen und Gegenvorwürfen einließen und zudem einen nötigen Überblick über die komplexen Reglungen hatten, gehörten Theuner und Schmidt von der Personalabteilung des Magistrats. Sichtlich bemüht, die strittigen Punkte unter einen Hut zu bringen, bestand ihr Ziel darin, eine einheitliche Rechtsgrundlage zu schaffen. Dabei sollte, einem Diskussionspapier vom April 1948 zufolge, der Charakter eines „politischen Verfahrens unter allen Umständen aufrechterhalten werden". Die negativen Erfahrungen des „Befreiungsgesetzes" in der amerikanischen Zone sah das Papier als Warnung an, die Entnazifizierung als rein juristische Angelegenheit zu betrachten und gelehrten Richter:innen einen entscheidenden Einfluss auf die Anklageerhebung und Spruchpraxis einzuräumen.[49]

Noch im Juni 1948 forderte die Stadtverordnetenversammlung den Magistrat auf, einen Gesetzesentwurf bzw. eine Ausführungsbestimmung auszuarbeiten.[50] In den sich überschlagenden Ereignissen der ersten Berlinkrise verloren solche Integrationsversuche des Magistrats, etwa der noch im September 1948 fertiggestellte Entwurf,[51] ihre Bedeutung. Zu diesem Zeitpunkt hatte die amerikanische Militärregierung bereits Anweisungen erteilt, die auf eine unilaterale Umsetzung der Amnestien zielten. Noch vor dem Auszug der sowjetischen Delegation aus der Kommandantur hatte das amerikanische Hauptquartier OMGUS im März 1948 intern eine „Conclusion of the Denazification Program" für Berlin beauftragt. Ohne Absprache mit den anderen drei Besatzungsmächten sollte die Entnazifizierung bis zum 1. Mai beendet werden.[52] Um die lange geforderten Amnestien

47 Vgl. ebenda.

48 Doppelte Moral, in: Der Kurier, 25. Februar 1949.

49 Abt. für Personal, Diskussionsgrundlage, 27. April 1948, LAB, C Rep. 102, Nr. 284.

50 Vgl. Schreiben des Oberbürgermeisters von Berlin, Vorlage Nr. 117/866 bezug 72. Sitzung der Stadtverordnetenversammlung, 18. Juni 1948, Bl. 16, LAB, C Rep. 102, Nr. 30.

51 Vgl. Entwurf. Verordnung zur Durchführung der Direktive Nr. 38, 8. September 1948, Bl. 5, LAB, C Rep. 102, Nr. 30.

52 Das Hauptquartier erkannte empört, „denazification policies and procedures in effect in Berlin are completely different than in the US Zone". Die interne Anweisung riet, dass Entnazifizierung bis zum 1. Mai beendet werden solle, und schlug vor: 1) sämtliche Personen,

in ihrem Sektor umzusetzen, erließen die amerikanische Public Safety Branch im Mai 1948 weitreichende Einschränkungen des von Entnazifizierung betroffenen Personenkreises: Bis auf Führungskräfte aus Politik, Bildung, Wirtschaft, Recht, Medizin und Kultur waren schlagartig alle ehemaligen NSDAP-Mitglieder und -Unterstützer:innen davon befreit, sich der Entnazifizierung zu unterziehen.[53] Alle in Berlin circa 600 Internierten verlegte man daraufhin in die amerikanische Zone.[54] Washington drängte auf einen schnellen Abschluss der Entnazifizierung, woraufhin der Militärgouverneur Clay widerstrebend einer Abmilderung des Befreiungsgesetzes hatte zustimmen müssen. In der amerikanischen Zone erlaubte diese mit geringen Ausnahmen, alle „Belasteten" zu „Mitläufern" herabzustufen. Formell blieb das dortige Entnazifizierungsgesetz bestehen, wirkte sich aber, wie Vollnhals betont, als Amnestie für Schwerbelastete aus.[55] Indem die USA in Berlin eine vergleichbare Kehrtwende veranlassten, brachen sie de facto mit einer bis dahin gemeinsamen Viermächtepolitik.

Während der Teilung: Auflösung der Entnazifizierungskommissionen

„It is a flagrant case of unilateral action."[56] Die britische Militärregierung war vom amerikanischen Alleingang zunächst völlig überrascht und rätselte über die Intentionen, plötzlich fast alle Beschäftigungsrestriktionen aufzuheben und derart viele Personen ohne öffentliche Anhörung zu rehabilitieren. Denn das maßgeblich von britischer Seite eingeführte Modell der Entnazifizierungskommissionen, das darauf ausgelegt war, jeden Einspruch gegen Entlassung oder andere Restriktionen Einspruch sorgfältig zu prüfen, wurde im Zuge der Amnestien nach und nach aufgelöst.

die nach in der Besatzungszone gültigen Regelungen unter Amnestien fielen, zu rehabilitieren und die Entnazifizierungskommissionen anzuweisen, sämtliche Untersuchungen und Verhandlungen zu stoppen, 2) die Befreiungsminister der Zonen anzuweisen, Internierte mit Wohnsitz in Berlin freizulassen, 3) Jugendlichen und jüngeren Menschen zu raten, ihre Anträge vor den stadtweiten Kommissionen zurückzuziehen und stattdessen an die Sektorkommission im US-Sektor zu richten. OMGUS to Chief of Staff, Conclusion of Denazification Program in US Sector, 18 March 1948, IfZ, OMGUS 15/118-2/63.

53 Vgl. OMGBS PSB, Denazification, 12 May 1948, LAB, B Rep. 036-01, Nr. 4/136-2/2.

54 Vgl. OMGUS to Chief of Staff, Conclusion of Denazification program in the US Sector, 18 March 1948, IfZ, OMGUS 15/118-2/63. Auch: Meyer, Entnazifizierung von Frauen, S. 92.

55 Vgl. Vollnhals, Einleitung, S. 23.

56 HQ MG BTB SP to Deputy Director, Implementation in Berlin of Directive No. 38, 15 April 1948, AAM, AK 94/1.

Ziel der amerikanischen Militärregierung war es, wie in ihrer Besatzungszone, Entnazifizierung so rasch wie möglich abzuschließen. Da keine Einigung über ein neues Gesetz in Sicht war, beschloss die Special Branch, eigenmächtig zu handeln.[57] Jegliche Verfahren von ehemaligen Mitgliedern und Unterstützer:innen der NSDAP, die unter die Amnestieregelungen fielen, sollten sofort gestoppt werden. City Wide Officials sollte gestattet werden, ihre Anträge vor einer der stadtweiten Magistratskommissionen zurückzuziehen und stattdessen an eine im amerikanischen Sektor gelegenen Kommission zu richten.[58] Dementsprechend scharf verurteilte der britische Special Branch Offizier S. McGill diese beträchtliche Integrationsmaßnahme und unilaterale Abkehr von den bisherigen Konzeptionen. In einem internen Memorandum schrieb er: „This will certainly ensure rapid completion of the hearing of appeals against denazification, but is entirely contrary to the spirit and terms of directive no. 24, and the various BK/Os implementing the directive in Berlin."[59]

Der langjährige britische Vertreter im Komitee für Entnazifizierung wollte an interalliierten Abmachungen, einer gemeinsamen Politik und vermutlich auch an „seinem" Konzept des Einspruchsrechts festhalten, das im britischen Sektor vergleichsweise gut funktioniert hatte. Doch auch seine Vorgesetzten beschäftigte die Notwendigkeit einer schnelleren Bearbeitung der Fälle, die sie ihrerseits vor allem mit der beeinträchtigten Wirtschaftstätigkeit begründeten. Die Anweisung der britischen Behörden an die Kommissionen ihres Sektors, die Entnazifizierung müsse aufgrund des Personal- und Fachkräftemangels beschleunigt werden,[60] ist dabei bezeichnend für das sich herausbildende und durch die Urteilspraxis der Kommissionen zunehmend bestärkte Verständnis von Entnazifizierung als Rehabilitierung. Man erwartete positiv begutachtete Einsprüche.

Angestoßen vom amerikanischen Vorschlag, erließen die Militärregierungen der westlichen Sektoren im Juli 1948 mehrere Erleichterungen der Entnazifizierungsanordnungen, die in erster Linie die lange geforderte Jugendamnestie umsetzten und sogenannte Schnellverfahren vor den Entnazifizierungskommissionen

57 OMGBS SP to Chairman US Sector Board, Completion of denazification in the US sector, 2 April 1948, AAM, AK 94/1.

58 Vgl. OMGUS to Chief of Staff, Conclusion of Denazification program in the US Sector, 18 March 1948, IfZ, OMGUS 15/118-2/63.

59 HQ MG BTB SP to Deputy Director, Implementation in Berlin of Directive No. 38, 15 April 1948, AAM, AK 94/1.

60 Vgl. MGGBA PSB, Anweisung zur Beschleunigung der Entnazifizierung, 25. Mai 1948, LAB, C Rep. 101, Nr. 19. Auch: MGGBA PSB, Instructions for the speeding up of Denazification, 28 May 1948, LAB, C Rep. 207, Nr. 5064.

zu Folge hatten.[61] Insbesondere im amerikanischen und in geringerem Umfang auch im britischen und französischen Sektor erreichten verkürzte Anhörungen oder Verfahren ohne mündliche Verhandlungen eine beschleunigte Abarbeitung der Fälle. Der Ansatz der Schnellverfahren war von der amerikanischen Zone inspiriert, wo summarische Verfahren als „Mitläufer" klassifizierte Personen kollektiv amnestierten: Legten Betroffene gegen öffentlich einsehbare Klassifizierungen keinen Widerspruch ein, erhielten sie ohne individuelle Anhörung einen Entnazifizierungsbescheid.[62]

In Berlin, wo das Entnazifizierungsgesetz anstelle von fünf Kategorien lediglich zwei kannte, galt Gleiches für alle Antragsteller:innen der zweiten Kategorie: Sie seien „nach Ermessen zu entlassen". Zudem war Personen, die unter Amnestien fielen, deren früherer Antrag aber von einer Kommission abgelehnt worden war, gestattet, sich durch einen neuen Antrag zu rehabilitieren. Mit dieser Regelung wurden bis Herbst 1948 im amerikanischen Sektor in kürzester Zeit über zehntausend, im britischen Sektor und im französischen Sektor hingegen nur einige Hundert bzw. einige Dutzend Fälle von „geringerer politischer Belastung" in Schnellverfahren verhandelt.[63] Die sowjetische Kommandantur erließ vorerst keine derartigen Maßnahmen, obwohl auch in der Sowjetischen Besatzungszone bereits Monate zuvor eine rasche Beendigung der Entnazifizierungspolitik angekündigt worden war. Damit galten noch vor der Teilung der Stadt im westlichen und östlichen Teil der Stadt unterschiedliche Regelungen.

Die Divergenzen stellten insbesondere für die stadtweit operierenden Magistratskommissionen ein Problem dar. Gerade die sogenannten City Wide Officials, also Angestellte der Verwaltung, Mediziner:innen, Künstler:innen und insbesondere Jurist:innen und Lehrer:innen, hatten in den kontroversen Verhandlungen über ein neues Entnazifizierungsgesetz einen besonderen Stellenwert eingenommen. Vor allem eine Rehabilitierung von ehemaligen Mitgliedern der NSDAP in den Bereichen Justiz und Bildung war aus sowjetischer Sicht undenkbar. Durchweg hatten sowjetischen Delegationen Amnestien für diese Berufe blockiert.[64]

61 Vgl. Militärregierung Berlin (amerikanischer, britischer und französischer Sektor) an den Oberbürgermeister, Erleichterung der Bestimmung der Entnazifizierungsanordnung, 13. Juli 1948, LAB, C Rep. 102, Nr. 284.

62 Vgl. Office of Intelligence Research, Report No. 4626, 15 April 1948, abgedruckt in: Söllner, Archäologie der Demokratie, Bd. 2, S. 225. Auch: Schlemmer, Gelungener Fehlschlag, S. 22.

63 Vgl. Abt. für Personal, Tätigkeit der Entnazifizierungskommissionen seit Errichtung bis einschließlich 30. September 1948, 15. November 1948, Bl. 59, LAB, C Rep. 102, Nr. 279.

64 Vgl. HQ MG British PSB, Monthly Report, April 1948, TNA, FO 1050/1684.

Bereits seit Mai 1948, als das Komitee für Entnazifizierung zum letzten Mal mit Delegierten aller vier Militärregierungen tagte, hatte es über keine Empfehlung der Magistratskommissionen mehr entschieden. Die westalliierten Vertretungen kamen über den Sommer 1948 zwar weiterhin zu inoffiziellen Arbeitssitzungen zusammen und entschieden auch über Einstellungen und Entlassungen, jedoch nicht über Urteile der ihr unterstehenden Entnazifizierungskommissionen.[65] Formell galten weiterhin die Prinzipien einer gemeinsamen Verwaltung: Solange die Viermächteverwaltung nicht offiziell aufgelöst war, mussten Urteile der Magistratskommissionen von allen vier Delegationen bestätigt werden.

Auf verschiedenen Wegen versuchten die Westalliierten, diese Abmachung zu umgehen. Zunächst erwarteten sie von den Kommissionen keine zeitraubenden Übersetzungen ins Englische, Französische und Russische mehr, sondern begutachteten alle Unterlagen auf Deutsch, was fraglich macht, wie genau eine Prüfung überhaupt vorgenommen wurde.[66] Bald schlossen sich Frankreich und Großbritannien der amerikanischen Regelung an, nach der es Bezirkskommissionen erlaubt war, Fälle zu übernehmen, die eigentlich von einer Magistratskommissionen zu verhandeln waren.[67] Da die Personalabteilung des Magistrats aber vor den Folgen einer dadurch zunehmend auseinanderdriftenden Entnazifizierungspolitik warnte[68] und die Informationen nicht an die Kommissionen weitergab, machten im Sommer 1948 vorerst verhältnismäßig wenige Personen von dieser Möglichkeit Gebrauch. Zudem verhinderten die sowjetischen Behörden britischen Berichten zufolge eine Herausgabe der Akten, und einige Institutionen wie das Hauptschulamt und das Kammergericht weigerten sich, die Entscheidungen der Bezirkskommissionen anzuerkennen.[69]

Das Prinzip, dass Anträge entweder an den Ort der letzten Arbeitsstätte oder an die Magistratskommissionen zu richten waren, fand keine offizielle Änderung, aber die politischen Krisen der Stadt stellten diese Praxis mehr und mehr

65 Vgl. Protokolle des Komitees im Jahr 1948: TNA, FO 1112/375. Auch: OMGBS, Monthly Report, July 1948, IfZ, OMGUS 5/37–3/6.

66 Vgl. AKB PS Comm., Files for consideration as to whether translations are still required, 30 August 1948, TNA, FO 1112/579.

67 Vgl. CCGBE PSB, Monthly Report, July 1948; CCGBE PSB, Monthly Report, August 1948; CCGBE PSB, Monthly Report, September 1948, TNA, FO 1050/1684.

68 Vgl. AKB PS Comm., 13 September 1948, TNA, FO 1112/579.

69 Vgl. CCGBE PSB, Monthly Report, September 1948, TNA, FO 1050/1684. Über die Weigerung des Kammergerichts, vor Bezirkskommission verhandelte Fälle anzuerkennen auch: OMGBS Legal Branch to Chief Legal Branch, Denazification of lawyers and jurists, 7 September 1948, IfZ, OMGUS 17/261–2/8. Über die Anträge der Lehrerkommission auch: Abt. für Volksbildung to MG Education Branch, Entnazifizierung der Lehrer, 3. September 1948, MAE, GMFB 9/98.

infrage. Dadurch lassen sich ab Sommer 1948 kaum genaue Angaben zu den Urteilen der Magistratskommissionen machen. Seit der Errichtung der Kommissionen, aber vor allem im Prozess der Teilung wurden Anträge zurückgenommen und neu gestellt, an andere Kommissionen verwiesen, blieben unbearbeitet, gingen verloren oder wurden im Rahmen von Amnestieregelungen eingestellt. Ausgerechnet für viele „City Wide Officials", also jene Berufsgruppen, die gerade aufgrund ihrer gesamtstädtischen und beruflichen Bedeutung von allen vier Alliierten gemeinsam eingestellt, entlassen und überprüft werden sollten und die Gegenstand vielfacher Auseinandersetzungen waren, war durch die Teilung eine Entnazifizierung weitgehend ungeklärt.

Für die von Bestechungsskandalen, administrativen Missständen und dem Streit um Berufsverbot und Wiedereinstellung ohnehin zerrissenen Magistratskommissionen entstand im Zuge des Teilungsprozesses ein großes Chaos. Denn was mit über den 10 000 Fällen, die unter gesamtstädtische Verantwortung fielen, davon 6000 noch unbearbeitet, geschehen sollte, war ab Herbst 1948 weitgehend offen. In den Monaten der Auseinanderentwicklung der städtischen Verwaltung blieb lange unklar, ob die Kommissionen ihre Arbeit fortsetzen oder neu aufbauen würden, ob sich die alten Akten im Ost- oder Westteil der Stadt befanden und wer letztlich für die City Wide Officials zuständig war. Die Alliierte Kommandantur, seit dem Frühjahr 1948 handlungsunfähig, konnte keinerlei Anweisungen geben.

Die Magistratskommissionen tagten an über verschiedene Bezirke und Sektoren verstreuten Orten. Die meisten Kommissionen hatten ihren Sitz unweit der Verwaltungs- und Regierungsgebäude im Klosterviertel im sowjetisch kontrollierten Bezirk Mitte. Hier tagten die für ehemalige Angestellte städtischer Einrichtungen zuständige Allgemeine Kommission ebenso wie die Kommissionen für Juristen und für Lehrer. Sowohl die Kommission für Künstler als auch die für Ärzte hielten ihre Verhandlungen im Haus des Kulturbundes in der Schlüterstraße im britisch kontrollierten Bezirk Charlottenburg ab, aber während das Sekretariat der Kommission für Künstler ebenfalls in der Schlüterstraße ansässig war, lag das der Kommission für Ärzte in der Klosterstraße in Mitte, wie häufig beklagt wurde.[70] Zwischen September und Dezember 1948 vollzog sich im

70 Hinweise auf die Adressen der Kommissionen finden sich hier: Abt. für Personal, Entnazifizierungskommission für Ärzte, 27. August 1948; Steeg an Abt. für Personal, z. H. Magistratsdirektor Martin Schmidt, 23. August 1948, LAB, C Rep. 118, Nr. 576; OMGBS Education and Cultural Relations Branch, Report on Dismissal of thirteen teachers in Bezirk Neukoelln, 16 November 1948, LAB, B Rep. 036–01, Nr. 4/10–3/30; Magistrat von Groß-Berlin (Hrsg.), Berlin 1949. Der Magistrat berichtet … Aus der Arbeit des Magistrat, hrsg. vom Magistrat von Groß-Berlin, Berlin 1950, S. 136 f.

Kontext von Massenprotesten vor dem Reichstagsgebäude, massiven Störungen der SED am Sitz des Magistrats im Neuen Stadthaus und des Umzugs antikommunistischer Mitglieder der Stadtverordnetenversammlung in den britischen Sektor die administrative Teilung der Stadt, die schließlich in der Bildung zweier Verwaltungsapparate mündete.[71]

Der Magistrat und seine Abteilung für Personal verblieben zunächst im sowjetischen Sektor. Seine Leiter Theuner und Schmidt unterstützten Bemühungen um eine städtische Einheit und hielten zunächst an einer engen Kooperation fest.[72] Am 15. November 1948, am selben Tag, an dem Ernst Reuter die meisten Magistratsabteilungen nach West-Berlin verlegte, ließen Theuner und Schmidt mit den im Alten Stadthaus verbliebenen Unterlagen eine letzte berlinweite Statistik der Entnazifizierung erstellen. Da die Aufzählung alle Fälle „seit Errichtung bis einschließlich 30. September 1948" umfasst, ist anzunehmen, dass die fünf Magistratskommissionen bzw. zumindest einige von ihnen noch bis zu diesem Zeitpunkt tagten.[73] Wie viele andere Dienststellen zogen anschließend auch einige Kommissionsmitglieder aus der Klosterstraße teils überstürzt in die westlichen Sektoren. Sie ließen dabei, laut Theuner, der in der ersten West-Berliner Regierung erneut Stadtrat für Personal und Verwaltung wurde, „neben allen Einrichtungsgegenständen [...] auch sämtliche Akten, Protokolle und statistischen Unterlagen im Ostsektor". Im Gebäude des Verwaltungsgerichts des britischen Sektors richtete Theuner eine neue Kommission ein, doch ohne Unterlagen war es auch kaum möglich, „Einzelheiten oder abschließende Zahlen für das Jahr 1948 anzugeben".[74] Daher ließen sich viele Verfahren im Westteil der Stadt nicht weiterführen, und man konnte lediglich schätzen, wie viele Anträge bis dato bearbeitet und wie sie entschieden worden waren.

Auch im Ostteil der Stadt blieben die meisten dort verbliebenen Anträge zunächst liegen. Der Sowjetischen Militäradministration erklärte Schmidt, dass vermutlich alle in den westlichen Sektoren wohnhaften Personen ihre

71 Über die politische Spaltung Berlins siehe: Schlegelmilch, Hauptstadt, S. 131–141.

72 Vgl. Hurwitz, Stalinisierung der SED, S. 173 f.

73 Die Ärzte-Kommission setzte ihre Arbeit, geprägt von internen Skandalen mehr schlecht als recht, sogar bis Ende November 1948 fort. Über die dort herrschenden Missstände und eine mögliche Entlassung ihres umstrittenen Vorsitzenden Rudolf Kurzweg, die einer Bestätigung der funktionsunfähigen Alliierten Kommandantur bedurfte, standen Theuner und Schmidt noch nach angekündigten Neuwahlen im Austausch. Siehe diverser Schriftverkehr, etwa: Martin Schmidt an Rudolf Kurzweg, Tätigkeit in der Entnazifizierungskommission für Ärzte, 16. November 1948, LAB, C Rep. 118.

74 Magistrat von Groß-Berlin (Hrsg.), Berlin 1948. Der Magistrat berichtet ..., S. 186.

Anträge zurückziehen würden, und da diese mindestens drei Viertel aller Fälle ausmachten, könnten die „beim demokratischen Magistrat verbliebenen" einige Hundert Fälle in verhältnismäßig kurzer Zeit bearbeitet werden.[75] Ende Oktober 1948 wies die sowjetische Zentralkommandantur die nun für den sowjetischen Sektor zuständige und als „Bezirks-Magistrat" bezeichnete Stelle zunächst überstürzt an, alle Entnazifizierungskommissionen bis auf die Bezirkskommission Friedrichshain bis zum 10. November 1948 zu schließen.[76] Schmidt, im provisorischen Magistrat erneut stellvertretender Leiter der Abteilung für Personal und Verwaltung, schlug daraufhin im Dezember 1948 vor, die Entnazifizierung entsprechend des SMAD-Befehls Nr. 201 abzuschließen. Ein baldiges Ende hielt er auch deswegen für realisierbar, da ein Großteil der noch ausstehenden Berufungsanträge an die Magistratskommissionen gerichtet waren und zu etwa 75 Prozent von Personen aus den westlichen Sektoren stammten, die ihre Anträge vermutlich zurückziehen würden.[77] Möglicherweise kam es ihm und den sowjetischen Behörden gelegen, dass ehemalige Mitglieder und Unterstützer:innen der NSDAP ihre Anträge an Kommissionen der westlichen Sektoren richteten, da sich so eine schnellere Beendigung der Entnazifizierung erzielen ließ.

In allen vier Sektoren wurden die Entnazifizierungskommissionen zum Frühjahr 1949 aufgelöst. In Absprache mit dem Oberbürgermeister von Ost-Berlin, Friedrich Ebert jr. (SED), verabschiedete der Ost-Berliner Magistrat im Februar 1949 einen zügig erarbeiteten Beschluss über den „Abschluss der Entnazifizierung".[78] Der Öffentlichkeit wurde derweil zwar verkündet, dass die Entnazifizierung „praktisch bereits im Dezember 1948 zum Abschluss" gekommen sei,[79] doch tatsächlich gestaltete sich eine simple Übertragung des Befehls Nr. 201 schwieriger als gedacht.

75 Martin Schmidt an die sowjetische Zentralkommandantur, Entnazifizierung, 11. Dezember 1948, LAB, C Rep. 102, Nr. 284.

76 Vgl. Verwaltung des Militärkommandanten im sowjetischen Sektor Entnazifizierungsabteilung, Reduzierung der Entnazifizierungskommissionen, 28. Oktober 1948, LAB, C Rep. 102, Nr. 284.

77 Vgl. Martin Schmidt an die sowjetische Zentralkommandantur über den Verbindungsoffizier Bagnitschoff, 11. Dezember 1948, LAB, C Rep. 102, Nr. 284.

78 Vgl. Oberbürgermeister Friedrich Ebert an die Abt. für Personal, 10. Februar 1949; Magistrat von Groß-Berlin an die Genossen Friedrich Ebert und Hans Jendretzky, Entnazifizierung, 21. Februar 1949; Protokoll über die 14. Magistratssitzung vom 23. Februar 1949 und Magistratsbeschluss Nr. 103 vom 23. Februar 1949, Bl. 92, LAB, C Rep. 102, Nr. 284.

79 Magistrat, Zur Weitergabe an Presse und Rundfunk, 5. Januar 1949, LAB, C Rep. 102, Nr. 284.

Nach den Währungsreformen: Enteignung und Rückgabe von Vermögenswerten

„In western sectors of Berlin, war criminals, monopolists, speculators and militarists remained unpunished and their property was not confiscated and was not handed over to public ownership.“[80] Wie hier im April 1948, einige Wochen vor dem Ende der Viermächteverwaltung, mehrten sich die Vorwürfe des sowjetischen Stadtkommandanten Alexander G. Kotikow an die Westalliierten, die von deutscher Seite geplante Sozialisierung zu verhindern und stattdessen ehemalige Kriegsverbrecher:innen und Unterstützer:innen des NS-Regimes im Wirtschaftsleben zu protegieren. An der Frage der Sozialisierung und Beschlagnahme scheiterten letzte Reste einer gemeinsamen oder zumindest ähnlichen Politik der Vermögenskontrolle. Während der Ost-Berliner Magistrat gemeinsam mit der Sowjetischen Militäradministration inmitten der Berlinkrise eine Enteignung vieler Betriebe einleitete, bemühten sich die Westalliierten vorrangig um eine Rückgabe.

Nachdem eine Einigung über ein neues Entnazifizierungsgesetz einschließlich seiner Strafbestimmungen wie Vermögensabgabe gescheitert war und sich das System der Entnazifizierungskommissionen, die mitunter auch für Gewerbetreibende zuständig gewesen waren, in Auflösung befand, mussten neue Regelungen zur Vermögenskontrolle getroffen werden. Hatten die bisherigen Regelungen in den unmittelbaren Nachkriegsjahren zwar unterschiedliche, aber noch verhältnismäßig wenig umstrittene Formen der Vermögenskontrolle in den vier Sektoren gewährleistet, intensivierten sich die wirtschafts- und deutschlandpolitischen Gegensätze nun deutlich.

Zwar blieb die Stadt nach den Währungsformen im Juni 1948 wirtschaftlich eng verflochten. Zugleich aber trieben Blockade und Gegenblockade die Spaltung Berlins voran, und nachdem der Konsens zerbrochen war, dass eine Währungsreform gemeinsam in allen vier Zonen und Berlin erfolgen sollte, bildeten sich getrennte Wirtschaftssysteme heraus.[81] Grundsätzlich galt es, für die verschiedensten Arten von Vermögen Bestimmungen zu erlassen. Wie mit Vermögen von Staat und Partei zu verfahren war, war in beiden Stadtteilen noch relativ

80 AKB BKD/M(48)17, Implementation of ACA Directive No. 38, 28 April 1948, LAB, B Rep. 036-01, Nr. 11/149-1/9.

81 Vgl. Michael Lemke, Totale Blockade? Über das Verhältnis von Abschottung und Durchlässigkeit im Berliner Krisenalltag, in: Die Berliner Luftbrücke. Ereignis und Erinnerung, Berlin 2010, S. 121-136, hier S. 126ff.; Michael W. Bähr, Die Währungsreform in Berlin 1948/1949, Berlin/New York 1991, S. 285–292.

einfach. Mit dem westalliierten Gesetz Nr. 19, das im April 1949 in Kraft trat, galt jedes Eigentum, das am 8. Mai 1945 direkt oder indirekt dem Deutschen Reich oder den Ländern gehört hatte, als beschlagnahmt.[82] Wenig später transferierten die Westalliierten dem Magistrat über 500 ehemalige Reichsvermögen im Wert von 100 Millionen Dollar,[83] und bis Ende des Jahres waren sämtliche in Berlin gelegene, ehemalige Vermögenswerte des NS-Staates in das Eigentum West-Berlins übergegangen. Ähnliches erfolgte in Ost-Berlin.[84]

Weitaus schwieriger war es, eine Einigung über den abschließenden Umgang mit kontrolliertem Vermögen von Mitgliedern und Unterstützer:innen der NSDAP zu erzielen. Wenn auch nicht von einer komplett gegensätzlichen Politik zu sprechen ist – beispielsweise standen Betriebe und Unternehmen bis dato in ähnlichem Umfang unter treuhänderischer Verwaltung, und in beiden Stadthälften gab es Bemühungen, geringfügig Belasteten ihr Vermögen zurückzugeben –, so schlugen Ost- und West-Berlin in der Politik der Kontrolle und Beschlagnahme verschiedene Richtungen ein. BRD und DDR bemühten sich um eine staatsbürgerliche Integration ehemaliger Mitglieder und Unterstützer:innen der NSDAP; die DDR aber, so Norbert Frei, ohne ihnen den früheren eigentumsrechtlichen Status zurückzugeben.[85]

Die Ost-Berliner Verwaltung verabschiedete im Februar 1949 das lange umstrittene Gesetz zur „Einziehung von Vermögenswerten der Kriegsverbrecher und Naziaktivisten", das die Verstaatlichung der Berliner Industrie im sowjetischen Sektor einleitete, und kritisierte im Vorwort, dass „Kriegsverbrecher und aktive Nazis vom Typ des Wehrwirtschaftsführers Witzleben" im Westen der Stadt unbehelligt blieben.[86] Als „Kriegsverbrecher und Naziaktivisten" definierte das Gesetz all jene, die laut Kontrollratsdirektive Nr. 38 als „Hauptschuldige" oder „Belastete" galten. Zudem erstreckte sich die Einziehung auch auf Vermögenswerte, die nach dem westalliierten Gesetz Nr. 52 bzw. der sowjetischen

82 Vgl. Vorlage über erste Durchführungsverordnung zum Gesetz Nr. 19, in: Protokolle der Stadtverordnetenversammlung von Groß-Berlin, II. Wahlperiode 1949, Drucksache Nr. 495, 3. Dezember 1949; OMGBS PCB to OMGUS Property Division, Biweekly Report, 23 April 1949, IfZ, OMGUS 3/86–3/14.

83 Vgl. OMGBS, Semi-monthly report period 15–28 May 1949, IfZ, OMGUS 5/37–2/10.

84 Über die Verwaltung der Reichs-, Nazi- und Gewerkschaftsvermögenswerte (Dezember 1949), Auflistung ehemaliger NS-institutionen und Vermögenswerte, und NSDAP angegliederter Institutionen nach Bezirken, siehe: Tätigkeitsbericht Treuhandverwaltung, LAB, C Rep. 800, Nr. 146.

85 Vgl. Frei, NS-Vergangenheit unter Ulbricht und Adenauer, S. 127.

86 Magistrat von Groß-Berlin, Magistratsbeschluss Nr. 103 vom 23. Februar 1949; Protokoll über die 14. (ordentliche) Magistratssitzung am 23. Februar 1949, LAB, C Rep. 102, Nr. 284.

Befehle Nr. 124 und 126 beschlagnahmt worden waren. Anhand der im Verordnungsblatt abgedruckten beiden Listen war öffentlich einzusehen, welche Vermögenswerte enteignet und welche freigegeben werden sollten. Erstere zählte ungefähr 450 Betriebe, darunter Werkstätten, Industriebetriebe, Bauunternehmen, Reinigungsfirmen, Druckereien, Brauereien, Lebensmittelhersteller und landwirtschaftliche Betriebe. Der zweiten Liste zufolge wurden etwa 250 Privatgrundstücke und Geschäfte ihren Eigentümer:innen zurückgegeben.[87]

Angaben über Mitgliedschaften und Funktionen in NS-Organisationen oder Kriterien, die eine Unterstützung des Nationalsozialismus begründen, enthalten die Listen nicht. Zwar ist aus den archivalischen Überlieferungen der Treuhandstelle erkennbar, dass über die NS-Vergangenheit der Betroffenen intensiv recherchiert wurde und wiederholt Meldungen über das Vermögen von NS-Funktionären gemacht wurden.[88] Aber über das Zustandekommen der dem Gesetz zugrundeliegenden Listen ist wenig bekannt. Die Studie von Bähr zeigt, dass es der SED wenig um Kriterien ging und kaum Unterlagen vorlagen, mit denen sich Kriegsverbrecher:innen oder ehemals „aktive" Nationalsozialist:innen bestimmen ließen. Statt mit dem Zweck der Entnazifizierung sollte, so Bähr, mit dem Gesetz vielmehr ein Instrumentarium zur raschen und rigiden Durchführung von Enteignung geschaffen werden.[89]

Mit der Reorganisation des Finanz-, Bank- und Versicherungswesens und der Verstaatlichung wichtiger Industriezweige erfolgte in Ost-Berlin wie in der SBZ eine umfassende gesellschaftliche Neuordnung, die mehr und mehr mit Verweisen auf einen Antifaschismus gerechtfertigt wurde.[90] Auf dieses Gesetz Bezug nehmend, allerdings ohne weitere Überschneidungen zu bisherigen Entnazifizierungsmaßnahmen, beschloss der Ost-Berliner Magistrat wenige Wochen später mit der Verordnung zur „Überführung von Konzernen und sonstigen wirtschaftlichen Unternehmungen in Volkseigentum" die Enteignung von knapp hundert Großbanken, Aktiengesellschaften und Privatbanken.[91]

87 Vgl. Beschluss des demokratischen Magistrats von Groß-Berlin über die Durchführung des Gesetzes zur Einziehung von Vermögenswerten der Kriegsverbrecher und Naziaktivisten vom 8. Februar 1949, in: Magistrat von Groß-Berlin (Ost) (Hrsg.), VOBl. für Groß-Berlin [Ausgabe Ost] 5 (1949) 54, S. 33.

88 Siehe: LAB, C Rep. 800.

89 Vgl. Bähr, Industrie im geteilten Berlin, S. 139 und 140, FN 109.

90 Vgl. Görtemaker/Safferling, Akte Rosenburg, S. 72; Vogt, Denazification, S. 200.

91 Beschluss Nr. 162 des Magistrats von Groß-Berlin vom 28. April 1949 zur Überführung von Konzernen und sonstigen wirtschaftlichen Unternehmen in Volkseigentum, in: Magistrat von Groß-Berlin (Ost) (Hrsg.), VOBl. für Groß-Berlin [Ausgabe Ost] 6 (1949) 21, S. 111. Auch: Verordnung zur Überführung von Konzernen und sonstigen wirtschaftlichen Unternehmungen in Volkseigentum, LAB, C Rep. 800, Nr. 113.

Dass „Kriegsverbrecher und Naziaktivisten“ von jeglichen Entschädigungsansprüchen ausgenommen waren, begrüßte die Berliner Vereinigung der Verfolgten des Naziregimes umgehend als „wirksame Voraussetzung für die Ausrottung der Reste des Faschismus“ und als „bedeutsamen Fortschritt im Interesse der Demokratisierung Berlins“.[92] Im Dezember desselben Jahres wurden weitere Listen von „Kriegsverbrechern und Naziaktivisten“ veröffentlicht, denen zufolge über 500 gewerbliche Vermögenswerte und etwa 300 Grundstücke enteignet wurden.[93] Mit den erlassenen Gesetzen könne die Entnazifizierung im sowjetischen Sektor Berlins für beendet erklärt werden, verkündete der Ost-Berlin Magistrat, denn mit „der Überführung der Betriebe der Kriegs- und Naziverbrecher in die Hände des Volkes besteh[e] keine Notwendigkeit mehr, die formale Entnazifizierung noch länger fortzusetzen“.[94]

Insgesamt ist zu vermuten, dass die meisten Geschäftsleute im sowjetischen Sektor – wie im Berliner Umland – fortan keine Beschäftigungsrestriktionen mehr zu erwarten hatten. Zumindest für die Brandenburger Entnazifizierungskommissionen kommt Vogt darüber hinaus zu dem Schluss, dass die Mehrheit der Verfahren nicht mit dem Entzug von Gewerbelizenzen geendet hatte. Von einer Instrumentalisierung der Entnazifizierung, d. h. der systematischen Übergabe von kleineren Betrieben und Geschäften ehemaliger NSDAP-Mitglieder an SED-treue Personen im Sinne einer umfassenden „antifaschistisch-demokratischen Umwälzung“, lässt sich ihm zufolge kaum sprechen.[95] Zu einer ähnlichen Einschätzung über die Reintegration von Fachkräften kommt Boldorf, der sich eingehend mit dem Stellenwert der Entnazifizierung innerhalb der betrieblichen Reorganisation in der SBZ/DDR befasst hat. Er hält fest, dass sich Entnazifizierungsentscheidungen nur äußerst selten gegen den Pragmatismus durchsetzten, da Fachkräfte, auch wenn sie ehemalige Mitglieder und Unterstützer:innen der NSDAP waren, als Betriebs- und Werkleiter:innen oder Direktor:innen gebraucht wurden.[96]

Anders als im sowjetischen Sektor sollte in West-Berlin ein Großteil der Vermögenswerte ihren Eigentümer:innen zurückgegeben werden. Grundsätzlich schien sich die Anzahl der kontrollierten Vermögenswerte in den West-Sektoren in ähnlicher Größenordnung zu bewegen, zumindest im amerikanischen Sektor.

92 VVN Pressestelle, Rundbrief Nr. 1, 11. Februar 1949, LAB, C Rep. 118–01, Nr. 37.

93 Vgl. Bekanntmachung über weitere Einziehungen auf Grund des Gesetzes vom 8. Februar 1949 (Liste 3), in: Magistrat von Groß-Berlin (Ost) (Hrsg.), VOBl. Für Groß-Berlin [Ausgabe Ost] 5 (1949) 54, S. 426–463.

94 Abschluss der Entnazifizierung. Erklärung, LAB, C Rep. 102, Nr. 284.

95 Vgl. Vogt, Denazification, S. 237.

96 Vgl. Marcel Boldorf, Governance in der Planwirtschaft. Industrielle Führungskräfte in der Stahl- und Textilbranche der SBZ/DDR (1945–1958), Berlin 2015, S. 251.

Hier erstellte die Property Division des Hauptquartiers Ende 1948 eine tabellarische Übersicht, derzufolge über 1300 Immobilien und Unternehmen ehemaliger NSDAP-Mitglieder mit einem beachtlichen Wert von über 65 Millionen treuhänderisch verwaltet wurden.[97]

Da es der Alliierten Kommandantur bis dato nicht gelungen war, das amerikanische Befreiungsgesetz mit seinem Klassifizierungssystem umzusetzen, empfahl der Direktor der OMGUS Property Division, Philip Hawkins,[98] eine erstaunlich pragmatische Lösung: Sollte ein früherer Besitzer nicht in der Lage sein, innerhalb von 60 Tagen einen Entnazifizierungsbescheid vorzulegen, „his political incrimination is considered of a more serious nature, comparable to the status of persons classified as I or II offenders in the zone".[99] Alle anderen Vermögenswerte sollten freigegeben werden. Zwar lag es nahe, dass einige der hohen NS-Funktionär:innen entweder keinen Einspruch gegen ihre Entlassung und Vermögenskontrolle eingelegt hatten oder die Einsprüche der stark Belasteten zu den wenigen gehörten, die von einer Entnazifizierungskommission abgelehnt worden waren. Dennoch überrascht diese äußerst flexible Handhabung angesichts des zu diesem Zeitpunkt noch gültigen aufwendigen Kategorien- und Überprüfungssystems der amerikanischen Entnazifizierungspolitik.

Erst mit der im Februar 1949 erlassenen westalliierten Anordnung zur Kontrollratsdirektive Nr. 38 bestand die Möglichkeit, Strafbestimmungen einschließlich Geldstrafen zu erlassen. Auf eine solche Umsetzung der Kontrollratsdirektive hatten die amerikanischen Offiziere der Abteilung Vermögenskontrolle aber weniger gedrängt, um weitere Vermögenswerte einzuziehen, sondern vielmehr, weil sie eine Handhabung für die Rückgabe bis dato kontrollierten Vermögens schuf. Bereits im Juni 1948 war aufgrund der umfassenderen Amnestieregelungen erwartet worden, „that these procedures will result in a great number of properties being released".[100] Ebenso wie im Bereich von Entlassungen eine Regelung zur Rehabilitierung fehlte, bestand auch für treuhänderisch verwaltete Vermögenswerte lange kein gesetzlicher Rahmen, diese freizugeben.

Zudem standen amerikanische Offiziere vor dem Problem, dass ihre strenge Entlassungspolitik unbeabsichtigte Auswirkungen auf die Frage der Vermögens-

97 Vgl. Philip Hawkins, Report undated: VIII Berlin Sector, Special problems, Statistical Review as of 31 December 1948, IfZ, OMGUS 3/88–3/10.

98 Über Personalien siehe: Josef Henke/Klaus Oldenhage, Office of Military Government for Germany, in: Institut für Zeitgeschichte/Weisz (Hrsg.), OMGUS-Handbuch, Bd. 35, S. 1–142, hier S. 70.

99 Philip Hawkins, Report undated: VIII Berlin Sector, Special problems, IfZ, OMGUS 3/88–3/10.

100 OMGBS, Monthly Report, June 1948, IfZ, OMGUS 5/37–3/5.

kontrolle gehabt hatte: Eine „considerable number of small Nazi enterprises which ordinarily do not come under law 52“ waren treuhänderisch verwaltet worden, da ihren Besitzer:innen eine Betätigung untersagt worden war.[101] Unter die erwähnten über 1300 Vermögenswerte fielen also nicht nur vom Gesetz Nr. 52 betroffene, sondern auch andere kleinere Geschäfte und Betriebe, die vor dem Hintergrund der schlechten wirtschaftlichen Lage West-Berlins möglichst rasch zurückgegeben werden sollten.

Während der Berlin-Blockade trafen sich amerikanische Diplomaten um den obersten politischen Berater der amerikanischen Militärregierung für Deutschland, Robert Murphy, mit West-Berliner Unternehmensvertretern wie den Vorstandsmitgliedern von Siemens und AEG, Wolf-Dietrich von Witzleben und Friedrich Spennrath, um über die Situation der Berliner Industrie zu beratschlagen. Von Witzleben warb für die Etablierung von Industrieverbänden und warnte, sich auf die Berliner Sozialdemokrat:innen zu verlassen. Denn diese „were very different from socialists in Western Germany and had a more aggressive and dogmatic approach to socialization“.[102] Die Runde war besorgt über eine Abwanderung von Fachkräften in die sowjetische Zone, beobachtete die Kampagnen gegen die Einführung der DM und ließ sich von Spennrath beraten, wie Berlin an dem European Recovery Program beteiligt werden könnte.[103] Auch angesichts der weitreichenden Versorgung West-Berlins über die Luftbrücke wuchs das Interesse, die Wirtschaft nicht länger mit Entnazifizierungsmaßnahmen zu behelligen. Denn West-Berlin war nach der administrativen Teilung von sozioökonomischen Schwierigkeiten besonders betroffen und konnte während der Blockade die traditionellen wirtschaftlichen Beziehungen zu Ost-Berlin und Brandenburg nicht aufrechterhalten.[104]

Im Frühjahr 1949 übergaben die leitenden Treuhänder Listen aller ehemaligen NSDAP-Mitglieder, deren Eigentum kontrolliert worden war, der amerikanischen Special Branch zur Überprüfung. Mitarbeiter:innen der Abteilung für Öffentliche Sicherheit sichteten, wer einen Entnazifizierungsschein besaß und wer nicht, und denjenigen, die unter die geringeren Belastungskategorien fielen, sollte ihr Vermögen zurückgegeben werden.[105] So wurde im April 1949 beispiels-

101 OMGBS, Six Month Report 4 July 1946 to 1 January 1947, IfZ, OMGUS 17/257–2/10.

102 Robert Berry, Conversation concerning the Berlin economic Situation with Witzleben (Siemens-Schuckert), Spennrath (AEG) and Schwenneke (LDP), 30 December 1948, IfZ, OMGUS POLAD/461/55.

103 Vgl. ebenda.

104 Vgl. Lemke, Vor der Mauer, S. 266 f.

105 Vgl. OMGBS PCB to OMGUS Property Division, Biweekly Report, 1 April 1949, IfZ, OMGUS 3/86–3/14.

weise die Rückgabe der in Berlin-Friedenau gelegenen Askania-Werke beschlossen, die aufgrund militärischer Produktion unter treuhänderischer Verwaltung gestanden hatten und deren Direktor daher von einem US-Militärgericht verurteilt worden war.[106] In anderen Fällen, etwa bei der für die NS-Kriegswirtschaft relevanten Kontinentale Öl AG, entschieden die Offiziere für Öffentliche Sicherheit, das Unternehmen vorerst unter treuhänderischer Verwaltung zu behalten.[107] Für den französischen Sektor lässt sich festhalten, dass hier noch im Sommer 1949 über 700 Grundstücke sowie ungefähr 50 Firmen unter einer Vermögenskontrolle nach dem Gesetz Nr. 52 standen, darunter die Norddeutsche Hefeindustrie sowie Stahlbau Wittenau, mehrere Baugeschäfte und Textil-Druckereien, aber auch Schmuckgegenstände von SS-Mitgliedern.[108] Schließlich übertrugen die drei westlichen Alliierten im September 1949 dem Magistrat die Verantwortung über die Vermögenskontrolle und treuhänderische Verwaltung.[109]

Mit der doppelten Staatsgründung: Gesetze zum Abschluss

Der Abschluss der Entnazifizierung war von weiteren Amnestien und weitreichenden Straferlässen sowie einer Verschiebung auf Strafmaßnahmen gekennzeichnet. Während in Ost-Berlin (wie in der SBZ) die Gerichte eine Aufwertung erfuhren, waren in West-Berlin (wie in den westlichen Besatzungszonen) fortan neue Spruchkammern für den Erlass von Sühnemaßnahmen verantwortlich. In der Praxis, so lässt sich aus dem untersuchten Material erkennen, blieben Straf- und Sühnemaßnahmen in beiden Stadthälften insgesamt aber ohne wesentliche Auswirkungen.

Zweifelsfrei stand der Rehabilitierungscharakter im Vordergrund. Auf zeitliche und sachliche Parallelen der in der BRD und der DDR getroffenen vergangen-

106 Vgl. OMGBS PCB to OMGUS Property Division, Biweekly Report, 23 April 1949, IfZ, OMGUS 3/86–3/14.

107 Vgl. OMGBS PCB to OMGUS Property Division, Biweekly Report, 28 February 1949, IfZ, OMGUS 3/86–3/14.

108 Vgl. Haupttreuhänder der französischen Militärregierung, Übergabe der Vermögen an den Hauptmagistrat, 5. August 1949; Telephonische Mitteilung an alle Treuhänder, 31. August 1949; Liste des entreprises qui passeront sous l'administration directe du West-Magistrat, MAE, GMFB 2/238.

109 Vgl. Senat Abt. Personal, Draft Law for the ending of denazification, 25 September 1950; Der Senat von Berlin an den vorsitzführenden Sekretär der Alliierten Kommandantur, Aufhebung der besatzungsrechtlichen Anordnungen auf dem Gebiet der Entnazifizierung, 9. Juli 1951, MAE, GMBF 5/1070.

heitspolitischen Maßnahmen der Integration hat Frei deutlich verwiesen: Während die Provisorische Volkskammer im November 1949 auf Antrag der SED das Gesetz über den „Erlaß von Sühnemaßnahmen und die Gewährung staatsbürgerlicher Rechte für die ehemaligen Mitglieder und Anhänger der Nazipartei und Offiziere der faschistischen Wehrmacht“ beschloss, verabschiedete der Bundestag im Dezember 1949 als eines der beiden erste Gesetze überhaupt ein allgemeines Straffreiheitsgesetz.[110] Im Westen wie im Osten, betont Frei, setzte man auf soziale und politische Integration.

In Berlin, so lässt sich ergänzen, begannen ähnliche Anstöße im Februar 1949. In Ost-Berlin ordnete die Durchführungsbestimmung zum „Abschluss der Entnazifizierung“ an, dass die Entnazifizierungskommissionen bis Ende März 1949 und damit mit einjähriger Verspätung im Vergleich zur SBZ ihre Tätigkeiten einstellen sollten.[111] Der Sondereinsatz und ähnliche Zwangsverpflichtungen zur Arbeit sowie bisherige Einschränkungen der Sozial- und Schwerbehindertenfürsorge wurden aufgehoben, mit Ausnahme ehemaliger Mitglieder der SS, des SD und der Gestapo.[112]

Eine verstärkte Trennung in „aktive“ und „nominelle“ ehemalige Parteimitglieder zeigte sich auch in Bezug auf Möglichkeiten der Berufsausübung: Hier sollten nicht mehr überwiegend formale Kriterien der NSDAP-Zugehörigkeit berücksichtigt, sondern vielmehr Personen in ihrer Gesamtpersönlichkeit bewertet werden. Ehemalige Mitglieder der NSDAP, die einen Arbeitsdienst absolviert oder einen „Willen zum Wiederaufbau“ gezeigt hatten, sollten bevorzugt werden, zumindest in Berufen, die keinen „umfangreichen persönlichen Verkehr mit der Bevölkerung“ erforderten.[113] Weiterhin ausgeschlossen blieben dagegen, wie in der SBZ, sämtliche ehemalige NSDAP-Mitglieder aus allen leitenden und beaufsichtigenden Stellungen der Verwaltung sowie aus dem Bildungswesen, dem Justiz- und Polizeidienst. Dies galt explizit auch für jene, deren Entnazifizierungsverfahren positiv entschieden worden war.[114] Die dauerhafte Exklusion

110 Vgl. Frei, NS-Vergangenheit unter Ulbricht und Adenauer, S. 128.

111 Vgl. Oberbürgermeister Friedrich Ebert an die Abt. für Personal, 10. Februar 1949; Magistrat von Groß-Berlin an die Genossen Friedrich Ebert und Hans Jendretzky, Entnazifizierung, 21. Februar 1949; Protokoll über die 14. Magistratssitzung vom 23. Februar 1949 und Magistratsbeschluss Nr. 103 vom 23. Februar 1949, Bl. 92, LAB, C Rep. 102, Nr. 284.

112 Vgl. Durchführungsbestimmung zum Beschluss Nr. 103 des Magistrats von Groß-Berlin, 7. April 1949, in: Magistrat von Groß-Berlin (Ost) (Hrsg.), VOBl. für Groß-Berlin [Ausgabe Ost] 6 (1949) 15, S. 823.

113 Abt. für Verwaltung, Vermerk, 24. Januar 1949, LAB, C Rep. 102, Nr. 284.

114 Vgl. Durchführungsbestimmung zum Beschluss Nr. 103 des Magistrats von Groß-Berlin, 7. April 1949, in: Magistrat von Groß-Berlin (Ost) (Hrsg.), VOBl. für Groß-Berlin [Ausgabe Ost] 6 (1949) 15, S. 823.

dieser Funktionseliten lässt sich als größte Differenz zwischen dem sowjetischen und den westlichen Sektoren beschreiben, die zugleich einen Hauptunterschied zwischen der sowjetischen und westlichen Politik insgesamt spiegelt.[115]

Die deutschen Gerichte im sowjetischen Sektor wurden mit der Verurteilung von NS-Täter:innen betraut, was eine Aufwertung bezüglich der Bestrafung bedeutete. In Anlehnung an die Regelungen der SBZ sollten fortan die Fälle von NS- und Kriegsverbrechern, allen Mitgliedern von verbrecherischen faschistischen Organisationen sowie jenen, die unter die vieldiskutierte Kontrollratsdirektive Nr. 38 oder das in Berlin bereits gültige Kontrollratsgesetz Nr. 10 fielen, vor der Strafkammer des Landgerichts verhandelt werden.[116]

Die aufgelösten Entnazifizierungskommissionen sollten dafür die ihnen vorliegenden Entnazifizierungsanträge auf Anhaltspunkte für zu ahndende Verbrechen hin überprüfen und Hinweise der Staatsanwaltschaft und der Polizei übergeben haben. War ein Fall nicht strafbar, sollte die Akte geschlossen werden. Anderenfalls sollten die Strafverfolgungsbehörden zuständig sein. Sie hatten zu entscheiden, welche Akten an ordentliche Gerichte und welche dem Polizeipräsidium zu übergeben waren.[117] Im Vergleich zur sowjetischen Zone erfolgte diese Verschiebung mit über eineinhalbjähriger Verspätung. Dort hatte die SMAD bereits mit ihrem Befehl Nr. 201 vom August 1947 einen offiziellen Schlussstrich unter die Entnazifizierung eingeleitet: Zum einen hatten neu gebildete Kommissionen die Überprüfung mutmaßlicher ehemaliger „aktiver" Parteimitglieder übernommen und sollten Sühnemaßnahmen verhängen. Für „nominelle" Parteimitglieder hingegen wurden verhängte Strafen und Einschränkungen weitgehend aufgehoben, und der Befehl ebnete den Weg ihrer umfassenden politischen und gesellschaftlichen Wiedereingliederung.[118]

Aus der Forschung zur sowjetischen Zone ist bekannt, dass trotz der Ankündigung einer raschen Beendigung der Befehl vielmehr zu einem erneuten Aufwind der Entnazifizierung führte.[119] Dass, wie van Melis andeutet, der Befehl

115 Vgl. Vollnhals, Einleitung, S. 53.

116 Vgl. Bestimmung der Rechtsabteilung der Verwaltung des Sowjetischen Militärkommandanten Berlins über die Heranziehung der Kriegs- und faschistischen Verbrecher zur gerichtlichen Verantwortung auf Grund der Direktive Nr. 38 und des Gesetzes Nr. 10 des Kontrollrats, in: Magistrat von Groß-Berlin (Ost) (Hrsg.), VOBl. für Groß-Berlin [Ausgabe Ost] 6 (1949) 15, S. 82.

117 Vgl. Martin Schmidt an die sowjetische Zentralkommandantur über den Verbindungsoffizier Bagnitschoff, 11. Dezember 1948, LAB, C Rep. 102, Nr. 284.

118 Vgl. Van Melis, Entnazifizierung, S. 201; Vollnhals, Einleitung, S. 51.

119 Vgl. Boldorf, Brüche oder Kontinuitäten, S. 316 und 319; Van Melis, Entnazifizierung, S. 203ff.

auch in Berlin bzw. im sowjetischen Sektor gültig war,[120] ist zu bezweifeln. Denn Hinweise dafür, dass die wenigen verbliebenen Entnazifizierungskommissionen in dieser Zeit wie in der SBZ und bald auch in West-Berlin befugt waren, Sühnemaßnahmen zu ergreifen, finden sich im vorliegenden Material nicht.

Vielmehr kam eine Anwendung des Befehls Nr. 201 in Berlin, wo die sowjetische Zentralkommandantur den deutschen Verantwortlichen eine entsprechende Ausarbeitung überließ, mit Verspätung zum Tragen. Zwar hatte sich Schmidt seit Ende 1948 für eine Anpassung an die Verfahren der SBZ eingesetzt, aber selbst befunden, der Befehl könne „nur in geringem Umfang herangezogen werden", da der Präsident des Kammergerichts hierfür erst Bestimmungen erlassen müsste und diesem relevante Akten zu übermitteln seien.[121] Die Abgabe der 30 000 Akten erfolgte aber nur zögerlich und zog sich über Monate hin.[122] Es ist unwahrscheinlich, dass unter diesen Umständen eine systematische Überprüfung des umfangreichen Materials gelang. Zu einer Intensivierung der Entnazifizierung wie in der SBZ kam es vermutlich in Ost-Berlin zumindest bis zum Frühjahr 1949 nicht.

Nach Gründung der DDR ließen die Deutsche Verwaltung des Innern und die Deutsche Zentralverwaltung der Justiz die Verfahren der 201er-Kammern ausklingen und begannen mit der Sowjetischen Kontrollkommission, verstärkt Gerichtsverfahren wie insbesondere die Waldheimer Prozesse vorzubereiten, in denen über 3000 Personen wegen Kriegs- und NS-Verbrechen angeklagt und verurteilt wurden.[123] Inwieweit die 30 000 Entnazifizierungsakten des sowjetischen Sektors in diesen Verfahren eine Rolle spielten, geht aus dem untersuchten Material nicht hervor.

Etwa zeitgleich zu Ost-Berlin verkündeten auch die Westalliierten ein Ende der Entlassungen und forderten die dortigen Kommissionen auf, sämtliche Verfahren bis zum 1. Juni 1949, also etwas später als im sowjetischen Sektor, abzuschließen. Großbritannien, Frankreich und die Vereinigten Staaten erließen im Februar 1949 mit der Anordnung BK/O(49)25 die zuvor lange diskutierte Kontrollratsdirektive Nr. 38. Damit galten Sanktionen hier erst später als in den westlichen Besatzungszonen. Anders als im sowjetischen Sektor wurden für

120 Van Melis, Entnazifizierung, S. 203–205.

121 Abt. für Verwaltung, Vermerk, 24. Januar 1949; auch: Oberbürgermeister Ebert an die Abt. für Personal, 10. Februar 1949, LAB, C Rep. 102, Nr. 284.

122 Vgl. Abt. für Personal, Vermerk Verwahrung der Akten der aufgelösten Entnazifizierungskommissionen, 20. Januar 1949, Bl. 45, LAB, C Rep. 102, Nr. 284.

123 Vgl. Weinke, Verfolgung von NS-Tätern, S. 69; Wolfgang Benz/Barbara Distel (Hrsg.), Der Ort des Terrors. Geschichte der nationalsozialistischen Konzentrationslager, Bd. 2: Frühe Lager Dachau Emslandlager, München 2006, S. 45.

jene, deren Berufungsanträge abgelehnt worden waren oder die, ohne ein Berufungsverfahren durchlaufen zu haben, als „aktive" ehemalige NSDAP-Mitglieder klassifiziert worden waren, Strafbestimmungen erlassen.[124]

Die Verantwortung für die Durchführung der Sühnemaßnahmen und für den Abschluss der Entnazifizierung wurde dem West-Berliner Magistrat übertragen.[125] Dieser veranlasste daraufhin wenige Wochen später die Bildung neuer Spruch- bzw. Strafausschüsse, die in öffentlichen Verhandlungen über die zu verhängenden Sühnemaßnahmen zu entscheiden hatten.[126] Der Magistrat setzte sich rasch dafür ein, dass Teil II der Entnazifizierungsgesetzgebung aufgehoben wurde. Damit waren all jene Personen, deren Belastung sorgfältig geprüft werden sollte und die „nach Ermessen zu entlassen" waren, nicht mehr von Entnazifizierung betroffen. Zudem umfasste die hierfür von der West-Alliierten Kommandantur verabschiedete Regelung auch die seit Langem geforderten umfassenden Amnestieregelungen für Jugendliche, Schwerbehinderte und Personen über 65 Jahre.[127] Man reagierte damit auf Entwicklungen in anderen Regionen sowie auf Forderungen von Politik, Verbänden und Presse. Denn die West-Berliner Jugend, berichtete die britisch lizenzierte Zeitung *Der Tag,* war gegenüber den jungen Menschen aller vier Besatzungszonen und des sowjetischen Sektors lange benachteiligt gewesen, da dort bereits Jugendamnestien galten. Ferner hätten daher viele junge Menschen, die bislang unter die Entnazifizierungskategorien fielen, noch keinen Antrag auf Rehabilitierung gestellt.[128]

124 Diese umfassten Einschränkungen der Bürgerrechte wie Wahlrecht oder Wählbarkeit, den Ausschluss aus politischen und öffentlichen Ämtern und den Entzug von Pensions- und Rentenansprüchen sowie verschieden gestaffelte Geldstrafen zwischen fünf und 50 Prozent des Vermögens; als bedeutsamer Gegensatz zu den westlichen Besatzungszonen jedoch keine Freiheitsstrafen. Des Weiteren bestimmte sie die Höchststrafe für alle Personen, deren Berufungsanträge die Entnazifizierungskommissionen bzw. die Militärregierungen abgelehnt hatten. Vgl. Anordnung BK/O(49)72 vom 5. April 1949, in: Magistrat von Groß-Berlin (West) (Hrsg.), VOBl. für Groß-Berlin [Ausgabe West] 5 (1949) 20, S. 122.

125 Vgl. Anordnung BK/O(49)25 vom 16. Februar 1949, in: Magistrat von Groß-Berlin (West) (Hrsg.), VOBl. für Groß-Berlin [Ausgabe West] 5 (1949) 9, S. 71 f. Im Juli 1949 übernahm der Senat die Verantwortung für die Entnazifizierung, einschließlich sämtlicher Unterlagen und Fragebögen. Von nun an war ein Spruchausschuss anstelle der alliierten Special Branch für die Begutachtung der Empfehlungen zuständig. Vgl. CCGBE PSB, Monthly Report, August 1949, TNA, FO 1050/547.

126 Vgl. Erste Verordnung zur Durchführung der Anordnung BK/O(49)25, in: Magistrat von Groß-Berlin (West) (Hrsg.), VOBl. für Groß-Berlin [Ausgabe West] 5 (1959) 12, S. 81 f.

127 Vgl. Anordnung BK/O(49)72 vom 5. April 1949, in: Magistrat von Groß-Berlin (West) (Hrsg.), VOBl. für Groß-Berlin [Ausgabe West] 5 (1949) 20, S. 122.

128 Vgl. Ruf nach der Jugendamnestie. Thema Entnazifizierung bleibt aktuell, in: Der Tag, 25. Februar 1949.

Während ein früherer Reichszahnarztführer in Steglitz seine eigene Praxis hatte errichten dürfen, berichtete auch der *Kurier* empört, musste sich laut geltenden Vorschriften „Lieschen Meier, die 1944 laut Reichsgesetz mit zehn Jahren in den BDM eintrat“, entnazifizieren lassen.[129] Die nun erlassene Jugendamnestie führte noch einmal zu Tausenden neuen Anträgen, da nur auf diesem Weg eine Rehabilitierung bescheinigt werden konnte. Im britischen Sektor erwartete man beispielsweise im Frühjahr 1949, dass von 19000 Fällen die Hälfte von Amnestien betroffen sein werde.[130]

Insgesamt sind nur wenig statistische Angaben über die Anzahl der reintegrierten ehemaligen Mitglieder und Unterstützer:innen der NSDAP überliefert, wenngleich die in der amerikanischen Zone mittlerweile breit diskutierte „Renazifizierung“ auch Berliner Verantwortlichen nicht verborgen blieb. Konsterniert von der massenhaften Rückkehr ehemaliger Nationalsozialist:innen ins öffentliche Leben und in hohe Positionen, wandte sich das amerikanische Hauptquartier OMGUS im Herbst 1949 an die amerikanische Militärregierung in Berlin, um zu erfahren, ob hier ein ähnliches Problem vorläge. In der Antwort berichtete man von durchschnittlich 10–20 Prozent ehemaligen „nominellen“ Mitgliedern der NSDAP im Schulwesen und etwa 20 Prozent an den Universitäten, was die in Berlin ansässigen amerikanischen Offiziere im Vergleich zu 30 Prozent, wie es für die Universität Marburg bekannt war, für gering befanden. Insgesamt, schätzte die amerikanische Special Branch, sei die „re-emergence of former Nazis in Berlin relatively small in extent“.[131] Von der Fassungslosigkeit angesichts Zehntausender Rehabilitierungen durch die Entnazifizierungskommissionen, die dieselbe Abteilung noch drei Jahre zuvor geäußert hatte, war nichts mehr zu vernehmen.

Im Herbst 1949 nahmen die neu gebildeten Spruchkammern unter deutscher Verantwortung ihre Tätigkeit auf. Das Ausmaß dieser als erneutes Großprojekt erscheinenden Sühneverfahren wird aus dem vorliegenden Material und trotz der Studie von Stefan Botor nur eingeschränkt ersichtlich.[132] Wahrscheinlich ist, dass ein Großteil dieser neuen Verfahren aufgrund der Amnestien und Rehabilitierungen eingestellt wurde. Zudem schien sich ein Großteil der neuen Verfahren gegen Vermögensbestände zu richten, denn die Anordnung Nr. 25 stand im Einklang mit dem Gesetz Nr. 52 durch die Verordnung zur

129 Doppelte Moral, in: Der Kurier, 25. Februar 1949.

130 Vgl. CCGBE PSB, Monthly Report, April 1949, TNA, FO 1050/547.

131 Vgl. OMGBS Education Branch to office of US High Commissioner for Germany, former Nazis in public life of Berlin, 27 October 1949, LAB, B Rep. 036-01, Nr. 4/11-1/37.

132 Die Studie von Botor liefert trotz umfangreicher Archivrecherchen nur einen groben und widersprüchlichen Überblick und überwiegend summarische Bewertungen: Botor, Das Berliner Sühneverfahren, S. 85–112.

„Verwaltung von Vermögen der Mitglieder der NSDAP und deren angegliederten Organisationen".[133] Auf dieser Grundlage führten die Spruchkammern eine Vielzahl neuer Verfahren, die sich vielfach gegen das Vermögen schwerbelasteter und prominenter Parteimitglieder bzw. deren Verwandte richteten.[134]

Von den laut Bericht des Berliner Abgeordnetenhauses nach der Teilung Berlins geschätzten 40 000 noch nicht endgültig entschiedenen Berufungsverfahren wurden allein aufgrund der Amnestien ungefähr 12 000 Verfahren eingestellt. Hatte die Ablehnungsquote der Einsprüche vor der Teilung um die 30 Prozent betragen, sank sie aufgrund der weitreichenden Amnestien drastisch auf zwei Prozent.[135] Auf Basis dieser Angaben lässt sich schätzen, dass die Spruchkammern lediglich in einigen Hundert Fällen Sühnemaßnahmen erließen. Somit lag die Zahl der verhängten Strafen weit unter zuvor geäußerten Einschätzungen. Denn noch im April 1948 hatte der amerikanische Repräsentant in den interalliierten Verhandlungen argumentiert, dass die Priorität auf geschätzten 3000 bis 4000 „aktiven Nazis" liegen müsse.[136]

Bis zum Frühjahr 1951 waren, laut Bericht des West-Berliner Oberbürgermeisters Reuter, 51 000 neue Verfahren anhängig, von denen über die Hälfte aufgrund der Amnestien eingestellt wurde. Von den circa 24 000 zur Entscheidung gelangten Fällen verhängten die Verantwortlichen in lediglich 2000 Fällen Geldstrafen.[137] Laut einem späteren Bericht des Senats ergaben eingezogene Geldstrafen nur knapp 20 000 DM und damit kaum mehr als aus den entrichteten Gebühren der Entnazifizierungsverfahren eingenommen wurde.[138] Insgesamt

133 Vgl. Anordnung BK/O(49)127 zur Verwaltung von Vermögen der Mitglieder der NSDAP und deren angegliederten Organisationen vom 21. Juni 1949, in: Magistrat von Groß-Berlin (West) (Hrsg.), VOBl. für Groß-Berlin [Ausgabe West] 5 (1949) 39, S. 195.

134 Diese Berliner Sühneverfahren wurden vom Abgeordnetenhaus Berlin auch nach dem Gesetz zum „Abschluss der Entnazifizierung" vom 14. Juni 1951 fortgesetzt und führten bis in die 1970er-Jahre zu Verfahren über Vermögensgegenstände bekannter NS-Größen. Vgl. Botor, Das Berliner Sühneverfahren, S. 112 und 203 f.

135 Vgl. Drucksachen des Abgeordnetenhauses von Berlin vom 31. März 1951, I. Wahlperiode, Nr. 122, Berlin (West) 1951, S. 1–4, hier S. 1.

136 Vgl. AKB BKD/M(48)16, Implementation of ACA No. 38, 20 April 1948, LAB, B Rep. 036-01, Nr. 11/149-1/9.

137 Vgl. Drucksachen des Abgeordnetenhauses von Berlin vom 31. März 1951, I. Wahlperiode, Nr. 122, S. 1.

138 Der Großteil der Geldstrafen und Gebühren wurde im amerikanischen Sektor verhängt, während im französischen und insbesondere im britischen Sektor weit weniger verzeichnet wurden. Im amerikanischen Sektor betrug die Gesamtsumme der Gebühren und Geldstrafen 33 483,83 DM; im französischen 1886,65 DM und im britischen lediglich 349,00 DM. Vgl. Der Senat von Berlin, Auflösung des Verwahrungskontos „f" für vereinnahmte Entnazifizierungsgebühren und Geldstrafen, 1. Juli 1952, AAM, AK 111/5.

zeigen diese kaum nennenswerten Größenordnungen, dass den West-Berliner Sühneverfahren zumindest zur Zeit der Staatsgründung keine besondere Bedeutung zukam.

Die Urteile der Spruchkammern orientierten sich an der Spruchpraxis der Entnazifizierungskommissionen, lediglich jene Anträge von Personen abzulehnen, die „den Nationalsozialismus wesentlich förderten oder unterstützten".[139] Diese von den Entnazifizierungskommissionen forcierte, weitreichende Verengung der Begriffsbestimmung wurde im Bericht von Reuter im Nachhinein positiv bewertet, als Angleichung der bislang in Berlin gültigen Kategorien an die in den westlichen Besatzungszonen praktizierte Unterteilung in die ersten beiden von fünf Kategorien, also I „Hauptschuldige" und II „Belastete".

Auch quantitativ lässt sich eine weitreichende Analogie zu Ergebnissen der westlichen Zonen feststellen. Die erwähnten zwei Prozent der von den Berliner Entnazifizierungskommissionen abgewiesenen Berufungsverfahren, in denen schließlich Sühnemaßnahmen verhängt wurden, entsprachen ziemlich genau der Urteilspraxis der Spruchkammern der westlichen Besatzungszonen. Zonenübergreifend gab es letztlich nur 1,4 Prozent „Hauptschuldige" und „Belastete"; die restlichen 98,6 Prozent galten als „entnazifiziert". Für Görtemaker und Safferling unterstreichen nicht zuletzt diese Zahlen, wie sehr das politische Interesse an einer Entnazifizierung gesunken war.[140]

Das neue West-Berliner Entnazifizierungsverfahren schuf mit der Anpassung an das fünfstufige Kategoriensystem auch die Möglichkeit, das vom Deutschen Bundestag im April 1951 beschlossene sogenannte 131er-Gesetz auch in Berlin anzuwenden. Es ermöglichte ehemaligen NSDAP-Mitgliedern, mit Ausnahmen der für eine kleine Personenzahl relevanten Kategorien I „Hauptschuldige" und II „Belastete", die Rückkehr in den öffentlichen Dienst und war für die Vergangenheitspolitik der jungen Bundesrepublik zentral.[141] Das 131er-Gesetz sicherte die Versorgungsansprüche von beschäftigungslos gewordenen Angehörigen des öffentlichen Dienstes oder „aufgelöster Dienstelle" wie Beamte,

139 Drucksachen des Abgeordnetenhauses von Berlin vom 31. März 1951, I. Wahlperiode, Nr. 122, S. 1.

140 Vgl. Görtemaker/Safferling, Akte Rosenburg, S. 71. Spruchkammern der amerikanischen Zone stuften lediglich 1,4 Prozent der bis zum März 1947 verhandelten, knapp 400 000 Verfahren als „Hauptschuldige" und „Belastete" ein. (Vgl. Niethammer, Mitläuferfabrik, S. 544.) In der französischen Zone hatten die Spruchkammern von knapp 700 000 bearbeiteten Verfahren nur 13 „Hauptschuldige" und etwas mehr als 900 „Belastete" identifiziert. Vgl. Vollnhals, Einleitung, S. 42.

141 Vgl. Frei, Vergangenheitspolitik, S. 70 f.; Corinna Franz, Konrad Adenauers Umgang mit der NS-Vergangenheit, in: Creuzberger/Geppert (Hrsg.), Ämter und ihre Vergangenheit, S. 17–46, hier S. 30 f.

Hochschullehrer oder Richter und ermöglichte ihre Wiedereinstellung in eine ihrer früheren Beschäftigung gleichwertige Position.[142] Der neue Staat trug damit „der seit Jahren herangereiften Schlussstrichmentalität Rechnung", indem er eine lang „ersehnte vergangenheitspolitische Selbstbestimmung" ermöglichte.[143] Im Kern richtete sich das 131er-Gesetz gegen die Entnazifizierungspolitik der Alliierten und speziell, wie Joachim Perels betont, gegen Maßnahmen gegen die etwa 220 000 Personen umfassende Funktionselite, wie sie die amerikanische Militärregierung, basierend auf den Arbeiten von Neumann und anderen beim OSS, empfohlen hatte.[144]

In West-Berlin hatte man auch vor dem Hintergrund vieler Klagen vor den Bezirksverwaltungsgerichten umgehend begonnen, entsprechende Übergangsregelungen für die geschätzt 30 000 ehemaligen Bediensteten des öffentlichen Dienstes zu treffen.[145] Schließlich beschloss das Abgeordnetenhaus am 14. Juni 1951 unter Berücksichtigung des Gesetzes des Deutschen Bundestages und der in den Ländern der Bundesrepublik erlassenen Regelungen das Gesetz zum „Abschluss der Entnazifizierung", mit dem sämtliche alliierten Anordnungen zur Entnazifizierung aufgehoben wurden. Das Ziel war ein endgültiger Abschluss der Entnazifizierungs- und Sühneverfahren.[146]

Unter ähnlichen Vorzeichen verlief die Entwicklung in Ost-Berlin. Zunächst erließ die Volkskammer der DDR im November 1949 das sogenannte Gleichberechtigungsgesetz, das ehemaligen NSDAP-Mitgliedern staatsbürgerliche Rechte gewährte und Sühnemaßnahmen aufhob. Die SED setzte damit ihren Integrationskurs fort, ohne den Strafanspruch vollständig aufzugeben.[147] Der DDR-

142 Vgl. Irina Stange, Das Bundesministerium des Inneren und seine leitenden Beamten, in: Bösch/Wirsching (Hrsg.), Hüter der Ordnung, S. 55–121, hier S. 89.

143 Frei, Vergangenheitspolitik, S. 19.

144 Vgl. Joachim Perels, Die Übernahme der Beamtenschaft des Hitler-Regimes. Benachteiligung der Entlassenen und Privilegierung der Amtsinhaber der Diktatur, in: Kritische Justiz 37 (2004) 2, S. 186–193, hier S. 187.

145 Protokolle der Stadtverordnetenversammlung von Groß-Berlin, II. Wahlperiode 1949, Drucksache Nr. 477, 19. November 1949.

146 Vgl. Gesetz zum Abschluss der Entnazifizierung vom 14. Juni 1951, in: Magistrat von Groß-Berlin (West) (Hrsg.), VOBl. für Groß-Berlin [Ausgabe West] 7 (1951) 32, S. 405–407. Über die Auseinandersetzungen zwischen dem Senat und den Westalliierten siehe: Senat Abt. Personal, Draft Law for the ending of denazification, 25 September 1950; Der Senat von Berlin an den vorsitzführenden Sekretär der Alliierten Kommandantur, Aufhebung der besatzungsrechtlichen Anordnungen auf dem Gebiet der Entnazifizierung und Sühneverfahren, 9. Juli 1951, MAE, GMBF 5/1070.

147 Vgl. Weinke, Verfolgung von NS-Tätern, S. 67. Auch: Rehabilitierung ehemaliger NSDAP-Mitglieder, in: Tägliche Rundschau, 14. Februar 1950.

Verordnung folgend, erhielten in Ost-Berlin ehemalige Mitglieder der NSDAP, ausgenommenen verurteilte und gesuchte NS- und Kriegsverbrecher:innen, im April 1950 das aktive und passive Wahlrecht sowie das Recht der Berufsausübung zurück. Damit stand nicht nur wie bisher den anpassungsbereiten, sondern beinahe sämtlichen ehemaligen NSDAP-Mitgliedern die Rückkehr in ihre Berufe offen. Anders als im Westen bestand allerdings kein Anspruch auf Wiedereinstellung, und Stellungen in der inneren Verwaltung sowie im Justiz- und Polizeidienst blieben weiter ausgenommen.[148] Mit dem 1952 erlassenen Gesetz über die staatsbürgerlichen Rechte der ehemaligen Offiziere der Wehrmacht und der ehemaligen Mitglieder und Anhänger der NSDAP fielen Weinke zufolge die letzten Barrieren für geringfügig Belastete.[149]

148 Vgl. Verordnung über den Erlass von Sühnemaßnahmen und die Gewährung staatsbürgerlicher Rechte für ehemalige Mitglieder und Anhänger der Nazipartei und Offiziere der faschistischen Wehrmacht vom 16. März 1950, in: Magistrat von Groß-Berlin (Ost) (Hrsg.), VOBl. für Groß-Berlin [Ausgabe Ost] 6 (1950) 12, S. 65; Durchführungsbestimmung zur Verordnung über den Erlass von Sühnemaßnahmen und die Gewährung staatsbürgerlicher Rechte, in: Magistrat von Groß-Berlin (Ost) (Hrsg.), VOBl. für Groß-Berlin [Ausgabe Ost] 6 (1950) 24, S. 141.

149 Vgl. Weinke, Verfolgung von NS-Tätern, S. 67.

Schluss

Experiment Berlin: Theoretische Perspektiven der Entnazifizierung

> „Wir hatten zwar eine ganze Menge einschlägiger Theorien, die für unsere Aufgabe aber ebenso nützlich waren wie der Epiktet-Band, den einer meiner Kollegen […] unerklärlicherweise bei sich trug."[1]

Um Nationalsozialist:innen zu erkennen, wenn kaum jemand eine:r gewesen sein wollte, konnten theoretische Anleitungen in der Praxis nur bedingt helfen. In seinem Erinnerungsbericht *Experiment in Germany* (1946) beschrieb Saul K. Padover, Nachrichtenoffizier der amerikanischen Abteilung für Psychologische Kriegsführung, wie schwer die deutsche Nachkriegsgesellschaft mit den Begriffen zu fassen war, die alliierte Netzwerke zuvor zu Papier gebracht hatten. Die „Menge einschlägiger Theorien" zur Entnazifizierung und deren praktische Umsetzung waren ein widersprüchliches Experiment, nicht nur in den Besatzungszonen, sondern in erster Linie in der Viermächtestadt Berlin.

Berlin war eine Art Versuchslabor internationaler Verständigung,[2] auch in Fragen der Entnazifizierung. Angehörige der vier Militärregierungen kamen mit unterschiedlichen Plänen im Gepäck nach Berlin und mussten sich auf gemeinsame Linien verständigen. Obwohl in der Forschung weitgehend Einigkeit darüber besteht, dass in den vier Besatzungszonen je eigene Verfahren angewandt wurden und auch die Direktiven des Kontrollrats keine einheitliche Handhabung zur Folge hatten,[3] war die Situation in Berlin anders. Als berlinspezifische Besonderheit entwickelten die vier Besatzungsmächte trotz Spannungen

1 Saul K. Padover, Lügendetektor. Vernehmungen im besiegten Deutschland 1944/1945, Frankfurt a.M. 1999, S. 7 [engl. Original, 1. Ausgabe: Experiment in Germany: the story of an American intelligence officer. Duell, Sloan and Pearce, New York 1946].

2 Vgl. Grossmann, Juden, Deutsche, Alliierte, S. 14.

3 Vgl. Vollnhals, Einleitung, S. 9; Henke, Trennung vom Nationalsozialismus, S. 34; Schlemmer, Gelungener Fehlschlag, S. 10.

und Differenzen eine in vielen Bereichen gemeinsame und stadtweit einheitliche Entnazifizierungspolitik, zumindest bis zur Teilung der Stadt.

Über das grundsätzliche Ziel der Beseitigung der nationalsozialistischen Einflüsse herrschte weitgehend Einvernehmen, über die Wege und Prioritäten hingegen gab es einige Differenzen. Alle vier Besatzungsmächte brachten ihre je eigenen Vorstellungen darüber ein, wie mit den Mitgliedern und Unterstützer:innen der NSDAP umzugehen sei, und prägten je verschiedene Maßnahmen der Entnazifizierung. Zur Systematisierung der Vielzahl an Maßnahmen und Debatten strukturiere ich die Berliner Entnazifizierungspolitik in vier maßgebliche Aspekte: *erstens* von amerikanischer Seite eingebrachte eliten- und herrschaftstheoretisch begründete Beschäftigungsrestriktionen; *zweitens* ein liberal-rechtsstaatlich motivierter Überprüfungs- bzw. Einspruchsmechanismus, der auf britische Vorschläge zurückgeht; *drittens* vorwiegend von sowjetischen Stellen ergriffene kommunistisch orientierte Maßnahmen zur Vermögenskontrolle und *viertens* eine geistes- und kulturgeschichtlich hergeleitete Politik für den gesellschaftlichen Wiederaufbau, für die sich speziell die französische Seite engagierte.

Die Frage nach der Tauglichkeit von Theorien für die Entnazifizierung hat nicht nur alliierte Offiziere wie Saul K. Padover vor Herausforderungen gestellt, sondern auch die Forschung. Angesichts des Dickichts der zahlreichen, oft wechselnden und komplexen Vorschriften und der sich rasant verändernden politischen Konstellation der Nachkriegsjahre mag Skepsis gegenüber dem Versuch, Theorien für die Konzeption und Umsetzung der Entnazifizierung eine greifbare Bedeutung zuzumessen, zunächst wenig überraschen. Freilich stößt die Bemühung, die hinter trockenen Gesetzestexten und hitzigen Debatten verborgenen Analysen und Deutungen freizulegen, an methodische Grenzen. Zwischen dem Klein-Klein der Akten und dem großen Rahmen der NS-Interpretationen klaffen Lücken, auch wenn sich transnationale Wirkungs- und Rezeptionsgeschichten vielerorts skizzieren lassen. Wie Kim C. Priemel in seiner Studie über intellektuelle und wissenschaftliche Einflüsse auf die Gestaltung der Nürnberger Kriegsverbrecherprozesse konstatiert, wäre es allzu simplifizierend, davon auszugehen, dass Politiker:innen oder Jurist:innen die ihnen vorgelegten Interpretationen eins zu eins in politische oder rechtliche Maßgaben übersetzt hätten. „Rather, these ideas served as filters", durch die Informationen empfangen, eingeordnet und in Praxis überführt wurden.[4]

Eine Kombination von politikhistorischen und politiktheoretischen Ansätzen kann herausarbeiten, wie Deutungen des Nationalsozialismus politische

4 Priemel, The Betrayal, S. 404.

Entscheidungen begleiteten und formten. Denn alle Maßnahmen wurzeln in Vorstellungen über den Nationalsozialismus, und die vielfältigen Strategien beruhten auf detaillierteren Erklärungen und differenzierteren Annahmen als heute oft angenommen. Dass der Entnazifizierung, wie Clemens Vollnhals schreibt, „keine sachgerechte Analyse" zugrunde lag (und sie deswegen scheitern musste),[5] ist vor dem Hintergrund der vielfältigen Empfehlungen und Auseinandersetzungen zu aktualisieren. Denn die Alliierten handelten keineswegs theorielos, sondern im Fall der Entnazifizierung oftmals auf der Basis fundierter Analysen und fachkundiger Empfehlungen. Anzuschließen ist sich Andrews Beatties jüngst hinsichtlich der Internierung getroffenes, aber auf die Entnazifizierung übertragbares Urteil: „The Allies were in some respects more methodical and precise than they are often given credit for."[6]

Die Forschungsfrage reflektierend, auf welchen politischen Theorien und Analysen die (Berliner) Entnazifizierungspolitik und ihre Termini beruhten, widmete sich das erste Kapitel einem Panorama zentraler Debatten über das Wesen des Nationalsozialismus und ihren politischen Wirkungs- und Rezeptionsgeschichten innerhalb der Anti-Hitler-Koalition. Mit dem Aufstieg der NS-Herrschaft wuchs auch das wissenschaftliche und politische Interesse am nationalsozialistischen Regime. In allen Ländern der Anti-Hitler-Koalition bemühten sich Geschichts-, Politik- und Wirtschaftswissenschaftler:innen, Soziolog:innen, Jurist:innen und Germanist:innen um Deutungen des NS-Regimes und stellten ihre Expertise nicht selten in den Dienst der Politik.

Einen Großteil der Analysen verfassten Emigrant:innen aus Deutschland, die aufgrund ihrer politischen Tätigkeit und/oder als Juden und Jüdinnen aus Deutschland hatten fliehen müssen. Insbesondere in den Vereinigten Staaten erarbeiteten Wissenschaftler:innen, die häufig zunächst in London oder Paris Zuflucht gesucht hatten, differenzierte, breit rezipierte Betrachtungen zum NS-Regime. Rezeptionsgeschichtlich miteinander verschränkt, entstanden staats- und herrschaftstheoretische, juristische, wirtschafts- und kapitalismustheoretische, soziologische, mentalitätsgeschichtliche, kulturwissenschaftliche und psychologische Interpretationen unterschiedlicher politischer Couleur. Liberale, marxistische, sozialistische und konservative Perspektiven fanden Verbreitung in akademischen und politischen Milieus, in interdisziplinären und internationalen Forschungsprojekten, auf Konferenzen und in Journals, im Untergrund, im Widerstand oder auf der Flucht oder fanden Eingang in Auftragsstudien der alliierten Regierungen.

5 Vollnhals, Einleitung, S. 55.

6 Beattie, Allied Internment Camps, S. 12.

In intellektuellen und politischen Kreisen der USA, Großbritanniens, Frankreichs und der Sowjetunion zirkulierten vielfältige Studien zum nationalsozialistischen Regime, die zahlreiche Fragen der späteren Forschung vorwegnahmen. Sie fragten, ob das NS-System eine spezifische Staatsform sei, erkannten einen „Unstaat" (Neumann), einen „Doppelstaat" (Fraenkel) und/oder einen totalitären oder faschistischen Staat. Sie identifizierten das Wirtschaftssystem als Staats- oder Monopolkapitalismus und deuteten die Ideologie als politisch-religiös, völkisch, nationalistisch, illiberal, terroristisch und/oder antisemitisch, dem italienischen Faschismus oder dem sowjetischen Kommunismus ähnlich oder verschieden. Sie sahen im Nationalsozialismus ein modernes oder anti-modernes Phänomen, in einem historischen Sonderweg oder einer europäischen Entwicklung begründet und machten seine Ursprünge im preußischen Militarismus, im Imperialismus, in der deutschen Geistesgeschichte und/oder Kultur aus.

Eingegliedert in politische Beratungsgremien, waren Akademiker:innen und Aktivist:innen darum bemüht, auf politische Entscheidungen einer zukünftigen Entnazifizierungspolitik Einfluss zu nehmen. Am entschiedensten gelang dies zweifelsfrei dort, wo renommierte Autor:innen in politische Entscheidungsstrukturen eingebunden waren. So reüssierten Franz L. Neumann und Edmond Vermeil etwa mit *Behemoth. Structure and Practice of National Socialism* (1942/1944) und *L'Allemagne: Essai d'explication* (1940) und konnten in den von ihnen geleiteten Abteilungen im amerikanischen Office of Strategic Services (OSS) bzw. der diplomatischen Vertretung Mission Française Auprès des Gouvernements Alliés Ton und Inhalt der dort formulierten Empfehlungen vorgeben. Andernorts waren theoretische Einflüsse weniger augenscheinlich und diverser, wenngleich kaum weniger praxisorientiert. In diversen Handlungsanleitungen erörterten wissenschaftlich-politische Kreise, wer als Nationalsozialist:in anzusehen war, wer als einflussreich, aktiv, potenziell gefährlich oder weniger belastet galt und wie Angehörige der Militärregierungen dies erkennen könnten.

Daher lässt sich kaum von *einem* Plan oder *einer* Idee für eine Entnazifizierungspolitik in Berlin sprechen, sondern von einem Zusammenwirken verschiedener programmatischer Entwürfe. Um Schneisen in das Dickicht ihrer Diskussionen, Gesetze und Maßnahmen zu schlagen, versucht der Hauptteil der Untersuchung, zentrale Ansätze der jeweiligen Besatzungsmächte herauszuarbeiten. Dafür wurde untersucht, wer welche Vorschläge einbrachte, bei welchen Themen sich eine Delegation zurückhielt oder vorpreschte und auf welche Vorarbeiten und Anweisungen sie dabei zurückgriff. Vier zentrale Aspekte lassen sich festhalten: *erstens* Entnazifizierung als herrschaftspolitisches Konzept der Exklusion; *zweitens* Entnazifizierung als verwaltungsrechtliches Verfahren der Revision; *drittens* Entnazifizierung als kapitalismuskritisches Instrument der Beschlagnahme und *viertens* Entnazifizierung als kulturelles Problem und Grundlage für Reform und Wiederaufbau.

Das zweite Kapitel beleuchtet, inwieweit die Neumannsche Interpretation des Nationalsozialismus das theoretische Fundament jenes Teils der Berliner Entnazifizierungsgesetzgebung gelegt hat, der auf Exklusion ausgerichtet war. Sein empiriegesättigter Bestseller *Behemoth* analysierte den Nationalsozialismus vor dem Hintergrund staatstheoretischer Debatten als Regime konkurrierender und paralleler Souveränitäten aus Partei, Staat, Militär und Wirtschaft. Rezeption und Wirkung lassen sich entlang textlicher und personeller Spuren gut verfolgen: Die im *Behemoth* dargelegte These der vier Herrschaftssäulen übersetzte Neumann zusammen mit Otto Kirchheimer und Herbert Marcuse in Kategorien und Kriterien, anhand derer einflussreiche ehemalige Nationalsozialist:innen erkannt werden sollten. Die im Auftrag des State Department gefertigten Empfehlungen der Forschungs- und Rechercheabteilung des OSS, wie beispielsweise den Leitfaden *The Treatment of Germany* (1944), griff die in London stationierte anglo-amerikanische German Country Unit auf, reflektierte sie vor den Erfahrungen der Alliierten in Sizilien und passte sie den Bedürfnissen der Militärregierungen an, etwa indem sie einen komplementären Fragebogen und standardisierte Überprüfungsabläufe entwickelte. Ihre Arbeiten finden sich teils im Wortlaut im *Handbook for Military Government in Germany Prior to Defeat or Surrender* (1944) sowie im *Germany Zone Handbook Berlin* (1944) wieder, das den Westalliierten ein praktisches Nachschlagewerk an die Hand gab und der Alliierten Kommandantur in den unmittelbaren Nachkriegsmonaten als Orientierung diente. Schließlich bildeten die Kategorien die Grundlage für die von amerikanischer Seite in den Alliierten Kontrollrat eingebrachte und von ihr dominierte Diskussion um deutschlandweit gültige Richtlinien, die in der Direktive Nr. 24 bzw. ihrem Berliner Pendant, dem im Februar 1946 erlassenen, zentralen Entnazifizierungsgesetz Nr. 101a, mündete. Kritik oder Gegenvorschläge vonseiten der britischen, französischen oder sowjetischen Delegation gab es kaum – in Berlin orientierte man sich an den anglo-amerikanischen Vorgaben.

Wenngleich im Zuge dieser vielfältigen Bearbeitungen, wie in der Literatur oft betont,[7] eine Ausweitung der Entlassungskategorien erfolgte, konnte in dieser Arbeit gezeigt werden, dass der zentrale Ansatz im Kern bestehen blieb, nämlich gesellschaftliche Herrschaftsgruppen nach möglichst objektiven Kriterien zu klassifizieren. Dass die Empfehlungen des OSS die Vorbereitungen der anglo-amerikanischen Gremien beeinflussten, haben verschiedene Autor:innen

7 Vgl. Vollnhals, Einleitung, S. 12 f.; Henke, Trennung vom Nationalsozialismus, S. 35; Boehling, Transitional Justice, S. 63 f.

dargelegt.[8] Von der Forschung bislang kaum thematisiert dagegen werden die Kontinuitäten, die bis in die deutschlandweiten Richtlinien des Kontrollrats wirkten. Dabei spiegelt sich das Neumannsche Säulen-Modell aus Partei, Staat, Militär und Wirtschaft bis in die Zwischenüberschriften des ersten Teils des Gesetzes, das zunächst die *NSDAP*, dann *Beamte* und *Leiter der Wirtschaft* und schließlich den *Militärdienst* behandelt. Hiernach geordnet, gehörten zu den Entlassungspflichtigen sämtliche höheren Amtsträger der NSDAP und ihrer Gliederungen, Offiziere und Unteroffiziere der SS, SA und Gestapo sowie Mitglieder, die der Partei vor 1937 beigetreten waren; Amtsträger bis zur Referentenebene der Reichs- und Länderbehörden sowie Landräte und Bürgermeister; sämtliche Wehrwirtschaftsführer sowie hohe und mittlere Funktionsträger der Wirtschaftsverbände sowie die Leitung der Militär- und Rüstungsverwaltung in den von Deutschland besetzten Gebieten.

Auch im zweiten Teil des Gesetzes sind Bezugnahmen und Parallelen zu den Überlegungen des OSS auszumachen. In dem im zweiten Abschnitt ausgeführten Ermessensspielraum für bestimmte Gruppen, darunter Mitglieder, die der Partei nach 1937 beitraten, kommt die Überzeugung zum Ausdruck, dass formale Kategorien zur Erfassung von Nationalsozialist:innen kaum ausreichten und durch eine Grauzone erweitert werden müssten. Zu den hier oft übersehenen Fakten gehört, dass sich auch Neumann, Kirchheimer und Marcuse intensiv damit befassten, wie die vielen überzeugten Mitglieder und Unterstützer:innen des Nationalsozialismus identifiziert werden konnten, die nicht eindeutig durch eine (höhere) Stellung in Partei oder Regierung als solche auszumachen waren. Neumanns Team schätzte den Kreis der zu internierenden NS-Elite auf insgesamt 220 000 Personen, denn die Anzahl derer, die zentrale Funktionen und Positionen innegehabt hatten, ließ sich relativ genau bestimmen. Einige Studien beziehen diese Zahl irrtümlich auf Entlassungen anstatt auf Internierungen und leiteten daraus ab, dass das OSS Entnazifizierung insgesamt auf diesen Kreis beschränkt wissen wollte.[9] Für die Zahl der Amtsenthebungen aber nahm das OSS – man könnte sagen, in voller Kenntnis der breiten Verstrickung der Mehrheit der Deutschen – keine zahlenmäßige Einschätzung vor. An seinen Empfehlungen lässt sich deutlich erkennen, dass es neben klar definierten, herrschaftstheoretisch begründeten Gruppen ebenso die breite Gesellschaft im Blick hatte. Vor

8 Vgl. Marquardt-Bigman, Amerikanische Geheimdienstanalysen, S. 71 ff.; Katz, Foreign Intelligence, S. 47 ff.; Niethammer, Mitläuferfabrik, S. 60; Söllner, Archäologie der deutschen Demokratie, S. 23–39.

9 Dieser missverständliche Bezug findet sich bei: Söllner, Die Enthauptung des „Behemoth“, S. 155; Boehling, Question of Priorities, S. 58.

diesem Hintergrund ist die Charakterisierung des OSS-Ansatzes als rein qualitativ, wie sie einige Autor:innen vornehmen, zumindest missverständlich. Der These Söllners, die Empfehlungen des OSS seien darauf ausgerichtet gewesen, die „Ausgangsziffer der zu erfassenden Personen so klein wie möglich" zu halten,[10] kann ich mich daher nur bedingt anschließen. Auch die Einschätzung Rebecca Boehlings, der zufolge die Vorgaben des OSS als „least influential quarters of US occupation planning" spätestens nach dem Sommer 1945 vom Tisch waren,[11] überzeugt in dieser Zuspitzung für den Fall Berlin nicht.

Dass dem Einfluss des OSS auf die Entnazifizierungspolitik in vielen Studien tendenziell eher wenig Beachtung geschenkt oder er, zuweilen vor der Kontrastfolie des Morgenthau-Plans, für gering befunden wird, mag mit den spezifischen Entwicklungen in der amerikanischen Besatzungszone zusammenhängen, lässt sich aber nur bedingt auf Berlin übertragen. In der gut erforschten Entnazifizierungspolitik der amerikanischen Zone erregten eine Massenüberprüfung der gesamten erwachsenen Bevölkerung sowie ergänzende, strengere Entlassungsregelungen Unmut in der Bevölkerung und hinterließen, auch in der Forschung, das Bild einer quantitativen Ausweitung, in der das ursprüngliche Kategoriensystem nur noch wenig erkennbar blieb.[12] Für die Viermächtestadt trifft dieses Bild einer „sukzessive[n] Verschärfung und uferlose[n] Ausweitung"[13] nicht zu. Denn hier standen die gezielte Erfassung, Entlassung und Überprüfung bestimmter Mitglieder, Funktions- und Amtsträger im Vordergrund, nicht die unterschiedslose Behandlung sämtlicher ehemaliger Parteimitglieder. Zugespitzt formuliert: Im frühen amerikanischen Vorhaben steckt mehr Neumann als Morgenthau. Und da dieser Ansatz in Berlin weitaus länger praktiziert wurde als andernorts, und zwar bis zum Ende der Viermächteverwaltung im Frühjahr 1948, lässt sich Entnazifizierung hier vorrangig als herrschaftspolitisches Konzept der Exklusion bezeichnen.

Das dritte Kapitel legt dar, dass die Beseitigung des Nationalsozialismus aus britischer Sicht unmittelbar mit dem Wiederaufbau eines an die Weimarer Republik angelehnten Rechtssystems verbunden war. Da Entnazifizierung grund-

10 Söllner, Die Enthauptung des „Behemoth", S. 155. Gleichermaßen argumentiert Rebecca L. Boehling, dass die amerikanische Politik mit ihren 1,5 Millionen ausgefüllten Fragebögen wenig gemein hatte mit den vor Kriegsende geplanten „qualitative measures which kept the number of people to be investigated to a minimum". Boehling, Question of Priorities, S. 58.

11 Boehling, Transitional Justice, S. 68.

12 Vgl. Vollnhals, Einleitung, S. 9; Henke, Trennung vom Nationalsozialismus, S. 35; Niethammer, Mitläuferfabrik, S. 155.

13 Henke, Trennung vom Nationalsozialismus, S. 35.

sätzlich nach rechtsstaatlichen Prinzipien erfolgen sollte, initiierte die britische Militärregierung in Berlin die Gründung von Entnazifizierungskommissionen. Amerikanische, französische oder sowjetische Gremien segneten das Vorhaben ohne viel Aufhebens ab, hatten es jedoch keinesfalls angeregt. Während sie wenig bis keine Energie aufbrachten, das vom Kontrollrat vorgegebene Einspruchsrecht auszubuchstabieren, besaß gerade dieser Punkt für britische Stellen Priorität.

Großbritannien engagierte aus Deutschland vertriebene Jurist:innen, um Strategien für die Beseitigung des nationalsozialistischen Systems und eine Wiederinkraftsetzung des Weimarer Rechts zu entwerfen, was bereits während des Krieges ein Fokus der Planungen für die Nachkriegszeit gewesen war. In Arbeitsgruppen wie der Special Legal Unit Germany and Austria und der British Special Legal Research Unit beriet der langjährige liberale Rechtsberater Ernst J. Cohn gemeinsam mit anderen Emigranten wie Otto Kahn-Freund und Max Grünhut die britischen Behörden etwa in Fragen, wie nationalsozialistische Gesetze aufgehoben oder das Berliner Gerichtswesen wiederhergestellt werden könnten. An dem Ausbildungsprogramm *School of German Law* lässt sich gut veranschaulichen, wie sie in Berlin einzusetzendes Besatzungspersonal mit dem deutschen Arbeits-, Verwaltungs- und Strafrecht vertraut machten.

Cohns *Manual of German Law* zur Hand, legten britische Zivilbeschäftigte und Militärangehörige größten Wert auf rechtliche Fragen. Konfrontiert mit vielfachen Rechtsunsicherheiten der unmittelbaren Nachkriegszeit, brachte die britische Militärregierung die Methode von Berufungsverfahren als eine Art Ersatz für ein Verwaltungsgericht und zur Begrenzung von behördlichem Missbrauch durch den kommunistisch dominierten Magistrat und das Obleute-System in die Alliierte Kommandantur und ihre Entnazifizierungspolitik ein: Durch ein Einspruchsrecht gegenüber staatlichem Handeln sollte Missbrauch vorgebeugt und individuelle Freiheit im Kontext der Entnazifizierung geschützt werden. Zwar ging es der britischen Abteilung für Öffentliche Sicherheit dabei auch um eine Reintegration von in ihren Augen geringfügig Belasteten, denn Großbritannien hatte sich lange bemüht, den Kreis der Betroffenen deutlich kleiner zu halten, sich damit aber gegenüber den anderen drei Alliierten nicht durchsetzen können. Die Ursprünge der Politik liegen aber gleichermaßen in den zivilrechtlichen Lehren, wie sie etwa Weimarer Juristen wie Cohn, Kahn-Freund und Grünhut in London unterrichtet hatten. Die Kommissionen erlaubten eine Umsetzung der seit Monaten geforderten Prinzipien rechtsstaatlicher Verfahren: Bürger:innen konnten eine Beschwerde vorbringen, ein Einspruchsrecht galt ausnahmslos. Die zweite zentrale Dimension der Berliner Entnazifizierungspolitik lässt sich daher als ein verwaltungsrechtliches Verfahren der Revision beschreiben.

Anders als das bekannte Spruchkammer-Modell der amerikanischen Zone, das bald in den anderen drei Besatzungszonen übernommen wurde, waren die Berliner Kommissionen als reines Berufungsrecht konzipiert. Ihre Aufgabe bestand darin – und dies war eine berlinspezifische Besonderheit –, Einsprüche gegenüber Restriktionen zu prüfen, und nicht darin, Sühnemaßnahmen zu verhängen, wie es andernorts der Fall war. Zwischen den Ausschüssen gab es somit gravierende Unterschiede, denn während die Spruchkammern die individuelle Verantwortlichkeit anhand von fünf Kategorien bei gleichzeitiger Berücksichtigung der Gesamtpersönlichkeit prüften und entsprechende Sühnemaßnahmen verhängten, sprachen die Berliner Kommissionen Empfehlungen darüber aus, ob einem einlegten Widerspruch stattzugeben war. Stand im Spruchkammerwesen amerikanischen Modells eine Bestrafung im Mittelpunkt,[14] hatten die Berliner Kommissionen gerade keine strafrechtliche Komponente. Vielmehr lassen sich Parallelen zu den Verfahren der britischen Zone erkennen. Dabei kann die von Hanne Leßau hinsichtlich der Regelungen in der britischen Besatzungszone getroffene Einschätzung bekräftigt werden, dass das dortige Modell stärker am öffentlichen Verwaltungshandeln ausgerichtet war und sich damit von dem am Strafrecht orientierten amerikanischen Modell unterschied.[15] Hatten sich britische Behörden in ihrer Besatzungszone darum bemüht, innerhalb des Spruchkammerwesens stärker zwischen einer strafrechtlichen und einer berufs- bzw. verwaltungspolitischen Dimension zu unterscheiden,[16] war ihnen diese Trennung in Berlin gelungen.

Das vierte Kapitel widmet sich verschiedenen Maßnahmen zur Vermögenskontrolle und personalpolitischen Entnazifizierung in der Wirtschaft und erörtert sie vor dem Hintergrund kommunistischer Faschismusanalysen. Dass die insbesondere in der unmittelbaren Nachkriegszeit tonangebende KPD vorrangig ökonomische Ursachen des Nationalsozialismus in den Blick nahm, überrascht wenig und zeigte sich in konkreten Anordnungen. Ihr vor Kriegsende verfasstes *Aktionsprogramm der kämpferischen Demokratie* (1944) deutete das NS-Regime vor dem Hintergrund der Dimitroffschen Faschismusdefinition in erster Linie als „Diktatur des deutschen Finanz- und Monopolkapitalismus". Mit ihrem Gründungsaufruf vom Juni 1945 bekräftigte sie diese Interpretation und unterstrich, die Hauptschuld des Nationalsozialismus trügen die „imperialistischen Auftraggeber der Nazipartei, die Herren der Großbanken und Konzerne".[17] Dement-

14 Vgl. Niethammer, Mitläuferfabrik, S. 663.

15 Vgl. Leßau, Entnazifizierungsgeschichten, S. 279 ff.

16 Vgl. Rauh-Kühne, Entnazifizierung, S. 59.

17 Aufruf der KPD vom 11. Juni 1945.

sprechend legte der kommunistisch dominierte erste Nachkriegsmagistrat, in dem viele Angehörige der „Gruppe Ulbricht" vertreten waren, einen klaren Schwerpunkt auf die Entnazifizierung der Wirtschaft. Mit seiner Verordnung über die „Anmeldung und Beschlagnahme des Vermögens der Personen, die sich aktiv faschistisch betätigt hatten" entwarf der Magistrat im Juli 1945 ein detailliertes Programm zur Vermögenskontrolle. Die zugrundeliegende Definition eines „Nazi-Führers", die den amerikanischen Kategorien recht ähnlich war, galt nicht etwa für den öffentlichen Dienst, sondern allein für Betriebe und Unternehmen und setzte damit gewichtige Impulse zur Kontrolle von Unternehmen, Werken und Geschäften. Insgesamt bemühte sich der KPD-dominierte erste Nachkriegsmagistrat mit Unterstützung der Sowjetischen Militäradministration um ähnliche Maßnahmen, wie sie in der Sowjetischen Besatzungszone galten.[18]

Da sich die Alliierte Kommandantur auf keine stadtweite Regelung einigen konnte, traten in den westalliierten Sektoren einerseits und im sowjetischen Sektor andererseits jeweils getrennte Vorschriften zur Kontrolle und Beschlagnahme des Eigentums der NSDAP und ihrer Mitglieder und Unterstützer:innen in Kraft. Das westalliierte Gesetz Nr. 52 und die sowjetischen Befehle Nr. 124 und 126 waren gleichwohl zu weiten Teilen ähnlichen Inhalts. Letztere orientierten sich an dem amerikanischen Gesetz, an dem sich wiederum Einflüsse des OSS belegen lassen. Zwar herrschte unter den Alliierten grundsätzlich Einigkeit darüber, dass die Entnazifizierung den Wirtschaftssektor zu umfassen habe und dass Unternehmen wie AEG, Siemens, Rheinmetall-Borsig oder I.G. Farben vom NS-Regime profitiert und an Verbrechen beteiligt gewesen waren. Voneinander abweichende Vorstellungen bestanden aber in der Frage, in welchem Besitz sich treuhänderisch geleitete Betriebe und Unternehmen zukünftig befinden sollten; sie mündeten schließlich im ungelösten Streit um die Gesetzesvorschläge zur Sozialisierung von Konzernen und Unternehmen und zur Enteignung von „Naziaktivisten und Kriegsverbrechern". Die Sowjetische Militäradministration und die SED plädierten – im Übrigen ebenso wie Neumann – für radikale sozioökonomische Umwälzungen. Für sie stand fest: Entnazifizierung könne erst dann für beendet erklärt werden, wenn die Betriebe von Kriegs- und NS-Verbrecher:innen enteignet waren und damit dem Faschismus die wirtschaftliche Grundlage entzogen sei. Im sich zuspitzenden Ost-West-Konflikt war eine Einigung über den abschließenden Umgang mit kontrollierten Vermögen der NSDAP, ihrer Gliederungen und insbesondere ihrer Mitglieder immer weniger möglich.

18 Über Regelungen in der sowjetischen Zone: Van Melis, Entnazifizierung, S. 323 f.; Boldorf, Planwirtschaft, S. 136 f.; Brunner, Einleitung, S. 77.

Zweifelsfrei hingen für die sowjetische Politik personalpolitische Entnazifizierung und Enteignung am engsten zusammen,[19] auch in Berlin. Zugleich verdeutlichen die hier gültigen Regelungen, dass Maßnahmen der Vermögenskontrolle, der treuhänderischen Verwaltung und der personalpolitischen Entnazifizierung von Unternehmen und Betrieben für alle vier Besatzungsmächte von Bedeutung waren und dass die Überprüfung und Kontrolle der Wirtschaft auch für Frankreich und die Vereinigten Staaten ein zentraler Bestandteil ihrer Entnazifizierungspolitik waren. Insbesondere, wenn man Entnazifizierung als kurzfristige Maßnahme begreift und sich in Erinnerung ruft, dass sich die sowjetischen Befehle oftmals an anglo-amerikanischen Gesetzen orientierten, zeigt sich, dass nicht nur Unterschiede bestanden,[20] sondern auch einige Ähnlichkeiten. Als zentrales Element der Auseinandersetzung lässt sich Entnazifizierung daher als kapitalismuskritische Idee und Instrument der Beschlagnahme beschreiben.

Im Fokus des fünften Kapitels steht der Zusammenhang von positiven und negativen Zielen der Entnazifizierung, insbesondere im Kontext französischer Initiativen. Geprägt von geistes- und kulturgeschichtlichen Perspektiven auf den Nationalsozialismus, begriff gerade Frankreich Entnazifizierung als langfristiges Projekt, mit dem Militarismus und Nationalismus zu beseitigen und demokratische Strukturen zu fördern seien. Sicherlich maßen alle Besatzungsmächte einer Umerziehung – ob als „mission civilisatrice", „re-education", „re-orientation", „antifaschistisch-demokratische Umgestaltung" oder „geistige Erneuerung" verstanden – große Bedeutung bei. Es waren aber immer wieder französische Delegationen, die sich in Berlin für eine Verbindung einer strengen Beschäftigungs- und Betätigungspolitik mit einem demokratischen Aufbau, etwa für eine Zulassung von zivilgesellschaftlichen Organisationen oder für eine Schulreform, einsetzten.

Das Kapitel versucht, diese Politik vor dem Hintergrund eines Umfeldes zu deuten, in dem das Denken des Germanisten Vermeil eine große Rolle spielte. Vermeils *Allemagne. Essai d'explication* bildete den Dreh- und Angelpunkt vieler in London verfasster Arbeitspapiere und Diskussionen der Mission Française Auprès des Gouvernements Alliés über einen zukünftigen Umgang mit Deutschland. Nach der Befreiung von Paris unterrichtete Vermeil künftiges französisches Besatzungspersonal und wurde Vorsitzender der Commission rééducation du peuple allemand, die Empfehlungen für eine Bildungs- und Kulturpolitik entwarf. Grundlinie des „problème allemand" waren ihm zufolge ein in deutscher

19 Vgl. Vogt, Denazification, S. 9; Schlemmer, Gelungener Fehlschlag, S. 10; Welsh, Revolutionärer Wandel, S. 7f.

20 Vgl. Foitzik, Sowjetische Ordnungspolitik, S. 135; Frei/Osterloh/Schanetzky, Flick. Der Konzern, S. 456; Boldorf, Planwirtschaft, S. 143.

Geschichte verankerter Militarismus, Nationalismus und Pangermanismus, denen durch politische und territoriale Dezentralisierung und durch detaillierte Reformen zu begegnen sei. Deutlicher als viele andere hob diese Sichtweise die gesellschaftlichen Ursachen des illiberalen, totalitären und antisemitischen NS-Regimes hervor und plädierte, neben harten wirtschaftlichen Maßnahmen, für internationale und nachhaltige Lösungen. Die in diesen Kreisen verbreitete Antinomie zwischen einem verachteten nationalistisch-militaristischen Preußentum und einem bewunderten katholisch-süddeutschem Humanismus mag nützlich sein, um zu veranschaulichen, warum Frankreich sowohl auf einer strengen Exklusion ehemaliger Mitglieder und Unterstützer:innen des Nationalsozialismus bestand als auch eine Förderung der Entwicklung gesellschaftlicher und kultureller Organisationen favorisierte.

Die Wirkungen dieser Interpretationen lassen sich weniger an textlichen Spuren nachvollziehen, denn französische Gremien brachten kaum konkrete Gesetzesvorschläge in die Alliierte Kommandantur ein. Auch deswegen konnte eine eingehendere Betrachtung, wie sie etwa Corine Defrance oder Katja Marmetschke für die Politik der französischen Besatzungszone nachzeichnen,[21] hier nicht vorgenommen werden, auch wenn die beiden Leiter der französischen Kultur- und Bildungsarbeit in Berlin, Félix Lusset und Eugène Hepp, Vermeil-Schüler waren. Frankreichs Einfluss auf die Berliner Entnazifizierungspolitik offenbarte sich vielmehr in ihrer bestärkenden und vermittelnden Rolle innerhalb der interalliierten Gremien. Hier waren französische Offiziere alles andere als passiv. Das alte Urteil einer französischen Obstruktionspolitik lässt sich daher nicht bestätigen, sondern eher das jüngerer Studien, die eine engagiertere und kooperative Haltung betonen.[22]

In Berlin halfen französische Delegationen angesichts der oft konträren Positionen der USA und der Sowjetunion, eine Einigung zu erzielen. Dies lässt sich an ausgewählten Bereichen wie Kirche, Kultur, Vereins- und Schulwesen belegen. Es waren vorrangig französische Behörden, allen voran ihr Berater, der französische Theologe Georges Casalis, die sich gegen eine „Selbstreinigung" der Religionsgemeinschaften aussprachen. Spätestens als die evangelische Kirche sich traute, die Schulpolitik des Magistrats als „faschistisch" zu bezeichnen, und eine bewusst christliche Erziehung als einzigen Weg der Demokratisierung beschrieb, zugleich aber kaum Bemühungen erkennen ließ, ehemalige Deutsche Christen und andere überzeugte Nationalsozialist:innen aus den eigenen Reihen zu entfernen, hatte sich

21 Vgl. Defrance, Edmond Vermeil, S. 207–221; Marmetschke, Feindbeobachtung, S. 505 f.

22 Vgl. Führe, Die französische Besatzungspolitik, S. 172–183; Zauner, Erziehung und Kulturmission, S. 17 und 219 f.

Frankreich vorgenommen, die Sonderregelungen für die Kirchen auszusetzen. Auch im Schulwesen trat Frankreich, gemeinsam mit der Sowjetunion, für strikte Richtlinien ein, die sämtliche ehemaligen Mitglieder und Unterstützer:innen der NSDAP aus erzieherischen Berufen ausschlossen. Ersichtlich wurde dabei, etwa in der Zulassung von zivilgesellschaftlichen Organisationen, dass die vereinbarten Kriterien der Entnazifizierung nicht nur die Grundlage für Entlassungen bildeten, sondern auch für Lizenzen, Genehmigungen und Einstellungen. Diese nicht nur, aber vor allem von französischer Seite geistes- und kulturgeschichtlich hergeleitete Politik für den gesellschaftlichen Wiederaufbau lässt sich als vierten zentralen Aspekt der Berliner Entnazifizierungspolitik benennen.

Diese vier Ansätze – ein herrschaftspolitisches Konzept der Exklusion, ein verwaltungsrechtliches Verfahren der Revision, eine kapitalismuskritische Idee und Instrument der Sequestration sowie eine geistes- und kulturgeschichtlich hergeleitete Politik für gesellschaftliche Reformen – prägten die Entnazifizierungspolitik der ersten Nachkriegsjahre. Sie lassen sich als Grundgerüst einer bis zur Teilung der Stadt überwiegend gemeinsamen und zugleich widersprüchlichen Politik der vier Besatzungsmächte betrachten.

Das abschießende sechsten Kapitel legt dar, wie diese Elemente im Zuge des Ost-West-Konflikts und der Teilung Berlins zurückgenommen oder abgewandelt wurden. Ab Mitte 1948 erfolgte mit der Einführung von Amnestien, der Auflösung bzw. Umwandlung der Entnazifizierungskommissionen, unterschiedlichen Wegen der Vermögenskontrolle und schließlich den allgemeinen Abschlussgesetzen eine in Ost- und West-Berlin getrennte, aber unter ähnlichen Vorzeichen verlaufende Beendigung der Entnazifizierung.

Interalliierte Entnazifizierungspolitik: Überblick und Bilanzen

„Each word and comma must have quadripartite approval. […] No one can honestly contend that this quadripartite form of governmental control is efficient.“[23]

Die Berliner Entnazifizierungspolitik ist alles andere als ein Abbild der jeweiligen Besatzungszonen. Als Stadt zwischen Ost und West ist die Entnazifizierung in Berlin von einem eigenen Verlauf und einer in vielfacher Hinsicht von den vier Besatzungszonen zu unterscheidenden Politik gekennzeichnet. Beeinträchtigt von Papier- und Fahrzeugmangel sowie zeitraubenden Übersetzungen

23 OMGBS, Six Month Report 4 July 1946 to 1 January 1947, IfZ, OMGUS 17/257–2/10.

war die Viermächteverwaltung, wie amerikanische Behörden festhielten, zwar begrenzt effizient, aber sie entwarf doch ein eigenes Modell der Entnazifizierung. Bis zur Teilung der Stadt agierten die interalliierten Gremien nach dem Konsensprinzip – über jedes Wort und Komma eines Sitzungsprotokolls oder einer Anordnung musste Einigkeit erzielt werden. Dies galt auch für Maßnahmen zur Beseitigung nationalsozialistischer Einflüsse. Die Verantwortung für Entnazifizierung trug die Alliierte Kommandantur, die sich nach einer kurzen Zeit der alleinigen sowjetischen Besatzung im Sommer 1945 konstituierte, etwa drei Jahre lang hielt und im Zuge des Ost-West-Konflikts zerbrach. In der geteilten Stadt wurde daraufhin auf verschiedene Weise, aber mit inhaltlichen und zeitlichen Parallelitäten ein Abschluss der Entnazifizierung eingeleitet.

Untersucht wurde in dieser Arbeit, unter welchen Bedingungen und in welchen Zeiträumen eine stadtweit einheitliche Politik möglich war, welches Gewicht die Hauptquartiere und die Regelungen der vier Besatzungszonen hatten, in welchen Bereichen jeweils sektorspezifische oder stadtweite Maßnahmen vorrangig waren und welche Bilanzen sich in einem ersten Überblick ziehen lassen. Dabei erwies sich, dass keineswegs von einer klaren Divergenz westlicher Entnazifizierungspolitik einerseits und sowjetischer andererseits gesprochen werden kann, wie zuweilen betont wird. Einigen in der Literatur gefällten Urteilen wie beispielsweise der These, dass es in Berlin zu keiner einheitlichen Entnazifizierung kam,[24] oder der Annahme, dass in jedem Sektor die Bestimmungen der jeweiligen Besatzungszone gültig waren,[25] ist daher zu widersprechen.

Die alliierte Zusammenarbeit begann durchaus ambivalent. Obgleich sich die Alliierten seit 1944 auf ein interalliiertes Verwaltungsregime verständigt hatten, blieb die fragile Anti-Hitler-Koalition von Misstrauen geprägt. Es war ihr nicht gelungen, sich darauf zu einigen, wer Berlin einnehmen werde, und ebenso wenig gelang es ihr, sich vor Kriegsende auf eine gemeinsame Verwaltungsstruktur zu verständigen. Amerikanische Delegationen setzten sich wiederholt für die Errichtung eines interalliierten Zentrums ein, in dem Archivmaterialien zentral aufbewahrt, Fragebögen geprüft und Entscheidungen gemeinsam getroffen werden sollten. Aber ihr Vorschlag über eine solche zentrale Einrichtung unter gesamtalliierter Verantwortung stieß auf wenig Zustimmung, sodass stattdessen das Document Center unter alleiniger amerikanischer Aufsicht fortbestand.

Insgesamt blieb die Alliierte Kommandantur institutionell mäßig gefestigt. Eine Aufgabenverteilung und Arbeitsteilung nach Bereichen, wie sie die Alliierten etwa für die Vorbereitung der Anklageschriften der Nürnberger Prozesse

24 Etwa: Botor, Das Berliner Sühneverfahren, S. 90.

25 Für den sowjetischen Sektor: Malycha, Die Medizinische Fakultät, S. 148.

vornahmen,[26] gab es im Bereich der Entnazifizierung nicht. Stattdessen berieten und entschieden die vier Besatzungsmächte über jegliche stadtweiten Belange. Gremien wie das Komitee für Entnazifizierung trafen sich in wöchentlichem bzw. zweiwöchentlichem Rhythmus, entwarfen Gesetze und begutachteten deren Umsetzung. Sie prüften Zehntausende Entnazifizierungsfälle, ließen sich Fragebögen, Urteile der Entnazifizierungskommissionen oder Ansuchen von Vereinen in dreisprachiger Ausfertigung vorlegen und verhandelten, bis eine Einigung gefunden wurde.

Die Grundlage dafür, wie gut oder schlecht die Kooperation lief, bildete zweifellos die höhere interalliierte Verwaltungsstruktur für das besetzte Deutschland. Der obersten Besatzungsbehörde des Alliierten Kontrollrats weisungsgebunden, war die Viermächtestadt – zumindest für einige Zeit – der wohl einzige Ort, an dem man deutschlandweit gültige Richtlinien umsetzte. Einigte sich der Kontrollrat, war die Alliierte Kommandantur zur Umsetzung und Rechenschaft verpflichtet. Umgekehrt wurden, je mehr die Diskussionen auf den Außenministerkonferenzen eskalierten, auch die Verhandlungen auf Berliner Ebene aggressiver und stärker blockiert. Hervorzuheben ist in diesem Zusammenhang, dass das Prinzip der Einstimmigkeit sowohl im Konsens als auch im Dissens Kontinuität begünstigte. Konnten die Alliierten sich nicht einigen, blieb zunächst alles wie gehabt.

Diese relative Stabilität garantierte insbesondere das über zwei Jahre geltende Entnazifizierungsgesetz. Dabei inspirierten und dominierten amerikanische Konzepte und Vorbereitungen die Politik des Kontrollrats nicht nur, wie bekannt, in den anderen drei Besatzungszonen,[27] sondern auch die Berliner Entnazifizierungspolitik. Die von amerikanischer Seite im Kontrollrat durchgesetzte Direktive Nr. 24 wurde in das zentrale Berliner Entnazifizierungsgesetz übersetzt; über ihre Direktive Nr. 38 stritten die vier Militärregierungen und der Magistrat über Monate, ohne sich einigen zu können. Ihre Uneinigkeit sorgte zugleich für Beständigkeit, jedenfalls bis zur Teilung der Stadt. Hierin liegt derweil der wohl größte Unterschied zur Politik der Besatzungszonen. Denn rasche Richtungswechsel, wie sie die Entnazifizierungspolitik der Besatzungszonen kennzeichneten,[28] blieben in Berlin aus.

Zwischen Februar 1946 und Frühjahr 1948 bildete das zentrale Berliner Entnazifizierungsgesetz für sämtliche Berufe und Institutionen die Grundlage für Entlassungen und Einstellungen, Betätigungserlaubnisse und -verbote sowie

26 Vgl. Priemel, The Betrayal, S. 101.

27 Vgl. Vollnhals, Einleitung, S. 9; Schlemmer, Gelungener Fehlschlag, S. 19.

28 Vgl. Henke, Trennung vom Nationalsozialismus, S. 47.

Entnazifizierungsverfahren. In der Umsetzung des zentralen Entnazifizierungsgesetzes zeigt sich die interalliierte Kooperation am deutlichsten.

Zusammenfassend sind drei Formen der Zusammenarbeit hervorzuheben: die Entnazifizierung sogenannter City Wide Officials, bezirksübergreifende Entnazifizierungskommissionen und eine berlinweite Registrierung. Bereits im Sommer 1945 einigten sich die Alliierten darauf, dass ein als „officials at city or municipal level" bezeichneter Personenkreis, darunter leitende Angestellte des Magistrats und des Polizei- und Justizwesens, nur in interalliierter Absprache entlassen, verhaftet oder angeklagt werden durften. Woche für Woche studierten Offiziere für Öffentliche Sicherheit auf Grundlage dieser Abmachung Zehntausende Fragebögen. Die interalliierten Überprüfungen führten beispielsweise zur Entlassung des Vizepräsidenten der Berliner Polizei Heinz Kionka und des Chirugen Ferdinand Sauerbruchs sowie seines Nachfolgers Franz Redeker als Leiter des Hauptgesundheitsamtes. Im Bereich der Entnazifizierungsverfahren war die interalliierte Zusammenarbeit noch umfassender: Für Einsprüche von Angestellten der zentralen Stadtverwaltung sowie von Ärzt:innen, Jurist:innen, Künstler:innen und Lehrer:innen waren ab Frühjahr 1946 stadtweit operierende Magistratskommissionen zuständig. Über ihre Errichtung, ihre Besetzung sowie ihre Urteile entschieden die vier Alliierten gemeinsam. Als dritter Aspekt sind die stadtweit durchgeführten Registrierungen zu nennen. Eine Meldepflicht bestand für sämtliche ehemaligen Mitglieder der NSDAP und ihrer Gliederungen sowie Angehörige der Streitkräfte, und die monatlich erstellten polizeilichen Übersichten bildeten eine zentrale Überprüfungsquelle für Entlassungen, Internierungen und Vermögenskontrollen in allen Sektoren und Bezirken.

Vergleichsweise weniger kooperativ bzw. stadtweit einheitlich verlief die Internierungspolitik. Zwar hatten sie sich grundsätzlich über grenzübergreifende Verhaftungen verständigt und im Frühjahr 1947 eine berlinweite Razzia durchgeführt, insgesamt aber tauschten sich die Besatzungsmächte kaum über die jeweiligen Internierungspraktiken aus. Da für diese Themen keine in Gesetze zu gießende Vorgaben des Alliierten Kontrollrats vorlagen, gelangten sie selten auf die Tagesordnung der interalliierten Gremien.

Von geringerem Ausmaß war die alliierte Zusammenarbeit auch im Bereich der Wirtschaft. Weder entschieden Delegierte der Abteilungen für Public Safety oder Property Control gemeinschaftlich über Entlassungen oder Einstellungen, noch gab es gemeinsame schwarze Liste für Unternehmer:innen oder Vorstandsmitglieder. Und da keine spezielle Magistratskommission existierte, lag die Prüfung der Urteile der Bezirkskommissionen allein in den Händen der Militärregierung des betreffenden Sektors. Zwar schuf das zentrale Entnazifizierungsgesetz eine stadtweit einheitliche Grundlage für Entlassungen und Einstellungen, und auch die beiden Anordnungen zur Vermögenskontrolle waren zu weiten Teilen ähnlichen Inhalts, insgesamt aber führten die disparaten Maßnahmen zu großen lokalen Unterschieden, nicht nur zwischen den vier Sektoren, sondern auch zwischen den Bezirken innerhalb eines Sektors.

Die Beendigung der Entnazifizierung erfolgte in Ost- und West-Berlin getrennt. Wie aus der Forschung bekannt, verlor die Entnazifizierung im Zuge des Ost-West-Konflikts gegenüber anderen Themen an Relevanz.[29] Angesichts der Berlin-Blockade und der sukzessiven administrativen wie politischen Teilung der Stadt gewannen andere Themen für die Alliierten an Bedeutung. Nachdem sich abzeichnete, dass eine Einigung über ein neues Entnazifizierungsgesetz scheitern würde, und sich die Zusammenarbeit der Alliierten zunehmend verschlechterte, orientierten sich die Besatzungsmächte immer mehr an den Vorgaben ihrer Hauptquartiere und der Politik der jeweiligen Zone. Weitreichende Amnestien setzten den Beschäftigungsrestriktionen ein Ende, und die Entnazifizierungskommissionen wurden bis zum Frühjahr 1949 aufgelöst. Dass dessen Ankündigung keineswegs ein sofortiges Ende der Entnazifizierung bedeuteten würde und es sogar zu einem Anstieg neuer Maßnahmen kam, ist aus Studien zur sowjetischen Zone bekannt[30] und lässt sich auch in Berlin gut erkennen. Denn im Westteil führten neu gebildete Spruchkammern sogenannte Sühneverfahren durch, und im Ostteil erfuhren die Gerichte eine Aufwertung. Während Ost-Berlin das lange umstrittene Gesetz „Einziehung von Vermögenswerten der Kriegsverbrecher und Naziaktivisten" verabschiedete, wurde die treuhänderische Verwaltung von Vermögenswerten in West-Berlin weitgehend aufgehoben. Mit den Staatsgründungen von BRD und DDR wurden in beiden Hälften der Stadt Gesetze zum Abschluss der Entnazifizierung verabschiedet.

Will man in Anlehnung an aus der Forschung bekannte Phasenmodelle eine Periodisierung vornehmen, lassen sich mehrere Zäsuren benennen: Nach einer kurzen Zeit der alleinigen sowjetischen Besatzung bis zum Sommer 1945 begann mit der Gründung der Alliierten Kommandantur eine zweite Phase, in der es aufgrund des neuen Viermächtestatus Berlins zu unterschiedlichen Handhabungen in den vier Sektoren und verschiedenen Vorschlägen zur weiteren Entnazifizierung kam. Mit der Einführung differenzierter Entnazifizierungsbestimmungen im Frühjahr 1946 erfolgte eine Ausweitung und Vereinheitlichung der Maßnahmen und Regelungen, welche wie in den Besatzungszonen eine Beteiligung der Deutschen umfasste und Elemente der Rehabilitierung beinhaltete. Die letzte Phase der Entnazifizierung war von den gescheiterten Einigungsversuchen

29 Vgl. Schlemmer, Gelungener Fehlschlag, S. 12.
30 Vgl. Boldorf, Brüche oder Kontinuitäten, S. 316 ff.

über weitere gemeinsame Maßnahmen gekennzeichnet und hatte zwei getrennt voneinander verlaufende Beendigungen der Entnazifizierung in Ost und West zur Folge.

Wer und wie viele Personen in Berlin mit Entnazifizierungsmaßnahmen in Berührung kamen, ist aufgrund der zersplitterten archivalischen Überlieferungen und im Rahmen dieser Arbeit nur eingeschränkt zu bestimmen. Nicht nur im Zuge der administrativen Teilung der Stadt gingen Unterlagen verloren, auch die Überlieferungen der Militärregierungen sind inkonsistent und kaum vollständig vorhanden oder zugänglich. So fragmentarisch die verfügbaren statistischen Überlieferungen auch sind, die vorliegenden Quantifizierungen erlauben es, zumindest ein grobes Bild zu zeichnen.

Im öffentlichen Dienst war die Entnazifizierung zunächst strikt und umfassend. In den unmittelbaren Nachkriegswochen gab es laut Angaben der Stadträte und Personalabteilungen etwa 23 000 Entlassungen und verweigerte Einstellungen in den Magistrats- und Bezirksverwaltungen einschließlich der öffentlichen Betriebe. In einer zweiten Welle entließen die Alliierten der Statistik des Kontrollrats zufolge bis zum Juni 1946 weitere 7000 ehemalige Mitglieder und Unterstützer:innen der NSDAP aus dem öffentlichen Dienst. Zusammengenommen lässt sich vermuten, dass der Ausschluss ehemaliger NSDAP-Mitglieder und -Unterstützer:innen aus dem ungefähr 80 000 Mitarbeiter:innen umfassenden Verwaltungsapparat in den ersten beiden Nachkriegsjahren relativ konsequent erfolgte. Während Restriktionen für höhere Stellen bestehen blieben, profitierte ein Großteil der betroffenen Berliner:innen von den ab 1948 erlassenen Amnestien. Nach der Teilung fielen in West-Berlin geschätzte 30 000 ehemalige Angehörige des öffentlichen Dienstes unter die Bestimmungen des 131er-Gesetzes, das ihnen eine Wiedereingliederung ermöglichte.

Auch im Schulwesen blieb die Entnazifizierung lange streng. Unmittelbar nach Kriegsende entließ der Magistrat zunächst etwa 2500 Lehrer:innen und einige Hundert weitere in den folgenden Monaten. Fast jede aus dem Schuldienst entfernte Lehrkraft legte gegen ihre Entlassung Berufung ein. Da allerdings die zuständige Magistratskommission bis zum Frühjahr 1948 kaum ein Verfahren durchführte, erfolgten zunächst kaum Wiedereinstellungen. Denn die strenge Regelung, jegliche ehemaligen NSDAP-Mitglieder aus dem Schulwesen auszuschließen, war zwar umstritten, wurde aber nicht revidiert. Erst nach der Teilung gestattete West-Berlin sogenannten nominellen ehemaligen Mitgliedern der NSDAP eine Rückkehr in den Schuldienst, Ost-Berlin dagegen nicht.

Im Kulturwesen dagegen verlief die Entnazifizierung von Beginn an widersprüchlicher. Sie stand im Spannungsfeld zwischen einer flexiblen sowjetischen Praxis und festen Kriterien der amerikanischen Behörden, war potenziell konterkariert durch ein Interesse aller vier Besatzungsmächte an einer raschen Wiederbelebung kultureller Aktivitäten und weckte bei prominenten Fällen wie dem Dirigenten Wilhelm Furtwängler und dem Intendanten und Schauspieler Gustaf Gründgens großes öffentliches Interesse. Da Theater, Konzert- und Lichtspielhäuser keine gesamtstädtischen Einrichtungen waren, oblag die Prüfung ihrer Mitarbeiter:innen nach der Auflösung der Kammer für Kulturschaffende der Militärregierung des betreffenden Sektors. Dessen ungeachtet, bemühte sich das interalliierte Komitee für Kulturelle Angelegenheiten um einen gewissen Austausch und einigte sich beispielsweise über Visaregelungen für Künstler:innen oder arbeitete mit einer „blacklist for artists in Berlin", nach der über 80 Künstler:innen in jedem Sektor ein Auftrittsverbot erteilt werden sollte. Aus den Statistiken der zuständigen Magistratskommissionen lässt sich lediglich ersehen, dass bis zum Herbst 1948 einige Hundert Verhandlungen durchgeführt wurden. Die Kommission befürwortete über 450 Fälle und ebnete damit ungefähr 70 Prozent aller Kulturschaffenden, die gegen ein Betätigungsverbot Einspruch eingelegt hatten, den Weg zurück auf die Bühne.

Weniger umfassend und damit im Einklang mit bekannten Forschungsergebnissen über die Besatzungszonen war die Entnazifizierung der Kirchen. Insbesondere die evangelische Kirche gehörte in Berlin – wie andernorts – zu den größten Kritikern der Entnazifizierung und wehrte sich dementsprechend vehement gegen Prüfungen von Pastoren und anderen Vertreter:innen der Religionsgemeinschaften. Nach französischen Einschätzungen, die mit jüngeren Forschungen über die Anzahl nationalsozialistischer Pfarrer in Berlin korrespondieren,[31] fielen etwa 200 Kirchenvertreter:innen unter die Entnazifizierungsbestimmungen, aber nur wenige von ihnen wurden entlassen oder suspendiert. Der Berater der französischen Militärregierung Casalis setzte sich wiederholt für stadtweite Prüfungen sowie für die Gründung einer speziellen Magistratskommission ein, blieb damit aber weitgehend erfolglos.

Ergebnisreicher schienen die Prüfungen und Zulassungen zivilgesellschaftlicher Organisationen zu verlaufen, für die sich französische Offiziere ebenfalls engagierten. Hier zeigt sich der Zusammenhang zwischen dem negativen und dem positiven Aspekt der Entnazifizierung am deutlichsten, denn Kategorien der Exklusion bildeten zugleich die Grundlage für Genehmigungen. Das Komitee für Entnazifizierung prüfte Hunderte Antragsteller:innen von Sport- und Musikvereinen, Arbeitskreisen und wohltätigen Vereinen; das Komitee für Kulturelle Angelegenheiten begutachtete die vorgeschlagenen Satzungen. Entstand der Eindruck, dass nationalsozialistische Verbindungen unter dem Deckmantel

31 Siehe: Gailus, Protestantismus und Nationalsozialismus, S. 619.

etwa eines Briefmarkenklubs wiederbelebt werden könnten, verweigerten die Alliierten eine Zulassung oder behielten seine Aktivitäten im Auge. In diesem Zusammenhang ist die Geschichte bekannter und politisch umstrittener Organisationen wie der VVN oder des Kulturbundes zwar gut erforscht, der Zulassung Hunderter kleinerer Vereine und Vereinigungen sowie deren Bedeutung innerhalb der Entnazifizierung aber bislang wenig Beachtung geschenkt worden.

Die Entnazifizierung der Wirtschaft umfasste sowohl Beschäftigungsrestriktionen als auch Vermögenskontrollen. Ähnlich zur Entwicklung in den Ländern und Provinzen der Sowjetischen Besatzungszone gab zunächst der Magistrat wichtige Anstöße. Im Zuge der Auflösung der Gauwirtschaftskammern entließ der Magistrat bis Herbst 1945 etwa 3000 ehemalige NSDAP-Mitglieder und -Unterstützer:innen. Seine Verordnung über die Anmeldung und Beschlagnahme von Vermögen vom Mai 1945 zog Hunderte bis Tausende verweigerte Konzessionen nach sich. Wie umfassend Entlassungen aus Betrieben und Werken erfolgten, ist aus dem untersuchten Material nur begrenzt zu bestimmen. Aus der Statistik des Alliierten Kontrollrats geht immerhin hervor, dass bis Juli 1946 etwa 2200 ehemalige NSDAP-Mitglieder und -Unterstützer:innen aus dem Bereich Handel und Industrie entlassen wurden, der Großteil davon im sowjetischen und verhältnismäßig viele im französischen Sektor. Am Beispiel der Siemens-Werke und dem Vorstandsvorsitzenden Wolf-Dietrich von Witzleben konnte gezeigt werden, dass sich insbesondere die britische Militärregierung für Ausnahmeregelungen und vorübergehende Weiterbeschäftigungen einsetzte, um den Wiederaufbau der Wirtschaft nicht zu gefährden.

Zeitgleich überprüften die Alliierten Hunderte bis Tausende Unternehmen und Betriebe. Am engagiertesten traten amerikanische und sowjetische Stellen auf – die amerikanische Abteilung für Vermögenskontrolle stufte bis Ende 1946 über 7000 Unternehmen und Betriebe als „Nazi firms“ ein; die Kartei der Deutschen Treuhandstelle führte Mitte 1947 über 6000 Industrie- und Handwerksbetriebe. Zieht man in Betracht, dass bereits Mitte 1945 mehr als 110 000 Betriebe mit über einer halben Million Beschäftigte ansässig waren, so lässt sich im Gesamten betrachtet annehmen, dass die Entnazifizierung der Wirtschaft gegenüber der Entnazifizierung des Öffentlichen Dienstes eine geringere Rolle spielte. Nach der Teilung der Stadt schlugen Ost- und West-Berlin divergierende Richtungen ein. Während die Alliierten im Westteil der Stadt einen Großteil der treuhänderisch verwalteten Betriebe und Unternehmen zurückgaben, erließ Ost-Berlin das Gesetz zur „Einziehung von Vermögenswerten der Kriegsverbrecher und Naziaktivisten“ und enteignete einige Hundert Betriebe und Grundstücke.

Welche Bilanzen lassen sich aus der bisherigen Untersuchung festhalten? Insgesamt zählten die Entnazifizierungskommissionen etwa 150 000 Verfahren, was vermuten lässt, dass etwa ebenso viele Fälle von Entlassung, herabgestufter Anstellung, verweigerter Betätigung oder Vermögenskontrolle vorlagen. Bei einer Einwohnerzahl von über drei Millionen bedeutet dies, dass schätzungsweise vier bis fünf Prozent der Berliner:innen von Entnazifizierungsmaßnahmen betroffen waren. Freilich variieren die Ergebnisse je nach Institution und Berufsgruppe, und es kam zu Mehrfachzählungen aufgrund veränderter Verfahrensweisen.

Kaum hinreichend erforscht wurden in dieser Arbeit die beruflichen und sozialen Hintergründe der Antragsteller:innen, ohne die quantitative Angaben nur begrenzt aussagekräftig bleiben. Auch ist ein systematischer Vergleich von Kommissionen auf Bezirks- und Sektorebene notwendig, um die Ergebnisse vor dem Hintergrund sozioökonomischer Unterschiede einerseits und politischer Handlungen der jeweiligen Besatzungsmacht andererseits bewerten zu können. Vertiefend zu recherchieren wäre weiter, warum ausgerechnet die Magistratskommissionen von Missständen wie Bestechungen geprägt waren, inwieweit das Chaos der Teilung hier besondere hinderlich wirkte und wie vor diesem Hintergrund eine Entnazifizierung der Funktionselite zu bewerten ist.

Zwischen Frühjahr 1946 und Herbst 1948 richteten über 80 000 ehemalige NSDAP-Mitglieder und -Unterstützer:innen einen Berufungsantrag an eine der 23 Entnazifizierungskommissionen, die überwiegend positiv beschieden wurden, und zwar zwischen 66 Prozent im britischen und 87 Prozent im amerikanischen Sektor. Der Ost-West-Konflikt, der sich seit der Blockade, dem Ende der Viermächteverwaltung und der politisch-administrativen Teilung der Stadt dramatisch zuspitzte, beschleunigte die Entwicklung, hatte sie aber keineswegs ausgelöst. In den Verfahren wurde ein Großteil der Restriktionen rückgängig gemacht, was – zumindest anfänglich – keineswegs intendiert war. Bis zum Herbst 1948 hielten die meisten Bezirks- und Magistratskommissionen nicht wenige Restriktionen aufrecht, indem sie immerhin 25 bis 30 Prozent der Einsprüche nicht stattgaben. Im Zuge der Beendigung der Entnazifizierung sank die durchschnittliche Zahl der abgelehnten Einsprüche auf niedrige zwei Prozent. Insgesamt sind die Bilanzen damit – trotz zeitweiliger und längerer Strenge – mit jenen der (westlichen) Besatzungszonen[32] vergleichbar.

So skandalös die Bilanzen der Entnazifizierungskommissionen im Frühjahr 1946 den alliierten, insbesondere den amerikanischen und britischen Offizieren erschienen, so wenig überraschend sind sie angesichts dessen, was aus der Forschung zur Entnazifizierung in anderen Regionen bekannt ist. Die Gründe und

32 Vgl. Görtemaker/Safferling, Akte Rosenburg, S. 71; Niethammer, Mitläuferfabrik, S. 544; Vollnhals, Einleitung, S. 42.

Bedingungen dafür, warum die Berliner Kommissionen Ergebnisse erzielten, die mit jenen in den Besatzungszonen vergleichbar waren, scheinen auf der Hand zu liegen. Einschätzungen der Militärregierungen, der deutschen Verwaltung und der Presse nennen: kaum Belastungsmaterial, zu wenige und behinderte Ermittlungen, eingeschüchterte Zeug:innen und Bestechungen, massenweise Falschaussagen, Persilscheine und alte Seilschaften, eine meist subjektive Interpretation der Fälle sowie ein nachlassendes Interesse angesichts einer sich abzeichnenden Schlussstrichmentalität, zunehmende Amnestieforderungen und einen sich zuspitzenden Ost-West-Konflikt.

Ausblick: Ziele und Funktionen

„From the beginning, each of the four powers
has directly or indirectly tried
to convince its Allies and the German people
that its ideas were best for Berlin."[33]

Jede der vier Besatzungsmächte bemühte sich, so urteilte der amerikanische Stadtkommandant Howley, ihre eigene politische Idee umzusetzen. Übertragen auf Entnazifizierung lässt sich ergänzen: die Idee, Entnazifizierung vorrangig als politisches, rechtliches, kulturelles bzw. ökonomisches Phänomen zu begreifen. Diese verschiedenen Vorstellungen prägten die Zusammenarbeit der Alliierten und ihre Entnazifizierungspolitik ebenso sehr wie die politische Großwetterlage.

Die vorliegende Untersuchung zeigt, dass sich Entnazifizierung im Rückgriff auf Analysen des Nationalsozialismus besser verstehen lässt. Denn welche Person und welche Institution als nationalsozialistisch definiert wurde, ob Entnazifizierung auf demokratisch-rechtsstaatlichen Prinzipien erfolgen sollte oder vielmehr Demokratie und Rechtsstaat zum Ziel hatte, inwieweit punitive oder pädagogische Aspekte eine Rolle spielten oder inwieweit man eine Veränderung der Wirtschaftsstruktur als Bestandteil der Entnazifizierung betrachtete, hing auch damit zusammen, welches Bild vom NS-Regime vorherrschend war. Für eine Beantwortung dieser Grundsatzfragen, die in einer noch ausstehenden Gesamtbetrachtung der Geschichte der Entnazifizierung in Deutschland Beachtung finden sollten, kann der Fall Berlin Impulse geben.

33 Frank L. Howley, amerikanischer Stadtkommandant, im Bericht über die Alliierte Kommandantur. OMGBS, Six Month Report, 4 July 1946 to 1 January 1947, IfZ, OMGUS 17/257–2/10.

An der Viermächtestadt lässt sich gut ablesen, dass Theorie und Praxis der Entnazifizierung, wie Rebecca Boehling zusammenfasst, davon abhingen, ob man sie eher als (personal-)politische oder als strukturelle Maßnahme verstand, und gleichermaßen, ob Demokratisierung auf die Wiederherstellung von Rechten begrenzt oder im weiteren Sinne darauf ausgerichtet war, demokratische Einstellungen und Verhaltensweisen zu fördern.[34] Insofern wundert es nicht, dass die Forschung noch zu keiner eindeutigen Übereinkunft über den Charakter von Entnazifizierung gekommen ist. Während sich wissenschaftliche Einschätzungen zu den westlichen Regionen weitgehend darüber einig sind, dass der politische Charakter mit dem Spruchkammerverfahren durch ein (straf-)rechtliches und auch moralisches ersetzt wurde,[35] und Studien zur sowjetischen Zone umgekehrt betonen, dass eine rechtsstaatliche Komponente in den dortigen politischen Verfahren fehlte,[36] lässt sich Berlin auf keiner dieser Seiten verorten. Die vorliegende Studie expliziert, dass und wie sich hier verschiedene Grundgedanken, Maßnahmen und Absichten überlagerten und zusammenwirkten.

In einer solchen Betrachtung dient, vereinfachend, ein herrschaftstheoretisch fundiertes Modell der Exklusion dem kurzzeitigen, mittelfristigen bis dauerhaften Ausschluss bestimmter, als einflussreich erachteter gesellschaftlicher Gruppen, um durch Betätigungsrestriktionen eine Demokratisierung zu ermöglichen. Entnazifizierung war damit vor allem *personal- (bzw. sicherheits-) politisch* motiviert. Eine kapitalismuskritische Interpretation von Nationalsozialismus und Faschismus erkennt wiederum die Hauptursache für das NS-Regime in monopolkapitalistischen Strukturen und im Einfluss einer industriellen Führungsschicht, die es durch sozioökonomische Umstrukturierungen wie Enteignungen zu beseitigen gilt. Entnazifizierung war hier *(wirtschafts-)politisch* fundiert. Demgegenüber sahen geistes- und kulturgeschichtliche Analysen des Nationalismus die deutsche Gesellschaft durch Pangermanismus, Nationalsozialismus und eine preußisch-militaristische Haltung geprägt und forderten auf humanistischen Werten basierende demokratische Reformen, vor allem im Bildungs- und Kulturwesen, in denen negative und positive Aspekte von Entnazifizierung zusammenwirkten. Entnazifizierung war hier *(gesellschafts-)politisch* inspiriert. Dagegen intendiert das verwaltungsrechtliche Verfahren der Revision,

34 Vgl. Boehling, Transitional Justice, S. 65.

35 Vgl. Vollnhals, Einleitung, S. 19; Schlemmer, Gelungener Fehlschlag, S. 19; Steuwer/Leßau, „Wer ist ein Nazi? Woran erkennt man ihn?“, S. 45; Rauh-Kühne, Entnazifizierung, S. 39.

36 Vgl. Welsh, Revolutionärer Wandel, S. 167 f.

die Zerstörung liberalen Rechts durch das NS-Regime rückgängig zu machen, rechtsstaatliche Prinzipien wiederherzustellen und (alle) Individuen vor staatlichen Diskriminierungen zu schützen. Entnazifizierung war damit *(verwaltungs-) rechtlich* geformt.

Die divergierenden Prioritäten der Alliierten können somit helfen zu erklären, warum es, teils trotz stadtweit gültiger Gesetzgebung, zu unterschiedlichen Verläufen und sektorspezifischen Gewichtungen kam. Denn Entwicklung und Bilanzen in Berlin lassen sich vor dem Hintergrund dieser verschiedenen Zielsetzungen deuten: In Fragen der Wirtschafts-, Kultur- und Bildungspolitik waren die französische und die sowjetische Militärregierung oft gleicher Meinung, und sie agierten innerhalb der interalliierten Gremien in entsprechenden Entnazifizierungsbelangen bei vielen Themen in gegenseitigem Einverständnis. Dabei engagierte sich Frankreich vorrangig für eine Schulreform, Kulturinitiativen und eine Überprüfung der Kirchen, die Sowjetische Militäradministration eher für wirtschaftliche Umstrukturierungen und die Enteignung von Kriegs- und NS-Verbrecher:innen. Die amerikanische Militärregierung engagierte sich am stärksten in der Frage von Entlassungen und wandte den von ihr initiierten Überprüfungsmechanismus samt Fragebogen und Document Center am gründlichsten an. In der Alliierten Kommandantur war es die amerikanische Delegation, die einen Großteil der Recherchen und Überprüfungen übernahm, und sie besaß den umfangreichsten Apparat, um Restriktionen vorzunehmen. Die britische Militärregierung achtete dagegen stärker auf eine sinngemäße Umsetzung des von ihr konzipierten Berufungsrechts. Es scheint kein Zufall zu sein, dass sich dies in der Urteilspraxis der Entnazifizierungskommissionen niederschlug, denn die größten Differenzen bestanden zwischen dem amerikanischen und britischen Sektor. Personell besser ausgestattet und intensiver von der Militärregierung betreut, rehabilitierten die im britischen Sektor gelegenen Kommissionen weniger ehemalige Mitglieder und Unterstützer:innen der NSDAP als die der anderen Sektoren.

Die Entnazifizierung in Berlin war gewissermaßen „bedevilled by a failure to distinguish between its political, legal, and moral dimensions".[37] Zweifellos gab es diverse inhaltliche Streitpunkte, doch den Hauptkonflikt bildete im Grunde der konzeptionelle Widerspruch zwischen einem politischen und einem rechtlichen Ansatz. Aufschlussreich für die von Angela Borgstedt auf den Punkt gebrachte Frage, nämlich inwieweit die Bilanzen bereits in einem System von Entnazifizierungsverfahren wie Spruchkammern, Ausschüssen oder Kommissionen angelegt waren, welches unwiderlegbare Tatbestände wie Mitgliedschaften und

37 Beattie, Allied Internment Camps, S. 28.

Funktionen relativierte,[38] ist das Verhältnis von Restriktionen und Einspruchsverfahren. Auch hier ist ein Rückblick lehrreich. Neumann, der aufgrund seiner Tätigkeiten für die Nürnberger Prozesse und den Aufbau der Politikwissenschaft an der Freien Universität oft in Berlin war, schlug in seinem Aufsatz *Military Government and The Revival of Democracy in Germany* aus dem Jahr 1948 folgende Lesart vor:

> „By extending the scope of law to all Nazis, by instituting de-nazifiction tribunals for several million people, and by granting the right of appeal, it made a speedy and discriminating procedure impossible. Since almost every Nazi can find his anti-Nazi (often his Jew), since every member of de-nazification tribunal has friends or relatives with Nazi affiliations, and since the delay in settling the de-nazification question has given new hope to the Nazis and their friends, de-nazification has tended to become an instrument of re-nazification.“[39]

Massenüberprüfung, Ausweitung der Kategorien und Spruchkammerwesen verunmöglichten für Neumann ein schnelles und eindeutiges Verfahren und bargen in der amerikanischen Besatzungszone die Gefahr einer Re-Nazifizierung. Die erste amerikanische Besatzungsdirektive der unmittelbaren Nachkriegszeit, für den Autor des *Behemoth* mitnichten ein gelungenes Dokument, „at least provided for a rather thorough de-nazification“.[40] Neumann erkannte gewissermaßen den Wert seiner Ideen, die in frühen Anweisungen erhalten geblieben waren und dann mit dem Befreiungsgesetz in der amerikanischen Zone begraben wurden. Die von Neumann halbherzig verteidigte anfängliche Politik der Amerikaner entsprach im Grunde der Berliner Regelung und beruhte in variierter Form auf während des Krieges verfassten Empfehlungen des OSS. Vorschläge für Einzelfallprüfungen, wie sie in den britischen Plänen für Berlin vorherrschten und deren Verwirklichung im Befreiungsgesetz einige kritisierten und andere verteidigten, sucht man in ihren Empfehlungen gleichwohl vergeblich. Im OSS herrschte Konsens darüber, dass das grundsätzliche Ziel der Entnazifizierung die Rückkehr zu einem demokratischen und rechtsstaatlichen System sein sollte, doch quasi-gerichtliche Verfahren bildeten keinen Schwerpunkt ihrer Empfehlungen für eine *politische* Entnazifizierung, anders als in den britischen Plänen.

38 Vgl. Borgstedt, Entnazifizierung in Karlsruhe, S. 231.

39 Neumann, Military Government, S. 22.

40 Ebenda.

Konzeptionell lag eine Differenz insofern nicht vorrangig zwischen einem westlichen und dem sowjetischen Ansatz vor, sondern gleichsam zwischen der amerikanischen und der britischen Politik bzw. zwischen einem politischen und einem rechtlichen Ansatz. Die antagonistischen Konzepte trafen in Berlin in einem Gesetz aufeinander. Die beiden zentralen Bestandteile des Berliner Entnazifizierungsmodells, die auf Exklusion ausgerichtete und auf amerikanischen Plänen beruhende Entlassungsanordnung und die eine Überprüfung sicherstellende und auf britischen Vorstellungen basierende Einspruchsanordnung, standen dabei in einem strukturellen Widerspruch zueinander: Das verfahrensrechtliche Element der Entnazifizierungspolitik mit seinem im liberalen Rechtsverständnis enthaltenen negativen Freiheitsbegriff lässt sich als Demokratisierung im Sinne eines Wiederaufbaus rechtsstaatlicher Strukturen verstehen. Das auf Exklusion ausgerichtete Element hingegen sah die Beseitigung nationalsozialistischer Herrschaftsstrukturen einer Demokratisierung vorgeschaltet.

Sucht man, im Anschluss an Walter Dirks' eingangs zitierte Bewertung, nach einer berlinspezifischen „Vermischung" verschiedener Funktionen, anhand derer sich der Verlauf der Entnazifizierung und ihre Herausforderungen deuten lassen,[41] so liegt sie auch in diesen beiden Wegen, die den Nationalsozialismus beseitigen sollten. Ohne eine historisch präzise Rekonstruktion der Entnazifizierungsmaßnahmen und ihrer Umsetzung bleibt jedes Bild fragmentarisch. Ohne ein detailliertes Verständnis der zugrunde liegenden Ideen bleibt ihr (ursprüngliches) Anliegen verborgen. Eine verschränkte Perspektive hilft dabei, Theorie und Praxis der Entnazifizierung zu verstehen – im konkreten Fall Berlin ebenso wie im Allgemeinen.

41 Vgl. Dirks, Folgen der Entnazifizierung, S. 447.

Dank

Die vorliegende Studie ist eine leicht überarbeitete Fassung meiner Dissertation, die ich Ende 2019 am Fachbereich Politik- und Sozialwissenschaft der Freien Universität Berlin eingereicht und Anfang 2022 verteidigt habe. Sie hätte ohne die mannigfaltige Unterstützung anderer nicht entstehen können.

Mein besonders herzlicher Dank gilt Prof. Günter Morsch, der mich in wissenschaftlichen und beruflichen Tätigkeiten seit Jahren begleitet. Seine Ermutigung, auch im Studium der Politikwissenschaft den Gang ins Archiv zu wagen, bildete den Anstoß für meine Forschungen. Sein Plädoyer, den Nationalsozialismus und sein Nachwirken als Forschungsgegenstand mit gegenwärtiger Relevanz zu verstehen, prägt weiterhin mein Denken. Ich danke ihm für seinen beständigen Rat und seine stete fachliche Unterstützung.

Mein besonderer Dank gilt auch Prof. Bernd Ladwig für das Zweitgutachten und den Vorsitz der Promotionskommission unter den schwierigen Bedingungen der Pandemie; ebenso den weiteren Kommissionsmitgliedern Dr. Michaela Bauche, Prof. Sabine Kropp und Prof. Michael Wildt für all ihre Anregungen. Ferner danke ich Daphne Stelter für ihre stets freundliche Hilfe in Verwaltungsangelegenheiten. Gedankt sei außerdem Dr. Kathrin Meyer, deren Forschungen zur Entnazifizierung von Frauen mir viele Denkstöße gaben. Für ihre Förderung auch während meiner Tätigkeit für die International Holocaust Remembrance Alliance (IHRA) bin ich sehr dankbar.

Danken möchte ich außerdem allen Kolleg:innen und Fachkreisen, die Vernetzung und Austausch ermöglicht haben – vor allem der Doktorandenschule des Jena Center Geschichte des 20. Jahrhunderts und Prof. Norbert Frei sowie dem Doctoral Lab des John-F.-Kennedy-Instituts für Nordamerikastudien der FU Berlin und Helen Gibson, dem Forschungskolloquium zur Geschichte des Nationalsozialismus an der HU Berlin und Prof. Michael Wildt sowie dem Zeithistorischen Kolloquium in Bochum und Prof. Constantin Goschler. Die Expertise, Impulse und wertvollen Hinweise von Kolleg:innen unterstützten meine Recherchen und Analysen immens. Des Weiteren danke ich Sandra Lustig für ihr Lektorat und den inspirierenden Austausch, und Friedrich Veitl und Nicole Warmbold vom Metropol Verlag für die freundliche und reibungslose Zusammenarbeit.

Dem Land Berlin und der Dahlem Research School danke ich für ihre finanzielle Unterstützung in Form eines zweijährigen Elsa-Neumann-Stipendiums und Mittel für Forschungs- und Vernetzungsreisen.

Ein wesentlicher Teil der Studie ist in Paris und London entstanden. Ich danke dem Deutschen Historischen Institut Paris und insbesondere Prof. Thomas Maissen, Dr. Jürgen Finger und Luna Hoppe sowie dem Deutschen Historischen Institut London, insbesondere Prof. Andreas Gestrich und Dr. Felix Brahm, für die wunderbare Gastfreundschaft, fachlichen und organisatorischen Rat und ideale Arbeitsbedingungen während meiner Forschungsaufenthalte in den Jahren 2016 und 2018.

Mein besonderer Dank gilt den Mitarbeiter:innen diverser Archive, darunter das Landesarchiv Berlin, die National Archives in London, das Archiv des Instituts für Zeitgeschichte in München, das Archiv des AlliiertenMuseums in Berlin, das Archiv des Ministeriums für Auswärtige Angelegenheiten in Paris und das Zentrum für diplomatische Archive in Nantes. Ohne das Fachwissen und die Hinweise der Archivar:innen wäre eine Sichtung des Quellenmaterials nicht möglich gewesen. Wichtige Einblicke in die Arbeit der Alliierten im Nachkriegsberlin hat mir zudem Denise Bjol gewährt, indem sie mir über ihre Arbeit als Sekretärin für die Alliierte Kommandantur berichtete. Ich danke ihr für diese besondere Begegnung, ebenso Karel Fracapane für die Bekanntmachung mit einer eindrucksvollen Zeitzeugin.

Meinen Eltern Gunthra und Ralph danke ich von Herzen für ihre Unterstützung in so vielen Lebenslagen. Ohne Dennis Göttel und Martin Klein wäre dieses Buch nicht entstanden. Ihnen gilt mein tiefer Dank für Freundschaft, Kritik und Konsultationen zu jeder Uhrzeit. Zuletzt bin ich dankbar für all die schönen Bibliotheken und Parkanlagen, ohne die sich kein Buch schreiben lässt.

Abkürzungsverzeichnis

AAM	Archiv des AlliiertenMuseums
ACA	Allied Control Authority
AKB	Allied Kommandatura Berlin
APSC	Allied Public Safety Committee
BEWAG	Berliner Städtische Elektrizitätswerke
BKC/M	Berlin Kommandantura Commandants' Meeting
BKD/M	Berlin Kommandantura Deputy Commandants' Meeting
BK/O	Berlin Kommandantura Orders
BK/R	Berlin Kommandantura Reports
BDO	Bund Deutscher Offiziere
BDM	Bund Deutscher Mädel
CCGBE	Control Commission for Germany (British Element)
CDU	Christlich Demokratische Union Deutschlands
CIOS	Combined Intelligence Objective Subcommittee
Comm.	Committee
DAF	Deutsche Arbeitsfront
DIAC	Internal Affairs and Communication Division
DTV	Deutsche Treuhandverwaltung des sequestrierten und beschlagnahmten Vermögens im sowjetischen Besatzungssektor der Stadt Berlin
EAC	European Advisory Commission
FDGB	Freier Deutscher Gewerkschaftsbund
FO	Foreign Office
GMZFO	Gouvernement militaire de la Zone française d'occupation
HJ	Hitlerjugend
ICD	Information Control Division
IfZ	Archiv des Instituts für Zeitgeschichte
KI	Kommandatura Interalliée
KPD	Kommunistische Partei Deutschlands
LAB	Landesarchiv Berlin
LDP	Liberal-Demokratische Partei Deutschlands

MAE	Archives du ministère des Affaires étrangères
MGGBA	Military Government, Greater Berlin Area
MMAA	Mission Militaire pour les Affaires Allemande
NKFD	Nationalkomitee Freies Deutschland
NKWD	Volkskommissariat für innere Angelegenheiten, Innenministerium der UdSSR
NSDAP	Nationalsozialistische Deutsche Arbeiterpartei
NSDoB	Nationalsozialistischer Deutscher Dozentenbund
NSDStB	Nationalsozialistischer Deutscher Studentenbund
NSF	NS-Frauenschaft
NSFK	NS-Fliegerkorps
NSKK	NS-Kraftfahrkorps
NSKOV	Nationalsozialistische Kriegsopferversorgung
OMGUS	Office of Military Government for Germany U.S.
OMGBS	Office of Military Government Berlin Sector
OMGBD	Office of Military Government Berlin District
OSS	Office of Strategic Services
PS	Public Safety
PSB	Public Safety Branch
R&A	Research and Analysis Branch des Office of Strategic Services
RDB	Reichsbund der Deutschen Beamten
RSHA	Reichssicherheitshauptamt
SA	Sturmabteilung
SD	Sicherheitsdienst des Reichsführers SS
SED	Sozialistische Einheitspartei Deutschlands
SHAEF	Supreme Headquarters, Allied Expeditionary Force
SMAD	Sowjetische Militäradministration in Deutschland
SMT	Sowjetisches Militärtribunal
SPD	Sozialdemokratische Partei Deutschlands
SP	Special Branch
SS	Schutzstaffel
TNA	The National Archives London
USHMM	United States Holocaust Memorial Museum
VOBL.	Verordnungsblatt

Tabellenverzeichnis

Übersicht über Gesetze, Verordnungen und Befehle

11. Januar 1945	Befehl des Volkskommissariats für Inneres Nr. 0016 über Maßnahmen zur Säuberung des Hinterlandes der Roten Armee von feindlichen Elementen
18. April 1945	Befehl des Volkskommissars für Inneres Nr. 00315 zur teilweisen Abänderung des Befehls des NKVD der UdSSR Nr. 0016 vom 11. Januar 1945
28. April 1945	Befehl Nr. 1 des sowjetischen Stadtkommandanten Nikolai E. Bersarin
22. Mai 1945	Anordnung des Magistrats über die Bereinigung des Handels von faschistischen Elementen
2. Juli 1945	Verordnung des Magistrats über die Anmeldung und die Beschlagnahme des Vermögens der Personen, die sich aktiv faschistisch betätigt haben
11. Juli 1945	Befehl Nr. 1 der Interalliierten Militärkommandantur der Stadt Berlin
Oktober 1945	SHAEF-Gesetz Nr. 52 zur „Sperre und Kontrolle von Vermögen“
30. Oktober 1945	SMAD-Befehl Nr. 124 über die Beschlagnahme und provisorische Übernahme einiger Eigentumskategorien
31. Oktober 1945	SMAD-Befehl Nr. 126 über die Beschlagnahme des Eigentums der NSDAP, ihrer Organe und der ihr angegliederten Organisationen
20. Dezember 1945	Kontrollratsgesetz Nr. 10 über die Bestrafung von Personen, die sich Kriegsverbrechen, Verbrechen gegen Frieden oder die Menschlichkeit schuldig gemacht haben
12. Januar 1946	Kontrollratsdirektive Nr. 24 zur Entfernung von Nationalsozialisten und Personen, die den Bestrebungen der Alliierten feindlich gegenüberstehen, aus Ämtern und verantwortlichen Stellungen
26. Februar 1946	Befehl der Alliierten Kommandantur BK/O(46)101a zur Entnazifizierung

26. Februar 1946	Befehl der Alliierten Kommandantur BK/O(46)102 zur Errichtung von Entnazifizierungskommissionen und Berufungsverfahren
26. Februar 1946	Befehl der Alliierten Kommandantur BK/O(46)107 zur Anbringung eines Sonderstempels auf Personalausweisen
Februar 1947	Gesetz zur Überführung von Konzernen und sonstigen wirtschaftlichen Unternehmen in Gemeindeeigentum
März 1947	Gesetz zur Einziehung von Vermögenswerten der Kriegsverbrecher und Naziaktivisten
8. Februar 1949	Beschluss des demokratischen Magistrats von Groß-Berlin über die Durchführung des Gesetzes zur Einziehung von Vermögenswerten der Kriegsverbrecher und Naziaktivisten
16. Februar 1949	Anordnung BK/O(49)25
10. März 1949	Erste Verordnung zur Durchführung der Anordnung BK/O(49)25
28. April 1949	Beschluss Nr. 162 des Magistrats von Groß-Berlin zur Überführung von Konzernen und sonstigen wirtschaftlichen Unternehmen in Volkseigentum
21. Juni 1949	Anordnung BK/O(49)127 zur Verwaltung von Vermögen der Mitglieder der NSDAP und deren angegliederten Organisationen vom 21. Juni 1949
11. November 1949	Gesetz über den Erlaß von Sühnemaßnahmen und die Gewährung staatsbürgerlicher Rechte für die ehemaligen Mitglieder und Anhänger der Nazipartei und Offiziere der faschistischen Wehrmacht
14. Juni 1951	Gesetz zum Abschluss der Entnazifizierung

Quellen und Literatur

Archivquellen

Landesarchiv Berlin (LAB)

B Rep. 036-01, Office of Military Government Berlin Sector: Nr. 3/39–1/8; Nr. 3/86–3/14; Nr. 4/1–1/2; Nr. 4/10–1/6; Nr. 4/10–3/28; Nr. 4/10–3/29; Nr. 4/10–3/30; Nr. 4/10–3/39; Nr. 4/11–1/1; Nr. 4/11–1/2; Nr. 4/11–3/18; Nr. 4/19–1/10; Nr. 4/35–1/10; Nr. 4/38–3/1; Nr. 4/38–2/11; Nr. 4/38–3/1; Nr. 4/38–3/2; Nr. 4/38–3/5; Nr. 4/38–3/6; Nr. 4/38–3/7; Nr. 4/38–3/9; Nr. 4/38–3/10; Nr. 4/38–3/11; Nr. 4/38–3/40; Nr. 4/38–3/42; Nr. 4/38–3/43; Nr. 4/39–1/1; Nr. 4/39–1/10; Nr. 4/127–1/11; Nr. 4/135–1/10; Nr. 4/135–2/9; Nr. 4/136–1/14; Nr. 4/136–2/2; Nr. 4/137–1/19; Nr. 11/147–2/1; Nr. 11/148–1/4; Nr. 11/148–1/5; Nr. 11/148–1/6; Nr. 11/148–1/7; Nr. 11/148–1/10; Nr. 11/148–1/11; Nr. 11/148–1/12; Nr. 11/148–1/19; Nr. 11/148–2/2; Nr. 11/148–2/3; Nr. 11/148–2/4; Nr. 11/148–2/5; Nr. 11/148–2/6; Nr. 11/148–2/7; Nr. 11/148–2/8; Nr. 11/148–2/9; Nr. 11/148–2/10; Nr. 11/148–3/3; Nr. 11/148–3/5; Nr. 11/148–3/6; Nr. 11/148–3/7; Nr. 11/148–3/8; Nr. 11/148–3/9; Nr. 11/148–3/10; Nr. 11/148–3/11; Nr. 11/149–1/2; Nr. 11/149–1/3; Nr. 11/149–1/4; Nr. 11/149–1/5; Nr. 11/149–1/6; Nr. 11/149–1/7; Nr. 11/149–1/8; Nr. 11/149–1/9; Nr. 11/149–1/19; Nr. 11/149–2/4; Nr. 11/149–2/5

C Rep. 101, Magistrat von Groß-Berlin, Der Oberbürgermeister von Berlin: Nr. 1; Nr. 2; Nr. 3; Nr. 4; Nr. 13; Nr. 18; Nr. 19; Nr. 20; Nr. 42; Nr. 54; Nr. 191; Nr. 124; Nr. 232; Nr. 233

C Rep. 102, Magistrat von Groß-Berlin, Abteilung für Personal und Verwaltung: Nr. 27; Nr. 29; Nr. 30; Nr. 32; Nr. 34; Nr. 39; Nr. 41; Nr. 45; Nr. 51; Nr. 56; Nr. 60; Nr. 65; Nr. 87; Nr. 166; Nr. 124; Nr. 143; Nr. 192; Nr. 193; Nr. 264; Nr. 265; Nr. 266; Nr. 271; Nr. 272; Nr. 273; Nr. 274; Nr. 275; Nr. 276; Nr. 278; Nr. 279; Nr. 280; Nr. 281; Nr. 282; Nr. 283; Nr. 284; Nr. 285; Nr. 302; Nr. 327; Nr. 361

C Rep. 106, Magistrat von Groß-Berlin, Abteilung für Wirtschaft: Nr. 52; Nr. 53; Nr. 180; Nr. 263; Nr. 398

C Rep. 118, Magistrat von Groß-Berlin, Abteilung für Soziales und Gesundheit: Nr. 576; Nr. 578; Nr. 585

C Rep. 118–01, Opfer des Faschismus: Nr. 3; Nr. 5; Nr. 25; Nr. 27; Nr. 28; Nr. 33; Nr. 36; Nr. 37; Nr. 39005; Nr. 39007; Nr. 39042

C Rep. 131–01, Bezirksamt Mitte: Nr. 1; Nr. 2; Nr. 299

C Rep. 109, Bezirksamt Wilmersdorf: Nr. 1531; Nr. 1552; Nr. 1628

C Rep. 203, Bezirksamt Wedding: Nr. 5101; Nr. 5534; Nr. 9203; Nr. 9263; Nr. 9299–9303

C Rep. 207, Bezirksamt Charlottenburg: Nr. 4961/1; Nr. 4961/2; Nr. 4968; Nr. 4969/1; Nr. 4969/2; Nr. 4978; Nr. 4990; Nr. 4491; Nr. 4992; Nr. 4993; Nr. 5024/1; Nr. 5024/2; Nr. 5064; Nr. 5082; Nr. 5083; Nr. 5129

C Rep. 209, Bezirksamt Wilmersdorf: Nr. 1; Nr. 1531; Nr. 1563/1; Nr. 1563/2; Nr. 1564; Nr. 1627

C Rep. 303–09, Der Polizeipräsident von Berlin: Nr. 57; Nr. 58; Nr. 59; Nr. 60

C Rep. 800, Magistrat, Deutsche Treuhandverwaltung: Nr. 1; Nr. 2; Nr. 3; Nr. 4; Nr. 8; Nr. 42; Nr. 43; Nr. 113; Nr. 146; Nr. 604; Nr. 738; Nr. 788; Nr. 865; Nr. 866; Nr. 867; Nr. 931; Nr. 964; Nr. 965

C Rep. 901, SED: Nr. 285; Nr. 409

The National Archives London (TNA)

FO 1005, Control Commission for Germany (British Element), Internal Affairs and Communication Divisions: FO 1005/623; FO 1005/624; FO 1005/625; FO 1005/635; FO 1005/636; FO 1005/637; FO 1005/638; FO 1005/639; FO 1005/640

FO 1012, Control Office for Germany and Austria and Foreign Office: Control Commission for Germany (British Element), Berlin: Records: FO 1012/2; FO 1012/5; FO 1012/6; FO 1012/35; FO 1012/47; FO 1012/81; FO 1012/90; FO 1012/94; FO 1012/98; FO 1012/110; FO 1012/124; FO 1012/139; FO 1012/210; FO 1012/254; FO 1012/283; FO 1012/287; FO 1012/323; FO 1012/368; FO 1012/492; FO 1012/541; FO 1012/657; FO 1012/660; FO 1012/661; FO 1012/666; FO 1012/667; FO 1012/668; FO 1012/697; FO 1012/743; FO 1012/750; FO 1012/752; FO 1012/762; FO 1012/668; FO 1012/696; FO 1012/803

FO 112, Allied Kommandatura: Directives, Minutes and Papers: FO 1112/7; FO 1112/8; FO 1112/9; FO 1112/10; FO 1112/11; FO 1112/54; FO 1112/62; FO 1112/63; FO 1112/64; FO 1112/226; FO 1112/245; FO 1112/267; FO 1112/285; FO 1112/373; FO 1112/374; FO 1112/375; FO 1112/377; FO 1112/536; FO 1112/569; FO 1112/578; FO 1112/579; FO 1122/609; FO 1122/629; FO 1122/630

FO 1032, Economic and Industrial Planning Staff and Control Office for Germany and Austria and Successor: Control Commission for Germany (British Element): FO 1032/417

FO 1049, Control Office for Germany and Austria and Foreign Office: Control Commission for Germany (British Element), Political Division: Records: FO 1049/189; FO 1049/190; FO 1049/437; FO 1049/438; FO 1049/1274; FO 1049/1408

FO 1050, Control Office for Germany and Austria and Foreign Office: Control Commission for Germany (British Element), Internal Affairs and Communications Division: Files: FO 1050/38; FO 1050/177; FO 1050/336; FO 1050/546; FO 1050/547; FO 1050/1267; FO 1050/1684

FO 1079, European Advisory Commissions: Minutes and Papers: FO 1079/1; FO 1079/6; FO 1079/9; FO 1079/10; FO 1079/22; FO 1079/65; FO 1079/88

FO 317, Foreign Office: Political Departments: FO 371/39166

WO 219, War Office: Supreme Headquarters Allied Expeditionary Force: Military Headquarters Papers, Second World War: WO 219/1825; WO 219/3472; WO 219/3793; WO 219/3851; WO 219/3852; WO 219/3853; WO 219/5023; WO 219/5029

WO 220, War Office: Directorate of Civil Affairs: Files, Reports and Handbooks: WO 220/220

Archiv des Instituts für Zeitgeschichte

OMGUS-Akten: Nr. 2/70/4; Nr. 2/96–2/12; Nr. 2/99–2/18; Nr. 2/101–2/20; Nr. 2/102–3/7; Nr. 2/117–2/2; Nr. 2/134–3/1–8; Nr. 3/37–3/4; Nr. 3/86–3/14; Nr. 3/87–1/9; Nr. 3/86–3/14; Nr. 3/88–3/7; Nr. 3/88–3/10; Nr. 3/89–1/5; Nr. 3/89–1/6; Nr. 3/153–1/5; Nr. 3/162–1/9; Nr. 3/162–1/10; Nr. 3/162–2/10; Nr. 3/162–3/9; Nr. 3/431–3/38; Nr. 5/35–1/2; Nr. 5/36–1/2; Nr. 5/36–1/3; Nr. 5/36–1/4; Nr. 5/36–1/5; Nr. 5/36–1/6; Nr. 5/364–2/27; Nr. 5/365–2/29; Nr. 5/37–2/3; Nr. 5/37–2/10; Nr. 5/37–2/11; Nr. 5/37–3/1; Nr. 5/37–3/2; Nr. 5/37–3/3; Nr. 5/37–3/5; Nr. 5/37–3/6; Nr. 5/37–3/7; Nr. 5/37–3/8; Nr. 5/37–3/9; Nr. 5/37–3/12; Nr. 5/37–3/20; Nr. 5/38–1/28; Nr. 5/38–1/30; Nr. 5/39–1/3; Nr. 5/39–1/7; Nr. 5/47–1/1; Nr. 5/47–1/2; Nr. 7/20–1/31; Nr. 7/24–3/6–8; Nr. 7/25–2/1–8; Nr. 7/26–1/1–5; Nr. 7/26–3/16–22; Nr. 7/28–3/24; Nr. 7/29–2/10; Nr. 7/29–3/13–16; Nr. 7/31–2/35; Nr. 7/38–1/7; Nr. 11/18–2/21; Nr. 11/146–1/24; Nr. 15/110–2/17; Nr. 15/118–1/67; Nr. 15/118–2/19; Nr. 15/118–2/59; Nr. 15/118–2/63; Nr. 15/119–1/63; Nr. 15/120–2/4; Nr. 15/120–2/5; Nr. 15/120–2/63; Nr. 15/120–3/4; Nr. 15/120–3/30; Nr. 15/122–1/7; Nr. 15/122–2/13; Nr. 15/123–2/15; Nr. 15/123–2/19;

Nr. 15/128–2/11; Nr. 15/128–3/7; Nr. 15/148–1/6; Nr. 17/53–3/12; Nr. 17/55–2/6; Nr. 17/162–1/11; Nr. 17/199–2/1; Nr. 17/214–1/16; Nr. 17/254–1/27; Nr. 17/254–1/32; Nr. 17/257–2/10; Nr. 17/258–1/17; Nr. 17/258–3/9; Nr. 17/258–3/10; Nr. 17/261–2/8; Nr. 17/261–2/31; Nr. AG45–46/15/4; Nr. AG45–46/26/2; Nr. AG45–46/44/3; Nr. AG45–46/64/10; Nr. AG45–46/65/8; Nr. AG45–46/66/1; Nr. AG45–46/87/4; Nr. POLAD/454/17–23; Nr. POLAD/458/84; Nr. POLAD/460/4; Nr. POLAD/461/55: Nr. POLAD/729/42; Nr. POLAD/729/43; Nr. POLAD/731/18–20Nr. POLAD/731/8; POLAD/731/13; POLAD/731/14; POLAD/731/15; POLAD/731/16; POLAD/731/17; Nr. POLAD/732/32; Nr. POLAD/747/4; Nr. POLA/749/26; Nr. POLA/824/19

Walter L. Dorn, The Unfinished Purge, Manuskript, ED 127.

Archiv des AlliiertenMuseum (AMM)

Bestand des britischen Sekretariats der Alliierten Kommandantur: AK 20; AK 94/1; AK 94/3; AK 94/5; AK 94/6; AK 94/8; AK 94/9; AK 94/10; AK 94/11; AK 111/5; AK 111/8

Archives du ministère des Affaires étrangères (MAE)

GFCC, Commandement en chef français en Allemagne Groupe français du Conseil de Contrôle: GFCC/146; GFCC/289; GFCC/409

GMFB 1, Gouvernement militaire français de Berlin, Division Politique: GMFB 1/156; GMFB 1/200; GMFB 1/274; GMFB 1/315; GMFB 1/336; GMFB 1/337; GMFB 1/376; GMFB 1/441; GMFB 1/442; GMFB 1/443; GMFB 1/463; GMFB 1/577; GMFB 1/586; GMFB 1/591; GMFB 1/599; GMFB 1/654; GMFB 1/671; GMFB 1/814

GMFB 2, Gouvernement militaire français de Berlin, Section de Contrôle des Bien: GMFB 2/237; GMFB 2/238; GMFB 2/239; GMFB 2/243; GMFB 2/248; GMFB 2/251

GMFB 5, Gouvernement militaire français de Berlin, Service juridique: GMFB 5/1070; GMFB 5/1963; GMFB 5/1965; GMFB 5/1966; GMFB 5/2022

GMFB 7, Gouvernement militaire français de Berlin, Service de la sûreté: GMFB 7/366; GMFB 7/367; GMFB 7/492; GMFB 7/553

GMFB 9, Gouvernement militaire français de Berlin, Service éducation, affaires culturelles et cultes: GMFB 9/15; GMFB 9/17; GMFB 9/18; GMFB 9/38; GMFB 9/43; GMFB 9/48; GMFB 9/52; GMFB 9/61; GMFB 9/64; GMFB 9/65; GMFB 9/74; GMFB 9/94; GMFB 9/95; GMFB 9/98; GMFB 9/99

GMFB 12, Gouvernement militaire français de Berlin, Conseiller politique (1946–1950): GMFB 12/84; GMFB/85; GMFB 12/91; GMFB 12/105

GMFB 14, Gouvernement militaire français de Berlin, Cabinet du général Ganeval: GMFB CAB/205; GMFB CAB/210

KI, Kommandatura Interalliée: KI/34; I/36; KI/37; KI/44; KI/45; KI/46; KI/58; KI/92; KI/93/1–3; KI/496; KI/562/18; KI/563/1; KI/571/2; KI 572/18; KI/653/1

PAAP 39–42, Papiers Maurice Dejean; Papiers Massigli

Zone francaise d'occupation en Allemagne et en Autriche (ZFO). Haut-Commissariat de la Republique française en Allemagne. Direction generale des affaires culturelles: AC/4; AC/11; AC/61; AC/62; AC/64

Centre des Archives diplomatiques de Nantes

762 PO/1 Archives rapatriées de la mission française auprès des gouvernments alliés établis, dite „mission Dejean" à Londres 1943–1945: 762PO/1/1; 762PO/1/2; 762PO/1/3; 762PO/1/4; 762PO/1/44; 762PO/1/16/171

Gedruckte Quellen

Becher, Johannes R., Zur Frage der politisch-moralischen Vernichtung des Faschismus (Februar/März 1945), abgedruckt in: Peter Erler/Horst Laude/Manfred Wilke, „Nach Hitler kommen wir". Dokumente zur Programmatik der Moskauer KPD-Führung 1944/45 für Nachkriegsdeutschland, Berlin 1994, S. 335–360.

Bloch, Marc, Pour une histoire comparée des sociétés européennes (1928), in: Mélanges historiques 1 (1963), Paris, S. 16–40.

Brunschwig, Henri, Comment les nazis se sont emparés de l'Allemagne, Paris 1940.

– Eté 1939: Allemagne. Notes d'avant-guerre, in: Annales d'histoire sociale 4 (1939) 1, S. 355–360.

Casalis, Georges, L'Église évangélique en Allemagne, in: Les Temps Modernes. Allemagne 46 (1949), S. 388–395.

Cohn, Ernst J., German Legal Science Today, in: International and Comparative Law Quarterly 2 (1953) 2, S. 169–191.

Dorn, Walter L., Inspektionsreisen in der US-Zone. Notizen, Denkschriften und Erinnerungen aus dem Nachlaß übersetzt und hrsg. von Lutz Niethammer, Stuttgart 1973.

– Die Debatte über die amerikanische Besatzungspolitik für Deutschland (1944–45), in: Vierteljahrshefte für Zeitgeschichte 6 (1958) 1, S. 60–77.

– Review: The Churches in Germany by Edmond Vermeil, K. J. Hahn and Gabriel Le Bras, in: Educational Research Bulletin 30 (1951) 1, S. 24–25.

Febvre, Lucien, Sur la Doctrine Nationale-Socialiste. Un Conflit de Tendances, in: Annales d'histoire sociale 1 (1939) 4, S. 426–428.

Fraenkel, Ernst, The Dual State. A Contribution to the Theory of Dictatorship, New York/London/Toronto 1941 [dt. Erstveröffentlichung: Der Doppelstaat. Recht und Justiz im „Dritten Reich", Frankfurt a. M. 1974].

Friedrich, Carl J., Military Government as a Step Toward Self-Rule, in: The Public Opinion Quarterly 1 (1943) 4, S. 527–541.

Herz, John H., The Fiasco of Denazification in Germany, in: Political Science Quarterly 63 (1948) 4, S. 569–594.

Kahn-Freund, Otto, Autobiographische Erinnerungen an die Weimarer Republik. Ein Gespräch mit Wolfgang Luthart, in: Zeitschrift für Kritische Justiz 14 (1981) 2, S. 183–200.

Kogon, Eugen, Das Recht auf politischen Irrtum, in: Frankfurter Hefte. Zeitschrift für Kultur und Politik 2 (1947) 7, S. 641–655.

Löwenthal, Leo, Individuum und Terror, in: Merkur. Deutsche Zeitschrift für europäisches Denken 403 (1983), S. 25–35.

Loewenstein, Karl, Militant Democracy and Fundamental Rights I, in: The American Political Science Review 31 (1937) 3, S. 417–432.

– The Trojan Horse, in: The Nation, 26 August 1944, S. 235–237.

Lusset, Felix, Sartre in Berlin. Zur Arbeit der französischen Kulturmission in Berlin, in: Jérôme Vaillant (Hrsg.), Französische Kulturpolitik in Deutschland 1945–1949. Berichte und Dokumente, Konstanz 1984, S. 107–119.

Marcuse, Herbert, Feindanalysen. Über die Deutschen, hrsg. von Peter-Erwin Jansen, eingel. von Detlev Claussen, Lüneburg 1998.

Neumann, Franz L., Behemoth. Struktur und Praxis des Nationalsozialismus 1933–1944, hrsg. von Alfons Söllner/Michael Wildt, Hamburg 2018 [engl. Original: The Structure and Practice of National Socialism 1933–1944, Erstveröffentlichung 1942, in überarbeiteter Form 1944].

– Die Umerziehung der Deutschen und das Dilemma des Wirtschaftsaufbaus (1947), in: ders., Wirtschaft, Staat, Demokratie. Aufsätze 1930–1954, hrsg. von Alfons Söller, Frankfurt a. M. 1978, S. 290–308.

– Militärregierung und Wiederbelebung der Demokratie in Deutschland (1948), in: ders., Wirtschaft, Staat, Demokratie. Aufsätze 1930–1954, hrsg. von Alfons Söllner, Frankfurt a. M. 1978, S. 309–326.

– Military Government and the Revival of Democracy in Germany, in: Columbia Journal of International Affairs 2 (1948) 1, S. 3–20.

Neumann, Sigmund, Transition to Democracy in Germany?, in: Political Science Quarterly 59 (1944) 3, S. 341–362.

Orlopp, Josef, Zusammenbruch und Aufbau Berlins 1945/1946, Berlin 1947.

Padover, Saul K., Lügendetektor. Vernehmungen im besiegten Deutschland 1944/1945, Frankfurt a. M. 1999 [engl. Original: Experiment in Germany: the story of an American intelligence officer. Duell, Sloan and Pearce, New York 1946].

Pieck, Wilhelm, Der neue Weg zum gemeinsamen Kampf für den Sturz der Hitlerdiktatur. Referat und Schlußwort auf der Brüsseler Parteikonferenz der Kommunistischen Partei Deutschlands, Oktober 1935, 1. Aufl., Berlin 1947, S. 5–139.

Pollock, Frederick, Is National Socialism a New Order?, in: Zeitschrift für Sozialforschung. Studies in Philosophy and Science 9 (1941), S. 440–455.

– State Capitalism: its Possibilities and Limitations, in: Zeitschrift für Sozialforschung. Studies in Philosophy and Science 9 (1941), S. 200–225.

Sohn-Rethel, Alfred, Ökonomie und Klassenstruktur des deutschen Faschismus. Aufzeichnungen und Analysen, hrsg. und eingel. von Johannes Agnoli/Bernhard Blanke/Niels Kadritzke, Frankfurt a. M. 1973.

Ulbricht, Walter, Die Legende vom „deutschen Sozialismus": ein Lehrbuch für das schaffende Volk über das Wesen des deutschen Faschismus, Berlin 1945.

– Thesen über das Wesen des Hitlerfaschismus. 1945, abgedruckt in: Zur Geschichte der Deutschen Arbeiterbewegung: Aus Reden und Aufsätzen, Bd. II: 1933–1946, Berlin 1953.

Utley, T. E., French Views on the German Problem, in: International Affairs 20 (1944), S. 243–249.

Vansittart, Robert Gilbert, Black Record. Germans Past and Present, London 1941.

– Lessons of My Life, London/New York/Melbourne 1943.

Varga, Lucie, La Genèse du National-Socialisme. Notes d'Analyse Sociale, in: Annales d'histoire économiqe et sociale 9 (1937) 48, S. 529–546.

Vermeil, Edmond, Les Alliés et la rééducation des Allemands, in: Helen Liddell/Edmond Vermeil/Bogdan Suchodoski (Hrsg.), Education in occupied Germany, Studies on Aspects of the German Problem 1947, Paris 1949, S. 23–54.

– Les églises en Allemagne. The churches in Germany, Paris 1949.

– Les Alliés et la rééducation des Allemands, in: Politique étrangère 6 (1947), S. 599–622.

– Le Problème Allemand, vue d'ensemble, in: Quelques aspects du problème allemand, hrsg. vom Centre d'Etudes de Politiques Entrangére Paris 1945, S. 17–96.

– Germany's Three Reichs. Their History and Culture, übersetzt von E.W. Dickes, London 1944, S. 29 [franz. Original: L'Allemagne: Essai d'explication, Paris 1940].

Datenbanken, Dokumentensammlungen und Quelleneditionen

Alliiertes Sekretariat (Hrsg.), Amtsblatt des Kontrollrats in Deutschland, Berlin 1946.

Benz, Wolfgang/Distel, Barbara (Hrsg.), Der Ort des Terrors. Geschichte der nationalsozialistischen Konzentrationslager, Bd. 3: Sachsenhausen Buchenwald, München 2006.

– /Distel, Barbara (Hrsg.), Der Ort des Terrors. Geschichte der nationalsozialistischen Konzentrationslager, Bd. 2: Frühe Lager Dachau Emslandlager, München 2006.

Birke, Adolf M./Booms, Hans/Merker, Otto (Hrsg.) unter Mitwirkung des Deutschen Historischen Instituts London und des Niedersächsischen Hauptstaatsarchivs, Elfbändiges Inventar Akten der Britischen Militärregierung in Deutschland. Sachinventar 1945–1955, Hannover 1993.

Breunig, Werner/Wetzel, Jürgen (Hrsg.), Fünf Monate in Berlin: Briefe von Edgar N. Johnson aus dem Jahre 1946, München 2014.

Broszat, Martin/Weber, Hermann (Hrsg.), SBZ-Handbuch. Staatliche Verwaltungen, Parteien, gesellschaftliche Organisationen und ihre Führungskräfte in der Sowjetischen Besatzungszone Deutschlands 1945–1949, München 1990.

Chamberlin, Brewster S. (Hrsg.), Kultur auf Trümmern. Berliner Berichte der amerikanischen Information Control Section Juli–Dezember 1945, Stuttgart 1979.

Department of State United States of America (Hrsg.), Occupation of Germany. Policy and Progress 1945–46, Washington 1947.

Dettmer, Klaus (Hrsg.)/Schroll, Heike/Rousavy, Regina (Bearb.), Das Landesarchiv und seine Bestände: Übersicht der Bestände Berlin (Ost) aus der Zeit von 1945 bis 1990 (Tektonik-Gruppe C), Bd. 1, Teil III (Schriftenreihe des Landesarchivs Berlin), Berlin 2004.

Deuerlein, Ernst (Hrsg.), Potsdam 1945. Quellen zur Konferenz der „Großen Drei“, München 1963.

Hauptamt für Statistik und Wahlen des Magistrats von Groß-Berlin (Hrsg.), Berlin in Zahlen 1946/1947, Berlin 1949.

Drucksachen des Abgeordnetenhauses von Berlin, I. Wahlperiode, Nr. 1–300, Januar–Juni 1951, Berlin (West) 1951.

Erler, Peter/Laude, Horst/Wilke, Manfred (Hrsg.), „Nach Hitler kommen wir“. Dokumente zur Programmatik der Moskauer KPD-Führung 1944/45 für Nachkriegsdeutschland, Berlin 1994.

Fischer, Alexander (Hrsg.), Teheran, Jalta, Potsdam. Die sowjetischen Protokolle von den Kriegskonferenzen der „Großen Drei“. Dokumente zur Außenpolitik, Bd. I, Köln 1968.

Foitzik, Jan (Hrsg.), Sowjetische Interessenspolitik in Deutschland 1944–1954, München 2012.

Foreign Office (Hrsg.)/Cohn, E. J. (Bearb.), Manual of German Law, Vol. 1, London 1950.

Institut für Zeitgeschichte/Weisz, Christoph (Hrsg.), OMGUS-Handbuch. Quellen und Darstellungen zur Zeitgeschichte, Bd. 35, München 1994.

Keiderling, Gerhard (Hrsg.), „Gruppe Ulbricht" in Berlin April bis Juni 1945. Von den Vorbereitungen im Sommer 1944 bis zur Widergründung der KPD im Juni 1945. Eine Dokumentation, Berlin 1993.

Klee, Ernst (Hrsg.), Das Personenlexikon zum Dritten Reich. Wer wer was vor und nach 1945, Frankfurt a. M. 2003.

– (Hrsg.), Das Kulturlexikon zum Dritten Reich. Wer war was vor und nach 1945, Frankfurt a. M. 2007.

Laufer, Jochen P./Kynin, Georgij P. (Hrsg./Bearb.) unter Mitarbeit von Viktor Knoll, Kathrin König und Reinhard Preuß, Die UdSSR und die deutsche Frage 1941–1948. Dokumente aus dem Archiv für Außenpolitik der Russischen Föderation, Bd. 1: 22. Juni 1941 bis 8. Mai 1945, Bd. 2: 9. Mai 1945 bis 3. Oktober 1946, Bd. 3: 6. Oktober bis 15. Juni 1948, Berlin 2004.

Laudani, Raffaele (Hrsg.), Im Kampf gegen Nazideutschland. Die Berichte der Frankfurter Schule für den amerikanischen Geheimdienst 1943–1949, Frankfurt a. M. 2006.

Laws and Orders of Military Government. Complete Collection up to June 30th 1945/Gesetze und Verordnungen der Militärregierung. Vollständige Sammlung bis zum 30. Juni 1945, Wiesbaden 1945.

Magistrat der Stadt Berlin (Hrsg.), Ein halbes Jahr Berliner Magistrat. Der Magistrat gibt Rechenschaft. Die Reden des Oberbürgermeisters Dr. Arthur Werner und des Stellvertretenden Oberbürgermeisters Karl Maron auf der Kundgebung in der deutschen Staatsoper am 19. November 1945. Berichte der Stadträte, Berlin 1945.

– (Hrsg.), Verordnungsblatt der Stadt Berlin, Berlin 1945–1946.

Magistrat von Groß-Berlin (Hrsg.), Berlin 1947. Der Magistrat berichtet … Jahresbericht des Magistrats, Berlin 1947.

– (Hrsg.), Berlin 1948. Der Magistrat berichtet … Jahresbericht des Magistrats, Berlin 1950.

– (Hrsg.), Berlin 1949. Der Magistrat berichtet … Aus der Arbeit des Magistrats, Berlin 1950.

– (Hrsg.), Verordnungsblatt für Groß-Berlin, Berlin 1946–1948.

Magistrat von Groß-Berlin (Ost) (Hrsg.), Verordnungsblatt für Groß-Berlin [Ausgabe Ost], 1948.

Magistrat von Groß-Berlin (West) (Hrsg.), Verordnungsblatt für Groß-Berlin [Ausgabe West], 1948–1950.

Mironenko, Sergej/Niethammer, Lutz/Plato, Alexander von (Hrsg.) in Verbindung mit Volkhard Knigge und Günter Morsch, Sowjetische Speziallager in Deutschland 1945 bis 1950, Bd. 1: Studien und Berichte, hrsg. und eingel. von Alexander Plato, Berlin 1998, Bd. 2: Sowjetische Dokumente zur Lagerpolitik, eingel. und bearb. von Ralf Possekel, Berlin 1998.

Möller, Horst/Tschubarjan, Alexandr O. (Hrsg.) in Zusammenarbeit mit Wladimir P. v. Koslow/Sergei W. Mironienko/Hartmut Weber, SMAD-Handbuch: Die Sowjetische Militäradministration in Deutschland 1945–1949, München 2009.

Müller-Enbergs, Helmut/Wielgohs, Jan/Hoffmann, Dieter u. a. (Hrsg.), Wer war wer in der DDR?, Berlin 2010. Online-Datenbank der Bundesstiftung zur Aufarbeitung der SED-Diktatur, https://www.kommunismusgeschichte.de/article/detail/wer-war-wer-in-der-ddr-ein-lexikon-ostdeutscher-biographien.

Neitmann, Klaus/Laufer, Jochen (Hrsg.), Demontagen in der Sowjetischen Besatzungszone und in Berlin 1945–1948. Sachthematisches Archivinventar, Veröffentlichungen des Brandenburgischen Landeshauptarchives, Bd. 61, Berlin 2014.

Protokolle der Stadtverordnetenversammlung von Groß-Berlin, II. Wahlperiode 1949–1950.

Reichardt, Hans Joachim/Krätschell, Hermann (Hrsg.), Berlin. Kampf um Freiheit und Selbstverwaltung 1945–1946 (Schriftenreihe zur Berliner Zeitgeschichte, Bd. 1), Berlin 1961.

– /Treutler, Hanns/Lampe, Albrecht (Bearb.), Berlin. Quellen und Dokumente 1945–1951 (Schriftenreihe zur Berliner Zeitgeschichte, Bd. 4, 1. und 2. Halbbd., hrsg. im Auftrag des Senats von Berlin), Berlin 1964.

– (Hrsg.) unter Mitarbeit von Werner Breunig, Die Entstehung der Verfassung von Berlin. Eine Dokumentation, Bd. 1, Berlin 1990.

Röder, Werner/Strauss, Herbert A. (Bearb.), Biographisches Handbuch der deutschsprachigen Emigration nach 1933, hrsg. vom Institut für Zeitgeschichte München und von der Research Foundation for Jewish Immigration, Bd. 1: Politik, Wirtschaft, Öffentliches Leben, München/New York/London/Paris 1980.

Rößler, Ruth-Kristin (Hrsg.), Die Entnazifizierungspolitik der KPD/SED 1945–1948. Dokumente und Materialien, Wiesbaden 1994.

Schullze, Erich (Hrsg.), Gesetz zur Befreiung von Nationalsozialismus und Militarismus mit den Ausführungsvorschiften und Formularen, mit Anmerkungen und Sachverzeichnis versehen von Erich Schullze. Hrsg. in amtlichem Auftrag, München 1946.

Söllner, Alfons (Hrsg.), Zur Archäologie der Demokratie in Deutschland, Bd. 1: Analysen von politischen Emigranten im amerikanischen Geheimdienst: 1943–1945, Bd. 2: Analysen von politischen Emigranten im amerikanischen Außenministerium: 1946–1949, Frankfurt a. M. 1986.

Vollnhals, Clemens (Hrsg.) in Zusammenarbeit mit Thomas Schlemmer, Entnazifizierung. Politische Säuberung und Rehabilitierung in den vier Besatzungszonen 1945–1949, München 1991.

Weber, Hermann (Hrsg.), DDR. Dokumente zur Geschichte der Deutschen Demokratischen Republik 1945–1985, München 1986.

– /Drabkin, Jakov/Bayerlein, Bernhard H./Galkin, Aleksandr (Hrsg.), Deutschland, Russland, Komintern – Überblicke, Analysen, Diskussionen. Neue Perspektiven auf die Geschichte der KPD und die deutsch-russischen Beziehungen (1918–1943), Berlin/Boston 2014.

Wetzel, Jürgen (Hrsg.)/Hanauske, Dieter (Bearb.), Die Sitzungsprotokolle des Magistrats der Stadt Berlin 1945/1946, Bd. 1 und 2, Berlin 1993 und 1995.

– (Hrsg.)/Schroll, Heike/Rousavy, Regina (Bearb.), Das Landesarchiv und seine Bestände: Übersicht der Bestände Berlin (West) aus der Zeit von 1945 bis 1990 (Tektonik-Gruppe B), Bd. 1, Teil II (Schriftenreihe des Landesarchivs Berlin), Berlin 2003.

Sekundärliteratur

Ahrens, Ralf, Die nationalsozialistische Raubwirtschaft im Wilhelmstraßen-Prozess, in: Kim C. Priemel/Alexa Stiller (Hrsg.), NMT. Die Nürnberger Militärtribunale zwischen Geschichte, Gerechtigkeit und Rechtschöpfung, Hamburg 2013, S. 353–375.

– Kartelle und Verschwörung. Franz Neumanns „Behemoth“ und die Nürnberger Prozesse, in: Norbert Frei/Tim Schanetzky (Hrsg.), Unternehmen im Nationalsozialismus. Zur Historisierung einer Forschungskonjunktur, Göttingen 2010, S. 26–35.

Amos, Heike, Die Westpolitik der SED 1948/1949–1961: „Arbeit nach Westdeutschland“ durch die Nationale Front, das Ministerium für Auswärtige Angelegenheiten und das Ministerium für Staatssicherheit, Berlin 1999.

Anschütz, Kurt, Gemeinschaftlich mit Deutschen unterwegs. Der französische Militärpfarrer Georges Casalis in Berlin (1946–1950), in: Hans-Martin Hinz/Cyril Buffet/Bernard Genton/Pierre Jardin (Hrsg.), Die vier Besatzungsmächte und die Kultur in Berlin 1945–1949, Leipzig 1999, S. 149–166.

Arndt, Melanie, Gesundheitspolitik im geteilten Berlin 1948–1961, Köln/Weimar/Wien 2009.

Bahners, Patrick, Die Dodds-Papers. Die Deutschen und das Rationale, in: Zeitschrift für Ideengeschichte 11 (2017) 4, S. 36–43.

Bähr, Johannes, Industrie im geteilten Berlin (1945–1990). Die elektrotechnische Industrie und der Maschinenbau im Ost-West-Vergleich: Branchenentwicklung, Technologien und Handlungsstrukturen, München 2001.

Bähr, Michael W., Die Währungsreform in Berlin 1948/1949, Berlin/New York 1991.

Bajohr, Frank/Pohl Dieter, Der Holocaust als offenes Geheimnis. Die Deutschen, die NS-Führung und die Alliierten, München 2006.

Bauerkämper, Arnd, Ländliche Gesellschaft in der kommunistischen Diktatur. Zwangsmodernisierung und Tradition in Brandenburg 1945–1963, Köln 2002.

– „Junkerland in Bauernhand“? Durchführung, Auswirkungen und Stellenwert der Bodenreform in der Sowjetischen Besatzungszone, Stuttgart 1996.

Bast, Jürgen, Totalitärer Pluralismus. Zu Franz L. Neumanns Analysen der politischen und rechtlichen Struktur der NS-Herrschaft, Tübingen 1999.

Bavaj, Riccardo, Otto Kirchheimers Parlamentarismuskritik in der Weimarer Republik. Ein Fall von „Linksschmittianismus“, in: Vierteljahrshefte für Zeitgeschichte 55 (2007) 1, S. 33–52.

Bayerlein, Bernhard H., Deutscher Kommunismus und transnationaler Stalinismus – Komintern, KPD und Sowjetunion 1929–1943. Neue Dokumente zur Konzeptualisierung einer verbundenen Geschichte, in: Hermann Weber/Jakov Drabkin/Bernhard H. Bayerlein/Aleksandr Galkin (Hrsg.), Deutschland, Russland, Komintern – Überblicke, Analysen, Diskussionen. Neue Perspektiven auf die Geschichte der KPD und die deutsch-russischen Beziehungen (1918–1943), Berlin/Boston 2014, S. 225–400.

Bastian, Daniell, Westdeutsches Polizeirecht unter alliierter Besatzung (1945–1955), Tübingen 2010.

Beattie, Andrew, Allied Internment Camps in Occupied Germany. Extrajudicial Detention in the Name of Denazification, 1945–1950, Cambridge 2020.

– The Allied Internment of German Civilians in Occupied Germany: Cooperation and Conflict in the Western Zones, 1945–49, in: Camilo Erlichman/Christopher Knowles (Hrsg.), Transforming Occupation in the Western Zones of Germany: Politics, Everyday Life and Social Interactions, 1945–55, London 2018, S. 81–96.

– „Sowjetische KZs auf deutschem Boden“. Die sowjetischen Speziallager und der bundesdeutsche Antikommunismus, in: Jahrbuch für historische Kommunismusforschung 2011, S. 119–137.

Benz, Wolfgang, Wie es zu Deutschlands Teilung kam. Vom Zusammenbruch zur Gründung der beiden deutschen Staaten 1945–1949, München 2018.

– /Scholz, Michael F. (Hrsg.), Gebhardt – Handbuch der deutschen Geschichte, Bd. 22: Deutschland unter alliierter Besatzung 1945–1949. Die DDR 1949–1990, Stuttgart 2009.

– (Hrsg.), Wie wurde man Parteigenosse? Die NSDAP und ihre Mitglieder, Frankfurt a. M. 2009.

– Versuche zur Reform des öffentlichen Dienstes in Deutschland 1945–1952, in: Vierteljahrshefte für Zeitgeschichte 29 (1981) 2, S. 216–245.

Bernhardt, Christoph, Wohnungspolitik und Bauwirtschaft in Berlin (1939–1950), in: Michael Wildt/Christoph Kreutzmüller (Hrsg.), Berlin 1933–1945. Stadt und Gesellschaft im Nationalsozialismus, München 2013, S. 177–192.

Bevir, Mark, The Contextual Approach, in: George Klosko (Hrsg.), The Oxford Handbook of the History of Political Philosophy, Oxford University Press 2011, S. 11–23.

Biddiscombe, Perry, Werwolf! The History of the National Socialist Geurilla Movement 1944–1946, Toronto 1998.

Bienert, Michael/Schaper, Uwe/Theissen, Andrea (Hrsg.), Die Vier Mächte in Berlin. Beiträge zur Politik der Alliierten in der besetzten Stadt, Berlin 2007.

Birke, Adolf M., Deutschland und Großbritannien. Historische Beziehungen und Vergleiche. Prinz-Albert Forschungen, Bd. 1, hrsg. von Franz Bosbach, München 1999.

Blessing, Benita, The Antifascist Classroom. Denazification in Soviet-occupied Germany, 1945–1949, New York 2006.

Bloch, Marc, Für eine vergleichende Geschichtsbetrachtung der europäischen Gesellschaften, in: Matthias Middell/Steffen Sammler (Hrsg.), Alles Gewordene hat Geschichte. Die Schule der Annales in ihren Texten 1929–1992, Leipzig 1994, S. 121–167.

Bock, Hans Manfred, Transnationale Kulturbeziehungen und auswärtige Kulturpolitik. Die deutsch-französischen Institutionen als Beispiel, in: Ulrich Pfeil (Hrsg.), Deutsch-französische Kultur- und Wissenschaftsbeziehungen im 20. Jahrhundert. Ein institutionengeschichtlicher Ansatz, München 2007, S. 9–27.

– Das Deutsch-Französische Institut in der Geschichte des zivilgesellschaftlichen Austausches zwischen Deutschland und Frankreich, in: ders (Hrsg.), Projekt deutsch-französische Verständigung. Die Rolle der Zivilgesellschaft am Beispiel des Deutsch-Französischen Instituts in Ludwigsburg, Opladen 1998, S. 11–123.

Boehling, Rebecca, Transitional Justice? Denazification in the US Zone of Occupied Germany, in: Camilo Erlichman/Christopher Knowles (Hrsg.), Transforming Occupation in the Western Zones of Germany: Politics, Everyday Life and Social Interactions, 1945–55, London 2018, S. 63–80.

– Denazification in Retrospect, American Institute for Contemporary German Studies, Transatlantic Perspectives, June 2009. https://www.aicgs.org/site/wp-content/uploads/2011/10/boehling.atp09.pdf Aufgerufen am 5. Oktober 2020.

– A Question of Priorities: Democratic reform and economic recovery in postwar Germany. Frankfurt, Munich and Stuttgart under U.S. Occupation, New York 1996.

Boldorf, Marcel, Planwirtschaft, Ordnungs- und Preispolitik, in: Dierk Hoffmann (Hrsg.), Die zentrale Wirtschaftsverwaltung in der SBZ/DDR. Wirtschaftspolitik in Deutschland 1917–1990, Bd. 3, Berlin/Boston 2016, S. 133–216.

– Governance in der Planwirtschaft. Industrielle Führungskräfte in der Stahl- und Textilbranche der SBZ/DDR (1945–1958), Berlin 2015.

– Brüche oder Kontinuitäten? Von der Entnazifizierung zur Stalinisierung in der SBZ/DDR (1945–1952), in: Historische Zeitschrift 289 (2009) 2, S. 287–323.

Borgstedt, Angela, Entnazifizierung in Karlsruhe 1946 bis 1951: Politische Säuberungen im Spannungsfeld von Besatzungspolitik und lokalpolitischem Neuanfang. Konstanz 2001.

Borsdorf, Ulrich/Niethammer, Lutz, Zwischen Befreiung und Besatzung. Analysen des US-Geheimdienstes über Positionen und Strukturen deutscher Politik 1945, Erstausgabe 1967, Weinheim 1995.

Bösch, Frank/Wirsching, Andreas, Erfahrene Männer. Das Personal der Innenministerien in Bonn und Ost-Berlin, in: Stefan Creuzberger/Dominik Geppert (Hrsg.), Die Ämter und ihre Vergangenheit. Ministerien und Behörden im geteilten Deutschland 1949–1972, Bonn 2018, S. 163–182.

– /Wirsching, Andreas, Einleitung, in: dies. (Hrsg.), Hüter der Ordnung. Die Innenministerien in Bonn und Ost-Berlin nach dem Nationalsozialismus, Bonn 2018, S. 13–26.

Botor, Stefan, Das Berliner Sühneverfahren – Die letzte Phase der Entnazifizierung, (Universität Kiel 2005) Frankfurt a. M. 2006.

Brennan, Sean, Politics of Religion in Soviet-Occupied Germany. The Case of Berlin-Brandenburg 1945–1949, Plymouth 2011.

Breunig, Werner, Edgar N. Johnson – eine biographische Skizze, in: ders./Jürgen Wetzel (Hrsg.), Fünf Monate in Berlin: Briefe von Edgar N. Johnson aus dem Jahre 1946, München 2014, S. 5–42.

Breunung, Leonie/Walther, Manfred, Cohn, Ernst Joseph (1904–1976), in: dies. (Hrsg.), Die Emigration deutschsprachiger Rechtswissenschaftler ab 1933. Ein bio-bibliographisches Handbuch, Bd. 1, Berlin/Boston 2012, S. 81–102.

– /Walther, Manfred, Max Grünhut (1893–1964), in: dies. (Hrsg.), Die Emigration deutschsprachiger Rechtswissenschaftler ab 1933. Ein bio-bibliographisches Handbuch, Bd. 1, Berlin/Boston 2012, S. 182–203.

Broszat, Martin, Siegerjustiz oder strafrechtliche „Selbstreinigung". Aspekte der Vergangenheitsbewältigung während der Besatzungszeit, in: Vierteljahrshefte für Zeitgeschichte 29 (1981) 4, S. 478–544.

Brunner, Detlev, Einleitung: Mecklenburg-Vorpommern 1945/46, in: Werner Müller/Andreas Röpcke (Hrsg.), Die Landesregierung in Mecklenburg-Vorpommern unter sowjetischer Besatzung 1945 bis 1949, Bd. 1: Die ernannte Landesverwaltung Mai 1945 bis Dezember 1946. Eine Quellenedition, Bremen 2003, S. 11–94.

Budde, Gunilla/Conrad, Sebastian/Janz, Oliver (Hrsg.), Transnationale Geschichte. Themen, Tendenzen und Theorien, Göttingen 2002.

Buffet, Cyril, Die Borsig-Affäre 1945–1950. Ein Beispiel französischer Reparationspolitik, in: Berlin in Geschichte und Gegenwart, Jahrbuch des Landesarchivs 1991, hrsg. von Dagmar Unverhau, Berlin 1991, S. 243–262.

Buggeln, Marc/Wildt, Michael, Arbeit im Nationalsozialismus, München 2014.

Bungert, Heike, NKFD und der Westen. Die Reaktionen der Westalliierten auf das NKFD und die Freien Deutschen Bewegungen 1943–1948, Stuttgart 1997.

Busen, Andreas/Weiß, Alexander, Ansätze und Methoden zur Erforschung politischen Denkens, Baden-Baden 2003.

Camphausen, Gabriele, Berlin-Hohenschönhausen – Speziallager Nr. 3 (Mai 1945–Oktober 1946), in: Jörg Morré, Speziallager des NKWD. Sowjetische Internierungslager in Brandenburg 1945–1950, hrsg. von der Brandenburgischen Landeszentrale für politische Bildung und der Stiftung Brandenburgische Gedenkstätten/Gedenkstätte Sachsenhausen, Potsdam 1997, S. 83–92.

Chamberlin, Brewster S., Einleitung, in: ders. (Hrsg.), Kultur auf Trümmern. Berliner Berichte der amerikanischen Information Control Section Juli–Dezember 1945, Stuttgart 1979, S. 9–31.

Chauffour, Sébastien/Defrance, Corine/Martens, Stefan/Vinvent, Marie-Bénédicte (Hrsg.), La France et la dénazification de l'Allemagne après 1945, Brüssel 2019.

Chloros, A. G./Neumayer, K. H., Biographical Note, in: dies. (Hrsg.), Liber Amicorum Ernst J. Cohn. Festschrift für Ernst J. Cohn zum 70. Geburtstag, Heidelberg 1975, S. 9–12.

Clemens, Gabriele, Die britische Kulturpolitik in Deutschland, in: dies. (Hrsg.), Kulturpolitik im besetzten Deutschland 1945–1949, Stuttgart 1994, S. 200–218.

Conrad, Sebastian, Enlightenment in Global History: A Historiographical Critique, in: American Historical Review 117 (2012) 4, S. 999–1027.

– /Eckert, Andreas, Globalgeschichte, Globalisierung, multiple Welten. Zur Geschichtsschreibung der modernen Welt, in: dies/Ulrike Freitag (Hrsg.), Globalgeschichte. Theorie, Ansätze, Themen, Frankfurt a.M./New York 2007, S. 7–52.

Creuzberger, Stefan/Geppert, Dominik (Hrsg.), Die Ämter und ihre Vergangenheit. Ministerien und Behörden im geteilten Deutschland 1949–1972, Bonn 2018.

– /Geppert, Dominik, Das Erbe des NS-Staates als deutsch-deutsches Problem. Eine Einführung, in: dies. (Hrsg.), Die Ämter und ihre Vergangenheit. Ministerien und Behörden im geteilten Deutschland 1949–1972, Bonn 2018, S. 7–16.

– /Geppert, Dominik, Die Ämter und ihre Vergangenheit. Eine Zwischenbilanz, in: dies. (Hrsg.), Die Ämter und ihre Vergangenheit. Ministerien und Behörden im geteilten Deutschland 1949–1972, Bonn 2018, S. 183–201.

Dack, Mikkel William, Questioning the Past: The Fragebogen and Everyday Denazification in Occupied Germany, Thesis Calgary, Alberta 2016.

Dähn, Horst, Grundzüge der Kirchenpolitik von SMAD und KPD/SED, in: Hartmut Mehringer/Michael Schwartz/Hermann Wentker (Hrsg.), Erobert oder befreit? Deutschland im internationalen Kräftefeld und die Sowjetische Besatzungszone, München 1999, S. 147–162.

– Kirchen und Religionsgemeinschaften, in: Martin Broszat/Hermann Weber (Hrsg.), SBZ-Handbuch. Staatliche Verwaltungen, Parteien, gesellschaftliche Organisationen und ihre Führungskräfte in der Sowjetischen Besatzungszone Deutschlands 1945–1949, München 1990, S. 813–851.

Danyel, Jürgen, Die SED und die „kleinen Pg's". Zur politischen Integration der ehemaligen NSDAP-Mitglieder in der SBZ/DDR, in: Annette Leo/Peter Reif-Spirek (Hrsg.), Helden, Täter und Verräter. Studien zum DDR-Antifaschismus, Berlin 1999, S. 177–196.

– (Hrsg.), Die geteilte Vergangenheit. Zum Umgang mit Nationalsozialismus und Widerstand in beiden deutschen Staaten, Berlin 1995.

Defrance, Corine, Versöhnung als europäischer Gründungsmythos? Deutsch-französische Beziehungen nach 1945, in: Urszula Pękala (Hrsg.), Ringen um Versöhnung II. Versöhnungsprozesse zwischen Religion, Politik und Gesellschaft, Göttingen 2019, S. 65–86.

– Les Alliés occidentaux et les universités allemandes 1945–1949, Paris 2000.
– Edmond Vermeil et la commission de rééducation du peuple allemand 1945–1946, in: Revue d'Allemagne 28 (1996) 2, S. 207–223.

Depkat, Volker, Lebenswenden und Zeitenwenden. Deutsche Politiker und die Erfahrungen des 20. Jahrhunderts, München 2007.

Dewey, Marc/Schagen, Udo/Eckart, Wolfang U./Schöneberger, Eva, Ernst Ferdinand Sauerbruch and his Ambiguous Role in the Period of National Socialism, in: Annals of Surgery 244 (2006), S. 315–321.

Dietrich, Gerd, Kulturgeschichte der DDR, Göttingen 2018.

Dirks, Christian/Weigel, Bjoern, Transport und öffentlicher Verkehr, in: Michael Wildt/Christoph Kreutzmüller (Hrsg.), Berlin 1933–1945. Stadt und Gesellschaft im Nationalsozialismus, München 2013, S. 98–100.

Dirks, Walter, Folgen der Entnazifizierung. Ihre Auswirkungen in kleinen und mittleren Gemeinden der drei westlichen Zonen. Studie des Instituts für Sozialforschung 1953, in: Frankfurter Beiträge zur Soziologie, Bd. 1: Sociologica. Aufsätze, Max Horkheimer zum sechzigsten Geburtstag gewidmet, Frankfurt a. M. 1955, S. 445–470.

Dittgen, Daniela Anikke, West-Berliner Lehrerinnen zwischen Kontinuität und Neuanfang. Weibliche Berufstätigkeit an wissenschaftlichen Oberschulen in den 1950er Jahren, Berlin 2014.

Donth, Stefan/Schmeitzner, Mike, Die Partei der Diktaturdurchsetzung. KPD/SED in Sachsen 1945–1952, Köln 2002.

Dubiel, Helmut/Söllner, Alfons, Die Nationalsozialismusforschung des Instituts für Sozialforschung – ihre wissenschaftliche Stellung und ihre gegenwärtige Bedeutung, in: dies. (Hrsg.), Wirtschaft, Recht und Staat im Nationalsozialismus. Analysen des Instituts für Sozialforschung 1939–1942, Frankfurt a. M. 1982, S. 7–32.

Eckert, Astrid M., Kampf um die Akten. Die Westalliierten und die Rückgabe von deutschem Archivgut nach dem Zweiten Weltkrieg, Stuttgart 2004.

Espagne, Michel/Werner, Michael, Deutsch-französischer Kulturtransfer im 18. und 19. Jahrhundert: Zu einem neuen interdisziplinären Forschungsprogramm des C.N.R.S., in: Francia 13 (1985), S. 502–510.

Etzel, Matthias, Die Aufhebung von nationalsozialistischen Gesetzen durch den Alliierten Kontrollrat (1945–1948), Tübingen 1992.

Fäßler, Peter, Die Besatzungsmacht richtet sich ein. Strukturen des Gouvernement Militaire und Teilung des Landes Baden, in: Edgar Wolfrum/Peter Fäßler/Reinhard Grohnert, Krisenjahre und Aufbruchszeit. Alltag und Politik im französisch besetzten Baden 1945–1949, München 1996, S. 43–51.

Fehlauer, Heinz, NS-Unterlagen aus dem Berlin Document Center und die Debatte um ehemalige NSDAP-Mitgliedschaften, in: Historische Sozialforschung 35 (2010) 3, S. 22–35.

Felbick, Dieter, Schlagwörter der Nachkriegszeit 1945–1949, Berlin/New York 2003.

Filitov, Aleksej, Sowjetische Deutschlandplanungen im Krieg 1941–1945, in: Andreas Hilger/Mike Schmeitzner/Clemens Vollnhals, Sowjetisierung oder Neutralität? Optionen sowjetischer Besatzungspolitik in Deutschland und Österreich 1945–1955, Göttingen 2006, S. 25–40.

Filjalkowski, Jürgen/Hauck, Peter/Horst, Axel (Hrsg.), Berlin – Hauptstadtanspruch und Westintegration, Wiesbaden 1967.

Finger, Jürgen/Keller, Sven/Wirsching, Andreas, Dr. Oetker und der Nationalsozialismus. Geschichte eines Familienunternehmens 1933–1945, München 2013.

Fisahn, Andreas, Recht, Berechtigt, Berechenbar – das allgemeine Gesetz. Recht und (Un-)Staat bei Franz L. Neumann, in: Samuel Salzborn (Hrsg.), Kritische Theorie des Staates. Staat und Recht bei Franz L. Neumann, Baden-Baden 2009, S. 25–56.

Foitzik, Jan, Sowjetische Ordnungspolitik und deutsche Ordnungsambition, in: ders. (Hrsg.), Sowjetische Kommandanturen und Verwaltung in SBZ und frühen DDR (Dokumente. Texte und Materialien zur Zeitgeschichte, Bd. 19), Berlin/Boston 2014, S. 99–254.

– Der Alliierte Kontrollrat in Deutschland/Sowjetische Sektion, in: Horst Möller/Alexandr O. Tschubarjan (Hrsg.) in Zusammenarbeit mit Wladimir P. v. Koslow/Sergei W. Mironienko/Hartmut Weber, SMAD-Handbuch: Die Sowjetische Militäradministration in Deutschland 1945–1949, München 2009, S. 100–110.

– /Korschunow, Juri M./Nochotowitsch, Dina, SMA-Landesverwaltung. Berlin, in: ebenda, S. 520–526.

– Einleitung, in: ders. (Hrsg.), Sowjetische Interessenspolitik in Deutschland 1944–1954, München 2012, S. 5–166.

– Sowjetische Militäradministration in Deutschland 1945–1949 (SMAD), Quellen und Darstellungen zur Zeitgeschichte, hrsg. vom Institut für Zeitgeschichte, Bd. 44, Berlin 1999.

Franz, Corinna, Konrad Adenauers Umgang mit der NS-Vergangenheit, in: Stefan Creuzberger/Dominik Geppert (Hrsg.), Die Ämter und ihre Vergangenheit. Ministerien und Behörden im geteilten Deutschland 1949–1972, Bonn 2018, S. 17–46.

Freedland, Mark, Otto Kahn-Freund (1900–1979), in: Jack Beatson/Reinhard Zimmermann (Hrsg.), Jurists Uprooted: German-Speaking Emigré Lawyers in Twentieth Century Britain, Oxford 2004, S. 299–323.

Frei, Norbert/Osterloh, Ralf/Schanetzky, Tim, Flick: Der Konzern, die Familie, die Macht, München 2009.

– Vergangenheitspolitik. Die Anfänge der Bundesrepublik und die NS-Vergangenheit, München 1997.

– NS-Vergangenheit unter Ulbricht und Adenauer. Gesichtspunkte einer vergleichenden Bewältigungsforschung, in: Jürgen Danyel (Hrsg.), Die geteilte Vergangenheit. Zum Umgang mit Nationalsozialismus und Widerstand in beiden deutschen Staaten, Berlin 1995, S. 125–132.

Freimüller, Tobias, Mediziner: Operation Volkskörper, in: Norbert Frei (Hrsg.), Hitlers Eliten nach 1945, München 2012, S. 13–69.

Führe, Dorothea, Besatzungsmacht zweiter Ordnung. Die französische Besatzungspolitik in Berlin 1945–1949, in: Michael Bienert/Uwe Schaper/Andrea Theissen (Hrsg.), Die Vier Mächte in Berlin, Berlin 2007, S. 31–50.

– Die französische Besatzungspolitik in Berlin von 1945–1949. Déprussianisation und Décentralisation, (Techn. Universität Berlin, 2000) Berlin 2001.

Fürstenau, Justus, Entnazifizierung. Ein Kapitel deutscher Nachkriegspolitik, hrsg. von Wilhelm Hennis/Hans Maier, Berlin 1969.

Füssel, Karl-Heinz, Die Umerziehung der Deutschen: Jugend und Schule unter den Siegermächten des Zweiten Weltkrieges 1945–1955, Paderborn 1994.

Gailus, Manfred, Täter und Komplizen in Theologie und Kirchen, 1933 bis 1945 – zur Einführung, in: ders. (Hrsg.), Täter und Komplizen in Theologie und Kirchen 1933–1945, Göttingen 2015, S. 15–31.

– „Hier werden täglich drei, vier Fälle einer nichtarischen Abstimmung aufgedeckt". Pfarrer Karl Themel und die Kirchenbuchstelle Alt-Berlin, in: ders. (Hrsg.), Kirchliche Amtshilfe. Die Kirche und die Judenverfolgung im „Dritten Reich", Göttingen 2008, S. 82–100.

– Protestantismus und Nationalsozialismus. Studien zur nationalsozialistischen Durchdringung des protestantischen Sozialmilieus in Berlin, Köln/Weimar 2001.

Gerhardt, Uta, Wirklichkeit(en). Soziologie und Geschichte, Baden-Baden 2014.

– Denken in der Demokratie. Die Soziologie im atlantischen Transfer des Besatzungsregimes. Vier Abhandlungen, Stuttgart 2007.

– Talcott Parsons: An Intellectual Biography, Cambridge 2002.

Genton, Bernard, Les Alliés et la culture: Berlin, 1945–1949. Essai de comparaison, Paris 1998.

Giordano, Ralph, Die zweite Schuld. Oder Von der Last, Deutscher zu sein, 2. Aufl., Köln 2008.

Gieseke, Jens, NSDAP-Mitglieder im Ministerium für Staatssicherheit, in: Stefan Creuzberger/Dominik Geppert (Hrsg.), Die Ämter und ihre Vergangenheit. Ministerien und Behörden im geteilten Deutschland 1949–1972, Bonn 2018, S. 145–162.

Gimbel, John, The American Occupation of Germany and the Military, 1945–1949: Politics and the Military, Stanford 1968.

Göhler, Gerhard/Schumann, Dirk Rüdiger, Vorwort, in: Ernst Fraenkel, Gesammelte Schriften, Bd. 3: Neuaufbau der Demokratie in Deutschland und Korea, hrsg. von Gerhard Göhler, Baden-Baden 1999, S. 9–49.

Göppinger, Horst, Juristen jüdischer Abstammung im „Dritten Reich". Entrechtung und Verfolgung, München 1990.

Goering, Timothy, Ideengeschichte heute. Tradition und Perspektiven, Bielefeld 2017.

Goerner, Martin Georg, Die Kirche als Problem der SED. Strukturen kommunistischer Herrschaftsausübung gegenüber der evangelischen Kirche 1945 bis 1958, Berlin 1997.

Görtemaker, Manfred/Safferling, Christoph, Die Akte Rosenburg. Das Bundesministerium der Justiz und die NS-Zeit, Bonn 2017.

Günther, Frieder/Maeke, Lutz, Vorgeschichte und Entstehung der Innenministerien in Bonn und Ost-Berlin, in: Frank Bösch/Andreas Wirsching (Hrsg.), Hüter der Ordnung. Die Innenministerien in Bonn und Ost-Berlin nach dem Nationalsozialismus, Bonn 2018, S. 27–54.

Greenberg, Udi, The Weimar Century. German Émigrés and the ideological foundations of the Cold War, Oxfordshire 2014.

Grohnert, Reinhard, Die Entnazifizierung in Baden 1945–1949. Konzeptionen und Praxis der „Epuration" am Beispiel eines Landes der französischen Besatzungszone (Veröffentlichungen der Kommission für geschichtliche Landeskunde in Baden-Württemberg, Reihe B, Bd. 123), Stuttgart 1991.

Grossmann, Atina, Juden, Deutsche, Alliierte. Begegnungen im besetzten Deutschland, Göttingen 2012.

Gruner, Wolf, Die Verfolgung der Juden und die Reaktionen der Berliner, in: Michael Wildt/Christoph Kreutzmüller (Hrsg.), Berlin 1933–1945. Stadt und Gesellschaft im Nationalsozialismus, München 2013, S. 311–324.

Grunenberg, Nina, Die Wundertäter. Netzwerke der deutschen Wirtschaft 1942 bis 1966, München 2006.

Hachtmann, Rüdiger/Kreutzmüller, Christoph, Arbeiter und Arbeiterorganisationen in Berlin (1930–1945), in: Michael Wildt/Christoph Kreutzmüller

(Hrsg.), Berlin 1933–1945. Stadt und Gesellschaft im Nationalsozialismus, München 2013, S. 111–126.

Halbrock, Christian, Evangelische Pfarrer der Kirche Berlin-Brandenburg 1945–1961. Amtsautonomie im vormundschaftlichen Staat?, Berlin 2004.

Hanauske, Dieter, Historische Einleitung. Der Magistrat der Stadt Berlin, in: Jürgen Wetzel (Hrsg.)/ders. (Bearb.), Die Sitzungsprotokolle des Magistrats der Stadt Berlin 1945/1946, Bd. 1 und 2, Berlin 1993 und 1995.

– Kurzbiographien, in: Jürgen Wetzel (Hrsg.)/ders. (Bearb.), Die Sitzungsprotokolle des Magistrats der Stadt Berlin 1945/1946, Bd. 1 und 2, Berlin 1995, S. 999–1253.

Hänsch, Klaus, Frankreich zwischen Ost und West: Die Reaktionen auf den Ausbruch des Ost-West-Konflikts 1946–1948, Berlin/New York 1972.

Harms, Ingo, Medizinische Verbrechen und die Entnazifizierung der Ärzte im Land Oldenburg, in: Forschungen zur Medizin im Nationalsozialismus: Vorgeschichte, Verbrechen, Nachwirkungen, Göttingen 2014.

Hartweg, Frédéric/Heimerl, Daniela, Der französische Protestantismus und die deutsche Frage (1945–1955) Teil 2, in: Kirchliche Zeitgeschichte 4 (1991) 1, S. 202–235.

Hastings, James, Die Akten des Office of Military Government for Germany (US), in: Vierteljahrshefte für Zeitgeschichte 24 (1976) 1, S. 75–101.

Heitzer, Enrico/Morsch, Günter/Traba, Robert, Der sowjetische „Berlinskij-Prozess“ gegen Täter des KZ Sachsenhausen im Kontext alliierter NS-Verfahren. Eine Einleitung, in: dies./Katarzyna Woniak (Hrsg.), Im Schatten von Nürnberg. Transnationale Ahndung von NS-Verbrechen, Berlin 2019, S. 9–24.

– Die „Norweger“. Das sowjetische Speziallager Nr. 7/Nr. 1 in Sachsenhausen im Kontext der interalliierten Verfolgung von NS- und Kriegsverbrechen, in: ders./Günter Morsch/Robert Traba/Katarzyna Woniak (Hrsg.), Im Schatten von Nürnberg. Transnationale Ahndung von NS-Verbrechen, Berlin 2019, S. 117–131.

Hentges, Gudrun, Staat und politische Bildung. Von der „Zentrale für Heimatdienst“ zur „Bundeszentrale für politische Bildung“, Wiesbaden 2013.

Henke, Josef/Oldenhage, Klaus, Office of Military Government for Germany, in: Institut für Zeitgeschichte/Christoph Weisz (Hrsg.), OMGUS-Handbuch (Quellen und Darstellungen zur Zeitgeschichte, Bd. 35), München 1994, S. 1–142.

Henke, Klaus-Dietmar, Die Dresdner Bank 1933–1945. Ökonomische Rationalität, Regimenähe, Mittäterschaft, München 2006.

– Die amerikanische Besetzung Deutschlands, München 1995.

– Die Trennung vom Nationalsozialismus. Selbstzerstörung, politische Säuberung, „Entnazifizierung“, Strafverfolgung, in: ders./Hans Woller (Hrsg.),

Politische Säuberung in Europa. Die Abrechnung mit Faschismus und Kollaboration nach dem 2. Weltkrieg, München 1991.
– Politische Säuberung unter französischer Besatzung. Die Entnazifizierung in Württemberg-Hohenzollern, hrsg. von Karl-Dietrich Bracher/Hans-Peter Schwarz (Schriftenreihe der Vierteljahrshefte für Zeitgeschichte, Nr. 42), Stuttgart 1981.
Herbert, Ulrich, Wer waren die Nationalsozialisten? Typologien des politischen Verhaltens im NS-Staat, in: Gerhard Hirschfeld/Tobias Jersak (Hrsg.), Karrieren im Nationalsozialismus: Funktionseliten zwischen Mitwirkung und Distanz, Frankfurt a. M. 2004, S. 17–44.
Herf, Jeffrey, Zweierlei Erinnerung. Die NS-Vergangenheit im geteilten Deutschland, Berlin 1998.
Hertz, Thomas, Die Industrie- und Handelskammer zu Berlin. Ein Beitrag zur Wirtschaftsgeschichte Berlin, Berlin/New York 2008.
Hinz-Wessel, Anette/Ley, Astrid, Die Euthanasie-Anstalt Brandenburg an der Havel, Berlin 2012.
Hockenos, Matthew D., Die Kirchen nach 1945. Religiöse Abbrüche, Umbrüche und Kontinuitäten, in: Manfred Gailus/Armin Nolzen (Hrsg.), Zerstrittene „Volksgemeinschaft“: Glaube, Konfession und Religion im Nationalsozialismus, Göttingen 2011, S. 287–311.
Honneth, Axel, Vorwort, in: Raffaele Laudani (Hrsg.), Im Kampf gegen Nazideutschland. Die Berichte der Frankfurter Schule für den amerikanischen Geheimdienst 1943–1949, Frankfurt a. M. 2006, S. 9–20.
Hood, Roger, Hermann Mannheim (1889–1974) und Max Grünhut (1893–1964), in: Jack Beatson/Reinhard Zimmermann (Hrsg.), Jurists Uprooted: German-Speaking Emigré Lawyers in Twentieth Century Britain, Oxford 2004, S. 182–203.
Hördler, Stefan, Entgrenzung und Eingrenzung der Gewalt. Berliner SA, SS und Polizei, in: Michael Wildt/Christoph Kreutzmüller (Hrsg.), Berlin 1933–1945. Stadt und Gesellschaft im Nationalsozialismus, München 2013, S. 297–310.
Hoser, Paul, Die Entnazifizierung in Bayern in: Walter Schuster/Wolfgang Weber (Hrsg.), Entnazifizierung im regionalen Vergleich, Linz 2004, S. 473–510.
Hudemann, Rainer, Kulturpolitik in der französischen Besatzungszone – Sicherheitspolitik oder Völkerverständigung?, in: Gabriele Clemens (Hrsg.), Kulturpolitik im besetzten Deutschland 1945–1949, Stuttgart 1994, S. 185–199.
Hurwitz, Harold, Die Stalinisierung der SED: zum Verlust von Freiräumen und sozialdemokratischer Identität in den Vorständen 1946–1949, Opladen 1997.
– Demokratie und Antikommunismus in Berlin nach 1945,

– Bd. I: Die politische Kultur der Bevölkerung und der Neubeginn konservativer Politik, Köln 1983.
– Bd. II: Autoritäre Tradierung und Demokratiepotential in der sozialdemokratischen Arbeiterbewegung, Köln 1983.
– Bd. III: Die Eintracht der Siegermächte und die Orientierungsnot der Deutschen 1945–1946, Köln 1984.
– Bd. IV: Die Anfänge des Widerstands. Teil 1 Führungsanspruch und Isolation der Sozialdemokraten und Teil 2 Zwischen Selbsttäuschung und Zivilcourage: Der Fusionskampf, unter Mitarbeit von Andreas Bühning, Johannes-Berthold Hohmann, Klaus Stühl, Ingolore Mensch-Khan, Köln 1990.

Hüser, Dietmar, Struktur- und Kulturgeschichte französischer Außenpolitik im Jahre 1945. Für eine methodenbewußte Geschichte der internationalen Beziehungen, in: Historische Mitteilungen, Nr. 16, 2003, S. 155–170.
– Frankreichs „doppelte Deutschlandpolitik“: Dynamik aus der Defensive – Planen, Entscheiden, Umsetzen in gesellschaftlichen und wirtschaftlichen innen- und außenpolitischen Krisenzeiten 1944–1950, Berlin 1996.

Intelmann, Peter, Franz Neumann: Weimar, Nationalsozialismus – und was dann?, in: Samuel Salzborn (Hrsg.), Kritische Theorie des Staates. Staat und Recht bei Franz L. Neumann, Baden-Baden 2009, S. 57–78.

Internationaler Freundeskreis e.V. für die Mahn- und Gedenkstätte Ravensbrück (Hrsg.), Zwangsarbeit für Siemens im Frauenkonzentrationslager Ravensbrück. Kommentierte Berichte von Zeitzeuginnen, Berlin 2017.

Irmer, Thomas, „Es wird der Zeitpunkt kommen, wo das alles zurückgezahlt werden muss.“ Die AEG und der Antisemitismus, in: Christof Biggeleben/Beate Schreiber/Kilian J. L. Steiner (Hrsg.), „Arisierung“ in Berlin, Berlin 2007, S. 121–149.
– „… eine Art Sklavenhandel …“ – Zwangsarbeit bei AEG/Telefunken in Berlin und Wedding, in: Arbeitskreis Berliner Regionalmuseen (Hrsg.), Zwangsarbeit in Berlin 1938–1945, Berlin 2003, S. 154–166.

Jabs, Martina, Die Emigration deutscher Juristen nach Großbritannien. Der Beitrag deutscher Emigranten zum englischen Rechtsleben nach 1933, Osnabrück 1999.

James, Harold, Die Deutsche Bank im Dritten Reich, München 2003.

Jarausch, Konrad H., After Hitler: Recivilizing Germans, 1945–1995, New York 2006.

Jasch, Hans-Christian/Kaiser, Wolf, Der Holocaust vor deutschen Gerichten, Stuttgart 2007.

Jay, Martin, Dialektische Phantasie. Die Geschichte der Frankfurter Schule und des Instituts für Sozialforschung 1923–1950, Frankfurt a.M. 1976.

Jeske, Natalie, Versorgung, Krankheit, Tod in den Speziallagern, in: Sergej Mironenko/Lutz Niethammer/Alexander von Plato (Hrsg.) in Verbindung mit Volkhard Knigge und Günter Morsch, Sowjetische Speziallager in Deutschland 1945 bis 1950, Bd. 1: Studien und Berichte, Berlin 1998, S. 189–223.

Jürgensen, Kurt, British Occupation Policy after 1945 and the Problem of „Re-Educating" Germany, in: History. Journal of the Historical Association 68 (1983), S. 225–224.

Jurt, Joseph, Ein transnationales deutsch-französisches literarisches Feld nach 1945?, in: Patricia Oster/Hans-Jürgen Lüsebrink (Hrsg.), Am Wendepunkt: Deutschland und Frankreich um 1945 – zur Dynamik eines „transnationalen" kulturellen Feldes, Berlin 2015, S. 189–230.

Kaelble, Helmut/Kirsch, Martin/Schmit-Gernig, Alexander, Zur Entwicklung transnationaler Öffentlichkeiten und Identitäten im 20. Jahrhundert. Eine Einleitung, in: dies. (Hrsg.), Transnationale Öffentlichkeiten und Identitäten im 20. Jahrhundert, Frankfurt a. M. 2002, S. 7–35.

Katz, Barry M., Foreign Intelligence. Research and Analysis in the Office of Strategic Services, 1942–1945, London 1989.

Keiderling, Gerhard, Um Deutschlands Einheit. Ferdinand Friedensburg und der Kalte Krieg in Berlin 1945–1952, Köln/Weimar/Wien 2009.

– Wir sind die Staatspartei. Die KPD-Bezirksorganisation Groß-Berlin April 1945–April 1946, Berlin 1997.

– Die Alliierte Kommandantur der Stadt Berlin. Von der EAC 1944/45 bis zum Ende der Viermächteverwaltung 1948, in: Jahrbuch für Geschichte 35 (1987) Berlin (Ost), S. 565–615.

Kellerhoff, Sven Felix, Die Erfindung des Karteimitglieds. Rhetorik des Herausfindens: Wie heute die NSDAP-Mitgliedschaft kleingeredet wird, in: Wolfgang Benz (Hrsg.), Wie wurde man Parteigenosse? Die NSDAP und ihre Mitglieder, Frankfurt a. M. 2009, S. 167–180.

Kellermann, Henry, Von Re-Education zur Re-Orientation. Das amerikanische Re-orientierungsprogramm im Nachkriegsdeutschland, in: Manfred Heinemann (Hrsg.), Umerziehung und Wiederaufbau. Die Bildungspolitik der Besatzungsmächte in Deutschland und Österreich, Stuttgart 1981, S. 86–101.

Kettenacker, Lothar, Die britische Haltung zum deutschen Widerstand während des Zweiten Weltkrieges, in: ders. (Hrsg.), Das „Andere Deutschland" im Zweiten Weltkrieg. Emigration und Widerstand in internationaler Perspektive. Veröffentlichungen des Deutschen Historischen Instituts London, Bd. 2, Stuttgart 1997, S. 49-76.

– Krieg zur Friedenssicherung. Die Deutschlandplanung der britischen Regierung während des Zweiten Weltkrieges, Veröffentlichungen des Deutschen Historischen Instituts, Bd. 22, Göttingen 1989.

– The Planning for Re-education during the Second World War, in: Nicholas Pronay/Keith Wilsong (Hrsg.), The Political Re-Education of Germany and the Allies after World War II, London 1985, S. 59–81.

Klaue, Magnus, Das Weltkind und seine Propheten. Jean-Paul Sartre in Berlin, 1948, in: Zeitschrift für kritische Theorie 23 (2017) 44/45, S. 33–59.

Klee, Ernst, Persilscheine und falsche Pässe. Wie die Kirchen den Nazis halfen, Frankfurt a. M. 1992.

Klein, Jean-Louis, Georges Casalis. „Unterwegs bleiben", in: Marieluis Christadler (Hrsg.), Die geteilte Utopie. Sozialisten in Frankreich und in Deutschland. Biografische Vergleiche zur politischen Kultur, Wiesbaden 1985, S. 321–330.

Kleßmann, Christoph/Misselwitz, Hans/Wichert, Günter (Hrsg.), Deutsche Vergangenheiten – eine gemeinsame Herausforderung. Der schwierige Umgang mit der doppelten Nachkriegsgeschichte, Berlin 1999.

Klewitz, Marion, Berliner Einheitsschule 1945–1951. Entstehung, Durchführung und Revision des Reformgesetzes von 1947/1948, Berlin 1971.

Kettler, David/Wheatland, Thomas, Learning from Franz L. Neumann. Law, Theory and the Brute Facts of Political Life, London 2019.

Knappstein, Karl H., Die versäumte Revolution. Wird das Experiment der „Denazifizierung" gelingen?, in: Die Wandlung 2 (1947), S. 663–667.

Königseder, Angelika, Das Ende der NSDAP. Die Entnazifizierung, in: Wolfgang Benz (Hrsg.), Wie wurde man Parteigenosse? Die NSDAP und ihre Mitglieder, Frankfurt a. M. 2009, S. 151–166.

Kostal, Rande W., Laying Down the Law. The American Legal Revolutions in Occupied Germany and Japan, London 2019.

Kracht Grosse, Klaus, „Der feigste aller Mörder ist einer, der bereut". Jean-Paul Sartre und die deutsche Zusammenbruchsgesellschaft, in: Axel Schildt (Hrsg.), Von draußen. Ausländische intellektuelle Einflüsse in der Bundesrepublik bis 1990, Göttingen 2016, S. 89–104.

Kreutzmüller, Christoph, Die Wirtschaft Berlins, in: Michael Wildt/ders. (Hrsg.), Berlin 1933–1945. Stadt und Gesellschaft im Nationalsozialismus, München 2013, S. 83–126.

Kuhn, Hans-Werner/Massing, Peter/Skuhr, Werner, Erziehung zur Demokratie als Lebensform – Re-education nach 1945, in: dies. (Hrsg.), Politische Bildung in Deutschland. Entwicklung – Stand – Perspektiven, Wiesbaden 1993, S. 109–141.

Kühling, Gerd, Erinnerung an nationalsozialistische Verbrechen in Berlin. Verfolgte des Dritten Reiches und geschichtspolitisches Engagement im Kalten Krieg 1945–1979, Berlin 2016.

Kunze, Michael, Sigmund Neumann. Demokratielehrer im Zeitalter des internationalen Bürgerkrieges, Berlin 2015.

Ladwig, Bernd, Die politische Theorie der Frankfurter Schule, in: André Brodocz/Gary S. Schaal (Hrsg.), Politische Theorien der Gegenwart I, Opladen 2002, S. 29–68.

Ladwig-Winters, Simone, Ernst Fraenkel: Ein politisches Leben, Frankfurt a. M. 2009.

Lang, Klaus, Wilhelm Furtwängler und seine Entnazifizierung, Aachen 2012.

Lang, Markus, Karl Loewenstein. Transatlantischer Denker der Politik, Stuttgart 2007.

Lange, Irmgard, Entnazifizierung in Nordrhein-Westfalen. Richtlinien, Anweisungen, Organisation, hrsg. vom Hauptstaatsarchiv Düsseldorf, Siegburg 1976.

Lange, Wigand, Theater in Deutschland nach 1945: zur Theaterpolitik der amerikanischen Besatzungsbehörden, Frankfurt a. M. 1980.

Llanque, Marcus, Politische Ideengeschichte. Ein Gewebe politischer Diskurse, München 2008.

Laudani, Raffaele, Einleitung, in: ders. (Hrsg.), Im Kampf gegen Nazideutschland. Die Berichte der Frankfurter Schule für den amerikanischen Geheimdienst 1943–1949, Frankfurt a. M. 2006, S. 37–68.

Laufer, Jochen, Stalins Friedensziele und die Kontinuität der sowjetischen Deutschlandpolitik 1941–1953, in: Jürgen Zarusky (Hrsg.), Stalin und die Deutschen, München 2006, S. 131–158.

– Die UdSSR und die Einleitung der Bodenreform in der Sowjetischen Besatzungszone, in: Arnd Bauerkämper (Hrsg.), „Junkerland in Bauernhand"? Durchführung, Auswirkung und Stellenwert der Bodenreform in der Sowjetischen Besatzungszone, Stuttgart 2006, S. 21–36.

– Die Politik der UdSSR in der deutschen Frage. Einführung zu den Dokumenten, in: ders./Georgij P. Kynin (Hrsg./Bearb.) unter Mitarbeit von Viktor Knoll, Kathrin König und Reinhard Preuß, Die UdSSR und die deutsche Frage 1941–1948. Dokumente aus dem Archiv für Außenpolitik der Russischen Föderation, Bd. 3, Berlin 2004, S. VII–LXXXIV.

Leiden, Susanne, Unwürdige Opfer. Die Aberkennung von NS-Verfolgten in Berlin 1945 bis 1949, Berlin 2003.

Lemke, Michael, Vor der Mauer, Berlin in der Ost-West-Konkurrenz 1948–1961, Zeithistorische Studien, hrsg. vom Zentrum für Zeithistorische Forschung Potsdam, Bd. 48, Köln/Weimar/Wien 2011.

– Totale Blockade? Über das Verhältnis von Abschottung und Durchlässigkeit im Berliner Krisenalltag, in: Helmut Trotnow/Bernd von Kostka (Hrsg.), Die Berliner Luftbrücke. Ereignis und Erinnerung, Berlin 2010, S. 121–136.

Leßau, Hanne, Entnazifizierungsgeschichten. Die Auseinandersetzung mit der eigenen NS-Vergangenheit in der frühen Nachkriegszeit, Göttingen 2020.

Ley, Astrid/Hinz-Wessels, Anette (Hrsg.), Die Euthanasie-Anstalt Brandenburg an der Havel. Morde an Kranken und Behinderten im Nationalsozialismus, Berlin 2012.

Lindner, Stephan H., Schatten der Vergangenheit oder personeller Neubeginn? Die Farbwerke Hoechst nach dem Zweiten Weltkrieg, in: Jörg Osterloh/Harald Wixforth (Hrsg.), Unternehmer und NS-Verbrechen. Wirtschaftseliten im „Dritten Reich“ und in der Bundesrepublik Deutschland, Frankfurt/New York 2014, S. 155–182.

Lorenz, Werner, Ernst J. Cohn (1904–1976), in: Jack Beatson/Reinhard Zimmermann (Hrsg.), Jurists Uprooted: German-Speaking Emigré Lawyers in Twentieth Century Britain, Oxford 2004, S. 325–344.

Luchterhandt, Martin, Vom Chaos zum Mosaik. Die Berliner Überlieferung der NSDAP und Gliederungen, in: Berlin in Geschichte und Gegenwart. Jahrbuch des Landesarchivs Berlin 2010, hrsg. von Werner Breunig/Uwe Schaper, Berlin 2010, S. 257–271.

Ludyga, Hannes, Otto Kahn-Freund. Ein Arbeitsrechtler in der Weimarer Zeit, Berlin/Boston 2016.

Maetzke, Heinrich, Der Union Jack in Berlin. Das britische Foreign Office, die SBZ und die Formulierung britischer Deutschlandpolitik 1945/47, Konstanz 1996.

Mai, Gunther, Der Alliierte Kontrollrat in Deutschland 1945–1948. Alliierte Einheit – deutsche Teilung?, München 1995.

Malycha, Andreas, Die Medizinische Fakultät an der Berliner Universität in den Jahren 1945–1950, in: Sigfrid Oehler-Klein/Volker Roelcke (Hrsg.), Vergangenheitspolitik in der universitären Medizin nach 1945. Institutionelle und individuelle Strategien im Umgang mit dem Nationalsozialismus, Stuttgart 2007, S. 147–168.

Mancke, Klaus, Die Einheitsschule nach dem Kriegsende in Berlin, in: Berliner Geschichtswerkstatt (Hrsg.), So viel Anfang war nie?! Nach dem Kriegsende in Berlin 1945, Berlin 2016, S. 25–45.

Marmetschke, Katja, Feindbeobachtung und Verständigung. Der Germanist Edmond (1878–1964) in den deutsch-französischen Beziehungen, Köln 2008.

Marshall, Thomas H., A British Sociological Career, in: British Journal of Sociology 25 (1973), S. 399–408.

Marquardt-Bigman, Petra, Amerikanische Geheimdienstanalysen über Deutschland 1942–1949, München 1995.

Marvin, Heinrich, Entnazifizierung in Berlin. Die verschwiegene Staatsaufgabe Nr. 1, in: Berliner Geschichtswerkstatt (Hrsg.), Der Wedding – hart an der Grenze. Weiterleben in Berlin nach dem Krieg, Berlin 1987, S. 115–128.

Mauer, Victor, Brückenbauer. Großbritannien, die deutsche Frage und die Blockade Berlins 1948–1949, München 2018.

McMahon, Darrin M./Moyn, Samuel (Hrsg.), Rethinking Modern European Intellectual History, Oxford 2014.

Meierhenrich, Jens, The Remnants of the Rechtsstaat: An Ethnography of Nazi Law, Oxford 2018.

Mehdorn, Margarete, Französische Kultur in der Bundesrepublik Deutschland. Politische Konzepte und Zivilgesellschaftliche Initiativen 1945–1970, Köln 2009.

Meinicke, Wolfgang, Entnazifizierung in der sowjetischen Besatzungszone 1945 bis 1948, in: Zeitschrift für Geschichtswissenschaft 32 (1984) 11, Berlin (Ost) 1984, S. 968–979.

– Zur Entnazifizierung in der sowjetischen Besatzungszone unter Berücksichtigung von Aspekten politischer und sozialer Veränderungen (1945–1948), (Diss. phil.) Berlin (Ost) 1983.

Mentel, Christian/Weise, Niels, Die zentralen deutschen Behörden und der Nationalsozialismus – Stand und Perspektiven der Forschung, hrsg. von Frank Bösch/Martin Sabrow/Andreas Wirsching, München/Potsdam 2016.

Meyer, Kathrin, Entnazifizierung von Frauen: Die Internierungslager der US-Zone 1945–1952, Berlin 2004.

Michelmann, Jeanette, Aktivisten der ersten Stunde: die Antifa in der Sowjetischen Besatzungszone, Köln/Weimar/Wien 2002.

Mittenzwei, Werner, Verfolgung und Vertreibung deutscher Bühnenkünstler durch den Nationalsozialismus, in: Frithof Trapp/Werner Mittenzwei/Henning Rischbieter/Hansjörg Schneider (Hrsg.), Handbuch des deutschsprachigen Exiltheaters 1933–1945, Verfolgung und Exil deutscher Theaterkünstler, Bd. 1, München 1999, S. 7–80.

Möhler, Rainer, Entnazifizierung, Demokratisierung, Dezentralisierung – französische Säuberungspolitik im Saarland und in Rheinland-Pfalz, in: Stefan Martens (Hrsg.), Vom „Erbfeind“ zum „Erneuerer“. Aspekte und Motive der französischen Deutschlandpolitik nach dem Zweiten Weltkrieg, Sigmaringen 1993, S. 157–173.

– Entnazifizierung in Rheinland-Pfalz und im Saarland unter französischer Besatzung von 1945 bis 1952, im Auftrag der Kommission des Landtages, hrsg. von der Landesarchivverwaltung Rheinland-Pfalz, Mainz 1992.

Montgomery, John D., Forced to Be Free. The Artifical Revolution in Germany and Japan, Chicago 1957.

Morré, Jörg, Hinter den Kulissen des Nationalkomitees. Das Institut 99 in Moskau und die Deutschlandpolitik der UdSSR 1943–1946, München 2011.

– Kader aus dem Exil. Vorbereitungen der KPD auf eine antifaschistische Nachkriegszeit, in: Andreas Hilfer/Mike Schmeitzner/Clemens Vollnhals (Hrsg.), Sowjetisierung oder Neutralität. Optionen sowjetischer Besatzungspolitik in Deutschland und Österreich 1945–1955, Göttingen 2006, S. 77–94.

– Werneuchen/Weesow – Speziallager Nr. 7 (Mai–August 1945), in: Brandenburgische Landeszentrale für politische Bildung/Stiftung Brandenburgische Gedenkstätten/Gedenkstätte Sachsenhausen (Hrsg.), Speziallager des NKWD. Sowjetische Internierungslager in Brandenburg 1945–1950, Potsdam 1997, S. 79–82.

Morsch, Günter, Das „Konzentrationslager bei der Reichshauptstadt“. Gründung und Ausbau, Berlin 2014.

– /Reich, Ines (Hrsg.), Sowjetisches Speziallager Nr. 7/Nr. 1 in Sachsenhausen (1945–1950), Berlin 2005.

Moses, Julia, Social Citizenship and Social Rights in an Age of Extremes: T.H. Marshall's Social Philosophy in the Longue Durée, in: Modern Intellectual History 16 (2019) 1, S. 155–184.

Moyn, Samuel/Sartori, Andrew, Approaches to Global Intellectual History, in: dies. (Hrsg.), Global Intellectual History, New York 2013, S. 3–30.

Müller, Andreas Th., Promoting the Rule of Law Through the Law of Occupation? An uneasy Relationship, in: Goettingen Journal of International Law 9 (2018), S. 143–170.

Müller, Tim B., Krieger und Gelehrte. Herbert Marcuse und die Denksysteme im Kalten Krieg, Hamburg 2010.

Mulsow, Martin/Mahler, Andreas, Einleitung, in: dies. (Hrsg.), Die Cambridge School der politischen Ideengeschichte, Frankfurt a. M. 2010, S. 7–20.

Münzel, Martin, Neubeginn und Kontinuitäten. Das Spitzenpersonal der zentralen deutschen Arbeitsbehörden 1945–1960, in: Alexander Nützenadel (Hrsg.), Reichsarbeitsministerium im Nationalsozialismus. Verwaltung – Politik – Verbrechen, Göttingen 2017, S. 494–550.

Niethammer, Lutz, Zum Verhältnis von Reform und Restauration in der US-Zone am Beispiel der Neuordnung des öffentlichen Dienstes, in: Vierteljahrshefte für Zeitgeschichte 21 (1973) 2, S. 177–188.

– Die Mitläuferfabrik. Entnazifizierung am Beispiel Bayerns, 1. Aufl. 1972, Bonn 1982.

Niewyk, Donald L., The Jews in Weimar Germany. The Impact of Anti-Semitism on Universities, Political Parties and Government Services, in: Herbert Arthur Strauss (Hrsg.), Hostages of Modernization: Germany, Great Britain, France. Studies on Modern Antisemitism 1870–1933/39, Berlin/New York 1993, S. 206–226.

Oppermann, Matthias, Rayond Aron und Deutschland. Die Verteidigung der Freiheit und das Problem des Totalitarismus, Ostfildern 2008.

Osterhammel, Jürgen, Geschichtswissenschaft jenseits des Nationalstaats. Studien zu Beziehungsgeschichte und Zivilisationsvergleich, Göttingen 2001.

Osterloh, Jörg, „Die Angeklagten sind die Hauptkriegsverbrecher." Die KPD/SED und die Nürnberger Industriellen-Prozesse 1947/48, in: ders./Clemens Vollnhals (Hrsg.), NS-Prozesse und deutsche Öffentlichkeit. Besatzungszeit, frühe Bundesrepublik und DDR, Göttingen 2012, S. 107–130.

Pagenstecher, Cord/Buggeln, Marc, Zwangsarbeit, in: Michael Wildt/Christoph Kreutzmüller (Hrsg.), Berlin 1933–1945. Stadt und Gesellschaft im Nationalsozialismus, München 2013, S. 127–143.

– /Bremberger, Bernhard/Wenzel, Gisela, Zwangsarbeit in Berlin. Archivrecherchen, Nachweissuche und Entschädigungen, Berlin 2008.

Pakschies, Günter, Umerziehung in der britischen Zone 1945–1949: Untersuchungen zur britischen Re-education-Politik, Köln 1984.

Perels, Joachim, Die Übernahme der Beamtenschaft des Hitler-Regimes. Benachteiligung der Entlassenen und Privilegierung der Amtsinhaber der Diktatur, in: Kritische Justiz 37 (2004) 2, S. 186–193.

– Franz L. Neumanns Beitrag zur Konzipierung der Nürnberger Prozesse, in: Mattias Iser/David Strecker (Hrsg.), Kritische Theorie der Politik. Franz L. Neumann – eine Bilanz, Baden-Baden 2002, S. 83–94.

– Otto Kirchheimer: Demokratischer Marxist und Verfassungstheoretiker, in: Kritische Justiz (Hrsg.), Streitbare Juristen. Eine andere Tradition, Baden-Baden 1988, S. 401–414.

Peter, Jürgen, Der Nürnberger Ärzteprozess im Spiegel seiner Aufarbeitung anhand der drei Dokumentensammlungen von Alexander Mitscherlich und Fred Mielke, Münster 1998.

Peter, Ulrich, Walther Schultz und Heinrich Schwartze – zwei deutsche Theologenkarrieren in drei Systemen, in: Manfred Gailus/Clemens Vollnhals (Hrsg.), Für ein artgemäßes Christentum der Tat. Völkische Theologen im „Dritten Reich", Göttingen 2016, S. 171–188.

Petrow, Nikita W., Die sowjetische Besatzungsverwaltung und die Sowjetisierung Ostdeutschlands, in: Jan Foitzik (Hrsg.), Sowjetische Kommandanturen und deutsche Verwaltung in der SBZ und frühen DDR, Berlin/München/Boston 2015, S. 33–98.

Philips, David, Investigating Education in Germany. Historical studies from a British perspective, London/New York 2016.

– Dodds and Educational Policy for a Defeated Germany, in: Christopher Stray/Christoper Pelling/Stephen Harrison (Hrsg.), Rediscovering E. R. Dodds. Scholarship, Education, Poetry and the Paranormal, Oxford 2019, S. 244–265.

Prieß, Lutz, Das Speziallager des NKVD Nr. 7 (Nr. 1) Sachsenhausen, in: Sergej Mironenko/Lutz Niethammer/Alexander von Plato (Hrsg.) in Verbindung mit Volkhard Knigge und Günter Morsch, Sowjetische Speziallager in Deutschland 1945 bis 1950, Bd. 1: Studien und Berichte, Berlin 1998, S. 380–410.

Preuß, Ulrich K., Franz L. Neumann (1900–1954). Demokratie als unvollendetes Projekt, in: Kritische Justiz (Hrsg.), Streitbare Juristen. Eine andere Tradition, Baden-Baden 1988, S. 390–400.

Pohl, Dieter, Justiz in Brandenburg 1945–1955. Gleichschaltung und Anpassung. Veröffentlichungen zur SBZ-/DDR-Forschung im Institut für Zeitgeschichte, München 2001.

Pollems, Sebastian T., Der Bankplatz Berlin zur Nachkriegszeit. Transformation und Rekonstruktion des Ost- und Westberliner Bankwesens zwischen 1945 und 1953, Berlin 2006.

Possekel, Ralf, Einleitung. Sowjetische Lagerpolitik in Deutschland, in: Sergej Mironenko/Lutz Niethammer/Alexander von Plato (Hrsg.) in Verbindung mit Volkhard Knigge und Günter Morsch, Sowjetische Speziallager in Deutschland 1945 bis 1950, Bd. 2: Sowjetische Dokumente zur Lagerpolitik, eingel. und bearb. von Ralf Possekel, Berlin 1998, S. 15–106.

Pretzel, Andreas, Die gescheiterte Entnazifizierung des Rechts, in: ders. (Hrsg.), NS-Opfer unter Vorbehalt. Homosexuelle Männer in Berlin nach 1945, Münster 2002, S. 70–82.

Priemel, Kim C./Stiller, Alexa, Wo „Nürnberg“ liegt. Zur historischen Verortung der Nürnberger Militärtribunale, in: dies. (Hrsg.), NMT. Die Nürnberger Militärtribunale zwischen Geschichte, Gerechtigkeit und Rechtschöpfung, Hamburg 2013, S. 9–63.

– Unternehmensgeschichte *reloaded*. Der Umgang der Friedrich Flick KG mit der NS-Vergangenheit in Öffentlichkeitsarbeit, Entflechtung und Restitution nach 1945, in: Institut für Zeitgeschichte München–Berlin (Hrsg.), Der Flick-Konzern im Dritten Reich, München 2008, S. 647–714.

– Flick. Eine Konzerngeschichte vom Kaiserreich bis zur Bundesrepublik, Göttingen 2007.

– The Betrayal. The Nuremberg Trials and German Divergence, Oxford 2006.

Raim, Edith, Nazi Crimes against Jews and German Post-War Justice. The West German Judicial System During Allied Occupation (1945–1949), Berlin 2017.

– Justiz zwischen Diktatur und Demokratie. Wiederaufbau und Ahndung von NS-Verbrechen in Westdeutschland 1945–1949, München 2013.

Rauh-Kühne, Cornelia, Die Entnazifizierung und die deutsche Gesellschaft, in: Archiv für Sozialgeschichte 35 (1995), S. 35–70.

Reibe, Axel, Kommunalpolitik an einem schwierigen Ort. Die acht Bezirke von Berlin (Ost) nach 1945, in: Berlin in Geschichte und Gegenwart, Jahrbuch des Landesarchivs 1991, hrsg. von Dagmar Unverhau, Berlin 1991, S. 175–242.

Reichel, Peter, Vergangenheitsbewältigung in Deutschland. Die Auseinandersetzung mit der NS-Diktatur in Politik und Justiz, München 2001.

Reinisch, Jessica, The Perils of Peace. The Public Health Crisis in Occupied Germany, Oxford 2013.

Reusch, Ulrich, Deutsches Berufsbeamtentum und britische Besatzung. Planung und Politik 1943–1947, Stuttgart 1998.

– Die Londoner Institutionen der britischen Deutschlandpolitik 1943–1948, in: Historisches Jahrbuch 100 (1980), S. 318–443.

Ribbe, Wolfgang, Vom Vier-Mächte-Regime zur Bundeshauptstadt (1945–2000), in: ders. (Hrsg.), Geschichte Berlins, Bd. 2: Von der Märzrevolution bis zur Gegenwart, Berlin 2002, S. 1027–1208.

Richter, Maren, Von Seilschaften und Netzwerken: Die Abteilung Gesundheitswesen und die Gesundheitspolitik, in: Frank Bösch/Andreas Wirsching (Hrsg.), Hüter der Ordnung. Die Innenministerien in Bonn und Ost-Berlin nach dem Nationalsozialismus, Bonn 2018, S. 536–579.

Rieger, Elmar, Vorwort T. H. Marshall: Soziologie, gesellschaftliche Entwicklung und die moralische Ökonomie des Wohlfahrtstaates, in: Thomas H. Marshall, Bürgerrechte und soziale Klassen. Zur Soziologie des Wohlfahrtsstaates, hrsg. und übersetzt von Elmar Rieger, Frankfurt a. M. 1992, S. 7–32.

Rigoll, Dominik, Staatsschutz in Westdeutschland. Von der Entnazifizierung zur Extremistenabwehr, Göttingen 2013.

Rosenzweig, Beate, Erziehung zur Demokratie? Amerikanische Besatzungs- und Schulreform in Deutschland und Japan, Stuttgart 1998.

Rößler, Ruth-Kristin, Einleitung, in: dies (Hrsg.), Die Entnazifizierungspolitik der KPD/SED 1945–1948. Dokumente und Materialien, Wiesbaden 1994, S. 13–57.

Roth, Karl Heinz, Zwangsarbeit im Siemens-Konzern (1938–1945): Fakten – Kontroversen – Probleme, in: Hermann Kaienburg (Hrsg.), Konzentrationslager und deutsche Wirtschaft 1939–1945, Opladen 1996, S. 149–168.

Saage, Richard, Faschismus. Konzeptionen und historische Kontexte. Eine Einführung, Wiesbaden 2007.

Salzborn, Samuel, Eine Kritische Theorie des Staates. Franz L. Neumanns Staatstheorie im Kontext der Kritischen Theorie, in: ders. (Hrsg.), Kritische Theorie des Staates. Staat und Recht bei Franz L. Neumann, Baden-Baden 2009, S. 11–34.

Saunier, Pierre-Yves, Transnational, in: Akira Iriye/Pierre-Yves Saunier (Hrsg.), The Palgrave Dictionary of Transnational History, New York 2009, S. 1047–1055.

Schagen, Udo, Das Selbstbild Berliner Hochschulmediziner in der SBZ, in: Sigfrid Oehler-Klein/Volker Roelcke (Hrsg.), Vergangenheitspolitik in der universitären Medizin nach 1945. Institutionelle und individuelle Strategien im Umgang mit dem Nationalsozialismus, Stuttgart 2007, S. 121–146.

Schale, Frank, Franz L. Neumann zwischen Rechtspositivismus, Rechtssoziologie und Wertphilosophie, in: ders./Ellen Thümmler/Michael Vollmer (Hrsg.), Intellektuelle Emigration: Zur Aktualität eines historischen Phänomens, Wiesbaden 2012, S. 59–88.

– Carl Joachim Friedrich. Gemeinschaft, Tradition und Verwaltung, in: Sebastian Liebold/Frank Schale (Hrsg.), Neugründung auf alten Werten? Konservative Intellektuelle und Politik in der Bundesrepublik, Baden-Baden 2007, S. 129–153.

Scheliha, Wolfram von, Die sowjetischen Speziallager. Ein Symbol des kommunistischen Unrechts in der publizistischen Auseinandersetzung zwischen Ost und West bis zum Bau der Mauer 1961, in: Petra Haustein/Annette Kaminsky/Volkhard Knigge/Bodo Ritscher (Hrsg.), Instrumentalisierung, Verdrängung, Aufarbeitung. Die sowjetischen Speziallager in der gesellschaftlichen Wahrnehmung 1945 bis heute, Göttingen 2006, S. 10–29.

Scherstjanoi, Elke, Sowjetische Befehle der Besatzungszeit – eine kaum genutzte Quelle im Bundesarchiv, Institut für Zeitgeschichte, München/Berlin 2019.

– SED-Agrarpolitik unter sowjetischer Kontrolle 1949–1953, München 2007.

Schiede, Martin, Im Blick des anderen die deutschfranzösischen Kunstbeziehungen 1945–1959, Berlin 2005.

Schivelbusch, Wolfgang, Vor dem Vorhang. Das geistige Berlin 1945–1948, Frankfurt a. M. 1997.

Schlegelmilch, Arthur, Hauptstadt im Zonendeutschland. Die Entstehung der Berliner Nachkriegsdemokratie, Berlin 1993.

Schlemmer, Thomas, Ein gelungener Fehlschlag? Die Geschichte der Entnazifizierung nach 1945, in: Martin Löhning (Hrsg.), Zwischenzeit: Rechtsgeschichte der Besatzungsjahre, Regensburg 2011.

Scholz, Friedrich, Berlin und seine Justiz: die Geschichte des Kammergerichtsbezirks 1945 bis 1980, Berlin/New York 1982.

Schöttler, Peter, Die „Annales"-Historiker und die deutsche Geschichtswissenschaft, Tübingen 2015.

– Das Konzept der politischen Religion bei Lucie Varga und Franz Borkenau, in: Michael Ley/Hans-Joachim Schoeps (Hrsg.), Der Nationalsozialismus als politische Religion, Bodenheim 1997, S. 186–205.

Schrader, Bärbel, Die erste Spielzeit und die Kammer der Kunstschaffenden, in: Ursula Heukenkamp (Hrsg.), Unterm Notdach. Nachkriegsliteratur in Berlin 1945–1949, Berlin 1996, S. 229–266.

Shirakawa, Sam H., The Devil's Music Master. The controversial Life and Career of Wilhelm Furtwängler, New York/Oxford 1992.

Söllner, Alfons, Vom Reformismus zur Resignation? Franz L. Neumann als „political scholar" (Vorwort zur Neuausgabe), in: Franz L. Neumann, Behemoth. Struktur und Praxis des Nationalsozialismus, hrsg. von Alfons Söllner/Michael Wildt, Hamburg 2018, S. III–XXXVI.

– Political Scholar: Zur Intellektuellengeschichte des 20. Jahrhunderts, Hamburg 2018.

– Totalitarismustheorie und frühe Frankfurter Schule, in: Mike Schmeitzner (Hrsg.), Totalitarismuskritik von links. Deutsche Diskurse im 20. Jahrhundert, Göttingen 2007, S. 229–246.

– /Walkenhaus, Ralf/Wieland, Karin (Hrsg.), Totalitarismus. Eine Ideengeschichte des 20. Jahrhunderts, Berlin 1997.

– Sigmund Neumanns „Permanent Revolution". Ein vergessener Klassiker der vergleichenden Diktaturforschung, in: ders./Ralph Walkenhaus/Karin Wieland (Hrsg.), Totalitarismus: Eine Ideengeschichte des 20. Jahrhunderts, Berlin 1997, S. 53–74.

– Archäologie der deutschen Demokratie. Eine Forschungshypothese zur theoretischen Praxis der Kritischen Theorie im amerikanischen Geheimdienst, in: ders. (Hrsg.), Zur Archäologie der Demokratie in Deutschland, Bd. 1: Analysen von politischen Emigranten im amerikanischen Geheimdienst: 1943–1945, S. 7–40.

– Die Enthauptung des „Behemoth". Entnazifizierung und Kriegsverbrechen, in: Zur Archäologie der Demokratie in Deutschland, Bd. 1: Analysen von politischen Emigranten im amerikanischen Geheimdienst: 1943–1945, hrsg. von dems., Frankfurt a. M. 1986, S. 153–156.

– Jenseits von Carl Schmitt. Wissenschaftsgeschichtliche Richtigstellungen zur politischen Theorie im Umkreis der „Frankfurter Schule“, in: Geschichte und Gesellschaft 12 (1986) 4, S. 502–529.
– Franz L. Neumann. Skizzen zu einer intellektuellen und politischen Biographie, in: Franz L. Neumann, Wirtschaft, Staat, Demokratie. Aufsätze 1930–1954, hrsg. von Alfons Söllner, Frankfurt a. M., 1978, S. 7–56.

Sollors, Werner, Dilemmas der Entnazifizierung. Karl Loewenstein, Carl Schmitt, militärische Besatzung und wehrhafte Demokratie, in: Katharina Gerund/Heike Paul (Hrsg.), Die amerikanische Reeducation-Politik nach 1945, Berlin 2015, S. 225–256.

Später, Jörg, Vansittart. Britische Debatten über Deutsche und Nazis 1902–1945, Göttingen 2003.

Stanciu, Anja, „Alte Kämpfer“ der NSDAP: Eine Berliner Funktionselite 1926–1949, Köln/Weimar/Wien 2017.

Stange, Irina, Das Bundesministerium des Inneren und seine leitenden Beamten, in: Frank Bösch/Andreas Wirsching (Hrsg.), Hüter der Ordnung. Die Innenministerien in Bonn und Ost-Berlin nach dem Nationalsozialismus, Bonn 2018, S. 55–121.

Stark, Joachim, Raymond Aron und der Gestaltwandel des Totalitarismus, in: Alfons Söllner/Ralph Walkenhaus/Karin Wieland (Hrsg.), Totalitarismus: Eine Ideengeschichte des 20. Jahrhunderts, Berlin 1997, S. 195–207.

Steinbach, Peter, Nationalsozialistische Gewaltverbrechen. Die Diskussion in der deutschen Öffentlichkeit nach 1945, Berlin 1981.

Steuwer, Janosch/Leßau, Hanne, „Wer ist ein Nazi? Woran erkennt man ihn?“ Zur Unterscheidung von Nationalsozialisten und anderen Deutschen, in: Mittelweg 36 1 (2014), S. 30–51.

Stiefel, Ernst C./Mecklenburg, Frank, Deutsche Juristen im amerikanischen Exil (1933–1950), Tübingen 1991.

Straßenberger, Grit/Münkler, Herfried, Was das Fach zusammenhält. Die Bedeutung der Politischen Theorie und Ideengeschichte in der Politikwissenschaft, in: Hubertus Buchstein/Gerhard Göhler (Hrsg.), Politische Theorie und Politikwissenschaft, Wiesbaden 2007, S. 45–79.

Strickmann, Martin, L’Allemagne nouvelle contre l’Allemagne éternelle. Die französischen Intellektuellen und die deutsch-französische Verständigung 1944–1950, Frankfurt a. M. 2004.

Tent, James F., Mission on the Rhine: Reeducation and Denazification in American-Occupied Germany, Chicago 1982.

Timofejewa, Natalja P., Deutschland zwischen Vergangenheit und Zukunft: Die Politik der SMAD auf dem Gebiet von Kultur, Wissenschaft und Bildung

1945–1949. Einleitung, in: Horst Möller/Alexandr O. Tschubarjan (Hrsg.), Die Politik der Sowjetischen Militäradministration in Deutschland (SMAD): Kultur, Wissenschaft und Bildung 1945–1949. Ziele, Methoden, Ergebnissen. Dokumente aus russischen Archiven, München 2005, S. 9–30.

Tuchel, Johannes, „... und ihrer aller wartet der Strick.“ Das Zellengefängnis Lehrter Straße, Berlin 2014.

Vaillant, Jérôme, La dénazification par les vainqueurs: La politique culturelle des occupants en Allemagne 1945–1949, Lille 1981.

– Einleitung. Bedeutung und Ausmaß des französischen Einflusses auf die kulturelle Entwicklung im Nachkriegsdeutschland, in: ders. (Hrsg.), Französische Kulturpolitik in Deutschland 1945–1949. Berichte und Dokumente, Konstanz 1984, S. 9–21.

Van Melis, Damien, Entnazifizierung in Mecklenburg-Vorpommern: Herrschaft und Verwaltung, München 1999.

Van Ooyen, Robert Chr., Ein moderner Klassiker der Verfassungstheorie: Karl Loewenstein. Eine Skizze, in: Zeitschrift für Politik 51 (2004) 1, S. 68–86.

Vincent, Marie-Bénédicte, La dénazification, Paris 2008.

Vogt, Timothy R., Denazification in Soviet-Occupied Germany. Brandenburg 1945–1948, Harvard College 2000.

Vollnhals, Clemens, Die Entnazifizierung als Instrument kommunistischer Machtpolitik, in: Mike Schmeitzner/Clemens Vollnhals/Francesca Weil (Hrsg.), Von Stalingrad zur SBZ: Sachsen 1943 bis 1949, Göttingen 2016, S. 293–328.

– Internierung, Entnazifizierung und Strafverfolgung von NS-Verbrechen in der sowjetischen Besatzungszone, in: Andreas Hilger/Mike Schmeitzner, Clemens Vollnhals (Hrsg.), Sowjetisierung oder Neutralität? Optionen sowjetischer Besatzungspolitik in Deutschland und Österreich 1945–1955, Göttingen 2006, S. 223–248.

– Politische Säuberung als Herrschaftsinstrument. Entnazifizierung in der Sowjetischen Besatzungszone, in: Horch und Guck. Zeitschrift zur kritischen Aufarbeitung der SED-Diktatur 44 (2003), S. 9–13.

– Politische Säuberung als Herrschaftsinstrument. Entnazifizierung in der Sowjetischen Besatzungszone, in: Andreas Hilger/Mike Schmeitzner/Ute Schmidt (Hrsg.), Diktaturdurchsetzung. Instrumente und Methoden der kommunistischen Machtsicherung in der SBZ/DDR 1945–1955, Dresden 2001, S. 127–138.

– Einleitung. Das gescheiterte Experiment, in: ders. (Hrsg.) in Zusammenarbeit mit Thomas Schlemmer, Entnazifizierung. Politische Säuberung und Rehabilitierung in den vier Besatzungszonen, München 1991.

– Evangelische Kirche und Entnazifizierung 1945–1949. Die Last der nationalsozialistischen Vergangenheit, München 1989.
– Entnazifizierung und Selbstreinigung im Urteil der evangelische Kirche: Dokumente und Reflexionen 1945–1949, München 1989.
Waibel, Dieter, Von der wohlwollenden Despotie zur Herrschaft des Rechts. Entwicklungsstufen der amerikanischen Besatzung Deutschland 1944–1949, Tübingen 1996.
Wala, Michael, Der Marshallplan und die Genese des Kalten Krieges, in: Detlef Junker (Hrsg.) in Verbindung mit Philipp Gassert/Wilfried Mausbach/David B. Morris, Die USA und Deutschland im Zeitalter des Kalten Krieges. Ein Handbuch, Bd. 1, 1945–1968, Stuttgart 2001, S. 124–130.
Walton-Jordan, Ulrike, Safeguards against Tyranny, in: Anthony Grenville (Hrsg.), German-speaking Exiles in Great Britain, Bd. 2, Amsterdam/Atlanta 2000, S. 1–24.
Weber, Elisabeth, „Berlin, die Stadt ohne Bettler". Die Verfolgung „Asozialer", in: Michael Wildt/Christoph Kreutzmüller (Hrsg.), Berlin 1933–1945. Stadt und Gesellschaft im Nationalsozialismus, München 2013, S. 325–342.
Weber, Hermann, Zum Verhältnis von Komintern, Sowjetstaat und KPD. Eine historische Einführung, in: ders./Jakov Drabkin/Bernhard H. Bayerlein/Aleksandr Galkin (Hrsg.), Deutschland, Russland, Komintern. I Überblicke, Analysen, Diskussionen. Neue Perspektiven auf die Geschichte der KPD und die Deutsch-Russischen Beziehungen (1918–1943), Berlin/Boston 2014, S. 9–139.
Weber, Ralph/Beckstein, Martin, Politische Ideengeschichte. Interpretationsansätze in der Praxis, Göttingen 2014.
– /Beckstein, Martin, Einleitung, in: dies. (Hrsg.), Politische Ideengeschichte. Interpretationsansätze in der Praxis, Göttingen 2004, S. 13–35.
Wegener, Gregory P., Germany's Past Contested: The Soviet-American Conflict in Berlin over History Curriculum Reform, 1945–48, in: History of Education Quarterly 30 (1990) 1, S. 1–16.
Weingart, Peter/Kroll, Jürgen/Bayertz, Kurtz, Rasse, Blut und Gene. Geschichte der Eugenik und Rassenhygiene in Deutschland, Frankfurt a. M. 1992.
Weinke, Annette, Gewalt, Geschichte, Gerechtigkeit. Transnationale Debatten über deutsche Staatsverbrechen im 20. Jahrhundert, Göttingen 2006.
– Die Nürnberger Prozesse, München 2006.
– Die Verfolgung von NS-Tätern im geteilten Deutschland. Vergangenheitsbewältigung 1949–1969 oder: Eine deutsch-deutsche Beziehungsgeschichte im Kalten Krieg, Paderborn 2002.
Welsh, Helga A., „Antifaschistisch-demokratische Umwälzung" und politische Säuberung in der sowjetischen Besatzungszone Deutschlands, in: Klaus-

Dietmar Henke/Hans Woller (Hrsg.), Politische Säuberung in Europa. Die Abrechnung mit Faschismus und Kollaboration nach dem 2. Weltkrieg, München 1991, S. 84–107.

– Revolutionärer Wandel auf Befehl? Entnazifizierungs- und Personalpolitik in Thüringen und Sachsen (1945–1948) (Schriftenreihe der Vierteljahrshefte für Zeitgeschichte, Bd. 58), München 1989.

Wember, Heiner, Umerziehung im Lager. Internierung und Bestrafung von Nationalsozialisten in der britischen Besatzungszone Deutschlands, Essen 1991.

Wentker, Hermann, Justiz in der SBZ/DDR 1945–1953. Transformation und Rolle ihrer zentralen Institutionen, München 2001.

Wenzlau, Reinhold Joachim, Der Wiederaufbau der Justiz in Nordwestdeutschland 1945–1949, Königstein 1979.

Werner, Michael/Zimmermann, Bénédicte, Vergleich, Transfer, Verflechtung. Der Ansatz der histoire croisée und die Herausforderung des Transnationalen, in: Geschichte und Gesellschaft 28 (2002) 4, S. 607–636.

– /Zimmermann, Bénédicte, Histoire Croisée: Between the Empirical and Reflexivity, Histoire Croisée: Between the Empirical and Reflexivity, in: Annales. Histoire, Sciences Sociales 58 (2003) 1, S. 7–36.

Wetzel, Jürgen, Die Rolle der Amerikaner bei der kulturellen Erneuerung Berlins, in: Cyril Buffet/Bernard Genton/Pierre Jardin (Hrsg.), Die vier Besatzungsmächte und die Kultur in Berlin, Leipzig 1999, S. 73–86.

– Office of Military Government for Berlin Sector, in: Institut für Zeitgeschichte/Christoph Weisz (Hrsg.), OMGUS-Handbuch. Quellen und Darstellungen zur Zeitgeschichte, Bd. 35, München 1994, S. 671–740.

Wheatland, Thomas, The Frankfurt School in Exile, London 2009.

Wiesen, Jonathan S., West German Industry and the Challenge of the Nazi Past: 1945–1955, Chapel Hill/London 2011.

Wiggershaus, Rolf, The Frankfurt School: Its History, Theory and Political Significance, Cambridge 1994.

– Die Frankfurter Schule. Geschichte, theoretische Entwicklung, politische Bedeutung, München/Wien 1987.

Wildt, Michael, Die Ambivalenz des Volkes. Der Nationalsozialismus als Gesellschaftsgeschichte, Berlin 2019.

– Franz Neumann und die NS-Forschung (Nachwort zur Neuausgabe), in: Franz L. Neumann Behemoth. Struktur und Praxis des Nationalsozialismus, hrsg. von Alfons Söllner/Michael Wildt, Hamburg 2018, S. 663–699.

– Die Transformation des Ausnahmezustands. Ernst Fraenkels Analyse der NS-Herrschaft und ihre politische Aktualität, in: Jürgen Danyel/Jan-Holger

Kirsch/Martin Sabrow (Hrsg.), 50 Klassiker der Zeitgeschichte, Göttingen 2007, S. 19–23.

– Generation des Unbedingten. Das Führungskorps des Reichssicherheitshauptamtes, Hamburg 2002.

Winter, Jay, Human Rights and the Second World war, in: Helle Porsdam/Thomas Elholm, Dialogues on Justice. European Perspectives on Law and Humanities, Berlin/Bosten 2012, S. 75–107.

Woller, Hans, Gesellschaft und Politik in der amerikanischen Besatzungszone. Die Region Ansbach und Fürth Quellen und Darstellungen zur Zeitgeschichte, hrsg. vom Institut für Zeitgeschichte, Bd. 25, München 1986.

Zauner, Stefan, Die französische Kulturmission in Berlin, in: Cyril Buffet/Bernard Genton/Pierre Jardin (Hrsg.), Die vier Besatzungsmächte und die Kultur in Berlin, Leipzig 1999, S. 87–102.

– Erziehung und Kulturmission, Frankreichs Bildungspolitik in Deutschland 1945–1949, München 1994.

Ziege, Eva-Marie, Antisemitismus und Gesellschaftstheorie: die Frankfurter Schule im amerikanischen Exil, Frankfurt a. M. 2009.

Ziemke, Earl F., The U.S. Army in the Occupation of Germany 1944–1946, Washington D. C. 1975.

Zimmer, Andreas, Der Kulturbund in der SBZ und in der DDR. Eine ostdeutsche Kulturvereinigung im Wandel der Zeit zwischen 1945 und 1990, Wiesbaden 2018.

Personenregister